社会情感学习丛书

约瑟夫·A. 杜拉克　塞琳·E. 多米特罗维奇
罗杰·P. 韦斯伯格　托马斯·P. 古洛塔◎著
毛亚庆 等◎译

社会情感学习手册：研究与实践

Handbook of Socialand Emotional Learning: Research and Practice

北京师范大学出版集团
BEIJING NORMAL UNIVERSITY PUBLISHING GROUP
北京师范大学出版社

北京市版权局著作权合同登记号 图字:01-2019-7360 号

图书在版编目(CIP)数据

社会情感学习手册：研究与实践/（美）约瑟夫 A．杜拉克等
著；毛亚庆等译. —北京：北京师范大学出版社，2024.3
（社会情感学习丛书）
ISBN 978-7-303-28418-4

Ⅰ．①社… Ⅱ．①约… ②毛… Ⅲ．①青少年－心理健康－
健康教育 Ⅳ．①G444

中国国家版本馆 CIP 数据核字(2023)第 013251 号

图书意见反馈：gaozhifk@bnupg.com 010-58805079
营销中心电话：010-58802755 58800035
北师大出版社教师教育分社微信公众号 京师教师教育

SHEHUI QINGGAN XUEXI SHOUCE YANJIU YU SHIJIAN
出版发行：北京师范大学出版社 www.bnupg.com
北京市西城区新街口外大街 12-3 号
邮政编码：100088
印 刷：天津旭非印刷有限公司
经 销：全国新华书店
开 本：890 mm×1240 mm 1/16
印 张：34.5
字 数：800 千字
版 次：2024 年 3 月第 1 版
印 次：2024 年 3 月第 1 次印刷
定 价：138.00 元

策划编辑：鲍红玉 责任编辑：张 爽
美术编辑：焦 丽 装帧设计：焦 丽
责任校对：陈 民 责任印制：马 洁 赵 龙

　　通过社会情感学习，关注、培养和提升学生的社会情感能力，是世界范围内提升基础教育质量，促进人的全面发展的教育理论与实践的一种探索。这种探索对于人类共同体发展的社会性基础有着非常重要的价值与意义。随着社会的发展，物质的极大丰富与精神提升的失衡使人类面临着人与社会的冲突、人与人的冲突、人与心灵的冲突的问题，从而使人对世界的终极实在的探寻已由追问外在的自然转向追问社会，追问人自身存在的价值与意义。由此，与人的意识活动相比，人的生存活动具有更为根本的意义，社会生活成了人的最为基础和本源的生存环境，人之为人的"本质"也就必然合乎逻辑地建构为"社会关系的总和"。现实社会生活的展开在根本上是作为个体的人与他人"共在"，并在社会关系中不断向他人开放与"结缘"的过程。因此，现实社会生活中的个人是处于"社会关系"中的"社会化"的"个体"，个人存在的首要属性和活动都涉及与他人的关系。基于社会发展历史性的转换，对人的发展定位与本质的认识也已由侧重于理性的确认转向社会性关系的构建。与此对应，教育发展也从侧重于认知水平的提升转向更加关注情感的培养，教育的发展也出现"情感转向"。

　　世界未遇之大变局及中国社会进入新时代，都需要思考教育的完善与转型，需要在人类共同体的视角下构建人与自我、人与他人、人与社会关系的新的社会契约，使孩子在现实生活中通过关系的构建，学会体察自己的情感体验，表达自己的情感感受，调控自己的情感状态，形成适应社会发展所需的人格品质，发展个人在社会适应过程中所必需的社会情感能力；从而通过对自我社会活动的自觉反省与批判，提升个人对生存品质的理解，推动人的追求和创造的发展，既使个性得到充分激发，又保证人的和谐团结，使人类社会呈现发展的新样态。为此，我们的教育要思考：

如何促使学生超越从自身出发的个人主义倾向，形成关注他人和社会、友爱互助的责任意识，构建社会发展的基石？

如何促使学生在情感认知和行为上更加向善、尚美，促进社会文明进一步发展？

如何把握时代赋予人的内在规定性，超越基础教育中片面强调知识传授，忽视学生社会性发展的功利化取向，促进学生成才，推动社会高质量发展？

如何基于人的全面发展而彰显教育的完整性，培养学生健全的人格，积聚其与自我、他人和社会关系的正能量，促进个人幸福，增加社会福祉？

2015 年，我参加在美国芝加哥进行的美国教育研究协会（AERA）2015 年年会，这一年刚好是社会情感学习项目在世界范围内推进的 20 周年。这届年会特别设置了专题讨论会，研讨 20 年来社会情感学习项目在世界范围内的推进经验，来自世界不同国家的 6 位专家学者进行了分享，其中我也将中国实施社会情感学习项目的中国框架和实施现状进行了分享。分享的专家包括芝加哥伊利诺伊大学心理和教育学系特聘教授，诺沃基金会（NoVo Foundation）社会情感学习项目荣誉主席，学术、社会和情感学习合作共同体（CASEL）的首席专家罗杰 P. 韦斯伯格（Roger P. Weissberg）博士，在会上他带来了新近由他和其他三位专家组织编撰出版的《社会情感学习手册：研究与实践》，与大家分享。在交谈中，我与他约定在中国组织翻译出版该书。后续在北京师范大学出版社的大力支持下，在 2018 年顺利获得版权，本来计划于 2018 年启动翻译，后来由于社会情感学习项目在全国的实施需要推进相关系列教材和理论专著的撰写与出版，后续推迟到 2019 年年底开始翻译，不想又遇到疫情。在特定时期，翻译团队改为线上每周讨论一次，推动翻译工作的进行，并就每章遇到的"疑难杂句"进行仔细推敲，以保证翻译的质量，个中的酸甜苦辣只有参与者才能体悟。

手册的翻译最终出版要感谢翻译团队的辛苦付出，没有他们的努力，手册也难以出版发行。翻译的具体分工如下：前言、序言、致谢和第 1、7、14、16、32 章为杜媛翻译，第 2、34、35、36、37 章为陈绍祥翻译，第 3、9、15 章为张婉莹翻译，第 4、31 章为游雨诗翻译，第 5、6、8、21、22 章为刘畅翻译，第 10、11、12、13 章为田振华翻译，第 17、18、25、29 章为熊华夏翻译，第 19、20、26、33 章和后记为张森翻译，第 23、24 章为田瑾翻译，第 27、28、30 章为李明蔚翻译。刘畅完成了全书所有插图的翻译和制作，张婉莹、陈绍祥和熊华夏分工完成了文前的各章作者和编者介绍的翻译，以及全书所有英文人名的翻译和审校，杜媛、张森、李明蔚、张婉莹和游雨诗分工完成了全书的校对工作，杜媛负责翻译的统筹协调工作。

在翻译过程中，翻译团队尽自己的努力在翻译的表达上力求信、达、雅，但毕竟是两种不同话语体系的转换，其中难免有瑕疵，作为手册的组织者和翻译的最后把关者，我承担所有的责任，也请大家尽情批评指正。

希望这本手册的出版，有助于推进中国社会情感学习的实施，为提升中国教育质量尽微薄之力。

毛亚庆
于珠海海怡湾畔海韵园
2024 年 1 月 23 日

约瑟夫·A. 杜拉克博士，美国芝加哥洛约拉大学心理学荣誉教授，担任多家专业刊物的编委会成员，撰写或合作编写了四本关于预防项目的书籍，长期关注儿童和青少年的福利。杜拉克博士目前的工作重点是如何促进在当地社区和学校实施基于证据的社会情感学习和预防项目。他是学术、社会和情感学习合作共同体(Collaborative for Academic，Social and Emotional Learning，CASEL)颁发的约瑟夫·津斯社会情感学习行动研究奖的获得者。

塞琳·E. 多米特罗维奇博士，美国乔治敦大学儿童与人类发展中心副教授，学术、社会和情感学习合作共同体高级研究科学家，并与伊利诺伊大学芝加哥分校、宾夕法尼亚州立大学和约翰斯·霍普金斯大学有广泛的学术联系。她的研究领域和研究成果是关注儿童社会情感能力发展、教师在儿童获得这些技能中的作用以及这些技能与学校取得成功的关系。多米特罗维奇博士也是学前"促进选择性思维策略"(Promoting Alternative Thinking Strategies，PATHS)课程的开发人员，曾任职于预防研究协会理事会，也曾获得约瑟夫·津斯社会情感学习行动研究奖。

罗杰·P. 韦斯伯格博士，伊利诺伊大学芝加哥分校心理和教育学系特聘教授，诺沃基金会社会情感学习项目荣誉主席，学术、社会和情感学习合作共同体的首席专家。韦斯伯格博士取得了许多关于儿童预防性干预的学术成果，曾获得美国心理学会的心理学教育与培训应用杰出贡献奖、社区研究与行动学会颁发的理论与研究杰出贡献奖、乔治·卢卡斯教育基金会颁发的冒险创新奖(Daring Dozen Award)等。他也是美国国家教育科学院(National Academy of Education)的成员。

托马斯·P. 古洛塔，文学硕士，社会工作学硕士，康涅狄格州东南部儿童与家庭机构的首席执行官，东康涅狄格州立大学心理学和教育学系成员。他是《初级预防杂志》(*The Journal of Primary Prevention*)的名誉编辑，并担任《青少年早期杂志》(*The Journal of Early Adolescence*)、《青少年研究杂志》(*Journal of Adolescent Research*)、《教育和心理咨询杂志》(*Journal of Educational and Psychological Consultation*)编委。古洛塔先生发表了大量有关青少年和早期预防的文章，曾获得美国心理学会 27 分部——社区研究与行动协会颁发的社区心理学实践杰出贡献奖。

安贾利·阿里坎丹妮（Anjali Alimchandani），硕士，纽约大学斯坦哈特文化、教育与人类发展学院应用心理学系，纽约市，纽约州，美国。

J.劳伦斯·阿伯（J. Lawrence Aber），博士，纽约大学斯坦哈特文化、教育与人类发展学院应用心理学系，纽约市，纽约州，美国。

乔治·G.贝尔（George G. Bear），博士，特拉华大学教育学院，纽瓦克，特拉华州，美国。

卡伦·L.比尔曼（Karen L. Bierman），博士，宾夕法尼亚州立大学帕克分校儿童研究中心心理学系，宾夕法尼亚州，美国。

克兰西·布莱尔（Clancy Blair），博士，纽约大学斯坦哈特文化、教育与人类发展学院应用心理学系，纽约市，纽约州，美国。

杰西卡·C.布兰克（Jessica C. Blank），博士，克罗尼尔学区，纽卡斯尔，特拉华州，美国。

马克·A.布拉克特（Marc A. Brackett），博士，耶鲁大学耶鲁情绪智力中心，纽黑文，康涅狄格州，美国。

珍妮弗·巴菲特（Jennifer Buffett），诺沃基金会总裁兼联合主席，纽约，纽约州，美国。

詹姆斯·P.科默（James P. Comer），博士，耶鲁大学医学院儿童研究中心，纽黑文，康涅狄格州，美国。

科琳·S.康利（Colleen S. Conley），博士，芝加哥洛约拉大学心理学系，芝加哥，伊利诺伊州，美国。

马克斯·克劳利（Max Crowley），硕士，宾夕法尼亚州立大学预防研究中心，宾夕法尼亚州，美国。

琳达·达林-哈蒙德（Linda Darling-Hammond），教育学博士，斯坦福大学教育学院，斯坦福大学，加利福尼亚州，美国。

迈克尔·戴维斯（Michael Davies），博士，格里菲斯大学教育和专业研究学院，昆士兰州，澳大利亚。

苏珊·A.德纳姆（Susanne A. Denham），博士，乔治梅森大学心理学系，费尔法克斯，弗吉尼亚州，美国。

塞琳·E.多米特罗维奇（Celene E. Domitrovich），博士，学术、社会和情感学习合作共同体，芝加哥，伊利诺伊州；宾夕法尼亚大学健康与人类发展学院预防研究中心与人类发展和家庭研究系，宾夕法尼亚州，美国。

琼·科尔·达菲尔（Joan Cole Duffell），儿童委员会，西雅图，华盛顿州，美国。

约瑟夫·A.杜拉克（Joseph A. Durlak），博士，芝加哥洛约拉大学心理学系，芝加哥，伊利诺伊州，美国。

琳达·A.杜森伯里（Linda A. Dusenbury），博士，学术、社会和情感学习合作共同体，芝加哥，伊利诺伊州，美国。

妮可·杜瓦尔（Nicole DuVal），弗吉尼亚大学库里教育学院，夏洛茨维尔，弗吉尼亚州，美国。

尼科尔·A.埃尔伯森（Nicole A. Elbertson），耶鲁大学情绪智力中心，纽黑文，康涅狄格州，美国。

莫里斯·J.埃利亚斯（Maurice J. Elias），博士，新泽西州立大学利文斯顿校区罗格斯教育学院心理学系，皮斯卡塔韦，新泽西州，美国。

斯蒂芬·N.艾略特（Stephen N. Elliott），博士，亚利桑那州立大学桑福德社会和家庭动力学院，坦佩，亚利桑那州，美国。

阿比盖尔·A.法根（Abigail A. Fagan），博士，佛罗里达州立大学犯罪学与刑事司法学院，盖恩斯维尔，佛罗里达州，美国。

约瑟夫·费里托（Joseph Ferrito），心理学硕士，新泽西州立罗格斯大学教育学院应用和职业心理学研究生院，新布伦瑞克，新泽西州，美国。

詹妮弗·L.弗兰克（Jennifer L. Frank），博士，宾夕法尼亚州立大学教育学院教育心理学、咨询和特殊教育系，宾夕法尼亚州，美国。

詹妮弗·R.弗雷（Jennifer R. Frey），博士，乔治·华盛顿大学教育和人类发展研究生院特殊教育和残疾研究系，华盛顿，美国。

安德鲁·加尔巴茨（S. Andrew Garbacz），博士，俄勒冈大学特殊教育和临床科学系，尤金，俄勒冈州，美国。

马克·加里波第（Mark Garibaldi），硕士，美国研究所，圣迭戈，加利福尼亚州，美国。

丹尼尔·戈尔曼（Daniel Goleman），博士，新泽西州立罗格斯大学组织情商研究联合会，新布伦瑞克，新泽西州，美国。

埃里克·S. 戈登（Eric S. Gordon），医学博士，克利夫兰大都会校区，克利夫兰，俄亥俄州，美国。

保罗·格伦（Paul Goren），博士，埃文斯顿或斯科基 65 学区，埃文斯顿，伊利诺伊州，美国。

马克·T. 格林伯格（Mark T. Greenberg），博士，宾夕法尼亚州立大学预防研究中心，宾夕法尼亚州，美国。

克里斯蒂娜·J. 格罗克（Christina J. Groark），博士，匹兹堡大学儿童发展办公室，匹兹堡，宾夕法尼亚州，美国。

南希·G. 格拉（Nancy G. Guerra），教育博士，特拉华大学心理和脑科学系，纽瓦克，特拉华州，美国。

托马斯·P. 古洛塔（Thomas P. Gullotta），文学硕士，社会工作硕士，康涅狄格州东南部儿童与家庭机构，东康涅狄格州立大学心理学和教育学部，威利曼蒂克，康涅狄格州，美国。

詹妮弗·L. 汉森-彼得森（Jennifer L. Hanson-Peterson），硕士，不列颠哥伦比亚大学教育、心理咨询及特殊教育系，温哥华，加拿大。

塔克·B. 哈丁（Tucker B. Harding），教育学博士，哥伦比亚大学教师学院数学、科学与教育技术系，纽约市，纽约州，美国。

亚历克西斯·哈里斯（Alexis Harris），博士，弗吉尼亚大学库里教育学院，夏洛茨维尔，弗吉尼亚州，美国。

布里奇特·E. 哈特菲尔德（Bridget E. Hatfield），博士，俄勒冈州立大学公共卫生和人类科学学院社会和行为健康科学学院，科瓦利斯，俄勒冈州，美国。

J. 大卫·霍金斯（J. David Hawkins），博士，华盛顿大学社会工作学院，西雅图，华盛顿州，美国。

迈克尔·L. 赫特（Michael L. Hecht），博士，宾夕法尼亚州立大学传播艺术与科学系，宾夕法尼亚州，美国。

艾莉森·A. 霍尔泽（Allison A. Holzer），教育文学硕士，激励团队（InspireCorps）公司，西哈特福德，康涅狄格州，美国。

克里斯·S. 赫尔曼（Chris S. Hulleman），博士，弗吉尼亚大学库里教育学院高等教学研究中心，夏洛茨维尔，弗吉尼亚州，美国。

尼尔·汉弗莱（Neil Humphrey），博士，曼彻斯特大学曼彻斯特教育学院，曼彻斯特，英国。

雪莉·海梅尔（Shelley Hymel），博士，不列颠哥伦比亚大学教育、心理咨询及特殊教育系，温哥华，加拿大。

罗伯特·J. 贾格斯（Robert J. Jagers），博士，密歇根大学教育学院，安阿伯，密歇根州，美国。

帕特里夏·A. 詹宁斯（Patricia A. Jennings），博士，弗吉尼亚大学库里教育学院课程、教学和特殊教育系，夏洛茨维尔，弗吉尼亚州，美国。

达蒙·琼斯（Damon Jones），博士，宾夕法尼亚州立大学预防研究中心，宾夕法尼亚州，美国。

德尔德·A. 拉卡茨（Deirdre A. Katz），教育学硕士，宾夕法尼亚州立大学预防研究中心，宾夕法尼亚州，美国。

金伯利·肯迪奥拉（Kimberly Kendziora），博士，美国研究所，华盛顿，美国。

劳拉·库西诺·克莱恩（Laura Cousino Klein），博士，宾夕法尼亚州立大学卫生与人类发展学院，宾夕法尼亚州，美国。

安德里亚·拉蒙特（Andrea Lamont），博士，南卡罗来纳大学心理学系，哥伦比亚，南卡罗来纳州，美国。

拉里·勒韦特（Larry Leverett），教育博士，松下基金会，纽瓦克，新泽西州，美国。

邦妮·麦金托什（Bonnie Mackintosh），教育硕士，哈佛大学教育学院人类发展与教育系，剑桥，马萨诸塞州，美国。

克劳迪娅·马德拉佐（Claudia Madrazo），文学硕士，拉瓦克独立（La Vaca Independiente）公司，墨西哥城，墨西哥。

莎拉·曼科尔（Sarah Mancoll），理学硕士，儿童发展研究学会政策和宣传办公室，华盛顿，美国。

莎拉·曼德尔（Sarah Mandell），理学学士，美国医学和生物工程院，华盛顿，美国。

艾米·凯瑟琳·马特（Amy Kathryn Mart），教育学硕士，伊利诺伊大学芝加哥分校心理学系，芝加哥公立学校社会情感学习办公室，芝加哥，伊利诺伊州，美国。

罗伯特·马扎诺（Robert J. Marzano），博士，马扎诺研究实验室，科罗拉多州，美国。

克拉克·麦考恩（Clark McKown），博士，拉什大学医学中心拉什神经行为研究中心，芝加哥，伊利诺伊州，美国。

凯瑟琳·L. 摩德基（Kathryn L. Modecki），博士，默多克大学心理学院，珀斯，西澳大利亚州，澳大利亚。

莫杰德·穆塔迈迪（Mojdeh Motamedi），文学硕士，宾夕法尼亚州立大学心理学系儿童研究中心，宾夕法尼亚州，美国。

杰西卡·扎德拉齐尔·纽曼（Jessica Zadrazil Newman），文学硕士，伊利诺伊大学芝加哥分校心理学系，芝加哥，伊利诺伊州，美国。

艾米莉·尼科尔斯（Emily Nichols），博士，哈佛大学波士顿儿童医院精神病学系，波士顿，马萨诸塞州，美国。

大卫·欧舍（David Osher），博士，美国研究所，华盛顿，美国。

珍妮特·帕蒂（Janet Patti），教育博士，纽约城市大学亨特学院教育学院，纽约，纽约州，美国。

奥尔加·阿科斯塔·普莱斯（Olga Acosta Price），博士，乔治·华盛顿大学学校健康和保健中心，华盛顿州，美国。

西贝尔·拉弗（C. Cybele Raver），心理学博士，纽约大学斯坦哈特文化、教育和人类发展学院应用心理学系，纽约，纽约州，美国。

萨姆·雷丁（Sam Redding），教育博士，学术发展研究院，林肯，伊利诺伊州，美国。

莎拉·E. 里姆-考夫曼（Sara E. Rimm-Kaufman），博士，弗吉尼亚大学柯里教育学院教与学高级研究中心，夏洛茨维尔，弗吉尼亚州，美国。

苏珊·E. 里弗斯（Susan E. Rivers），博士，耶鲁大学耶鲁情绪智力中心，纽黑文，康涅狄格州，美国。

萨利·鲁迪（Sally Ruddy），博士，美国研究所，华盛顿，美国。

金伯利·A. 肖纳特-赖克尔（Kimberly A. Schonert-Reichl），博士，不列颠哥伦比亚大学教育心理学与特殊教育系，温哥华，加拿大。

彼得·圣吉（Peter Senge），博士，麻省理工学院斯隆管理学院，剑桥，马萨诸塞州，美国。

瓦莱丽·B. 夏皮罗（Valerie B. Shapiro），博士，加利福尼亚大学伯克利分校社会福利系，伯克利，加利福尼亚州，美国。

苏珊·M. 谢里丹（Susan M. Sheridan），博士，内布拉斯加州大学林肯分校教育心理学系，林肯，内布拉斯加州，美国。

沈永珠（Young Ju Shin），博士，印第安纳大学与普渡大学印第安纳波利斯联合分校传播学系，印第安纳波利斯，印第安纳州，美国。

蒂莫西·P. 施赖弗（Timothy P. Shriver），教育博士，特奥会主席，华盛顿，美国。

加里·N. 西珀斯坦（Gary N. Siperstein），博士，马萨诸塞大学波士顿分校政策与全球研究学院社会发展和教育中心，波士顿，马萨诸塞州，美国。

亚历山德拉·斯科格（Alexandra Skoog），文学硕士，新教师项目，麦迪逊，威斯康星州，美国。

塞萨莉·斯蒂芬（Cesalie Stepney），教育硕士，理学硕士，新泽西州立罗格斯大学心理学系，新布伦瑞克，新泽西州，美国。

罗宾·S. 斯特恩（Robin S. Stern），博士，耶鲁大学耶鲁情绪智力研究中心，纽黑文，康涅狄格州，美国。

米歇尔·S. 斯旺格-加涅（Michelle S. Swanger-Gagné），博士，罗切斯特大学医学中心精神病学系家庭研究所，罗切斯特，纽约州，美国。

帕特里克·H. 托兰（Patrick H. Tolan），博士，弗吉尼亚大学柯里教育学院，精神病学和神经行为科学系，夏洛茨维尔，弗吉尼亚州，美国。

卡塔琳娜·托伦特（Catalina Torrente），博士，耶鲁大学耶鲁情绪智力中心，纽黑文，康涅狄格州，美国。

赫伯特·J. 沃尔伯格（Herbert J. Walberg），博士，斯坦福大学胡佛研究所，伊利诺伊大学芝加哥分校，伊利诺伊州，美国。

亚伯拉罕·万德斯曼（Abraham Wandersman），博士，南卡罗来纳大学心理学系，哥伦比亚，南卡罗来纳州，美国。

香农·B. 万利斯（Shannon B. Wanless），博士，匹兹堡大学教育心理学系，匹兹堡，宾夕法尼亚州，美国。

罗杰·P. 韦斯伯格（Roger P. Weissberg），博士，学术、社会和情感学习合作共同体，伊利诺伊大学芝加哥分校心理和教育学系，芝加哥，伊利诺伊州，美国。

萨拉·A. 惠特科姆（Sara A. Whitcomb），博士，马萨诸塞州大学阿默斯特分校学生发展系，阿默斯特，马萨诸塞州，美国。

安德鲁·L. 维利（Andrew L. Wiley），博士，肯特州立大学生命发展与教育科学学院，肯特，俄亥俄州，美国。

艾丽尔·A. 威廉姆森（Ariel A. Williamson），硕士，特拉华大学纽瓦克分校心理与脑科学系，纽瓦克，特拉华州，美国。

阿曼达·P. 威利福德（Amanda P. Williford），博士，弗吉尼亚大学库里教育学院高级教学研究中心，夏洛茨维尔，弗吉尼亚州，美国。

凯瑟琳·桑格·沃尔科特（Catherine Sanger Wolcott），医学博士，弗吉尼亚大学柯里教育学院教学与学习高级研究中心，夏洛茨维尔，弗吉尼亚州，美国。

安妮·赖特（Annie Wright），博士，南卫理公会大学西蒙斯教育与人类发展学院研究与评价中心，达拉斯，得克萨斯州，美国。

玛莎·扎斯洛（Martha Zaslow），博士，儿童发展研究学会政策与宣传办公室，华盛顿，美国。

社会情感学习：建设健康学校的关键技能

琳达·达林-哈蒙德[①]

[这正在成为现实]一个 18 岁即将高中毕业的学生，可能从未做过任何真正帮助他人的工作：他可能从未照顾过，甚至没有抱过婴儿；他可能从未照顾过年老、生病或孤独的人；他可能从未安慰或帮助过另一个真正需要帮助的人……任何社会都不可能如此长期维持下去，除非社会中的每一个成员都具有帮助和照顾他人的敏感性、积极性，并掌握相关的技能。（Bronfenbrenner，引自 Lantieri，1999，83 页）

我毫不怀疑，人类的生存在很大程度上依赖于对其社会智力和情绪智力的培养，正如其依赖于技术知识和技能的发展一样。大多数教育工作者都相信，学校的根本责任是促进儿童的全面发展，正是这一信念激励了他们从事这一职业。

然而，10 多年来，美国的教育政策主要侧重于依据标准化考试的结果为学校和学生贴上"标签"，关注点单一，且越来越忽视儿童的情感和社会需求及在学习中的积极参与。在惩罚性的问责盛行的时代，人们对品格发展和情感幸福的关注和所花费的时间都有所减少。

美国学校非常有必要重新关注儿童的全面发展。例如，一项全国性的

---

① 　琳达·达林-哈蒙德(Linda Darling-Hammond)，美国斯坦福大学教育学教授，教育学博士，美国当代教育改革分析家，斯坦福教育领导研究所和斯坦福教育机会政策中心联席主任，美国教师专业化改革取向的领军人物，奥巴马政府教育政策改革团队领导人。——译者注

调查发现，在 14.8 万名初中、高中学生中，不到一半的人认为他们已经具备了同理心、决策能力和解决冲突的技巧等。只有 29% 的学生表示他们的学校提供了关心和鼓励的环境。其他研究发现，多达 60% 的学生长期脱离学校，30% 的高中生从事多种高危行为（Durlak，Weissberg，Dymnicki，Taylor & Schellinger，2011）。

关注学生的心理需求与保证他们有足够的资源、优质的教材和训练有素的教师一样，都是优质教育的一部分。所有的年轻人，特别是生活在有较大压力环境中的年轻人，需要能够认识和管理自己的情感，这样才不会被恐惧、伤害和焦虑压倒；认识并尊重他人的感受；学习解决问题和冲突的技巧；有机会直接为他人的福利做贡献；认识到问题和挑战是学习和生活过程的一部分，以便在困难面前坚持下去；采用"以成长为导向"的生活方式。儿童和青少年需要发展自我调节、支持自我效能和奉献社会的能力。为此，他们需要感受到被关心和被照顾，并在提供支持性关系和社区环境中体验具有文化响应、参与性和赋权的学习机会。

我和我的同事在研究中发现，当城市中的学生在以他们为中心的学校中体验到这些社会情感学习的机会时，他们会对学校和学习抱有更积极的态度，可能取得更高的成就，有更大的抱负，更有可能毕业，更有可能在大学取得成功（Darling-Hammond，Ramos-Beban，Altimirano & Hyler，2016；Friedlaender et al.，2014；Hamedani，Darling-Hammond & Zheng，2016）。正如这本《社会情感学习手册：研究与实践》所阐明的，越来越多的研究发现，在各种各样的环境下，所有年龄段的儿童都能获得积极的学术和生活成果。

学术、社会和情感学习合作共同体将社会情感学习相关技能描述为"生活有效性的基础"和"学习改善的框架"。个人发展与组织发展的结合为学生进步提供了新的路径。关键是，建立支持学生发展的学校组织也许是培养心理健康、富有成效的年轻人和成年人最有效的方法。这需要努力设计学校组织的各个方面——并使专业人员能够一起工作——以支持学生的牢固的关系、对学习的积极投入、对健康的认同发展以及纪律和集体生活的恢复。杜拉克和同事（2011）指出，学校在支持社会情感学习（SEL）方面的努力应该包括：对学生需要具备的个人和社交意识及责任感进行明确的指导，以及建设一个安全、有爱心的环境，使之成为一个尊重他人的、亲社会的社区。

幸运的是，由于学术、社会和情感学习合作共同体以及其他许多教育工作者、研究人员的努力，我们对如何帮助学生建立和保持社会情感能力以及学校如何支持这项工作已经学到了很多。这本手册证明了过去多年在各个学科和各种不同的背景下所做的杰出工作，为社会情感学习提供了更广泛和有效的研究、实践和政策基础。这本手册还非常详细地阐述了未来的工作，为那些致力于推动这一领域和能发挥人类潜力的人们提供了宝贵的资源。

正如本书作者所展示的，有大量的科学证据证明了社会情感学习的积极结果，并提出了实现这些结果的策略。这一科学基础促使我们进行一项明确的人文主义努力，特别是，这种努力包括学校机构的人性化。正如马克斯·韦伯（Max Weber）所描述的，在 20 世纪早期，学校机构被故意去人性化，以适应更完美的官僚机构——由规章制度指导，避免个人意志或个人情感出现——的需要。

正如保罗·弗雷尔（Paulo Freire）解释的那样，人性化是"作为社会、历史、思考、交流、变革、创新的人，在参与世界活动和与世界交流的过程中，成为更加完整的人的过程"。他认为，教育者必须"倾听学生的意见，并以他们的知识和经验为基础，以便参与……个性化的教育方法，进一步实现人性化和改革目标"（Freire，引自 Salazar，2013）。事实上，这就是我们在那些成功地走上社会情感教育之路的学校中看到的。

我们有理由希望并相信，随着这项工作的成功，人类的理解和关系将发生转变。智慧与和平的相互作用使这个星球上的人类状况有更多创造性的解决方案，这是我们集体经验最重要的成果。我们要感谢约瑟夫·杜拉克、塞琳·多米特罗维奇、罗杰·P. 韦斯伯格、托马斯·P. 古洛塔以及本书的所有作者，感谢他们推进了这一重要工作。

请扫描二维码获取原书参考文献。

不寻常的核心

蒂莫西·P. 施赖弗[①]，珍妮弗·巴菲特[②]

我们想知道何时所有关于如何改善我们学校的讨论会能放在教育的"真正核心"上。我们已进行如此多的改革努力，把注意力放在其他事情上，却没有关注真正的核心。我们的改革关注了：在校时间，儿童穿的校服，我们参加的考试，我们付款的方式，谁该受到指责，谁该被授权，如何管教，该买什么书，该使用什么电脑，该建造什么大楼……在让儿童学习方面，这些都很重要。但是，这些都不是真正的核心。

教育的真正核心是教师和学生之间的关系，这种关系在多大程度上培养了儿童对世界重要性的渴望，以及教师对培养和满足这种渴望的渴望。在许多方面，关于儿童发展的全部科学和最佳的教育哲学完全同意这样一个基本观点：学习是一种关系，教育的成功几乎完全取决于这种关系的社会和情感层面的力量。真正的核心在于：学习关系中的社会和情感维度。

尽管我们已经为学校改革工作了近半个世纪，但老实说，我们还没有关注到真正的核心。学习中社会和情感维度是核心，但在有关学校改革的辩论中，对它们的关注仍然非常少见。

我们很高兴地说，需要关注的重点和当前关注的重点之间的差距正在缩小。这本手册代表着在试图更快地缩小这一差距方面迈出了重要一步。在手册中，社会情感学习研究和实践中的许多杰出的领导者都展示了有关最佳实践的最新发现及其巨大前景。如果能够从这本手册的所有贡献中得

---

① 蒂莫西·P. 施赖弗，博士，国际特奥会理事会主席；学术、社会和情感学习合作共同体联合创始人，社会情感学习全国委员会(National Commission on Social and Emotional Learning)联合主席。

② 珍妮弗·巴菲特，美国诺沃基金会创始人、主席。——译者注

出一个最重要的结论，那就是：儿童和教师在学术和社会情感方面的显著改善是可以实现的。现在是时候做出必要的改变，以实现所渴望的结果。

在一定程度上，我们如果加强了社会情感学习，就增加了学生尽其所能地学习的可能性。经过数十年的实践，我们知道社会情感能力和价值观是可以传授的。当成人在学校里教导和树立良好的榜样时，学生的人际关系能力会加强，学习的动力会增强，问题行为会减少，考试成绩会提高。对诸如压力管理、人际关系技能、非暴力问题解决和以学习者为中心的目标设定等问题的关注是至关重要的。这些问题可以通过帮助教师关注"如何"联系、激励和启发学生来促进学生关注我们想让他们学习的"东西"。

同样，在一定程度上，我们如果忽视了社会情感学习，就增加了学生进一步脱离学习的可能性，教师也会对这种让他们难以教学的制度感到越来越沮丧。近年来，我们了解到，很多儿童认为他们被要求学习的内容与他们的生活没有任何关联。同样，有大量的儿童表示，他们在学校感到不安全。而且令人担忧的是，他们感到没有人关心他们。我们可以而且必须面对这样一个现实：许多儿童正在诉诸危险或破坏性行为来应对学习问题。因为在他们看来，在他们越来越脱离教育提供的选择的背景下，这些破坏性的选择是有意义的。

50多年前，一位年轻的部长看到他的国家处于类似的关头，一度认为棘手的问题几乎不可以解决。在紧张局势和暴力冲突中，马丁·路德·金（Martin Luther King）对全国人民说，现在不仅处于"绝望的山谷"，而且有"当下的紧迫性"。尽管很多人认为这个国家的情况毫无希望，但他提供了另一种信息：现在是时候果断行动，让历史的弧线朝着正义的方向弯曲了。

在我们这个时代，教育的理想不仅受制于美国众多儿童和家庭所面临的极度贫困状态和巨大的经济压力，而且受制于这样一种观念：什么都是不管用的——辍学和沮丧是不可避免的，许多年轻人可能会孤独、迷茫和失去方向。与金不同的是，我们很快就听信于那些我们知道不会产生重大影响的解决方案，因为我们不确定是否会产生重大影响。

但是正如我们所知，金在提到"当下的紧迫性"之后，又有了他的梦想，而这个梦想改变了一切。他的梦想是实现更加美好的未来，这个梦想激励着美国去实现这个勇敢而又可实现的目标——一个所有男性和女性，特别是儿童都将受到公正对待，并能够获得公平的机会去学习、赚钱、贡献和过充实生活的未来。

我们相信，今天的教育需要一个类似的梦想：一个所有儿童都热爱学校的梦想；在那里，所有儿童都能遇到理解他们、相信他们、挑战他们、启迪他们的老师；学习的核心就在学习的中心。我们相信，今天的梦想，是利用最好的科学和实践。在这个梦想中，所有儿童都被告知，他们拥有善良和高尚的目的，教育的目的是邀请学生参与伟大的想法，进而帮助他们发现自己的伟大想法和目标。我们相信，教育首先也是最重要的是发现自己在世界上的位置，然后抓住它。我们相信，我们即将能够以一种让所有儿童都能做到这一点的方式来教学。

这本手册是几十年来对学校改革的讨论的转折点。它邀请我们所有人都承认：儿童的社交和情感渴望是他们的关键力量。它邀请我们所有人都关注如何将这些力量整合起来，在师生之间建立强大的关系；它邀请我们所有人都专注于创建学校，利用现有的最佳科学和实践来建立这些关系，从而培养出最积极的、最有动力的公民。

到那时，也只有到那时，我们才能解决核心课程的问题；到那时，也只有到那时，这个核心才会从"不寻常"（uncommon）变成实现我们国家更高目标、更有意义的教育梦想的共同（common）途径。

请扫描二维码获取原书参考文献。

ACKNOWLEDGMENTS 致 谢

　　大约 20 年前，学术、社会和情感学习合作共同体在《促进社会情感学习：教育工作者指南》(Elias et al.，1997)中引入了社会情感学习。当时，我们写道，我们可以"很容易找到让人想起塞西尔·B. 德米尔(Cecil B. DeMille)电影的致谢"。若用电影术语来说，这本《社会情感学习手册：研究与实践》可以被看作一个成功的续集！实际上，这次我们要感谢更多的人，包括全球成千上万的研究人员、实践者、决策者、资助者、儿童倡导者、家庭和学生，他们推动了社会情感学习科学、实践和政策的发展。与其写一个非常长的致谢，我们不如将重点限制在那些真正让这本书成为可能的个人和组织上。

　　首先，我们要感谢这本手册的所有作者。有近百位学者撰写了出色的章节，在撰写过程中对反馈做出了回应，并按时完成了工作。我们也要感谢克雷格·托马斯(Craig Thomas)和他在吉尔福德出版社(The Guilford Press)的合作者，感谢他们的专业精神和对本书从概念到出版的支持。

　　我们向康涅狄格州东南部儿童与家庭机构(Child & Family Agency of Southeastern Connecticut，Inc.)的编辑统筹杰西卡·拉莫斯(Jessica Ramos)表达深切的谢意和特别的"感谢"。杰西卡熟练地管理、评审许多作者的多版文稿，使我们的编辑团队组织有序，并能够专注于取得的进展。她在这本手册中的作用是至关重要的。我们也非常感谢来自学术、社会和情感学习合作共同体和伊利诺伊大学芝加哥分校的辛西娅·科尔曼(Cynthia Coleman)、拉万·迪丝(Rawan Dissi)，他们有效地与杰西卡合作，并支持编写人员执行这一项目。

　　几位杰出的资助者和思想合作伙伴一直是学术、社会和情感学习合作共同体、这本手册和社会情感学习领域的长期支持者，他们是：来自诺沃基金会的詹妮弗·巴菲特和彼得·巴菲特(Peter Buffett)；来自埃因霍恩家族慈善信托基金会的詹妮弗·胡斯·罗斯伯格(Jennifer Hoos

Rothberg）、以太·丁诺（Itai Dinour）和梅根·萨克里顿（Megan Shackleton）；还有 1440 基金会的迪娜班杜（Dinabandhu）、伊拉·沙利（Ila Sarley）和斯科特·克里恩斯（Scott Kriens）。我们还要感谢学术、社会和情感学习合作共同体董事会的智慧、指导和协作。其中几位董事也是这本手册的作者，他们是：劳伦斯·阿贝尔（J. Lawrence Aber）、琳达·达林-哈蒙德、保罗·格伦、马克·格林伯格和蒂莫西·施赖弗。

这本手册是由托马斯·古洛塔、赫伯特·沃尔伯格和罗杰·韦斯伯格编辑的有关儿童和家庭生活问题系列丛书的补充。这一丛书关注当今儿童及其家庭面临的紧迫性社会问题，由美国主要的家庭服务机构之一———美国康涅狄格州东南部儿童与家庭机构和伊利诺伊大学芝加哥分校共同赞助。伊利诺伊大学芝加哥分校是一所研究型大学，专门运用学术资源以提高世界各地城市的生活质量。在这本手册中，我们必须给予学术、社会和情感学习合作共同体更多的荣誉和认可。学术、社会和情感学习合作共同体是世界上领先的组织，旨在促进基于证据的社会情感学习实践和政策，以提高从学龄前儿童到高中学生的社会、情感和学术能力。

我们将《社会情感学习手册：研究与实践》献给我们过早失去的两位社会情感学习领域的领袖：约瑟夫·津斯（Joseph Zins）和玛丽·乌特恩·奥布莱恩（Mary Utne O'Brien）。为了纪念约瑟夫·津斯，2007 年，学术、社会和情感学习合作共同体设立了约瑟夫·津斯社会情感学习行动研究奖。我们将此奖项颁发给具有创新精神和影响力的社会情感学习学者和科学家。其中的许多获奖者也是这本手册的章节作者。为了纪念玛丽，学术、社会和情感学习合作共同体在 2011 年设立了"玛丽·乌特恩·奥布莱恩奖"，以表彰她在扩展以实证为基础的社会情感学习实践方面的卓越成就。我们将该奖项颁发给那些为儿童和青少年提供优质社会情感学习项目的勇敢的教育者或决策者。我们知道，约瑟夫·津斯与玛丽·乌特恩·奥布莱恩会和我们一样对这本手册的出版感到兴奋。因为，这本手册着重介绍了当前最佳的社会情感学习研究和实践。

编辑们要特别感谢美国康涅狄格州东南部儿童与家庭机构，学术、社会和情感学习合作共同体和伊利诺伊大学芝加哥分校的支持。

CONTENTS 目 录

第一部分　基础篇

| 模块内容 |

第 *1* 章
社会情感学习的过去、 现在与未来

罗杰・P. 韦斯伯格，约瑟夫・A. 杜拉克，

塞琳・E. 多米特罗维奇，托马斯・P. 古洛塔

社会情感学习可谓是当今教育的时代精神。近年来，它激发了学者、政策制定者和实践者的想象力。对于许多人来说，社会情感学习是为所有儿童提供有效教育过程中"缺失的一块"。

—— 尼尔・汉弗莱[①]（2013）

《社会情感学习手册：研究与实践》的出版正逢其时。在过去的 20 年里，人们对社会情感学习的研究兴趣激增，综述性研究已记录了社会情感学习项目的价值。学校、家庭和社区正在结成伙伴关系，促进全球儿童的积极发展和学业成功。联邦、州的政策已经建立起来，以促进年轻人的社会情感发展和学术发展。

在研究方面，已有 500 多项对不同类型的社会情感学习项目的评估研究。这些研究文献大部分针对从学前教育到高等教育各学段的、基于学校的、普遍社会情感学习项目（Conley，本手册第 13 章；Durlak，Weissberg，Dymnicki，Taylor & Schellinger，2011；Sklad，Diekstra，De Ritter & Ben，2012）。尽管大多数评估侧重基于学校的干预，但许多项目都超出了学校范围，如家长培训、校外项目和社区组织项目（Albright & Weissberg，2010；Durlak，Weissberg & Pachan，2010）。许多社会情感学习项目是面向所有年轻人的，但也有一些成功的社会情感学习项目是针对正在经历不同类型问题的学生的（Payton et al.，2008；参见本手册第 14 章和第 18 章）。

---

① 尼尔・汉弗莱，博士，英国曼彻斯特大学教育学院院长、教育心理学教授。他的研究兴趣包括社会情感学习、心理健康和特殊教育——译者注

在实践方面，社会情感学习项目正在美国及世界其他国家的数千所学校中开展（Humphrey，2013；Torrente，Alimchandani & Aber，本手册第37章；Weare & Nind，2011）。许多教师对向学生提供社会情感学习项目做出积极回应，尽管他们仍需要有效的行政和政策支持（Bridgeland，Bruce & Hariharan，2013；Merrell & Gueldner，2010）。研究表明，如果学区和学校领导人倡导愿景、政策、专业学习社区，并支持统筹教室、学校、家庭和社区层面的项目，学校和教师的努力程度就会得到加强（Catalano，Berglund，Ryan，Lonczak & Hawkins，2004；Elias，O'Brien & Weissberg，2006；Mart，Weissberg & Kendziora，本手册第32章；Weissberg & Kumpfer，2003）。

在政策方面，2004年，美国伊利诺伊州是首个制定从学前到高中的社会情感学习标准的州。该标准提供了学生社会情感能力方面应知、应做的指导框架。目前，全美50个州均已制定了学龄前儿童的社会情感能力发展标准，许多州和一些国家（例如，新加坡）已将社会情感学习纳入学生的学术学习标准中（参见本手册第35章）。美国国家政策还可通过以下方式为实施基于证据的社会情感学习项目提供资金和指导：①立法倡议，例如，提出《学术、社会和情感学习法》，修订《中小学教育法》；②行政倡导，在儿童教育及其他关键环境中加强社会情感学习实践；③科学决策，为社会情感学习研究和成果推广提供经费（参见本手册第8章和第36章）。

总之，该领域的成就已经超出20年前引入和定义社会情感学习时的预期（Elias et al.，1997）。然而，社会情感学习的研究、实践和政策在未来还有很多可以加强的地方。

一、本手册的目标

鉴于这些发展，对当前社会情感学习领域进行全面总结并提出对未来的建议正当其时，这也是本手册的主要内容。具体而言，本手册主要有四个目标：①提供有关社会情感学习研究、实践和政策状况的关键的、综合的和最新的信息，用于在学校、社区和家庭环境中开展社会情感学习工作；②为希望了解更多社会情感学习研究和实践状况的人提供相关文献，支持其开展基于证据的研究；③讨论社会情感学习理论与研究、评估、实施、专业发展、资金、政策等方面的重要而未决的问题；④提供建议和指南，以形成社会情感学习研究、实践和政策的未来议程。

二、本章主要内容

本章首先介绍了社会情感学习的理由、定义和概念框架。我们强调，需要促进社会情感学习与学校氛围、文化的发展，丰富学生个人、人际和认知等方面的相关经验（例如，Darling-Hammond，Friedlaender & Snyder，2014；国家研究委员会，2012）。其次，我们总结了一些主要的研究结论。这些结论澄清了社会情感学习项目的证据基础。许多研究已证实，项目实施质量是影响对学生学习的干预的关键因素。因此，本章也会讨论关于社会情感学习实施质量的相关问题。再次，本章还将讨论在研究、实践和政策方面需要解决的一些关键问题，以用最有效的方式推动社会情感学习领域的发展。最后，本章简要介绍了本手册的主要内容。

三、社会情感学习：理由、定义和框架

（一）为什么需要社会情感学习

家庭、教育工作者和社区成员努力培养和教育有知识、有责任心、有爱心和有社会竞争力的儿童，使他们成为积极的家庭成员和邻居、有贡献的公民和有生产力的工人。尽管使用了不同的术语，但大多数人都同意，教育的核心目的是希望所有学生能够掌握所有的学科内容，成为具有文化素养、善于思考的终身学习者。我们还希望儿童以友善社交和尊重的方式与他们的家人、同龄人、学校工作人员和社区成员互动；具有安全和健康的行为；养成在大学、事业和生活中取得成功的习惯和性格（Dymnicki，Sambolt & Kidron，2013；Elias et al.，1997；Greenberg et al.，2003；Schaps & Weissberg，2015）。

人们普遍认为，当今学校不仅要提供学术指导，还要为学生的未来生活和工作做准备（国家研究委员会，2012）。在 20 世纪，儿童的生活条件发生了巨大变化（Weissberg & Greenberg，1998；Weissberg，Walberg，O'Brien & Kuster，2003）。家庭面临越来越大的经济和社会压力。儿童通过媒体接触到一个日益复杂的世界，并通过各种技术直接获得信息和进行社会交往。在促进儿童的社会情感能力和品格发展方面，社区的支持度和机构的参与度相对不足。

现在的教育工作者面临一项主要挑战，即教育越来越多地来自不同种族、民族和经济背景的、具有多元文化和多语言背景的学生。教师、学生支持人员和社区机构为具有不同能力和动机的学生提供学习、积极行为和学术表现服务。据估计，无论是城市、郊区还是农村的学校，有 40%—60% 的美国高中生长期不在校（Klem & Connell，2004）。2013 年青少年风险行为调查结果显示，大量高中学生表现出危害其未来的行为（例如，滥用药物、暴力和欺凌，以及心理健康问题）。此外，许多学生还有社会情感能力方面的缺陷。这不仅降低了他们的学业成果，也干扰了同龄人的就读（Benson，2006）。

为了应对这些情况，学校已经被各种善意的预防危险行为和青少年发展计划所淹没。这些干预计划针对各种各样的问题，包括欺凌、品格、犯罪、家庭生活、健康教育、性教育、逃学和暴力等（参见本手册第 3 章）。不幸的是，这些努力通常是短期的、零碎的试点项目，没有很好地融入学校的学术使命中。此外，如果没有来自学区和学校领导强有力的支持，缺少有效的教师专业发展和项目实施质量的保障，项目没有得到充分的协调、监控、评估和改进，那么这些项目带给学生的好处就会减少，也不太可能持续下去。

1994 年，一群教育工作者、研究人员和儿童权益倡导者在费策尔基金会（Fetzer Institute）开会，讨论提高学生社会情感能力、学业成果、健康和公民意识，预防和减少生理健康问题、心

理健康问题和行为问题的有效、协调一致的策略。费策尔小组引入了"社会情感学习"这一术语作为概念框架，以提高年轻人的学术、社会和情感能力，并协调学校、家庭和社区规划以实现这些教育目标(Elias et al.，1997)。与会者还建立了学术、社会和情感学习合作共同体，旨在帮助建立基于证据的社会情感学习，将其作为从学前教育到高中教育的重要组成部分。20年来，学术、社会和情感学习合作共同体作为战略制定者、合作者、召集者和支持者，将基于证据的社会情感学习项目纳入学前教育到高中教育中，致力于促进儿童的社会情感发展和学业成果的提高(Weissberg & Cascarino，2013)。该组织的目标包括：开展社会情感学习科学研究，推广有效的社会情感学习实践，以及改进联邦和州的教育政策，以支持循证项目在更广泛的范围内实施。

(二)什么是社会情感学习

学术、社会和情感学习合作共同体致力于建立一个统一的从学前教育到高中教育的基于证据的框架，以促进所有学生的社会、情感、认知的发展和学业成绩的提高(CASEL，2016；Meyers et al.，2015；Zins, Weissberg, Wang & Walberg，2004)。社会情感学习项目主要是通过一系列实践和政策的实施，让儿童和成人可以获得和应用一系列有助于个人发展、建立良好的人际关系的知识、技能，从而促进个人有效地、合乎道德地工作和生活。这些能力包括理解和管理情绪、设定和达成积极的目标、感受和表达对他人的关心、建立和保持积极的关系，以及做出负责任的决策(CASEL，2012)。

社会情感学习通过清晰的教学、以学生为中心的学习方法来培养学生的社会情感能力，以帮助学生参与学习过程并在过程中发展分析、沟通和协作技能(CASEL，2012；Friedlaender et al.，2014)。社会情感能力可以通过清晰的讲解被教授，被模仿，被练习，并应用于不同的情况。因此，年轻人和成人可以将其作为日常行为的一部分。社会情感学习项目还会通过建立积极的教室和学校文化、氛围，以及安全的、关爱的、合作的、管理良好的和参与性的学习条件来提高学生的社会情感能力(Zins et al.，2004)。整合的、系统的、全校范围的社会情感学习包括班级和学校层面的学习，以及与家庭和社区成员建立伙伴关系的学习(CASEL，2016；Meyers et al.，2015)。社会情感学习包括针对整个学生群体的普遍项目以及面向存在社会、情感和行为学习困难或处于困境的学生的早期干预和支持(Adelman & Taylor，2006；参见本手册第30章、第14章)。

(三)在教育环境中系统推进社会情感学习的分析框架

已有各种各样的社会情感学习框架用来描述系统的社会情感学习项目的基本情况(Jennings & Greenberg，2009；Jones & Bouffard，2012；Meyers et al.，2015；Zins et al.，2004)。我们在图1-1中展示了一个新的分析框架，它强调：①五个相互关联的认知、情感和行为能力领域，这些能力领域为学生在学校和社会生活中取得成功奠定基础；②基于证据的社会情感学习项目在态度和行为上产生短期和长期结果；③相互协调的课堂、学校、家庭和社区策略，以提高儿童社会情感能力和促进学业发展；④学区、州和联邦的政策支持，以促进高质量的社会情感学习项目的实施和取得更好的学生成果。

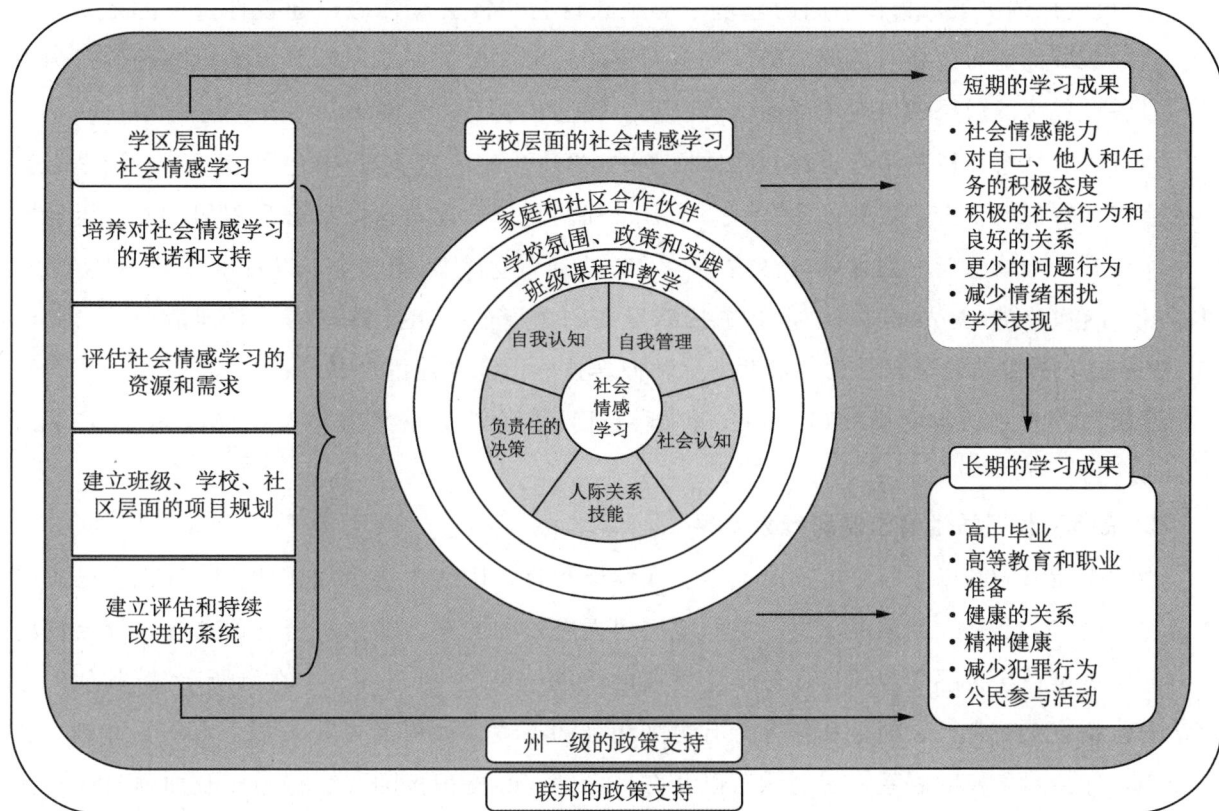

图 1-1　教育环境中系统化的社会情感学习概念模型

1. 学术、社会和情感学习合作共同体的五个能力

社会情感学习项目可以提高学生整合认知、情感和行为的能力，以有效处理日常任务和挑战（基于学校的社会能力提升联盟，1994）。与许多类似的方法一样，学术、社会和情感学习合作共同体提出的能力领域包括个人内部能力、人际交往能力和认知能力的知识、技能和态度（国家研究委员会，2012）。具体包括自我认知、自我管理、社会认知、人际关系技能和负责任的决策。

（1）自我认知，包括理解个体的情绪、目标和价值观。具体包括准确地评估个人的优势和局限，拥有积极的心态，拥有良好的自我效能感和乐观精神。高水平的自我认知需要能够认识到想法、感受和行为之间是如何相互联系的。

（2）自我管理，包括有助于调节情绪和行为的能力。具体包括延迟满足、管理压力、控制冲动，以及为实现个人和教育目标而坚持面对挑战。

（3）社会认知，包括从不同背景或文化的人的角度看待问题，富有同理心和共情能力；还包括对社会规范的理解，认可家庭、学校和社区的资源。

（4）人际关系技能为儿童提供了建立和维持健康有益的人际关系、按照社会规范行事的技能。本领域的能力包括清晰的沟通、积极的倾听、合作、抵制不恰当的社会压力、建设性地协调冲突以及在需要的时候寻求帮助。

（5）负责任的决策，指在不同的环境下对个人行为和社会交往做出建设性选择的知识、技能。这个领域的能力包括对道德标准、安全问题的思考决策，面对风险行为做出准确的行为选择，对各种行为的后果做出现实的评估，以及为自己和他人的健康和幸福着想的能力。

在学术、社会和情感学习合作共同体框架中，"社会和情感学习"中包含"学习"一词是有目的的。它旨在说明获得这五种能力是一个学习过程，而且学校是这个学习过程的主要发生场所之一。提升社会情感能力的有效社会情感学习方法通常包含四个要素，以首字母缩写"SAFE"表示：①有次序的（Sequenced），指促进技能发展的顺序的、相互协调的一系列活动；②主动的（Active），指主动的学习形式，帮助学生掌握新技能；③专注的（Focused），指聚焦于个人社会情感能力的发展；④明确的（Explicit），指针对特定的社会情感能力要明确（Durlak et al.，2010，2011）。

2. 短期和长期学生的态度和行为结果

当学生能够做到以下三个方面时，他们在学校和日常生活中会更加成功：①认识自己并能够管理自己；②从别人的角度出发，并与他们建立有效的关系；③做出合理的选择。社会情感能力的发展是社会情感学习项目促进学生发展的短期结果之一（见图1-1右侧所示）。其他的短期结果包括：①对自己、他人和任务持有更加积极的态度，如提高自我效能，自信，坚韧，有同理心，保持对学校的联系，实现承诺以及有目标感；②更积极的社交行为以及加强与同龄人和成人的关系；③减少行为问题和冒险行为；④减少情绪困扰；⑤提高考试效果和出勤率（Durlak et al.，2011；Farrington et al.，2012；Sklad et al.，2012）。从长远来看，更良好的社会情感能力可以增加高中毕业的可能性，为高等教育做好准备，在职业上获得成功，有积极的家庭和工作关系，心理健康，减少犯罪行为，以及参与公民活动等（Hawkins，Kosterman，Catalano，Hill & Abbott，2008）。

3. 系统性推进社会情感学习项目

图1-1强调，协调班级、学校、家庭和社区层面的干预策略可以提高学生的社会情感能力和学术能力。

在班级层面，社会情感学习将与文化水平适宜的课堂教学、持续进行的正式的讲授式的课堂教学相结合，以提高学生的社会情感能力和强化积极行为（参见本手册第4章、第9章、第10章、第11章和第12章）。在班级层面促进所有学生的社会情感能力的发展，包括教授和示范社会情感能力，为学生提供实践和练习这些技能的机会，并为他们提供在各种情况下应用这些技能的机会。

流行的社会情感学习方法之一是培训教师讲授专门的课程，教授社会情感能力，然后为学生寻找机会让他们在一天之中能够应用这些技能。还有一种方法是将社会情感学习嵌入学科内容领域，如英语语言艺术、社会研究或数学等学科（Jones & Bouffard，2012；Merrell & Gueldner，2010；Yoder，2013；Zins et al.，2004）。

教师还可以通过与学生的人际交往和以学生为中心的教学互动，自然地培养学生的技能。师生互动在产生积极的师生关系时，就会促进学生的社会情感学习，此时教师能够为学生发展社会情感能力提供示范并促进学生的参与（参见本手册第 15 章）。教师的实践为学生提供情感支持，并为学生的发言、自主和经验掌握创造机会，可以促进学生参与教育过程。这些教学方法强调不断改变成人的做法、学生相互交往的方式以及他们的周围环境，从而促进学生社会情感能力的发展。

在学校层面，社会情感学习策略通常以与学校氛围和为学生服务相关的政策、实践的形式出现（Meyers et al.，2015）。积极的学校氛围和文化对学生的学业、行为和心理健康都有积极影响（Thapa，Cohen，Guffey & Higgins-D'Alessandro，2013）。在学校范围内，有多种活动和政策可以促进积极的学校环境的建设，例如，建立一个团队来构建学校氛围，制定明确的规范，构建价值观以及对学生和教职员工的期望。公平公正的政策和欺凌预防措施为学生提供机会来解决冲突和修复受损的关系，进而培养学生的人际关系技巧和决策能力。这样做比纯粹依靠奖励或惩罚的方式更有可能形成持久的技能和态度转变，影响学生的行为（参见本手册第 30 章）。学校领导者可以通过定期安排的晨会或咨询会等形式组织活动，促进学生建立积极的关系和共同体意识，为学生提供相互联系的机会。

教育者的社会情感能力和教学技能会影响课堂和学校的氛围和文化，也会影响符合 SAFE 原则的社会情感学习项目对学生行为的效果。关于社会情感学习的高质量职前和在职专业学习应该包括以下内容：教授社会情感能力所需的理论知识和教学策略；教师和管理者的个人和社会能力的发展；来自同事和管理者持续的支持性反馈（参见本手册第 15 章、第 27 章、第 28 章和第 29 章）。

学校范围的社会情感学习的一个重要组成部分就是多层支持系统。辅导员、社会工作者和心理学家等专业人士为学生提供的服务应与班级和学校层面的普遍干预相一致。针对那些需要早期干预或更深入干预的学生，学生支持专业人员采用小组工作的方式为他们提供课程教学的进一步强化和补充。当这些专业人员熟悉教师在课堂上教授的社会情感学习内容以及教学方式时，他们可以将这些内容与自己和学生的工作结合起来。

家庭和社区的伙伴关系可以加强将学校层面的社会情感学习扩展到家庭和社区的效果。社区成员和社区组织可以支持课堂和学校的工作，特别是通过为学生提供其他机会来完善和应用各种社会情感能力（Catalano et al.，2004）。学校—家庭—社区关系的特点是平等的、有共同目标和有意义的角色。这样的伙伴关系有助于提高学生的社会情感能力（参见本手册第 16 章和第 31 章）。

校外活动也为学生提供了与支持他们的成人和同龄人相联系的机会（参见本手册第 17 章）。校外环境是帮助青少年发展和运用新技能的绝佳场所。研究表明，将课余时间投入学生社会情感能力发展的校外项目可以显著提高学生的自我认知，促进与学校的联系、积极的社交行为，提高学校测验结果，同时减少问题行为（Durlak et al.，2010）。

除了中小学校，还有许多环境或系统可以培养儿童或支持他们的社会情感能力。社会情感学习开始于幼儿时期，因此，家庭和幼儿保育环境也是社会情感学习的重要场所（参见本手册第9章）。在教育领域的另一端，高等教育环境也有可能促进学生的社会情感能力的发展（参见本手册第13章）。从事危险行为的儿童往往在社会情感能力发展方面表现出缺陷，因此，为这些人群服务的系统（例如，青少年司法、精神卫生服务提供者）是社会情感学习的潜在环境。

4. 学区、州和联邦支持

图1-1中的左框表示，当班级和学校范围的社会情感学习项目与学区优先事项一致，并得到学区行政人员、学校董事会和教育工作者协会的支持时，这些项目最有可能成功地实施和持续下去（参见本手册第32章）。学区领导者可以通过以下方式支持系统的社会情感学习政策和实践：①与利益相关者合作，培育社会情感学习中的梦想，并为社会情感学习的实施培育组织支持和专业学习社区；②评估学区当前的资源和需求，以已经进行的有效项目为基础；③支持彼此协调的班级、学校和学区层面的社会情感学习项目；④建立持续改进的评估体系（CASEL，2016；Mart et al.，本手册第32章）。学术、社会和情感学习合作共同体正与多个大型城市学区（安克雷奇、奥斯汀、芝加哥、克利夫兰、纳什维尔、奥克兰、萨克拉门托和华盛顿州沃索县）建立合作伙伴关系，以开展从幼儿园到高中教育的社会情感学习（CASEL，2016；Mart et al.，本手册第32章；Wright，Lamond，Wandersman，Osher & Gordon，本手册第33章）。美国研究所（AIR）对已实施了三年的项目开展第三方评估研究，结果表明，各学区和学校在实施基于证据的社会情感学习项目，以及协调社会情感学习项目与其他项目、学区优先工作等方面取得了相当大的成功（Osher，Friedman & Kendziora，2014）。

联邦和州的政策和支持在促进基于证据的学区、学校和班级的社会情感学习项目中起着至关重要的作用（见图1-1）。各州支持有质量的社会情感学习项目的主要方式之一是建立学生的社会情感学习标准（参见本手册第35章）。该标准规定了学生应该知道和能够做到的教育教学结果。编写良好且执行良好的标准可向学校工作人员、家庭和学生传达优先事项。当这些标准提供了明确的目标和发展基准时，它们可以帮助形成有影响力的教育规划，尤其是当这些规划包括实施以证据为基础的课程、为教育工作者提供高质量的专业学习课程，以及帮助教师监测学生朝向目标的发展时。伊利诺伊州提供了一个开创性的、独立的从幼儿园到高中的社会情感学习标准。根据该标准，伊利诺伊州的学生需要朝着社会情感学习的三个目标努力：①培养自我认知和自我管理能力；②利用社交意识和人际关系技巧建立和维持积极的关系；③在个人、学校和社区环境中展示决策技巧和负责任的行为，以实现学校和生活上的成功。杜森伯里和同事（参见本手册第35章）描述了对50个州的社会情感学习标准的全面分析结果，并提供了可在各州、学区和学校采用的高质量社会情感学习标准的设计指南。

在过去的几年中，社会情感学习在联邦政策中获得了很大的关注（Zaslow et al.，参见本手册第 36 章）。两党国会议员都已经提出或支持社会情感学习的立法。此外，美国教育部已将社会情感学习纳入最近几轮的"力争上游"和"投资创新"竞争性赠款中。一些立法倡议侧重于普遍的社会情感学习方法，目的是增加所有学生的积极行为，减少消极行为。例如，最近国会议员蒂姆·瑞安（Tim Ryan）提出了两党立法，为教师和校长提供社会情感学习项目方面的培训。该法案将社会情感学习项目定义为：

①将社会情感学习与学业成就结合起来的课堂教学和全校范围内的活动、举措；②提供系统的指导，以教授、示范、练习和应用社会情感能力，使学生将其作为日常行为的一部分；③教导学生运用社会情感能力，以预防特定的问题行为，例如，暴力、霸凌及学业失败，并增加在班级、学校和社区活动中的积极行为；④建立安全的、关怀性的学习环境，以促进学生的投入和参与，并与学习和学校建立联系。

在理想情况下，这一段话将被纳入《初等和中等教育法》和参众两院通过的其他政策中。统一的联邦、州和学区政策增加了在学校和班级中广泛实施高质量社会情感学习项目的可能性。

5. 系统、协调的教育至关重要

该框架表明，社会情感学习项目发生在一个由环境和关系构成的多层次生态系统中。社会情感学习研究人员、教育工作者、政策制定者和资助者面临的主要挑战是综合多个学科的研究，从不同的项目和政策中提炼出精华，并将其整合到学校和学校系统的社会情感学习项目中。

社会情感学习所处的世界充满了类似的教育方法，这些方法旨在提高儿童的社会情感能力和认知能力，并构建好影响他们学习和发展的条件和环境（Brown，Corrigan & Higgins-D'Alessandro，2012；Catalano et al.，2004；Elias et al.，本手册第 3 章；Farrington et al.，2012；Gilman，Huebner & Furlong，2009；Goleman，2005；国家研究委员会，2012；Nucci，Narvaez & Krettenauer，2014；Wentzel & Wigfield，2009）。这些促进个人能力和人际能力提升的典型因素包括：品格教育、深度学习、情商、坚毅品质、思维习惯、思维定式、非认知能力、基于项目的学习、亲社会教育、积极行为的支持、积极的青少年发展、学校氛围、以学生为中心的学习、21 世纪技能以及全人教育等。

不幸的是，大多数项目都是零散引入学校的，并与其他课程隔离开来，学校成了青少年发展计划的大杂烩，几乎没有方向、协调性、可持续性或影响力（Shriver & Weissberg，1996）。从学区和学校教育工作者的角度来看，至关重要的是建立基础架构、策略和流程，以有效整合多种项目，促进学生的社会情感发展和学术发展。

学术、社会和情感学习合作共同体认为，若要儿童受益最大化，需要寻找学区和学校范围内各个项目的共同点，并使其协调一致（CASEL，2016；Elias et al.，本手册第 3 章；Meyers et al.，2015）。有计划的、持续的、系统的社会情感学习包括以下核心特征：①为社会情感学习建立一个共享的愿景，优先促进所有学生的社会、情感和学术学习；②确定社会情感学习的优势和已有支持，并从这些优势中构建基础；③建立中心办公室，建设学校的基础设施和配备相关资源，提供持续专业学习，包括形成社会情感学习意识，提高成人的社会情感能力，培养有效的社会情感学习教学实践；④为学生建立社会情感学习标准，以确定社会情感学习项目的范围和顺序；⑤采用和适当调整循证项目，以支持课堂和整个学校中的学生社会情感能力的发展；⑥将社会情感学习和班级、学校氛围与文化的发展纳入学校的目标、优先事项、举措、项目和策略等各个方面；⑦运用一个调查周期来优化社会情感学习实践和学生发展的结果。最后，不断地评估消费者的观点、项目实施程度、儿童发展结果、学校和地区资源、新的州和联邦政策以及新近科学进展，以改进项目，指导未来决策。

社会情感学习框架应与以学生为中心的学习实践紧密结合（Darling-Hammond et al.，2014；Friedlaender et al.，2014）。总而言之，社会情感学习是为有优势的、对受过教育的学生所应掌握的社会情感能力和学术能力的发展提供有针对性的指导。它重视学生的想法、感受和声音，强调学生可以为学校和社区做出积极贡献。社会情感学习涉及教育过程的个性化，采用投入型的教学法和适切的课程，为学生提供深度学习以及与校外世界建立联系的机会。创设积极的学校文化和氛围，运用真实性评估方法来评估和指导教学与学习，这是高质量社会情感学习项目的核心要素。社会情感学习必须与解决这些优先事项的教育和儿童发展运动保持协调。

四、社会情感学习干预的证据

大量相关研究和追踪研究表明，社会情感能力与良好的适应结果呈正相关关系，与各种问题呈负相关关系（例如，Heckman & Kautz，2012；Moffitt et al.，2011）。来自各种研究的证据还表明，社会情感学习干预可产生积极的态度和行为效果。我们没有讨论具体项目的研究证据，而是讨论了一些有影响力的出版物，这些出版物重申了社会情感学习的价值并总结了社会情感学习校本干预有效性的相关研究。

第一个是《安全与健康：基于证据的社会情感学习项目的教育领导者指南》（简称《安全与健康指南》；CASEL，2003）。该出版物第一次全面调查了已有的校本社会情感学习项目，解释了社会情感学习可以如何轻松地被纳入：①学校的学术使命；②促进健康行为和预防高危行为的努力；③全面的学校改革；④建立家庭和学校伙伴关系。《安全与健康指南》提供了有关各种项目的程序和成果方面的实用信息，以帮助教育工作者选择适合其特定环境的项目。《安全与健康指南》成了一个受欢迎的信息源，在学术、社会和情感学习合作共同体网站的下载量超过15万次。学术、社会和情感学习合作共同体发布了《2013年指南：有效的社会情感学习项目——学前和小学版》（简称《2013年指南》）。正如标题所示，它关注的是成功的学前和小学项目（直至小学五年级）。《2013年指南》重点介绍了25个项目（7个学前教育项目和18个小学教育项目），这些项目比《2003年指南》采用的标准更为严格。

津斯和同事（2004）通过详细的研究实例强调了社会情感学习项目如何促进学生的学业取得成功。该书尤为重要，因为它的出版恰逢许多学生学业表现不佳，所以它成为全国关注的焦点。津斯及同事在该著作中强调,社会情感学习有可能改善学生的学业表现。

最近,一项涉及 27 万多名学生的 213 项研究的大规模元分析证实,社会情感学习在六个方面均产生了显著的积极作用(Durlak et al.,2011)。这些结果包括学习成果、社会情感能力、亲社会行为、对自我和他人的态度(如自尊、与学校建立联系)的改善,以及行为问题和情绪困扰(例如,焦虑和沮丧)的减少。此外,在这些领域取得的效果(效应量从 0.22 到 0.57)与已有的针对青少年成长的社会心理干预的元分析报告的效果相当或比后者更好。这也表明,社会情感学习干预应被视为一种有效的基于证据的方法。

杜拉克及同事(2011)的元分析得出的其他发现要么支持了先前的个别研究的结果,要么回答了有关社会情感学习项目实施的重要问题。例如,无论其地理位置(例如,城市、郊区或农村)或学生群体的种族构成如何,社会情感学习项目都是有效的。在实施项目时,由教师实施比由进入学校管理项目的外部人员实施更成功。这也表明社会情感学习干预可以纳入日常教育实践中。

此外,被评估项目的实施质量不同,对结果有很大影响。例如,我们比较了参与良好项目和不良项目的学生,发现前一组学生的学习效果的提高程度是后者的两倍;他们的情绪困扰和行为问题减少的程度是实施不良项目的两倍。这些结果进一步证实了实施质量对项目结果有重要影响。换句话说,我们不应该想当然地认为社会情感学习项目就是有效的;实际上,只有实施良好的社会情感学习项目才是有效的(Durlak,本手册第 26 章)。在该研究之后,一个国际研究团队对更精选的样本进行了元分析,结果发现,基于学校的普遍社会情感学习项目对前面列出的六个学生成果领域均产生了积极影响(Sklad et al.,2012)。

总之,本部分对社会情感学习研究的简要概述得出了以下重要结论。研究发现,作为一种基于证据的方法,实施良好的社会情感学习项目不仅可以改善学生的学业、提升行为和个人适应能力,还可以防止一些重要的负面结果的出现。社会情感学习项目对各个地区从学前到高中阶段的学生(也包括大学生,参见本手册第 13 章)均有效果。教师们只要接受充分的培训、咨询和支持,就可以有效地实施项目(参见本手册第 15 章、第 27 章、第 28 章和第 29 章)。换句话说,社会情感学习项目在任何教育背景下都应被视为提高学生心理、学术和社会能力的可行选择。

五、社会情感学习的未来议程

在这一部分,我们提出了社会情感学习未来工作的议程。该议程融合了以前的成就以及本书后续各章中提供的一些建议。由于篇幅有限,这一部分无法全面讨论所有相关问题,因此我们集中讨论两个核心问题:①如何提高社会情感学习项目的质量?②如何扩大以证据为基础的项目,使尽可能多的学生受益?

(一)提高社会情感学习的质量

虽然许多社会情感学习项目已经取得成功，但我们需要更多研究来确定成功项目的有效成分和核心要素。最成功的社会情感学习项目背后的理论和逻辑模型集中于两个重要元素：①背景环境的特征，包括班级或学校的氛围、教师实践程度、家庭或社区伙伴关系；②针对社会情感能力五个领域中的一个或多个进行具体干预(参见本手册第2章)。有必要确定哪些环境特征和哪些学生能力构成了面向不同年龄组的成功项目的积极要素。这些积极要素既是干预的动力，又能解释参与者的变化。尽管已有一些研究团队做了中介分析，以检验其干预中的积极要素(参见本手册第10章)，但研究结果并不总是明确的，还需要在多种情况下重复研究。

确定不同的社会情感学习项目的积极要素有助于研究更有效的干预，并在以下方面提供指导：①项目干预中的哪些要素需要维持，哪些要素可以去掉、减少或修改；②教育工作者在开展项目时，应该学习和强调哪些重要的干预；③从项目理论、实践和项目成果的角度，需要测量哪些内容。

还有一个重要的考虑因素是学生的种族和文化背景(参见本手册第4章)。尽管研究表明，社会情感学习干预对不同种族和文化群体是有效的，但我们不知道如何调整或是否可以调整以使当前的项目对不同的子群体更有效。我们也可以从跨文化研究中受益。一些在美国开发的社会情感学习项目已成功地移植到其他国家，但其他国家也有原创的社会情感学习干预(Humphrey，2013)。此外，世界上许多国家的教育系统都有提高与社会情感能力相关技能的内容(参见本手册第37章)，了解不同的文化和社会背景如何影响项目的效果是很重要的。

如果没有对关键概念的良好测量，科学领域就无法取得很大进展。社会情感学习可以在常规评估的广度和类型两方面取得进展。就广度而言，重要的是要调查尽可能多的结果，以了解不同的项目如何帮助学生。过去的研究表明，社会情感学习干预可以提高学生的自信心和自尊心，改善他们对学校和教育的态度，并增加其亲社会行为(例如，与他人合作和帮助他人)，提高学生在学习效果方面的学业表现。社会情感学习干预还可以减少问题行为，例如，减少攻击性行为和降低情绪困扰水平(Durlak et al.，2011；Sklad et al.，2012)。但是，并非每个项目都能在这些领域产生相同程度的变化。在许多情况下，我们不知道一些项目如何在上述几个方面对参与者产生影响。此外，正如格林伯格、拉卡茨和克莱恩(本手册第6章)所指出的，测查身体健康的关键标志物也是一个好主意，因为某些社会情感学习干预可能会在这一领域产生重要影响。

在开发新的评估类型方面，至关重要的是要对五个社会情感能力领域中的许多不同技能进行测量。尽管目前已有一些可用工具(参见本手册第19章、第20章、第21章和第22章)，但该领域仍需要开发其他有效的评估工具，其中应包括对全方位的技能和态度的评估。对多种社会情感能力的评估将有助于确定哪种类型的干预对哪些学生最有利，并有助于监测学生随着时间的推移而取得的进步，从而调整项目的类型或进度，并判断干预是否提高了目标技能。此外，如果可以在普通学校环境中开发出有效的、易于使用的评估工具(可以由学校工作人员进行适当管理和解释，且不需要大量时间），这将是很有帮助的（参见本手册第 19 章和第 25 章）。

需要更多研究关注的其他问题包括项目持续时间与不同结果之间的关系，以及社会情感学习项目的长期影响。一个项目应该为不同学段的学生提供多长时间的干预？学生需要掌握哪些初始技能才能在不同的领域取得积极效果？一些研究人员认为，针对学生的想法、感受和信念进行简单的社会心理干预，可以在多年后获得可观结果，并缩小成就差距（Yeager ＆ Walton，2011）。尽管可以合理地假设持续时间较长的项目会产生更好的结果，但是有关此问题的数据尚不清楚。元分析发现，对学生结果的随访有积极意义（Durlak et al.，2011；Sklad et al.，2012），但这样的随访研究很少。考虑到成本-效益选择的必要性，未来的研究应阐明短期项目和多年干预项目产生的不同影响。

归根结底，我们并不指望通过研究可以罗列出若干个在所有情况下都普遍有效的环境条件和核心技能。相反，应该针对以下问题寻求进一步的研究：何种特定的环境以及对哪些特定技能的促进，可以为处于不同学段、来自不同文化背景的学生带来期望的短期结果和长期结果。

（二）扩大基于证据的社会情感学习项目的范围

广泛应用循证方法已经成为医学、教育、心理健康治疗和预防等领域的一个重要主题。不幸的是，在这些领域中，循证项目本可以比目前的应用范围更广，但研究和实践之间尚存在巨大鸿沟，社会情感学习项目也是如此。

有几位学者使用"传播"一词来指代循证项目的推广，但罗杰斯（2003）的扩散模型可能更为有用和全面。该模型非常有影响力，可以帮助我们理解循证项目最终得到更广泛应用和采纳的过程。根据罗杰斯的观点，扩散是相互独立又相互关联的五个阶段的结果：第一阶段是"宣传"，指向潜在用户传达有关该项目的准确和有用的信息；第二阶段是"采用"，发生在其他人决定尝试某个项目时；第三阶段是"实施"，指以高质量的方式实施项目，并公平地测试项目产生变化的能力；第四阶段是"评估"，指分析新项目如何实现其预期目标；第五阶段是"可持续性"，这意味着该项目（如果成功的话）被纳入组织程序。上述每一阶段都需要有效完成，以达到推广的最终目标，然而各个阶段在实施过程中往往会出现问题。例如，潜在的用户可能未收到或未充分注意有关新项目的有用信息。他们可能会采用错误的（例如，不合适或无效的）项目，或者不采用可能有帮助的项目。学校工作人员在项目实施过程中可能会遇到严重的困难或限制，或者未能认真分析新项目而未发现其真正的好处。在某些情况下，由于行政、政治或财务方面的原因，即使评估表明新方案在新环境中有价值，新方案仍难以为继。

为了改善项目扩散阶段的工作，可以采取以下几种方法，其核心要义和共同主题是与利益相关者充分合作。从宣传和采用阶段开始，合作就尤为重要，因为非常有必要向教育工作者询问，哪些信息有助于他们理解和采用社会情感学习项目，以及希望通过何种方式获得这些信息。在过去，专家们通常认为自己已经掌握了这些问题的答案，并以他们认为合适的方式进行沟通。但是，为了促进社会情感学习的发展，最好的方式是向教育工作者询问他们需要了解什么，并做出相应的回应。例如，哪些信息可以帮助他们了解社会情感学习项目的价值并决定使用它们？他们对此类项目有什么顾虑？是什么阻碍了他们的学校采用协调项目？在不同的教育工作者中系统地收集上述信息，将会形成改善信息宣传和项目采用方面的工作的想法。

在接下来的三个阶段——实施、评估和可持续性，合作仍然至关重要（CASEL，2016；Meyers et al.，2015）。杜拉克（本手册第 26 章）更详细地讨论了这些阶段。但在这里应该强调的是，社会情感学习项目的高质量实施需要由具有社会情感学习经验和专业知识的外部项目顾问和学校专业人员共同提供专业发展服务。此外，最好通过真正的合作给学校提供所需的培训和技术援助。这样做的话，利益相关者（例如，教育者、家庭和学生）就可以有意义地参与决策。比如，项目如何满足他们的需求和价值，如何调整项目以实现其目标，以及他们如何作为一个学习共同体来共同工作以实施、评估、改进和维持项目。

与联邦、州的政策制定者、决策者和资助者的合作也至关重要（参见本手册第 8 章和第 36 章）。除了证明社会情感学习对儿童的好处之外，对社会情感学习提供经济方面的论证也很重要（参见本手册第 7 章）。最近的一项研究表明，可以将收益-成本分析应用于社会情感学习项目，这说明这些干预作为经济投资可以获得较高的经济回报（Belfield et al.，2014）。

总之，不同利益相关者必须共同努力，以支持在更大范围内实施系统的、循证的社会情感学习项目。这些利益相关者包括教育者、家庭成员、研究人员、项目开发人员、决策者、资助者和倡导者。每个人都可以发挥重要作用，将理论、研究、实践和政策融合在一起，协同工作以实现有价值的目标。

（三）技术潜力

各种各样的技术，如计算机、网站、移动应用程序、视频会议和社交媒体等，都有可能提高社会情感学习项目的接受度，并在更广泛的范围内应用（参见本手册第 34 章）。我们鼓励其他评估技术更好地用于社会情感学习中。例如，网站可以展示并定期更新社会情感学习的最新研究、实践和政策信息；虚拟教室等技术可以在培训和指导教师方面发挥重要作用，并且可以创建交互式网络程序来帮助教师克服与有效实施项目相关的挑战（参见本手册第 34 章）。视频会议是以一种经济的方式，让不同地区开展相同项目的人员共享经验，并为实际问题提供创造性的解决方案。

技术还为与社会情感学习相关的评估提供了机会，如技术在社会情感学习的技能需求、项目实施过程、学生随时间推移的进展监测以及对预期成果的评价等方面的应用。读者还可以想象技术支持项目的其他创新方式。技术的潜力是巨大的，技术使（在实践中而不仅是在理论中）即时和同时接触大量人群成为可能。

六、本手册的内容概述

这本手册是顶尖的跨学科研究人员和从业人员的集体智慧的结晶，各章作者均是根据其自身在理论、研究、实践或政策方面的专业知识而精心遴选确定的。全手册主要由四部分构成，除了这一导论性章节之外，第一部分还包括七章，涵盖了社会情感学习的理论问题，以及社会情感学习与神经科学、生理健康、经费等的关系问题。

第二部分包括十章，重点介绍了社会情感学习干预的具体环境（例如，学前教育、高等教育、校外活动、司法机构）和社会情感学习干预的具体方面（例如，师生关系、家校合作伙伴关系、面向残疾学生的干预）。第二部分中的各章均遵循了标准的体例。在每一章中，作者首先概述了与特定主题相关的理论和研究，并将所分析的社会情感学习项目归为三类：有效的、有希望的和无效的。各章作者根据下列通用标准将一个项目归入上述类别之一。"有效的项目"是指该项目通过了三次或三次以上基于合理设计评估的成功干预试验；"有希望的项目"是说该项目的成功干预试验少于三次；"无效的项目"是指来自评估的证据表明该项目的干预未达到其预期效果。需要说明的是，最后一类"无效的项目"是指那些经过评估证明未达到预期目标的项目，那些未经评估的社会情感学习项目由于缺少判断影响项目的数据，不在此列。这样的分类并不完美，但是它可以在不同的研究领域提供一致的参考框架，并提供支持不同类型社会情感学习项目的证据的一般概况。我们认为，这一视角对于潜在的消费者而言，对于那些希望批判性分析当前项目在不同领域的影响的人们来说，都是非常有用的。

第三部分包括关于社会情感学习评估的七个开创性章节。由于教育和公共服务中的评估内容已经得到解决，因此非常有必要建立具有科学合理性、发展适宜性、可行性和可负担性的社会情感学习评估。德纳姆（本手册第 19 章）提供了一个从学前到高中的社会情感学习评估的发展框架，并指出该工具有筛选功能、形成性评估功能、阶段性评估功能以及总结性评估功能。最近，在社会情感学习评估中占主导地位的是教师、家长和学生对社会行为、态度和氛围感知的自我报告。尽管这些方法提供了大量信息，但是由于社会期许效应和反应偏差等问题，它们也存在缺陷。对社会情感学习至关重要的优先事项包括：创建一系列从学前到高中的表现性和观察性评估工具，以评估学生的社会情感能力并提供改进指导。第三部分是关于评估的章节，包括对学生的社会能力和改善学习条件的创新观点的评估，对学生的社会情感理解和技能的表现进行的评估，以及用于衡量和提高学生社会情感能力的形成性评估。其他章节关注组织准备和实践评估，可以帮助学校团队不断评估当前的社会情感学习实践、计划的改进、监测实施，并为项目改进做出必要调整。这些章节共同为发展社会情感学习评估提供了未来 10 年的路线图。许多人认为，评估是社会情感学习领域最重要的优先事项。

第四部分包含多个相关主题，例如，专业发展（针对教师、管理人员和学生支持人员），政策和推广（如实施、学习标准、全校性的社会情感学习做法，以及学校改进实践、项目推广、技术、联邦政策和国际举措）。很高兴该领域的杰出贡献者琳达·达林-哈蒙德为本书撰写前言，蒂莫西·施赖弗和珍妮弗·巴菲特为本书撰写序言，詹姆斯·科默和丹尼尔·戈尔曼以后记的形式为本书撰写评论。

七、结语

这本手册历时 3 年完成，主要面向研究人员、实践者、项目开发人员和政策制定者。社会情感学习是一个令人振奋和充满希望的领域，它能够帮助年轻人和成人学会过更健康的生活。我们对社会情感学习的理解也是在这个领域的新进展中不断形成和完善的。尽管本手册已完成了许多工作，但仍有更多工作尚未完成。我们希望这本书能够激励读者参与到社会情感学习研究、实践或政策制定的相关工作中，并积极发起挑战，以使知识的疆界超越当前界限。

八、致谢

我们对这本手册，对学术、社会和情感学习合作共同体及社会情感学习领域的众多支持者表示感谢。本手册的资助者和思想伙伴包括：S. D. 贝克特尔基金会（S. D. Bechtel Foundation）、布埃纳·维斯塔基金会（Buena Vista Foundation）、艾因霍恩家族慈善信托基金（Einhorn Family Charitable Trust）、1440 基金会（the 1440 Foundation）、罗阿尔德家族基金（Growald Family Fund）、诺伊斯基金会（Noyce Foundation）、诺沃基金会（NoVo Foundation）、罗伯特·伍德·约翰逊基金会（the Robert Wood Johnson Foundation）、斯宾塞基金会（the Spencer Foundation）、美国教育部和伊利诺伊大学芝加哥分校。我们还要感谢手册中那些才华横溢的贡献者以及成千上万的正在合作推进社会情感学习研究、实践和政策的个人和机构。

九、参考文献

请扫描二维码获取原书参考文献。

第 2 章
社会情感学习的理论基础

马克·A. 布拉克特，尼科尔·A. 埃尔伯森，苏珊·E. 里弗斯

当 20 世纪 90 年代首次引入时，社会情感学习代表了研究者、教育者和倡导者在满足儿童发展性、心理性、教育性和一般健康需要方面多样的融合观点（Elias et al.，1997）。社会情感学习曾被看作一种指导学校开展循证项目的机制，以证明学生获得这些技能对于其获得并维持幸福与成功的必要性（Greenberg et al.，2003；Kress & Elias，2006）。现在，社会情感学习更具体地被定义为"帮助儿童甚至成人发展基本技能以提高生活有效性的过程（包括）……认知和管理……情感，发展对他人的关怀和关心，建立积极的关系，做出负责任的决策以及建设符合伦理的应对挑战的情境"。该定义以社会、情感、认知发展以及行为改变理论为依据，旨在提供一个框架，以阐明在学校中设计、实施和评估社会情感学习的方法；该定义也可以指导校长和管理者选择适合学校的社会情感学习项目（Payton et al.，2000）。

对于研究者、项目研发者和实践者而言，理论在设计发展社会情感能力的方法中具有重要作用。理论应阐明如何设计和实施能够带来特定发展结果的有效方法。对不同的社会情感学习方法有效的评估以及为提高有效性所做的努力，取决于一个明确阐述的理论，即说明该方法的哪些特定要素会带来结果。在本章中，我们描述了理论用于指导社会情感学习从最初设计到可持续发展工作的方式方法。为此，我们讨论了理论对社会情感学习策略发展的重要性，并描述了一些基本理论，这些理论为建立社会情感学习的方法提供了信息。我们还提供了关于如何将理论应用于创建项目内容和设计实施策略的建议。为了加强对理论重要性的理解，我们还介绍了自行开发的一个社会情感学习方法——RULER（识别、理解、标记、表达和调节，Recognize，Understand，Label，Express，Regulate），并描述了对理论如何指导该方法的设计及该设计随着时间的发展变化。

一、理论的实用性

"没有什么比好的理论更富有实用性。"库尔特·勒温（Kurt Lewin）提出的这个观点在半个世纪后似乎仍然具有它的正确性：理论是实践的指南和起点。根据《牛津英语词典》的定义，理论是"对一组事实或现象进行解释或说明的思想或陈述的方案或体系；是一个通过观察或实验已确认或建立的假设，被提议或认为是对已知事实的解释，是一个对已认知或观察到的东西的一般法则、原则或原因的陈述"。换句话说，理论解释了事物为何如此存在。

更准确地说，社会科学家、哲学家和商业专业人士通常同意理论有四个主要组成部分：①术语和变量的定义；②该理论适用的领域或背景；③确定术语或变量之间的关系；④具体的预测或事实主张（Reynolds，1971；Wacker，1998）。理论提供了关于现象背后原因的叙述性命题；作为一个命题，理论可以通过观察和研究加以驳斥或完善。理论不仅仅促进对行为的观察和描述，还可以对观察结果进行系统的解剖，并获得更精确的描述和解释。一个好的理论会将关于一个现象的所有相关观点和经验证据整合到一个单一的、集成的知识陈述中，从而既可以将已知知识应用于实践，又可以基于该知识来发展相关领域（Popper，1957）。

社会情感学习讨论的是儿童和成人如何为人生获取成功而最佳地发展。因此，指导社会情感学习实践的理论需要识别和解释不同的变量如何影响人类的最佳发展。在学校采用的社会情感学习方法需要明确哪些变量会影响儿童的发展——从教师教什么，如何教，到儿童如何学和学什么，以及各种环境因素如何影响教师和儿童。社会情感学习专家同意理论对于"高质量"的方法必不可少，并宣称它必须是"基于儿童发育、学习、预防性科学和实践的合理理论"（Zins，Bloodworth，Weissberg & Walberg，2004，10页）。此外，评估社会情感学习方法质量的一项标准是项目设计背后的"合理性声明"，特别是"项目目标和实现这些目标的方法是基于明确表达的概念框架"（Payton et al.，2000，181页）。正如勒温（1945）所断言的那样，"好的"理论将提供清晰和结构化的路线图。理论为社会情感学习方法提供的路线图应该被用来指导设计，以维持儿童和成人提高社会情感能力的努力。

二、理论与社会情感学习策略

社会情感学习有一致的愿景，即促进儿童健康发展和取得成功，使他们能够在社会、情感、学术和职业上发挥最大的潜能（CASEL，2013b）。然而，有很多方法可以实现这一愿景。每种社会情感学习方法之所以独特，是因为它们所包含的特定内容、呈现方式以及随着时间的推移如何在学校组织内高质量维持该内容的呈现是独特的。社会情感学习的内容和实施策略是理论阐述的两个关键领域。

(一)内容

社会情感学习的一个基本前提是，情绪对儿童的生活至关重要，而缺乏理解和管理情绪的技能可能会破坏最佳的社会认知发展。没有情绪技能，儿童可能无法控制自己的行为，无法感应到对他人的同理心或无法专注于学习(Brackett，Rivers & Salovey，2011)。因此，阐明情绪技能与发展结果之间关系的理论需要指导项目的设计，以及指导方案和策略的实施和可持续性发展，以实现目标成果(例如，最佳发展)。理论应该指导相关人员选择特定技能并通过社会情感学习方法发展这些技能。既定理论将假设一组技能可预测一组目标结果(例如，最佳的社会和认知发展)，而社会情感学习方法将通过增强这些技能来实现预期的结果。此外，说明这些技能发展轨迹的理论(例如，针对青少年的有效情绪调节策略)可以阐明如何最好地发展这些技能，包括教师如何在不同的发展水平上教授技能，以及针对不同发展水平的学生开展何种频次、何种类型的指导性课程或活动可以最有效地增强这些技能(例如，小学二年级学生与高中生关于应对同伴压力的课程内容和课程数量是不同的)。

(二)实施策略

社会情感学习方法的有效性取决于与接收者产生共鸣和交流的内容，即保持接收者的兴趣并激励他们参与指定技能的学习。依据不同的呈现方式，相同的信息可能会以不同的方式或多或少地被解释、被吸收和被应用(McGuire，1972)。如本章所述，理论可以在培训教育工作者以及向学生提供内容时指导教学的重点和进度。当筹划如何最好地激发儿童、主要的利益相关者、意见领袖和将要实施该项目或策略的人员(即教师)的兴趣并向他们展示信息时，理论也可以被参考和被利用。例如，有关儿童发展的理论为年幼儿童理解某些社会情感学习概念提供了指导，而成人学习理论为成人获取和记住信息提供了指导。

为了说明理论在学校设计和实施社会情感学习工作中的作用，我们将使用耶鲁大学情绪智力中心开发的 RULER 项目进行案例研究。该项目也是学术、社会和情感学习合作共同体甄选的社会情感学习项目。在下一节中，我们将简要概述 RULER 及指导其开发和实施的理论。在本章的后面部分，我们将提供一些理论汇编，这些理论可以更广泛地指导其他广受认可的社会情感学习项目的实施。

三、RULER：基于理论的社会情感学习方法

RULER 是一种开展社会情感学习的方法，旨在将情绪技能的教学整合到整个学校或地区中。为了建立一个更有情绪智能的社会，我们参考了情绪智力理论(Mayer & Salovey，1997；Salovey & Mayer，1990)、情绪发展理论(例如，Denham，1998；Saarni，1999)，以明确一系列与儿童发展结果相关并且可以促进练习与实践发展的技能。这些理论及其支持研究表明，情绪技能较发达的儿童具有更强的社交能力、较高的心理健康水平和学习成绩；而那些情绪技能

欠发达的人，则更有可能经历抑郁和焦虑，从事更多的反社会行为，获得更具破坏性的关系，且学习效果较差（例如，Eisenberg，Fabes，Guthrie & Reiser，2000；Fine，Izard，Mostow，Trentacosta & Ackerman，2003；Halberstadt，Denham & Dunsmore，2001；Rivers et al.，2012）。因此，RULER 的原始模型提出，当儿童能够识别（Recognize）、理解（Understand）、标记（Label）、表达（Express）和调节（Regulate）情绪时，他们的学习效果会更有效。因此将该项目干预缩写为 RULER（Brackett，Rivers，Maurer，Elbertson & Kremenitzer，2011；Maurer，Brackett & Plain，2004）。

但是，RULER 的早期现场测试表明，儿童并没有得到足够的指导以发展这些情绪技能。诉诸原因，我们发现有些教育者对教材感到不适应；而另一些教育者却感到准备不足或不愿意教授这些技能；甚至那些对 RULER 感到舒适的教育者，也有可能不具备相应的教授技能。这使我们开始关注情绪发展理论和情绪智力理论之外的东西，并发现非常有必要将 RULER 发生的情境整合到模型中。因此，我们调整了 RULER 模型以将之纳入生态系统理论。该理论认为，环境（例如，学校）中许多相互关联的方面，特别是环境中的成人会对学生发展产生影响（Bronfenbrenner & Morris，1998）。我们修改了实施 RULER 的内容和策略，一方面将情绪智力教学纳入学术课程，另一方面为所有成人利益相关者（如学校领导、教师、工作人员和家庭成员）提供了学习这些技能并将其应用到日常互动中的机会。

在教师与学生谈论情绪时，我们清楚地看到，对话发生的环境正在影响儿童公开地谈论他们对某个话题的感受。为学生创造健康情感环境的教师——那些对学生表现出热情和尊重的教师，那些对学生的需求敏感的教师，那些对学生的想法表现出真正兴趣的教师，那些表达出这些技能是可以教的教师，那些通常更积极而不那么愤世嫉俗的教师——与那些只是在做功课的教师相比，他们在情感方面有着截然不同的对话（参见 Garibaldi，Ruddy，Kendziora & Osher，本手册第 23 章）。

两种理论为我们在该领域观察到的现象提供了合理的解释：自我决定理论和内隐智力理论。自我决定理论认为，关键的学生结果（例如，学习成果、幸福感和健康）取决于学生的基本发展需求，即满足他们对关心和支持关系的需要，其中包括学生感觉到他们的意见是有价值的，并且受到尊重（Deci & Ryan，1985；Deci，Vallerand，Pelletier & Ryan，1991）。当学生对能力、自主性和亲密关系的需求被满足时，他们会进一步激励自己并且心理更加健康（Ryan & Deci，2000）。内隐智力理论指的是个人关于自己的能力、才智和才能的思维方式（mindset）。它既可以是"固定的"思维方式（认为这些品质是稳定的，不能延展的），也可以是"成长的"思维方式（相信这些品质是可延展的，并基于毅力和经验；Dweck，2000）。营造一种适合成长的思维方式的氛围，为学生提供关怀和支持，并使学生感到有能力学习和得到成人与同龄人的尊重，这成为 RULER 模型的另一个组成部分（另见 Catalano，Berglund，Ryan，Lonczak & Hawkins，2004；National Research Council & Institute of Medicine，2002，2004）。

当我们改进了纳入 RULER 的内容以及最有效地传递这些内容的方法时，我们的成果——

包括学习成绩、人际关系质量以及健康和福祉——也得到了改善。这也进一步强化了运用理论指导方法的重要性(Brackett，Rivers，Reyes & Salovey，2012；Reyes，Brackett，Rivers，White & Salovey，2012)。在下一部分中，我们将介绍可用于指导社会情感学习干预的多个理论框架。

四、社会情感学习的理论基础

在这部分，我们将回顾可以指导社会情感学习内容和实施策略的一些主要理论派别，包括：系统理论、学习理论、儿童发展理论、信息加工理论和行为改变理论等。

(一)系统理论

学生和成人学习的环境是影响发展的关键变量。因此，识别和解释环境中影响儿童发展结果的理论可以为社会情感学习的实践提供依据。本综述从系统理论开始，因为后续章节中讨论的理论会应用系统理论，并将系统作为一个整体来考虑。

系统理论，如生态系统理论，阐明了儿童和成人所处环境特征对学习结果的影响(Bronfenbrenner & Morris，1998；Tseng & Seidman，2007)。我们需要考虑像学校这样的复杂系统是如何运作并影响学生的发展结果的，从而使社会情感学习适应不同层次的学校系统。学校管理者、教师和支持人员面对儿童和彼此，具有不同的角色和关系。此外，不同的规范控制着这些角色的行为，而每个角色中的人在系统中拥有不同的权力。随之而来的是，社会情感学习的内容和培训策略必须回应系统中每个成人群体的规范、需求和技能水平。检查和理解学校的环境——通常被称为学校的文化和氛围(Hoy & Miskel，2012)——是至关重要的，以便设计社会情感学习方法，解决可能影响其实施质量和可持续性的许多系统变量。如果没有明确地考虑到这些变量，那么这种方法对儿童结果的潜在影响可能会受到威胁(参见 Mart，Weissberg & Kendziora，本手册第 32 章)。下节讨论的理论与为学校内部和跨学校的个人制定和实施的社会情感学习策略有关。

(二)学习理论

因为大多数社会情感学习项目都具有相同的目标——加强社会、情感和学术学习——所以学习理论应作为其设计的基础。在这里，我们讨论社会学习理论和成人学习理论。

社会学习理论认为，社会互动，包括角色塑造、言语指导、监督反馈和支持，会影响新行为的获得(Bandura，Adams & Beyer，1977)。"养育健康儿童项目"通过让学生家长参与，利用社会学习理论的各个方面，使该项目在学校教授的信息、技能和行为能够在家中进行示范、激励和实践(Catalano et al.，2003)。除了关于项目组成部分和特殊主题(例如，如何支持学生成功，家庭管理技能)的育儿讲习班外，家长每月还会收到项目简报；如果儿童有行为问题或学术问题，家长还可以在家中获得服务。

社会学习理论对于社会情感学习项目的设计尤为重要，因为任何方法的成功在很大程度上都依赖于学校管理者、教师和支持人员。这些成人负责示范情绪技能和积极的社会行为，并实施和支持项目(Elias，Zins，Graczyk & Weissberg，2003)。与该理论相吻合的是"培养教育中的觉察力与回弹力"(CARE)项目。该项目通过向儿童提供情绪技能指导、正念练习、减轻压力的技巧以及倾听和同情心练习来提升参与儿童教育的成人的技能(Jennings，2011)。该项目的培训可以帮助教育工作者体验和理解情绪技能的价值，并通过发展这些技能来提升幸福感，减轻压力。这些体验使教育者更有可能示范他们希望学生展示的技能，并在教室和学校营造更积极的氛围。

成人学习理论可以为成人提供具体的培训和指导内容。这些理论侧重于如何呈现新信息，以及如何针对成人学习者的特征量身定制教学计划。以下六项原则对融入成人教育很重要：①清楚阐明学习的价值；②成人对自己的学习负责；③将新信息与过去的经验和先验知识联系起来；④有组织的课程的目标导向教学；⑤演示实际应用；⑥来自与成人学习者合作的导师的尊重(Knowles，Holton & Swanson，2011)。在对成人教育者进行社会情感学习内容和实施协议的培训和教练时，成人学习理论也可以指导教师的教学重点和效率，从而使学生的学习得到优化(Garet，Porter，Desimone，Birman & Yoon，2001)。例如，"积极回应的课堂"(Responsive Classroom)，项目开发者参考成人学习理论，确定他们提供的专业发展水平和支持服务水平(Rimm-Kaufman & Sawyer，2004)符合需求。这些服务包括入门工作坊、为期一周的初步培训、现场咨询服务、定制的后续工作坊以及结构化会议，促进每个学校团队的建设，维持项目的持续发展并确保有高质量的结果。

(三)儿童发展理论

儿童是社会情感学习工作的重点，因此，儿童发展理论在设计适合不同年龄和文化的课程时很有用处。这些课程包括与儿童认知、社会和情感水平相匹配的场景、语言和活动。社会情感学习的大多数方法包括对特定年龄组的发展水平量身定做的课程和材料。同一方法中的多种服务通常基于年级或学段(小学、初中或高中)而定制。例如，"同理心之源"(Roots of Empathy)为幼儿园、小学低年级、小学高年级和中学的儿童提供了不同的课程(Gordon，2005)。实施这些特定年级的课程，是为了促进5—14岁儿童的共情能力和社会问题解决技能等的持续发展。

情绪发展理论对于理解学生在不同年龄段通常所具有的情绪水平和社交技能，以及学生为发展诸如识别、理解和管理情绪等技能所需的信息和经历类型至关重要。所涉及的一些相关理论包括离散情绪理论(Darwin，1872，1965；Izard，1991)、核心情感的环状模型(Russell，1980)以及情感的功能主义方法(Campos，Mumme，Kermoian & Campos，1994；Sroufe，1995)。"促进选择性思维策略"(PATHS)也起源于情绪发展理论，特别是精神分析发展理论(Kusché & Greenberg，1994)。促进选择性思维策略强调关注和利用情感，而不是压抑或扼杀情感。在识别、标记、表达和管理情感方面，儿童会接受与年龄相符的指导，包括理解情感和行为之间的差异。

(四)信息加工理论

信息加工理论源于证据，这些证据表明信息可以被感知，被获取，被保留，被访问和被使用，这取决于信息是如何呈现的(McGuire，1972)。信息加工理论提出了优化短期和长期记忆的方法，进而优化新信息的保留方法和可访问性的方法(Goldman，1997)。例如，社会信息加工理论提供了一个模型，用于解释儿童如何根据他们过去的经验来阐释他们理解情境的目标、他们预期的结果以及他们的自我效能(Crick & Dodge，1994)。

一些社会情感学习方法已转向社会信息加工理论，以指导有关用元认知来理解的教学。例如，精加工似然模型强调信息对学习者的重要性，包括排练新信息，以有意义的方式对学习者进行分类并将其与视觉图像相关联(Petty，Barden & Wheeler，2009；Petty & Cacioppo，1986)。使用的图片或文字线索、图像、首字母缩写词或口号都是基于该理论模型的实例。促进选择性思维策略项目阐述了信息加工理论如何应用于社会情感学习实践，包括视觉和文字提示、信息预演和在适合不同年龄的故事中呈现社会情感学习的策略，以帮助记忆(Kusché & Greenberg，1994)。具体而言，促进选择性思维策略有助于学生通过"控制信号"海报来控制自己的行为，并有效解决问题。这张海报类似于一个三色交通灯，每种颜色用几个简单的词代表一种不同的策略：红色表示"停下——冷静下来"，黄色表示"慢行——思考"，绿色表示"开始——尝试我的计划"。促进选择性思维策略所采用的另一种策略是"乌龟技术"，指的是使自己冷静下来的三步法。这三个步骤是：①停止；②呼吸；③说明问题和感觉。"乌龟技术"是围绕有智慧的乌龟指导年轻的乌龟的故事来应用的。学生回顾并练习在各种现实生活和虚拟场景中应用这些策略。丰富的可视化功能可以帮助儿童记住该技术的步骤。

(五)行为改变理论

社会情感学习的一个主要目标是改变个人(儿童和成人)行为以及组织行为，比如，学校运作方式。许多社会情感学习项目的作用是创设一个能培养"全人"的学习环境，使学生的社交、情感和学术需求得到满足。社会情感学习项目还能促进儿童与成人的行为，包括促进学习(例如，注意使用引人入胜的教学技巧)，鼓励亲社会行为(例如，与他人合作，友善，表达关怀和支持)，以及增进健康和福祉(例如，进行体育锻炼；做出与食物、酒精有关的健康选择)。行为改变理论提供了在个人和组织层面指导社会情感学习的基本方法。通过解释促使和维持行为改变的因素，该理论可以用于指导将社会情感学习策略整合到学校的决策中，包括由谁，何时，何地，以及如何提供这些社会情感学习策略。

社会发展模型认为，儿童从他们的社会环境中学习亲社会行为模式和反社会行为模式。这说明了参与的机会、技能和强化会影响儿童在学校内外与家人和同龄人的交往，以及影响他们形成的依恋、承诺、信念和做出选择的类型(Catalano & Hawkins，1996)。此外，社会发展模型表明，儿童与特定群体(例如，学校中的个人)之间的社会联系，鼓励儿童按照该群体的价值观、规范和信仰行事。该模型提供了一种社会情感学习方法，即养育健康儿童项目的重点是加强与学校的联系，以此作为减少风险和减少反社会行为以及增加积极发展行为的手段来使用(Catalano et al.，2004)。

社会认知理论认为，行为是由个人对社会和自然环境的信念所决定的(Bandura，1986)。例如，如果一个人相信采用一种新的行为会获得期望的结果，那么这个人就更有可能采用一种新的行为。当个人高度重视这种结果时，行为改变就更有可能发生。然而，如果个人对接受这种新行为缺乏信心，那么行为改变的可能性就不大。"远离毒品和暴力行为"(The Too Good for Drugs and Violence)项目(Mendez Foundation，2000)利用社会认知理论的要素，在实施中纠正学生对他人行为的误解(例如，提供有关他们这个年龄段实际有多少人酗酒的统计数据，这通常比许多学生认为的要低得多)，强调亲社会技能和行为的价值，使用榜样的力量，并专注于应对生活中各种社交网络和物理环境所引起的压力。

另外，两个相关的社会认知理论是计划行为理论(Ajzen，1988；Conner & Sparks，2005)及其扩展——理性行动理论(Fishbein & Ajzen，2010)。这些理论认为，改变从事某一行为的意图是发生行为改变的必要条件。对该行为的态度、对一个人从事该行为能力的信念(如自我效能感)，以及对社会规范的认知(例如，是否每个人都在这样做)都会影响参与行为的意图。这些理论可以帮助社会情感学习方法的开发人员考虑个人或群体对行为持有的信念，然后将其整合到项目组成机制中以修改信念系统，从而支持行为的改变。这种方法的一个例子是"第二步"(Second Step)。它为教师提供了引导讨论和角色扮演活动的工具。这些工具的重点是考虑不同人的观点的价值；教导不同意见，只要它是值得尊重的，就以此来挑战对冲突的消极看法；要求学生考虑旁观者在欺凌中的角色，并揭穿关于不良行为的荒诞的说法。

人们和组织在动机、改变行为的意图和行为参与的各个阶段方面是如何向着行为改变发展的，这对于制定有效的社会情感学习策略很重要。例如，行为转变理论模型检验了行为改变阶段发生的认知、情感和社会过程(Prochaska & DiClemente，1984；Prochaska，Redding & Evers，2008)。关于个人或群体行为变化阶段，包括个人或群体所持的思想和态度、所经历的事件和适当的社会支持，可以引导干预，从而使沟通和策略得到相应调整。例如，假设某位学校管理者知道，学校的一位老师对教给学生社会情感能力感到非常满意和兴奋，另一位老师认为，学校不适合进行社会情感学习教学的一个问题是，是否有支持和资源使该项目生效，根据实际，他会采取相应的行动来改善这种状态。了解教师在行为改变不同阶段的状态，将有助于管理者在尝试使员工参与社会情感学习项目时直接解决这些问题。

还有一个行为改变理论，是创新扩散理论。它解释了创新是如何在环境中被接受和采纳的，以及如何最有效地设计和整合创新转变(Greenhalgh，Robert，MacFarlane，Bate & Kyuriakidou，

2004；Rogers，2003）。与理论模型相似，该理论假设新方法的采用是在一段时间内展开的，并且环境中的成员是按照采用过程中的阶段进行分类的（例如，"早期采用者""后期采用者"）。该理论表明，随着时间的推移，我们可以灵活地延迟或扩展培训和指导，以便采用者在最终接受项目时能够获得必要的支持（Atkins，Hoagwood，Kutash & Seidman，2010）。因此，可以利用领导者来促进扩散（例如，督学可以根据每所学校教师的投入情况来错开全区推广的教师紧缺状况），评估实施质量（例如，对实施忠诚度的评估可以确认教师的特征，并观察个别教师的进步程度），并确定可以采用的项目修改方案，例如，校长可以召开员工会议，讨论采用新的社会情感学习方法的态度和障碍，并修改实施（Atkins et al.，2008；Locock，Dopson，Chambers & Gabbay，2001）。考虑到学校中各个利益相关者对采用社会情感学习方法的急切程度，以及为了使各个阶段的利益相关者保持敏感和支持持续项目，可以使该项目更易于实施和维持。

五、理论与社会情感学习过程：一种战略方法

在上文中，我们回顾了各种社会情感学习的理论。学习理论、儿童发展理论和信息加工理论反映了理论在指导社会情感学习课程（例如，应该教什么）中的作用；行为改变理论主要被描述为实施策略的指南（例如，谁来实施，以及如何实施）；系统理论为这些理论的应用奠定了基础，在设计社会情感学习项目的内容及实施策略时都需要考虑该理论。

毋庸置疑，社会情感学习项目在实现目标、改善学生行为和表现方面的效果在很大程度上取决于项目或策略的实施质量（Graczyk et al.，2000）。因此，监测社会情感学习方法的进展和影响至关重要。在引入和推广该项目时，应收集工作人员、家长、学生和外部观察员的正式和非正式的反馈。这些信息可用于评估和提高项目实施的忠诚度，促进评估成果的实现，并最终提高学生在学校环境中获得并维持积极影响的可能性（Domitrovich & Greenberg，2000）。理论可以帮助确定哪些变量是最重要的评估对象，如何对其进行评估，如何使用此类数据来加强项目内容和策略实施，以及提高在不同环境（例如，农村学校与城市学校；普通教育与特殊教育）中实现目标结果的效果。

项目开发人员和实践者可以从支持社会情感学习的理论中找到关于设计、改进、实施和适应有效的社会情感学习项目的问题的答案。表 2-1 包含了此过程的指南。

表 2-1   理论在社会情感学习项目中的应用

社会情感学习过程	要问的问题
项目内容	社会情感学习方法的目标是什么？ ①针对哪些积极成果和问题？ ②该方法会涉及哪些信念、态度和行为？ ③该方法将教授哪些知识或技能？ ④什么类型的课程、活动、信息和其他内容最能传递这些信息？

续表

社会情感 学习过程	要问的问题
项目内容	(1)这个项目的目标人群是谁？ ①基于目标群体的年龄、教育、文化、种族、社会经济地位或其他变量，理论能告诉我们这些群体如何学习和处理信息。 ②哪些理论有助于我们了解该群体的发展能力、关注点、价值观和兴趣，以及如何利用这些理论实现成果？ (2)目标人群在什么类型的环境中成长？ ①理论如何解释目标群体在学校、家庭和社区环境中的运作？ ②理论如何指导我们在每种环境中应该提供哪些相关内容才能最好地实现预期结果？
实施策略	谁是做出实施决策的关键领导？ ①理论如何帮助我们更好地理解他们学习和处理信息的方式？ ②理论如何告诉我们获得和维持他们支持的最佳实践？ ③如何实施专业发展和项目以反映这些最佳实践？
	谁将推广该项目并获得利益相关者的认可？ ①关于利用这些意见，理论能告诉我们什么？ ②如何根据利益相关者的特点和需求调整专业发展和进行项目交付？
	谁来执行这个项目？ ①项目实施者通常如何处理新信息和获得新技能？ ②如何将这些知识转化为专业发展策略？ ③如何实施项目以适应项目实施者的需求和特点？
	学校和家庭环境的哪些特点可能促进或阻碍项目的成功实施？ ①理论如何帮助我们更好地理解实施策略？ ②如何适应不同的学校和家庭环境？

六、哪个理论

本章的目的是强调理论对于成功设计社会情感学习项目的重要性。我们已经描述了有助于实施社会情感学习项目的各种理论。但当前，在社会情感学习领域中没有哪个理论能被推崇或被视为"最佳"，因为：①一种理论可以对社会情感学习项目的多个方面有所帮助；②多种理论可以对同一项目有帮助。例如，系统理论的不同方面可能有助于确定：目标群体和项目结果，目标人群需要获得什么内容才能实现这些结果，应如何交付这些内容才能最大限度地获取、保留和应用这些结果，以及如何评估、修改和维持社会情感学习方法。

为了开发最连贯和最有效的内容和实施策略，可以不只应用这一种理论。一些理论可能会更好地提供关于哪些信息需要更改以提高学习成果的答案，而其他一些理论则可以提供关于如何更改它(学习成果)或在什么情况下可以更改它的指导，还有一些理论可能会解释评估、修改和维持一种方法的最佳途径。多个理论可以合并为单一的、内聚的社会情感学习方法，包括内容要素和实现策略。最终，实现社会情感学习的最佳方法是发挥多种理论的协同作用，以支持从项目开发到项目实施、从项目评估到项目维持的每一项工作，从而实现预期结果。

七、结论和未来方向

本章目标有三个：①强调理论在社会情感学习方法开发中的重要性；②阐明一些不同的理论，这些理论为当前社会情感学习方法提供了信息，并有潜力为未来的社会情感学习策略提供信息；③思考社会情感学习方法的开发者可能提出的问题类型，以确定理论如何为每个项目提供信息。我们描述了理论在开发、实施、评估和维持干预中的重要作用。

通过将理论战略性地应用于开发、实施、评估和维持社会情感学习方法的过程中，我们希望推动社会情感学习领域向前发展。我们每年都在开发和应用新的策略。随着新方法的产生和实施，理论的好处不容忽视。我们必须花费大量的时间、精神和资源来检查理论工作，以解释社会情感学习方法所针对的个人和系统如何发挥作用，以及项目试图解决的问题如何才能得到最佳解决。任何社会情感学习方法的开发人员都应该首先确定适当的理论，并思考如何将该理论应用于项目设计中，然后确定如何将抽象的理论转化为具体、实用的方法。加强对这一议程的高度关注，可以转化为学习者的更大的进步，从而学习者可以迈向更具社会情感能力的社会。

八、参考文献

请扫描二维码获取原书参考文献。

第 3 章

青少年预防和发展方法中融入社会情感学习

莫里斯·J.埃利亚斯，拉里·勒韦特，琼·科尔·达菲尔，

尼尔·汉弗莱，塞萨莉·斯蒂芬，约瑟夫·费里托

成功的学校要保证所有学生都能掌握阅读、写作、数学和科学知识，还要培养学生对历史、文学、艺术、外语以及多元文化的理解。然而，大多数的教育者、家长、学生以及公众都认为学校有更为广泛的教育议题，其中包括提高学生的社会情感能力、品格、健康水平和公民参与度等。除了要培养出有文化素养、有智慧、善于反思和致力于终身学习的学生外，高质量的教育还要教给年轻人运用社交技巧和尊重的方式与他人进行互动，以积极、安全和健康的行为方式，以符合伦理和负责任的态度为同伴、家庭、学校和社区做出贡献。

——格林伯格，等（2003）

美国的每一所学校，甚至是世界上的每一所学校，都在解决在校学生的社会情感和品格发展问题。事实上，将成人和儿童数周、数月、数年长时间地聚集在一起，很难不会对儿童的能力发展以及他们在运用这些能力时将成为什么样的人产生影响。

这些问题，多年来一直是非正式的、杂乱无章的。图 3-1 的上部显示了一种最普遍的学校样态（schoolhouse），这里充满了基于证据的社会情感学习工作品格教育、服务学习以及其他相关的项目，但这些项目相互脱节，互不协调。当将该图呈现在教育工作者面前时，很多人认为它与自己工作的学校非常相似，也与这种"碎片化"对学校员工的士气、学生参与度和学生学习的消极影响产生了共鸣（Elias，2009）。图 3-1 的下部是另一种学校样态。在这所学校里，各种社会情感学习和相关的工作是综合的和协调的，并与学术研究、家长和社区参与（包括课后项目）联系在一起。在这样的学校中，学生明白，他们需要文化知识和社会情感能力来实现有价

值的目标；为更大的善（good）做贡献，也为他们自我的善（good）做贡献，以及努力去成为一个品格健全和身体健康的人。相应的，这些学校的教育工作者也明白，要培养学生的社会情感能力，学校内部的工作不仅要协调，而且要与学区内其他学校的工作及家长、课后项目提供者、社区支持的资源相辅相成。

本书的其他章节侧重于协调地区层面的社会情感学习政策和实践（Mart，Weissberg & Kendziora，本手册第 32 章），以及家长和社区的联系（Garbacz，Swanger-Gagné & Sheridan，本手册第 16 章）。这一章的重点是学校内部的协调，这是朝着更系统化努力的第一步。

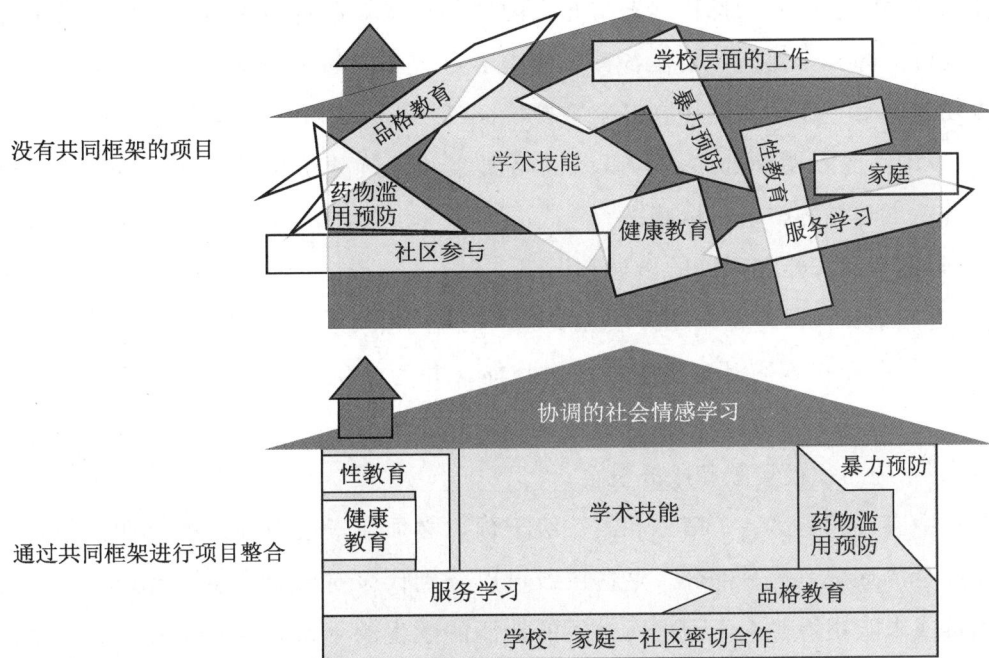

图 3-1   相互协调的社会情感学习与相关方法

社会情感学习工作的基石是向学生提供基本技能，如果没有这些技能，儿童在教室、学校、工作场所、社会活动，甚至家庭环境中都会处于明显的不利地位。有些儿童很幸运，他们有足够的与父母、其他亲人、教育者和社区人员互动的经验，这让他们有机会培养和完善这些能力。然而，很明显，太多儿童没有这些经验，或者至少没有持续地拥有这些经验。因此，他们在学习和社交方面并不顺利，并发现自己面临由于能力缺乏而出现问题行为和学习效果不好的情况。

学生需要的技能已经在其他地方有所阐述，但总的说来，它们可划分为以下五个领域（CASEL，2013）。

（1）自我认知，特别是识别和标记个体的感受，并准确地评估个体的优势和不足。

（2）自我管理，包括情绪调节，延迟满足，压力管理，自我激励，设定和努力实现目标。

（3）社会认知，包括共情和感同身受的能力，以及识别和动员各种可获得的支持的能力。

（4）人际关系技能，包括清晰的沟通，准确的倾听，合作，非暴力和建设性地解决冲突，以及知道何时、如何成为一个好的团队合作者和领导者。

（5）负责任的决策，基于对感受、目标、备选方案和结果的考虑做出合乎道德的选择，并规划和制定出现潜在障碍时的解决方案。

自这些技能被阐明以来（Elias et al.，1997），我们对社会情感能力的发展和内化于其中的生态情境已经有了很多了解，也许对它最贴切的描述是"许多竞争力量的大旋涡"（Elias，Kranzler，Parker，Kash & Weissberg，2014）。在项目中呈现社会情感能力最多被视为获取技能的必要条件，而不是充分条件。将这些技能整合到一个框架中，使其成为儿童身份的一部分，这些技能需要随着时间的推移逐渐与儿童的情感、认知和行为相协调。要使技能成为儿童日常社交表现的一部分，他们需要在各种环境中学习、支持和重视这些技能。当学校作为这些环境之一成功运作时，该环境往往有五个主要特征（Elias et al.，1997，2014）：

（1）学校氛围：清晰明确的主题，具备品格要素和正确的价值观，如尊重、负责任、公平和诚实，并传达出学校的整体目标感。

（2）对参与能力和技能有明确的指导和训练。

（3）在促进健康和预防特定问题方面开展适当的指导。

（4）有相应的服务和体系提高学生的应对技能，并为学生的心理过渡、危机和冲突提供社会支持。

（5）广泛、系统的积极贡献和服务机会。

在第四条中嵌入的是第一、第二和第三级干预，必须在学校内部进行协调，并将其作为学校综合实践社会情感学习的一部分。这些层级可以分别代表对所有学生的普遍干预，对那些表现出早期困难或未能获得普遍干预中所教授的技能的学生的干预，以及对有明显情绪困难的行为学生的干预。在学校里，当一般性的干预计划中的相同重点技能也是第二级和第三级干预的重点时，多种干预就会产生协同作用。这与标准的做法（将不同层级干预分离）背道而驰。社会决策或社会问题解决（SDM，SPS）项目提供了这样做的例子（Elias & Bruene，2005）。在一所学校（幼儿园至小学八年级）里，所有学生都可以获得社会决策或社会问题解决的课程；有困难的学生可以获得课程中包含的补充模块，或者使用基于计算机的教课程序，该程序的内容经修订后与社会决策或社会问题解决课程保持一致。参与特殊教育或有心理过渡、危机和冲突预期指导的学生，将被提供基于社会决策或社会问题解决的技能培养活动，包括社会决策实验室，并根据他们的情况进行教学调整（Elias，2004；Elias & Bruene，2005）。

正如本书其他章节所述（例如，Rimm-Kaufman & Hulleman，本手册第10章），大量研究表明，经过良好实施的、注重技能的、在教学上健全的社会情感学习项目产生了积极而有力的影响。这些影响包括提升的社会情感能力，对自我和他人更积极的态度，改善的社会行为，减少的行为和情绪问题，以及更高水平的学业成果（Durlak，Weissberg，Dymnicki，Taylor & Schellinger，2011）。有证据表明，具有上述特征的学校为学生的成长和学习创造了最有利的环境（Berkowitz，2011；Berman，Chang & Barnes，2012；Leverett，2008；Lickona & Davidson，

2005；Pasi，2001；Reeves，2009)。

尽管令人印象深刻的证据表明，一些类型的学校能让儿童在学习中和社会性上苗壮成长，但对于我们的教育系统是否需要朝这个方向改变，并没有达成广泛的共识。即使在对这一目标达成一致的群体中，在如何实现这一目标上也存在分歧。这其中的利害关系确实很大，因为教育系统在这个世界上已成为培养学习者获得成功的主要机构，而这个世界需要他们了解更多的知识，与他人合作以解决复杂的问题或管理分歧，并保持和实现个人目标和健康所需的效能感(Cowen，1994；Elias et al.，1997)。由于社会的不公平性以及经济全球化背景下社会的快速变化所带来的挑战，美国的学区没有理由忽视所有学生需掌握的必要技能、知识和能力，以应对 21 世纪生产性生活的诸多挑战。答案不是让美国学生们为应试的生活做好准备，而是让他们为生活的考验做好准备。要做到这一点，学校的教学必须迎接挑战，让学生具备学业和事业成功以及对生活的贡献和关怀所需的各种技能和视野。在这个方面，社会情感学习是一个非常重要的环节。

由于关注全体学生学业成就的学校和学区数目不断增加，学校和学区会逐渐认识到社会情感学习的重要作用。随着学校和学区将社会情感学习作为培养学生在学业和社会上取得成功的学校使命的核心部分，持续推行广泛的社会情感学习技术也必须得到加强。扩大规模不可避免地需要协调各方面的努力，这使学生和教育工作者不至于被杂乱无章的项目所困惑。而学校也可以成为，用詹姆斯·科默的话说，让所有的儿童都能从周围人身上"捕捉"到品格和社会情感学习技能并使之成为他们生活中不可或缺的一部分的场所。我们有意使用"所有"这个词，是因为实践要与实验研究区分开来。在实验研究中，许多参与者在不符合预测模式的情况下的假设依然可以被"证明"；但在实践中，学校需要所有的学生苗壮成长，这里的"所有"指的是所有人。

本章为那些想要理解和探索图 3-1 所示的协同化学校的人提供了指导。本手册中的其他章节提供的信息，考虑了区级背景、家长和社区的参与，以及学校内部的具体要素。我们的重点是关注：①将社会情感学习所引入的具有类似目标的相关计划(如"积极青年发展计划")一起带入学校，以便在全校范围内进行连贯的整合，其中有哪些因素需要考虑？②那些寻求将协调的社会情感学习引入学校的人都会面临哪些挑战？例如，城市教育，对于那些有兴趣推进社会情感学习和创造积极的学校文化和学习氛围的人来说，未来的进展将是非常重要的。

一、七项活动相互协调地指导学校社会情感学习实施与可持续发展

我们从图 3-1 中"没有共同框架的项目"(杂乱无章的学校)开始阐释。根据对知识结构的综合分析以及一个多世纪以来在世界各地数千所学校的实施经验，我们认为，从混乱的学校样态到协同化的学校样态需要七项相互关联的活动，并且最好在八周的规划周期内组织起来。根据不同的出发点，和谐的目标很可能需要 3 年时间才能实现。但是这些活动的开展顺序没有一个

标准，这就是第七项活动——向他人学习——如此重要的原因。这些活动的时间和顺序是由以下因素决定的：社会情感学习有关项目的历史和现状、员工社会情感学习的知识、学校氛围、社会人口因素、领导风格和历史、当前的任务和优先事项，以及学校能力等。

活动 1：开发学校整体框架以整合、支持社会情感学习和积极的学校文化、学校氛围的发展，并将其落实到学校目标、优先事项、学校计划、策略和倡议的各个方面。一些实体组织（如委员会、工作小组或团队）必须长期实施与社会情感学习相关的措施，并负责疏通学校内部的关系。这个实体组织本身需提高其效能，并且需要时间和支持来学习如何工作和如何解决问题，以获得行政部门的支持并最终取得成功。要做到这一点，领导必须分工合作，要明确职责，确保问责制，以避免各自为政。这样整体的基础架构是非常有帮助的。我们合作过的一所学校将社会情感学习、纪律、士气和反欺凌纳入学校文化和氛围委员会的职责范围内。最后，我们发现这类团队不要过度扩张（尤其是在成立之初），应使用计划周期，确定一个主要目标和行动计划，在连续 8 周的时间内完成，以组织活动，保持工作重点，并促进问责。

活动 2：评估您的学校。教育存在于这样一个环境中，这种环境往往以添加新的计划和举措为特征，却没有与已有的计划和举措进行明确的衔接。这种添加式的方法导致学校内部的时间、资源、重点的压力和竞争加剧。教师和其他教育工作者会因为"每天都有"的变化而感到沮丧，而这些变化很少被整合到一系列的协调工作中来实现教学目标。前面提到的有效学校的五大特征之间应该是和谐的，而社会情感学习是整合性的"黏合剂"。

评估学校的样态需要对学校中与社会情感学习有关的工作进行仔细研究，例如，相关工作涉及文化和氛围、品格、反欺凌、预防措施、纪律、课堂管理、积极的行为干预和支持（PBIS），甚至多元的社会情感学习项目。此外，还包括在前述第 1 层、第 2 层和第 3 层的干预中使用的方法；还要考虑学校专业人员的期望、规定行为及其责任制度；观察非正式的日常活动，例如，在操场、食堂、走廊和公共汽车上的活动。我们的目标是研究如何将社会情感能力和价值观融入全校的各种项目、程序、政策和日常事务中。我们发现，按年级来组织这些是很有帮助的，可以看看如何衔接过渡，并寻找其中的差距或不连续、不一致的情况。社会情感学习的领导委员会在解决不连续性和协调差异方面发挥领导作用，即使这意味着对现有的结构化的、基于证据的项目进行一些修改。这是一项多年的任务，本土因素将决定是在一个或多个年级内全面开始，还是在全校范围内的一个特定领域内全面开始（例如，社会情感学习项目或纪律处分程序）。在这个过程中，我们可以使用一些工具协助进行评估（Devaney，O'Brien，Resnik，Keister ＆ Weissberg，2006），与学术、社会和情感学习合作共同体的跨年级社会情感学习活动范围和顺序表（Elias et al.，1997）及由这样的评估过程所形成的综合框架（Anchorage School District，2013）进行比较，这对于指引工作会有帮助。

活动 3：评估学校的文化和氛围。评估学校文化和氛围可以从学生、教职工或家长的角度，用多种工具来评估。这些工具包括调查、走访、焦点小组和分析物品。从文化和氛围评估中产生的报告可以与学校领导、教职工和学生领袖分享，并确定优先事项以解决学校需求。数据应按性别和种族以及学校内部的年级和教职工的职位来显示，这样就可以发现学校文化和氛围的差异性。

活动 4：阐明共同的价值观、主题和基本的生活习惯。学校必须有自己的立场，与价值观不符的技能（或某些学校更喜欢称其为"主题"或"基本生活习惯"）危害性较大。学校强调的价值观包括责任、诚信、服务、正义、尊重、领导力、探索和组织。通常情况下，学校有一些座右铭或使命、宣言，但这些并没有成为学校生活的一部分。根据我们的经验，阐明全校性的焦点价值观，并将其统一起来，让学生在年级内和年级之间学习这些价值观，对于减少碎片化的现象和提高学生受启发的可能性至关重要。其中的一个概念是，需要用行为特征来补充道德品质，即按照所珍视的理想来生活的能力（Lickona & Davidson，2005）。共同的价值观也成为社会成员和社区利益相关者的切入点。

如果处理得当，这远比在墙上张贴的标语、海报，或者简短的核心价值观的课程要好得多。长期以来，品格教育一直是由学校持续实施的。"品格教育伙伴组织"（2013b）根据学校对品格教育的 11 项原则的坚持，指定了"国家品格学校"（NSOCs）。在这些原则中，一套明确的价值观和经验证据表明，这些价值观贯穿于学校的组织、结构、社会、学术教育以及人际关系的各个方面。学校需要多年时间才能获得这一地位，而且学校需要在实地考察的情况下才能被认证。同时，学校还需要书面提交一份广泛的自我评价。实地考察者不仅要核实学校的具体诉求，还要根据这些学校的主题、价值观、一日常规的特点寻找学校内部的连贯感。值得注意的是，近年来，实施社会情感学习项目的学校被视为"国家品格学校"，但仅限于在所有年级都开展社会情感学习项目的学校，以及在全校范围内采用社会情感学习项目的语言和重点原则的，包括融入了学术、课堂常规和纪律体系的学校。

由于活动 4 在社会情感学习范围内的经验较少，所以我们提供了伯科威茨（Berkowitz，2011）研究中的一个例子，这主要借鉴了他 20 多年来担任品格教育领导力学院（LACE）主任的工作经验。他在该学院 20 多年来一直致力于培训、支持和联系教育领导者，以寻求将社会情感学习相关方法引入学校文化。在伯科威茨对许多案例的分析中，项目成功需要一系列核心信念和相关行动。这些核心信念（或价值观）伴随着各种行动，旨在创建以学校文化和技能为中心的行动，这些行动体现了：

（1）创造一个更公正、更有爱心的世界的最好方法是培养更多公正、有爱心的人。

（2）学校的任务在根本上说是广泛的发展性任务，不能局限于智力和学术范围内，必须包括学生的道德和公民性发展。

（3）要使学校对学生品格的发展（包括道德和公民性）产生最佳影响，学校必须成为一个道德性和示范性的机构。这就需要领导者的理解、优先考虑和领导能力来促进学校的成长。

（4）学校必须有意识地、坚持不懈地促进所有学校及社区成员之间的健康关系，通过鼓励成人成为他们希望学生能成为的人，促进社会价值和道德价值的内化，并采用教学和组织策略，使所有学校社区成员成为学校的合作伙伴。

活动5：统一解决问题的策略和其他技能的传授。各个课程强调的具体技能各不相同，但这些技能不存在根本性差异。例如，在社会情感学习和相关的项目中，学生们被教导采取许多不同的步骤来解决问题或做决定，如学会自我认知和自我管理策略，解决冲突等［例如，ICPS，促进选择性思维策略信号灯模型；FIG TESPN 模型（感觉，问题识别，指导自己达成目标，思考可能做法，预想每个选项的最终结果，选择最佳解决方案，规划流程，以及注意发生的情况），Elias et al.，1997］。如果在没有连贯性的情况下将步骤呈现给儿童，对其影响很可能是混乱的，而不是启迪性的，学习的内容不太可能进入儿童的头脑、心灵和行动。这就使学生对如何解决现实生活中的问题感到茫然，尤其是当他们处于压力下的时候更是如此。而且很多时候，这些步骤只是简单地呈现在学生面前，而没有真正地教给学生，没有在持续的、强化的使用中进行练习。将这些不同的步骤和过程统一起来，可以让学生在年级范围内学到一个共同的方法，并有可能建立跨年级的连续性或协调性秩序。这一点对于任何一个社会情感能力领域都是如此……自我调节、情感意识等方面的语言应该被研究，并成为社会情感学习相关的概念和课程所使用的语言。这可能需要修改一个或多个现有的、完整的、基于证据的课程。但我们的目标是创造一种关怀、公民意识和成功的文化，语言是定义文化的关键部分。学生只有获得持续不断的练习技能的机会，才能内化这些技能，在现实生活、课堂教学情境，以及面对伦理或道德困境等最需要的时候使用这些技能。

活动6：提高教师对社会情感学习的教学准备度。我们必须花时间来证明，教学使用与社会情感学习相关的方法，如何与教师已经拥有的责任和期望相一致。教师只有对社会情感学习的理论、文献以及教学法有了深刻的理解之后，才能做到这一点，才能不死板地执行手册。教师在教育中需要不断地适应，而持续发展的关键在于有能力把社会情感学习过程带入任何标准、规范和要求中。因此，要成功地推行社会情感学习，我们可能需要花费更多的时间在概念理解上而不是在"培训"上。合格的教育者和学校支持人员应该具备基本的技能，以便他们能够充分地理解社会情感学习方法。在撰写本报告时，学校正被要求实施学生行为守则、其他反欺凌的相关程序、共同核心课程标准和新的教师评估框架。社会情感学习不仅需要与每一个项目保持一致和整合，而且上述这些项目的成功实施也最终取决于社会情感学习质量（Elias，2014）。基本框架的一部分应该包括，定期审查学校正在使用的社会情感学习方法的实际语言是如何成为行为规范、纪律制度和课堂管理的一部分的，这样学生就可以经常听到同样的话语。有明显的证据表明，即使是在效果较差、处境不利的学校，学校和学区层面的社会情感学习也要与学业任务相一致（Elias & Leverett，2011）。核心内容的标准强调问题解决、决策和批判性思维，所有这些都是社会情感学习涵盖的领域。哈格里夫斯（Hargreaves，2009）认为，可持续性是由鼓舞人心的愿景，教职工对干预重点、要素和教学法的强烈投资和责任感所激发的，尽管环境发生了变化，但学生是创造和维持变化的真正伙伴。这就是教师必须深刻理解社会情感学习的原因，也是社会情感学习必须成为所有教育者准备工作的一部分的原因。达林-哈蒙德（Darling-Hammond，2009）对此表示赞同："如果学校里的人不具备他们所需要的知识和技能，就没有任何政策可以改善学校。"在实践中，这种认识会向外辐射：从属于核心的社会情感学习基础小组的人，到那些迅速掌握社会情感学习方法并在专业活动和学生成才中获得好处的人，再到看到同事们获得更好效果的人。

　　活动 7：与那些同样实施社会情感学习项目的学校建立联系。任何一所学校或学区在实施过程中遇到的困难，都被在社会情感学习道路上走得更远的学校克服过。虽然这些障碍和解决方案的资料已经被整理出来（Elias，2010；Elias et al.，1997），但最大的成功来自直接的咨询指导（Kress ＆ Elias，2013），包括学术、社会和情感学习合作共同体和全国学校心理学家协会的指导。其他优秀的支持来源可以是社会情感学习项目的总部，如儿童委员会、国际狮子会、东北儿童基金会、开环项目、社会决策或社会问题解决、促进选择性思维策略（参见 CASEL，2003，2012）。由品格教育伙伴组织管理的国家品格学校和州品格学校网络对全校性的实施问题特别敏感，即使当地人没有采用相同的方法，也可以成为盟友。

　　如前所述，前面介绍的七项活动代表了作者、同事以及相关文献所提出的全球范围内许多执行工作的分析和总结。社会情感学习世界并不缺乏变革的模式（Berman et al.，2012；CASEL，2003，2012；Devaney et al.，2006；Domitrovich et al.，2010；Novick，Kress ＆ Elias，2002；Pasi，2001；Schaps，Battistich ＆ Solomon，2004；Vetter，2008）。读者会发现，我们的七项活动有遗漏之处，或者对优先次序有自己的看法。不论具体情况如何，成功的变革努力都会如里维斯（Reeves，2009）所言："在短时间内创造有意义的变革的复杂组织不会被庞大的战略计划压垮；它们对一些必须做的事情有绝对的清晰性。"因此，我们推荐更具综合性和选择性的模式，而非扩张性的模式。迄今为止，有关社会情感学习过程的实证文献更多地关注课程的影响，而不是将社会情感学习过程融入学校框架内。在关于社会情感学习相关项目效果最好的自然主义研究中，高格（Gager）和伊莱亚斯（Elias）发现（1997）基于证据和广受赞誉的项目，其成功的概率和失败的概率是一样的。这项结果在许多相同项目的可持续性研究中得到了证明（Elias，2010）。但是，这本身并不能反映出这些项目的有效性，而更多地反映出人们对学校文化、实施和支持的重视程度不够。这些都是决定项目是否能实现其目标的关键因素。对于社会情感学习而言，挑战在于，课程往往具有复杂的结构，最终必须与学校更广泛的努力结合起来，以促进儿童在社会、道德、公民和学业方面的积极发展，并防止问题行为的产生（CASEL，2012；Elias et al.，1997）。然而，毫无疑问，社会情感能力必须以系统和明确的方式传授给学生，这就需要某种形式的课程结构，无论是显性的还是隐性的。

　　毫不奇怪的是，在试图使图 3-1 中所示的学校样态由混乱变得协同时遇到的最常见的麻烦是，有预先存在的与社会情感学习相关的方法或方案存在。正如前文所述，与现有方案协调并不是一个简单的技术问题，尽管这一定要正确地进行，正如活动 5 概述的那样。这也是了解现有方案的理念、基础设施、对现有常规的介入，以及与其他外部资源联系的契机（Devaney et al.，2006；Mart et al.，本手册第 32 章）。在提供一个关于协调考虑的例子时，我们选择了"积极的青少年发展"（PYD）项目，这是一个实质性的模式，它的传统至少与社会情感学习的传统一样长。

二、社会情感学习与相关项目整合："积极的青年发展"范例

在确定学校内部与社会情感学习相关的零散项目的性质和程度的过程中，有可能发现其他改善全校文化和氛围的重要工作。其中一种与社会情感学习非常相似的模型是积极的青少年发展项目。该项目从青少年发展的角度出发，在项目设计、实施和适应中强调培养青少年积极的生活技能，并提高青少年的复原力。借助文献和积极的青少年发展的经验，我们可以了解到许多关于创建协同学校的挑战。正如我们看到的那样，这种模型或方法的独特之处在于它在课后和社区中具有很强的影响力，其整合的问题特别具有指导意义。

积极的青少年发展与其说是一个具体的项目，不如说是一种方法，掌握其有效实施过程中可能存在的基本要素尤为重要。在积极的青少年发展文献中经常提到的五个 C（Eccles & Gootman，2002；Roth & BrooksGunn，2003）包括能力（Competence）、自信（Confidence）、积极的社会关系或联系（Connection）、品格（Character）和关心或共情（Caring or Compassion）。勒纳（Lerner，2004）补充道，当五个 C 都存在于同一个环境中时，就会出现第六个 C，即对个人、家庭、社区和社会的贡献（Contribution）。这一点在早期的"积极的青少年发展"工作中已经预见到了（Brendtro，Brokenleg & Van Bockern，1990）。卡塔拉诺（Catalano）等人（2004）在对积极的青少年发展项目的回顾中发现了 161 项积极的青少年发展项目评估研究。在那些具有强大的实证设计并提供了详细的研究方法的研究中，他们发现有 25 个项目对青少年的行为有显著影响，包括改善人际关系技能，提升学业效果，提高同伴和成人关系质量，以及减少酗酒行为、暴力和攻击性行为、学校不良行为、逃学行为以及高风险性行为。作者利用由 25 个青少年发展和社会情感能力、态度的项目建构的清单对成功方案的重点领域进行了分类。在所有 25 个有效项目中，能力、自我效能和亲社会规范的构建等方面的问题都得到了解决，而且他们还解决了多达 5 个其他能力方面的问题（Catalano et al.，2004；Greenberg et al.，2003）。

尽管积极的青少年发展项目和相关方法，与社会情感学习项目有明显的一致性，但存在一个重要的区别，是对技能的强调。学术、社会和情感学习合作共同体的《2013 年指南》及较早的《安全与健康指南》回顾了一些成功改善学生学习效果的社会情感学习项目。这些项目统一处理了 5 种社会情感能力，而有效的积极的青少年发展项目也是如此。同样，有效的社会情感学习课程与积极的青少年发展及相关课程一样，其重点相较于技能训练更为广泛，但没有一个明确的替代结构。学术、社会和情感学习合作共同体的《2013 年指南》为社会情感学习工作提供了一个框架，五个 C 对积极的青少年发展项目起到了类似的作用（包括品格教育的 11 个原则等）。协调的过程需要做出关于技能、语言、确定核心价值的优先次序和生成清晰的信息等方面的决定。这是通过一群有代表性的教育者来实现的。他们中有些人对社会情感学习很了解，有些人对积极的青少年发展项目（或者学校里已经存在的任何项目）很了解，他们做出了一些务实的决定，这些决定必须被视为"试点"，即根据需要进行调整的工作。如果项目未能完全渗透到学校

文化中，实施者就无法使社会情感学习项目更容易做到这一点。人们必须揭示为什么这种融合没有发生，也没有满足教职工的期望，即解释项目是独立的实体。实施者应该通过儿童来听到、理解、内化课程并采取行动，把它们的好处传递给学生。

课后项目中的积极的青少年发展

在协同学校中，重视社会情感学习连续性的一个领域是课后项目（Durlak & Weissberg，2013）。在这一领域，积极的青少年发展项目通常比正式的社会情感学习项目发展得更好（Snyder & Flay，2012）。课后项目（ASPs）提供了一个强调（发展）社会情感能力的机会，特别是当教师和行政管理人员因专注于学术课程和考试准备而在学生上学期间执行不力时。课后项目可以为儿童提供一个安全的和结构化的环境，有可能满足儿童在课余时间进行组织活动的需要（Durlak，Mahoney，Bohnert & Parente，2010）。

课外最有效的积极的青少年发展项目的特点是：青少年的高度参与，提供生理和心理上的安全保障，与成人和同龄人的支持性关系，较高的自我效能感，提供技能培养机会以及学校、家庭和社区的整合（National Research Council，2002；Roth & Brooks-Gunn，2003；Yohalem & Wilson-Ahlstrom，2010）。这对社会情感学习工作有重要意义：至少对于一些学生来说，有时对于许多学生来说，学校并不是他们体验到参与性、安全感、有支持性关系和有效能感的地方。因此，即使学校有技能培养的机会，学生也可能无法从中受益。事实上，在积极的青少年发展领域也发现了这种情况：有效的项目在那些文化和氛围有问题的课程之后实施，可产生的影响较小或根本没有影响（Hirsch，Deutsch & DuBois，2011）。所以，课后项目只是有可能为一些学生提供学习社会情感能力的机会。

研究表明，为了发挥其最大的潜力，课后项目应该与学校的努力相结合（Durlak et al.，2010；Greenberg et al.，2003）。课后项目的工作人员（如果他们不是学校工作人员）应该与学校管理者和教师沟通，使用统一的词汇，并强调类似的概念。这使所教授的技能更有可能被推广到社区环境中，并减少学生在他们应该学习什么技能方面的碎片化经历。总的来说，积极的青少年发展的例子表明，不仅需要考虑系统中已有的项目以及联合技能培养的要素，还需要了解现有项目如何反映到学校和社区的生态中，以及如何确保引入的社会情感学习项目既能产生协同作用，又能认识到并战略性地解决现有实施结构中的局限。

三、问题、挑战以及确定社会情感学习的下一个领域

社会情感学习和相关领域的领导者们希望看到世界上所有儿童都能发展他们所需的技能，以做出健康、有道德的选择，和平地解决问题，适当地调节情绪，协作地工作，并取得学业上的成就。但是，许多问题也随之而来。在最初开发和评估社会情感学习项目的环境中，社会情感学习应该是什么样子？当社会情感学习被引入不同的教育系统、学校和教学实践时，它的"整合"应该是什么样的呢？在大家庭和村庄成员在儿童的成长过程中扮演不同角色的情况下，

目前的社会情感学习方法将如何适应这种环境？现有的社会情感学习领域的哪些方面可以移植到全新的环境和文化中，哪些不能？移动技术的日益普及是否为传递教学内容和学习内容提供了新的可能？这些问题能促进一种全新的思维方式的发展，即这种高质量的、有效的、可持续的社会情感学习的思维方式是什么样的？然而，在既有历史、优势又有制约因素的学校中，不同的因素如何在学校中融合在一起，而在可预见的未来不太可能发生巨大变化？因此，下面我们遇到的一些领域会包含挑战、障碍和机遇。有些学校的一切方面都被超越。然而在大多数学校，几乎没有事项标准被超越。如果要扩大高质量的、协调一致的社会情感学习的规模，使之成为美国学校的特征，不利局面必须被扭转。

（一）社会情感学习在实现严格学术标准方面的作用

在撰写本文时，教育政策和重大改革战略的宗旨持续产生影响，即缩小课程范围，将重点放在通过高风险问责性测试进行绩效评估的课程内容上。这有助于创建一种观念，即对时间的竞争，而用于社会情感学习的时间是从学科那里"拿走"的。遗憾的是，这种观点在那些压力很大的城市环境中为贫困儿童提供教育的学校里最为普遍。因此，综合的社会情感学习的一个重大障碍是缺乏对社会情感学习和学习成果之间关系的深刻理解（Durlak et al.，2011）。美国最近的一次学校改革是 47 个州采用共同的核心课程标准，要求学生掌握诸如学术、社会和情感学习合作共同体提出的五项社会情感能力（Elias，2014）。很高的认知需求、严谨的任务和评估的压力会触发情绪，可能导致沮丧、愤怒和缺乏持续参与所需要的自我效能感。这对于弱势学习者和有学习失败历史的学生来说尤其如此。无论是出于上大学的目的还是就业的目的，学生都需要技能使他们能够开展合作，做出应对同伴压力的明智决定，坚持完成任务，有效地沟通，调节自己的激烈情绪。尽管有令人信服的经验、案例研究和基于实践的证据，而且对社会情感学习拥护者具有吸引力，但仍需要明确，反复地证明学校学习与生活的成功，和情绪健康之间的关系是社会情感学习有效实施的一部分（Zins，Bloodworth，Weissberg & Walberg，2004）。

（二）城市环境的挑战

由于贫困、竞争激烈、学生的失败经历、教育工作者的更替，以及对学习者和成人在严格的标准和评估环境中获得成功的能力抱有严重的悲观情绪，城市学校的情况尤为严重（Rothstein，2004）。种族或族裔问题使这些挑战变得更加严峻。根据我们的经验，除了协调学校中与社会情感学习有关的各种方法之外，城市学校的工作人员还必须特别注意活动 1 和活动 4。强大的基础框架和坚定的干部队伍至关重要，并且必须明确核心价值观，包括所有人都有可能成功的信念（Leverett，2008）。除了学校，更大的需求使得协同和地区层面的统筹更加重要（参见本手册第 32 章）。

(三)系统实施的环境挑战

无论城市、郊区还是农村,其学校都面临着一个共同的挑战,那就是如何在已经很满的学校日程中安排社会情感学习活动,调整的范围包括从相对较小的调整到学校活动和课堂教学组织方式的重大变化。那些寻求引入社会情感学习的人员必须分析如何更改结构、流程、系统、仪式和常规,以减少对组织的长期常规和资源的强制干扰(参见本手册第 32 章)。非常有必要对文化、氛围、课程、教学大纲、教学方法和能力建设活动进行仔细评估,以增加实现可持续的社会情感学习的举措和活动的机会。在努力将社会情感学习渗透到学校和社区的持续活动和计划实施之前,应先分析各种关系、方案、资源分配情况和工作程序。没有任何一套公式或程序来指导这方面的分析,如果不能对当前环境进行充分的组织评估,这可能会威胁该系统获得必要支持和承诺的能力,从业者无法应对在课堂和学校工作中面临的碎片化和复杂性内容。

此外,学校范围内的社会情感学习项目应回应学生和社区人口的特征,以提高策略、活动与文化、价值观、习俗之间的相关性。适应多种人的特征的组合需要一种灵敏的方法来确定哪些社会情感学习方法是最合适的,以及需要进行哪些调整。

(四)学校内部的沟通、关系和领导能力

通常情况下,沟通是单向的,关系是肤浅的,这些阻碍社会情感学习融入学校工作,从而为实施社会情感学习方法的领导提供了很少的合作机会。需要注意为学校领导(校长、部门领导、教学教练、儿童学习团队顾问、教师领导、项目协调员等)提供持续的互动和体验,以便共同努力,建立共同的目标、知识结构、明确的角色,并强化期望,使他们对正在实施的社会情感学习方法有一个共同的、深入的理解,这对可持续发展至关重要(Elias,2010)。

此外,为了在学区实施高质量的社会情感学习项目,必须在学校结构的各个层面都显示出领导力(Leverett,2008)。这并非目前大多数学校的情况。为了使社会情感学习蓬勃发展,必须明确承诺社会情感学习预期的持久性,这是"高杠杆"(high leverage)的承诺,因为它超出了校长或其他学校领导的任期。因此,有必要将其植根于学校的核心价值观、宗旨和使命中。当核心团队具有横向和纵向跨学校或区域的领导能力时,当组织中的人们共享实现有意义变革的热情和承诺时,实现并维持理想的社会情感学习愿景、目标和成果的可能性就会增加(Leverett,2008;Vetter,2008)。从这个起点出发,领导层可以安排专业发展和培训,并与学校的社会情感学习方法相协调,安排家长、学生、教师、行政人员、教育支持人员和社区人员的参与,从而提高学生的能力,在情感健康和身体安全的生活环境中提高学业成果,使学生苗壮成长。特别是在城市和高度多样化的环境中,领导力的根基必须深深嵌入学校的每一个方面。这应该包括教学和非教学工作人员、学校社会工作者、心理学家、护士、教练、保安人员、家长、社区和商业领袖的代表。重要学生的参与也是必不可少的。最终,学校是属于学生的,他们必须与其他所有人一起追求安全、文明的学校,致力于在不受骚扰、恐吓和欺凌困扰的环境中促进学习和做出积极贡献(Berman & McCarthy,2006;Pasi,2001)。

(五)问责制

评估是实施社会情感学习项目的学校面临的共同挑战。每一个项目都必须制定有意义的指标，定义成功是什么样子的，并收集、分析和使用数据，为实施过程中各个阶段的改进工作提供信息。"不要让完美成为优秀的敌人"，这句格言适用于评估策略的开发。卓越文化和伦理方法倡导使用"足够好"的规则，它反映出这样一个现实：当评估工具不以符合特定学校的应用环境的方式存在时，即使是粗略的第一代评估工具和流程也有价值，因为随着数据和信息的不断收集，所需求的更好定义和技术会不断被修改、补充或替换（Davidson，Khmelkov & Baker，2011）。学校也需要衡量社会情感学习成果实现程度的方法。目前的研究表明，"报告单"（report card)可能是评估学生社会情感和品格发展的一个可行工具（Elias，Ferrito & Moceri，2014)，也是用于系统和持续地评估学校文化和氛围的工具（Cohen & Elias，2011)。

(六)社会情感学习领域专家的外部支持

精心挑选在学校实施方面有丰富经验的外聘顾问对整个实施计划至关重要（Kress & Elias，2013；Leverett，2008)。从一开始，我们就应该理解，外部顾问的工作是逐步地释放责任，随着学校能力的发展，学校将持续实施社会情感学习，而外部顾问的作用将大大减少，但仍在工作。当顾问担任区级职务或者至少能够在多个学校之间分享专业知识时，社会情感学习可持续发展的可能性更大。在选择外部顾问时，应将建立内部能力方面的业绩记录作为主要考虑因素。

在选择外部专家时，要考虑的一些因素有：①制订明确的工作说明，界定顾问的角色、权限、可交付成果和局限性；②经常与顾问互动，以确保工作与工作说明书保持一致；③直接与学校以及在可能的情况下与地区领导合作制定策略；④与校级社会情感学习领导者、社会情感学习协调团队、校本社会情感学习协调员、部门主席、学校改进小组、专业学习共同体、项目主管、教师领导、校长、学校改进小组或校本社会情感学习协调团队一起现场参与；⑤为学校教职工提供专业发展建议和指导；⑥支持和帮助来自附近学院或大学的研究生或本科生、家长团体、社区志愿者、参与服务学习的高中生、社区组织进行社区服务实习，以坚定信心，并保证系统实施方法的长期有效。与专家顾问或执行联盟建立关系，提供持续的、基于实践的问题的疑难解答，以及从外部的直接实践环境中注入新鲜的想法（Kress & Elias，2013)。

(七)影响学校成功实施的外部因素

学校存在于一个更大的生态环境中，在这个环境中发生的所有事情都影响着学校的社会情感学习努力的效果和形式。学校必须关注学生入学时的能力和心态。也就是说，小学学校必须关注学前教育和家庭教育，初中和高中学校必须关心前段学校的情况。这与学区一级的协调问题有关，这超出了本章的重点，但是马特和同事们（参见本手册第32章)对此进行了充分讨论。

各学区如何保持对全系统核心价值观、愿景、使命目标、战略方向、行动理论和学生表现期望的忠诚，同时如何界定学校层面的灵活性和适应性水平，以适应特定的需要、利益、资源和制度，对各个学校都有明确的影响。各地区可以在系统范围内选择一个或两个基于证据的社会情感学习项目，也可以选择更多的循证社会情感学习项目。无论哪种情况，都必须建立支持系统和综合的组织架构，以使学校能够成功实施。

(八)全球视野的重要性

详细说明社会情感学习是否以及如何在全球范围内融入教育，超出了本章的范围。也许我们唯一可以概括的是，近年来，人们对社会情感学习的兴趣大增(例如，欧洲社会和情感能力网络，2013)。正如本手册第 37 章中介绍的，社会情感学习的思想和实践有很大差异，我们可以从这些差异中学到很多东西。

在学校范围内采用综合的社会情感学习，一些国际案例特别具有启发性。在英国，社会和情感方面的学习是一项国家战略，由工党政府于 2005 年在小学和 2007 年在中学(高中)推出。到 2010 年，社会和情感方面的学习(SEAL)已经在全国几乎所有小学和大部分的中学展开(Humphrey，Lendrum & Wigelsworth，2010)。

社会和情感方面的学习大致包括四个主要部分：①使用全校推进的方法来营造积极的学校氛围和风气；②在全班教学中直接教授社会情感能力；③使用教与学的方法支持学习此类技能；④为学校教职工持续的专业发展提供帮助(Humphrey et al.，2010)。它包括通用材料和有针对性或选择性的材料。该项目的设计是灵活的，而不是指令性的，鼓励学校探索不同的实施方法，以支持确定的学校改进优先事项，而不是遵循单一的模式。这种"自下而上"的方法受到学校的欢迎，但事实证明，它对许多学校来说极具挑战性，因为没有一个清晰的路线图，支持该项目的工作人员发现很难获得领导的支持(Humphrey et al.，2010)。

随后发生的事情反映了许多国家的情况，即回归到更注重项目的方法，如促进选择性思维策略或"第二步"(Holsen，Smith & Frey，2008；Humphrey，2013)。斯堪的纳维亚的情况尤其具有启发性。那些寻求提高技能的人倾向于采用基于证据的项目；那些寻找与校园预防欺凌和纪律相关的全校模式的人引入了奥维斯(Olweus)欺凌预防项目和积极的行为干预和支持的方法(Kimber，Sandell & Bremberg，2008；Ogden，Sørlie，Arnesen & Wilhelm，2012；Salmivalli，Karna & Poskiparta，2011)。从积极的方面来说，国际上将社会情感学习项目与学校中与社会情感学习相关的其他工作相结合的成功案例，可能包含重要的经验。美国的工作可以借鉴这些经验，反之亦然。因此，更多的国际实施经验的分享将受到重视。遗憾的是，根本没有捷径。学校必须发展文化和营造氛围，明确地传授技能，根据学生的技能模式支持所有能力水平的学生，保证系统和地区层面的协调，以创造跨年级和跨学校的连续性效应和协同效应，并让家长和社区更广泛地参与进来。

一个很好的例子是"儿童很重要"(Kids Matter)，这是澳大利亚政府为小学推出的社会情感学习的主要项目。该项目的四个组成部分说明了在"碎片化"的学校中各种元素的整合：①积极的学校社区注重发展校风和环境，以加强学生和教职工的心理健康感受、相互尊重的关系和归属感；②为所有儿童提供有效的社会情感学习课程，使他们有机会练习和迁移技能；③与父母和照料者合作，促进学校与父母或照料者之间的合作，为父母提供关于子女心理健康方面的支持，并帮助建立父母和照料者的支持网络；④通过扩大学校对心理健康问题的理解，改进寻求帮助的方式，以及制定适当的干预措施，帮助经历心理障碍的儿童根据需要获得第一、第二、第三级的干预。除了为学校教职工提供专业发展和培训机会外，该项目还提供了材料和资源（如指导文件、信息表）来支持上述各个方面的实施（Slee et al.，2009）。

"儿童很重要"项目在灵活性和严格性之间提供了一种平衡。对于每个组成部分来说，所有学校都提供相同的基本材料和资源；所有的学校都有一本含有 70 多种干预措施的指南，其中的信息包括重点领域、证据基础、理论框架、结构和其他因素，这使他们能够根据当地的情况和需要做出明智的选择。他们还可以获得专业发展和咨询支持。例如，一所项目学校可能选择实施尊重他人的步骤项目以实现积极的学校社区发展，选择社会决策或社会问题解决项目作为社会情感学习课程，选择"积极育儿计划"以支持父母的养育，以及选择"终身友谊"干预为有困难的儿童提供有针对性的支持（Slee et al.，2009）。类似的工作还有在中学阶段进行的"思维很重要"（Mind Matters）项目。

对所有这些实施案例的详细说明，如品格教育合作伙伴为其"国家品格学校"计划（2013a）维护的案例，对研究人员和实践者都有巨大的价值。这样一个资料库，是为了确保前面提到的七项实施活动的讨论以及已知的其他影响执行结果的环境要素可控，从而可以更好地归纳理解综合性社会情感学习以何种方式可持续地进入和不进入学校。研究报告、期刊文章、较短的报道以及最常见的媒体常常缺少关于将不同的项目元素组合在一起的具体细节。事实上，我们已经从类似的案例研究方法中学到了很多，而这些内容是无法从更规范的方法中获得的（Elias et al.，1997）。

四、总结

在全校范围内实施社会情感学习，对于那些擅长有序进行、逻辑把控或可预测的人来说，并不是一项艰巨的任务。这是一个永无止境的配置任务，需要不断调整以适应不断变化的条件。如果在不同的学校里，整理一间校舍所必需的七项活动都以同样的方式展开，导致遵循同样的过程，并走同样的成功之路，那么，这七项活动将是非常罕见的。全校范围内的实施过程将会被比作一次海上航行或一场爵士音乐会，或任何相关的类比（Dalton，Elias & Wandersman，2007；Elias，Bruene-Butler，Blum & Schuyler，2000）。目的地是明确的，路线已经设定，但是只有成功地适应条件，有一艘基本健全的船，有能力强的船员和合作的乘客，船及相关人员才能到达目的地。随着九月的到来，旅程又开始了，再也不会重复之前发生的事情。这对我们培训和支持教育引导者、选择和确定学校董事会成员，培养学校支持性专业人员和顾问都有影响。

在写这一章的时候，社会情感学习和相关方法正在发展，并具有相当大的潜力，可以将教育实践转化为一种人性化的体验，让所有在我们学校工作、支持项目、访问的人都能体验到。除本章所述的领域外，社会情感学习还必须在许多领域取得进展，这对于不同文化和背景的青少年来说是发展的当务之急。然而，新兴的研究指出，社会情感学习对行为和学术成果的积极影响提升了它作为高质量教育基础的重要性。这反映出社会情感学习有巨大变化，它不再是一个无关紧要的"附加项目"，其成功取决于学校领导有时间、经费或有关注它的兴趣。未来的挑战不是"如果"，而是"如何"。

五、参考文献

请扫描二维码获取原书参考文献。

第 *4* 章
文化与社会情感能力

迈克尔·L. 赫特、沈永珠

社会情感学习，像所有的学习一样，都是在文化背景下发生的（Bronfenbrenner & Morris，2006）。从本土成员的文化濡化和移民成员的文化涵化的显性文化学习，到家庭、学校、地区卷入的隐性文化学习，都表明文化常常通过一种模糊的、相互交织的过程来施加影响。有人甚至认为，文化定义了社会情感学习。然而，正如本章指出的，这方面的证据并不明确。更不清楚的是，这些技能是否在所有文化中都是这样。这种情况是复杂的，因为文化往往是一个定义不清的结构。因此，在讨论文化对社会情感学习的影响之前，我们先从社会情感能力的假定基础——文化开始。

大多数现代研究方法是基于这样一种假设，即文化与其说是一个清晰的分析范畴，不如说是一种视角。也就是说，这些方法把文化视作指导思想和行为的参考框架，而非把它简化为一个类别，如种族或民族。例如，重视个人主义的文化提供了一种视角，这种视角可能更有利于培养个人能力，而不是人际交往能力。因此，文化的个人主义概念化可以引导研究者和实践者关注个体行为，但可能会觉察不到产生这些行为的社会结构。重视集体主义的文化可能更注重社会关系发展的价值，而不是个人技能。因此，文化的集体主义概念化会引导研究人员关注社会交往和实践的重要性。

授予机构根据离散的种族或族裔群体对参与者进行分类，假定这些群体内部具有同质性，忽略群体内部的异质性，而这种异质性往往与群体之间的差别一样大（Mann et al.，1998）。过度概括是这种做法的一个潜在的负面结果，而更危险的结果是刻板印象。我们可以从更丰富、更复杂的文化概念化中获益良多。在本章中，我们提出了一个观点，强调理解文化的各种方法，然后试图解释这些方法是如何与社会情感能力相关的。在阐述文化和这些能力之间的关系之前，我们从最基本的问题开始——什么是文化？我们以对指导方针、建议和未来研究的挑战的讨论来结束本章。我们不打算对社会情感学习和文化进行详尽的回顾，而是对它们与适当范例之间的关系进行概念性的概述。

一、文化定义的途径

2006 年，鲍德温（Baldwin）、福克纳（Faulkner）、赫特和琳赛（Lindsley）提出了一个定义文化的框架（2006）。该框架确定了三个与当前讨论最相关的主题：①文化作为结构；②文化作为功能；③文化作为过程。

（一）文化作为结构

文化作为结构指的是文化包含了模式或规律。这可能包括"一种生活方式"的模式、认知、个体或集体的行为系统、语言和话语、关系系统或社会组织。例如，文化作为一种信仰或价值体系的定义属于这一类，而那些关注规范、宗教、政治体系或社会网络的定义也属于这一类。社会认知方法在文化脚本和图式的认同上更多地被认为是采用结构化的方式。但是，对于那些更多谈论文化符号方法的人们而言，他们更加关注共享语言、符号、意义的语言结构和文化网络结构。

（二）文化作为功能

文化作为功能指它的功利层面或一种达到目的的手段。也就是说，文化建立了有价值的结果，并定义了实现这些结果的方法。例如，文化定义了人际关系的重要性，以及如何建立人际关系。在美国，关于婚姻定义的争论主要围绕着主流文化如何定义婚姻制度，以及家庭是如何组成的而展开。正如美国最近的教育改革运动所做的那样，优先考虑教育成果是一种实用的教育文化方法，它是通过定义一个受过教育的人意味着什么来实现的。一种文化对健康和保持健康的定义提供了例子——明确健康的行为能达到什么目的（例如，定义理想的体重目标或胆固醇水平）。例如，美国卫生和公共服务部（U. S. Department of Health and Human Services）发布《健康人民 2020》（*Health People 2020*），旨在提高公众对健康需要什么，如何消除健康差距以及如何提高生活质量的认识。

（三）文化作为过程

第三种传统将文化概念化为一个过程或一系列的行为。结构是实体，功能是结果，过程取向的文化定义关注随时间变化的行为。例如，与强调结果的功能性方法相反，过程性方法关注的是行动或发展过程本身。例如，过程性方法关注的是健康的生活方式，而功能性方法关注的是实现健康的结果。因此，过程性方法将重点放在一个人的饮食（食品采购或准备），以及它在一场正在进行的潮流中可能会如何调整上，而功能性方法将重点放在体重的增加或减少程度，或者胆固醇的水平上。

文化的结构、功能和过程定义是重叠的，并且经常被一致地使用。例如，一种结构性方法将关注如何定义肥胖；功能性方法关注的是理想的健康体重和肥胖水平，而过程性方法将考察体重是如何增加或减少的。研究人员将在这三种方法的综合中认识到一种简单的因果模型（结构—过程—结果或功能）。

二、文化与社会情感能力

在下面的内容中，我们将考察文化的结构、功能和过程因素与学术、社会和情感学习合作共同体定义的社会情感能力的五维内涵——自我认知（正确认识自己的想法和情绪，以及它们对行为的影响），自我管理（调节个人的想法、情绪和行为），社会认知（站在他人的角度设身处地地为他人着想），人际关系技能（建立和维持健康人际关系的能力），负责任的决策（做出负责任和建设性的选择）之间的关系。已有研究表明，文化对社会情感能力的影响包括移民的到来、种族、阶级、语言、年龄、性别或文化期望等变量（Chen，2009）。这些影响似乎涉及能力是如何定义和发展的，以及它们在各种文化中的相对重要性。

（一）文化结构与社会情感能力

如前所述，文化结构被视为模式或规律。文化在其结构上有许多不同之处，其中最基本的就是自我的定义，这影响了五种社会情感能力。因此，我们首先讨论文化结构。一种文化把自我视为个人主义还是集体主义是很重要的。大多数（如果不是全部的话）文化在自我概念中既有个人主义的成分，也有集体主义的成分；不同点在于它们相对来说的重点或与之相关的情况和关系不同（Kim，Triandis，Kagitçi-basi，Choi & Yoon，1994）。

以个人主义为主要价值观的文化倾向于把自我看作具有个人目标、主动性、成就和权利的基本人格，认为独立比相互依赖更有价值。相比之下，重视集体主义的文化往往是围绕着群体或社区来组织的，促进群体发展的行为受到重视。团结、联结、与他人合作和无私是被重视的，而且相互依赖和合作是规范的。自我认知和自我管理等能力在个人主义文化中更重要，而社会认知和关系技能在集体主义文化中更重要。例如，当个体是焦点时，准确地识别和调节自己的思想、情绪和行为就会受到强调。在更多的集体主义文化中，站在他人的角度以及与他人和睦相处是受强调的。此外，这些文化差异会影响这些能力的发展以及影响它们是否会通过一对一辅导或小组的方式被传授。接下来我们将讨论影响每一种社会情感能力的因素。

1. 自我认知

文化结构在许多方面影响自我认知。如前所述，更多的个人主义文化认为自我认知关注一个人的情感、思想和影响。然而，对于那些沉浸在集体主义文化中的人来说，这个过程涉及更广阔的视角，包括重要的他人和背景环境。这表现在许多方面。例如，一项研究表明，这些文化取向导致了身体的不同体验（Maister & Tsakiris，2014）。在西方社会，身体形象往往与一个人的身体特征相结合；而在东亚社会，身体形象往往与外表相联系，在自我认同的社会中，身体形象与他人相处等相联系。在个人主义文化中，人们更能意识到情绪和性格是行为的原因；而在集体主义文化中，人们更有可能将行为归因于情境结构，如规范和角色（Suh，Diener，Oishi & Triandis，1998）。苏（Suh）和同事（1998）认为，在个人主义文化中，自我被视为一个"独立于周边人际环境的自给自足的实体"，且"内部属性，如态度、情感、偏好、信念成为个体身份的诊断标志"。类似的，与具有较少集体主义的西班牙和墨西哥文化中的成员相比，具有较多集体主义的丹麦文化中的青年提供了较少私人的、较多公共的和集体性质的自我描述。其他研究表明，个人主义和集体主义的文化结构区分了儿童对内在的、个人的自我形象的注意和更完整的、更集体性的自我认知。例如，在冰岛的集体主义文化中，许多冰岛青年发现诸如"你是什么样的人"这样的问题太奇怪而无法回答，但是他们却能描述其他人是什么样的（Hart & Fegley，1997）。文化取向也会影响自我认知的稳定性（English & Chen，2007）。亚裔美国人在各种情境下对自我描述的一致性往往不如欧裔美国人。然而，亚裔美国人的自我描述往往会随着时间的推移在语境中保持一致，这表明自我认知的语境更具集体主义色彩。

2. 自我管理

信念、规则和期望等文化结构在自我管理中扮演着重要角色。在一项对 23 个国家的研究中，松本（Matsumoto）等人（2008）发现，文化信仰影响社会整体情绪的调节；强调长期视角和社会秩序的文化更有可能抑制情感表达，而那些重视个体的文化更有可能促进情感表达。

表达规则引导情感表达，并根据文化的不同而有所不同（Matsumoto，1991）。在爱尔兰守灵仪式上，人们可以期待大声、积极的情感表达；而在其他一些文化中，葬礼则被认为是比较严肃的（Rosenblatt，1993）。一些简单的事情如眼神交流也是有规则可循的。例如，在美国主流文化中，一个人在交谈中忽视了与人进行眼神交流可能被认为是缺乏自信的表现，而用眼神交流的人则被认为是自信和大胆的（Scudder，2012）的表现。从对表达规则的讨论中可以看出，不同的文化在人们对自我表达的期望和规范上存在很大的差异。因此，不同文化背景的人对表达的反应各不相同，也就不足为奇了。例如，自信在不同的文化中可能意味着不同的事情（Pacquiao，2000）。与日本文化下的人相比，马来西亚、美国和菲律宾文化下的人更有可能在表达不同意见时直言不讳。

3. 社会认知

相对于自我认知和自我管理，社会认知将重点转移到人与人之间的联系上。一般来说，文化意识是交流的基础，它涉及脱离我们自身，意识到所处文化下的人以及周围人的价值观、信仰和感知。为什么人们会那样做呢？人们如何看待这个世界？为什么人们会有这种特殊的反应？这是结构性的，因为人需要一个认知系统来评估或判断。当我们不得不与来自其他文化的人交流时，文化意识变得尤为重要（Noble，Rom，Newsome-Wicks，Engelhardt & Woloski-Wruble，2009）。对于不了解某些文化基础的人来说，规则结构可能是相当陌生的。

从前面的讨论中可以看出，集体主义文化更加整合，更多地基于规范的共识来运作，对偏离共同规范的个人持反对态度。个人的行为是由他人来评判的，而不是由个人来评判的，个人要寻求他人的认可。因此，社会认知在这些文化中被高度重视。其他研究则指出了社会认知在"面子保护"方面或让人们感到自豪的互动实践方面的差异。在东方文化中，规则存在于为保全面子的互动中，而这在西方文化中不太被重视(Tse, Lee, Vertinsky & Wehrung, 1988)。

最后，社会结构也可能在社会认知中发挥作用。例如，权力较小的人实际上往往有更强的换位思考能力，因为他们必须适应更强大的人(Gregory & Webster, 1996)。权力也在眼神交流和其他非言语行为中发挥着作用(Guerrero & Hecht, 2008)。

4. 人际关系技能

文化结构在人际关系技能上有许多差异。这些可能会发生在像眼神交流这样微妙的事情上，而眼神交流在任何一种文化中都调节着对话，尽管方式不同。在美国，大多数文化群体认为，目光接触是对对方感兴趣的标志，而回避则表示缺乏兴趣(Kalbfleisch, 2009)。然而，对于美国的许多印第安人而言，在跟地位较高的人说话时直视对方会被理解为粗鲁或不尊重(Kalbfleisch, 2009)。

相比之下，在中东，直接的眼神交流就不那么常见了，也被认为是不合适的。中东文化对两性之间的眼神交流有着严格的规定；这些规则与宗教法律有关(Simpson & Carter, 2008)。如果有的话，男人和女人之间也只允许有短暂的眼神交流。在亚洲、拉丁美洲和非洲会发现第三套目光接触规则：长时间的目光接触可能被视为一种冒犯或对权威的挑战(Zhang, 2006)。人们通常认为，偶尔或短暂的目光接触更有礼貌，尤其是在不同社会阶层的人之间(例如，学生和老师)。

5. 负责任的决策

结构性因素也会影响人们的选择。虽然在所有文化背景中人们都可能重视能满足个人需求，符合团体规范、标准和实现成果的决策(Mann et al., 1998)。处于个人主义文化倾向下的人更重视满足个体需求的决策，而那些在集体主义文化下的人更重视增加团队收益的决策。类似的，特里安迪斯(Triandis, 1995)认为，集体主义是社会化的责任。西方学生更强调个人或个人能力，他们倾向于个人主义，而东方或集体主义文化下的学生更可能将决策视为一种共享活动，并遵从集体意见(Mann et al., 1998)。苏和同事(1998)报告说，西方人通常根据个人主义文化重视的内部评估和内心情感标准来做出判断。因此，在负责任的决策中，无论是在由谁(自身或群体)做出决策上，还是在判断决策的标准上，似乎都存在文化差异。

在负责任的决策的其他方面也可能存在结构上的差异。有些文化对人与人之间的交往有非常严格的规定(例如，印度的种姓制度)，从而影响着可能做出决定的人(Singh, 2012)。尊重互动的规范做法也各不相同(Hofstede, 1986)。贵格会的会议惯例是在等待下一位与会者时保持沉默，印第安人的决策实践是通过传递棒来决定顺序，这两者都是因文化结构不同而决策习惯不同的负责任的决策的实践的例子。

(二)文化功能与社会情感能力

接下来,我们把社会情感能力放在文化功能中来考察,并将重点放在家庭上,因为家庭是文化涵化和文化濡化发生的主要空间之一。社会化本身是一种文化过程,家庭是一种文化结构。在这一节中,我们将讨论社会化取得的成果。

1. 自我认知

家庭,尤其是父母,是儿童社会化的主要媒介,对儿童如何感知自己和认识自己有重要影响(Socha,2009)。在更加个人主义的文化中(如美国),父母通常教导儿童独立和平等的价值,这更强调自我;在集体主义文化中,父母对儿童的培养带着追求与他人的和谐、对社会等级高的人表示尊重的观念(Guilamo-Ramos et al. ,2007)。这些文化价值观塑造了儿童对处于与他人关系中的自己的看法。例如,在一种文化中,幸福可以通过一个人的自信获得;而在另一种文化中,幸福是通过一个人的归属感和他人的幸福获得的。

2. 自我管理

每种文化都建立了有效的自我管理的表达规则。这些规则通过建立有效的和适当的情绪表达的标准来指导行为,每种文化都通过社会结构来确定在某种情况下应该表达哪些情绪,以及应该如何表达这些情绪。遵守规则的行为最大限度地利用了人际有效性,这是儿童在成长过程中学习和实践的自我管理方法之一。人际有效性是由父母、老师和其他成人来完成的,他们在与儿童互动时规范了规则的表达(Socha,2009)。

表达规则的文化差异还涉及在任何情况下都可以被接受的表达的情绪范围(Leersnyder,Boiger & Mesquita,2013)。人们期望管理情绪,使它们保持在指定的范围内。如果人们遵守规则,他们的行为可能会被认为是适当的。遵守或违反这些文化表达规则还有其他后果。例如,那些自己的情绪调节模式与他们的文化规范相匹配的人,比那些表现出与他们的文化规范不匹配的人,更可能报告出较低的抑郁水平和较高的人际关系满意度(Matsumoto et al. ,2008)。

3. 社会认知

文化也定义了在人际关系中什么行为是恰当的社交,而亲情强化了一致的价值观,这些价值观深刻地塑造了儿童的社会认知。例如,对他人的谦逊在集体主义文化中比在重视自我和自信的个人主义文化中更容易被社会所接受(Kim,2003)。为家人或亲密朋友做出牺牲是另一个可能导致不同解释的例子。与集体主义文化相比,在更多的个人主义文化中,为他人牺牲不被认为更可取。在集体主义文化中,为所爱的人牺牲更可能被视为一个让他人快乐的光荣机会,并可以与爱互换。

4. 人际关系技能

儿童学习社交上和文化上的沟通技巧的一种方式是观察家庭成员。在接受机构教育之前,父母教儿童如何使用母语,以及在社交中如何使用非言语暗示(例如,眼神接触,身体姿势,触摸或人际距离)来进行社交。在韩国文化中,儿童被教导在与老年人或社会地位较高的人(如医生、教师)交谈时要使用敬语。这需要对社会等级的认识(社会认知)以及人际关系技能。如果他们违反了这个社会规范，父母就会因为"家庭纪律"的失败而受到指责(Shin & Koh，2005)。在韩国社会中，尊重老年人的文化价值对言语和非言语交流技能产生了影响。一个人如果违反了这样的期望，就会使责任落在父母或家人身上。在其他文化中，区分和认识基于社会等级制度的人与人之间的距离的压力较小，个人主义文化中的人在社会规范和交流实践上会更加平等。一般来说，在集体文化中，儿童的不良行为或不端行为对父母和家庭的声誉有显著影响。

5. 负责任的决策

做决定的过程因家庭文化的不同而有很大的不同。文化在决定谁在家庭中掌权和谁做最后决定中起着重要作用。在集体主义文化中，父母对儿童的决定有绝对的权力。在社会上，儿童被教导要服从父母，听从父母的决定(Oak & Martin，2000)。相比之下，在更加个人主义的文化中，儿童被强烈鼓励根据他们个人的需要而不是根据他们父母或家庭的需要做出自己的决定。

(三)文化过程与社会情感能力

作为过程的文化考察了能力的发展和实施。例如，同一文化下的个体在如何表达情感，如何处理冲突或如何与他人合作方面存在文化差异吗？我们已经讨论了情绪的表达规则。其过程性方法更多的是关于这些规则是如何制定的，而不是关于作为规则的结构属性或规则所遵循的结果的。

1. 自我认知

本章前面讨论的个人主义和集体主义的结构区别，是自我认知的文化过程的核心。个人主义文化倾向于强调一个独立的人对情感和行为的意识，而集体主义文化则将情感和行为概念化，认为它们在群体中是相互依存的。集体主义对自我的解释考虑了更广泛的背景环境，而个人主义倾向于更清楚地认识到自我是独立于情境之外的。这就影响了人们对自我在社会交往中的作用的归因。那些高度相互依赖和集体主义的人倾向于把负面事件归因于外部原因而不是个人自身，而那些不那么相互依赖、个人主义的人则把它们归因于相关的个人(Maister & Tsakiris，2014)。

2. 自我管理

在自我管理的过程中，文化产生的影响也是不同的。例如，太多的自我表达或自信在日本文化中往往是不被鼓励的，因为它可能对一个团队成员之间的和谐关系产生负面影响。与日本文化下的人相比，马来西亚、美国和菲律宾文化下的人更有可能在有不同意见时直言不讳(Nakanishi，1986)。在日本文化中，人们倾向于避免提出不同的观点。当与他们交谈的人的意思不清晰时，他们会假装理解了。

这些管理过程可能是复杂的。管理发生在个体、关系和环境层面，而文化在所有层面上都发挥着作用(Leersnyder et al.，2013)。例如，学生倾向于通过认知过程来管理他们在学校的行为。在关系层面上，当要强调或强化某些在文化上很重要的经历时，家长可能会参与"共同管理"。移民往往认识到管理的极端性(当他们被期望保持沉默时)，并采纳这些模式。此外，那些在个人主义文化中的人可能会采取"促进定向"。为了获得高度的自尊，他们把自己置于可能成功的环境中。相反，那些在集体主义文化中的人更有可能采取"预防定向"，积极避免被认为有高失败风险的情况，从而避免羞愧。

3. 社会认知

个人主义和集体主义的区别也适用于社会认知的过程。个人主义文化中的人倾向于从自己的角度来描述情感状况，而集体主义文化中的人倾向于从周围人的角度来描述情感状况（Leersnyder et al.，2013）。换句话说，集体主义鼓励社会认知。此外，在个人主义文化中，人们更有可能把自己的成功归功于自己，而不是像在集体主义倾向中那样把成功归因于机遇或周围的人。相信一个人可以控制自己的处境也是非常个人主义的，而在集体主义文化中的人倾向于认为他们不一定能控制自己的处境。父母的教育方式以及社会规则和环境使这些观念（关注自己的感受或他人的感受）根深蒂固。

沟通能力强的人通过密切关注非语言反馈和微妙的情绪线索，可以熟练地从一般到具体，从模糊到明晰（Nakanishi，1986）地了解人的情绪状态。一些证据表明，这些过程使集体主义文化下的人对观点的理解比在个人主义文化中更深刻。科恩（Cohen）和冈茨（Gunz）报告（2002）说，来自集体主义文化的人倾向于以局外人或观察者的身份回忆突出的事件，而来自个人主义文化的人则倾向于从他们自己的个人角度来描述事件。

4. 人际关系技能

人际文化交流过程方面的文献非常广泛，尤其是在沟通能力方面。然而，为了建立和充分维持健康的关系，一些关键的、基于文化的交流过程是需要的。我们聚焦于如何尊重和体谅他人的感受来说明这种方法。

对于很多韩国人来说，尊重是通过礼节形式来表达的（尤其是在介绍中），要使用正确的姓氏而不是名，除非是亲密的朋友或在非正式场合。这种做法还涉及尊重不同年龄和地位的人以及尊重老人（Miller & Mackenzie，2009）。但对于许多美国人来说，在最初的交往中，尊重是通过平等对待他人和对结识新朋友表示真诚的喜悦来表达的。不过同一文化内部也有差异。例如，在美国的整体文化中，非裔美国人的文化往往优先考虑"参与礼貌"（如笑、激励），而韩裔美国人则经常使用"克制的礼貌"（如沉默、简洁的言语反应。Bailey，1998）。因此，在社会经济地位较低的非裔美国人社区，韩裔店主可能被视为不友好和种族主义，而韩裔店主眼中的非裔美国人顾客则被视为自私和无礼。

文化影响人际关系技能的第二个领域涉及对他人感受的考虑。例如，日本人和马来西亚人都倾向于考虑他人的感受，他们把自己的观点隐藏起来，以避免显得过于直率而伤害他人的感受（Nakanishi，1986）。在东方文化中，存在"保全面子"的互动规则，即允许做出使他人避免尴尬的做法，而这在西方文化中不太被重视（Tse et al.，1988）。

总的来说，集体主义文化下的人通常会避免冲突，因为"彼此的脸面"或群体的面子是他们最关心的（Ting-Toomey，2005）。例如，因纽特人文化下的成员倾向于不惜一切代价精心安排他们的互动以避免对抗（Leersnyder et al.，2013）。

当我们研究个人和私人信息是如何向他人披露的时候，这些区别也同样存在。例如，美国人倾向于根据信息披露的数量来判断说话人的开放程度，而日本人则不太可能依靠具体的信息来判断开放程度。总的来说，美国人比日本人更倾向于询问和自我表露（Gudykunst & Nishida，1984）。事实上，与美国文化对开放性的看法相比，日本人和中国人可能会认为高水平的信息公开不好（Nakanishi，1986）。

5. 负责任的决策

个人主义文化和集体主义文化倾向于不同的决策制定过程。例如，个人主义水平较高的个体（如美国人、德国人）在决策过程中往往更理性，而那些集体主义水平更高的个体（如加纳人）往往更依赖于群体，不太可能背叛群体中核心成员的利益（Lefebvre & Franke，2013）。在德国，人们可能会强调决策的自主性（Blank，2011）。

甚至在决策过程中应该包括哪些人的问题上，文化也造成了差异。在一些亚洲、非洲和美洲土著文化中，其他群体（除了患者、医生和患者家属）参与医疗决策是常见的（Yates & Alattar，2009）。这些其他群体包括有宗教责任的人，如有非宗教传统或替代治疗师。东方文化将疾病视为共同的家庭事件，这与西方文化的观点不同（Blank，2011）。研究还表明，这在亚洲文化中很常见，如在印度和中国台湾，对于医生来说，不要透露疾病的全部真相，尤其是对于晚期癌症患者，因为告知真相被认为是家庭的责任（Chattopadhyay & Simon，2008）。如前所述，每种文化都不是单一的。在美国社会中，患有严重疾病的拉丁裔老年人与其他群体相比，更倾向于以家庭为中心的决策和有限的病人自主权（Blank，2011）。

三、研究与实践的指南和建议

虽然本章明确指出了文化在社会情感能力中发挥的作用，但仍有两个重要问题没有得到回答：①这些能力是否有普遍性；②干预项目如何应对文化差异。

（一）社会情感能力的普遍性

一方面，很难否认所有人都有情感，并且学会从某种程度上控制它们。原则上，考虑他人心理状态的能力（社会认知）对于社会行为是如此重要以至于人类必须以某种形式发展它，以便它在任何文化中发挥作用。有关社会认知发展的证据也支持了社会认知和换位思考的普遍性观点。幼儿把自己的知识和别人的知识混淆，不理解别人会有错误的观念。只有在 4 岁以后，儿童才会区分自己的知识和别人的知识。这种发展轨迹似乎在不同的国家和文化中都是一样的。例如，萨巴格（Sabbagh）等人（2006）发现，中国儿童和美国儿童发展出可能有错误观念的社会认知的年龄是相同的。思维的发展似乎并不依赖于学校教育或读写能力。即使是在孤立的、初步的、依靠狩猎和采集文化中的儿童，也会像美国的儿童一样，通过换位思考体现出一些理解对方思想的迹象(Avis & Harris，1991)。因此，作为社会情感学习的社会认知能力的一个重要组成部分，换位思考似乎具有普遍性。

然而，不太清楚的是，这一组特定的能力是否在不同的文化中具有同等的价值(如不同的文化是否需要不同的能力组合)，或者是否存在相同的能力组合，但在结构、过程和功能上有所不同。这需要进一步的研究来解决这个问题。

另一方面，我们认为社会情感能力的表达在不同文化中存在着相当大的差异。例如，前面的讨论显示了情绪表达规则(如什么时候对某种情感的表达可以被接受)的文化差异。人类大脑的发展方式似乎不存在文化差异，这表明大脑功能需要处于一定的情绪调节水平和决策制定状态，这可能是普遍的发展问题(Steinberg，2007)。因此，我们认为能力具有普遍的效用，即使它们在不同的文化中经常因定义(结构)、表达(过程)和实现(功能)的方式有所不同。这一点也需要通过研究来确认。

(二)研究指南和建议的普遍性

关于社会情感能力的普遍性问题，无论是作为集体，还是作为个体，都需要进一步的研究(Gonzales，Lau，Murry，Pina & Barrera，2013)。我们的分析围绕着五种能力(参见本手册第 1 章)梳理了文献。从某种意义上说，我们将这种结构"应用"在研究结果上，而没有对模型的拟合程度进行实证检验。据我们所知，没有类型学的方法(如因素分析、潜在剖面分析)来确认这五种能力的分组是不是跨文化一致的。此外，许多文化研究人员会推荐一种以文化为中心的或主位研究的方法来考察普遍性问题[Singer，Dressler，George & the NIH (National Institutes of Health) Expert Panel on Defining and Operationalizing Culture for Health Research，2013]。这意味着从一种文化开始，观察在对特定文化的各种过程(表达)、结构和功能的研究中这五种能力是否得到了体现。人们几乎可以将"元主位"方法概念化，即在跨越发达和发展中国家以及各种宗教、文化时，进行独立的基本发展能力的考察。在"元"层面上，人们可以考察结果框架是否可以映射到社会情感能力上。很明显，社会情感学习框架本身提供了对跨文化发展的深入理解，反过来，文化提供了对社会情感学习的深入理解。

具体来说，我们建议的基本研究重点是：①确定这五种社会情感能力是否(或在何种程度上)是跨文化相关的；②确定这五种社会情感能力作为一个整体是否(或在何种程度上)是跨文化有效的；③详细说明它们的文化概念定义和操作化定义。

(三)社会情感学习干预

我们接下来要考虑的是社会情感学习干预。在预防实施文献中有很多关于文化适应必要性的讨论，尽管有针对性的或定向的干预相较于普遍干预的总体优势还没有达成共识，我们也不太清楚干预的哪些方面(如内容或方式)应被调整以获得最大影响(Colby et al.，2013)。相反，我们知道，在某些情况下，尽管适应性干预似乎具有优势，但似乎有一些普遍的干预可以在不同群体中保持其有效性。可以对适应性干预的比较优势给出总体结论，问题在于并非所有的适应性干预都是一样的。实施不理想的适应性干预不能产生效果，并不意味着适应性干预本身是无效的。如果没有一个评估适应性干预的标准（一个尚未出现但需要的工具），就很难评估一种或另一种方法的比较优势。

同样，一个跨群体有效的通用方案并不意味着一个文化适应的版本不会产生更好的结果。例如，在不同种族和族裔中发现，多系统治疗（MST）是有效的（Henggeler & Schaeffer，2010），但这并不意味着文化上合适的疗法不会改善某些群体的结果。

有足够的证据表明，在某些情况下，执行良好的适应性干预是有效的（Colby et al.，2013；Gonzales et al.，2013），这可能对社会情感学习干预有重要影响。第一个问题是什么时候适应性干预是合适的？巴雷拉（Barrera）和卡斯特罗（Castro）认为（2006），适应性干预在以下情境中是正当的：①它可能影响招聘、留任或参与；②干预背后存在特殊的风险或弹性因素，这些因素在不同文化群体中起不同的作用；③存在文化上独特的病症；④普遍干预已被证明对特定群体无效。比较成本-效益是另一个需要考虑的问题。

此外，桑德斯（Sanders，2012）认为，应就可能的适应性干预征求社区成员的意见。这是许多基于社区的参与性研究论据背后的前提。虽然潜在的参与者是某些领域的专家（例如，评估干预活动或观察、学习风格或教学风格），但是我们完全不清楚非专家是否能够确定诸如适应策略等的问题。显然，社区成员是制定和实施干预的宝贵伙伴，可以参与一些对调整什么和如何调整的决定。我们认为，角色分配需要有对知识和技能的理解，这一过程可以称为社区参与。不幸的是，和许多关于文化适应的事情一样，这些过程还没有被清楚地表达出来。

最后一个问题涉及信息定位。目标定位是一种常见的沟通和营销策略，涉及开发和传递信息给特定群体。在预防方面，某种干预对一部分人口（如女性）更有效，但在信息不能有效地传递给一个亚组而不是整个组的情况下，我们该如何处理信息，目前还不清楚。以学校为基础的干预提供了一个例子，说明在这种情况下，即使某一课程对一个群体或另一个群体更有效，期望男女分开参加药物预防课程可能是不切实际的。因此，我们主张在这种情况下采用多元文化的方法。多元文化主义涉及尽可能多的受众群体的文化元素的融合。实现这一目标的一种方式是呈现各种文化叙事。对一个药物预防项目（"保持真实"）的评估研究表明，文化基础战略（Hecht & Krieger，2006）产生了一个融合多种群体文化的多元文化课程，这种文化课程至少与针对特定文化群体的文化课程一样有效，而且在许多情况下，总体上比针对特定文化群体的文化课程更有效（Hecht, Graham & Elek，2006）。例如，在这项研究中，包括墨西哥裔美国人、非裔美国人和欧裔美国人的文化要素（例如，沟通方式、价值观和信仰）的多元文化干预，在减少药物使用方面的有效程度至少和只包含墨西哥裔美国人的文化特征的项目一样。然而，这个例子并不能证明这一规律，需要更多的研究来直接检验多元文化主义。

雷斯尼科夫（Resnicow，2000）认为，关于适应有两个主要区别。当课程设计包括明显但较表面的特征（如人、地方、语言、食物和衣服）时，表面适应就发生了；更深层次的适应包括基础结构，如文化价值和意义。克洛伊特尔（Kreuter）等人（2003）提出了更具体和详细的分类法。与表面适应一样，他们定义外围适应，是指课程如何"打包"以呈现文化适当性（如颜色、图像、字体、图片）。在课程封面上使用非洲裔美国人的形象就是一个外围适应的例子。它可以通过提供与特定群体相关的健康信息（一种称为"证据策略"的方法）或通过使用语言策略将课程改编为一种新语言来调整干预。接下来是在项目设计中使用社区成员的策略。最后，社会文化策略被认为与雷斯尼科夫及同事的"深层结构"概念相似，涉及整合目标受众的文化价值观和特征。

在文化敏感性文献中，赫特和克里格（Krieger，2006）阐述了文化基础原则的立场。虽然适应性的文献关注的是文化的作用，但大多数文献关注的是如何通过雷斯尼科夫和他的同事（2000）所称的"表面适应"，以及克洛伊特尔和他的同事（2003）所称的"外围策略"将课程迁移到一种新的文化中。这些类型的适应指的是基于证据的干预的文化适应。文化基础原则是对文化适应和敏感性文献的补充，源自传播能力、叙事理论和多元文化主义等相似理论和概念的一种预防哲学。该方法的核心理论构建是"根植"，强调从文化中获取预防信息，文化群体成员是信息设计和生产的积极参与者。该方法还将核心价值、叙述和沟通风格作为深层结构的中心特征。这种理论上的转变是一种"程度上的差异"，因为那些归因于相关的敏感性和适应方法的人也获得了文化群体成员的支持，并吸收了他们的见解。

最后是基于社会情感学习干预的文化适应问题。一般来说，尽管有些项目已经在文化上进行了调整，以学校为基础的普遍干预是社会情感学习项目的规范。例如，"促进选择性思维策略"项目正在四大洲实施，并已被美国农村和城市文化采纳。"促进选择性思维策略"课程的主要发起人之一格林伯格（个人沟通，2014 年 2 月 14 日）描述了包括语言翻译、使用熟悉的类比，以及改变某些文本以反映文化规范的适应过程。这一过程涉及使用以社区为基础的参与性做法，但本质上倾向于在核心课程保持不变的情况下做出表面的改变。冈萨雷斯（Gonzales）和同事们（2013）注意到，许多关于社会情感学习适应性干预的工作都以一种不涉及核心能力的深层问题的方式进行。

（四）干预建议和指南

到目前为止，还没有一种被广泛接受的适应性干预的方法或手段来评估这些尝试的质量。如果没有这样一个系统，就不可能确定是否、何时或如何适应社会情感学习干预。如果我们假设某些适应性干预是不可避免的（Colby et al.，2013），那么，问题就变成了变化是否涉及文化适应（或其他类型），以及这些变化的结果是什么（Miller-Day et al.，2013）。最后，参与者在预防性干预中的作用几乎没有得到检验。参与者对信息的认知加工和解释，以及通过互动传播信息的社会扩散（Larkey & Hecht，2010）等问题仍被认为是适应性干预过程的一部分。具体建议如下：

（1）开发一个度量标准来评估适应性干预的性质和质量；

（2）发展评估何时需要适应性干预的理论和标准；

（3）对改编的和普遍的社会情感学习干预进行比较研究；

（4）明确社区成员在适应性干预过程中的作用；

（5）进行形成性研究以确定突出的文化维度，定量和定性的方法都可以使用；

（6）对影响实践的和可持续性的问题进行更多的研究。

四、潜在的问题和挑战

我们不打算解决甚至是讨论所有相关的问题，而是试图将一个更丰富的文化视角引入对社会情感能力的研究。同时，我们必须承认某些问题和缺陷。或许最重要的是将文化价值归结为个人的生态谬误（Piantadosi，Byar & Green，1988）。尽管社会情感能力可能在文化 A 中以一种方式进展，在文化 B 中以另一种方式进展，但每种文化中的所有个体不会都符合文化规范。事实上，这种匹配或文化上的协调对于健康和健康的结果具有重要意义。例如，那些情感模式最符合其文化的人，往往会在人际关系中表现出较低的抑郁水平和较高的关系满意度（Leersnyder et al.，2013）。同一文化存在地理位置方面的差异（Pettigrew，Miller-Day，Krieger & Hecht，2012）。同时，这项研究表明，青少年在抵制同辈使用药物的压力上有一个共同的核心策略，与之类似的社会过程在拉丁美洲青少年抵制性压力的工作中也存在着（Norris，Hughes，Hecht，Peragallo & Nickerson，2013）。

因此，在进行研究时，不假定文化的统一性是很重要的。文化是异质的，群体内部的差异可能比群体之间的差异更大。因此，应该包括一些对文化认同或依附的测量，以使组内差异得到识别，并评估其对结果的潜在影响。具体而言，文化建构带来以下挑战：

（1）不要假设在一个文化群体中的发现不经过亲自测试就可以推广到其他文化群体；

（2）不要假设整个文化的发现适用于所有的子群体或个人。

利用文化一致性或认同感等衡量标准，可以洞察群体内的差异，避免过度概括和刻板印象。

五、结论

希望我们对文化和社会情感能力的讨论能让大家深入了解其中的复杂性。文化不是一个简单的分类变量，而是了解、体现群体成员特征的过程、结构和功能的视角，将这一结构应用于社会情感学习将对研究者和实践者提出挑战，但同时也会产生更丰富的理论与实践。

六、参考文献

请扫描二维码获取原书参考文献。

第5章

社会情感学习的神经科学基础

克兰西·布莱尔、西贝尔·拉弗

学术、社会和情感学习合作共同体将社会情感学习项目针对的五大能力领域归纳为：自我认知、自我管理、社会认知、人际关系技能和做负责任的决策。我们实验室关于"自我调节"的研究均触及这五大能力，尤其是与自我管理、自我认知和负责任的决策的关系更为明显。本章提出了一个自我调节发展的心理生物学模型，并将支持该模型的文献应用于社会情感学习理论和实践中。在许多方面，有效的自我调节是社会情感学习中思想、感觉、情绪状态和行为的基础和促进因素，使个体能够参与并从与他人的有益互动中学习。特别值得强调的是，在我们的研究中，我们对生物学与社会文化之间的机制感兴趣，社会情感学习项目通过这些机制能够对学术、社会和情感学习合作共同体提出的五大领域产生影响，从而有益于儿童的学术成就和生活质量的提高。在本章中，基于自我调节的神经生物学研究中大量翔实的证据，我们认为，社会情感学习项目能够帮助儿童，特别是在贫困环境中的儿童，获得学业成就和社会情感的健康发展。最近，针对213个基于学校的、涉及270034名学生的社会情感学习项目所进行的元分析表明，使用随机设计的社会情感学习项目在学生的社会情感发展和学术方面取得了显著成效（Durlak，Weissberg，Dymnicki，Taylor & Schellinger，2011）。社会情感学习项目受到强有力的证据支持，我们有必要从理论和神经生物学的角度来看待社会情感学习项目，从而回应社会情感学习项目对学生学术有益这一预期。最后，我们直接提出问题，即提高儿童的社会情感能力的项目如何与发育中的大脑的变化相联系，并有望对学术成果产生深远的影响。

自我调节和自我调节学习对学术成就的重要性不言而喻。从气质和人格的角度来定义，比如，情绪和努力控制，自我效能和自我预期，意志控制注意力和参与工作记忆的能力，抑制性控制和注意力转移技能（统称为"执行功能"），自我调节已被证明比其他儿童特征，如智力，更能预测学生的学业成果（Blair & Razza，2007；Elliott & Dweck，1988；McClelland et al.，

2007）。在我们的研究中，我们感兴趣的是，从神经系统到行为系统再到社会系统，多层次的自我调节过程是如何在发展过程中被整合和相互关联的。为此，我们将"自我调节"定义为一种生物行为系统，在该系统中，对刺激的注意和情绪反应是通过意志和非意志的手段进行组织的，以完成反思的、目标导向的认知过程，这就是执行功能或努力控制。其特征是在面临挑战时，对情绪、注意力、毅力和决心进行有效调节（Blair，2002，2010；Blair & Ursache，2011）。从这一定义以及下面描述的理论和研究中，我们证明了社会情感学习对于有效的学术学习是不可或缺的。

一、自我调节的神经生物学理论

在我们的理论模型中，自我调节被理解为对刺激的神经、心理、情绪、认知和行为反应的总和。这些反应既是分层组织的，又是相互整合的。基于此，我们认为，自我调节（或者用学术、社会和情感学习合作共同体的术语，自我管理、自我认知和负责任的决策）是一个神经生物学系统的产物，其特征是跨多层分析的相互作用，系统中任何一个方面的变化都可能对所有其他方面产生递归的影响。21世纪早期，神经生物科学研究的一个重要结果就涉及大脑相互关联的本质（Castellanos & Proal，2012）以及生物学和经验之间的整合（Meaney，2001）。尽管大量关于大脑的研究和理论已经证明了大脑的各个区域在特定的认知、情感功能或能力中所起的作用，但同样大量且令人印象深刻的理论和实证研究也证明了大脑区域之间连接的重要性，无论是结构连接，即大脑一个区域和另一个区域的实际神经纤维的连接，还是大脑区域之间的功能连接，或者一个大脑区域的活动先于、跟随或与另一个大脑区域的活动同时发生（Fox & Raichle，2007）。越来越清楚的是，为了更好地理解大脑与人类行为的关系，有必要把大脑理解为一个系统。这个系统是可塑的，并且随着时间的推移会受到经验的影响。

最为重要的是理解许多大脑连接是随着时间的推移由经验形成的（Fox，Levitt & Nelson，2010）。一般来说，大脑是一个巨大的、相互联系的系统，在这个系统中，大脑不同的区域有单独的、特殊的工作，但是为了完成这些工作，这些脑功能区之间需要相互交流。通过这种方式，发展中的大脑可以被比作一个经过精心调音和高度训练的管弦乐队，在这个管弦乐队中，每个音乐家以一种逐渐增强的方式来扮演他的角色，或者以一种精确的时间、高度同步和精心协调的方式来建立其他演奏者的表演。延伸这个类比，这个管弦乐队一生演奏的主要的乐曲类型可以被看作大脑各区域之间连接强度的一种表现，这种连接是随着时间的推移基于经验建立起来的。

在图5-1中，我们提出了一个自我调节的理论模型，它与大脑发育的整体连接主义实证方法相一致。该模型扩展了连接主义者的方法，检验了自我调节的多个组成部分如何影响神经活动和大脑发展的连通性。这些组成部分至少包括认知的各个方面，尤其是注意力和执行功能、情绪、气质、压力和遗传背景等，这些要素共同构成了所谓的心理生物体系或自我调节体系。

　　尽管常识似乎表明，要想实现自我调节，个人必须意识到它并且为调节行为付出努力，但是对行为控制的注意力充其量只是过程的一半。这是因为，自我调节既被无意识、自动的"自下而上"的调节影响，又被有意识的、费力的"自上而下"的调节影响。这种"双加工"模型是心理学研究的支柱（Evans，2008）。它参考了一般的快速、自动、隐式、反应性或其他潜意识的信息处理，以对照缓慢、费力、明确和反思的信息处理。这些模型也许是假借精神动力学理论的名义而为人所知的，但该理论只是双过程模型的一个例子，尽管其中存在无意识影响意识行为的起源的具体假设。然而，有着很多自我调节的"双加工"模型的例子，被称为控制论或自我调节系统。如图 5-1 所示，个体的自我调节可以看作一种自我调节系统（Luu & Tucker，2004）。这些影响，从基因到行为的层面相互作用，建立、维持、改变（必要的时候）一个给定的自我条件，以回应当前和预期的条件。重要的是，在这个模型中，从神经和生理到社会和文化的任何层次的系统扰动都可能导致建立一个新的设定点，并在更高和更低的层次上改变系统，以维持新的设定点的平衡。相应的，关于自我调节的发展和可扩展性的问题，可以通过检验在给定层级上发生的变化，即整个系统中的多层分析和递归效应来解决。

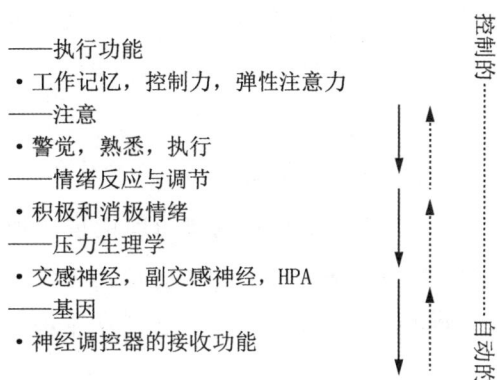

——执行功能
· 工作记忆，控制力，弹性注意力
——注意
· 警觉，熟悉，执行
——情绪反应与调节
· 积极和消极情绪
——压力生理学
· 交感神经，副交感神经，HPA
——基因
· 神经调控器的接收功能

图 5-1　自我调节的结构

（一）基因

　　在自我调节神经生物学模型中，自下而上影响的最基本层面是基因——也就是说，基因为调节整个大脑神经活动中有化学物质的神经感受器编码，尤其是在执行功能的脑区，即前额叶皮层（Prefrontal Corte，PFC），相关皮层（Associated Cortical）和皮层下回路（Subcortical Circuitry）。在这些变化基因中，无论是单核苷酸多态性（Single-nucleotide Polymorphisms），还是串联重复多态性（Tandem Repeating Polymorphisms），都与前额叶皮层和相关脑区神经元对特定神经化学物质和激素敏感性的变化有关，其中最显著的包括多巴胺、血清素、去甲肾上腺素和皮质醇。比如，具有特定版本的儿茶酚-o-甲基转移酶（COMT）基因的个体，其中一种必需氨基酸（valine）被另一种氨基酸（蛋氨酸）取代，能够更快地分解多巴胺。因此，多巴胺出现并使大脑不同区域的神经活动的时间周期更短（Tunbridge，Harrison & Weinberger，2006）。同样，具有多巴胺 D4 受体编码基因的 7 个版本的个体，其前额叶皮层中的这种多巴胺受体的变体工作效率较低。同样，拥有一个或两个血清素转运基因短型等位基因副本的个体，处理血清素的速度和效率比不上拥有长型等位基因副本的个体。

　　这些基因变异的程度与特定心理结果的关联程度取决于发育发生的环境。也就是说，在某些情况下，多巴胺敏感性降低或血清素转换率增加可能是件好事，但在其他情况下，情况可能恰恰相反。换句话说，对前额叶皮层中多巴胺活动不太敏感的个体可能更能容忍高水平甚至混乱的刺激，并认为这种刺激可以被接受；而对多巴胺更敏感的个体则会认为相同水平的刺激过度和唤醒过度。事实上，这种情况与越来越多的研究文献相一致，即特定的性格类型（高情绪）和遗传背景（对多巴胺高度敏感）与高风险、混乱环境中较差的身体和心理健康结果的风险相关。有趣的是，这种人格类型与遗传背景可能是在身心有利的、较少混乱的环境中产生的（Belsky & Pluess，2009）。这暗示了环境的可塑性以及这样的可塑性可能是由环境驱动的。理解社会情感学习的有效性，以及对谁和在何种背景下社会情感学习项目可能最有效，具有重要意义。在这种情况下，我们的期望是，有效的社会情感学习项目能够让儿童保持最佳的唤醒水平，以支持注意力和参与度：当唤醒过高时，有机体会下调生理机能；当唤醒过低时，会上调生理机能。

（二）压力荷尔蒙

如图 5-1 中自我调节的理论模型所示，社会情感学习项目对唤醒水平有潜在的有益影响，最明显的个体间的变异方式在遗传水平上的影响具有连续层次上的变化。神经调节物质的激素的敏感性的变化与个体对刺激的生理反应和应激激素水平的变化有关。这种生理反应表现为下丘脑—垂体—肾上腺（Hypothalamic-Pituitary-Adrenal，HPA）轴的活性和糖皮质激素皮质醇（Glucocorticoid Hormone Cortisol）的水平，以及自主神经系统的交感神经和副交感神经分支的活性，通过检测心率指数和儿茶酚胺的水平来得到，如在唾液中通过阿尔法淀粉酶检测去甲肾上腺素。反过来，皮质醇和去甲肾上腺素循环水平的变化也与大脑区域神经活动的变化有关。这些区域是刺激反应和调节情绪、注意力的基础。值得注意的是，应激激素和行为反应，以及对刺激的调节之间的这种关系的功能形式表现为如图 5-2 所示的耶克斯-多德森（Yerkes-Dodson）原理的倒 U 型曲线（Arnsten，2009；Tunbridge et al.，2006）。在正常水平下，荷尔蒙会增加大脑中与有效控制注意力和调节情绪相关的区域的神经活动，这是在我们的社会情感学习理论中加强执行功能能力的标志。然而，当激素水平非常低或非常高时，控制情绪和调节注意力的神经基质（Neural Substrates）的活性降低。事实上，在非常高的水平上，大脑中控制注意力和情绪的区域活动减少，而在刺激和自动学习、不同记忆作用（如恐惧条件反射）下的反应

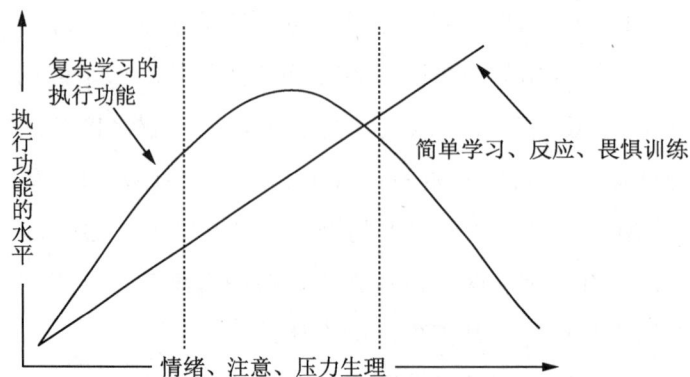

图 5-2　倒 U 型曲线

性情绪、注意和运动反应区域活动增加（Arnsten，2009；Champagne et al.，2008）。也就是说，在高水平的情绪和压力激发下，学习联想和情景记忆是很容易形成的，也很难消除，就像闪光灯记忆（Flashbulb Memories）现象（例如，2001 年 9 月 11 日的事件，"挑战者"号的灾难）。相比之下，与执行功能相关的复杂学习和任务表现在适度的情绪和压力激励水平下更容易实现，如在大型测试或重要会议前表现出轻微的焦虑有助于集中精力和注意力。

由荷尔蒙水平和自我调节标示的"倒 U 型"唤醒关系的机制，不仅与 COMT 等基因变异有关，也与这些激素的神经受体类型的变化以及它们在大脑中的分布有关。在前额叶皮层（早前被描述为大脑的意志控制中心）中，儿茶酚胺（多巴胺和去甲肾上腺素）和糖皮质激素（人类的皮质醇）具有高度敏感性或亲和力的受体往往占主导地位。因此，这种物质的适度增加会导致一种特定类型的神经受体的增加。这种受体促进了与注意力和情绪的意志调节有关的前额叶皮层区域的神经活动（Ramos & Arnsten，2007）。然而，当浓度超过中等水平时，这种受体就会饱和，低亲和力的受体就会变得活跃。这些受体主要分布于大脑皮层下和后脑区域，这些区域与对刺激的反应和自动反应有关，而与对刺激的反射性和控制性反应无关。这样，应激激素水平就会影响神经对刺激的反应。

就目前有效社会情感学习项目的目的来说，人在发展中对经验的反应所产生的心理、神经化学活动被认为会影响大脑区域之间的连接模式，导致个体对刺激反应表现出高反应性或高反射性的行为特征。大脑发育的一般原则是"细胞反应越激烈，联系越紧密"。因此，经验诱导的神经活动（Experientially Induced Neural Activity）可以被理解为形成大脑区域之间发展联系的相对强度，从而导致自我调节的认知和情绪方面有差异。也就是说，与遗传背景的个体差异和神经受体平衡一致的经验正在积极塑造大脑，这有助于理解自我调节的发展，也有助于理解：社会情感学习项目不仅影响行为，还影响支持自我调节的潜在神经生物学的发展。

我们描述行为的形成和潜在的神经生物学是一个发展经验定型化（The Experiential Canalization of Development）的实例。在这个例子中，生物学和经验共同作用，塑造大脑边缘结构（杏仁核、海马体和腹内皮层）与快速处理信息、对刺激做出情绪反应的相关区域，以及前额叶皮层（支持执行功能的背外侧和下额叶）之间的神经连接的模式和强度。这些区域间的连接的形成被认为产生了一种普遍的行为模式，当连接被加权到前额叶皮层控制边缘结构时，这种模式更具良好的反射性和原型性调节作用；而当连接被加权到边缘并输入前额叶皮层时，这种模式具有更强的反应性。

社会情感学习项目被设计为克服贫困和早期心理劣势的影响。越来越多的研究文献表明，贫困与儿童的心理变化有关，这些心理变化会对儿童身心健康和幸福感产生短期和长期的影响（Blair，Granger et al.，2011；Evans，2003；Hanson et al.，2010；Miller et al.，2009）。这些对人类的研究越来越多地证明了动物模型中已经明确显示的情况，即早期的压力体验会改变神经功能，以及边缘结构和前额叶皮层区域内部和之间的连接，而这些结构和前额叶皮层区域对于调节应激反应和情绪，以及通过执行功能协调思想和行动控制的行为非常重要（Holmes & Wellman，2009）。

二、发育的神经生物模型对社会情感学习的启示

自我调节发展的神经生物模型为理解经验和发展之间的关系提供了一种新颖的方式。它强调了社会情感学习项目是如何帮助儿童在受到刺激时调节生理觉醒的，这有利于思维能力、注意力和情绪的调节，而这些对在学校环境中取得成功至关重要。一般来说，我们描述的模型类型已被用来理解个体之间在气质方面的差异，或被描述为基于特质的生物倾向行为，以接近或避开陌生人、地点和事物（Kochanska，Murray & Harlan，2000；Rothbart & Ahadi，1994）。但是，这个理论模型得到了广泛的扩展，以理解心理功能和行为的多个方面的自我调节过程。随着时间的推移，以及跨越不同和变化的环境，这些方面有助于理解个人的发展和个人在社会情感能力方面的差异。

（一）早年经历的重要性

前述的、相对简单的自我调节的一般理论模型对儿童福祉和预防儿童行为风险的社会情感学习项目有何影响？在儿童发育过程中，一个关键的应用与早期关系，以及与照顾者相处的早期经验对调节应激激素有关。正如前面提到的，这在动物模型中可以清楚地看到（Meaney，2001）。重要的是，来自动物模型的研究结果与最近的报告（我们自己的报告和其他人的报告）一致，即在人类中，支持性和响应性水平较低的母亲护理水平与婴儿生理反应性的改变有关（Blair，Raver et al.，2011；Hane & Fox，2006）。因此，我们关注照料关系在形成自我调节发展中可能扮演的关键角色，以及这些照料关系如何在高度逆境条件下被破坏。有效的早期护理包括多种因素，如高度的温暖，积极的关注，信息和注意力的方向，以及脚手架的支撑（Scaffolding）。对高质量儿童护理的定义强调积极的经验结构和为儿童行为提供脚手架支撑，如看护者在儿童害怕、悲伤或不安时给予情感支持和相应的反应，看护者与儿童进行积极的玩耍并鼓励儿童的行动，为儿童创造完成小任务的机会，如堆叠积木，而不是在没有鼓励或限制的情况下简单地完成游戏、任务和尝试。这些类型的行为有利于儿童的认知和情感发展，其影响可在神经和生理水平上看出。它们也清楚地说明了生物学和经验的相互联系的本质。

把育儿作为一种恰当的经验结构来关注，有助于说明适度接触新奇事物对发展是有益的这一观点。这个中心点可以自然延伸到学前教育和小学早期的教育环境。例如，对啮齿类动物和非人灵长类动物进行的"应激接种疗法"研究发现，受控地暴露于压力之下可以协调压力方面的生理调节（Parker，Buckmaster，Schatzberg & Lyons，2004）。与前面描述的耶克斯-多德森原理（Yerkes-Dodson principle）一致，理论和数据清楚地强调了良好、适度的应激激素有益于自我调节：在支持性和可控的条件下，适度水平的压力会增强而不是抑制调节压力和情绪的能力，并支持典型的最佳认知和行为的发展。支架式学习（Scaffolded Learning）的概念和适当、适度的刺激、挑战是有效教学的关键组成部分。目前我们所知的数据中没有明确指出，这样的教

育环境可能在一定程度上是有效的，因为它们最能唤起儿童的兴趣。我们猜想，更具有认知挑战性的学前早期读写干预的一些好处可能是通过这一机制积累起来的。通过这一机制，幼儿不仅可以接触到更丰富的语言环境，而且可以在阅读等活动中成为认知上更活跃、更专注的参与者（Wasik，Bond & Hindman，2006）。在许多方面，最佳化教育环境的想法构成了一种通常被广泛理解为"教育神经科学"方法的基础（Blair，2010；McCandliss，2010）。社会情感学习项目以及针对青少年积极发展的社会和教育政策持这样一种观点：如果家庭中的儿童的照顾质量受到环境压力因素（如贫困）的危害，并且可能是苛刻或具有威胁性的（例如，父母养育可能处于适当照顾连续体的较低或更不敏感的一端），那么他们所经历的照料会对自我调节的发展有明显负面的生理和神经效果（Blair et al.，2008；Blair，Granger et al.，2011）。对于那些面临环境风险较大的儿童来说，社会情感学习被认为是最有效的（Blair & Raver，2012；Bryck & Fisher，2012）。

（二）人与环境的交互作用

值得注意的是，理论和数据并不表明经验和心理发展之间存在确定性的关系。研究结果表明了一系列的结果，因为儿童自身的早期气质倾向、对环境的敏感性或反应性的发展可能会缓和他们随后对从家庭成员和学校老师那里获得的照料质量的神经生物学反应。回想一下基因在前面提到的"自下而上"的自我调节过程中所扮演的关键角色。参与应激生理调节的基因，如调节糖皮质激素受体功能的 FKBP5 基因在长期经受创伤水平较低的护理和后来情绪与认知调节中断之间的作用中，发挥着重要的调节作用（Zimmermann et al.，2011）。因此，在非常相似的环境压力中，并非所有儿童都会受到同样程度的影响；相反，它们的发展轨迹可能会因生物和环境力量的相互作用而产生严重偏离。对儿童长期暴露在危险的照料条件下（如父母间的冲突和暴力）的荷尔蒙反应的研究结果说明了研究过程的复杂性。对于目睹父母之间高水平暴力的儿童来说，只有那些在婴儿时期就被认为具有高度情绪反应的儿童，皮质醇水平才会升高；然而，随着时间的推移，那些脾气暴躁、反应性较低的儿童，父母间的攻击性与儿童皮质醇的变化之间没有这种关系（Davies，Sturge-Apple & Cicchetti，2011）。反过来，儿童 HPA 轴功能紊乱明显预示着内化和注意力有缺陷或有多动障碍（ADHD），这表明早期护理质量（通过神经生理途径传导）较差，预示着后期情绪调节、控制和注意力抑制有困难（Davies et al.，2011）。

三、通过社会情感学习实现发展经验定型化

在家庭环境和课堂环境中的自我调节，对促进贫困儿童的学业成果和社会心理健康具有明确的影响。自我调节发育中的经验定型化模型表明，贫困"深入肌肤"影响生活结果，其中的一种方式是通过生理和心理社会应激源对教师和看护人的行为产生影响，进而影响儿童的生理压力。因此，努力改变教师和照顾者的行为，进而改变环境，会对儿童的自我调节能力产生递

归影响（Recursive Eeffects）。一些进行中的研究项目正在研究贫困环境对儿童神经生物学发育的潜在影响。

家庭生活项目的发现

在我们自己的家庭生活项目（Family Life Project，FLP）研究中，在以人口为基础的纵向样本中，我们通过测量 7—24 个月婴儿的唾液发现，在贫困中长大的儿童，相对于一些更具优势的同龄人，其唾液中类固醇激素皮质醇水平更高，父母行为在很大程度上调节了贫困对儿童皮质醇水平的影响（Blair et al.，2008；Blair，Granger et al.，2011）。儿童的主要照顾者（在几乎所有的情况下是儿童母亲）在儿童行为中表现出更高水平的、敏感的脚手架支持，这意味着她们为儿童完成一个目标提供结构化的支持。她们的子女在 7 个月大的时候对情绪性任务的反应更强烈，但在 15 个月大时，皮质醇整体水平较低，表明压力水平较低，在有需要时应对压力的能力更强。我们还在该样本中发现，高水平的母亲脚手架与三岁儿童较高水平的执行功能相关（Blair，Granger，et al.，2011）。值得注意的是，这种关系通过母亲的行为直接地影响儿童的执行功能，也间接地通过母亲的脚手架影响儿童的皮质醇水平。这与前面描述的自我调节发展的神经生物学模型一致。我们发现，儿童最初两年的经历会影响应激激素的水平，从而影响自我调节的发展。此外，在对 4 岁的样本进行跟踪调查后发现，在 7—48 个月，家庭动荡（两个或两个以上的成人进出家庭）与儿童较高的静息皮质醇水平有关。根据收集数据的时间（与昼夜变化相反），调整的静息皮质醇水平的典型模式是从婴儿期到幼儿期总体下降。然而，对于生活在更动荡的家庭中的儿童来说，情况并非如此（Blair，Raver，et al.，2011）。此外，我们还研究了儿童的皮质醇水平在多大程度上依赖于应激生理学的其他方面。我们发现，在 7—24 个月大的儿童中，表现出较高的去甲肾上腺素水平、唾液淀粉酶水平和较低的皮质醇水平的儿童，在 4 岁时执行功能水平最高（Berry，Blair，Willoughby & Granger，2012）。这表明儿童的压力在适宜时，有利于调节注意力和情绪。

在行为层面，我们在样本中检验了婴儿期和幼儿期的情绪调节水平，以及伴随情绪调节的情绪反应水平与入学时较高的自我调节水平是否相关。在这项分析中，我们检查了儿童在 15 个月大时对情绪唤醒任务的情绪反应和情绪调节的数据。我们发现，那些对任务反应强烈但对唤醒反应表现出高水平调节行为的儿童，如回避或自我安慰，其典型的幼儿情感调控反应在 2.5 年后，即 45 个月时，执行功能水平更高。相反，在 15 个月大时对任务表现出高反应水平但对唤醒没有反应或低反应调节水平的儿童，在 45 个月时执行功能水平最低（Ursache，Blair，Stifter & Voegtline，2012）。此外，与自我调节的经验塑造的想法一致，我们发现，与样本中的其他儿童相比，表现出高反应伴随高水平调节的儿童更有可能拥有在婴儿时期表现出高水平脚手架行为的母亲。此外，我们还研究了 7—45 个月的贫困群体样本，我们发现，与自我调节发展的神经生物学模型一致，贫困时间对儿童执行功能的影响程度在消极情绪反应水平高的儿童中最大。相比之下，在条件更好的环境中，这些情绪反应更强烈的儿童从经验中获益最多，在 4 岁左右时表现出最高水平的执行功能。

四、减少早期不利因素的影响来促进社会情感学习

　　虽然越来越多的研究提供了早期经验对儿童自我调节影响的证据，大量的研究证实了改善早期劣势存在的可能性，并指出这些发现能够自然地扩展到一般的教育环境和专门的社会情感学习项目中。这些模型表明，有必要进行实证研究，来解决贫困可能通过照顾与压力生理学的关联过程影响儿童的发展问题（Blair & Raver，2012）。20 世纪 70 年代和 80 年代几个值得注意的早期干预项目已经证明了其对接受者的长期益处。来自佩里（Perry）、启蒙老师（Abecedarian）和芝加哥亲子项目（the Chicago Parent-Child Programs）的研究结果表明，学校毕业率增加，可以减少特殊教育安置，增加大学入学率。在一些项目中，就业和收入增加，逮捕和服刑率降低（Reynolds & Temple，2008）。虽然这些项目的干预效果最初被解释为智商的提高，但随着时间的推移，这些提高的效果逐渐减弱，伴随着对生活结果的持续影响，如更高的教育程度和减少的服刑率。这表明自我调节机制可能在起作用（Knudsen，Heckman，Cameron & Shonkoff，2006）。达尼丁多学科健康研究（Dunedin Multidisciplinary Health Study）的非实验性追踪研究结果，为从婴儿期到成年期的人们获得自我调节的这些益处提供了更多证据。在该分析中，3—11 岁的综合评估结果显示，不良的自我调节能力与一系列负面的成人状况（如收入较低，滥用药物和赌博）具有显著的相关性（Moffitt et al.，2011；Slutske，Moffitt，Poulton & Caspi，2012）。

　　对学龄前儿童和学龄儿童使用随机对照试验（Randomized Controlled Trial，RCT）进行干预研究的最新证据表明，这种方法对于儿童的自我调节和认知结果具有明显的短期效益，并令人信服地支持这些假设路径（Hypothesized Pathways）。例如，心智工具课程（Tools of the Mind Curriculum，Bodrova & Leong，2007）专门侧重于促进执行功能的发展，成为提升学生学习效果和参与度的一种手段（Diamond，Barnett，Thomas & Munro，2007）。通过随机对照试验（RCT）设计，被分配到心智工具课程组的儿童比被分配到控制组的儿童在更有挑战性的直接执行功能评估上明显表现更好；接受治疗的儿童也被老师评定为表现出明显较低水平的行为问题（Diamond et al.，2007）。芝加哥学校准备项目（CRSP）是一种以儿童自我调节为目标的多要素、基于课堂的干预，其研究结果显示，从秋季到春季开学，儿童的情绪和行为困难明显减少，表现为更少的内化行为（悲伤和孤僻）和外化行为（攻击性行为问题，Raver et al.，2009）。研究结果表明，项目干预提高了低收入家庭儿童的执行技能（评估者对儿童注意力和冲动控制的评分以及直接的评估），同时对儿童的学前教育也有好处（Raver et al.，2011）。重要的是，这种干预的效应值是可观的，从 0.34 到 0.63 不等。这些发现在其他随机试验中部分得到了重复（Morris，Millenky，Raver & Jones，2013）。更多的研究表明，课程和教学实践的好处在于，它们侧重于对面临经济困难的儿童进行自我调节。例如，接受学前教育干预"基于研究，立足发展"（Research-Based，Developmentally Informed）项目的儿童，在有关注意力和冲动的直接评估中显示出比对照组的低收入学龄前儿童更强的自我调节水平（Bierman，Nix，Greenberg，

Blair & Domitrovich，2008）。

　　在学龄儿童中，在课堂环境中实施的严格干预研究也得到了类似的发现。例如，"阅读、写作、尊重和问题解决"（Reading，Writing，Respect，and Resolution）干预（在 18 所小学实施，超过 1000 名儿童）的目标是儿童在充满情绪的情况下，包括冲突和社会排斥事件，提高对消极情绪的有效调节能力和他们对同伴的亲社会反应能力（Brown et al.，2010；Jones，Brown & Aber，2011）。经过两年的项目干预，儿童在一些社交情感能力领域比对照组的儿童有更大的进步。这些收益包括，项目儿童在正确理解他人情绪和意图、管理自己的悲伤和焦虑情绪，以及在课堂环境中集中注意力方面的能力均有所提高。重要的是，这种干预的好处延伸到了学业领域，比如，对于那些在教育轨迹中较早被认为具有最高教育和行为风险的儿童，项目干预提高了他们的阅读分数。这一发现与"行为问题预防研究组"（the Conduct Problems Prevention Research Group）在 20 世纪 90 年代完成的开创性工作（名为"快速通道项目"，Fast Track Project）是一致的。在这项大规模、多位点预防试验中，研究结果显示，该项目对儿童调节情绪和行为的能力（通过攻击性、多动和干扰等指标来衡量）有显著益处，对攻击风险最高的儿童的攻击行为有最大的影响（Conduct Problems Prevention Research Group，2010）。这些发现与我们之前关于"对环境的敏感性"的讨论是一致的。它强调教师和教育政策领导人定制他们的课堂，以满足不同群体的儿童的需求。这些可能被视为"难以合作"的儿童可以在学校社会情感学习环境的服务中获益。

　　一个重要的问题是，干预在多大程度上是成功的，干预不仅在行为层面改善了儿童的自我调节能力，而且还改善了那些行为能力的神经生物学过程。最近一项基于家庭和学校的综合干预研究发现，儿童生活中重要的成人所提供的调节支持不仅降低了儿童的行为风险，而且对激素的应激反应指标（如较低的皮质醇）也有显著影响（Brotman et al.，2011）。实证结果表明，这些干预引起的激素变化与儿童随后一系列负面行为和健康风险（如攻击性和肥胖）的降低明显相关（Brotman et al.，2012；O'Neal et al.，2010）。这些发现强调，在行为层面的自我调节可能会在神经生理学层面产生明显的好处，支持了环境可以改变儿童的自我调节这一理论假设，而成人的关爱和支持的质量在这一过程中也发挥了关键的调节作用（Blair & Raver，2012）。那些旨在改变贫困家庭或改善高危家庭父母行为的项目也显示出显著的效益。以往的父母干预结果表明，这种干预对儿童的压力水平和自我调节发展有积极影响（Dozier & Peloso，2006）。多齐尔（Dozier）的"依恋和生理行为追赶"（Attachment and Biobehavioral Catch-Up，ABC）干预基于与自我调节发展的神经生物学模型相一致的理论原则：与看护人建立更安全的关系可以帮助暴露于高环境风险的儿童发展更好的生理和行为调节功能。它针对三个具体问题进行研究：帮助看护者学会重新解读儿童的失调行为，将其视为引发关爱的信号；克服自己无法提供照料的心理障碍；为儿童提供一个帮助其发展调节能力的环境。

　　在一项对寄养中的高危儿童的评估中，依恋和生理行为追赶干预已被证明能够显著地增加养父母为儿童提供敏感的、响应性的照顾。这些儿童可能由于多个寄养家庭的安置和长期暴露在与贫困相关的压力源中而发展出更多的消极情绪和行为反应特征。对儿童皮质醇水平进行观察，该项目提高了儿童调节生理的能力。另一组不属于寄养系统的儿童也被作为对照组，干预包括大约每周进行一次的 10 个单独管理的会议。接受依恋和生理行为追赶干预的儿童，无论是在干预 1 个月后的早上或晚上（Dozier & Peloso，2006），还是在实验室环境下对压力情况的反应（Dozier，Peloso，Lewis，Laurenceau & Levine，2008）都比对照组的儿童表现出更低的皮质醇水平。另外，干预条件下的儿童，皮质醇水平与那些从未接受过寄养的、条件较差的儿童没有什么不同。干预课程在家庭中进行，并遵循结构化培训手册中列出的程序。所有家庭都完成了所有的课程，这些课程都被录了下来，可以对项目的忠诚度进行评估。在两种干预中，会话的形式、持续时间和频率都尽可能地保持相似。到目前为止，这种干预模式的有效性仅在寄养系统中的高危儿童和家庭样本中进行了测试。然而，这种干预所基于的三项原则非常适用于面临多重与贫困相关的危险的家庭（M. Dozier，personal communication，2011），并且结果与其他育儿项目中的发现非常相似。

例如，对低收入家庭的"玩耍和学习策略"（Playing and Learning Strategies，PALS）项目的评估发现，对低出生体重和极低出生体重儿童的低收入家庭而言，项目干预对母亲行为和与注意力相关的儿童测试结果产生了积极的影响（Landry，Smith & Swank，2006；Landry，Smith，Swank & Guttentag，2008）。在 10 个 1.5 小时的疗程中，家庭访客与干预组的母亲一起工作，培养母亲们的能力，使她们能对婴儿的需要做出适当而热情的反应，保持和引导婴儿的注意力，口头上支持和鼓励婴儿积极的行为。对照组接受家访，并获得一般性的支持（例如，发育筛查、发育宣传册）。研究发现，接受干预的母亲表现出更多的积极照料行为。研究结果回应了本研究的目的，最重要的是，干预组中的婴儿在自由游戏任务中表现出更有效的目标定向行为，并在与陌生成人的互动中表现出更积极的行为。

类似的父母干预也显示出对自我调节相关结果的显著影响。范·泽伊尔（Van Zeijl）和同事（2006）在对外化问题风险高（如过度反应、具有攻击性行为）的 1—3 岁儿童的母亲进行干预时，采用了一种基于教练技术的方法来提高母亲的敏感性，并建立了儿童管教策略，特别是针对高度外化的儿童。干预家庭共接受了 6 次、每次 1.5 小时的训练，教练们将母婴互动的视频作为辅助工具以制定更有效的育儿策略。对照组的家庭接到了 6 个电话，电话中讨论了一般的儿童发展问题。与对照组的母亲相比，接受干预的母亲表现出更积极的管教策略，而孩子在父母评价的过激行为出现概率有大幅下降。

五、问题和挑战

综上所述，一个明确的迹象正在显现，即改变儿童在婴儿期、幼儿期和早期学校教育期间的照料经验，可能对儿童关于压力的生理反应产生积极影响，并对儿童正在形成的自我调节技能产生影响。这些技能对入学准备和早期学业能力至关重要。特别是，以一致和准确的感知为特征的成人—儿童互动，以及对婴儿行为的偶然和适当的反应，可能导致成人和婴儿之间产生二元调节过程，为减少贫困对婴儿生理压力的影响和发展儿童的自我调节能力奠定基础。父母教育和学前教育对儿童自我调节发展的影响与 K-8 或 K-12 学校教育有着明显的相似之处。然而，很少有研究专门聚焦小学或中学阶段的自我调节这一主题。此外，尽管人们对青春期的研究兴趣越来越浓厚，因为这段时期对大脑发育的经验影响很敏感（Blakemore & Choudhury，2006），但据我们所知，还没有研究探讨社会情感学习项目的类型对青少年自我调节的神经生物学的影响。我们期待日益增长的预防科学研究领域能产生新的发现。

将自我调节发展的神经生物学模型扩展到社会情感学习项目的背景下，不仅对青少年，而且对从婴儿期到青年早期的所有年龄段的儿童都有挑战。这包括一系列广泛的问题，其中一个问题涉及对经验做出反应的大脑活动研究在方法上的困难。这种方法在生态学上是有效的，并且允许经验对发育中的大脑的影响做出强有力的推论。总的来说，大多数试图将大脑结构和功能与经验联系起来的研究都是相关的，但对经验与大脑功能之间的因果关系的推论相对薄弱。最理想的是，使用随机对照试验，社会情感学习项目和其他教育干预，结合大脑成像和心理生理学方法，包括结构和功能性磁共振成像（Magnetic Resonance Imaging，MRI）、脑电图，以及通过唾液样本测量应激激素水平和心电图数据所获得的应激生理学措施，将这些信息作为检验社会情感学习课程的实验结果数据，将大大加强对这些项目有效性期望的神经生物学基础的推断。在多个时间点分离实验数据，纵向数据（包括测量环境、儿童家庭、学校经验）以及同时测量大脑活动和压力生理变化，可以让人利用变化的信息，获得关于经验与神经生物学数据关系之间更强的推论。纵向数据可以利用残差、固定效应和增长模型来进行分析，通过确定经验变化的程度、控制经验的基线水平、与兴趣的神经生物学结构的后期变化的关系，从而对经验与神经生物学的关系进行更强的推断。这种"双重差分"统计模型被广泛地用于提高人们对各种社会科学学科的非实验数据结论的信心（Allison，1990；McArdle，2009）。在这些设计中，对神经生物学措施的研究可以为神经科学和社会科学之间的跨学科合作提供必要的支持。这是在这两个领域持续发展所必需的。

在研究教育经验和神经生物学发展之间的关系（作为自我调节和社会情感学习的基础）时，需要增加方法论的力量。对于研究参与者的信息保密工作来说，生物信息的收集本身就具有侵入性、威胁性。在所有的研究中，我们在获取、收集生物信息时经常遇到一些阻力。这种情况有很多种形式，如学校管理者认为家长会因为这一要求而推迟意见，家长和老师对我们能够获得的信息的数量和类型保持普遍关注，尤其是从唾液样本中获得信息。必须非常认真地对待数据收集（包括生物信息）的保密性和伦理问题。总的来说，知情同意程序可以确保参与者清楚地了解将收集什么，为什么收集，样本将保存多长时间，以及将具体提取哪些信息。尽管这些保证很重要，但如果目标参与者群体中的某些部分出于对生物数据收集的考虑而选择退出研究过程，这种选择的威胁可能会导致研究结果出现意外偏差，并限制研究结果的普遍性。虽然很难估计这种退出在生物样本的所有数据收集（包括教育干预的评估）中造成问题的程度，但这是一个合理的担忧，最好通过改变公众对生物数据含义的看法来解决。

最后，需要对神经科学的发现进行清晰而有意义的翻译，以消除大脑功能或应激激素数据的一些神秘性。人们对大脑和压力生理学的信息有一种无可非议的迷恋，这在许多方面有利于神经科学的研究和公众对科学的普遍认知。然而，这种迷恋的一个原因是，人们认为生物信息在某种程度上比行为和心理数据更有效或更真实。这种对生物数据所代表的信息的误解使人们认为，这些数据使研究参与者更容易受到泄露机密信息的攻击。然而，在某些情况下，基因数据可能是个例外，事实并非如此。越来越明显的是，即使在遗传学上，生物信息本身几乎不能最终揭示个人的最重要信息，这实际上可能导致对儿童在医疗保健、工作资格或个人福祉的相关方面的偏见性待遇。我们需要进一步了解人的生物构成方面潜在的可塑性，与神经可塑性相关的变化，以及随着时间推移而发生的生理变化，以应对生活中压力的变化、经验、行为功能的变化、在生命的不同时间点发生的基因表达变化。

六、指导与建议

如前面提供的例子所示，多项研究(包括实验设计和相关设计)表明，生态环境和高质量的护理对儿童神经生物学功能的影响是强大和持久的。这些项目表明，高质量的早期教育和对贫困儿童的照顾对良好的生活质量的达成具有长期益处，且它为正在进行的、综合的、合法的调查机制提供了一定基础。特别是就目前而言，在涉及有关项目的具体内容的问题时，心理生物学发展的关键方面可能会受到儿童在项目中的经历的影响。项目关于受助人长期受生活改善影响的具体心理和神经生物学机制的问题仍然存在。为了能够回答这些机制的关键问题，研究者结合心理生物学和行为结果对随机试验进行长期的跟踪研究是至关重要的。同时，为了预测潜在的问题，提前对所需要的计划、协调内容及努力因素做好准备是很重要的。目前，多项干预研究成功地将生理分析(如收集头发、尿液和唾液)纳入数据收集工作(Administration for Children and Families，2014；Dozier et al.，2008)，明确了与机构、教师、家访人员和家庭沟通的方法，以了解研究大脑发育和健康的重要性。未来的研究将受益于这些整合神经科学和学习的先锋努力，但只有准确估计研究成本，并投入资源以最大限度地提高成功实施这些项目的机会，我们才能从这些努力中受益。

七、参考文献

请扫描二维码获取原书参考文献。

第6章

社会情感学习对生物标志物和健康结果的潜在影响： 一种确定性的解释

马克·T.格林伯格、德尔德·A.拉卡茨、劳拉·库西诺·克莱恩

在过去几十年的儿童发展研究中，最令人兴奋的发现之一是发展环境对儿童短期和长期身心健康有很大影响（Biglan，Flay，Embry & Sandler，2012）。现在很清楚的是，儿童与环境的早期和持续的相互作用影响着多种生物系统——免疫系统、心血管系统、内分泌系统和大脑（Blair et al.，2011；Hertzman & Boyce，2010；Shonkoff，2012；Shonkoff，Boyce & McEwen，2009）。表观遗传学的新兴领域已经表明，暴露于特定的环境有可能改变基因（Meaney et al.，1996）。长期紧张的环境会导致生理变化，使儿童面临长期生理和心理健康问题。童年早期的创伤、虐待和忽视与成年期的健康问题有关，如慢性心血管疾病、酗酒、免疫功能下降和精神健康问题（Gunnar & Fisher，2006；Shonkoff et al.，2009）。此外，贫困还会对儿童的幸福感产生负面影响，因为贫困会影响照顾者的责任心、儿童的性格和资源。相比之下，将生理和心理有害事件最小化并促进自我调节和心理韧性的培养环境，可以减少精神和情感障碍的发生（Biglan et al.，2012）。

环境压力对儿童的社会、生理和认知发展的影响是一个迅速发展的研究领域。儿童调节情绪和行为的能力及家庭和课堂环境的质量，将影响他或她感知和管理各种环境压力的能力（Grant et al.，2011）。社会情感学习干预旨在通过促进五个关键的技能领域来发展儿童的适应能力：自我认知、社会认知、负责任的决策、自我管理和人际关系技能（参见本手册第1章，顺序有变）。社会情感学习干预可通过基于技能的课程模式以及创造支持性环境来促进这些技能的提高，从而影响上述五个方面的发展效果。如本手册所述，社会情感学习干预对学生的社会功能和学习成果有多种积极的短期和长期影响（参见本手册第30章、第9章、第10章）。

因为存在不同的环境、人群和测量问题，评估社会情感学习干预的结果是具有挑战性的（参见本手册第19章）。普遍干预通常通过观察者报告（教师、家长）、学生自我报告、社会

情感学习或学术技能评价来评估。然而，到目前为止，在社会情感学习评估中很少评估短期和长期身体健康的情况。鉴于以下内容有对社会情感能力和健康之间关系的回顾，我们认为，对短期和长期的健康变化进行评估为社会情感学习的潜在影响提供了一个未被探索的维度。

目前的研究和理论创造了一个逻辑基础，在此基础上假设，发展社会情感能力可以积极地影响短期和长期的健康结果。如图 6-1 所示，个体的生物学特征和人生经历塑造了他的生物行为应激反应系统（即健康状况的短期生理指标）。短期的健康生理指标，如应激激素水平和血压水平升高标示着身体疾病和长期健康问题。医学研究所（Institute of Medicine，IOM）2000 年的一份报告发现了大量的证据，这可以证明，不同的社会心理（例如，家庭或同伴互动）对成年后发病率和死亡率有影响（Smedley & Syme，2000）。该报告的结论是，与应激反应相关的生理系统是导致疾病的重要因素。该报告还指出，诸如无法有效地应对压力，无法调节情绪等因素，由于影响生理反应系统，这些可能被认为超越了特定疾病，是与许多疾病过程相关的一般性风险因素。

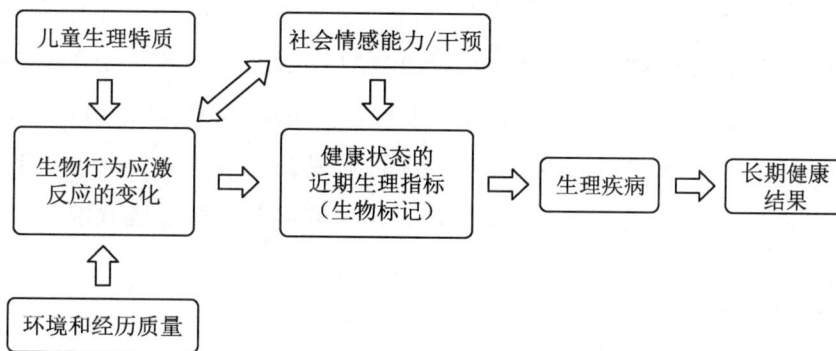

图 6-1　社会情感能力对健康结果潜在调节作用的一个概念模型

我们认为，发展儿童的社会情感能力的社会情感学习干预，尤其是自我调节能力，对生物行为健康的短期特征和长期健康情况都有影响（见本手册第 5 章）。这是因为，社会情感学习的五个领域可以在儿童受生活压力的影响程度、调节压力的反应方面发挥关键作用。这一假设基于两种主流研究：①环境、累积压力因素与儿童生物行为系统、长期身心健康之间的关系研究；②社会情感学习干预效果的研究。因此，我们提出以下问题：社会情感能力发展如何对积极的长期健康结果起作用？在此，我们讨论了社会情感学习项目尚未开发的潜力，即影响短期或长期健康情况。我们首先回顾压力和健康的研究，然后通过考虑社会情感学习干预的潜在影响将这些发现联系起来。

一、压力对生物标志物和健康的影响

我们的生物行为应激反应系统（Biobehavioral Stress Response System）是个体生物学和环境之间复杂的相互作用的结果（Gottlieb，2007）。研究人员认为，早期经历可以通过两种方式影响一个人的长期健康：一是随着时间的推移积累的损害；二是在敏感时期的生物嵌入（Hertzman & Boyce，2010）。随着时间的推移，心理和生理上的压力都可能导致生理上的损伤（适应负荷；McEwen & Stellar，1993）。在发育敏感期，儿童受高强度的压力影响可能永久性地改变生理过程，并最终改变长期的健康状况。例如，长期以来，表现为抑郁情绪或高度敌意的慢性情绪调节不良，一直与心血管疾病有关（Williams，2001）。博伊斯（Boyce）和埃利斯（Ellis）提出了（2005）一个条件适应模型（Conditional Adaptation Model），在该模型中，升高的生物反应表明了对由大脑调节的环境的敏感性。一个例子是，在不利环境中长大的高反应性的儿童，其发病率更高；但在受支持的、压力较小的家庭中长大的儿童，其发病率较低。这导致个体在行为和（环境）适应反应模式上产生差异。压力对生理系统的影响通常是通过生物标志物来测量的，这些生物标志物是潜在生理机制的指标，可以指示正常或致病过程（Baum & Grunberg，1997）。例如，女性雌激素水平升高是排卵的生物标志物，而静息血压升高则是心血管疾病风险的生物标志物。通过预防性干预，包括对社会情感学习影响的研究，生物标志物有可能提供与向积极行为的改变相关的生物机制的更多见解。有很多生物标志物可以用来指示压力是如何影响身体的。这些健康状态的生物标志物正引起预防研究人员的兴趣，因为它们有可能提高干预研究中的治疗效果，并为规划设计和实施策略提供信息（Beauchaine，Neuhaus，Brenner & GatzkeKopp，2008）。我们提供了广泛的生理系统和健康的无创生物标记样本的信息，这些信息可能在社会和情感干预研究中有用，用于测量和预测健康状况。

二、被压力激活的生理系统

应激反应是一个生物学过程，它使我们准备好迎接挑战（Lupien，McEwen，Gunnar & Heim，2009）。暴露于压力源会引发一系列协调的生物行为反应，这些反应旨在提高有机体的存活率。虽然多种生物行为系统在应激状态下被激活，但本章主要关注三个主要生理系统：自主神经系统（Autonomic Nervous System，ANS）、免疫系统和心血管反应。在这里，我们讨论与每个系统相关的生物标志物范例，这些标志物可以在实验室或学校环境中进行测量。值得注意的是，每个生理系统都有许多相关的生物标志物。因此，我们不是详尽地回顾生物标志物，而是提供一些在生物行为研究中常用的例子，我们假设这些例子可能与社会情感能力有关。了解这些生物标志物的起源有助于理解社会情感学习干预如何影响它们。我们主要关注唾液生物标志物，因为它是非侵入性性的，而且相对容易收集。表 6-1 总结了这些与健康状况相关的近期生理指标及其生物学功能和健康状况。

(一)自主神经系统

自主神经系统对压力的感知会引发一系列协调的生物行为反应。在应激反应中，自主神经系统刺激交感—肾上腺—髓质（Sympathetic-Adrenal-Medullary，SAM）轴和下丘脑—垂体—肾上腺(Hypothalamic-Pituitary-Adrenal，HPA)轴。

1. SAM 轴和唾液淀粉酶

自主神经系统的交感神经分支(SNS)反应迅速，参与了"战或逃"反应，导致肾上腺素(EPI)和去甲肾上腺素(NE)的释放。去甲肾上腺素减缓消化，扩大瞳孔；而肾上腺素增加葡萄糖释放、心率和血压。这些生理反应使机体能够对抗或逃避压力。

唾液淀粉酶(sAA)是这个系统的一个标记。唾液淀粉酶显示出昼夜变化的模式，在醒来后不久浓度急剧下降，并且在白天逐渐上升(Granger，Kivlighan，El-Seikh，Gordis & Stroud，2007；Nater & Rohleder，2009)。随着应激源长期而持续地被激活，SAM 激活的频率和长度增加，延长激活时间会导致组织损伤(Piazza，Almeida，Dmitrieva & Klein，2010)。慢性压力可能对 SAM 轴有长期影响。

表 6-1　一些健康状况可能对社会和情绪干预研究有用的近期生理指标

生物标志物	系统	定义	功能	与健康的关系
皮质醇	下丘脑—垂体—肾上腺(HPA)	从肾上腺皮质释放的皮质类固醇	参与应激的神经内分泌反应；增加能量生产，减少炎症，与免疫系统沟通，支持战斗或逃跑反应	该指标长期处于高水平，与冠心病、抑郁和焦虑有关
唾液淀粉酶	刺激交感—肾上腺—髓质(SAM)	唾液酶	碳水化合物和淀粉的消化	该指标处于低水平，和不健康的口腔状况有关
C反应蛋白	免疫系统	系统性炎症的生物标记	在炎症反应中增强对外来或受损细胞的分解	该指标处于高水平，与心血管疾病风险增加有关
血压	心血管	血液循环对血管壁施加的压力，包括收缩压(SBP)、舒张压(DBP)	心血管健康指标	收缩压和舒张压升高，可提示高血压和心血管疾病

最近的研究发现了唾液淀粉酶释放和情感行为之间的关系。例如，经历同伴伤害的 9 岁女孩在实验室应激过程中表现出高度的任务挫败感和高度的唾液淀粉酶反应性。在同一项研究中，报告受到伤害的男女儿童在等待实验室情境下的社会挑战时，都比未报告受到伤害的儿童表现出更高的攻击性和预期的唾液淀粉酶激活水平(Rudolph，Gordon & Granger，2010)。在另一项针对 2 岁儿童的实验室研究中，唾液淀粉酶处于高水平的儿童在情绪诱导任务中表现出更积极的情感和亲近行为(Fortunato，Dribin，Granger & Buss，2008)。这两项研究都表明，唾液淀粉酶的激活可能反映了对环境的敏感性，但都没有对唾液淀粉酶释放模式与情感行为之间的关系给出明确的结论。与本文综述的其他生物标志物相比，唾液淀粉酶研究相对较新，但数据表明，唾液淀粉酶反应性与情感反应之间存在明确的联系，这使得唾液淀粉酶成为一种新的生物标志物，应该在社会情感学习干预研究中进一步探索。

2. HPA 轴和皮质醇

当受到压力时，自主神经系统也会激活 HPA 轴，从而导致肾上腺皮质释放皮质醇。HPA 轴对压力的反应更慢，需要更长的时间才能回到基线，因为它通过糖皮质激素的释放起作用，而糖皮质激素的产生需要一些时间(Gunnar & Quevedo，2007)。皮质醇将葡萄糖从细胞中提取出来，为应对威胁提供能量。增加的皮质醇也有助于增加氧气的摄入和血液的流动，减少炎症，增强对压力的免疫反应。短期内皮质醇水平的升高反映了人们对挑战的正常生理反应。

唾液皮质醇是心理压力的主要生物标志物，也是情绪健康的可靠指标(Juster et al.，2011；Steptoe & Wardle，2005)。在大多数情况下，皮质醇的释放会引起生理上的适应反映，但如果分泌过多或调节不当，则可能是有害的。持续的承受压力既可能导致皮质醇水平长期升高，也可能导致皮质醇水平非常低，从而对健康产生负面影响，包括心血管功能(McEwen & Stellar，1993；Shonkoff et al.，2009)、免疫功能、生殖系统、生长和认知能力(Danese & McEwen，2012；Juster et al.，2011)。虽然这个生物系统在大多数人身上的功能类似，但它的激活在不同个体之间存在显著差异。

健康的新生儿对压力有高度的 HPA 反应。在幼儿中，更强的皮质醇反应与被认定为有可怕的性情有关(Talge，Donzella & Gunnar，2008)。研究表明，环境对皮质醇的激活有很大的影响。当皮质醇水平持续升高时，现有的皮质醇升高的脆弱性可能是基因或早期经历的综合作用，这些因素可能导致大脑发育异常和心理健康紊乱(Gunnar & Fisher，2006)。婴儿接受照护的质量(例如，母亲照护的敏感性和反应性)会影响这种压力反应的发展，贫困的累积压力也会影响这种反应。具有消极情绪气质的幼儿在缺乏最佳照顾的情况下最可能表现出皮质醇水平的升高(Gunnar & Donzella，2002)。因此，当儿童和他们的看护者有一种安全的依恋关系时，它可能会缓冲恐惧气质对皮质醇激活的影响。下丘脑轴对社会调节的敏感性持续到儿童后期，并延伸到友谊中。研究表明，欺负行为与 HPA 轴活动的改变有关，受欺负的儿童表现出迟钝的皮质醇反应(Knack，Jensen-Campbell & Baum，2011；Rudolph et al.，2010)。

有迹象表明，皮质醇水平和唾液淀粉酶水平之间存在相互关系，前者在一天中下降，而后者则上升(Nater，Rohleder，Schlotz，Ehlert & Kirschbaum，2007)。家庭生活项目的研究人员采用多系统方法来了解生物标记物的影响，他们发现，婴儿时期不对称的每日皮质醇(HPA 轴活动的生物标记物)和唾液淀粉酶(SAM 轴活动的生物标记物)轮廓预示着学龄前儿童在执行能力和学术能力方面有最佳的发展结果(Berry，Blair，Willoughby & Granger，2012)。另一项针对学龄前儿童的研究表明，皮质醇和唾液淀粉酶与行为调节的不同方面有关(Lisonbee，Pendry，Mize & Gwynn，2010)。完成挑战性任务后，唾液淀粉酶增加较多的儿童，延迟满足的能力较差。那些皮质醇水平较高的人在慢速运动任务中表现较差。

(二)免疫系统和 C 反应蛋白

人体炎症反应的作用是召集免疫细胞来修复损伤的组织和击退病原体。在感染的急性期，

C 反应蛋白（C-reactive protein，CRP）的合成受到刺激，在激活 48 小时后达到峰值，C 反应蛋白水平升高可能表明感染或炎症。C 反应蛋白是一种免疫状态的生物标志物，也可以在唾液或血液中检测到；C 反应蛋白水平升高是导致心血管疾病的已知危险因素（Ridker，2003）。C 反应蛋白水平升高被认为是慢性应激和级联反应的一部分，在患有各种疾病的成人和儿童中都有发现（McEwen & Stellar，1993）。儿童 C 反应蛋白水平与心血管疾病风险因素呈正相关，而心血管疾病风险因素预测着较差的成人干预后果（Juonala et al.，2006）。在儿童时期经历过虐待并变得抑郁的成人的 C 反应蛋白水平明显高于那些没有遭受过虐待的人（Danese et al.，2008）。与来自其他社区的儿童相比，生活在高犯罪率或高贫困率社区的儿童的 C 反应蛋白水平也更高（Broyles et al.，2012）。应该指出的是，C 反应蛋白只是众多与身心健康相关的免疫标志物之一，其他的标志物标记、测量并量化血液中的各种白细胞（辅助性 T 细胞、细胞毒性或抑制 T 细胞、B 细胞、自然杀伤细胞、单核细胞）和血液中免疫球蛋白或唾液的数量或百分比（Granger，Granger & Granger，2006；Kiecolt-Glaser & Glaser，1997）。虽然其中一些生物标志物在社会情感学习研究中可能也有价值，但因为大多数是用血液收集的，它们不太可能用于普遍干预试验。

（三）心血管系统和血压

血压（Blood Pressure，BP）是测量心脏将血液推入全身时对动脉壁的压力。高血压是心脏病、中风发作的常见原因。众所周知，成人的高血压水平与未来心血管疾病的发展、死亡率相关（Smedley & Syme，2000）。追踪研究表明，儿童时期的高血压预示着更高的成年时期心血管风险（Dekkers，Snieder，Van den Oord & Treiber，2002）。社会心理压力会导致高血压的发展（Sparrenberger et al.，2009）。确定儿童期血压升高的机制以及降低血压的方法，可以提高对高血压的预防。最近的一项研究表明，在呼吸意识冥想干预后，处于心脏病高风险的青少年的动态血压显著降低（Gregoski，Barnes，Tingen，Harshfield & Treiber，2011）。这一发现表明，血压对环境干预是敏感的。虽然目前还没有针对青少年的普遍干预的数据，但放松训练、瑜伽或其他正念方法等干预措施可能影响血压数值。

（四）适应负荷

不同于仅仅依赖单一的对生理状态的评估，对影响慢性压力的多个评估可以使用适应负荷（Allostatic Load）的概念标记。应变稳态（Allostasis）是多个生理系统为了应对环境变化和个人需求而不断平衡的过程（Bauer，Quas & Boyce，2002）。因此，适应负荷是应激激素功能失衡时的生物标志物的综合测量（Seeman，McEwen，Rowe & Singer，2001）。适应负荷模型表明，较大的累积压力负担会影响应激反应生理，并导致多种健康问题。此外，尽管我们之前提出的那些生理系统都是（相对）"分离的"，但它们是管理神经源性炎症的更大系统的一部分。适应负荷测量的是系统间应激反应的失调模式，而不仅仅是单个系统的改变。适应负荷可能是预测生理病理的一个有用指标，并可广泛衡量干预对降低这一负荷的影响。

适应负荷的测量包括使用四个主要介质（Primary Mediators，如激素和炎性细胞因子）和六个次要结果（如血压和胆固醇）的指数来预测较长期的健康结果（Seeman et al.，2001），同时测量各项指标，通过将达到特定临界值的生物标志物的数量相加，来计算总体适应负荷指数（上四分位数或下四分位数，取决于生物标志物在较低水平或较高水平时的健康程度）。适应负荷的增加与成年期心血管疾病、抑郁和认知障碍三级结果相关（Juster et al.，2011）。据推测，从婴儿期开始，环境因素和遗传易感性之间存在级联关系（Cascading Relationships），从而导致个体对压力的敏感性存在巨大且不断增长的差异（McEwen & Stellar，1993）。虽然适应负荷模型主要应用于成人，但人们越来越有兴趣将其应用于儿童，以衡量压力对生理系统的广泛影响（Bush，Obradovi，Adler & Boyce，2011；Johnson，Bruce，Tarullo & Gunnar，2011）。然而，将这种模式应用到儿童身上存在许多挑战（Ganzel，Morris & Wethington，2010）。儿童的应激调节系统有发展变化；因此，适应负荷的长期后果可能会随着压力源的发展时间和压力中介系统过度激活的持续时间而变化。其结果是，目前还不清楚用于评估成人适应负荷的生物标志物（如胆固醇）是否对儿童有用。这些问题的解决在将模型应用于儿童时要保持谨慎，并表明有必要进一步研究如何解释儿童的这一高阶结构。

三、儿童的压力、身体疾病和社会情感能力

长期以来，压力和疾病之间的关系一直备受关注。几千年前，希腊的医生就注意到，抑郁的人比不抑郁的人更容易患癌症。研究已经证实，消极情绪、应对方式和压力管理可以预测成人疾病和发病率。此外，情绪、应对、压力和疾病之间的关系在很大程度上是由之前讨论过的生理系统的变化调节的，包括免疫功能和 HPA 轴（Kiecolt-Glaser，McGuire，Robles & Glaser，2002）。尽管长期以来在成人中观察到对这一课题的兴趣（Cohen & Williamson，1991），但有关儿童压力—疾病关系的切实证据还是相对较新的。然而，大量研究表明，儿童在情绪压力下更容易生病（Berntsson & Kohler，2001；Torsheim & Wold，2001）。陈（Chen）和同事（2006）记录了患有哮喘的儿童的情况，他们经历了更高水平的慢性家庭生活压力，即使在控制各种医疗和人口统计特征之后，他们还是有更严重的哮喘症状。在对学龄前儿童的两项相关研究中，博伊斯和同事们（1995）发现，家庭压力与儿童疾病的增加有关，但仅限于那些在实验室的有挑战性任务中表现出高度应激反应的儿童。如感冒、皮肤病、身心失调、焦虑和抑郁等疾病通常被认为是由压力引发的。

鉴于压力与疾病的联系，有一组儿童疾病受到了大量关注，它们属于躯体化，即心理障碍在身体症状上的表现。儿童躯体障碍的例子包括心因性哮喘、头痛、胸痛、消化性溃疡和复发

性腹痛（Recurrent Abdominal Pain，RAP）。复发性腹痛的特征是在缺乏可识别的器质性病因的情况下反复发作的疼痛。研究表明，与健康儿童相比，复发性腹痛的儿童可能有更高水平的焦虑、抑郁和其他躯体化症状（Wasserman，Whittington & Rivara，1988）。有复发性腹痛的儿童的母亲表现出更高的愤怒和敌意，家庭问题的发生率也更高（Liakopoulou-Kairis et al.，2002）。在更广泛的层面上，多项研究表明，家庭互动功能失调，父母的精神病理与一系列广泛的健康问题有关，这些健康问题与儿童卫生服务的增加有关（Woodward et al.，1988）。儿科医生和精神病学家通常建议用药物（例如，抗溃疡药）和心理疗法来治疗躯体障碍的症状，以帮助儿童表达和调节诸如担心、分离焦虑和悲伤等情绪（Garralda，1999）。因此，教授社会情感能力可能被认为是一种广泛的压力管理预防策略，以提高宿主抵御疾病和改善健康的能力。

四、自我调节能力是社会情感学习与健康结果的纽带

随着越来越多的证据表明，早期经历会影响我们的生物系统，并可能对我们的生理功能产生持久的影响，许多研究人员呼吁制定政策来应对儿童时期的压力（Shonkoff et al.，2009）。因为研究表明，儿童的生物系统对消极的环境是敏感的，所以值得考虑的是，个体生物学是否也对积极的经历敏感（Ryff & Singer，1998）。

社会情感能力：自我调节的重要性

社会情感能力（Social and Emotional Competencies，SECs），包括人识别和调节情绪，关心他人，保持积极关系和做出负责任的决策的能力（更多细节参见本手册第 1 章）。在社会情感学习的五个领域中，自我认知、自我管理和负责任的决策可能与健康结果特别相关，因为它们是更广泛的自我调节结构的核心。正如布莱尔和拉弗（本手册第 5 章）进一步阐述的那样，自我调节是一组与生物行为系统相联系的技能，它对一个人的情绪和注意力进行有效的调节，以促进特定情境下的目标导向行为（Blair，2002；Blair & Raver，2012）。布莱尔提出了一个基于神经生物学的自我调节模型，在这个模型中，自我调节由相互依赖的自下而上和自上而下的两部分组成。自下而上的组成部分是压力、情绪唤起和注意力的自动过程；自上而下的组成部分通常被称为执行功能（Executive Functions，EFs），包括工作记忆、抑制控制和灵活地分配注意力（Blair & Raver，2012）。这些系统的工作是双向的并相互影响。因此，自我调节既包括抑制性控制、抑制破坏性情绪的能力，也包括促进积极情绪的能力。正如布莱尔和拉弗（参见本手册第 5 章）所阐述的，最佳的自我调节涉及情绪唤起和抑制控制之间的平衡。

重要的是，在人的一生中，情绪唤起和情感刺激的系统成熟的速度是不同的。边缘系统的自下而上的过程出现在婴儿期，儿童的大部分调节技能表现为自上而下的过程，而额叶活动在学龄前儿童中出现，并持续到成年早期（Gogtay et al.，2004）。研究表明，儿童早期经历在形

成自我调节发展中有重要作用，这与许多长期的结果相关（Boyce & Ellis，2005；Lupien，King，Meaney & McEwen，2001）。达尼丁发展研究（Dunedin Study of Development）对1000名从出生到32岁的人进行了纵向跟踪，研究结果表明，早期的自我调节可以预测一系列长期的结果，包括身体健康、药物依赖、个人财务和犯罪活动（Moffitt et al.，2011）。另一项研究表明，2岁时自我调节能力较差的幼儿在5岁时更容易变得肥胖（Graziano，Calkins & Keane，2010）。

解决人际关系问题的技能也是许多社会情感学习干预的核心部分，对儿童的生活具有重要的长期影响。例如，更成熟的社会问题解决技能可以缓和虐待对儿童行为结果的影响（Dodge，Pettit，Bates & Valente，1995）。在一项针对青少年的研究中，解决问题的技能调节了暴力与心理压力之间的关系（LeBlanc，Self-Brown，Shepard & Kelley，2011）。解决问题的技能以及自我调节的过程都会影响社会和生理健康的指标。

社会情感学习项目中所教内容的重叠部分通常涉及五个社会情感能力领域中的全部或大部分。我们假设，社会情感学习干预的技能可以作为保护因素，增强身体和心理韧性。尽管一项收集213种社会情感学习课程的不同影响的元分析表明，社会情感能力的有效发展，如情感认知、自我控制、冲突解决策略、人际关系技能以及行为和学术技能的改善，没有关于项目对短期或长期身体健康结果产生影响的证据（Durlak，Weissberg，Dymnicki，Taylor & Schellinger，2011）。

由于社会情感学习干预项目获得了广泛的支持，因此对绝大多数结果的测量只关注学生的学业成果、心理、情感或行为结果。我们认为，发展心理生物学研究的发现提供了这样一种逻辑，即教导儿童，其自我调节技能也可以建立他们的生理弹性（Biological Resilience），从而防止压力的长期负面影响。然而，到目前为止，我们还没有发现任何发表的、同行评审的关于普遍社会情感学习干预的研究，评估有关压力（或者更广泛的适应负荷）的生物标志物。

当儿童发展出更有效的社会情感能力时，他们就改变了自己应对压力的方式，并可能创造出新的神经回路模式或生理反应模式。这些模式可能会对他们如何适应环境和应对压力产生持久的积极影响。这是目前普遍社会情感学习干预研究中一个尚未探索的领域。儿童自我调节技能可能会改变他们与环境互动的方式，这可能会对其生物基质和功能产生持久的影响。例如，当一个人有良好的社会情感能力时，他或她能更好地管理压力情况和伴随的消极情绪状态（愤怒、挫折、焦虑或悲伤），并更成功地应对具有挑战性的事件。我们假设，通过经常性地成功应对压力环境和降低他们的生理系统（降低心率或减少皮质醇的激活），有较强的社会情感能力的儿童不太可能发展出危险的短期生理指标，这些指标是长期健康结果的前驱症状。例如，降低HPA的慢性激活度会减少系统中皮质醇的数量，这可能有助于减轻健康的负面状况（Gunnar & Fisher，2006）。此外，情绪调节的增强可以降低血压和CRP的激活，从而降低心血管疾病的风险（Danese et al.，2008）。

由于一些社会情感学习干预特别支持通过关注情绪和调节行为，教授自我认知、自我控制和解决问题的技能来发展自我调节，这些可能是检验生物标志物和健康结果的良好前景。此外，一些社会情感学习干预已经检测了它们对执行功能的影响。执行功能在自我调节中发挥作用，并可能影响与压力相关的生物标志物（Diamond & Lee，2011）。例如，"促进选择性思维策略"课程的研究表明，无论是在学前还是在小学 2—4 年级，课程都能对执行功能以及自我调节能力产生影响（Bierman，Nix，Greenberg，Blair & Domitrovich，2008；Riggs，Greenberg，Kusché & Pentz，2006）。在另外两项学前预备课程的实验评估中，心智工具（Diamond，Barnett，Thomas & Munro，2007）和芝加哥学校预备项目（Raver et al.，2011）对执行功能和自我调节技能的积极影响已经被证实。虽然许多社会情感学习干预关注调控过程，但许多社会情感学习干预的逻辑模型往往缺少与生物行为标记和生理功能研究的必要联系。我们认为，如果认识到干预对生物标志物和其他身体健康状况有潜在影响，那么，当前的社会情感学习模型将得到极大的丰富。此外，记录项目对身体机能和健康状况的影响的研究，可显著增强各种社会情感学习干预的经济效益（参见本手册第 7 章）。

五、干预研究中的生物标志物

尽管迄今为止还没有发表过关于学校普遍的在课堂的社会情感学习项目中使用生物标志物的研究，但在已经确定的人群中包含生物标志物的干预研究正在增加。拉波尔-施里奇特曼恩（Rappol-Schlichtmann）和同事（2009）在研究中使用皮质醇测量来评估儿童保育环境中小组干预的效果。结果表明，高质量的儿童护理，其特点是参与人数少，师生关系积极，与那些在典型的托儿环境中的儿童相比，来自困难家庭的儿童的皮质醇水平较低。费舍（Fisher）和斯托尔米勒（Stoolmiller）证明（2008），对养父母进行干预以减少他们对回应问题行为的压力，与他们的养子女的压力激素降低相关。

社会情感学习研究中特别重要的一个领域是专门应对压力的干预，包括专注于培养正念的干预。在成人群中，正念冥想练习已被证明可以培养同理心（Singer & Lamm，2009），集中注意力和调节认知（Jha，Krompinger & Baime，2007），可以抑制情绪，减少无价值的信息（Ortner，Kilner & Zelazo，2007）。此外，成人研究也证实了正念干预对改善慢性疼痛、类风湿关节炎、纤维肌痛、焦虑和抑郁的疗效（Arias，Steinberg，Banga & Trestman，2006）。此外，对成人的研究显示，它对生物标志物和健康状况都有积极的影响（Davidson et al.，2003；Rosenkranz et al.，2013）。一组患有高血压的非洲裔美国青年样本显示，青年们在学校进行了3 个月的呼吸意识冥想干预后，血压显著下降（Gregoski et al.，2011）。在一项针对市内少数民族儿童（小学四年级和五年级）的正念瑜伽的随机试验中，发现反刍性思维、进入性思维以及情绪调节唤醒处于低水平活动中（Mendelson et al.，2010）。

生物标志物的测量

随着生理测量在行为干预研究中的日益流行，对于研究人员来说，了解生理测量的局限性和挑战性是很重要的（Dennis，Buss & Hastings，2012）。非侵入性生物标志物测量技术（Noninvasive Biomarker Measurement Techniques）正在迅速改进，许多生物标志物，包括唾液淀粉酶、皮质醇和C反应蛋白，现在可以从唾液中检测出来，使得样本采集相对容易（Buxton，Klein，Williams & McDade，2013；Granger，Kivlighan，El-Sheikh et al.，2007）。唾液样本可由参与者在各种环境中收集，从而减少到实验室访问的需要，增加了实地收集机会。此外，唾液中含有许多生物标志物，这使得试验不需要多个样本就可以进行多变量分析。

在使用生物标志物时至少有三个注意事项。首先，这里讨论的生物标志物可能受到几个因素的影响，包括样本采集的方式（例如，被动流口水与棉签采集唾液；自动血压监视与手动血压监测）。为了有效地使用这些测量因素，必须仔细地考虑它们（Buxton et al.，2013）。因此，有兴趣将生物标志物纳入其研究的科学家应该与能够进行唾液检测的实验室密切合作，以确定生物标志物评估所需的准确的合适的唾液收集程序（如 Granger，Kivlighan，Fortunatoet al.，2007）。其次，只检测其中一个生物标志物或系统中的一个，可能会忽视人类生物学的动态的和相互依赖的本质，也不可能完全解释社会情感学习干预的影响。如前所述，生物行为研究从只评估一个系统，转向支持将多个生理系统中的生物标志物结合起来进行评估。最后，尽管在干预研究中越来越普遍地使用生物标志物，但重要的是要考虑研究问题，并确定是否有必要使用生物标志物来回答所提出的研究问题。

虽然相关研究较少，但干预科学正采用发育生物学的模型和方法，并使用生物行为测量工具来检验干预如何影响生理或神经认知功能（Bradshaw，Goldweber，Fishbein & Greenberg，2012）。里格斯（Riggs）和格林伯格（2004）描述了这类措施产生效用的三种方式。第一，这些措施可能是干预的直接结果。第二，这些措施可以被定义为调节变量，从而澄清谁的干预最有效。研究可能揭示一些特征，使一些参与者或多或少地对不同的干预做出反应，使预防科学家能够针对特定人群采取符合他们需要的干预。第三，这些措施可能通过确定干预所导致的更短和更长的变化来反映重要的治疗过程。

虽然生物标志物的收集和分析正在不断完善，但是其在测量健康的生理指标方面存在着各种各样的挑战。第一，参与者对样本采集协议的遵从可能会带来问题。因为参与者收集自己的唾液时不需要研究人员在场，所以参与者对协议的遵守可能是影响样本完整性的一个问题。研究人员必须创建明确的范围，以试图控制参与者的样本收集（Granger，Kivlighan，El-Sheikh et al.，2007）。

第二，时间是生物行为数据收集的一个持续挑战。采集样本前的时间安排和饮食习惯也会极大地影响结果。日采样时间和月采样时间也会影响结果。显示唾液淀粉酶和皮质醇等昼夜变化模式的生物标志物需要仔细跟踪唾液收集时间（Buxton et al.，2013）。青春期和月经周期的时间也会影响激素的测量。研究人员可以通过检验雌二醇和睾酮水平来控制这一点，注意：对这些激素的检测要求唾液的收集必须是被动地流口水（Shirtcliff，Granger，Schwartz & Curran，2001）。此外，生理系统随着发育而变化，这些变化可能会影响对生理数据的解释（Fox，Kirwan & Reeb-Sutherland，2012）。

第三，对生物标志物的研究可能由于缺乏对生物测量方法的理解以及样本收集和处理的复杂性而面临参与率下降的问题。研究人员需要为研究措施提供明确的依据，并明确如何使用这些数据，以减少参与者的担忧。在学校背景下，家长可能会因为不理解这项研究而拒绝同意孩子参加，并担心孩子会提供生物样本，这种情况尤其令人担忧。也就是说，大量的文献证明，需要成功地从儿童身上获得唾液生物标志物（Berry et al.，2012）。

虽然适应负荷的概念在儿童研究中的价值尚未得到证实，但在未来的研究中，相邻的生理反应和行为研究应该调查多个并发系统之间的生理反应模式，而不是只关注单个反应系统（Bauer et al.，2002）。

当生物系统相互作用时，我们对它们共同作用的理解应该能进一步阐明它们对所观察到的行为的影响。社会情感学习研究人员应尽可能仔细考虑对短期和长期健康状况的测量。如果社会情感学习干预有可能影响儿童的长期身体健康，那么这样的文献资料可能会对教育和卫生政策产生重大影响。

六、结论：一种确定性的解释

为了进一步调查社会情感能力是否对生物标志物和长期健康状况有积极影响，研究需要特定要素。第一，在适当的时候，干预效果的逻辑模型需要采用明确的框架，包括假设的生物行为和健康结果。第二，需要仔细选择和测量对所干预的发育模型敏感的生物标志物。这将需要真正的跨学科合作，在这种合作中，预防科学家、生理学家、儿童研究人员和教育工作者共同开发和测试了越来越完善的理论和评估模型。这一跨学科的研究方向可能会要求创建新的项目，更有效地影响健康状况。因为关于儿童健康的发展心理生理学本身就是一个年轻的研究领域，在某些情况下，可能需要进行进一步的基础研究，以便为社会情感学习干预建立清晰的逻辑模型。干预试验可能创造机会，加快这一基础工作的突破步伐，并能够回答基本问题（例如，是否存在某些特定时期，不同的生理系统更容易发生变化）。

从社会情感学习干预中获得的技能可以显示短期和长期的健康结果，这一潜力令人兴奋。这些发现可以增加决策者、教育工作者和公众对社会情感学习益处的理解和兴趣。了解社会情感能力对短期和长期健康的影响，有助于在学校进一步证明社会情感学习的合法性，并证明长期的成本可以节约很多。现在是时候开始一项广泛的跨学科研究了，以进一步了解社会情感学习干预的潜在好处，并加深我们对情感健康、身体健康和幸福之间联系的理解。

七、致谢

　　本工作有教育科学研究所（Institute of Education Sciences）的项目支持（项目号：R305B090007）。本章仅代表作者个人观点，与机构无关。

八、参考文献

　　请扫描二维码获取原书参考文献。

第7章
社会情感学习的经济学案例

达蒙·琼斯、马克·T.格林伯格、马克斯·克劳利

在过去的几十年里，社会情感学习的科学研究蓬勃发展。在现代科技社会中，美国公民和政策制定者对当今的儿童学习成果欠佳、早期使用药品的比例很高，以及无法忍受的暴力行为感到担忧。高中学习未能毕业和犯罪都是代价高昂的结果，这些会降低个人和社区的福祉，并带来沉重的经济负担(Cohen & Piquero，2009；Levin，2009)。因为学校在社会和青年发展中有核心性影响，所以学校是产生许多最初效果的主要环境，也是可以有效地对儿童进行补救的环境。在学校，儿童首先学习与同伴协商的社会关系，并有机会培养必要的技能，使他们成为社会中有生产力的成员。由于学校的核心作用，学校不仅需要专注于传统的核心科目，还需要支持儿童成长为有建设性和有贡献力的公民。在当前这个经济全球化、竞争激烈的社会中，学校扮演着重要的角色，试图确保所有学生学会以社会情感能力的方式，与来自不同背景的人交往，实践健康行为，并以负责任和尊重的态度行事(Greenberg et al.，2003)。

改善学龄儿童的行为和福祉既有直接的好处，又有长期的好处。行为改善会带来更健康的课堂氛围，减少干扰并支持积极影响学业成果的有效教学，改善与他人的社会关系，减少犯罪行为、反社会行为、辍学问题、学业失败和心理健康问题，也能带来更广泛和更长期的好处。构建促进心理健康的保护性因素，可以反过来降低未来出现不健康问题和不良的成人发展问题的可能性（Greenberg，Domitrovich and Bumbarger，2001；Weissberg，Kumpfer and Seligman，2003)。

一、经济评估的必要性

正如本手册其他章节所述，普遍的社会情感学习项目可以有效减少问题，提高能力并促进

学校教育的成功。然而，尽管存在这些证据，但大多数教育者和政策制定者在教育决策中仍将社会情感学习边缘化。我们认为，在社会和情感教育分析中，高质量的评估是缺失的部分，它将提供证据，证明在学校中实施社会情感学习项目可能带来经济利益。很显然，政策制定者以及教育工作者在制定教育决策时都很重视经济评估（Greenstone，Harris，Li，Looney ＆ Patashnik，2012）。除了关于社会情感学习项目可能节省成本的信息外，预算管理者还需要关于有效实施新项目的当前和长期成本的清晰信息。鉴于这些需求，我们在本章有三个主要目标：①介绍经济评估领域的研究；②回顾当前关于社会情感学习项目潜在的经济成本和收益的知识；③就如何进行合理的经济评估提供指导。为了实现这些目标，首先我们讨论在研究社会情感学习的经济案例中关注普遍干预项目的重要性。其次，我们介绍了对项目进行经济评估的步骤（使用一个假设的示例，说明社会情感学习研究人员如何对一个有效的项目进行经济评估）。最后，我们讨论了推动该领域向前发展的必要研究，以及围绕经济分析的一些不确定性和复杂性。

（一）为什么要关注普遍的社会情感学习干预

虽然有许多基于学校的干预类型，例如，改进的班级管理和学校纪律模式（Greenberg，2010），但普遍的社会情感学习学校项目的经济影响仍未得到充分探索。这些干预教师教授的技能可以培养所有学生的能力，以建立积极的同伴和成人关系，培养学生自我调节能力，培养学生健康的价值观和规范，从而抵制偏差或危险行为。社会情感学习项目试图提高五个领域的能力，这种项目对广泛能力建设的关注，不同于那些试图改变特定行为并获得分散目标，或针对风险更大的学生的有针对性的干预的、更狭隘的项目。从经济学的角度来看，这些广泛的社会情感学习努力可被视为促进个人的人力资本积累（Becker，2009；Heckman，2000）。人力资本通常被视为个人从事劳动并产生经济价值所必需的能力。虽然一些项目试图减少所可能带来的节约成本（例如，较低的监禁率）的特定结果（例如，违法行为），但我们假设，社会情感学习的范围越广，可能导致的人力资本的收益越大，除了学生的个人和社会结果之外，还可以在以下几个领域带来多重效益，包括更高的生产力（例如，长期就业，增加应纳税收入，良好的健康状况）和社会效益（例如，更少的犯罪，更少的对政府服务的需求）。

普遍社会情感学习项目有许多非常理想的功能，它们为经济评估提供了部分理论基础。首先，通用项目可以帮助青少年在各种经历和环境中学习适应性应对策略。其次，由于普遍的社会情感学习项目是积极的、主动的，并且是独立于风险状况提供的，因此它们对参与者的污名化的可能性已降至最低。再次，当社会情感学习项目在学校中开展时，学生是"圈养群体"，这可以降低招聘成本，并有助于将人员流失率保持在较低水平。最后，由于所有儿童都参与其中，他们有能力在广泛的社交网络中培养积极的态度、规范和行为（Gest，Osgood，Feinberg，Bierman and Moody，2011）。

以基本风险和保护因素为目标，并在早期进行干预的通用模型的另一个优势是，可以通过单一的预防性干预来减少或预防多种问题。越来越多的研究表明，许多不良结果，如精神病，药物滥用，犯罪和学业失败，具有重叠的危险因素和严重的共病特征（Greenberg et al.，2001）。由于预防性措施侧重于降低风险和促进健康，通常会减少许多问题（Spoth，Trudeau，Guyll & Shin，2012）。项目对多种结果的积极影响能够增加从干预中获得投资回报的可能性，特别是考虑到通用方案可以是低成本的（每个儿童的平均成本）。

最后一个优势是，与仅针对特定儿童的项目（即选择性和指定性项目）相比，普遍的学校模式为所有儿童服务。杜拉克（Durlak，1995）指出，如果只有 8% 的适应良好的儿童（相对于 30% 的临床功能障碍的儿童而言）会在成年后出现严重的适应性问题，那么根据实际数据，这些儿童仍将占不适应的成人人口的 50%。这遵循了罗斯（Rose，1981）的格言：与处于高风险中的少数人相比，处于低风险中的多数人可能会产生更多的病例。尽管某些儿童疾病的患病率相对较低，但提供普遍的预防干预可能是有益的。此外，在处理常见且代价高昂的疾病（例如，抑郁症或行为障碍）时，可能更有理由采取普遍的预防措施（Merry & Spence，2007）。

（二）当前基于学校的预防，其有效性的证据是什么

在过去的 20 年中，学校预防领域和社会情感学习更广泛的领域取得了明显的进步和更深刻的实证理解（Greenberg et al.，2003）。目前已经有大量的、循证的、基于课堂和基于家庭的课程被证明可以减少不良的心理健康症状、药物滥用和相关的危险因素。对预防滥用药物的行为（Gottfredson & Wilson，2003；Lochman & van den Steenhoven，2002）、暴力和反社会行为（Fagan & Catalano，2013；Wilson，Lipsey & Derzon，2003）、心理健康状况不佳的情况（Greenberg et al.，2001；Hoagwood et al.，2007）和促进积极的青年发展（Catalano，Berglund，Ryan，Lonczak & Hawkins，2004）的回顾和元分析表明，有针对性的预防和干预可以大大降低问题行为和症状的发生率，并建立保护性因素，以减少儿童进一步面临的危险。最近的一项元分析研究了基于学校的普遍社会情感学习干预对各方面的有效性（Durlak，Weissberg，Dymnicki，Taylor & Schellinger，2011）。结果表明，干预对各方面有实质性的影响，包括攻击性和破坏性行为、社会情感能力、学校关系、亲社会规范、纪律转介、情绪困扰和学习成果。

（三）普遍社会情感学习项目会带来经济收益吗

尽管社会情感学习项目已涌现出大量的行为和社会情感研究、认知和学术成果，但几乎没有对此类项目的经济成本和收益进行分析。尽管这似乎令人惊讶，但仍有许多重要因素导致了此类研究的缺乏。首先，对社会情感学习项目进行最严格的评估（例如，随机临床试验）是在参与者处于学龄前或小学阶段时进行的。由于大多数货币化的结果（工资、税金、使用公共服务和福利计划）直到成年才会发生，因而从干预的发生到有效的小学社会情感学习项目获得最明显的经济收益之间通常有很长一段时间。大多数项目评估内容都没有包括对青春期或成年早期

的长期追踪随访。这与专门针对低收入儿童的早期儿童教育项目（定向干预）形成了对比，后者在成年后有大量的结果被报告出来。具有里程碑意义的经济研究表明，投资有针对性的早期干预产生了经济回报，包括佩里学前教育项目（Belfield，Nores，Barnett & Schweinhart，2006）、阿贝达里项目（Barnett & Masse，2007）以及芝加哥儿童家长中心（Reynolds，Temple，White，Ou & Robertson，2011）。对于社会情感学习项目来说，在中学或高中实施项目的效果更容易货币化，这些项目会对使用特殊教育服务、预防辍学、预防青少年逮捕等方面产生直接影响。

其次，大多数社会情感学习项目的效果侧重于结果测量的线性变化，如行为问题的减少或社会问题解决能力的提高，而不是二元结果的变化，如符合诊断标准。不幸的是，三年级学生的攻击性行为效应量减小 0.30 或学习成果增大 0.20，并不容易与货币化的当前或未来结果挂钩（必须确定此类效应的"影子价格"，下文将进一步讨论）。

再次，普遍项目面向所有学生，因此很少关注结果测量，这可能仅影响很小比例的学校人口，但对于经济分析仍然可能非常重要。例如，如果社会情感学习项目导致接受某些纪律教育或精神保健教育的儿童人数减少 5%，考虑到与极端病例相关的高昂成本，这可能会产生巨大的经济影响。但是，这种结果通常不会在普遍社会情感学习模型评估中得到衡量。经济分析也需要仔细衡量项目资源，而社会情感学习项目很少进行这样的成本分析（Crowley，Jones，Greenberg，Feinberg & Spoth，2012）。

最后，社会情感学习研究人员的背景通常不包括进行经济评估或了解社会情感学习重要性的方法。因此，在大多数情况下，没有为作为项目评估的一部分的经济分析制订计划，也没有为项目资源的成本制订计划。社会情感学习研究人员缺乏对经济问题的关注，这也是除了经济专家使用二手数据单独进行研究外，很少有其他研究的原因之一。然而，一些现有的研究显示了有希望的结果。例如，西雅图社会发展项目（旨在改善从小学到初中的儿童社会情感能力的项目）发现，其对延伸到成年早期的结果有影响（包括心理和情感健康领域，减少犯罪和药物使用）。经济评估估计，每位参与者的投资回报超过 2500 美元[①]，这与项目对结果的影响有关。例如，高中毕业的可能性增加，K-12 年级的留级率降低，干预组参与者的犯罪活动减少（Lee et al.，2012）。生活技能训练项目提供了另一个示例，它说明了基于学校的普遍项目可能带来的经济利益。这种由教师在初中三年的课堂环境中实施的低成本干预（每位参与者约 34 美元），通过教授学生自我管理技能、社交技能和有关药物滥用危险的信息，降低了青春期药物滥用的风险。该项目的最新评估估计，每位参与者的投资回报率接近 1300 美元，相当于每投资 1 美元可为参与者和社会回报 37 美元（Lee et al.，2012）。

其他研究提供了普遍项目可能带来的经济回报的例子。例如，药物滥用和精神卫生服务管理中心（SAMHSA）2008 年的一份报告，总结了针对药物使用和滥用的有效项目的经济收益（这些项目教授了大量的社会情感技能），并指出在各个项目中，对学校预防项目的大规模投资将

---

① 1 美元＝7.26 元，2022-10-24。

导致每 1 美元的投资有 18 美元的回报，并为州和地方政府节省约 13 亿美元（Miller & Hendrie，2009）。该报告强调了药物使用结果与社会成本有相关性，包括随之而来的犯罪活动的增加、对卫生服务的需求增多以及未来生产力的丧失。尽管这些研究证明了教授社会情感技能的普遍项目如何产生经济影响，但必须指出的是，评估在很大程度上旨在更容易实现货币化结果的项目。如上所述，确定社会情感学习的经济价值的一个障碍是许多社会情感学习项目（尤其是对年幼的儿童）缺乏这种可货币化的措施。因此，需要在项目早期就关注社会情感能力和社会情感学习的经济价值。

（四）"非认知"因素的经济影响

现在，学校面临着许多相互竞争的需求，教育领导者在优先次序方面也面临着艰难的选择（Berends，Bodilly & Kirby，2002）。特别是在美国，20 年来，教育领导者和政策制定者一直专注于学生的学习成果。尽管《不让一个儿童掉队法》的潜在好处是促进学业取得优秀成果和教育公平，但其主要结果是过分关注高风险的考试，缩小课程范围并失去了教育中的"全人"培养。"不让一个儿童掉队"的后果是，大多数预防措施都被边缘化了，这些努力并未对教育成果，特别是对测验成果产生强烈影响（Ravitch & Cortese，2009）。批评人士告诫说，如果不考虑学生的社会和情感需求，这些行动的效果往好了说是无效的，而在最坏的情况下却是有害的，尤其是对经济上处于不利地位的群体（Meier，2004）。

然而，这种趋势或辩证法似乎正在转向。最近有关教育成就与成人结果之间关系的研究表明，早期成就在对成人工资或医疗服务、社会服务和刑事司法费用的货币化的影响中所占的比例相对较小（Almlund，Duckworth，Heckman & Kautz，2011；Levin，2012）。在赫克曼（Heckman）及同事的工作中，他们将儿童福祉的发展方法概念化，称为"认知和非认知技能形成技术"（Cunha & Heckman，2008）。有令人信服的证据表明，除了考试结果之外，还有其他因素可以解释成人在工资、健康服务利用和其他公共成本（包括早期发病率）中的大部分差异。这些因素被认为是"非认知性的"，因为它们涉及的结果并非测得的成就或测验结果（Farrington et al.，2012）。实际上，这种描述是用词不当的，因为这些能力必须建立在认知过程的基础上，包括注意力和执行功能、社会情感能力（例如，自我控制和坚持不懈）以及有效使用学习策略等方面。重要的是，社交情感能力是这种更大范围的非认知技能的一个组成部分。这些非认知技能解释了成年后在大部分经济成本方面人与人之间的差异。此外，尽管贫困是成人发病率的一个远期解释，但这些非认知因素似乎中介了这些结果，至少部分解释了在技术社会中贫困的影响是如何传播的（Conti & Heckman，2012）。在本章的最后，我们将在讨论未来工作时回答这个问题。

第二个趋同因素是美国学校共同核心课程的出现。共同核心课程关注的是对于成人的职业和经济的成功而言最重要的基本技能，而不是单一地关注成就测验的短期影响，因此在大多数州，已引入的共同核心课程如果得到有效实施，将会给教育课程和教学带来巨大变化

（McTighe & Wiggins，2012）。

　　共同核心课程的关键是有必要将"21世纪技能"当作教育的核心要素；这些技能专注于解决问题，进行反思性思维，与他人进行有效沟通和在小组中有效工作的能力（Pellegrino & Hilton，2012）。因此，它把包括在社会情感能力中的许多技能放在教育目标和教学法的中心。

　　最近关注非认知技能重要性的经济研究以及共同核心课程的迅速发展和广泛接受，有可能使社会情感学习领域进一步发展为引领教育思想和行动的中心。应当指出的是，人们对共同核心课程的实施效果以及是否真正重视社会情感能力有许多担忧。因此，了解什么样的课程模式，在什么年龄，让哪些儿童最有可能在学业、社会和经济方面取得成果，就变得尤为重要了。此外，决策者对获得最大的"收益"也越来越感兴趣，这就要求对社会情感学习项目进行竞争优势研究，就像在循证医学和保健经济学领域正在做的类似工作一样（Bloom，2004；Brent，2004）。为了进一步考虑这些问题，我们现在将注意力转向如何将经济评估纳入有效的社会情感学习干预评估中。

二、评估社会情感学习的经济影响：　一个案例研究

　　使用经济评估可以提供有关社会情感学习项目的价值以及关于项目执行的效率的关键信息。考虑到评估的许多方面，仔细规划这一过程至关重要。本章的其余部分重点在于与社会情感学习项目有关的经济评估。从一开始就必须强调，经济评估只是全面研究工作的一个组成部分，不能取代对项目效果的定性或定量分析，尤其是那些与经济无关的分析。有关经济评估的更广泛和更深入的介绍，读者可以查阅对经济评估全面概述的资源（Gold，Siegel，Russell & Weinstein，1996；Haddix，Teutsch & Corso，2003；Levin & McEwan，2000）。这些资料包括此处未介绍的经济评估的关键方法方面的更多详细信息，例如，根据时间（由于通货膨胀和所投资货币的折现）对货币估值所做的必要调整。为了指导我们的报告，我们提供了一个说明性示例，说明社会情感学习研究人员如何在学校环境中规划有效干预的经济评估。这个例子是假设的，用于说明在这样的经济分析中，人们将遇到的决策和将要完成的步骤。

（一）项目详情

　　一名研究人员对中学社会情感学习课程进行了试点研究，发现了令人鼓舞的效果。本课程以六年级和七年级的语言艺术和社会研究为背景，每周授课两次，将一些特定的技能训练（情感理解和沟通、同伴沟通和抵制技能、角色发展和人际问题解决）与文学（小说和非小说）和期刊写作结合起来，并将这些技能的理解和使用整合并扩展到其他课程领域。在先前的随机对照试验中，她发现了以下效果：语言艺术和社会研究的老师报告说，课堂干扰减少了，学生参与度更高了；学生们报告说，他们对这些课程的参与度和喜爱程度明显提高，对学校的依恋程度也更高；学生们还报告说，对吸烟的积极态度明显减少，且开始吸烟的比率较低。最终，学校

记录显示，办公室报告的欺凌事件减少了 15％，辍学事件减少了 5％。她现在想进行一项更大的研究，比较该项目在 12 所干预中学和 12 所对照中学中的效果，这将涉及大约 100 名教师和 2200 名学生。研究人员已经开发了该项目的逻辑模型，其中，在短期结果上，学习这些社会情感能力可导致师生在课堂上更加投入，与学校建立更紧密的联系，有更积极的同伴关系，他们理解或管理困难情绪的自我效能提高，以及能够以更有效的方式解决人际冲突；从长远来看，这些影响会使学生取得更好的学习成果，减少早期饮酒、吸烟的发生率以及出现更低的犯罪率。以下是研究者在评估中加入经济要素的建议步骤。表 7-1 提供了有关假设项目的适当度量的更多详细信息。

表 7-1 一种假设的中学社会情感学习项目经济评估的可能测量域和结果

项目成本			
直接成本	**员工时间**	**机会成本**	**评估成本**
①项目材料或课程； ②培训工资和材料； ③行政或项目主管成本； ④持续的咨询或团队会议	①用于培训； ②用于行政任务； ③用于咨询	①场地或设施价值； ②教师或员工时间； ③额外的家庭时间； ④学生时间	①用于评估项目效果的任何成本； ②应被确定，但不包括在项目成本之内

项目的经济效益(按受援方计算)：可能的短期近期效应				
对学生	**对教师**	**对学校**	**对家庭**	**对社会**
①提高学习成绩； ②降低留级率； ③降低特殊教育安置率； ④减少问题行为*； ⑤更高课堂参与度*； ⑥增加积极态度或动机*； ⑦减少欺凌受害者*； ⑧增强学校联结*； ⑨更少地办公室转介或开除； ⑩较低药物使用率或较晚开始使用	①工作满意度*； ②学生关系*； ③减轻压力*； ④更好地掌握或提高自我效能*； ⑤减少课堂中断所需时间*	①改善学校氛围*； ②提高声誉*	改善家庭关系*	①减少心理健康服务的使用； ②减少报警或法庭费用； ③减少犯罪行为

项目的经济效益(按受援方计算)：可能产生的长期远端效应		
对学生	**对家庭**	**对社会**
①更高的受教育程度； ②就业成功； ③生活质量*	①生活质量*； ②家庭关系*	①减少对公共(财政)援助的需求； ②增加纳税额； ③较低的保健或心理保健费用； ④减少对健康的影响

说明：*表示非货币化的结果。

(二)第一步：选择经济分析的类型

一个关键的决定是研究中将采用哪种类型的经济分析。这里我们主要考虑两种方法：收益-成本分析和成本-效益分析(CEA)。如果主要目标是确定项目参与所带来的美元收益，那么研究人员将进行收益-成本分析。该分析将实施项目所需的总成本与参与该项目所带来的当前和未来的货币收益进行比较。对于后者，金额可能包括一些直接衡量为参与者当前学习结果（例如，通过预测评估）的成本，以及其他从没有直接货币化的项目结果中预测得出的成本（例如，由于高中毕业率的提高而估计的终生收入增长）。这类预测涉及影子价格的使用。影子价格是在项目收益的评估中无法用美元来具体衡量的收益，这是在行为科学中进行收益-成本分析的关键。这一过程并不是评估儿童干预所独有的。例如，心脏病干预的经济效益并未完全基于与心脏病发作或中风相关的医疗成本。由于胆固醇水平（未评估）与未来的心脏病发作和发病率直接相关，人们可以在经济评估中考察运动、饮食或药物治疗对胆固醇的影响，并给出胆固醇水平变化的影子价格（Oster & Epstein，1986）。

通过比较成本和收益的估计金额，一个简单的计算就可以确定项目的经济成本，例如，净收益（项目货币收益总额减去项目成本）和收益成本比（BCR；收益与成本之比或每花费 1 美元的回报估算值）。尽管这两个值将类似地表征项目是否具有成本-效益，但它们的大小受到项目特性的影响。一个低成本的项目，如基于学校的普遍项目，可以产生大量的投资回报，即使整体货币化收益相对较低。例如，如果一个项目的成本为 50 美元，价值收益为 550 美元（每人），则净收益为 500 美元。也就是说，每花费 1 美元，就会产生 11 个收益与成本比的回报（550 美元除以 50 美元）。相反，如果一个非常昂贵的项目花费 20000 美元并产生 23000 美元（每人）的总收益，则净收益将比前面的例子大得多。但是，收益与成本比仅为 2.3，值比前面的例子要小得多。根据政策分析和关注人群的需求，这两个数字中的任何一个都可能是有用的。无论如何，如果该项目的净收益为正或收益与成本比超过 1，则该项目除了总体上有效之外，还可以被确定为具有成本-效益。

当然，项目参与中产生的美元收益是根据可以直接或间接地货币化的措施来估算的，例如，与犯罪、就业、健康或精神卫生保健服务、公共援助和早育相关的结果。金钱上的好处还包括，如果干预减少了参与者对公共支出的需求（例如，减少了犯罪的可能性，减少了重复学习所需的资源），那么项目就可以节省资金，或者一个项目可能会通过增加就业成功率等方式为参与者带来收入。在这种情况下，该项目可以为参与者增加收入，并为公众增加税收。当然，一个成功的项目可能会产生大量的初始成本，而这些成本本来不会发生，同时会在未来提供更大的经济利益。例如，一种教育干预导致更少的学生辍学，这需要为继续学习的学生增加资金；或有效地激励参与者为某种疾病寻求必要的心理健康服务的项目，这将需要治疗或药物费用。然而，从长远来看，健康或教育的改善所带来的收益将带来超过最初的额外支出的经济收益（例如，更好的就业前景，改善的健康状况）。

当然，严格基于货币化结果的分析无法体现项目的全部影响，特别是当关键的研究结果不容易被评估或参与者还很年轻时（社会情感学习干预常常如此）。另一种经济评估是成本-效益分析，其中要确定实现（非货币化）项目效果的成本。这种方法使研究人员以另一种方式研究项目的效率，并且可能有助于评估参与者的现状或社会所重视的成果，即使这些结果没有明确地以货币表示（Haddix et al.，2003）。例如，这样的研究可能关注通过有效的学校项目减少青少年早期抑郁的成本。我们采用第二种方法。对于中学项目，考虑到项目所影响的成果可以货币化，我们选择了收益-成本法，这是合适的。

（三）第二步：选择分析视角

确定最合适的分析视角是经济评估的第一步。简单地说，经济视角反映了谁的观点与研究最相关。选定的视角将为研究建立框架，并最终决定分析中要包括的内容。特别是，它可以确定如何表征项目的成本以及应该在框架中包含哪些当前或未来的经济效益。对于预防性干预项目，人们通常采用一种社会视角，将实施项目所需的总成本和资源与整个社会实现的项目经济效益进行比较。就项目成本或资源而言，这包括为了实施项目每个人（纳税人、参与者和其他出资者）必须提供的资金。同样，就收益而言，社会视角将考虑每个人（例如，参与者、出资者和非参与者）所经历的经济影响和利益。总体而言，社会视角是包罗万象的，反映了任何直接或间接受到该项目影响的人的成本和收益。对于本案例中的中学项目，鉴于项目对参与者和非参与者的各种相关结果的影响（例如，药物滥用，学业终止），社会视角是最适合的。此外，项目的实施取决于多方投入和资源，这些投入和资源应该得到认可，而且可能不涉及金额（包括材料成本、教师时间和学校内部分配的空间成本），这将在下一节讨论。通常重要的是，要考虑视角的选择对整体结果的影响。例如，一些研究采用参与者视角，其中只考虑了参与者的成本和收益。这种观点不适用于本案例。因此，我们建议读者参考前面引用的资料，以更多地了解经济分析中的其他视角。

关于视角的选择，评估者应该对经济影响的范围有一定的认识。具体来说，需要理解项目在不同时间、不同人群中所能取得的经济学意义上的预期效果。这些看法将会影响经济评估中所包括的措施（下文讨论）以及在多大程度上，经济模型将卷入对项目效果的预测。在经济评估中表示时间的过程可能因研究而异。例如，评估者可能只考虑项目时间范围内的经济影响，或考虑跨越研究参与者一生中的部分时间的经济影响。前者在分析上更简单，但可能会减少对经济的影响。分析的时间范围可以根据一般预期的持续的研究效果来决定。评估人员还应考虑超出参与者范围的项目效果。例如，如果影响强大到足以对其他家庭成员或其他与主题相关的人（如老师）产生积极影响，那么就有必要更广泛地评估经济影响（请参见下面第四步）。分析也应考虑到与参与者无关的人。例如，如果该项目减少了参与者中的犯罪活动，这将减少（避免）非参与者的犯罪受害者的成本（减少了医疗成本，减少了痛苦和折磨等）。有了有效的干预，就能很容易看出影响将如何延伸到接受该项目的个人之外。目前的挑战是确定这种影响力的覆盖范围和程度，尤其是考虑到大多数评估主要集中于参与者。

在我们的中学项目的例子中，开发模型来估计先前检测到的长期影响是有意义的（例如，对药物使用结果的长期影响）。重要的是，要估计这些影响如何随时间的推移转化为经济效益。项目中的年龄可能是主观的，最好是基于先前的研究。在这种情况下，我们假设评估者代表成年中期（如 45 岁）带来的经济影响，即在这个年龄段，一个强有力的项目的影响仍然可以被检测到，并且随着时间的推移，投资的贬值并不会完全降低经济利益。根据本项目之前的研究结果，我们不期望发现项目对其他参与者（例如，兄弟姐妹或教师）的影响，尽管表 7-1 中列出了针对非参与者的可能措施，因为这些措施在理论上是值得考虑的。

（四）第三步：评估实施项目所需的成本和资源

无论选择哪种经济分析（第一步），评估过程都应从项目开始，以全面评估干预项目所需的成本和资源。仅这一步骤提供的信息就为干预人员提供了关键数据，例如，资源如何随功能和时间而变化，以及如何提高项目实施的成本-效益。对于经济分析来说，细致而准确地估计费用的程序对于得出有效的结论至关重要。

因为我们的示例涉及社会视角，所以有必要考虑成功实施该项目所需的所有资源——直接费用以及无形的成本。通过标准预算和资源核算来跟踪成本只是这个过程的一部分。这个过程不仅应该包括基本的支出，例如，购买社会情感学习课程和雇用培训教师，还应包括建立和交付该项目所需的所有资源。分析应考虑干预所需的内容以及它如何影响操作系统。例如，如果老师或行政人员付出他们的课余时间来开展新的社会情感学习活动，则此项活动应该占项目成本的一部分。个人行为方式和时间分配方式的这种变化可能会导致其他一些活动的成本（例如，休闲时间、课堂规划时间）。这些资源的转移涉及经济学家所认为的机会成本的问题（与下一个最佳选择相比，将资源分配给一个项目而放弃的东西；Foster，Dodge & Jones，2003；Karoly，2010）。有各种各样的资源可以帮助评估人员开发成本清单并进行干预项目的全面成本分析（Drummond，Sculpher & Torrance，2005；Haddix et al.，2003；Yates，1996）。准确地确定成本以及了解这些成本在不同实施中通常如何变化，将为经济影响的全面合理估算奠定基础。如果不能获得该项目的全部成本，不仅会导致未来项目实施的资金不足，还会导致对经济影响的估算不准确。

考虑到这一点，研究者应开发一份清单，列出成功实施该项目所需的所有资源。清单中需要包括项目实施所需的每项投入，投入内容大致可以分为人员类资源和非人员类资源。然后，评估者需要估计每一项投入的成本。其中一些成本可以很容易货币化（例如，课程），而另一些成本则比较难货币化（例如，教师志愿时间）。对于那些无形的资源投入，研究者可能需要考虑估算成本的策略（例如，使用教师工作时间的市场价值来估算志愿时间）。随着时间的推移，成本的归一化将帮助评估者和未来的研究人员理解干预的系统性需求。例如，跟踪定期费用（如培训费用）或根据所服务的儿童人数而变化的成本将是有用的，还应该区分继续开发项目所需的成本。研究或评估所需要的成本也应该被确定，但应排除在项目总成本之外（识别出这些成本可以确保将其排除在外）。表 7-1 还列出了适合本案例研究的潜在的项目成本类别。

（五）第四步：确定经济评估的必要结果措施

有了有效测量项目成本的程序，研究人员接下来必须确定最佳策略，以调查项目效果将如何转化为经济收益。根据所选择的分析视角，这应包括短期和长期的经济效益评估。这主要涉及确定哪些结果受干预影响，进而导致货币化的经济影响（这些成果可以用货币来衡量，也可以有效地转化为货币）。根据这个中学项目的逻辑模型，以下领域将是最相关的：学生的受教育程度，教育或系统需求（特殊教育服务、留级、学校纪律需求），早期药物使用或滥用，危险的性行为，健康和心理健康服务的使用。研究人员应该确保涵盖这些领域的措施，包括那些在试点研究中检测到的项目效果的措施（之前详细介绍过）。例如，测量参与者吸烟的数量以及他们开始吸烟的年龄是很重要的。检查学校记录也很重要，包括转介、停学和使用特殊教育服务的次数。从这些结果中我们可以估算出这个项目可以节省或避免的学校资源的数量。评估者应通过测试和测试结果来衡量教育成就，以估计更容易与经济收益相关的结果，即高中毕业率和大学入学率。其他措施可能主要是为了经济评估而增加的，例如，使用精神卫生服务和在校外与警察接触。

措施的选择还受到预期项目效果范围的影响（如前所述）。如果可能，评估计划将包括后续的数据收集，以便观察项目对中学以外的长期项目的影响（见表 7-1）。由于该项目对学生行为产生了影响，评估者可能希望跟踪受试者足够长的时间，以评估他对学校纪律服务和整个高中教育成就的影响。将测量的时间范围扩大到青年期将能收集重要数据，如长期滥用药物、卫生服务使用和刑事司法系统的参与。

如前所述，衡量结果的估值可能依赖于影子价格。例如，药物滥用可以通过生产力损失、必要的医疗费用或犯罪的可能性以及相关的法院费用来货币化。其他领域也应被视为未来或间接影响的结果：就业、刑事司法或逮捕、公共援助、早育和儿童忽视。这些间接的项目收益，虽然在中学项目评估中还没有观察到，但可以基于项目期间或在后续评估中测得结果的变化来预估。如前所述，可以将观察到的或预期的结果的改善转化为参与者产生的美元（例如，更高的教育成就转化为参与者未来的收入，以及为社会带来后续的税收）或节省的美元（例如，犯罪行为减少会降低被逮捕的可能性，因此降低了处理犯罪的成本）。只要总经济收益超过项目成本，有效的项目在这些类别中的任何一种都具有可衡量的影响，就可以实现净收益。表 7-1 列出了本例中可能评估的短期和长期措施，这些措施包括理论上值得考虑的措施，尽管鉴于预期的项目效果，有些措施可能被认为是不必要的。请注意，某些结果（用 * 标记）可能与某些价值相关，但不能为了成本-效益分析而轻易地货币化。这样的结果可能对成本-效益分析更有用（如下所述）。

项目覆盖范围（前面已经讨论过）对于决定应该衡量什么也很重要，特别是在选择了社会视角的情况下。如前所述，根据先前的发现，本例中的评估者不会考虑项目对其他家庭成员的影响。但是，如果干预所产生的影响可以有效地扩展到同龄人和家庭中，测量兄弟姐妹的结果将是可取的。例如，哥哥姐姐酗酒的减少，可能会影响弟弟妹妹酗酒的减少。在学校中有效的社会情感学习项目不仅可以提高儿童的学习成果，还可以减少教师的压力，这反过来又会影响教师的健康、医疗保健的利用或教师的离职（Jennings & Greenberg，2009）。总而言之，为了确定必要的措施，在经济分析中不仅要考虑项目参与者的变化，还要考虑与之互动的人的变化。评估者应该考虑所有可能的度量领域（见表7-1），然后根据项目的逻辑模型和先前的证据确定应该包括哪些度量方法。

（六）第五步：呈现分析不确定性

与项目成本和结果的一系列因素相关的估计的不确定性可以通过敏感性分析（对模型各个方面的敏感性估计）来表示。这是经济评估的一个关键部分，它允许人们在最终评估中表示不确定性，这些不确定性承认了在实现估计时所涉及的许多分析假设。敏感性分析在预测研究参数变化的情况下产生了一系列可行的估计（例如，项目实施特征、用于收益评估的单位成本）。这种投入的变化可以代表该项目可能发生的区域或环境之间的预期差异（Johns，Baltussen & Hutubessy，2003）。一般来说，这些分析的复杂性会根据分析中所做的假设而有所不同（Levin & McEwan，2000）。如果对项目成本或未来收益的假设很少，那么这种情况就相对简单了。在社会情感学习项目干预早期，可能会看到贯穿整个生命周期的好处，更复杂的敏感性分析考虑了许多假设，这更为合适。这些方法可以采用概率方法（如 bootstrapping & Monte Carlo 技术）来处理由于环境和时间的大量不同假设所带来的不确定性（Claxton et al.，2005）。总的来说，经过深思熟虑的敏感性分析，可以得出更翔实的评估结果，并能让决策者了解项目将会获得积极的投资回报，而不是依赖于单一的评估。对敏感性分析有进一步说明，我们建议研究人员参考前面引用的参考资料。

在我们的示例中，评估人员可以评估在收益-成本分析中哪些参数最可能根据项目本身的不确定性或预期变化而变化。例如，可以将项目中某些关键要素（从低到高）的成本纳入其中，比如，干预材料的预期费用。评估结果时，可以考虑一系列货币化的单位效应，例如，长期使用香烟的成本（基于疾病研究而得出的不同成本）。鉴于全面的收益-成本分析涉及各种项目资源和成果，可以将许多成本都整合到分析中。通过评估该模型的哪些关键输入会在收益-成本方程的两侧发生变化，研究人员可以有效地描述与中学项目底线的预期偏差。

（七）考虑非货币化结果的价值

在前面的例子中，我们选择了收益-成本分析方法进行经济评估。然而，这种方法对于许多社会情感学习项目来说是有局限性的。在这些项目中，项目的全部影响不能轻易地从可货币化的结果中得到体现。另一种经济评估方法是成本-效益分析，这种方法可以确定项目取得的非货币化效果的成本（Haddix et al.，2003；Levin & McEwan，2000），使研究人员以另一种方式研究项目的效益，并且可能有助于达到评估参与者或社会所重视的结果，即使这些结果没有明确地以美元表示。为此，成本-效益分析通常需要计算增量成本-效益比（incremental cost-effectiveness ratio，ICER），即项目成本与利益结果的影响之比（可以用干预组和对照组对关键研究结果的影响大小或差异来表示）。例如，中学项目的研究人员可以通过项目成本除以项目对欺凌的影响度（其他避免比率指标的方法包括基于回归的方法；Hoch & Smith，2006），计算出防止一例欺凌事件发生的增量成本-效益比为 1000 美元。在比较不同的干预以确定哪种方案对于达到同样的效果最经济有效时，增量成本-效益比尤其有用。例如，一个项目的增量成本-效益比可能是每次欺凌事件 600 美元，而另一个项目的增量成本-效益比则是 1000 美元。对该指标的比较可能有助于决策者和管理人员在固定成本的情况下决定如何获得最优的结果。如果项目中有多个要素用于达成某种效果，也可以在项目内部进行比较（Foster，Olchowski & Webster-Stratton，2007）。也就是说，成本-效益分析可以在干预要素间比较，以确定资源的最佳使用方式（例如，比较基于互联网的教学、互联网与面对面相结合的方式，以及移动应用程序对教师和学生的增值影响）。

另一种成本-效益方法可能涉及与干预相关的更全面的整体改善的评估（Hoch & Smith，2006；Levin & McEwan，2000）。这可以通过诸如质量调整寿命（Quality-Adjusted Life Years，QALY）这样的标准来表示。这一标准是通过单独的衡量标准来确定的，这个标准衡量的是最近的情绪状态，例如，压力和幸福（或者是生活质量的综合指数）。考虑到人格、认知和行为各个方面的相关性，关注生活质量可能适合于评估社会情感能力方面的改善。关于成本-效益分析方法以及此类方法的优缺点的更多详细信息，请读者参考之前引用的经济评估资源。为了便于我们假设的项目的实施，表 7-1 中表示的某些测量方法可能更适合于针对中学项目的成本-效益分析。

三、当前社会情感学习项目经济分析面临的问题和挑战

前面的示例着重说明了如何为特定的社会情感学习项目做经济评估。通过考虑所有相关的成本和收益，可以对社会情感学习干预进行严格而全面的经济评估。如上所述，我们建议读者查阅所引用的资源，以获得有关进行经济评估的更多详细信息，尤其是有关分析的更复杂方面。在本章的最后，我们考虑了更多关于研究质量的全球性问题，以及未来的研究如何进一步推动社会情感学习的经济案例。

改善当前和未来的经济评估

为了对社会情感学习项目的经济价值做出最好的解释，未来的研究必须具有高质量和跨研

究的可比性。如果忽略前面讨论的关键步骤或者在评估过程中以不同的方式处理这些步骤，那么就越不可能得到综合考虑的结果。在对早期儿童干预的经济评估中，在选择的货币化结果、可获得的随访数据的年龄、涉及的预测程度，以及参与人时间是否因机会成本（及其他相关因素）而受到重视等方面有很大的差异。例如，对儿童早期干预的各种收益-成本研究的集体评估，在是否包括无形犯罪收益（例如，对犯罪受害者的收益；Karoly，2010）的估值方面存在差异。诸如此类的关键差异阻碍了比较结果以寻求共识的能力。不同的研究在方法论和程序上的不一致使得对结果的解释和概括对于决策制定来说更为复杂。事实上，收益-成本分析中心（华盛顿大学埃文斯公共事务学院）认为，改进和标准化收益-成本分析方法是普遍的经济评估领域的主要挑战（Beatty，2009）。

由于研究人员的背景和训练不同，在各种研究中采用一致的方法论可能是一个挑战。与经济学家或至少具有经济评估经验的研究人员合作，将有助于提高各研究之间的一致性。有了这样的专业知识，将能够更好地规划与经济相关结果的测量，以及更一致地使用评估项目资源的程序。在研究的开始阶段获得专家指导，将有助于确保将来的结果不受目标结果、评估项目成本或资源的不充分衡量的限制。

后勤限制也会影响包括适当程序和测量计划在内的能力。如前所述，为进行经济评估而进行的测量应尽可能地完整和广泛。在理想情况下，它应该包括对受试者的长期追踪和对青春期或青年时期（青春期）多种结果的评估（当更多与经济相关的结果可以衡量时）。虽然对研究对象的跟踪是有用的，但仍有许多未知因素，如是否获得扩展的研究经费，是否仍有关键的评估人员，以及是否会随着时间的推移而追踪到足够多的参与者以获得有代表性的结果。无论如何，研究从一开始就可以制定必要的措施和程序，以便在项目资源继续存在的情况下继续进行跟踪。例如，研究设计可能包括将随机子样本纳入成年期的定期评估计划中。通过这种方式，现代的分析技术（例如，计划对缺失数据的设计）对于近似于完整原始样本的结果可能很有用（Graham，Taylor，Olchowski & Cumsille，2006）。

专业组织和社会情感学习的主要研究人员的会议可以支持提高研究的一致性和改善纳入适当研究的策略。例如，可以制定指南，以指导项目评估人员启动分析计划和经济评估的度量。这可能涉及编制经济评价的建议措施清单。此外，某些项目可能会为经济评估提供更好的关注点，只有在证明最有效的研究上，才能为经济评估做出有组织的努力。杜拉克及同事（2011）的元分析研究阐明了社会情感学习项目在大规模改善结果方面的集体有效性。在这篇综述中，作者证明了SAFE（有序的、主动的、有重点的和明确的）项目——那些遵循四种建议干预的高质量项目——对社会情感学习结果产生积极影响的可能性有多大。这种类型的指南可以指导项目在何处直接评估经济影响。

尽管提高研究的一致性和质量至关重要，但了解潜在收益也将依赖于阐明社会情感学习结果与未来成人、经济成功之间联系的研究。当前，鉴于不完全了解在年轻时观察到的重要社会情感能力与可货币化的未来成人的成果（如就业和教育成就）相关联的性质和程度，针对儿童的项目的经济评估可能会比较保守。在我们假设的例子中，我们选择了一个中学的普遍社会情感学习项目，因为它更易于进行经济评估。由于低幼年龄段的儿童缺乏与经济相关的成果，并且在早期发育和成人成果之间缺乏公认的实证联系，所以很难对较低龄儿童项目进行经济评估。如前所述，许多货币收益取决于观察到的项目效果的影子价格和对未来成本的预测（例如，早期的学业成功可以预测获得大学学位的可能性，从而可以预测未来的收入）。因为许多这样的联系尚未建立，所以预测模型可能会低估收益。为小学学习成果提供准确的影子价格，将大大改善社会情感学习项目的成本-效益分析。

总体而言，未来关于早期学习和干预的经济效益的研究应包括儿童发展过程中更复杂的改善行为的表现。正如我们在开场白中指出的，最近的研究集中在尽早采取有效干预措施以实现长期经济改善的结果。康迪（Conti）和赫克曼（2012）从"儿童福祉"的角度讨论了这一问题。他们主张，一套涵盖认知、人格和生物学的核心能力应该成为对未来成人经济状况和健康产生影响的重点领域。由于存在社会、经济上的不利因素，早期干预改变发展轨迹，可能对随后的问题发生之前增加幸福感至关重要。从经济的角度来看，早期干预的概念是违反直觉的，一般的规则是，项目执行（资源投资）与实现经济影响之间的差距应尽可能地小。然而，如果研究对象处于发育的敏感年龄段，这可以大大提高项目的有效性。在较早的年龄，儿童自我调节能力和社会情感能力的重要变化可能会弥补因早期干预投资与多年后实现经济效益之间的时间间隔而产生的货币折现（Conti & Heckman，2012）。在适当的早期阶段积极影响儿童的能力，可能会改善影响未来结果的连锁反应。当轨迹在早期朝着更积极的途径改变时，结果可能是积累的积极成果，并减少了后续的、多重的、消极的发展成果（Bornstein，Hahn & Haynes，2010；Dodge，Greenberg & Malone，2008）。

尽管当前的研究集中在非认知因素的重要性上，但是社会情感学习结果和成本结果之间的联系仍然不清楚。经济研究仍然在很大程度上依赖于货币化的结果。随着研究阐明了早期的社会情感能力与成人结果之间的联系，我们将更好地将社会情感能力的改善对项目的影响与更多类型的结果的长期经济收益联系起来。此外，研究如果可以重视年轻时观察到的结果，那么就不太需要依赖长期随访数据。对这些关联的理解也将为研究人员提供最有用的对项目评估结果进行度量的信息，即使受试者还很年轻。这一领域正在取得一些进展，多项研究的收益-成本评估将项目对儿童攻击性和抑郁等结果的影响纳入其中（Aos et al.，2011），就证明了这一点。尽管如此，将早期的学术、行为和社会情感改善方面的变化与后来的货币化结果联系起来，仍然需要做大量工作。

四、结论

对于一般健康而言，预防的价值是毋庸置疑的。社会情感学习研究人员的一个目标是在同样的情况下制订有效的预防计划，这对于公共预算以及个人和社会福祉来说都是必要的。我们从社会情感学习的经济价值中看到了实质性的好处。每年需要花费数千亿美元的公共资金来解决与犯罪、药物滥用和一般身心健康不良相关的社会问题（例如，Insel，2008；McCollister，French & Fang，2010；Rehm et al.，2009）。一旦这些问题变得根深蒂固，解决这些问题所需要的巨额资金将远远超过用于预防性工作的资金投入，而预防性工作的短期和长期效益可以改善生活并避免产生巨额的公共成本和个人成本。提高基于证据的社会情感学习项目的经济评估的质量和效率，是说服决策者和公众更广泛地支持儿童的社会和情感能力的发展，以改善我们的公共卫生环境的必要步骤。

五、参考文献

请扫描二维码获取原书参考文献。

第 8 章

社会情感学习项目的财政与经费

奥尔加·阿科斯塔·普莱斯

一个非营利组织清楚地知道，如何使用资金完成使命与它的项目会造成何种影响同样重要。几乎每个非营利组织都有两项工作，每个工作都有自己的外部利益相关者。第一项工作是识别受益人，通过项目为他们做出改变，但是受益人很少支付账单，或者至少不是支付全部。第二项工作需培养一批坚定的资助者，建立和扩大可持续的财政支持，这与项目规划之类的事情一样复杂和重要。

——金(Kim)，珀雷奥(Perreault)和弗斯特(Foster，2011)

越来越多的证据提醒人们注意，在儿童的整个学习过程中，培养社会情感学习能力对提高生活质量和学术成就有重要作用。系统的实证综述证明了普遍预防项目(Universal Prevention Programs)对各种健康和教育成果的积极影响(Durlak，Weissberg，Dymnicki，Taylor & Schellinger，2011；Sklad，Diekstra，De Ritter，Ben & Gravesteijn，2012；Weare & Nind，2011)。社会情感学习项目和实践的支持者指出，社会情感学习干预的证据基础认为，提高实施的忠诚度，增加对支持社会情感学习项目环境因素的理解，将有助于社会情感学习项目的长期可持续性发展。然而，这些因素还不够。为这些项目提供资金的明确计划，对于规划和执行来说，往往不是缺失就是不足。许多人都同意，社会情感学习项目需要明确的资金来源和融资战略，以确保项目进展。

关于资金来源和融资战略的讨论必须考虑国家经济的状况。由于当前的财政危机，教育项目和机构受到的打击尤其严重(教育资助委员会，2013；Oliff，Mai & Leachman，2012)。联邦开支的削减以及州和地方预算的削减都表明，在未来几年内不太可能有新的公共资金来实施或扩大社会情感学习项目。因此，即使对专业指导和服务的需求增加，在保持积极成果的同时，最大化现有项目的效益仍是主要任务。为了确保项目延续成为可能，可持续发展战略计划必须考虑最为全面的因素，如有影响力的领导人的深度承诺、成长的机会、政治环境的影响、支持性政策的存在，以及加大儿童项目实施的宣传力度。儿童健康和教育系统的改善不一定取决于资金的可用性，但不可避免的是，资金在哪里和如何使用将成为衡量成功和社区承诺的重要标准。我在这一章的目的是确定可用于支持社会情感学习活动的资金来源，并概述可能对未来有帮助的融资策略。本文描述了用于推进社会情感学习议程的各种公共和私人资金来源的例子。

一、远大的图景：什么影响可持续性发展

任何项目的资金供应都受许多因素的影响，但在考虑教育环境中维持卫生项目的最佳方式时，却出现了独特的挑战。首先，学校和卫生系统在不同的政策环境和不同的政治压力中运作，因此有不同的目标、指标和体制结构。最简单地说，根据美国宪法权力的分配，各州及其社区对小学和中学教育负有首要责任。接下来，K-12 教育基金反映了州和地方政府的主导作用。根据美国教育部的数据，超过 90％ 的 K-12 教育资金来自非联邦渠道（Johnson，Zhou & Nakamoto，2011），其中大部分来自州和地方政府。相比之下，医疗支出主要由私人支付（60％）；而在公共资助者中，联邦政府是主要贡献者。因此，教育工作者倾向于向州和社区寻求财政支持，而卫生专业人员可能主要关注联邦政府。

其次，社会情感学习理论化的方式和描述活动的语言对资助的内容有影响。因此，获得资金的机会与社会情感学习的内涵相关。这取决于我们是否将这些项目和方法归类为社会技能培训、积极的青年发展、欺凌预防、公民和品格教育、冲突解决或学校氛围行动等，这些都会影响现有的资助选择。

最后，预防项目的成功实施，如社会情感学习，需要仔细考虑相关成本，如员工的时间，课程的购买，材料、用品和咨询费等典型的但不是仅有的开支（参见本手册第 7 章）。倡导者建议，学校中的社会情感学习需要采取协调的实施方法，包括协调某些关键组成部分，如学习标准、基于证据的项目、对教师专业发展的支持以及跟踪学生进步的评估过程（Kendziora，Weissberg，Ji & Dusenbury，2011）。这些部分的成本还没有被很好地理解，但是它们最终将决定社会情感学习项目的生命。

二、资助社会情感学习项目：地方、州和联邦的公共与私营机构

对 K-12 学校社会情感学习项目的财政支持可能有多种来源。由于这些项目通常以班级为基础，在目标人群中具有普遍性，一些学区已经在预算中确定了一些经费来支持这项工作。社会情感学习项目也可以被视为促进心理健康的举措，允许公共卫生支出或心理健康项目支出成为其支持的来源。最后，由于私人基金会历来支持儿童发展方面的试点项目和多基地示范项

目，这些资源可能为社会情感学习项目提供有时限的资助。早期的社会情感学习采纳者已经在地方、州和国家各级找到了来自公共机构和私人机构的资金支持。

(一)地方支持的社会情感学习项目和实践

地方政府的资金通常来自资金收入中的一个项目(通常是不受限制的资金，政策制定者可以将其指定用于特定项目和服务)，以其收入作为机构预算的款项或专用收入(例如，酒税、烟草税、房地产税、彩票或博彩收入)。学校相关的项目或服务依赖于所有这些类型的地方支持，尤其是为了长期的成功，特别是从幼儿园到高中的教育，严重依赖地方财政收入。平均而言，当地社区对教育预算的贡献约为 44%(Johnson et al.，2011)，这些资金主要来自地方财产税。地方民选官员和政府机构工作人员决定如何分配这些公共收入。

在教育领域，决策权比其他系统更加地方化。学区的学校董事会和学区主管经常对学区预算做出决定，并支持能提高学生学业成果的教育策略。在学校董事会充分了解健康和学术成就之间联系的情况下，成员有权制定社会情感学习友好的政策，并按照这些政策的方向分配资源。为此，关键利益相关者之间的合作关系(提供者、儿童服务机构、教育工作者和倡导者)是影响决策者使用有限社区资源获得最大效益的有效基础。

1. 用于支持社会情感学习实施的县级拨款项目

1981 年批准的预防性卫生和卫生服务(The Preventive Health and Health Services，PHHS)拨款(疾病控制和预防中心，2013b)使国家公共卫生当局能够灵活地通过预防规划和健康促进规划来解决最紧迫的公共卫生需求。分配给地方公共卫生部门的资金中，有一部分用于支持基于社区的行动。虽然慢性病预防通常是整笔资助支出的重点，但与社会情感学习有关的活动也得到了这一支持。例如，2009 年，肯塔基州巴伦县卫生部门通过与当地学校合作，实施了两项基于证据的预防药物滥用课程，课程中包含明显的社会情感学习成分(Project Northland and Class Action；CDC，n. d)。

2. 支持教育规划的地方税收

在俄亥俄州的林德赫斯特(Lyndhurst)，超过 85% 的学区预算依赖于地方税收，选民们通过了一项对住宅物业征税的延长法案，该法案将在未来三年里每年产生约 450 万美元的收入，用于支持未来三年的教育项目(支持社会情感学习学校等)。以社区为基础，对社会情感学习干预的好处的大力宣传，导致了征税的成功通过。

3. 地方税收支持社会情感学习的案例

在华盛顿州的西雅图，1990 年通过了该市的第一个家庭和教育税(Families and Education Levy)，市政府官员将这一地方收入投资于学生的学业成果和健康状况(西雅图社区部，教育办公室，n. d.)。这项征款于 2011 年延续，估计为 2.3 亿美元(比 2004 年的拨款水平增加逾 1 亿美元)，将在连续 7 年中使用，目的是通过提供"社会、情感和行为"支持等方法以改善学业成果(Families and Education Levy Advisory Committee，2011)。来自西雅图市教育办公室的报告表明，该市官员通过这项长期金融投资，一直非常重视解决学生的学业需求以及社会和情感方面的挑战问题(City of Seattle Office of Education，2013)。

4. 公共机构或非营利卫生伙伴支持社会情感学习

波士顿公共卫生委员会(Boston Public Health Commission)正在与波士顿公立学校和合作伙伴医疗保健(Boston Public Schools and Partners Health Care)协调一个为期两年的项目，后者是一家非营利性医院系统，为该合作项目投资了 100 万美元。这个项目的目的是帮助学生管理他们的情绪，培养健康的人际关系。这些合作伙伴正在波士顿 23 所公立学校实施开放圈(Open Circle)项目，这是一个基于证据的社会情感学习项目。该项目将为实施该项目的 750 名教师、教学助理和管理人员提供专业发展培训(Wellesley Centers for Women，2012)。

(二)州支持的社会情感学习项目和实践

公立中小学的大部分资金(约 47%)来自州政府的资助(Johnson et al.，2011)。虽然美国 50 个州的财政收入来源各不相同，但州教育资金是由所得税、公司税、销售税和各种费用共同产生的。在不征收所得税的州，通常更依赖地方税收。然而，不管收入来源如何，每个州都有自己资助 K-12 教育的方案。通常，州教育委员会被授权为州制定教育优先事项，并制定管理州资源使用的政策。此外，州教育委员会负责制定州教育预算，对州教育机构进行监督，并为国家资助项目的管理制定规章制度。一些州选举其董事会成员，而另一些州则由选举和任命的成员结合而成。然而，在建立州教育委员会的情况下，成员由州长任命，并由州立法机关确认(National Association of State Boards of Education，2013)。了解这些信息有助于规划可持续发展，因为它有助于了解州教育委员会成员的责任。此外，委员会成员可以通过影响具有预算编制权力的个人来支持社会情感学习项目，从而帮助实现工作倡导的目标。

1. 加利福尼亚州

2004 年，加利福尼亚州选民通过了一项提案，对该州的高收入居民征收 1% 的所得税，以支持《精神健康服务法案》(California Department of Mental Health，2004)。这项立法允许加州精神健康部门支持州内的精神健康项目，并要求将大约 20% 的资金用于实施预防和早期干预项目。经批准的州预防导向项目"学生心理健康"(California Department of Mental Health，2007)向当地选定的教育机构提供资金，以促进学生的心理健康，并培训工作人员开展有效的预防和健康活动。

2. 伊利诺伊州

同样在 2004 年，伊利诺伊州教育委员会(the Illinois State Board of Education，ISBE，本质上是州教育机构)帮助伊利诺伊州成为第一个通过全面的 K-12 社会情感学习标准的州(见本手册第 35 章)。伊利诺伊州儿童精神卫生伙伴和伊利诺伊州儿童之声是一个全州范围的宣传组织，该组织从大会获得了 300 万美元的拨款，用于实施一些基于学校的战略。其中，100 万美元用于进行社会情感学习标准的专业发展。此外，这笔资金还促进了基础设施的发展，为伊利诺伊州的学校提供社会情感学习培训（Gordon，Ji，Mulhall，Shaw & Weissberg，2011）。

3. 纽约州

纽约州 2006 年《儿童心理健康法案》（*Children's Mental Health Act*）授权制订了一项全州计划，即《儿童计划：改善纽约儿童及其家庭的社会和情感福祉》（New York State Office of Mental Health，2008）。该计划建立了一些州支持的战略，目前正在实施。例如，由纽约州刑事司法服务司提供的预防犯罪资金所支持的城市教育承诺区项目正在三个城市进行试点。该倡议主动加强了当地学区和儿童服务机构之间的协作，以"改变学校文化和氛围，培养个人的社会和情感的能力、学习和成就"为目标（Council on Children and Families，2010）。此外，对更广泛的协调和沟通的呼吁，导致在线互动技术的创新，以分享该项目在全州的最新发展（Council on Children and Families，2013）。

（三）联邦支持的社会情感学习项目和实践

根据《患者保护和平价医疗法》（*Patient Protection and Affordable Care Act*，PPACA），国家预防战略旨在使国家、州和地方伙伴建立多层次、多方面的伙伴关系来协调联邦预防行动（National Prevention Council，2011）。该战略计划将心理和情感健康确定为七个关键的国家优先事项之一，并在整个文件中倡导积极的社会和情感技能。尽管在联邦一级采取协调预防战略的前景令人鼓舞，但这种方法在推动政策制定或资助方面的好处尚未得到证明。目前，尽管过去 10 年在沟通和规划方面取得了进展，但联邦用于预防项目的资金分配仍然不连贯且不充足。传统上，学校提供的预防项目在最初的开发和实施上依赖联邦政府的大力支持，研究表明，严重依赖政府资金的项目比那些联邦政府支持较少的项目的稳定性更差（Miller，2008）。因此，利用联邦资金启动或推进社会项目的融资计划对同时考虑这些资金来源的不稳定性具有更大的效用和价值（有关联邦预算程序和联邦整体拨款计划的其他信息，请参见附录 8.1 和附录 8.2）。

1. 联邦教育拨款

在过去的 50 年里，联邦政府在 K-12 公共教育中的作用一直是确保平等的受教育机会，并为那些需要额外支持的学生提供资源。1965 年，在《中小学教育法》（*The Elementary and Secondary Education Act*，ESEA）修订后，美国教育部的自由裁量计划，决定联邦政府对州教育机构（SEAs）和地方学区（也称为地方教育机构，Local Education Agencies，LEAs）进行拨款。总统及教育部部长可提议修改法规，以反映政府的政策重点和教育改进战略。就学校和学区而言，它们常常将《中小学教育法》资金视为解决阻碍学习问题的工具。地区和州的官员不得不考虑用越来越有创造性的方法来最大限度地利用《中小学教育法》资金（Cascarino，2000；Stark Rentner & Acosta Price，2014）。

在《中小学教育法》的规定中，联邦资金直接拨给了州和地方，甚至直接用于学校建筑。其中，"一类名目"（Title Ⅰ）是针对中小学的最大的自由裁量拨款项目，超过半数的公立学校都接受了这一项目。对于超过 40％的学生人数超过联邦贫困水平的学校，管理人员可以选择使用"一类名目"来实施项目，以提高全校学生的表现，如普遍预防计划（美国教育部，2011）。此外，《中小学教育法》的"二类名目"（Title Ⅱ）提供了与教师质量、教师留任和教师准备相关的活动资金，通常用于整个地区的专业发展活动。"二类名目"资金对改善学校氛围、通过教学策略增强社会情感能力的项目特别感兴趣。例如，奥斯汀独立学区的领导人已经开始在他们学区内的各个学校中实施社会情感学习项目，并使用了"二类名目"资金来支持这一工作（Raven，2013）。表 8-1 详细列出了 2013 年资助的一些支持社会情感学习的《中小学教育法》条款和具体项目。

表 8-1　社会情感学习潜在的《中小学教育法》资助来源

条款	名字	目的	拟定 2013 财年项目资助（$）
一类名目，A 类（Title Ⅰ，Part A）	改进地方教育机构的基础教育项目	向贫困学生比例较高的学区拨款，主要目的是为他们提供额外的服务和学术支援	学校变革拨款（5.336 亿）
一类名目，H 类（Title Ⅰ，Part H）	预防辍学	支持预防辍学活动和识别有危险的儿童，并提供服务使他们留在学校	街区承诺（1 亿）
二类名目（Title Ⅱ）	培训和招聘高质量的教师和校长	支持实施与教师质量、教师留任和教师准备相关的活动	有效的教与学，缔造全面的教育（9000 万）
四类名目，A 类（Title Ⅳ，Part A）	安全、无毒的学校和社区	防止校园内、校园周围暴力；防止吸毒；培养支持学业成就的安全学习环境	成功、安全、健康的学生（1.959 亿）
四类名目，B 类（Title Ⅳ，Part B）	21 世纪社区学习中心	提供学习机会和额外的服务，如毒品和暴力预防项目，咨询项目和品格发展项目	21 世纪社区学习中心（12 亿）
五类名目，A 类（Title Ⅴ，Part A）	创新项目	向学校提供配额拨款，以实施有前途的教育改革和学校改进计划，满足青年危险时期的教育需求并实施专业发展活动	力争上游（8.5 亿）
五类名目，D 类（Title Ⅴ，Part D）	改善教育基金	通过系统的教育改革、研究、发展或提高学生学业成果和家长及社区参与度，支持国家重要的项目，提高教育质量	改善教育基金（3630 万）

注：《中小学教育法》也被称为《不让一个儿童掉队法》，于 2001 年做最后一次修订。（美国教育部，2010、2012、2013）

这里有联邦教育基金资助推广社会情感学习的例子。2008 年，堪萨斯州教育部门从美国教育部获得了一项为期 4 年的"品格教育合作伙伴"（Partnerships in Character Education）项目资助。该项目以高中为重点，用于开发、实施并评估一个国家认可的品格教育课程。联邦政府的自由支配资金帮助建立了该州的社会、情感和品格发展（Social，Emotional，and Character Development，SECD）学习标准。作为自愿标准，它包括社会情感学习和品格发展的原则

（Kansas State Department of Education，n. d. ）。虽然联邦品格教育补助计划不再可用，但堪萨斯州教育部获得了一项安全支持学校（Safe and Supportive Schools，S3）补助，使他们能够继续在教学实践和教师专业发展方面推广社会、情感和品格发展标准。另一个安全支持学校项目补助的接收方是田纳西州的教育部，它已经使用这些联邦基金来营造积极的学校氛围和改善学习条件。该部门成立了一个学校氛围中心，协调对田纳西学校的培训和技术援助（Tennessee Department of Education，n. d. ）。

2. 联邦精神卫生基金

药物滥用和精神卫生服务管理中心（The Substance Abuse and Mental Health Services Administration，SAMHSA）是美国卫生与公众服务部（U. S. Department of Health and Human Services，USDHHS）的一个部门。长期以来，它一直支持以社区和学校为基础的公共精神卫生促进举措。药物滥用和精神卫生服务管理中心的青年相关项目强调了系统协调和综合政策的必要性，但通常针对的是那些行为健康状况较严重的人。在过去的几年中，药物滥用和精神卫生服务管理中心的心理健康服务中心为预防措施提供的可自由支配的资金主要用于预防自杀活动和减少污名化活动。然而，最近的一些组织转变可能有助于支持更多的精神健康促进活动，如提升社会情感能力的活动。这些措施包括，扩大药物滥用和精神卫生服务管理中心的整体资助和制定一项名为"LAUNCH"（将未满足儿童健康需求的行动联系起来，Linking Actions for Unmet Needs in Children's Health）的国家精神卫生预防资助政策。药物滥用和精神卫生服务管理中心的两项国家大宗资助，即药物滥用预防和治疗模块拨款（the Substance Abuse Prevention and Treatment Block Grant，SABG）和社区精神卫生模块拨款（the Community Mental Health Block Grant，MHBG）明确鼓励将这些资金用于"基础预防：对未被确定为需要治疗的人开展普遍的、有选择的和明确的预防活动和服务"（SAMHSA USDHHS，2013）。此外，项目的启动将促使州开展基于证据的预防干预项目，以"促进幼儿从出生到 8 岁的健康发展，包括身体、社交、情感、认知和行为方面的发展"，并且把可能导致药物滥用和精神疾病的危险因素降至最低（USDHHS，SAMHSA，2012）。

这里是联邦精神和公共卫生基金资助推广社会情感学习的例子。卫生部门提供的另一项预防资金的来源是 2010 年通过的《患者保护和平价医疗法》（*Patient Protection and Affordable Care Act*）。这一具有里程碑意义的法案的通过标志着联邦政府前所未有地致力于通过建立预防和公共卫生基金（也称为预防基金）来促进健康，以及预防慢性病（USDHHS，2013）。尽管预防基金预算在最初的三年里已大幅削减，但它仍然是向社区提供资金以投资有效预防工作的资源，包括旨在解决卫生服务差异和获得行为卫生服务机会的举措。

社区转型赠款（Community Transformation Grants，CTG）是由预防基金提供资金并由疾病预防控制中心管理，它被给予州公共卫生机构和地方卫生部门。虽然它看似专注于成人和早期干预以防止心理疾病，但最近一些获奖者已经明确，促进社会和情感健康是他们的首要目标，包括在伊利诺伊州、马萨诸塞州、西弗吉尼亚州的州卫生部门以及道格拉斯县（内布拉斯加州）、洛杉矶（加利福尼亚州）和费城（宾夕法尼亚州）的县卫生部门（CDC，2013）。与学校合作和关注儿童健康的价值在南卡罗来纳州的"美好生活格林维尔"（LiveWell Greenville）所获得的奖项中得到了明确体现。该地区的负责人说："我们都知道健康对学生的学习成果和员工的幸福的重要性。"（The Travelers Rest Tribune，2012）

3. 联邦政府为儿童早期教育计划提供资金来源

更多的外围资金来源可能用于支持 K-12 学校提供的社会情感学习项目，如"五类名目"资助（USDHHS/Health Resources and Services Administration，HRSA，n. d.），以加强幼儿（0—5 岁）的社会和情感能力，促进他们的学习意愿。这一直是儿童早期教育计划的一个基本方面。实施早期儿童项目的机构和组织都熟悉社会和情感技能的价值，因为它们被整合到早期护理提供者的工作结构中，包括从早期指导和社会技能建设到专业发展活动；然而，这些好处并没有很好地与更广泛的 K-12 教育体系相联系。一些研究人员最近描述了加强幼儿教育和 K-12 学校教育之间的联系的潜在益处和挑战（Halpern，2013）。尽管本章的重点是为学龄儿童的社会情感项目筹集资金，但重要的是要认识到，支持儿童早期保健和教育的公共和私人投资者也开发了一些能够利用有限资金推进计划和尽可能覆盖弱势儿童的方法（Flynn & Hayes，2003）。对维持与服务幼儿及其家庭的社会情感学习活动感兴趣的人，可以获得资助幼儿倡议的工具和详细信息（Lind et al. ，2009）。

4. 谨慎对待可自由支配的资金

许多学区以前都曾通过包括美国教育部在内的多家联邦机构所管理的自由支配赠款项目支持社会情感学习活动的实施。就其性质而言，自由支配赠款项目在新领导人当选后，其政策方向迅速改变。其中一个例子是教育部的成功、安全健康学校计划（Education's Successful，Safe，and Healthy Schools Program）。这是教育部 2013 财政年度提出的一个新的项目。它批准拨款创建安全和促进健康的环境，以巩固、扩大跨学校和地区的社会情感学习干预（例如，中小学咨询、学校心理健康整合、安全无毒学校和社区项目；美国教育部，2013）。这一举措允许各州和地方在支出上有更大的灵活性和控制力，让更多的教学项目得到资助，以取代非学术支持服务。社会情感学习的倡导者可能会感到越来越大的压力，他们需要说服各州和地方决策者，让他们相信投资于全民预防项目是在明智地使用有限的教育资金。

(四)基金会

基金会在发展创新教育和卫生行动方面发挥了重要作用。这些慈善机构提供了一个灵活的资源库，可以用于基础设施开发、运营费用、新举措试点或扩大有希望的项目。有些基金会维持现有的社区文化和慈善机构，如地方交响乐团或地方联合慈善基金会，而有些基金会正在组织致力于新目标的机构，如安德鲁·卡内基的图书馆，盖茨基金会重建的高中，或罗伯特·伍德·约翰逊基金会以学校为基础的健康中心。

从法律上讲，基金会是一个非营利性实体或慈善信托，其主要目的是向不相关的组织、机构或个人提供资助。基金会通常有两种类型：私人基金会和公共慈善机构，这两种基金会的目标都是国家、州、地区（包括州内或跨几个州的地区）或地方级别的基金。在过去的几十年里，美国的基金会捐赠一直在稳步增长，2011 年达到了 460 亿美元（Lawrence，2012），2010 年超过 40% 的资金用于项目活动（Foundation Center，Foundation Giving Trends，2012）。

1. 私人基金会

私人基金会通常是在主要捐赠者（如个人、家庭或公司）的支持下建立的，并经常提供资助以支持所期望的慈善活动。这些基金会在美国的资助机构中占多数，2010 年估计有 8.5 万个私人基金会参与了资助（National Center for Charitable Statistics，2010）。

2. 公共慈善机构

公共慈善机构是主要依靠公众的财政支持的非营利组织，但也可能接受个人、政府和私人基金会的资助。虽然一些公共慈善机构从事捐赠活动，但大多数都提供直接服务或慈善活动。社区基金会是向公共慈善机构提供资金的非营利实体，但实际上它们自己也被视为公共慈善机构。美国有 700 多个社区基金会。虽然数量庞大，但在 2010 年，它们仅占全部基金会捐赠的 9%（Foundation Cente，2012）。与非营利性慈善机构类似，社区基金会也向公众寻求支持，但与私人基金会一样，它们也提供资助，通常是为了满足所在社区或地区的需求。

（1）国家基金会支持社会情感学习的例子。一些独立基金会已投资开发与社会情感学习有关的项目，以期在全国产生影响。位于纽约市的诺沃基金会致力于建立社会情感学习的证据基础，并倡导将社会情感学习作为国家教育改革不可或缺的一部分。诺沃基金会试点的一项举措支持了八个学区，这些学区正在整合社会情感学习项目和实践（学术、社会和情感学习合作共同体，2013）。罗伯特·伍德·约翰逊基金会通过支持对有助于社会情感学习项目的长期可持续性发展的因素的研究来补充这一合作地区计划（Collaborating District Initiative，CDI）。为了接触到数以百万计的学生，诺沃基金会和罗伯特·伍德·约翰逊基金会还与其他私人资助者一起支持学前至五年级的学术课程的开发，该课程将社会情感学习概念和策略整合到核心学术材料中（W. Yallowitz，personal communication，2013）。

（2）区域基金会支持社会情感学习的例子。更多的基金会正在支持在个别州或区域内进行普遍预防规划举措。例如，霍格基金会为整个得克萨斯州与心理健康问题有关的服务、研究、政策制定和教育提供资金（Hogg Foundation for Mental Health，2012a）。2012 年，霍格基金会向位于休斯敦的 8 个组织提供多年赠款，以在学校和社区环境中提供预防、早期识别和治疗服务（Hogg Foundation for Mental Health，2012b）。在俄亥俄州，大辛辛那提健康基金会（Health Foundation of Greater Cincinnati，最近更名为"健康互动"，Interact For Health）服务于邻近地区的 20 个县以及肯塔基州和印第安纳州的社区。该基金会还支持在这些社区的小学实施为期 4 年的普遍预防项目（K. Keller，个人访谈，2012 年 3 月 7 日）。

（3）本地基金会支持社会情感学习的例子。更有可能支持地方项目的公共慈善机构也开始关注与社会情感学习相关的利益。联合劝募会（United Way of Greater Toledo）通过与托莱多公立学校和托莱多教师联合会的合作，支持实施面向学生的社会情感学习项目（大托莱多联合之路，2012）。该项目旨在建设关爱的学校环境，培养学生的社会情感能力，已在 6 所公立学校实施，并在一个名为"积极回应的教室"（responsive classroom）的循证社会情感学习项目中培训了 115 名托莱多公立学校教师。

三、混合资助或交织资助

为了确保项目和计划的可持续性，我们需要整合资源和服务，因此需要多个系统或组织来促进长期的成功。这些协调或协作战略有助于减少服务的重复，并减轻与管理多项赠款有关的行政负担。混合资金资助（blended funding）是其中的一种战略，指的是将不同来源的资金集中在一起，以使影响最大化。另一种方式是交织资金资助（braided funding），是指将可能具有不同但互补目的的资金汇集在一起，以支持特定的活动，但对每个资助人的报告和问责制保持独立。

（一）社会情感学习混合资助案例

"安全学校或健康学生"（the Safe Schools/Healthy Students，SS/HS）项目是最广泛的促进心理健康的联邦自主拨款项目之一。这一具有里程碑意义的项目实施 10 多年来，集中了美国卫生与公众服务部、教育部和司法部的联邦资金，支持了 350 多个社区伙伴（包括当地学校）开展全面预防暴力活动。这一国家行动与社会情感学习的关键组成部分之间的紧密联系，使得该项目成为将社会情感学习引入全国数百个社区的有效工具（National Center for Mental Health Promotion and Youth Violence Prevention and CASEL，2008）。尽管资金逐渐减少，这一举措的命运也尚不明朗，但结果表明，在整个护理过程中更好的协调系统，已经带来学生健康和学业成果的改善（SS，HS，2013）。

（二）社会情感学习交织资助案例

2011 年，华盛顿州立法机构批准为"华盛顿幼儿园发展技能清单"（Washington Kindergarten Inventory of Developing Skills，WaKIDS）项目提供资金。该项目是一项入学准备评估，旨在确定幼儿以及他们的学校和社区是否具备确保其在学校取得成功的必要技能。干预项目包括对儿童社会和情感发展的全面评估。它由"力争上游或早期学习挑战"（Race to the Top/Early Learning Challenge，RTT-ELC）赠款、华盛顿州立法机构拨款，以及包括比尔和梅琳达·盖茨基金会（Bill and Melinda Gates Foundation）在内的私人资助者共同支持（Dorn & Hyde，2011）。

四、从经验中获得的指导

本章中提到的社区在克服了一系列的考验和磨难之后，成功地利用了伙伴关系并实施了创新的筹资策略。以下是一些可以促进或阻碍成功筹资努力的重要经验，包括指导方针、建议、潜在的挑战和指导性问题。

(一)指导方针和建议

1. 关系很重要

不仅是你所知道的，还有你认识的人都会对筹资产生影响。谁是符合条件的资金来源的权力经纪人和决策者？社会情感学习的规划、管理人员必须认识这些人，并帮助他们将他们认为重要的事情与预防项目的已知好处联系起来。

2. 伙伴很重要

鉴于国家和各州的财政赤字，独立的项目无论多么有效，都不太可能存活。伙伴关系，特别是与带来互补专业知识的组织合作，对项目的可持续性至关重要。这些项目还需要与更广泛的社会行动有意义地联系起来，以最大限度地增强其持久力。

3. 统一战线很重要

用一种共同声音说话的群体很难被忽视或保持沉默，因而可能具有相当大的影响力。随着政策逐步向各州和地区增加对支出的更多控制，对所期望的预防项目和全面学校改革的宣传必须得到良好的协调、沟通和执行。

(二)潜在的问题和挑战

1. 形成一个灵活的框架

为了利用当前的资金机会，项目可能需要使用一个概念框架。该框架要足够具体，能够动员支持者，但又要足够广泛，以抓住当前的趋势。描述一个普遍的预防项目如何在一段时间内解决许多问题，可以使项目成功地驾驭众多的政治浪潮。然而，过于灵活可能会传达出缺乏重点或真实性的缺点。

2. 更多并非更好，此道理也适用于资助

一方面，如果一个项目是在一个制度环境内(如政府或者大学)建立的，那么它更有可能拥有必要的基础设施，以获得和管理多样化的资金组合；另一方面，非营利性或基于社区的组织通常只有有限的行政资源，因此必须找出最佳的筹资选择，以帮助推进他们的事业，同时又不牺牲获得预期结果所需的资源。

(三)若干关键问题

为了确保社会情感学习项目或任何其他项目的资金的稳定，需要评估特定资金来源与组织优势之间的匹配程度。资助者通常对符合如下条件的申请人有更大的信心：不仅能证明其专业知识和资助目标之间有一致性，而且有强大的内部系统(如财务管理、宣传、数据收集、评

估），并能展示出清晰的愿景和使命，以及在组织外部有可靠的合作伙伴关系。这些要素是组织制订可行的长期筹资战略，制订相应的商业计划，吸引合适的合作伙伴，确定最可靠的资金来源，并最终让项目产生影响的基本前提条件。附录 8.3 包含了几个需要牢记的问题，这些问题可以帮助组织寻求资金。

五、结论

> 领导者需要避免投机追逐资助的挑战。相反，你需要建立和维护一个多样化的基金组合，与你想要维持的具体战略、活动和能力一致。战略融资方法是一个框架，用于确定您的计划在一段时间内的资金需求，并设计和实施融资策略来满足这些需求。

> ——林德（Lind）等人（2009）

有效的干预，如社会情感学习项目，需要的不仅仅是强有力的科学证据，还有资金和政治支持。对于那些能够促进积极的社会和情感能力发展的项目来说，要充分发挥它们的潜力，对维持和扩大社会情感学习项目的现有资源有敏锐的理解，并知道如何在筹集资金和管理持续资金之间实现平衡。具有讽刺意味的是，对非营利部门的调查显示，拥有两个以上资助者的组织往往比那些只有一到两个主要资助者的组织盈利更少，也更不成功。这通常是由于非营利组织需要管理更多的资助者，这就需要更复杂的组织结构并最终抬高内部成本（Miller，2008）。本章概述了地方、州和国家各级通常可获得的资金来源，并对实现长期可持续性的可能资金来源提供了一些指导。重要的一点是，那些寻求社会情感学习项目资助的人必须具有创造性，认识到他们所在地区的特殊性，抓住摆在面前的机会，认清其组织的能力以及与资金来源相关的好处和局限。

六、参考文献

请扫描二维码获取原书参考文献。

注释

（1）经济衰退严重影响了全国范围内的学校融资，并导致了联邦政府对学校的一次性拨款。2009 年签署的《美国复苏与再投资法》（*American Recovery and Reinvestment Act*，ARRA）提供了 1000 多亿美元的教育援助，以抵消严重的预算削减。一系列教育改革措施已经启动，如"力争上游"和"希望社区"，但这些刺激性资金的目的是提供暂时的缓解机会和避免经济萧条，而不是长期解决方案。

（2）公立中小学财政收入报告为 2009 财年，而非 2010 财年。ARRA 给学校提供的短期资金导致了联邦政府对教育预算的夸大估计。

（3）美国教育部最近开始接受《不让一个儿童掉队法》规定的豁免权。大多数州都在寻求这项豁免权，这将允许州教育机构灵活使用联邦教育基金，同时保证问责制不会受到影响。许多州已经获得了一项豁免，允许它们使用"一类名目"（Part A 资助的 20％）来支持对高贫困学校的各种干预。例如，田纳西州和阿拉斯加州成功地申请了豁免，允许它们的州教育机构将该项资金的一部分用于改善学校环境，并解决高贫困学校学生的社会、情感和健康需求。

附录 8.1　联邦资金的基础

原则上，联邦开支需要经过授权文本（如立法）以明文允许拨款，并最终由参众两院批准预算。尽管授权期限一般为 5—10 年，但联邦预算必须每年由参众两院批准。联邦预算概述了联邦支出（例如，医疗补助或第一修正案等福利项目，以及国防和非国防拨款，如公路建设、环境保护和联邦司法）以及来自个人所得税、工资税、企业所得税和通过出售债券借款的联邦收入。总统通过在提交给国会的预算请求中列出联邦项目的优先次序来启动这一程序。然后，国会就一般开支（拨款）和收入金额进行辩论和谈判，直到预算得以通过，资金得到批准，然后由联邦机构分配。

联邦政府的行政部门负责联邦拨款，如自由支配拨款项目，这些项目约占联邦总支出的三分之一，并设立分类拨款或整体拨款以分配这些资金。分类拨款规定了如何使用这些资金，并通常根据人口规模或贫困人口数按公式分配给各州，或按项目分配，也称为"酌情拨款"。国会每年为每一个可自由支配的资助项目拨出一个总体固定水平的资金；符合条件的申请人（如州政府、地方教育机构、非营利组织、私人实体）都可以竞争这笔资金，并根据绩效获得奖励。

另一类是整体拨款，作为 1935 年《社会保障法》的一部分，最初在 1981 年通过的《综合预算调节法》中建立，它赋予受助人更大的自由裁量权，让受助人发现问题并设计方案来解决这些问题，从而使资金的使用具有最大的灵活性。联邦整体拨款由联邦机构指导，并授予适当的州机构，如州教育、公共卫生或精神卫生机构，这些机构使用州规定的拨款指导方针管理向地方政府提供的资金（联邦整体拨款清单见附录 8.2）。州政府经常向指定的联邦机构提交申请，其中必须满足若干要求，包括州规划和报告，利益相关者对资金使用的投入，有时还需要有州的经费（必须拨出一定比例的州或地方资金以支持申请的活动）。与许多可自由支配的拨款项目一样，整体拨款金额通常由法定公式决定，并与人口特征或人口统计资料（如贫困率或疾病率）相关联。

附录 8.2　与儿童社会和情感健康相关的联邦整体拨款项目

整体拨款 项目名称	美国联邦 机构进入	州或地方 接收者	目的	2012 财年总金额 （估计，美元）	2013 财年 申请额度
儿童保健和发展障碍拨款（CCDBG）	卫生和公众服务部、负责儿童和家庭的相关政府	州、领地、部落和部落组织	帮助低收入家庭获得高质量、可负担的托儿服务和课外活动	2 278 000 000	增长
社区发展整体补助款（CDBG）	住房和城市发展部	较大的城市和市县	提供资源以满足社区发展的需要	3 408 000	下降
社区服务整体补助款（CSBG）	卫生和公众服务部、负责儿童和家庭的相关政府	州公众服务机构或社区行动机构——地方	通过在社区提供有效服务，减轻贫困的诱因和条件	666 673 000	下降
孕产妇和儿童健康整体补助款（MCHBG）	卫生和公众服务部或 HRSA	州卫生部门和地方卫生部门	改善所有母亲和儿童的健康状况	639 000 000	增长
心理健康服务整体补助款（MCHBG）①	卫生和公众服务部或 SAMHSA	州和地方精神卫生当局	健全公共精神卫生服务体系	439 000 000	不变
预防性的健康和卫生服务整体补助款（PHHS）	疾病控制和预防中心（CDC）	州和地方公共卫生当局（以及部落和领土）	根据特定的公共卫生需要制订预防和健康促进计划	80 000 000	取消
社会服务整体补助款（SSBG）	卫生和公众服务部、负责儿童和家庭的相关政府	州公众服务机构（包括地区）	帮助社区维持经济自给自足和减少对社会服务依赖的项目	1 700 000 000	下降
药物滥用预防和治疗整体补助款（SABG）	卫生和公众服务部或 SAMHSA	州和地方药物滥用预防机构（包括领土）	使各州能够提供药物滥用治疗和预防服务	1 456 000	下降

附录 8.3　为获得经费需要考虑的一些问题

　　希望获得长期资助的组织需要问一些有针对性的问题，以帮助自己在日益复杂的资助领域中游刃有余。这些问题包括：资金需求和内部能力，由谁制定或影响资金决策，以及如何有效地获取特定资金来源，这将有助于讨论可持续预防项目的最适当战略。具体例子如下。

1. 关于资金需求的问题

（1）什么类型的资金最适合我们的组织和实现我们的使命或任务？

---

　　①　2 014—2 015 财年，药物滥用和精神卫生服务管理中心的整体拨款申请，允许各州提交精神健康和药物滥用服务的综合申请，包括一年两次和一年一次的计划（SAMHSA，2 013）。

(2)什么时候这种资金是最重要的?(例如,用于初始启动、短期采用或长期整合)

(3)考虑到我们的能力和目标,我们能够管理多少不同的资金来源?

(4)筹资时间表如何与我们组织的预期增长或发展相匹配?

(5)我们筹资的目的是什么,是为了研究或评估、项目实施、培训、协作,还是为了系统开发?

(6)通过这种支持将实现什么(是与个人教育相关的成果,与健康相关的成果,与系统相关的成果,还是综合成果)?

(7)我们是否有合适的技能或合作者来完成这些目标?

2. 关于决策者的问题

(1)在我所在的州,儿童健康和教育的优先事项是什么?

(2)谁是发起支持儿童议程的立法者?

(3)谁是帮助制定州或地方议程的有影响力的儿童倡导组织?

(4)这个地区或州支持儿童的主要资金来源是什么?这些资金来自哪里(例如,联邦、州、地方、私人基金)?

(5)谁是这个资金来源的把关人?

(6)获得这一资金来源在政治上可行吗?谁是潜在的竞争对手?

(7)是否有一个跨部门、跨系统的实体被授权审查和帮助解决这个州的儿童需求(儿童内阁或议会)?

(8)他们有任何资金授权吗?

(9)谁是州教育委员会的成员?他们对该州的教育有什么设想?

(10)州议会是对全体选民负责还是对州长负责?

(11)谁被选为当地学校董事会成员?他们的议程中有哪些突出的问题?

(12)如何与董事会成员分享为学校提供的健康促进项目的好处?

(13)支持 K-12 教育的地方收入来源是什么?

(14)哪些个人或委员会负责监督或决定地方资金的优先次序?

3. 关于获取资金来源的问题

(1)我的组织、联盟或项目是否有资格申请指定的基金?

(2)如不符合资格要求,可做哪些调整以符合资格要求?

(3)我所在的州或县申请或收到了哪些整体拨款项目?

(4)申请项目的目标是什么?

(5)哪个州的机构负责报告这笔整体拨款?州政府的联络人是谁?

(6)是否需要一个咨询小组或规划委员会来决定如何使用整体拨款?

(7)谁是这个咨询小组的成员?怎样才能加入这个咨询小组?

(8)向咨询小组提供公众意见、建议、信息或意见的机制是什么?

（9）最后的决策是如何制定的？特定的人、组织或信息类型（例如，数据与个人证言）在这一过程中影响更大还是更小？

（10）有哪些成功地混合使用或交织使用公共和私人资金的例子？

（11）这一确定的资金有多大的灵活性？

（12）该经费是否有明确的报告和会计要求？

（13）在我所在的县、地区或州，有哪些基金会积极地提供资助？

（14）机构的任何工作人员、董事会成员或合作伙伴是否与该基金会的任何项目官员或高级职员有关系？

（15）我们建议的项目如何符合基金会的使命？

（16）这项提议的活动与基金会的哪些投资组合或战略领域相一致？

（17）该基金会过去还资助过哪些类似的组织或项目？

（18）需要多长时间？要花多少钱呢？

第二部分　**基于证据的项目**

| 模块内容 |

第9章

面向学龄前儿童的社会情感学习项目

卡伦·L. 比尔曼、莫杰德·穆塔迈迪

在过去的半个世纪里，童年文化已经发生了巨大的变化，（儿童）早期的教育经历在儿童的生活中起着越来越重要的作用。曾经学前教育是非全日制的，主要是提供给中产阶级儿童的。如今，美国大多数（69％）4—5岁的儿童都参加了基于（早教）中心的幼儿教育项目，美国50个州中有45个州提供幼儿教育项目（美国教育部，2007）。发展心理学研究与2001年《不让一个儿童掉队法》的问责压力，使人们把注意力集中在早期学习对以后学业成功的重要性上（Blair，2002）。现在，大多数学校在幼儿园开始教授正式的阅读和数学课程，并期望儿童在进入幼儿园时就能为集中学习做好准备。

然而，许多儿童进入学校后，对上述要求的准备并不足。在贫困中长大的儿童特别容易在社交、情感和自我调节技能方面表现迟钝，而这些技能是在学校取得成功所必需的。究其原因，在一定程度上是他们家庭压力较大，受到的早期学习支持水平较低（McClelland，Acock & Morrison，2006）。随着美国人口结构的变化，越来越多的学龄前儿童在贫困家庭（25％）或低收入家庭（50％）中成长，导致越来越多的美国儿童面临着入学准备延迟的风险（国家贫困儿童中心，2011）。

这些社会变化和教育期望增加了对学前教育项目的压力，要求学前教育项目必须促进儿童获得核心的社会情感能力以做好学习的准备，包括在集体环境中有效地发挥作用，与其他儿童友好相处，遵守班级规则和常规，集中注意力和投入目标导向的学习能力（McClelland et al.，2006；Zaslow，Tout，Halle，Vick & Lavelle，2010）。这些社会情感能力预示着积极的学校适应性，提高学习参与度，减少纪律问题，提高高中毕业率，甚至促进未来的就业和成人健康（Denham & Burton，2003）。相应的，近年来，人们对学龄前儿童社会情感学习项目的兴趣也在不断增加，关于有效的项目和实践的研究基础也在不断增加。本章简要回顾了学龄前儿童社会情感学习项目的发展历程，阐述了学龄前儿童独特的发展需求及其对社会情感学习项目设计和内容的影响。

一、学龄前儿童社会情感学习项目的定义和范围

利用系统化的校本项目来促进儿童社会情感能力的发展，在19世纪70年代首次获得了发展势头，此后一直受到教育工作者和研究人员的持续关注（Greenberg，2006）。儿童社会情感能力发展最初被称为"初级预防"，后来被重新定义为"普遍的"预防方法。其基本思想是，通过精心设计的课程教授社会情感能力，促进儿童的积极发展，从而增进学生福祉，提高学生的学习成果，并预防以后出现心理健康方面的困难。在高风险环境中，这些能力还可以增强其韧性，降低儿童以后发生危险行为（例如，暴力）或被情绪困扰的风险（Elias et al.，1997）。

现在有相当多的依据来支持社会情感学习项目在小学和高年级中的有效实施。2011年，杜拉克等人对社会情感学习研究进行了元分析，考察了213个基于学校的社会情感学习项目，这些项目覆盖了从幼儿园到高中的学生。结果显示：基于证据的社会情感学习项目在社会和情感技能、态度、行为和学业方面都有正面的影响，整体上使学生的成果提高了11%。这项重要的研究验证了基于证据的社会情感学习项目在教育实践中有关键作用，所以作者建议广泛采用该方法（Durlak et al.，2011）。

学龄儿童社会情感学习项目的积极影响，使人们更加关注为学龄前儿童制定和评估类似项目。但是，将社会情感学习项目向下扩展到学龄前儿童，需要仔细考虑学龄前儿童的发展特征和所处环境的特殊性。例如，针对学龄儿童的社会情感学习项目通常涉及与健康的社会情感功能相关的多个技能领域，包括自我认知、自我管理、社会认知、人际关系技能和负责任的决策（Durlak et al.，2011；Elias et al.，1997）。在学前阶段，儿童刚刚开始发展认知结构和技能，如观察和推理，为其社会认知和自我认知发展奠定基础。因此，学龄前儿童的社会情感学习项目需要针对更基本的基础技能，以支持以后的社会情感发展。此外，学龄儿童社会情感学习项目一般通过提供系统的社会情感能力教学来实现其目标，强调自我控制的提升，创造积极的氛围，来培养安全感，支持练习社会情感和自我调节技能（Greenberg，2006）。对于学龄前儿童而言，促进自我控制的神经结构刚刚出现，与年龄较大的儿童相比，学龄前儿童的"坐、听、学"的能力较差，他们更依赖外部支持和成人管理来调节自己的情绪和行为。因此，相对于教导和课程，成人的支持和积极的课堂管理在促进学龄前儿童社会情感能力发展方面起着特别核心的作用。

在美国学前教育环境中，社会情感学习项目的实施问题需要特别注意。幼儿园教师拥有大学学位的比例远低于小学教师，甚至许多教师都不具备两年学制的儿童发展副学士学位（Zaslow et al.，2010）。因此，想要获得用于促进项目高质量实施的课程材料和专业发展支持，需要考虑到学前教育教师队伍，相对于小学教师而言，其正规教育和培训水平较低的特点。在

下一节中，我们将讨论学前教育阶段的社会情绪和自我调节技能的发展水平，及其对选择社会情感能力目标、项目目标和项目设计的影响，然后再介绍现有的学前社会情感学习项目有效性的证据。

二、学龄前儿童社会情感发展及其对社会情感学习项目设计的启示

一般来说，学前阶段是儿童基本社会情感能力发展的关键时期，能为以后的社会情感能力发展奠定基础(Denham & Burton，2003)。在 3—6 岁，大多数儿童都从冲动和以自我为中心的幼儿向负责、守纪律和社会融合的小学生过渡。在这个快速发展的时期，儿童的社交技巧和社交推理、情感理解和情感调节、自我认知和自我控制发生了巨大的变化。儿童心理表征和语言能力的发展，为他们识别和管理有关自己和他人的情绪、意愿以及社会角色和社会期望创造了新的机会，从而扩大他们从社会情感学习指导和成人支持中受益的能力(Bierman，1988)。

社会行为技能是学龄前儿童社会情感学习的重要方面，是在这一时期出现的第一次友谊的基础。儿童的社交技能通常从 3 岁时的平行游戏(例如，肩并肩游戏，互相模仿)发展到 5—6 岁时的合作性社交游戏，因为他们学会了如何分享，如何合作，轮流玩耍，并抑制攻击性和侵入性行为(Bierman & Erath，2006)。通过游戏，学龄前儿童扩展了他们关于社会角色和期望的认识，练习了沟通、情绪调节和解决社会问题的技能，从而在情感和认知上受益。在情绪理解领域，学龄前儿童在 3 岁时开始进行基本的区分(快乐或悲伤)，到 7 岁时，他们会可靠地获得更细微的区分(悲伤、害怕、生气)。(Bierman，1988)3 岁的儿童专注于基本的线索，因此做出简单的情绪评估(例如，所有的儿童在生日派对上都很开心)；到幼儿园(5 岁)，大多数儿童考虑多种线索，做出更复杂的评估，例如，皱眉的儿童在派对上不开心(Bierman，1988)。

语言和执行技能等关键领域的发展是学龄前儿童更敏感的社会交往和更复杂的情感理解能力发展的基础和支撑(Blair，2002；Greenberg，2006)。前额叶皮层在 3—6 岁迅速增长，并伴随着核心执行功能的改善，包括工作记忆、抑制控制和注意力转移。这些执行技能提高了儿童预测和计划社会交往的能力，抑制反应冲动，参与更灵活的社会问题解决活动。儿童开始认识到社会互动中的因果关系模式，并在设定目标和管理自己的行为时变得更有能力，以承担更多的责任。

这些研究表明，社会情感学习项目在学前教育阶段实施时可能具有特殊影响力(Feil et al.，2009)。也就是说，社会情感学习项目的重点是在 3—6 岁迅速发展的规范性领域，这一时期的儿童依赖于成人的投入和支持，而且通常对成人的投入和支持有很大的反应。此外，学前教育阶段的社会情感学习有可能减少学业和与同伴交往失败的风险(Bierman，2004)。与此同时，学前教育的社会情感学习项目必须考虑儿童的社交-情绪技能和自我调节技能的不成熟，并认识到儿童仍然严重依赖家长和教师提供的外部支持来控制他们的行为或调节他们的社交和情绪体验(Bernier，Carlson & Whipple，2010)。

鉴于幼儿的发展特点，学龄前儿童社会情感学习项目的组织和实施要不同于小学社会情感学习项目的组织和实施。就内容而言，学龄前儿童社会情感学习的主要技能包括基本的友谊和游戏技能、情感理解、有意识的自我控制，以及基本的社会问题解决。在结构上，教授技能概念的教学策略要简短、具体，有吸引力，有体验性；练习技能的机会要丰富，让幼儿经历反复的、由成人支持的机会，让幼儿有机会使用和完善他们的技能，并得到反馈和积极的结果。学龄前儿童可能还需要明确的支持，以发展词汇、口头语言、社会感知和推理等技能，为更成熟的社会情感理解和运作奠定基础。

三、学龄前儿童社会情感学习项目的理论基础和干预方法

社会情感学习项目有其理论根源，其干预方法最初作为治疗策略出现，之后被运用于社区和教室环境效果中，并被用作初级预防策略，以促进能力、复原力和总体健康的发展。在20世纪70年代第一个以课堂为基础的社会情感学习项目之前，促进幼儿积极行为的治疗策略主要依靠行为管理和心理调节模式。例如，许多研究记录了学前教师可以通过不同的强化期望的行为(使用表扬、注意或具体的强化措施)和实施减少问题行为的措施(例如，通过使用超时或反应成本，让儿童在不被允许的行为中失去好成果或特权)来减少攻击性行为和增加学生的积极行为。这些行为管理策略在改善课堂行为方面被证明是有效的，并且仍然是一些社会情感学习项目的核心特征，例如"不可思议的年份"(IY)项目(Webster-Stratton, Reid & Hammond, 2001)。然而，在随后的几十年中，其他重叠的变化机制开始为社会情感学习项目的设计提供信息，包括强调社会认知变量(在社会学习理论和社会信息加工模型中的认知变量)、情感变量(在差异性情感和依恋理论中的情感变量)和自我调节(以执行功能技能为特征)，具体如下。

(一)关注社会认知

1. 社会学习理论

社会学习理论扩展了行为干预模式，认为儿童通过观察、模仿、回应指令和口头反馈来学习社会行为。相应的，社会技能辅导项目采用了以下步骤：①通过模仿、指导和讨论相结合的方式来教授目标技能概念；②提供行为演练的机会，与同伴一起练习技能；③提供技能表现出的反馈，促进技能的完善；④通过提示和强化，鼓励儿童在社会环境中使用技能，以实现技能的泛化(Bierman, 2004)。大多数为幼儿设计的社会情感学习项目都是建立在社会学习理论的基础上的，其中包括教师利用模仿故事、木偶和图片来说明目标技能概念，并解释、证明和讨论目标技能；项目通常还包括练习活动(角色扮演、合作活动)，让幼儿练习这些技能；教师提供支持，帮助儿童在课堂上的日常互动中泛化这些技能的使用。

2. 社会信息加工模型

社会信息加工模型也反映了对影响社会行为的认知过程的强调。社会信息加工模型出现于

20 世纪 80 年代，并持续为学前社会情感学习项目提供信息。这些模型的重点是强调将社会认知(编码和解释社会线索)、社会目标和社会问题解决(产生替代性的行为解决方案，考虑其可能产生的后果，并选择解决方案)联系起来的隐蔽思维过程——尤其是在社会挑衅或冲突的情况下。一个核心假设是，社会信息加工技能的缺陷、延迟或扭曲，会导致生成不充分或有偏见的社会解释，以及不充分或有偏见的反应，从而使儿童有面临问题社会行为的风险。

最早为学龄前儿童开发的社会情感学习项目之一——"我可以解决问题"(ICPS)项目(Shure，1992；Shure & Spivack，1982)，主要集中在提高儿童评估和解释社会问题情景的能力，以及产生多种解决方案的能力上。类似的，如下面详细描述的，社会问题解决技能的训练似乎是几个学前社会情感学习项目的核心要素。这主要是基于这样一个假设，即儿童准确识别社会问题，设定亲社会目标，产生和评估多种潜在反应，选择亲社会行为的能力，为适应性社会行为提供了核心的基础。

(二)关注情绪

最近的发展研究强调了影响社会情感能力的情绪和动机因素，以及压力暴露、情绪反应和情绪调节在社会情感发展和适应中的作用。几种理论模型影响了学龄前儿童社会情感学习项目中情绪和动机因素的培养，包括差异性情绪理论(Izard，2002)、依恋理论(Denham & Burton，2003)和自我调节的发展模型(Bierman，Nix，Greenberg，Blair & Domitrovich，2008；Greenberg，2006)。

1. 差异性情绪理论

差异性情绪理论认为，情绪体验涉及神经生物学唤起、认知推理和言语标记过程间的动态交互作用(Zard，2002)。在这个框架下，当社会化体验提高儿童识别与不同情绪相关的内在和外在线索的能力，提高他们谈论自己的感受的能力时，社会化体验会提高社会情感能力。因此，一些学前教育机构的社会情感学习项目的重点是识别和标记情绪。此外，学习调节情绪唤起是一项重要的社会情感能力，它高度依赖于情绪唤起与语言、认知系统之间的联系的发展(Izard，2002)。许多学前教育的社会情感学习项目都包括通过加强这些联系来增强情绪调节的课程。例如，"乌龟技巧"(turtle technique)教儿童如何有意地使用语言来调节强烈的情感，并引导自己进行适当的行为反应(Robin，Schneider & Dolnick，1976)。在这种技术的原始应用中，有破坏性行为的儿童被指示退到一个想象的外壳中，并告诉自己，当他们觉得自己即将做出破坏性行为的时候，要放松。其目的是让儿童冷静下来，为解决问题的讨论做准备。虽然它最初被概念化为一种认知行为干预(例如，引导替代性反应的自我指导)，但此后，学者们认为，"乌龟技巧"可能在发展的神经认知控制结构(语言和执行技能)和情绪唤醒系统之间建立更强的联系，从而提高情绪调节能力(Greenberg，2006；Izard，2002)。

2. 依恋模型与师生关系

许多学前社会情感学习项目也把重点放在促进积极的师生关系上。从理论上讲，师生关系在儿童自我调节能力的发展中起着中心作用。依恋理论认为，幼儿天生就有对照顾他们的成人形成依恋的动机；当这些关系是可靠的、温暖的、关怀的时候，它们能培养幼儿的幸福感，增强安全感（减少焦虑和压力），提高幼儿社会交往的能力和有效管理情感唤起（愤怒或痛苦）的能力（Denham & Burton，2003）。通过这种关系，儿童还能学习到同理心，并变得更加了解他人和关心他人。此外，大多数社会情感学习课程的一个普遍原则是，当教师提供一个安全和关爱的学习环境时（以积极的管理技能和低水平的攻击性破坏行为为特征），儿童的社会情感就会得到进一步发展（Denham & Burton，2003）。

（三）关注自我调节

最近，针对学龄前儿童的社会情感学习项目把重点放在促进自我调节上。从理论上讲，情感知识的增加，社会交往技能和社会问题解决技能的发展可以提高学龄前儿童抑制攻击性和侵入性行为的能力，并对教师和同伴的社会反馈变得更加敏感（Bierman，2004）。最近，发展神经科学领域的研究增加了对发展学龄前儿童语言和执行技能的兴趣，这些技能与情绪调节能力和有技巧地控制注意力转移能力的提高有关，从而提高了儿童的社会能力和学校的学习参与度（Blair，2002；Greenberg，2006）。相应的，理论模型越来越多地关注执行和自我调节能力的发展经验如何被构建到学前社会情感学习干预中（Bierman & Torres，2016；Ursache，Blair & Raver，2012）。最近，研究者开始将执行功能测评作为常规的社会情感学习项目的结果，关于学前教育中"有效的项目"可以提高执行功能的实证证据也刚刚开始积累。目前流行的模式表明，几种不同的干预策略可能会促进执行技能的发展，包括构建积极有序的课堂、提高儿童情绪理解和情绪管理的能力，以及问题解决的技能和社会戏剧表演的策略（Ursache et al.，2012）。

四、社会情感入学准备的特定干预

总体而言，如前文所述，学前社会情感学习项目是多方面的概念框架，它们在强调社会行为、认知、情感和自我调节技能的程度上有所不同。每个项目都试图在一定程度上促进适应性的社会认知，培养儿童的情感理解和同理心，并支持儿童自我调节技能的发展。同样，每个项目都强调成人的支持和响应在促进儿童社会情感成长方面发挥的重要作用。这样一来，这些项目相互重叠，反映出从不同概念的基础中所汲取的观点的整合。然而，这些项目在具体的"逻辑模式"方面是不同的，这些模式为干预活动的组织和重点措施提供了信息，并指导着干预活动的选择和设计。下文将对反映不同逻辑模式的有效项目的例子进行回顾。首先，我们描述有效的项目。在这一部分中，我们将根据至少两次随机试验，包括由研发者以外的研究人员进行的独立评估，和实施该项目的教师提供的衡量标准来描述那些有效性的项目。然后，我们将描述那些有希望的项目。在这一类别中，我们将根据开发者的随机试验，将有证据证明有效性的项目放在一起。我们认为这些项目是有希望的，因为它们有坚实的理论基础，有完善的课程指南和实施程序，并有有效的证据。然而，在每个项目中，证据基础仍然局限于单个随机试验。在每个类别中，我们区分了以社会情感学习为重点的内隐和外显的干预方法，那些改变师生互动的质量、改善课堂管理策略或构建同伴互动的项目内隐地关注社会情感学习，因为这些项目期望通过改善课堂过程来提高社会情感能力。相比之下，那些把重点放在社会情感学习课程上的项目，关注目标技能和教授这些技能的教学实践，代表了一种显性的社会情感能力培训方法。

(一)有效的项目

为学龄前儿童制定和评估社会情感学习项目是一个相对较新的领域，现有的许多实证论文都是在过去 10 年内发表的。目前，只有两个项目在多个严格的随机试验中得到了有效的证据，其中包括至少一项由独立研究者进行的试验。

1. 不可思议的年份教师培训项目

"不可思议的年份"系列，包括针对家长、教师和儿童的不同项目，最初是作为 4—8 岁被诊断为对抗性障碍或行为障碍的儿童的治疗内容而开发的。这些项目深深植根于社会学习理论，旨在解决与反社会行为相关的风险和支持保护性因素（Webster-Stratton & Herman，2010）。在这一章中，我们只关注近年来该项目作为一种普遍的校本干预的应用情况，主要的干预包括教师培训和儿童社会情感学习课程。

"不可思议的年份"教师培训项目采用了一种隐性的社会情感学习方法，旨在帮助教师提高他们积极的课堂管理技能，从而促进儿童亲社会行为和攻击控制行为的发展（Webster-Stratton & Herman，2010）。该方法具有系统性，主要针对五种教学技能：①使用特定的、偶然的关注和表扬来支持积极的行为；②使用激励措施来激励学习；③有效组织课堂，防止问题行为的发生；④使用非惩罚性的后果来减少不适当的行为；⑤加强积极的师生关系。干预内容包括每月为教师举办工作坊，由认证培训师在工作坊中介绍技能概念，复习示范录像带，主持小组讨论，复习练习作业，并在项目实施过程中提供咨询。

两项研究评估了作为普遍的学前预防策略的"不可思议的年份"的教师培训项目。在第一项研究中，34 个低收入、种族混合地区的学前教育班级被随机分配接受干预（包括"不可思议的年份"教师培训和"不可思议的年份"家长培训）或作为"常规"对照组（Webster-Stratton et al.，2001）来实施项目。所有的家长都被邀请参加 12 个由"开端（Head Start）计划"的家庭服务人员和研究小组成员共同领导的每周 2.5 小时的培训。测量结果包括综合观察和教师（或家长）评分。结果发现在干预课堂中，相对于"常规"控制课堂，教师表现出更多的积极行为和更少的消极行为，儿童表现出更低的问题行为率。积极的家校参与行为在"开端计划"结束时显著增加，然后幼儿园班级显著低于对照组（Webster-Stratton et al.，2001）。在第二项研究中，"不可思议的年份"教师培训作为芝加哥学校准备项目的一部分在"开端计划"项目中实施（Raver et al.，

2008）。在这个项目中，18 个启智中心（35 个班级；94 名教师）被随机分配到干预组或"常规"对照组。干预内容包括"不可思议的年份"教师培训项目，该项目包含 5 个为期 1 天的讲习班，在一年的课程中进行。心理健康顾问每周走访干预班级，与教师会面，提高他们的课堂管理技能，提供情感支持，并为具有高度破坏性的儿童制订个性化的管理计划。在年末观察时，干预组教师的积极气氛、教师敏感性和积极行为管理水平均高于对照组教师（Raver et al.，2008）。观察人员还记录了较低水平的儿童攻击性破坏行为，测试显示，与对照组相比，干预组的儿童在词汇、字母知识、数学和注意力控制方面有更大的增长（Raver et al.，2009，2011）。研究人员假设，教师课堂管理技能的提高导致教学时间和儿童学习投入精力的增加，从而促进儿童学业成果和社会情感能力的提高。这些研究表明，"不可思议的年份"教师培训项目，旨在通过提供更积极的行为支持和促进师生互动，隐性地改善儿童的社会情感学习状况，这在改善儿童的社会情感行为方面是有效的。然而，值得注意的是，这些研究没有评估单独使用的"不可思议的年份"教师培训项目（第一个研究也包括"不可思议的年份"家长培训项目，第二个包括心理健康咨询服务）。

最近，"不可思议的年份"以儿童为中心的社会情感学习课程——恐龙学校的社交技巧和问题解决项目已被改编为预防项目，用于提供明确的社会情感技能指导。这个项目元素为"不可思议的年份"干预方法增加了显性的社会情感学习课程。最初，"恐龙学校"是作为一个社会技能训练项目，为少数有行为障碍的儿童而设立的。"恐龙学校"的核心是 DVD 模型，用来演示积极的课堂行为、解决问题的策略、社会技能、情感素养和自我调节技能。一项研究表明，"恐龙学校"和"不可思议的年份"教师培训项目的结合有利于推广更积极的课堂管理策略（相对于"常规实践"对照组），并产生更高的社会情感能力、社交问题解决能力和更少的学生品行问题（Webster-Stratton，Reid & Stoolmiller，2008）。然而，这项试验也包括年龄较大的儿童（幼儿园和一年级学生）以及幼儿，而且研究人员与教师一起开展课堂教学。因此，需要进一步研究来确定"恐龙学校"在学前班教师授课时是有效的。

2. 学前促进选择性思维策略项目

20 世纪 90 年代发展起来的学前"促进选择性思维策略"项目（Domitrovich，Greenberg，Cortes & Kusche，1999），是促进选择性思维策略项目小学版向下延伸的发展型课程（Rimm-Kaufman & Hulleman，本手册第 10 章）。学前促进选择性思维策略项目课程的重点在于四个领域的基本社会情感能力：①友谊技巧和亲社会行为（如帮助、分享、有序）；②情感知识（如识别和标记核心情感）；③自我控制（如使用"乌龟技术"）；④解决社会问题。它的一个特别目标是提高幼儿有效运用语言来支持情绪调节、抑制性控制和社会问题解决的能力。该项目课程共包括 33 节简短的课程（15—20 分钟），以故事、图片和木偶为主要形式提供技能指导，每周一至两次，在圆圈时间（circle time）内进行。此外，教师还接受了互动策略的培训，以帮助儿童在一天中泛化他们的技能表现，包括情绪辅导（如使用感受词汇，帮助儿童注意到自己和他人的感受），提醒儿童在兴奋或不高兴时使用"乌龟技术"，以及利用解决问题的对话帮助儿童面对挫折和解决冲突。

学前促进选择性思维策略项目已经在三项随机试验中进行了评估。在第一项研究中，20 个有"开端计划"的班级被随机分配到干预组（学前班促进选择性思维策略项目）或"常规实践"对照组；287 名儿童被跟踪观察了 1 年，并在学年开始时和学年结束时对儿童的技能进行评估。在后期测试中，干预组儿童比对照组儿童在情绪知识和情绪识别技能方面表现出了更大的进步，教师和家长对儿童社交能力的评分也有更多的提高，但在攻击性方面两组没有差异（Domitrovich，Cortes & Greenberg，2007）。

在第二项研究中，44 个"开端计划"班级的儿童被随机分配接受"基于研究，立足发展"的计划，其中包括学前促进选择性思维策略课程和识字干预，或者"常规实践"。对四岁儿童在学年开始和结束时进行评估，结果发现，除了识字干预对词汇和早期读写技能的积极影响外，干预条件下的儿童在情感理解、社会问题解决能力和学习投入方面的效果均显著优于对照组，教师评定的儿童攻击性水平也显著低于对照组。此外，干预的次要显著影响包括较好的教师评价和教师观察到的较高的儿童社会能力，较高的执行任务的绩效，以及较少的家长评价指出的攻击性和注意力问题（Bierman，Domitrovich，et al.，2008；Bierman，Nix，Greenberg，Blair & Domitrovich，2008）。一年后，这些孩子进入幼儿园后收集的随访评估显示，干预对学习参与度增加、社会能力提高、攻击性破坏行为减少产生了持续的影响，并且那些入校时学业成绩较低的学生，其注意力问题减少（Bierman et al.，2014）。这些积极的社会情感效应可能反映了学前促进选择性思维策略项目课程的影响，尽管其中增加的识字干预成分可能放大了社会情感学习影响的效果（Nix，Bierman，Domitrovich & Gill，2013）。

第三项研究是将学前促进选择性思维策略与基于网络的专业发展项目"我的教学伙伴"（My Teaching Partner，MTP）组合在一起（MTP，Hamre，Pianta，Mashburn & Downer，2012）。在这项研究中，全州 233 名幼儿老师被随机分配到以下三种情况中的一种：①促进选择性思维策略——高级，包括学前促进选择性思维策略项目课程，访问网络视频和"我的教学伙伴"咨询；②促进选择性思维策略——低级，其中包括学前班促进选择性思维策略课程和对网络视频的访问，但不包括"我的教学伙伴"咨询；③"常规做法"控制，不包括项目干预或咨询。如本章后面将详细介绍的，"我的教学伙伴"咨询工作为教师提供个性化的辅导。教师在教室里录制自己的录像带，与在线教练一起回顾录像，并收到反馈和建议。这旨在帮助教师改善课堂组织或教学管理能力。实施措施显示，在高级和低级促进选择性思维策略实施的前提下，更好的结果是以相同的频率（平均每周一次）和相同的质量（在 10 分制上平均为 7.9 分）实施促进选择性思维策略项目课程。对结果的分析表明，相对于"常规练习"对照组，这两种干预路径下的儿童，在教师评价的社交能力（挫折容忍、自信技能、任务导向、社会技能）方面有显著的提高，但在行为问题上没有差异。一般而言，高级干预条件下的教师比低级干预条件下的教师会更频繁地使用网络资源，而且那些参加项目课程更多、使用"我的教学伙伴"时间更多的教师，其学生在社会能力方面也有更大的提高。这表明，课程和网络资源促成了学生积极的发展结果。

(二)有希望的项目

1. 心灵工具

"心灵工具"项目(Tools；Bodrova & Leong，2007)采用内隐策略来促进社会情感能力的提升。该项目基于维果茨基的模型，在这个模型中，自我调节是在社会互动的背景下发展的，特别是在虚拟的社会戏剧表演中发展的(Bodrova & Leong，2007)。"心灵工具"包括每天50分钟的虚拟表演游戏，在此期间，教师们支持并强化持续的和复杂的社会戏剧性游戏，强调在该游戏背景下的计划技能、品格发展和人际谈判技能。此外，该项目还包括练习自我调节的游戏能力(控制动作速度，记住方向等)。该项目还将儿童分成不同小组进行许多学习活动，以提供参与的机会。

在第一项针对该项目的随机对照试验中，210名3—4岁的学龄前儿童(主要是拉丁裔，占93%)被分配到教师使用项目或学区开发的课程的班级中(Barnett et al.，2008)。在这一年结束时，观察者记录了"心灵工具"对该项目所关注的具体教学实践的显著影响，包括课堂结构和时间的使用，教师在与儿童互动中脚手架技术的使用，以及识字环境和教学质量的提高程度(Barnett et al.，2008)。然而，在更一般的师生互动质量的衡量标准中，没有观察到该项目产生任何影响。在这一年结束时，教师对干预班级的儿童的评价是，相对于对照组的儿童而言，他们的行为问题较少，而且他们在词汇测试中也有进步，但在早期读写或数学技能的测试中却没有进步(Barnett et al.，2008)。

在巴奈特(Barnett)及同事(2008)评估一年后，戴蒙德(Diamond)等人(2007)对原始样本中的儿童(仍在学前班)进行了追踪研究，并进行了执行功能测试。在第二次研究中，有一所学校因为全校都采用了"心灵工具"而被取消了，并增加了6个没有参加原研究的新班级。在这项评估中，干预班的儿童在执行功能技能测试中的表现优于对照班的儿童(Diamond et al.，2007)。然而，考虑到研究样本的变化，以及缺乏干预和对照样本中的等效测试，这些结果被认为是初步的。此后，又有两项随机试验对该项目进行了评估。在其中一项试验中，"心灵工具"与六个学区的"常规实践"学前教育进行了比较，发现在儿童的读写能力、数学或执行技能、教师对儿童的社会和行为能力的评分方面，两者没有产生显著差异(Wilson & Farran，2012)。在另一项随机试验中，克列门茨(Clements，2012)比较了"常规实践"学前教育与两种干预条件：一种包括学前数学课程"积木搭建"(Building Blocks)，另一种是将"积木搭建"与修改后的"心灵工具"搭配。在执行任务方面，没有出现组间差异。"积木搭建"条件下的儿童在其他两个任务(头—脚—膝—肩搭建和数字跨度)上比对照组的儿童更胜一筹，但"积木搭建"和"心灵工具"条件下的儿童在这些任务上没有比"常规实践"对照组做得更好。在后两个试验中，"心灵工具"项目实施中的变化或改编可能会降低项目的影响，但目前，关于"心灵工具"项目对社会情感入学准备和自我调节能力的影响，还需要进一步的文献资料证明。值得注意的是，相对于其他学前教育社会情感学习项目而言，"心灵工具"项目更为复杂，对于学前教师来说可能更难掌握。因此，教师可能需要 1 年以上的时间来实施这种干预方法，而那些在教师实施 1 年后评估效果的随机对照试验则低估了项目效果。

"心灵工具"项目以隐性的方法来教导学生的社会情感能力，而本节下面所描述的每一个有希望的项目，都包括显性的社会情感能力课程以及旨在帮助教师创设促进学生社会情感学习的积极课堂环境的专业发展支持。

2. "我可以解决问题"(ICPS)项目

"我可以解决问题"项目是最早为学龄前儿童开发的社会情感学习项目之一(Shure，1992；Shure & Spivack，1982)。这种干预的逻辑模型强调了培养儿童的隐性思维技能的重要性，使儿童能够深思熟虑地、灵活地应对各种社会问题。该项目的总体目标是通过提高儿童灵活地解决具有挑战性的人际关系情境的能力，及预测不同行为选择的后果，来提高儿童应对社会挑战的能力。"我可以解决问题"项目课程包括 46 个简短的(20—30 分钟)的课程。它首先教授儿童基本的认知技能，为儿童解决问题打下基础，包括"同—不同"和"如果—然后"等概念，以及识别基本情绪(快乐、愤怒和悲伤)的能力；接下来，呈现一系列的人际关系问题情境，让儿童讨论以辨别多种解决方法，再考虑不同解决方法的后果；教师通过示范和木偶戏来说明概念，并尽可能将解决问题的方法应用到实际的课堂问题中。

在一项随机试验中，113 名非裔美国城市儿童(4—5 岁)参与了该项目，干预组的儿童相对于"常规实践"班级的儿童，在替代性思维和结果性思维的测量结果，以及教师对挫折耐受力、冲动性和任务参与度的评分方面都有所提高。在 1 年后的随访中，当儿童被不了解此前实验条件的新教师评分时，这些改善得到了保持(Shure & Spivack，1982)。

3. 艾尔的伙伴们(Al's Pals)计划：儿童做出健康的选择

艾尔的伙伴们计划是一个针对学前和一年级儿童的综合社会情感学习项目(Lynch，Geller & Schmidt，2004)，旨在提高在贫困、高风险环境中成长的幼儿的社会情感能力，培养他们的应对技能和韧性。它以社会学习理论为基础，包括指导儿童掌握沟通技巧、情绪表达技能、积极的社会互动能力、自我控制能力、愤怒管理和社会问题解决技巧等。此外，该项目的目的是赋予那些在非常不利的城市环境中长大并面临社区暴力的儿童以希望，并教会他们"生存技能"，如监测环境的安全和在药物使用方面做出健康的选择。该项目是为班级教师设计的，他们在 23 周的时间里每周上两节简短的(15—20 分钟)课程。有手册为每节课提供脚本、补充说明和教师活动指南。项目包含为期两天的导论工作坊，旨在营造积极的课堂氛围和支持技能的泛化发展。在这个教师工作坊中，专业发展的主题包括积极倾听，对儿童敏感话题的表露做出非批判性的回应，以及指导儿童解决问题，指导儿童掌握健康决策的技巧。

艾尔的伙伴们计划是通过一系列的准实验研究得到开发和完善的(Lynch et al.，2004)。一项随机对照试验已在 33 个"开端计划"班级中进行(17 个干预，16 个对照)，共有 399 名混合族裔儿童参加了试验。教师对儿童行为的评分显示，与对照组相比，干预组儿童的平均社会技能水平明显更高，问题行为(内化和外化问题相结合)平均水平较低(Lynch et al.，2004)。"艾尔的伙伴们"组儿童在积极应对和"转移或回避"应对方法的教师评价分上高于干预组，但在消极应对行为(发泄和攻击性)、合作技能或互动技能方面没有显著差异。虽然这项研究结果存在局限性，而且其他一些准实验研究也显示出了良好的效果(Lynch et al.，2004年回顾)，但由于以教师的评分作为衡量项目影响的唯一标准，研究结果存在局限性。由于教师实施项目的客观因素，他们对儿童技能和行为变化的评价可能会有偏差。因此，需要进行更多的、严格的、随机的比较，使用多信息源的措施来确认项目影响。

4. 其他明确使用社会情感学习的项目

小规模试点研究表明，其他一些社会情感学习项目可能对学龄前儿童有好处。然而，这些项目还没有一个在大型、严格的随机对照试验的背景下对学龄前儿童进行测试。这些项目包括学前教育阶段的第二步计划(McMahon，Washburn，Felix，Yakin & Childrey，2000)、基于情绪的预防计划(Izard et al.，2008)和学前教育阶段的"开端计划"(Gunter，Caldarella，Korth & Young，2012)，所有这些都与前面提到的项目有共同的核心概念。

(三)无效的项目

由于缺乏证据，没有不符合这类标准的项目；也就是说，没有哪一个项目进行了多次评估，并被证明未达到预期效果。

五、学前社会情感学习项目中的关键问题

(一)专业发展支持

如前所述，足够的专业发展支持，使幼儿园教师能够高质量地实施社会情感学习项目，是影响项目成效的关键问题。与小学教师相比，美国许多幼儿园教师没有大学学历，有些只有高中学历(Zaslow et al.，2010)。幼儿教师接受的在职培训和监督的程度也大相径庭，很少有教师接受过在学前环境下支持儿童社会情感发展和提高儿童自我调节技能的系统培训。即使社会情感学习项目提供了详细的项目实施手册，专业发展支持对于促进最佳的项目实施也是必要的。此外，还需要专业发展的支持以促进教师的教学实践的顺畅进行，并采用积极的课堂管理策略，以支持学生社会情感能力的提升。大多数基于证据的社会情感学习项目都将工作坊培训与现场指导相结合，以促进项目忠诚的实施和积极的教学实践的完成。后续还需要进行研究以确定提供这种专业发展支持的最有效果和最有效率的策略。

一个特别的挑战是如何为学前教育工作者提供更多的辅导模式，以增加教师获得社会情感学习项目中专业发展支持的机会。其中一个很有希望的策略是利用技术来提高高质量指导的可能性。例如，皮安塔(Pianta)等人(2008)开发了一个基于网络的平台，即"我的教学伙伴"(MTP)，以提供专业发展支持。如前所述，关于"我的教学伙伴"的第一项研究涉及辅导幼儿园教师实施学前促进选择性思维策略项目，比较了两个层面的支持——提供基于网络的模式，并

提供(或不提供)额外的在线辅导和咨询。这项随机试验的结果表明，在线辅导与网络资源的使用相结合，比单独提供工作坊更有利于在教学实践中取得积极的收益(Pianta et al.，2008)。这个重要领域还需要更多的研究。

(二)家长参与

学龄前时期，另一个特别重要的问题是家长的参与，因为儿童的社会情感发展在很大程度上依赖于童年早期亲子关系的质量(Bernier et al.，2010)。此外，许多学前班的课程都是半天制的，这有可能限制仅在学校范围内实施的社会情感学习课程。学前促进选择性思维策略项目和艾尔的伙伴们项目包含了信息表和有关亲子活动的建议，这些信息在学习期间定期寄回儿童家中，以增加家庭和学校对儿童社会情感学习的同步支持。此外，一些研究还检验了提供更密集的家长培训作为普遍支持的效果，以帮助家长积极地参与儿童的学校教育，减少惩罚性的管教措施，并在家中增加积极的管理策略。一些随机试验表明，这些普遍性的项目可以改善家长的管教行为，但要让家长参与进来是很困难的。迄今为止，家长对儿童行为的影响通常很小。

例如，两项随机研究为参加"开端计划"项目的儿童的父母提供了"不可思议的年份"家长培训项目，以扩展和补充课堂社会情感学习项目。在第一项研究中，韦伯斯特-斯特拉顿(Webster-Stratton)和同事(2001)在一项涉及 14 个幼儿启蒙中心的随机试验中评估了一种综合干预方法("不可思议的年份"教师培训和"不可思议的年份"家长培训)。在该研究中，只有 50% 符合资格的父母群体参加了该研究，并一直保持到年底开始的后期测试。其中，干预组的家长中有 63% 至少参加了一次家长会议，而在 12 次家长会议中，家长平均出席次数仅为 5.73 次。在干预后，干预组的家长明显比对照组的家长表现出更低的消极教养水平和更高的积极教养水平；然而，只有一部分在前期测试评估中出现问题的儿童的家庭问题行为显著减少。在第二项研究中，在"开端计划"项目(Kaminski，Stormshak，Good & Goodman，2002)中，14 个儿童早期教育中心被随机分配到三种情况下：课堂社会情感学习课程、联合干预(课堂社会情感学习课程和"不可思议的年份"家长培训项目)、"常规实践"对照组。家长教育项目还包括儿童第二年上幼儿园时的家访。在这项研究中，即使提供了免费的交通和托儿服务，也只有 36% 的家庭被分配到家长培训干预下参加过四次以上的家长小组培训。相对于对照组而言，干预组在照顾者的参与度和学校关系及儿童的社会能力方面产生了显著的改善。然而，仅开展社会情感学习课堂的小组，儿童的能力也得到了提升。

第三项值得在此提及的研究采用了随机对照设计，评估了家长团(Parent Corps)项目对四所小学(相比于四所"常规"学校)中上公立幼儿园的儿童和家长的影响(Brotman-Miller et al.，2011)。家长团项目涵盖了与"不可思议的年份"项目类似的育儿技能，但在文化上进行了调整，以满足移民父母的需要。该项目在傍晚时分在学校开展，同时还伴随一个针对儿童的平行项目。只有 30% 的学龄前儿童的父母参加了这项研究。在参与项目的家长中，有七成符合资格的家长最少出席一节课，而 13 节课的平均出席数只有 5.93 节。在干预后的评估中，家长对学生的教养方式和教师对儿童在学校行为问题的评分都有显著的改善。

综上所述，这些研究表明，旨在支持学龄前儿童家长的干预项目，可以改善与儿童社会情感发展相关的养育实践，在某些情况下，还可以促进儿童社会情感能力的积极变化。然而，这些研究也说明了让学龄前儿童的父母，特别是面临多重压力的低收入的父母，参与普遍性的育儿项目是一个巨大的挑战。即使做了大量努力以减少参与障碍，前面提到的研究通常只能招募到30％—50％的合格家长样本，而在这些报名的家长中，平均参与率不到一半。这些发现提出了将普遍的父母群体纳入促进学龄前儿童社会情感学习项目的成本-效益问题，并呼吁对可能产生同等影响但对父母负担更少的方法进行更多的研究。

六、总结

从发展的角度来看，学前阶段是开展社会情感学习的独特时期（Feil et al.，2009）。在这个时期，有效的干预可能会减少与社会经济劣势相关的入学准备差距，并为儿童提供提升韧性和成功入学的技能。本章回顾的干预试验表明，基于证据的社会情感学习项目有可能促进积极的社会行为、情绪理解和自我调节技能的发展，并减少幼儿的任务外行为和攻击性行为。针对学龄前儿童的有目的的不同社会情感学习干预有一些共同的特征，但这些干预对行为、认知和情感技能的发展的程度有所不同。本章所描述的每一种有效的项目都包括系统地改变学前课堂环境，以便为儿童社会情感能力的发展提供更多的支持。但是，它们在多大程度上包含明确的课程或主要依赖于教学质量和课堂组织的变化来促进变革存在差异。两个学前社会情感学习项目有最有力的证据——每个都得到至少两项随机试验的支持，包括由独立研究人员而不是项目开发者进行的试验："不可思议的年份"教师培训项目强调积极的课堂管理技能，隐性地关注社交情感技能；学前促进选择性思维策略项目包含显性的社会情感学习课程。确定一种方法是否比另一种方法更有效的比较研究尚未完成。

此外，还需要进行追踪研究，以确定哪种方法能在学龄前儿童进入小学后的几年里，提高他们的韧性。更加明确地强调发展情感理解、自我控制和社会问题解决技能（如在 PATHS 中）的项目，可能比主要侧重于学龄前有效的外部控制（如 IY）的项目，能更好地满足小学的需求，因为明确的指导可能更有效地提高儿童的内在能力以监控和应对社会挑战。迄今为止，尚无任何研究将学前教育中显性的社会情感学习课程与有效的课堂管理项目的长期价值进行比较。

还需要进行更多研究，以确定学前社会情感学习项目是否以及在什么条件下可以提高儿童以后的学业成绩。这里回顾的一些研究显示了"交叉"影响，社会情感干预促进了词汇量（Barnett et al.，2008）或早期读写能力和数学技能的发展（Raver et al.，2011）。有一项研究发现了直接的证据，表明在学前教育中不同干预同时针对社会情感和语言或早期识字技能时，会产生协同效应（Nix et al.，2013）。

最后，还需要进行更多的研究，以确定支持学龄前儿童社会情感能力项目忠诚地实施的最佳专业发展模式，并确定将不同的家长纳入旨在提高学龄前儿童社会情感能力的普遍性项目的成本-效益计划中。

七、参考文献

请扫描二维码获取原书参考文献。

第 *10* 章

小学阶段的社会情感学习项目

莎拉·E. 里姆-考夫曼、克里斯·S. 赫尔曼

学术、社会和情感学习合作共同体(CASEL，2013)将社会情感学习定义为帮助儿童和成人发展有效生活的基本技能的过程。社会情感能力包括：认识和管理我们的情绪(自我认知和自我管理)，培养对他人的关心(社会认知)，建立好的人际关系(人际关系技能)，做出负责任的决策，以及富有建设性和符合伦理标准地应对富有挑战性的情况(CASEL，2013)。在过去的几十年里，旨在教授小学生社会情感技能的干预和建立这些干预的有效证据基础，取得了巨大的进步(Durlak，Weissberg，Dymnicki，Taylor，Schellinger，2011)。小学社会情感学习干预被认为是改善学校教育质量的利器。这种真实性体现在，社会情感学习已经被纳入州学习标准(Dusenbury，Zadrazil，Mart & Weissberg，2011)，并且在 2013 年得到了联邦学术、社会和情感学习法律方面的支持。

在过去的几年中，审查小学社会情感学习干预的新资源已经出现。学术、社会和情感学习合作共同体的《2013 年指南》对学前和小学社会情感学习项目进行了分类和描述，其依据是项目设计、项目有效性和实施上的支持。最近的元分析综合了关于社会情感学习干预及其在促进行为和学术成果方面的研究(Durlak et al.，2011)。有效教育信息交换中心(The What Works Clearinghouse)对社会情感学习干预的证据根据质量进行了分类(U. S. Department of Education，2014)。虽然这些资源描述了项目设计、组成和效果，但它们并没有研究旨在影响学生学习成果的社会情感学习干预中的关键机制。社会情感学习干预可以转化为教师和学生在课堂上的日常行为的变化。本章在前期已有工作基础上进一步观察班级内部的情况，以考虑产生项目效果的学生和教师机制。我们称这些教师和学生的转变是重要机制。特别是我们考虑了各种社会情感学习干预改变教师的行为，以及学生度过他们时间的方式。同时，我们也描述了具体的社会情感学习干预是如何强化学生的一些技能的。

一、定义和范围

我们首先介绍一组描述社会情感学习干预的术语。所有社会情感学习干预都归因于"变革理论"，也就是说，社会情感学习干预被设计为一组项目要素或步骤，这些要素或步骤可以用概念性的术语来描述，以使人们深入了解变化的过程（Knowlton & Phillips，2008）。变革理论有助于识别"干预核心要素"，它被定义为干预的关键组成部分，包含旨在引起学生社会、情感和学术技能变化的干预要素（Hulleman，Rimm-Kaufman & Abry，2013）。干预的核心要素是由干预开发者创建和选择的，因为在理论上，它们改变了课堂上发生的事情，从而提高了学生的表现。关于社交技巧的详细说明或者经常使用混合年龄的伙伴活动都是干预核心要素的例子。

变革理论有助于区分在班级中使用干预后长期和短期的预期效果。近期结果是干预的即时以及近在咫尺的结果；本质上，课堂上的第一个迹象就是干预促成的变化。例如，当一位老师开始使用社会情感学习干预时，她可能会发现班上同学之间有更多交流，或者一些学生的注意能力有所提高。远期结果是干预的长期结果。当一位老师实施社会情感学习干预时，他可能会支持一系列的人际交往技巧，这些技巧可能不会立即显现，但可能会提高学生的社交技巧，使学生长期获益，包括与学校内外其他人的联系、共情和沟通的能力。干预的近期结果可以被视为是重要的，因为它们标志着干预的潜在效果。此外，近期结果可以作为中介对远期结果产生积极的影响，这也是支持变革理论的另一种方式。

社会情感学习项目将启动一个随时间推移而展开的程序。从理论上讲，干预的核心要素可能会成为变革的推动者，从而带来近期结果。进一步，近期结果可能会成为变革的推动者，从而带来远期结果。如果干预的核心要素在课堂上得到恰当的使用，并且真正有效，那么干预的核心要素和近期结果的变革过程所依赖的机制就代表了我们所称的在社会情感学习中起作用的机制。重要的机制通常由干预的开发者用广义或具体的术语来描述。实质上，它反映了社会情感学习干预是如何通过设计来提高学生的社会和学术表现的。关注核心机制为理解社会情感学习提供了一个独特的视角。这种方法使我们能够仔细考虑在有社会情感学习干预的情况下教室里发生了什么，并说明现有的改善社会情感学习的方法的多样性。

对核心机制的描述也是一个重大挑战。大多数关于社会情感学习干预的研究考察了社会情感学习干预多个要素的效果，其中许多干预核心要素被组合成单一的干预并在课堂上使用。在任何单一的干预和测试中，严格地将每个干预的核心要素分离开来进行测试以便知道哪些要素是有效的，哪些与提高学生成果没有关联，这种情况是很少的。因此，根据研究现状，我们可以描述哪些干预对改善社会和情绪有效，哪些干预证据较少。然而，对于各种不同的核心要素和它们如何在班级内产生变化，我们是没有办法决断的，因为我们主要讨论假定的重要机制，而不是实际证明这些机制的效果。

本章的目的是回顾国内外有关小学社会情感学习的文献。

　　我们用一种强调机制的方式来描述社会情感学习理论，并简要概述了小学课堂上使用的社会情感学习策略。接下来，我们将选择 10 个社会情感学习项目，并将它们分成有效的项目（基于三个或更多的研究）和有希望的项目（有效性的研究少于三个）。对于每一个项目，我们都总结了其远期结果有效性的研究成果。此外，我们根据项目网站和所发表的文献描述了一些重要机制。在描述小学社会情感学习的有效项目和有希望的项目后，我们简要地描述了无效的项目。最后，我们总结了研究和实践的启示。

二、理论

　　我们使用的社会情感学习概念框架基于教育学和发展科学的理论与研究。我们从津斯等人（2004），学术、社会和情感学习合作共同体（2012），简宁（Jennings）和格林伯格（2009）以及其他一些框架（Jones & Bouffard，2012）的研究中得出了结论，以描述校本社会情感学习干预是如何设计并改善学生的社会和学术能力的。图 10-1 所示的概念框架表示在教室中如何有效地使用社会情感学习干预核心要素来开启新的课堂体验。一些干预的核心要素包括课程中描述社会情感学习技能的明确指导。这种类型的要素包括：教师设定关于社会情感学习话题的课程（例如，如何标记情绪，如何解决与同伴的冲突）或明确示范理想的行为模式（例如，如何与同伴轮流做事，如何站在一起）。另外，干预的核心要素可以纳入学术课程。例如，教师可以通过阅读和讨论与年龄相适应的书籍，让学生把这些经验运用到自己生活和社会情境的决策中去，从而促进社会情感学习的发展。在社会情感学习的课堂教学实践中，也可以嵌入核心要素。这种做法是指充分发挥教师与学生互动的优势，以促进学生对社会和情感技能的学习。例如，社会情感学习的课堂教学实践可能包括加强小组活动，为学生提供实践社会情感能力的机会，以及隐性地支持学生的动机或自主性的教师语言（CASEL，2012）。

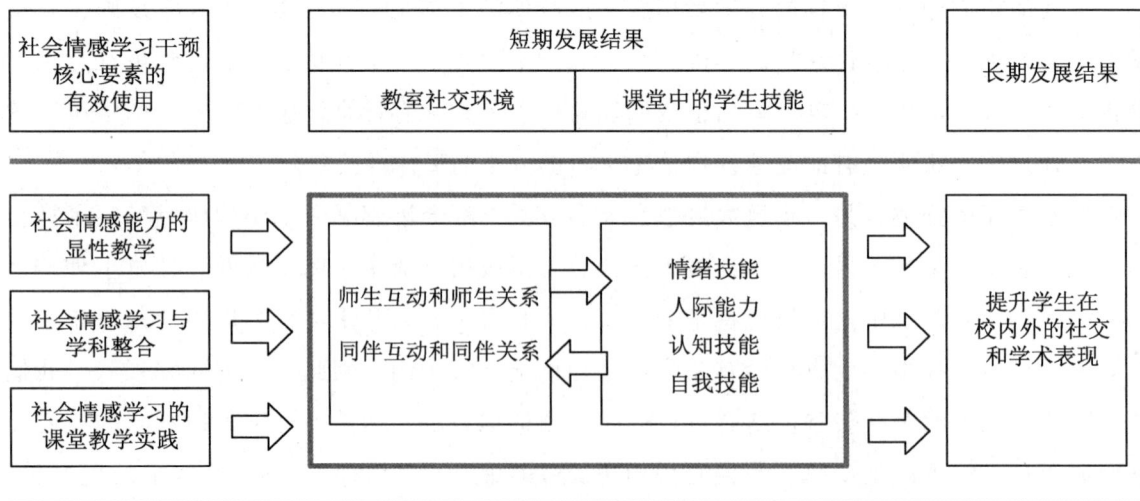

图 10-1　描述社会情感学习干预对短期和长期发展结果贡献的概念框架

　　从理论上讲，有效使用社会情感学习干预的核心要素可以改善班级中的社交环境，提高学生在班级中的技能。

　　班级社交环境质量的提高可能表现在：教师面对学生呈现出更强的意识和情绪反应，或者教师使用更好的课堂管理的方法(Jennings & Greenberg，2009)。高质量的班级社交环境可能意味着学生们更加合作，更加支持他人。可能是源于与教师或学生的互动，体验到良好班级社交环境的学生可能更频繁地接触到练习社会情感能力的机会。

　　社会情感学习干预的核心要素旨在提高学生的社会情感能力，包括情绪技能、人际能力、认知技能及自我技能。情绪技能包括识别、理解、标记、表达和调节情绪的能力；人际能力包括沟通、亲社会技能和人际关系发展的技能；认知技能包括对注意力的管理，对未来行动的规划，以及为了实现长期目标的短期反应抑制(Jones & Bouffard，2012)；自我技能是学生自己作为学习者对学校环境的态度和基本认知，包括学生的自我认知、对学校的亲密感和学习动机(Skinner，Kindermann，Connell & Wellborn，2009)。

　　社会情感学习理论描述了班级社交环境与学生社会情感能力相互作用的各种可能机制。干预的核心要素可以直接通过提高学生的自我技能来运作，也可以间接通过改善班级的氛围来运作，从而向学生展示更积极的社会环境，以此提高学生的社会情感能力。无论机制如何，社会情感学习理论的一个核心思想是，社会情感能力是儿童的重要资产，对儿童的发展有积极的影响。这些技能利用班级上的学习机会为学生提供了内部资源，通过这种方式(或许还可以通过其他机制)，改善班级社交环境，提高学生的技能，最终改善学校内外的远期成果、社交和学生学习成果。

　　基本的概念框架暗示了社会情感学习影响的方向(社会情感学习核心要素带来近期结果，再带来远期结果)。虽然这超越了本章的内容，但是在这个模型中，假设双向影响的存在是可行的(Skinner，2009)。例如，当学生在课堂上发展情绪技能、人际关系技能、认知技能和自我技能时，他们可以提高社会情感学习的教学水平，并促使教师将社会情感学习课堂教学实践的使用提升到更高的水平(例如，从基本的同伴社交技能到冲突解决技能)。

三、策略回顾

　　教育者可以采用各种各样的方法来推进社会情感学习。干预的核心要素的实现方式各不相同(例如，显性课程，与学术内容的整合，教学实践的变化；CASEL，2012)。有些社会情感学习干预把某些技能的发展放在首位，而有些则是针对多个技能领域的。尽管存在多样性，但在社会情感学习干预中有一些共同的主题。所有社会情感学习干预都归因于变革理论，并可以被描述为与假定的重要机制有关。几乎所有的社会情感学习干预都认识到，在一个领域内(例如，情绪领域)的技能发展对学生在另一个领域(例如，人际关系领域)的技能发展有影响。有的情绪技能能够让学生感知到他们朋友的情绪线索，并以不破坏友谊的方式管理自己的挫败情绪。学生认知调节技能的发展提高了他们参与学习活动的能力，这反过来又提高了他们的自我认知和对学习的重视(Liew，2012)。

下面，我们将描述 10 个社会情感学习项目，这些项目是由小学教师在小学班级内开展的。选择这 10 个项目是为了说明各种假定的重要机制。一些选定的项目有额外的家庭干预要素，学校干预要素或延伸到中学——本手册其他章节涉及的主题。

(一)有效的项目

目前有五个项目，分别是：关心型学校共同体(CSC)、促进选择性思维策略、积极行动(PA)、积极回应的教室(RC)和"第二步"。它们都被三个或三个以上的研究证明了有积极干预效果。我们描述了有关项目远期结果的现有研究，并通过描述项目的核心要素和近期结果，推测真正(或实际)的重要机制。

1. 关心型学校共同体

关心型学校共同体旨在创建关爱的班级和学校社区，这样就能使学生体验到与学校的联系和纽带。这个项目增强了学生和同龄人之间以及师生之间的联系，并且强化了与学校的联系。一些研究为关心型学校共同体的有效性提供了证据。一项随机对照试验研究发现，这种方法在提高学生与学校的联系感、促进学习参与以及提高人际交往能力(利他行为)方面有显著影响。研究表明，学生的社区意识的增强，与学生人际交往技能(亲社会行为)、自我技能(学术动机和学习参与)以及社会和学业结果的提高有关(Solomon，Battistich，Watson，Schaps，Lewis，2000)。最近，一项针对三年级至五年级学生的准实验研究反映了关心型学校共同体在提高自我技能方面的效果(在班级中的自主感和影响力，学生对班级支持的感知)(Chang & Munoz，2006)。将注意力转向远期结果，参加过关心型学校共同体的学生表现出一些改善的举动和行为(Battistich，Schaps & Wilson，2004)，特别是当学校按计划实施了项目时(Battistich，Solomon，Kim，Watson & Schaps，1995；Chang & Munoz，2006)。

回到社会情感学习的概念模型，项目的核心要素强调社会情感学习和学术的整合，以及带有一些课程成分的社会情感学习课堂教学实践。干预的核心要素包括：班级会议、跨年龄伙伴活动、家庭活动和与学生心理发展水平相匹配的全校社区建设活动。班级会议为教师和学生提供机会建立班级规范，参与社会问题解决(例如，如何应对戏弄和社会排斥)，建立团队并将班级作为一个社区来考虑。跨年龄伙伴活动将大龄学生与低龄学生配对，共同完成有意义的学业任务。活动先要求年长的学生做好参加准备，然后在活动过程中进行反思。家庭活动包括在学校启动一项活动，学生把它带回家，以引出和家人的对话。全社区建设活动旨在为学生、家庭和校外社区创造合作机会。这些互联的核心要素旨在创造一个更和谐的班级和学校内外环境机制，它们是关心型学校共同体的重要机制。基于项目理论，这些机制有助于加强学生与学校的联系，提高学生的学习动机、社会技能、基本行为和学业成绩(Developmental Studies Center，2013)。

2. 促进选择性思维策略

促进选择性思维策略是一个以课程为基础的干预过程，旨在提高学生的自我调节能力、情绪理解能力，以及自尊、社会关系和各种社交等问题解决的能力。多项随机控制的试验证明，促进选择性思维策略和近期结果之间的联系涉及三个发展领域：情绪、人际关系和认知。研究发现，参与促进选择性思维策略项目与来自贫困家庭儿童的情绪技能的提升（例如，情绪反应、情绪应对）有关，对于有听力障碍的小学生同样如此（Conduct Problems Prevention Research Group，CPPRG，1999；Greenberg & Kusché，1998）。

同时，促进选择性思维策略与提高人际交往能力有关，包括增强解决社会问题的能力和增强积极的同伴互动能力（CPPRG，1999），减少侵略性和接受权威时出现的问题（CPPRG，2010）。此外，促进选择性思维策略已经和增强的认知技能联系了起来（例如，认知集中力、抑制性控制、语言流畅性；Greenberg，2006，2010）。促进选择性思维策略和远期结果（社会和学业成果）的研究表明了其有效性。一项随机控制的试验表明，参与促进选择性思维策略项目3年可以减少破坏性行为和攻击性行为（CPPRG，2010）。再者，一项针对有特殊需要的学生（1—3年级）的促进选择性思维策略项目随机对照试验发现，根据教师报告，一年的促进选择性思维策略参与减少了学生的外化行为，缓解了内化症状的增长趋势（Kam，Greenberg & kusché，2004）。

在班级内部，促进选择性思维策略项目的核心要素是采取社会情感能力和社会情感学习显性教学形式，以促进上述技能的应用（CPPRG，2010）。促进选择性思维策略课程包括与年龄相关的单元以教导学生识别和标记情感线索，区分情绪和行为，建立和维持友谊，表现出良好的礼貌，轮流分享以及调和具有挑战性的友谊问题（CPPRG，2010）。促进选择性思维策略的目标是一系列非常广泛的社会情感学习目标。预设的重要影响机制包括各类课程（这些课程涉及显性教学、行为示范、讨论、讲故事和观看视频）。同时，教师将这些课程作为"有教育意义的瞬间"漫溢到整个学校生活（PATHS，2013）。

3. 积极行动

积极行动是围绕自我概念在学生行为中起至关重要作用的前提而设计的。这种干预的目的是："强化循环，在这个循环中，积极的想法导致积极的行为，这些行为会带来对自己的积极感受；反过来，积极的感受又会导致更积极的想法和行为。"（Washburn et al.，2011）大量准实验和实验性的积极行动研究都显示出一致、正向的结果。与近期结果相关的是三项实验性积极行动研究的结果，这些研究对6—11岁的儿童进行了3—4年的纵向追踪。样本总体的发展趋势显示自我技能下降（自我控制，对自己诚实，致力于持续改进）。然而，与对照组相比，干预组的下降幅度更小（Washburn et al.，2011）。同时，研究还显示了积极行动对远期结果有影响：五年级学生在小学早期参与过积极行动项目的，表现出较少的药物使用行为和性行为（Beets et al.，2009），较少的暴力和欺凌行为（Li et al.，2011），阅读和数学成果有所提升（Flay，Allred & Ordway，2001）。

在班级内，干预因素包括对社会情感能力的显性教学，自我概念，与身体相关的积极行动，对社会互动、情感反应和人际关系的负责任的管理，对自我和他人的诚实以及自我提升（目标的设定、坚持）。此外，互动的核心要素通过游戏、技能练习和角色扮演等小组活动嵌入教师和学生之间以及不同学生之间的社会情感学习教学实践过程中（Beets et al.，2009）。该项目涉及社区和家庭参与以及全校范围的变化，以此来支持班级干预内容。总之，教师主导的课程及其相应的活动和材料构成了预设的重要机制。基于项目理论，这些机制可以提高学生的自我技能，从而促使学生学习和内化健康的决策，启动一个积极的相互作用过程，以获得广泛的社会情感学习技巧和积极结果（PA，2013）。

4. 积极回应的教室

积极回应的教室项目的目标是改善班级社会环境，使教师采用积极主动的办法管理班级，提高教师的能力，以建立一个和谐班级，并培养学生自主参与学习的能力。研究者对积极回应的教室项目进行了两次准实验和一次随机对照试验。将积极回应的教室项目与近期结果联系起来的研究结果表明，积极回应的教室培养学生的自信和亲社会技能（Elliott，1999；Rimm-Kaufman & Chiu，2007），有助于学生形成对班级环境的积极看法（喜欢学校、学习、老师和同龄人；Brock，Nishida，Chiong，Grimm & Rimm-Kaufman，2008）。随机对照试验的研究表明，积极回应的教室项目与改善师生互动之间存在联系，其中的培训预示着与对照组学校的教师相比，积极回应的教室组教师有更多基于探究的数学练习与实践（Ottmar，Rimm-Kaufman，Berry & Larsen，2013）。实施更多积极回应的教室实践的老师能够提供更高质量的师生互动（Abry，Rimm-Kaufman，Larsen，Brewer，2013）以及与学生建立更紧密的关系（Barody，Rimm-Kaufman，Larsen & Curby，2014）。研究已经将积极回应的教室项目与远端成功的结果联系了起来。两项研究的结果表明，在接触该项目2—3年后，学生的数学和阅读成果有所提高（Rimm-Kaufman，Fan，Chiu & You，2007；Rimm-Kaufman et al.，2014）。

积极回应的教室项目重点通过10个教学实践来整合社会情感学习和学业，这些实践专注于提高学生的人际交往能力、认知能力和自我技能。教学实践构成了干预的核心要素，引导着师生互动的结构。作为积极回应的教室项目的10个教学实践例子，教师利用每日晨会来整合社会情感和学业学习，建立学生的班级意识，引导学生学习和练习社会技能，创造学生学习和社会学习的氛围。同时，在积极回应的教室项目中，教师运用学术选择的方式，采用结构化的方法，为学生学业活动提供学习自主权，并以互动模式教授预期的社会行为和自我调节技能。教师与学生之间，学生与学生之间互动质量的改变是积极回应的教室项目的预设机制。基于项目理论，这些机制改变了班级社会环境，创造了教授、模仿和实践社会情感能力的机会，并带来了社会和学业上的收获（Northeast Foundation for Children，2011）。

5. "第二步"

"第二步"项目的目的是改善幼儿园到八年级学生的情绪、人际关系和认知技能。它提供了一系列包括各种活动在内的多类型课程，旨在帮助每个学生在班级中广泛地学习和实践社会情感学习的技能（Committee for Children，2013）。"第二步"已有多项研究，其中一项 2—5 年级的随机控制试验表明，接受干预后，学生的人际交往能力得到改善（亲社会目标增加，攻击性降低，社会行为改善）。此外，参与项目与合作能力的提升有关，这是一种对小组学习至关重要的软技能；这一发现是针对女孩而不是男孩的（Frey，Nolen，Edstrom & Hirschstein，2005）。挪威的研究表明，五年级和六年级学生的社交能力整体得到了提高，而六年级男生的社交能力则有所下降（Holsen，Smith & Frey，2008）。来自德国的一项随机对照试验的结果表明，与幼儿园至三年级的对照组学生相比，"第二步"的学生表现出更好的社会行为，更少的焦虑和内化行为（Schick & Cierpka，2005）。

在班级内部，教师通过对社会情感能力的显性教学，向学生传递干预的核心内容。预设的重要机制是准备好的脚本和课程，讨论的故事、加强新技能的练习活动以及选定的书籍——所有这些每周都要围绕一个主题进行重组。主题包括解决社会问题（例如，保持冷静，遵循一系列解决问题的步骤，描述问题，不加指责）和学习的技巧（例如，如何集中注意力，倾听，自信，用自我对话来管理自己的情绪）。"第二步"也有一个基于家庭的项目内容。基于项目理论，"第二步"教给学生广泛的技能（移情、情绪管理、问题解决、冲突解决、学习等技能），使他们能够充分利用班级学习环境（Committee for Children，2013）。

这五个项目——关心型学校共同体、促进选择性思维策略、积极行动、积极回应的教室和"第二步"——具有不同的干预的核心要素和机制。关心型学校共同体和积极回应的教室，主要强调使用社会情感学习课堂进行教学实践，并没有一套有序的、已建立的社会情感学习的显性课程。相比之下，促进选择性思维策略、积极行动和"第二步"提供了一个具体的序列课程，以便在课堂教学中实施。然而，另一个区别在于，这些项目的设计旨在改善班级社交环境，直接促进学生技能的提升。关心型学校共同体和积极回应的教室更注重教师能力建设和班级社交环境（师生互动、同伴关系）的改变，前提是改变学生的社会环境能提高学生的社会情感能力。相比之下，促进选择性思维策略、积极行动和"第二步"更强调提高学生个体的技能，认为学生将在班级和生活中应用这些技能。这五种干预在关注学生社会情感能力的狭窄范围（目的是让学生使用这些技能来提高其他社会情感能力）与关注全部社会情感能力的程度上也有所不同。例如，关心型学校共同体强调增强学生人际关系和自我认知技能，前提是学生与学校建立联系，这将提高学生社会情感学习的远期成果。积极行动的目标首先是自我认知技能的提升，一旦这些自我认知技能得到发展，它们将转化为更广泛的社会情感能力。相比之下，促进选择性思维策略、"第二步"和积极回应的教室的目标是广泛的技能。这五个项目已经存在 10 年或更长时间，每个项目都有三项或更多证明干预效果的研究。现在，我们把注意力转向那些看起来很有希望的新的或研究较少的项目。

（二）有希望的项目

我们选择了五个有希望的社会情感学习项目，它们在社会情感学习中预设的重要机制有显著差异：部落学习共同体（TLC）、RULER（识别、理解、标记、表达和调节情绪）、心灵升华（Mind Up）项目、创造性地解决冲突（RCCP）和4Rs（阅读、写作、尊重和解决）。同样，所选择的干预是说明性的，而非详尽无遗的。

1. 部落学习共同体

部落学习共同体旨在提高学生在校内外的团结意识，以减少攻击性、破坏性和暴力性行为。它最明显的核心干预部分是教师把学生组成一个小的工作小组并持续一整个学年。第一个随机对照试验集中在1—4年级的学生身上，研究近期和远期的影响。有一些研究迹象表明，与1年前相比，部落学习共同体项目的学生表现出更多的分享和参与行为（Hanson，Izu，Petrosino，Delong-Cotty & Zheng，2011），男孩受益而女孩不受影响。在参与部落学习共同体项目的男孩中，教师注意到他们具有较高的情感技能和人际关系技能，而家长则报告说他们拥有更多的个人技能，在家里也较少犯错误。相比之下，参与部落学习共同体的女孩在语言和数学方面的试验结果出人意料地下降了。年龄较小的儿童（一年级和二年级）和年龄较大的儿童（三年级和四年级）的试验结果有所不同，在一年级和二年级，部落学习共同体项目提高了女孩的个人技能和交际技能，但男孩没有提高；在三年级和四年级，部落学习共同体项目提高了男孩的内在和人际关系技能，但女孩没有提高（Hanson et al.，2011）。

部落学习共同体将一系列合作活动纳入现有课程，其中一个核心要素包括鼓励小组项目，主要是让参与者从事有意义的工作。教师利用社会情感学习课堂教学实践来教授和加强学生的协作技能，并帮助学生学会欣赏、尊重，对彼此有更高的期望，在课堂上营造积极的情感氛围（Tribes Learning Community，2014）。重要的推进机制是长期工作小组，教师努力提升学生的协作技能，旨在使学生在人际关系技能方面获得实践和经验。基于项目理论，这些重要机制通过培养学生在班级和其他环境中的复原能力来提高学生的技能和知识（Hanson et al.，2011）。

2. RULER

RULER（参见本手册第2章）是最接近社会和学习技能提高的远期目标的结果，很少有社会情感学习干预被设计成主要针对情绪技能。RULER感觉词汇课程就是这样一种干预方式（RULER，2013）。它涉及一套情绪技能的显性教学，开发者将其描述为RULER，以用来提高情绪素养。迄今为止，该项目已经进行了一次随机对照试验。研究表明，有效干预可以提高学生的情绪控制能力、人际关系技能、班级社交环境等近期结果和远期结果。一项针对五年级、六年级学生的准实验研究显示，接受干预后，他们的情绪控制技能（RULER技能）、人际关系技能（社交能力）和学习成果（Brackett，Rivers，Reyes & Salovey，2010）都有所提高。后续针对六年级学生的随机控制试验显示，在干预中，当教师接受了高质量的培训、学生接受了足够的指导后，学生的情绪控制技能（学生对情绪的理解和调节）和社会问题解决技能（Reyes，Brackett，Rivers，Elbertson & Salovey，2012）更有可能得到提高。使用RULER的课堂比"一切照旧"的课堂有更积极的、情感支持性的社会环境（Rivers，Brack-ett，Reyes，Elbertson & Salovey，2013）。

RULER 干预的核心要素包括在社会情感能力方面的显性教学，这些课程教导学生识别自己和他人的情绪，了解情绪状态的前因后果，使用课程中介绍的一系列词汇来理解情绪，调节自己的情绪，用适当的社会方式表达情绪。因此，该项目的重要推进机制包括教师管理的课程、与语言艺术教学相结合练习情感词汇的机会，以及在班级中积极的社会互动和情感氛围（Brackett et al.，2010；Rivers et al.，2013）。RULER 的实施首先需要全校共同努力，其次会在班级中引入。

3. 心灵升华项目

心灵升华项目的干预方法之所以独特，是因为它将正念冥想的实践融入班级生活。一项关于心灵升华的准实验研究表明，四年级到七年级的学生的乐观程度和积极的自我概念都有所增加，教师对干预组学生的注意力、情绪调节能力以及社交能力的评分明显高于对照组（Schonert-Reichl & Lawlor，2010）。

心灵升华的核心干预机制涉及社会情感学习的显性教学，包括正念课程和扩展这些课程的教学实践。教师带领学生进行正念练习（基于脚本），每天 3 次，每次约 3 分钟（Schonert-Reichl & Lawlor，2010）。因此，重要机制是正念课程和练习，旨在使学生专注于呼吸，帮助他们提高对当下时刻的意识。根据项目理论，重要机制能提高学生的情绪技能（管理负面情绪）、认知技能（加强执行技能，包括注意力）和自我技能（自我认知和他人意识）。这些技能的发展将提高学生的社会和学业成果（Mind Up，2013；Schonert-Reichl & Lawlor，2010）。

4. 创造性地解决冲突

也许最常见的社会情感学习干预项目是那些旨在通过提高社交技巧和减少学生攻击性来提升学生人际关系技能的项目。创造性地解决冲突项目之所以引人注目，是因为它旨在削弱一系列消极的发展过程，这些过程常常伴随着儿童从幼儿期到中学后期的发展而出现。该课程包括互动课程，教授学生解决冲突的技巧和技能，以改善班级和学校中的社会互动、合作和安全环境（Educators for Social Responsibility，ESR，2014）。为了评估项目的有效性，创造性地解决冲突项目的一个随机对照试验，对学生（6—12 岁）进行了为期两年的追踪。结果表明，创造性地解决冲突项目的问题与减缓某些通常发生在童年期的负面影响相关。具体来说，在两年的时间里，干预组儿童的敌对归因水平总体上低于对照组儿童，敌对归因水平和解决问题的攻击性方法也有所下降。在干预组的学生中，那些接触到更多课程的学生在两年的干预中表现出解决冲突行为技巧的增加和攻击性行为的减少（Aber，Pedersen，Brown，Jones & Gershoff，2003）的现象。

在课堂上，干预的核心内容被整合到课程中，具体表现在学会关心他人，积极处理冲突，积极倾听，克服偏见，控制愤怒和挫败，发展合作关系，表现出同理心等。创造性地解决冲突的重要机制包括：同伴调解和管理，家庭和学校教职工培训，与课程相对应的互动指令。项目理论将机制与学生的人际关系、自我技能联系起来，进而与远期结果联系起来，包括在校学业的成功和减少暴力行为（ESR，2014）。

5. 4Rs

4Rs(阅读、写作、尊重和解决)是一种很有希望的干预手段，它将社会情感学习融入学生的语言艺术课程。4Rs 的设计是为了增强社会认知，它基于这样一个概念：对攻击性和人际协商策略的社会线索和观念的理解是更复杂的技能的基础，涉及团体之间的理解和冲突解决(Morning side Center，2012)。一项针对学生的 4Rs 随机控制试验进行了为期两年的研究(三年级和四年级)。对 4Rs 和近期结果(班级或社会环境)的研究表明，接受过——将语言艺术课程与社会情感学习相结合进行——培训的三年级教师的课堂互动质量(教学和情感支持)有所提高(Brown，Jones，LaRusso，Aber，2010)。从三年级开始到四年级结束，控制和干预学校学生的敌对归因偏向和攻击性人际谈判策略都有所增加。然而，干预学校的学生与对照学校的学生相比，这两个方面的增长速度都较慢(Jones，Brown & Aber，2011)。此外，参与这项研究时具有高攻击性的学生现在的攻击性较少，他们的头脑中出现关于伤害、打击或与某人打架的想法减少了(Jones，Brown，Hoglund & Aber，2010)。

正如在课堂教学中制定的那样，4Rs 项目的核心要素被嵌入一系列的识字课程和社会情感学习教学实践中以扩展这些课程。其中，一个核心要素是朗读一本与社会情感学习主题相关的书；另一个核心要素是书本谈话，包括对话、角色扮演和写作机会，在此基础上帮助学生理解主题，并将其与自己的经历联系起来。4Rs 这一项目与其他以班级为基础的项目干预不同，它的目的是让学生通过学业上有意义的经历来提高社会情感能力。项目理论和研究表明，这些机制提高了班级互动的质量(Brown et al.，2010)，并导致远期结果的出现(Jones et al.，2010，2011)。

这五种干预手段——部落学习共同体、RULER、心灵升华、创造性地解决冲突和 4Rs——在假定的重要机制中表现出显著的多样性。RULER、创造性地解决冲突和心灵升华把各自的干预核心要素嵌入课程和显性教学中。即使存在这种共性，每种干预手段也都以不同的社会情感能力为主要目标：RULER 强调情感技能，创造性地解决冲突强调人际关系技能，而心灵升华强调认知。部落学习共同体和创造性地解决冲突都注重人际交往能力，但部落学习共同体的假定机制与班级社交环境密切相关，创造性地解决冲突则把教授学生的技能和技巧视为首要任务。4RS 与其他几种干预不同，它是将社会情感学习与书籍、资料和学业内容相结合。这五个项目有一个共同的特点，那就是它们都是基于学校的、看起来有希望但需要进一步研究的干预。

(三)无效的项目

通过观察班级内部情况，我们可以从一个独特的角度来看在小学社会情感学习过程中什么是行不通的。基于证据的社会情感学习干预需要具体的条件，才能在班级中转化为重要的机制。在这一章中，有效性的证据依赖于这样的假设：教师实施干预核心要素的方式与项目理论和开发者的意图是一致的。对这个假设提出质疑是很重要的。我们描述了阻碍小学社会情感学习成功实施的三个突出因素：①干预倾向于被采纳但没有被充分利用；②干预经常被改变，导致干预的核心要素失去其完整性；③干预在儿童早期就开始，但没有在学生的发展过程中持续下去。下面，我们将描述有效的社会情感学习项目的每一个障碍，并揭示当前的工作和这些障碍所带来的挑战。

如果社会情感学习的干预被采用，但在班级中没有得到充分的利用，就不会起作用（Webster-Stratton & Herman，2010）。社会情感学习实践的有效性取决于实施的高忠诚度，这意味着要使用预期设计的干预核心要素（O'Donnell，2008）。在实践中，这意味着学校做出采取干预措施和培训教师的决定只是走向实际效果的第一步。已有理论和研究提供了有助于忠诚地实施干预的核心要素的条件的见解。

教师的接纳能力、高质量的教师培训、持续的咨询和支持——指导，行政支持以及与干预机制的系统相协调——代表了确保忠诚地实施项目所需的一些要素（Fixsen，Blas，Naoom & Wallace，2009）。有效率、负担少的教师比那些感觉无效和疲惫的教师更能接受新的社会情感学习实践（Ransford，Greenberg，Domitrovich，Small & Jacobson，2009）。教师在有行政支持和较丰富经验的情况下更可能实施社会情感学习的干预（Ransford et al.，2009；Wanless，Patton，Rimm-Kaufman & Deutsch，2013）。尽管有强有力的理论和新研究的支持，但有利于社会情感学习实施的条件还远远不够。最近一项研究评估了教师在社会情感学习方面的舒适度、承诺度和文化支持度，结果显示，那些对社会情感学习更加满意和投入的教师对社会情感学习项目表现出更大的开放性（在 RULER 项目中）。但是，对社会情感学习的文化支持和承诺与后续实施 RULER 之间的关联没有切实依据（Brackett，Reyes，Rivers，Elbertson & Salovey，2011），需要进一步的工作以确定其影响因素，这将有助于充分实施社会情感学习干预。

如果社会情感学习项目被改编到失去效力的程度，它们将不会再起作用。许多社会情感学习项目是教师通过手册、培训和交流经验等方法学习的。然而，当教师将社会情感学习干预的核心要素应用在课堂时，他们可以调整教学风格、课堂习惯等组成部分以适应儿童的文化性、发展性需求和个人需求。在此，教师面临着忠实地执行干预和根据实际情况调整干预之间的矛盾，这个话题已经在其他地方讨论过了（Datnow & Stringfield，2000；Hulleman et al.，2013；O'Donnell，2008）。处理与改编有关的问题，需要根据实际情况确定哪些干预核心要素或多或少是有效的，然后就这些干预核心要素背后的理论基础和关键要素，与教师或其他从业人员进行交流并适当改编。因此，有必要进行严谨的研究，以确定基于证据的核心要素是否需改编（Embry & Biglan，2008）。这里的核心是指教师对学生的具体做法，这些做法对于干预的成功具有重要意义。在教学过程中，教师应充分理解每个干预核心要素的目的、该干预核心要素的心理学解释以及可接受改编的评价指标。即使缺乏关于哪种干预核心要素比其他成分更有效的实证数据，也可以通过帮助教师理解他们所使用的干预实践背后的理论来提高社会情感学习实践的质量，这样他们就能更有效地决定自身的改编是恰当的，还是会降低干预效果。

如果没有适合相应年龄的后续支持，那么，在幼年时期接受社会情感学习干预的学生可能不会保留其社会情感能力。文献回顾显示，相对于较晚的年级（3—6年级），更多的社会情感学习干预可用于较早的年级（学前至二年级），这种不平衡是有问题的。有研究表明，从小学到中学，学生对学校的感受、自身的社会能力、自我控制等方面的评估结果都呈现下降趋势。这种下降可能因社会情感学习干预的存在而部分减弱（Jones et al.，2011；Washburn et al.，2011）。但是，在学校联系社会和在学术情境中应用社会情感能力对成功变得尤其重要时，这种下降仍然是长期的。实践的战略方法在一定程度上可以解决这个问题。有一些社会情感学习项目是基于小学高年级学生与小学低年级学生有不同的社会情感技能和发展需要的事实设计的。学区可以从学龄前开始为学生的社会情感能力的发展制订一个计划，一直到高中阶段。一些有希望的社会心理干预在发展的关键时刻介入社会情感学习，在这种情况下，即使没有持续的干预，也会提升学生的归属感并对其产生持久的影响（Yaeger & Walton，2011）。

四、总结

在小学社会情感学习中，出现了几个一致的主题，尽管这些项目在研究中有很大的不同，在假定的重要机制上也有所差异，但所有这些都指明在小学阶段学习和实践社会情感技能对学生未来成长和发展有重要作用。社会情感能力为儿童提供个人资源和人际关系技能，使他们能够从积极的班级环境中获益，从而促进其社会情感学习和学业的进一步发展。因此，无论是明示还是暗示，大多数社会情感学习项目的一个指导前提就是：它们将启动一个积极的、关键的发展程序。教授儿童社会情感能力使他们能够充分利用社会资源和学术资源。在班级中教授社会情感学习技巧，能帮助学生在学术学习中运用这些技巧，从而帮助学生更好地利用班级中提供的各种成长机会。

观察班级内部情况可以得到清晰的建议。研究人员需要为决策提供更好的路线图，需要转移重点，以了解哪些干预的核心要素对其有效性有重要作用。从事儿童工作的教师需要有机会了解社会情感学习，理解并肯定干预的作用，以及明白什么构成了可接受的和不可接受的改编。社会情感学习需要更多的重复试验，需要更多的针对不同的样本和年龄而进行的研究，特别是研究区分那些不那么重要的干预要素的机制。学校从业人员、内部开发人员和研究人员需要协同工作，构建持续改进机制以支持从业人员持续使用高质量的社会情感学习。

透过课堂，我们可以看到未来。想想问责运动和标准化测试对美国学校课堂上发生的事情所产生的影响。关于学业表现的衡量标准已经改变了日常的课堂经验，使其侧重于小学课堂中特定的学业内容和特定的学业目标，想一想如何使用一个可比较的国家衡量标准来评估学生的社会情感能力。如果教师需要对学生的社会情感发展负责，那么，日常的课堂体验会有什么不同呢？班级及社会环境之间会有什么不同？学生在班级中会展现哪些社会情感技能？设想这些问题的答案可以让我们深入了解如何改变国家的教育目标以涵盖社会情感能力，从而为学生的学习、工作和未来生活做准备。

五、参考文献

请扫描二维码获取原书参考文献。

第 11 章

初中阶段的社会情感学习项目

罗伯特·J. 贾格斯、亚历克西斯·哈里斯、亚历山德拉·斯科格

在这一章中，我们将回顾初中学生班级中的社会情感学习项目。这些项目是针对 10—14 岁的青少年的，主要是 6—8 年级。处于这一发展期的年轻人经历了相当大的身体和认知发展，他们努力表现出更强的能力，想获得更多的自主权以及想培养与他人的互惠关系（e. g.，Ryan & Deci，2000）。然而，中学环境以及早期相关社会压力的增加会使青春期成为一个发展困难的时期，对于来自资源不足社区的人来说尤其如此（Balfanz，Herzog & MacIver，2007；Eccles & Roeser，2011）。

中小学生社会情感能力研究提出，社会情感能力作为重要的发展成果，可以提高学生在班级环境中建设性地参与的能力，从而支持学习和学业成就（Fleming et al.，2005）。最近一项评估校本干预的元分析证实，社会情感学习项目可以通过各种方式促进自我认知、社会行为、亲社会态度和学业成果的改善等，并减少行为问题和情绪困扰（Durlak，Weissberg，Dymnicki，Taylor & Schellinger 2011）。社会情感学习领域的大部分工作都集中在学龄前儿童和小学生身上，在中学阶段面临独特挑战的情况下，我们仍然需要支持青少年在中学期间最佳发展的社会情感学习项目和实践。本章考察了在中学阶段促进青少年社会情感能力发展的项目的现有证据。

一、定义和范围

一些基础研究表明，初中学生的社会情感能力显著地预测了当前和未来的学业成果（Fleming et al.，2005；Wentzel，1993）。这种关系模式与学业上成功的、社交能力强的年轻人的发展相一致。但是，也有一些研究表明，初中时期可能是亲社会态度和亲社会行为下降的

时期（Carlo，Crockett，Randall & Roesch，2007；Jackson & Tik，2001），也是学业动机下降的时期（Eccles & Roeser，2011）。青少年早期的能力、风险状况以及发展轨迹各不相同（Zimmerman，Phelps & Lerner，2008）。青少年的一些风险因素，如学校纪律问题、脱离学校和学习成果不佳等，可能使青少年容易发生问题行为，如打架或暴力，药物滥用（酒精、烟草和其他药物）和不安全的性行为（如早期和无保护的性行为）。最近的研究表明，与过去 20 年相比，这类问题行为现在并不那么普遍了（Mulye et al.，2009）。然而，在当今的年轻人中，尤其是那些来自资源匮乏地区的年轻人中，打架或欺凌、吸烟和大麻的尝试以及不安全的性行为仍然是被关注的重要问题（疾病控制和预防中心，2012）。因此，中学时期是提升社会情感能力的黄金时期，提升社会情感能力不仅有助于提高学生的学习效果，也有助于防止一些学生在这段时间内可能发生的某些恶习。有人认为，中学时期班级的结构、关系环境往往与青少年的发展需求不匹配，无法促进他们努力建立密切的关系，也无法利用他们日益增长的认知和社会情感能力（Eccles & Roeser，2011）。具有普遍性的基于班级的社会情感学习项目提供了一些策略，使课堂内容和环境更好地适应青少年发展的需要。这些项目可以在学校为青少年的应用性学习与在日常生活中为青少年克服挑战的关键技能创造空间，同时也为他们与同龄人和非家庭成人一起练习这些技能提供了一个安全和支持性的互动环境。这样的机会创造了更有利于青少年在中学及以后阶段取得积极成果的班级和学校环境。

二、社会情感学习的核心理论

与本手册的其他章节一致，我们对社会情感学习项目的思考是基于学术、社会和情感学习合作共同体（CASEL，2012）的框架的。该框架由五个能力领域构成，包括自我认知、自我管理、社会认知、人际关系技能和负责任的决策。这些能力领域被认为是整个生命周期健康发展必不可少的。有几个发展框架已经为我们了解青少年的社会情感发展提供了依据。结合学术、社会和情感学习合作共同体提出的社会情感能力框架，格拉（Guerra）和布拉德肖（Bradshaw）（2008）最近提出了青少年社会情感能力的概念，该概念整合了积极发展和风险预防领域的研究。在他们的模型中，五种确定的核心社会情感能力反映了"成为一个健康的青年意味着什么"，它们包括积极的自我认知（如自我认知、能动性、自尊心），自我管理（如对认知、情绪和行为的调节和控制），社会认知（如归属感，在家庭、学校和社区环境中的参与和联系），人际关系技能（如道德判断、换位思考和同情心），负责任的决策（如做出失误最小化并带来积极成果的合理选择）。这些核心能力可以预测学生的积极发展和风险预防。它们反映了许多有实证支持的框架、模型和理论的核心要素，如积极的青年发展（Zimmerman et al.，2008）、青年社会政治发展（Watts & Flanagan，2007）、能力和韧性的发展理论（Luthar，Cicchetti & Becker，2000；Masten，Burt & Coatsworth，2006）、社会发展模型（Catalano & Hawkins，1996；Catalano，Hawkins & Smith，2001）和亲社会课堂模式（Jennings & Greenberg，2009）。

在本手册中，布拉克特、埃尔伯森和里弗斯(本手册第 2 章)对与社会情感学习相关的著名理论进行了更为全面的论述。

三、当前研究

鉴于提高中学生社会情感能力的重要性，本文试图在中学生社会情感能力项目中识别和区分哪些项目有效，哪些项目有希望，哪些项目无效。在中学阶段，许多相关的项目都是从预防的角度出发，并着重于预防滥用药物、暴力或其他问题行为。当此类预防为主的项目核心策略涉及提升能力或在环境中建立积极关系时，我们会将其纳入社会情感学习的范畴。我们将有效项目定义为有三个或更多成功的随机对照试验或准实验测试的项目。成功的试验是指在预期的方向上对目标行为产生重大影响的试验。如果预期效果在大多数指定的结果中出现，那么具有多个结果的项目就能够被认为是有效项目；如果项目的成功试验少于三次，但是在评估或初步研究中产生了预期的结果，那么这些项目就被归类为有希望的项目，大多数回顾到的项目都被认为是有希望的项目；无效的项目被定义为至少经过三次试验评估，都没有达到预期效果的项目。

我们回顾项目的几个方面，包括项目的实施和评估。其中，一个核心维度是项目特征，包括项目是否注重显性技能教学、课堂结构与过程，以促进学生社会情感能力的发展。绝大多数回顾重点关注改善学生行为的外显技能的教授，但对教师教学实践的关注相当少。

本文还介绍了社会情感学习项目在教学中使用的课程数量和类型。在最近的元分析中，杜拉克和同事(2011 年)得出结论，使用有序的课程、利用积极的学习机会、关注并明确目标技能的社会情感学习项目往往会产生更大的学习成果。我们还考虑了项目实施是由项目人员还是由班级教师完成的，以及是否报告了实施质量数据，或是否将其纳入项目效果分析中。我们发现，虽然所提供的课程数量有所不同，但大多数研究都以杜拉克和同事确定的关键特征来阐述课程。这次回顾到的许多项目是由健康教育者或预防专家实施的。大多数研究者对实施质量进行了评价，但很少有研究致力于探讨实施质量是否影响实施效果。

此外，我们对研究人员在多大程度上试图采取"测试干预效果的行动机制"这一重要步骤比较感兴趣。这与研究理论和概念框架是一致的。这些理论和概念框架强调了社会情感能力对问题行为(e. g. ，Guerra & Bradshaw，2008)和学业成就(Durlak et al. ，2011)干预效果的中介作用。我们回顾的尝试此类分析的研究相对较少。

最后，我们考虑了参与者子群体间的差异性干预效果(例如，作为性别差异或风险状态差异)。一些研究探讨了干预是否会因为参与者的不同基线风险状况而产生不同影响。

四、策略回顾

本回顾主要关注发表在同行评议期刊上的研究，学位论文研究不包括在内。相关研究首先通过计算机搜索心理学文摘数据库(PsycINFO)、教育资源信息中心(ERIC)和网络学术中心得以确认,搜索词包括"社会情感能力""社会情感学习项目""社会技能项目""品格教育项目"和"风险预防项目"。所有术语都被限定在青少年早期或者初级中学,目的是保持搜索的最大相关性。此外,我们还搜索了药物滥用和精神卫生服务管理中心、教育科学研究所(IES)、有效教学策略网(What Works Clearinghouse)提供的国家循证项目和实践注册中心(NREPP)的中学生品格教育项目。

我们首先回顾了详细的研究摘要,以确定这些研究是不是定量的,是否包括一个在初中、高中阶段普遍的有社会情感学习干预的对照组设计。无论风险状况如何,普遍项目适用于所有的青少年。我们选择排除针对高风险青少年(选定的)或已确定的社会、情绪或行为问题(目标)的研究项目。这篇综述考虑了大部分现有文献,但由于受相关文献的数量和篇幅的限制,我们于是决定在这一章节中介绍部分项目。因此,这是一篇对中学社会情感学习项目深入了解但并非详尽无遗的回顾。

五、有效的项目

我们发现只有两个项目符合有至少三个成功试验的标准。表 11-1 列出了这两个项目的主要发现。

表 11-1　有效的项目

项目	环境和人口	设计说明	重要成果摘要
生活技能训练	六年级和七年级的多样群体	多个随机对照试验	增加拒绝技巧并减少药物滥用、打架、犯罪、焦虑、危险驾驶和性行为;增强自信,做决定和解决问题
以和平与积极的方式回应	六年级和七年级的多样群体	随机性的多项准试验	减少毒品使用,减少侵略和暴力行为、违法行为、违反学校守则以及与暴力相关的行为,更多对非暴力的同伴给予支持,降低使用毒品的同伴压力,减少身体攻击、药物滥用,提高生活满意度

(一)生活技能训练

"生活技能训练"(LST)主要是一个药物滥用预防项目。该项目强调提高在较高的学生自我管理能力、健康人际关系以及负责任的决策能力等个人和社会能力背景下的抗药技能。项目所教授的一般技能包括决策,解决问题,设定目标,应对焦虑与挫折,自信,沟通,识别与解释媒体影响;通过对药物滥用(酒精、烟草和其他药物)的认识、态度和规范性期望以及对抗药技能的提升,可以提高特定的耐药能力。这些课程材料还包括关于预防暴力的选修单元(Botvin & Griffin,2004)。

生活技能训练由中学教师开展(通常在卫生课上),第一年开设 15 门核心课,随后两年开设 15 门补充课。教学方法强调认知-行为技能训练，包括教学、讨论、课堂演示、体验式学习、反馈和行为式家庭作业。

许多大型的随机对照试验和准实验研究证实了生活技能训练对青少年的预期影响（Botvin & Griffin，2004，for review）。例如，与对照组相比，参与生活技能训练项目的学生在测试后一年随访时，其他药物的使用率更低，抵抗自我效能感更强，在一年和两年随访时酗酒率更低，并在测试后和两次随访时提高了对药物滥用的标准期望值（Botvin，Griffin，Diaz & Ifill-Williams，2001a，2001b）。

此外，与对照组相比，接受生活技能训练的七年级学生在 12 年的后续跟踪中药物滥用情况更少，违规驾驶和驾照扣分情况更少（Botvin，2000；Botvin，Baker，Dusenbury，Botvin & Diaz，1995），24 岁时艾滋病危险行为更少（Griffin，Botvin & Nichols，2004，2006）。斯波思（Spoth）等人（2006；Spoth，Randall，Trudeau，Shin，and Redmond，2008）重复了生活技能训练对药物滥用的影响，并发现与对照组的学生相比，实验组的七年级学生在 12 年的随访中酒精、烟草、大麻和甲基苯丙胺的使用率显著降低。

此外，生活技能训练还对学生的社会情感能力产生了积极影响。在不同的研究中，有关自我管理和社交技能的影响各不相同，但都包括对自信、控制力、决策和解决问题能力的影响（Botvin & Griffin，2004）。

博特温（Botvin）和同事们已经注意到了这些不同试验中的实施质量问题，他们请训练有素的工作人员对选定的班级实施监控。监控报告说，教师实施项目的忠诚度（例如，课程的完整性）和投入力度（课程数量）差别很大（Botvin & Griffin，2004）。这些都是重要的需要考虑的因素，例如，博特温等人（2006）发现，学生是否接受了一半以上的生活技能训练项目的干预，对暴力和犯罪结果的效果存在显著差异。

（二）以和平与积极的方式回应

以和平与积极的方式回应（RIPP）是一个暴力预防课程，它最初是为城市的非裔美国中学生开发的（Farrell，Meyer & White，2001），但也在不同的乡村中学显示出了效果（Farrell，Valois & Meyer，2002；Farrell，Valois，Meyer & Tidwell，2003）。以和平与积极的方式回应包括六年级、七年级和八年级的课程，但是八年级的课程没有在研究该项目效果的四个准实验中得到评估。以和平与积极的方式回应可以被纳入社会研究、健康和科学的学术课程中，但它在设计之初是由训练有素的预防专家讲授的，并与全校的同伴调解项目一起实施。以和平与积极的方式回应利用体验式教学活动来影响与非暴力和积极风险承担有关的知识、态度和学校规范，并促进问题和冲突解决技能的提升。

以和平与积极的方式回应的干预目标是在每个年级预防暴力和解决冲突，但课程重点随着学生升入六年级至八年级而不断变化，试图满足学生的独特发展需要。在六年级，这个项目通过强调识别和避免环境中的暴力风险来解决学生增加的自主性体验。由于七年级学生的洞察力日益增强，与同龄人相处时间日渐增多，项目重点更多地转移到处理人际冲突上，尤其是在学生友谊方面。最后，八年级的课程强调为学生升入高中做好准备。

研究证据支持以和平与积极的方式回应对城乡中学生暴力及其他问题行为的预防效果。评估研究已经证明了该项目干预对暴力、冲突解决策略和自我报告暴力行为的知识和态度的影响（Farrell et al.，2001，2002；Farrell，Meyer，Sullivan & Kung，2003；Farrell，Valois，et al.，2003）。除了自我报告的行为外，评估者还检查了学校数据记录，并证明了项目对违反学校纪律的暴力行为和停学行为的干预效果。在某些情况下，效果会受到性别差异或对攻击或犯罪行为的前期预测水平不同的影响（Farrell，Meyer，et al.，2003；Farrell et al.，2001）。例如，有较高基线问题行为的学生最有可能从该项目中受益，且男孩（而不是女孩）在 12 个月的随访中停学率持续下降。此外，在一项评估中，相对于对照组而言，该项目提高了学生的生活满意度（Farrell，Valois，2003）。尽管药物滥用不是该项目的一个具体目标，但一直以来都在评估中对其进行了衡量。项目对自我报告的吸食毒品和吸食毒品压力的影响是好坏参半的，大多数研究报告在这一方面没有显著的干预效果。

六、有希望的项目

本章回顾的大多数项目都被归为有希望的项目。通常在一个对照研究中，这些项目表现了一些预期效果的证据。这些项目的主要研究发现见表 11-2。

表 11-2　有希望的项目

项目名称	环境和人口	设计说明	重大成果
Aban Aya 青少年	低收入非裔美国人（五年级至八年级学生）	随机对照试验	增加同情心，减少暴力、挑衅、犯罪、吸毒等行为和男孩不安全性行为
全明星	主要是白人（六年级和七年级学生）	量化研究	增加目标设定、学校联结、感知的父母关注、个人理想，减少暴力、性行为、吸毒等行为，并对使用毒品的生活方式产生不一致的信念
面对历史与我们自己	主要是白人区城市和郊区的八年级学生	量化研究	增强社会技能，减少种族主义态度
保持真实	主要是拉丁裔七年级学生	随机对照试验	减少药物使用，规范并改善耐药策略
青少年狮子探索技能	多样的七年级学生	随机对照试验	减少使用大麻的频率，减少饮酒
心灵升华	四年级和七年级学生（加拿大）	量化研究	提高教师评价的注意力和社会情感能力
奥维斯欺凌预防	六年级至八年级学生	量化研究、非控制性评估	减少男孩和白人学生的欺凌、受害行为和孤立感；增强同情心和对被欺负同伴的支持
智慧时间	主要是农村白人（七年级学生）	量化研究	积极参与休闲和对休闲时间的使用、计划和决策，掌握主动性

（一）Aban Aya 青少年

Aban Aya 青少年（AAYP）是一个由多部分（班级、家庭和社区）组成的项目，旨在防止非裔美国中学生暴力、药物滥用和不安全性行为的发生和发展。该项目根植于非裔美国人的文化价值观，如团结、自觉和集体责任（Flay et al.，2004）。

Aban Aya 社会发展课程（AA—SDC）是一门班级课程，包括 5—8 年级学生的 16—21 节课，可与社会研究课程相结合。社会发展课程能促进学生的社会情感的发展（例如，交流、压力和愤怒管理、决策、问题和冲突解决，以及社会网络方面），提升自我认知和目标感（例如，同情心、未来规划和个人优势），同时也针对可能引发问题行为（例如，暴力、犯罪、药物滥用和不安全性行为）的态度和信念，以及感知到的同伴、家庭规范与压力进行调整。课程活动强调与文化适应的教学方法，并结合非裔美国人的历史和文学进行开展。Aban Aya 学校和社区干预（AA—SCI）通过学校、家庭和社区工作队的活动来实现改善学校氛围和育儿实践的目标。

在该项目的一项随机试验中，随着时间的推移，干预降低了男孩的暴力行为、药物滥用行为、不安全性行为、挑衅行为和学校不良行为的增长率（Flay et al.，2004）。有证据表明，个人的消极态度、信念的增加，以及对同伴规范和支持这些行为的压力的估计值降低，都对药物滥用和暴力的项目效果有中介作用（Liu，Flay & the Aban Aya Investigators，2009；Ngwe，Liu，Flay，Segawa & the Aban Aya Investigators，2004）。此外，项目减少暴力的效果部分是由于该项目对学生移情能力的发展产生了积极影响（Jagers，Morgan-Lopez，Howard，Browne & Flay，2007）。此外，与对照组相比，学校和社区干预减少了项目启动后加入该项目的学生的暴力行为（Jagers，Morgan-Lopez & Flay，2009）。

（二）全明星

全明星（All Stars Core）是一个品格教育和问题行为预防项目，旨在通过减少学生参与危险行为的动机，减缓青少年危险行为的发生，特别是药物滥用行为和性行为。和许多其他以预防为主的项目一样，全明星项目的核心目标是引导学生按照预期规范使用药物。此外，全明星项目的核心课程还包括促进学生与校园、社区的联系，增强危险行为与学生珍视的生活方式不一致的信念，加强避免危险行为的个人承诺。全明星项目的核心附加课程是核心课程的延伸，旨在提高学生的决策能力、目标设定能力和同伴抗压能力。

全明星项目的核心和附加课程可以在中学的健康课或者在辅导期的短期课程中教授，还可以包括师生间的一对一会议、和家长一起完成的作业活动。全明星项目的课程是互动式的，包括讨论、角色扮演、游戏以及其他形式的活动。

两个由班级或健康教师来实施项目的准实验研究，支持全明星项目对社会情感学习结果的中介因素产生了影响，包括承诺、对生活方式不一致的信念、学校归属感、决策以及对规范的信念等。对药物滥用的预防效果在全明星项目核心课程和附加课程中表现得很明显（Hansen &

Dusenbury，2004；Harrington，Giles，Hoyle，Feeney & Yung-bluth，2001；McNeal，Hansen，Harrington & Giles，2004）。尽管全明星项目的课程在班级教师的实施下是比较有希望的，但是也有证据表明，在校外项目中由外部专家实施的全明星项目是没有效果的（Gottfredson，Cross，Wilson，Rorie & Connell，2010；Harrington et al.，2001；McNeal et al.，2004）。

（三）面对历史与我们自己

面对历史与我们自己（Facing History and Ourselves，FHAO）项目是一个融入常规社会学和语言学的品格教育项目。它利用冲突、不公正和歧视的历史事例来教授宽容、社会技能和公民责任。该项目还针对教学实践和班级氛围而展开。该项目尽管已经在多项试验中进行了评估，包括一项有效性试验，但迄今为止，只有一项包括中学生的试验发表在同行评议的期刊上。

在城市和郊区选取了八年级的白人班级进行了准实验性试验（前—后，非随机对照），结果显示，项目对学生的心理社会能力和种族主义态度有显著影响，对学生打架行为有边际影响，但对公民意识和道德理性没有影响（Schultz，Barr & Selman，2001）。最近，一项随机有效性试验在低收入城市的初中（七、八年级）班级中进行。研究人员报告了这项试验在学生的社会情感能力、自我报告的亲社会行为和行为问题、公民态度以及对学校和班级氛围的看法等领域有希望取得成果（Domitrovich et al.，2014）。

（四）保持真实

保持真实（KIR）是中学药物滥用预防技能培训项目，目标是培养学生社会情感学习领域的负责任的决策能力（Hecht et al.，2003）。保持真实项目的特色是，有 10 节课程，使用视频来帮助教师突出项目的叙述和表演元素。保持真实课程材料以青年、性别和文化为基础，目的是加强其与中学生的相关性。例如，墨西哥裔美国人和非裔美国人版本的保持真实是由其文化群体认可的文化叙事和价值文学构建成的。这些内容为每个版本中的交流能力、基于叙述的知识、社会规范和动机、对生活技能的社会学习、决策和风险评估、耐药策略等核心项目提供了信息。多元文化版本融合了每种文化特定课程的内容。

在对这些项目进行测试时，通过观察发现，大多数教师都在适当地实施这些项目。与对照组相比，参与保持真实项目的学生在态度、抵抗策略使用和自我报告的药物预防使用方面有更好的结果，特别是在酒精和大麻的预防使用方面（Hecht et al.，2003；Hecht，Graham & Elek，2006）。多元文化版本是最有效的，但墨西哥裔美国人的版本也有重大影响。虽然最初该课程的七年级版本展示了这些有希望的结果，但后来在五年级和七年级学生的试验中，测试的修改版课程并没有显示出对学生行为有任何积极的影响（Elek，Wagstaff & Hecht，2010）。

(五)青少年狮子探索技能

青少年狮子探索技能(SFA)是一个综合性的社会情感能力项目，涉及五个社会情感学习领域，还包括一个专门侧重预防药物滥用的模块。开发人员为中学建立了多种实施模式，时间跨度从一年到三年不等。青少年狮子探索技能使用互动式课程来提升学生技能，如情绪管理、自我概念、个人责任、沟通和自信、决策和耐力等。其他模块包括欺凌预防和服务学习。

一项有效性试验已经证明了青少年狮子探索技能对预防药物滥用的影响。与对照组相比，参与八节与预防药物滥用有关的必修课的学生的药物(大麻和酒精)滥用情况显著降低(Eisen，Zellman & Murray，2003)。此外，学生抵抗药物滥用的自我效能感也受到积极影响。该项目包括一套全面的课程，以促进青少年的社会情感能力，但遗憾的是，学生在情绪管理和沟通等技能方面的受益程度尚未得到评估。

(六)心灵升华

舒纳德-赖希尔(Schonert-Reichl)和劳勒(Lawlor，2010)对心灵升华项目进行了准实验研究。正念被定义为以非判断的立场，时时刻刻将人们全身心地带入关注当下的体验中(Schonert-Reichl & Lawlor，2010)。教师通过 10 节课的课堂教学来帮助学生实现四个关键课程目标：静思，培养正念注意力，管理负面思想和情感，感知自我和他人。课程的授课时间为每周一次，每次 40—50 分钟，为期 3 个月。班级教师接受为期一天的培训，每两周接受一次项目开发人员的咨询。虽然课程包括详细的脚本，但是培训采用了互动方式，通过讲座、阅读、视频和角色扮演来实现课堂实施。

在最初的研究中，舒纳德-赖希尔和劳勒(2010)就乐观、自我概念和社会情感能力方面的变化对相对较少的项目组和对照组进行了比较，主要涵盖前青春期(四年级和五年级)、早期青少年(六年级和七年级)人群。其实施程度监测显示，教师每周开展的特定正念练习比例很高(72%—100%)。结果表明，与对照班学生相比，项目班学生在后期测试中表现出更多的乐观情绪。此外，教师认为项目班学生的注意力、情绪调节能力和社会情感能力均高于对照班学生。在较年轻的参与者中，项目参与者的自我概念水平有所提高，而对照组的自我概念水平有所下降。相比之下，处于干预状态的六、七年级学生的自我概念减少，而对照组青少年的自我概念增加。

(七)奥维斯欺凌预防

奥维斯欺凌预防(OBPP)最初设计的目的是减少现有的欺凌行为，防止新的欺凌问题发生，并且总体上改善挪威小学、初中和高中的学生关系(Olweus，1993)。该项目以成人作为榜样和权威人物，表现了学生的热情和兴趣，并使用一致的非攻击性后果来处理学生的违规行为。

该项目使用几项组成部分来影响社区、学校、教师和个人。由学校行政人员、教师、其他教职员、家长及多个社区成员组成的防止欺凌协调委员会，负责奥维斯欺凌预防项目的部署。这个小组由认证的奥维斯欺凌预防项目培训师进行培训，并制定在学校实施这个项目的计划。在学校内制定了关于校园欺凌的规则之后，每周举行班级会议，讨论和尝试角色扮演，以处理直接或间接的欺凌和其他相关问题。实施人员通过关于欺凌和奥维斯欺凌预防项目的讨论来提升项目实施的忠诚度。

在挪威进行的初步评估研究显示，感知和体验到的受欺凌和欺凌他人的程度有所下降（Olweus & Limber，2010）。尽管奥维斯欺凌预防项目很受欢迎，但在美国学校进行的评估研究相对较少。其中，利姆贝尔（Limber，2004）报告了一项为期两年的前期测试、后期测试设计研究，参与研究的学生报告欺凌他人的行为第一年有所减少，在第二年基本消失了。同样，男孩们报告说，在第一年，被欺负和感到孤立的情况都有所减少，而第二年在实施项目支持措施最小化的情况下，没有再感到被欺负和被孤立。在女孩身上也发现了类似的非显著趋势。与预期相反，报告的旁观者干预欺凌和向父母报告的欺凌事件有所减少。作者将这两个发现归因于欺凌事件发生率的降低。

鲍尔（Bauer）等人（2007）对中学生进行了一项关于奥维斯欺凌预防项目的对照试验。与对照组相比，处于干预状态下的六年级学生对被欺负的同龄人有更强的同理心。总的来说，干预学校里所有年级的学生更有可能认为其他学生是在帮助遭受欺凌的同龄人。然而，与对照组相比，只有样本中的白人学生报告了在关系和身体方面的伤害显著减少，其他种族或民族背景的学生则没有这样的影响。

（八）智慧时间

智慧时间（Time Wise）是一个休闲教育项目，旨在促进休闲时间的积极使用，预防吸毒和其他问题行为的发生（Caldwell，Baldwin，Walls，Smith，2004）。项目专门针对积极的休闲意识和参与、动机、幸福感，以及其他与休闲时间使用相关的能力而开展，关注社会情感学习领域的自我认知、自我管理和负责任的决策的发展。智慧时间非常适合在中学健康和体育课程中实施，它包括六个主题，涵盖了超过 12 天的课程以及其他可选的主题。

一项评估项目的准实验性试验显示，在动机、幸福感和与休闲相关的能力（如计划、决策、重组能力和主动性）方面，项目显示出显著的干预效果。除此之外，项目还与积极休闲活动的认知提升、兴趣增加和参与增多有关。项目的开发人员目前正在评估项目，这是一个针对八年级和九年级学生的项目的修订版，其内容扩展了针对焦虑和情绪管理的内容，以及预防吸毒和危险性行为的内容。虽然该项目只在南非实施过，但有证据表明它是一种有希望的方法，可以影响休闲动机，防止诸如滥用药物和性冒险等危险行为的发生（Caldwell，Patrick & Smith，2010；Caldwell et al.，2008；Smith et al.，2008）。

七、无效的项目

在现有文献中，没有一个项目是开展过三项试验并进行评估，但没有产生预期结果的。

八、未来方向

这篇综述指出了一些可以降低风险并有可能在中学阶段提升学生理想的社会情感能力的项目和实践。显然，为了充分而有效地向中学生推广社会情感学习，还需要做出相当大的努力。

很少有中学社会情感学习项目经过多次评估试验，其中随机对照试验则更少，一些重复项目的努力并没有得到预期的结果（Koro et al.，2010；st. Pierre，Osgood，Mincemoyer，Kaltreider & Kauh，2005）。此外，这篇综述中强调的大多数发现所提供的是预防和减少问题行为的证据，这在中学阶段很重要，因为许多问题行为是在这个发展阶段首次出现的。但是，关于中学社会情感学习的未来研究还有很多可以改进的地方。

例如，还需要更多的研究来了解项目对中学生社会情感能力成长和提升的影响。许多以预防为导向的项目将社会情感能力作为影响问题行为的假定中介因素。不幸的是，很少有研究检验社会情感能力对问题行为的中介作用。此外，社会情感能力本身也反映了重要的发展成果。在这方面，青少年参与的成果特别值得关注。为了解项目的长期影响并优化青少年发展所需的额外支持，需要增加随访数据。此外，有必要更好地了解参与项目者的性别、社会经济地位、种族和文化背景对项目有效性的影响。这包括明确关注如何在项目理论、内容、教授和评估中处理这些问题。

今后，这方面的工作还需要考虑项目实施者的特点。是项目人员还是班级教师实施项目，将呈现出不同的结果。如果一个班级项目要成为学校日常实践的一部分，那么，项目的完整性和可持续性要求班级教师充当实施者。一些以班级为中心的技能发展项目（全明星和 KIR）已经开始考虑教师的教学实践在项目实施中的重要性（Giles et al.，2008；Harthun，Drapeau，Dustman & Marsiglia，2008）。对教师的关注应该包括：环境层面的支持调查（Wanless，Patton，Rimm-Kaufman & Deutsch，2013）、他们的社会情感能力调查、典型的教学实践和动机调查，这些都与社会情感学习项目的实施质量和最终对学生的影响有关（Jennings & Greenberg，2009；Kwame-Ross，Crawford & Klug，2011）。

最后，我们将这次回顾限制在基于班级的社会情感学习项目上。然而，许多有效的基于家庭和社区的中学生社会情感学习项目也值得研究人员和从业人员去关注，特别是如果它们与校本努力有关的话（Garbacz，Swanger-Gagné & Sheridan，本手册第 16 章），包括学校、家庭和社区组成的项目可以为来自不同背景的年轻人的生活提供连续性干预。能够测试学校、家庭和社区的单独和互动影响的研究设计可以揭示一些基本特征，以最大限度地促进青少年的学业、社会情感能力的发展，特别是那些来自资源贫乏地区的青少年。

九、参考文献

请扫描二维码获取原书参考文献。

注释：

全明星项目采用随机实验设计，进行独立评价。然而，在本研究中，教师实施课程的条件并不是随机的，而专家教授的随机条件并没有有效地影响大多数中介或任何问题行为的结果。基于这些原因，我们认为本研究支持教师实施全明星的有效性证据是准实验性的。

第*12*章

高中阶段的社会情感学习项目

艾丽尔·A. 威廉姆森、凯瑟琳·L. 摩德基、

南希·G. 格拉

青春期是个人社会性发展的重要时期，需要完备的社会情感能力以进行良好的适应。青少年经常面临心理、认知、生理等与青春期相关的难题（Yurgelun-Todd，2007）。例如，神经科学的研究显示，青少年在寻求奖励的过程中有一个明显的转变，但一般的自我调节技能难以适应其转变的步伐（Steinberg，2008）。随着青少年与同龄人之间的交往越来越频繁，他们必须同时面对同龄人的诸多压力。青少年还必须适应身份发展的变化，在进入成年期的过程中寻找目标和意义（Erikson，1968，1993）。这些发展和环境的转变挑战青少年的积极发展，并增加了问题行为的规范风险，如暴力、性冒险、药物滥用和辍学（Guerra & Bradshaw，2008；Steinberg，Vandell & Bornstein，2011）。

同时，情感认知能力的日益成熟为建立社会情感能力提供了坚实的基础。事实上，许多在青春期发展的能力与学术、社会和情感学习合作共同体（CASEL，2012）确定的五个社会情感能力领域是一致的，即自我认知、自我管理、社会认知、人际关系技能和负责任的决策。由于这些技能在理论上与青少年的积极发展、韧性和风险预防相关，所以这些技能是符合青少年发展逻辑的干预目标的。

例如，针对自我认知的项目可能对青少年特别有效，因为他们在抽象思维和其他认知能力方面得到了明显提高，并且越来越积极地建立自己的身份并设定未来的目标（Steinberg et al.，2011）。同时，促进自我管理技能项目也与青少年密切相关。对于他们来说，生物驱动的奖励不平衡导致了自我调节的不足（Casey，Jones & Hare，2008；Steinberg，2008）。此外，青春期与早期的发育阶段相比，是一个社会认知提高期，也是一个观点与技能更加成熟的时期，这些发展挑战可能影响青少年社会认知能力的形成。青少年越来越关注生长环境，这表明，压力和

冲突在青少年发展阶段尤其普遍，而提高人际关系技能项目则有助于缓解同龄人的压力和冲突，有助于帮助他们以积极的、富有成效的方式与同龄人建立联系（Dodge，Dishion & Lansford，2006）。最后，青少年的决策影响着他们的现实生活世界，代表了青少年时期关键的发展任务。因此，在青少年时期提高上述能力特别重要。

令人惊讶的是，尽管学术、社会和情感学习合作共同体定义的五个能力领域与青少年适应之间有明确的联系，但很少有以学校为基础的社会情感学习项目是为高中生设计的，也没有对其进行评估。事实上，只有少量的社会情感学习项目是针对高中生的，循证的社会情感学习项目就更少了。这种对高中项目的相对忽视是令人遗憾的，因为青少年具有幼儿不具备的认知能力，这使得努力提高青少年时期的社会情感能力尤其重要。实际上，各种调查表明：社会情感学习项目对青少年是有效的，可以减轻其问题行为并支持积极的结果，如积极的青年发展、社会适应、学校参与和学业成就（e.g.，Catalano，Berglund，Ryan，Lonczak & Hawkins，2002；Durlak，Weissberg，Dymnicki，Taylor & Schellinger，2011；Wilson & Lipsey，2007）。此外，社会情感能力与青春期预防的理论模型密切相关。初中和高中代表了社会情感学习项目突出的发展阶段，这些项目在某种程度上被忽视了，但对于未来的研究来说，却是非常有必要和有希望的。

一、定义和范围

在本章中，社会情感学习是指以学校为基础的干预或预防项目，包括普遍性、选择性和指示性的，针对学术、社会和情感学习合作共同体五个能力领域中的一个或多个领域。项目针对一个或多个社会情感学习领域的改善程度是通过审查项目描述、既定目标和测量结果来确定的。虽然学术、社会和情感学习合作共同体只会指定那些面向五个领域能力的项目，但高中社会情感学习项目在选定哪些领域作为目标时会基于不同的考虑，通常选择既促进社会情感能力的发展，也针对其他成果的领域。例如，因为学校经常关注青少年问题的预防，并且由于社会情感能力的缺乏会助长不良的青少年发展，因此许多以社会情感能力发展为目标的项目侧重于预防一个或多个问题行为（比如，青少年暴力）。社会情感学习也可以嵌入关注健康、促进青少年积极发展和学术成就发展的项目中。

本文主要对美国 9－12 年级高中生实施的社会情感学习项目进行回顾。我们未能包含有效的项目的评估，因为没有项目能满足这一要求，即至少在三个试验中发现有积极的影响。所以，我们关注的是有希望的项目。其定义为两个或更少成功试验的、潜在的、有希望的项目，或许可以说是理论上能应用于高中的项目。在开发者或其他网站上可以找到一些高中社会情感学习项目，然而，大多数项目还没有实证评估。因此，本章不包括这些项目。无效的项目部分是指那些未给高中生带来预期成果的项目或技术。我们还提出了高中生社会情感学习项目研究的未来方向。

二、社会情感学习与青少年成长的理论联系

许多重要的、积极的青少年发展和降低风险的理论模型与青少年社会情感学习的积极结果有关。为了将青少年问题行为的关注置于一定的背景之中，我们简要回顾高中教职工、政策制定者和家长关心的常见危险行为的普遍数据，讨论四种常用的理解风险行为和积极的青年发展方法，所有这些方法（韧性、风险与预防、优势构建和生活技能）都显性或隐性地将社会情感学习作为关键机制。

（一）青少年问题行为的发生率

美国青少年代表性行为调查的数据一致表明，许多高中生有某种形式的问题行为，如暴力、危险的性行为、药物滥用、辍学或学业失败。美国疾病控制与预防中心（CDC）最近对 9—12 年级学生进行的一项调查显示，出现这类问题行为的学生非常普遍，尤其是在年龄较大的青少年中。例如，在调查之前的 30 天里，16.6％ 的青少年曾携带武器上学，32.8％ 的青少年曾发生过肢体冲突，20.1％ 的青少年在校园里遭受过欺凌（Eaton et al.，2012）。事实上，对于15—19 岁的年轻人来说，意外伤害是导致死亡的首要原因，其次是攻击（homicide）和自杀（Heron，2012）。在性风险方面，尽管报告中提到 84％ 的年轻人在学校接受过艾滋病病毒教育或艾滋病知识教育，但 12.9％ 的年轻人在最近的性生活中没有使用任何防止性疾病传播（STDs）的方法；15.3％ 的年轻人说他们曾与四个或更多的伴侣发生过性关系（Eaton et al.，2012）；大约 22.1％ 的青年在性接触之前使用过毒品或酒精（Eaton et al.，2012）。酒精、大麻和香烟仍然是美国高中生使用最广泛的违禁品（Johnston，O'malley，Bachman & Schulenberg，2012）。例如，70％ 的年轻人说他们曾经喝过酒，21.9％ 的学生说他们曾经酗酒，38.7％ 的学生说在调查之前的 30 天内至少喝了一杯酒（Eaton et al.，2012）。另外，辍学也是高中生的一个重要问题。2010 年，所有年轻人的辍学率为 7.4％，拉丁裔美国人（15.1％）和美国原住民阿拉斯加州青年（12.4％）的辍学率要高得多。

（二）青年发展与风险模型

许多不同的方法或理论框架被用来研究和解决青年问题并促进其健康发展，最有影响力的工作框架都把社会情感能力作为他们的研究重点，并试图整合这些技能使其更加专业。

1. 韧性

韧性是指能缓冲青少年个体受不利经历影响的系列保护性过程。考虑到影响社会层面的经济和政治变革的困难性，对韧性的关注为我们提供了一系列克服困难的重要见解。基于公共健康的要求，最早、最广泛引用的韧性研究之一是由艾米莉·沃纳（Emily Werner）开展的（Werner & Smith，1982）。她跟踪调查了一群极端贫穷的夏威夷儿童，这些儿童的父母有酗酒

或患精神疾病的经历，其经济机会也较少。在这个调查中，虽然大约三分之二的儿童长大后有一系列的慢性行为问题，但是三分之一的儿童没有，他们能够在一定程度上克服逆境，而这正是韧性的一个关键特征。具有韧性的青少年的一个显著特征就是他们有很高的社会情感能力，包括强大的应对能力和高水平的自主性、自我效能和自尊（Werner，1997）。

随后，研究人员调查了那些经历了一系列困难但表现良好的儿童，包括经历美国大萧条、农业危机以及没有经济支持的难民（Masten，2007），许多研究中的个体和环境因素都与韧性相关。在这项工作中，韧性的概念被用于面对个人、家庭、学校和社区逆境时有不同类型的适应能力，包括应对压力的能力、从创伤中恢复的能力，以及在特定风险状态下做得比预期更好的能力。研究表明，自律和工作习惯等能力将学术上有韧性的青少年与其他表现不佳或高辍学风险的青少年区分开来（Finn & Rock，1997）。

在关于韧性的个人能力中，很多是与社会情感能力一致的，如自尊、自我效能、解决问题和自我控制等（Masten & Obradovi，2006）。同样与社会情感学习类似，关于韧性的研究表明，需要通过提升一系列技能来促进青少年的发展，而不是选择性地关注某个孤立的能力（例如，Luthar，1995；Luthar & Zigler，1992）。

2. 风险预防

对青少年风险预防的兴趣来自流行病学的研究。以风险为中心的模式试图确定能够增加未来特定负面结果可能性的风险因素，并强调可以降低风险出现可能性的保护性因素的作用。许多风险因素和保护因素均与社会情感能力相关。例如，社会心理功能低下和社会问题解决能力不佳已被证明会增加攻击性和犯罪的风险（Modecki，2009），而良好的自我调节技能则对许多问题行为具有保护作用（Guerra & Bradshaw，2008）。通过干预提高社会情感能力有助于减轻风险。

3. 青少年优势构建

强调韧性和风险的模式直接关注克服逆境和适应等相关问题。相比之下，青少年优势构建侧重于增强所有青少年的优势，将其使命定位为"所有青少年茁壮成长"，而不是预防问题本身。一个常见的口号是"没有问题就是没有准备好"（Pittman，1991）。意思是所有的年轻人，而不仅仅是那些经历逆境的人，都可以从优势构建模式中受益。先前的研究证实了社会情感能力可以带来更好的发展结果，如减少药物滥用和暴力，提高学习成绩、领导能力和增加助人行为（Scales，Benson，Leffert & Blyth，2000）。这些发展优势也预测着白人中产阶级和少数族裔城市青少年学业的成功（Scales，Foster，Mannes，Horst & Rutherford，2005）。

在某种程度上，优势构建方法遵循了旨在解决"高危"青年问题的社会运动的原则。一个在美国和国际上广受欢迎的模式是搜索研究所的发展优势描述研究（Search Institute's Developmental Asset Profile），该研究所总结的 40 项能力代表了"外部"和"内部"优势的广泛组成部分。许多内部优势反映了学术、社会和情感学习合作共同体五个能力领域的技能。然而，尽管该研究框架为一系列理想的社会情感学习和其他技能提供了总体指导，但为了最大限度地发挥其作为项目指南的作用，每个结构都需要更多的细节描述和实证支持。

4. 生活技能

与优势构建模型类似，生活技能框架强调年轻人成长所需的个人技能。这些技能可以用在学校和工作中取得成功的关键技能来狭义地定义，通常包括工作和学习习惯，计划、目标设定，访问和使用社会资源，资金管理，计算机知识储备，人际关系技能。除了一些例外（如计算机素养），这些技能在大多数学校课程中都没有涉及，但它们对成年后的成功至关重要。生活技能也可以进行广义的定义，包括与一般幸福感相关的心理、实践与社会情感能力。例如，世界卫生组织（WHO，2003）将生活技能定义为心理社交能力和人际关系技能，其主要是帮助人们做出明智的决定，解决问题，进行批判性（创造性）思考、有效沟通，建立健康的人际关系，同情他人，以及以健康和富有成效的方式处理自己的生活。

总之，许多现有模式直接或间接地强调了社会情感能力是青少年健康发展的重要目标。社会情感能力广泛地与韧性、风险预防、青少年优势构建和生活技能息息相关。因此，社会情感能力对于所有促进青少年健康发展的项目至关重要。

三、当前研究和策略回顾

大多数旨在预防青少年问题或促进适应的干预都是以上述框架为基础的。无论采用何种框架，这些项目通常都显性或隐性地包含了促进社会情感学习的相关要素。尽管社会情感学习技能在大多数青少年行为改变模型中起理论上的中介作用，但很少有项目对这一联系进行实证检验。因此，目前尚不清楚社会情感能力是不是有效干预行为改变的一种机制。与此同时，为了理解这些项目的广泛影响，诸多研究者已经对多个框架项目进行了大量的元分析。总体来说，这些项目包括预防欺凌，青少年发展和普遍性社会情感学习。这些研究和评论表明，以 K-12 学校为基础的项目对青少年有积极的影响（Catalano et al.，2002；Durlak et al.，2011；Farrington & Totfi，2009；Wilson & Lipsey，2007）。

例如，杜拉克和同事（2011）对 213 个小学、初中和高中青少年社会情感学习项目所进行的元分析发现，不同年龄组在社会情感能力、态度、行为和学业成就方面均显示出有益的效果。然而，正如杜拉克和同事指出的那样，社会情感学习项目在高中的研究少于在其他环境中的研究，对高中项目的评估只占他们元分析研究的 13%；同样，威尔森（Wilson）等人（2007）的元分析也发现，以学校为基础的项目在减少破坏性行为方面是有效的，但是在他们的元分析中只有 20% 的研究涉及了 14 岁以上的年轻人；其他对以学校为基础的项目的元分析也发现，针对高中生的干预是有限的（Guerra & Leidy，2008），且随着项目参与者年龄的增长，干预效果减弱（Smith，2010）。

虽然已发表的关于高中干预项目的元分析和评论文章存在一些有效的项目，但这些研究很少被重复，因此，很少有针对高中的项目被多次评估，这导致缺乏针对这一年龄段的循证社会情感学习项目。所谓"循证"，是指那些可以被指定在"有效"类别下的项目。根据第四章的指南，与其他针对青少年的循证评估类似，有效项目经历了三次或更多次的成功评估（Eyberg，

Nelson & Boggs，2008)。虽然元分析已被证明在确定广泛项目、学生特征，以及强大的干预效果、跨项目和理论方向上(Wilson & Lipsey，2007)有用，但仍然需要证明哪些高中生的社会情感学习项目在多项研究中是有效的。同样，我们需要研究确定和测量有效项目中的变化机制，以便能够确定社会情感学习在中介项目结果方面特别成功的那些要素。

四、有希望的项目

由于缺乏在三个或更多的研究试验中显示出积极效果的高中青少年社会情感学习项目，我们不能提供有效项目的回顾。不管怎样，重要的是要注意到，缺乏基于证据的项目并不意味着什么都行不通。在这个节骨眼上，我们只能提出在高中推广社会情感学习项目的可行性和有效性的一些初步证据。

实施社会情感学习项目对高中学校提出了独特的挑战。最常见的促进社会情感学习的方法是在正常上课时间提供有组织的课程。这在小学是相对容易的，因为学生仍然在统一的教室里，尽管有时在与学业课程竞争时，社会情感学习课程还是比较困难的。但是在大多数高中学校，学生由于跨班选课，很少有机会整合单独的社会情感学习项目。学校工作人员也面临着青少年危险行为增加的问题，他们可能会寻求更有针对性的预防项目。

干预项目的目的是防止辍学、高风险的性行为、暴力等负面事件的发生。尽管一些课程和活动中也涉及社会情感能力的教育，但这些项目的核心在于改变行为，因此很少测量社会情感学习的结果。一些预防项目针对全校范围的政策和做法的改善，而其他项目则在课堂或小组中提供个性化的教育。有一些与社会情感学习相关的项目涉及健康，通常在健康课程或健康中心举办活动，这些项目通常也与风险预防相关。还有一种类型的项目强调学习的多样性、伦理和社会责任，这与社会情感学习有关但又有所不同。其他一些项目则直接针对社会情感学习，尽管有效性的证据仅来自使用准实验设计的单项研究。

在缺乏有效的项目的情况下，我们提供了可能有希望的项目的例子(见表 12-1)，这些项目要么是建立在针对年幼儿童的、循证项目基础上的，要么是得到了一些初步的实证支持的。我们希望通过这种方法为未来针对高中生的实证研究提供基础，并激发开发和评估高中阶段项目的兴趣。

表 12-1　高中生前景干预计划及与 CASEL 五项技能的联系事例

项目	社会情感能力	资料来源	样本	设计	选定结果
积极的行为干预和支持	自我管理、自我认知、人际关系技巧	Bohanon et al.(2006)	1 所高级中学	前期测试—后期测试；没有对照案例研究	减少学校处分
		Muscott et al.(2008)	28 所学校，其中 4 所为高级中学	纵向性不对照案例研究	减少课后留校
		Simonsen et al.(2012)	428 所学校，其中 17 所为高级中学	纵向性不对照案例研究	成就提高，减少处分

续表

项目	社会情感能力	资料来源	样本	设计	选定结果
告别毒品和暴力	自我管理、自我认知、决策	Bacon (2001a)	201 名 9—12 年级学生	准实验研究；前期测试—后期测试	减少使用毒品或进行暴力的意图；提高自我效能、决策能力和同伴抵抗力
		Bacon (2001b)	303 名 9—12 年级学生	前期测试—后期测试	增强情感能力、社交能力和抵抗力
青少年健康教学模块	自我管理、自我认知、决策、人际关系技巧	Errecart et al. (1991)	4806 名中学生	准实验研究；前期测试—后期测试	减少吸烟、吸毒和食用油炸食品的行为；增加健康知识
		Slaby et al. (1994)	237 名七年级和八年级学生	前期测试—后期测试；无控制	积极的教师评价行为；社交能力略有提高
检查与连接	人际关系技巧	Sinclair et al. (1998)	94 名九年级学生	前期测试—后期测试	增加学校参与度和学分
		Sinclair et al. (2005)	144 名学生	前期测试—后期测试	减少辍学行为；提高出勤率和上学率
面对历史与我们自己	社会认知	Barr et al. (2014)	1371 名九年级和十年级学生	前期测试—后期测试，随访一年	增加历史知识和公民学习
		Schultz et al. (2001)	346 名第八级学生	准实验研究；前期测试—后期测试	提高关系成熟度；减少争斗
改变生活计划	自我认知、决策、人际关系技巧	Eichas et al. (2010)	178 名学生，另类高级中学	前期测试—后期测试	提高个人表现力
积极生活改变	自我管理、自我认知、决策、社会认知	Williamson et al. (2013)	27 名学生，另类高级中学	前期测试—后期测试；无控制	降低言语和身体攻击倾向，增强自我认知、道德信念和决策能力

注意：随机对照试验介绍了选定的积极的行为干预和支持的结果。正文中描述的一些项目主要是面向历史，面向自我，面向竞争，改变生活，面向人生。

(一)积极的行为干预和支持

这虽然不是一个社会情感学习项目，但是积极的行为干预和支持(PBIS)为学校所有年级的学生和教职工提供了应急措施。作为一种增加学校安全的方法，它能促进积极的学校同伴关系，减少问题行为，提高学业成绩。这种对积极行为的关注可能与社会情感能力中的自我和社会认知、自我管理和人际关系技能等有所重叠。在本手册的其他部分也详细描述了积极的行为干预和支持及其与社会情感学习的整合研究(Bear, Whitcomb, Elias & Blank，本手册第30章)。简单地说，积极的行为干预和支持可以在多层次框架中运行，包括针对全校的、小组的以及个人的框架(Waasdorp, Bradshaw & Leaf, 2012)。学生们可以接触到全校范围内的纪律政策，这些政策包括明确的、积极的学校规则和行为期望(be ready tolearn; Sugai &

Horner，2002；Waasdorp et al.，2012）。

评估这种类型的全校范围的策略对社会情感能力的影响非常有用，特别是如果已经将社会情感能力内置到面向小组的选择性项目和个别化项目中，以及确定社会情感能力的变化是否可以作为中介引起行为上的改善。随机化对照试验（RCTs）和其他积极的行为干预和支持在小学和中学的研究中已经显示出积极的结果，具体包括：学校欺凌和纪律问题减少，学校氛围改善（Bradshaw，Mitchell & Leaf，2010；Waasdorp，Bradshaw & Leat，2012）。虽然约翰斯·霍普金斯大学公共卫生学院的青少年预防中心（Flannery，Sugai & Anderson，2009）正在对公立高中生积极的行为干预和支持进行一项预先设计的对照试验，但是目前积极的行为干预和支持在高中一级较少被评估。

（二）告别毒品和暴力

告别毒品和暴力（TGFD & V）是普遍的（全校）预防策略，通过改变与这些行为相关的规范，并在决策、解决冲突、情绪调节、压力管理和人际关系等领域建立社会情感优势，减少校园暴力和毒品使用行为。相关课程还包括药物的使用和参与暴力行为的后果等。这个项目包括14 节可以由教师自主实施的课程，12 节可以按年级划分到特定学科领域的课程，员工和家长的教育材料，以及基于社区的干预策略。学生课程包括互动角色游戏和合作学习活动，以促进学生参与、技能建设和技能泛化。

对佛罗里达州 11 所高中的 241 名学生进行的一项准实验性研究结果表明，在由受过培训的两名导师进行课堂教学后，干预组学生使用违禁物品和参与暴力的意图降低，且自我效能感、决策能力和抵抗能力相对于对照组有所提高（Bacon，2001b）。还有一项针对佛罗里达五所高中303 名学生的研究（Bacon，2001a，as cited by the What Works Clearinghouse，2006）进行了前期与后期测试调查，结果显示，尽管没有发现与药物使用、暴力或决策相关的显著影响，但项目参与者表现出更高的社会情感能力和抵抗技能。综合来看，项目是有希望的，因为它们已经在高中人群中进行评估并显示了对社会情感能力和结果的一些影响。

（三）青少年健康教学模块

青少年健康教学模块（THTM）已经在两项研究中被评估，一项研究已经发表，包括高中生（Errekart，1991）；另一项包括初中生（Slaby，Wilson-Brewer & DeVos，1994；CASEL，2003）。青少年健康教学模块原本被设计为初中生和高中生的健康课程，包含 16 个模块，针对自我评估、沟通决策的技能、健康宣传和健康的自我管理等内容（Ross，Gold，Lavin，Errecart & Nelson，1991）。这些模块与学术、社会和情感学习合作共同体的自我认知、自我管理、人际关系技能和负责任的决策五个能力领域保持一致，且每个模块还涵盖各种青少年健康问题的课程，如青少年暴力、性行为等。

雷卡特（Errekart）和同事们在 1991 年发表了一篇关于青少年健康教学模块的准实验以及前

期与后期测试评价的文章，涉及 4806 名初中生和高中生。干预条件下的学生（n 2，530）被安排在已经采用项目干预或者已经被培训采用项目干预（实验学校；Ross et al.，1991）的学校中，初中生和高中生使用不同的模块，高中生接触到的模块集中在健康饮食、压力管理和未来规划等方面（Ross et al.，1991）。研究结果表明，参与教学模块之后，高中毕业班学生吸烟、服食非法药物和吃油炸食品的人数减少，相对于控制组而言，一般的健康知识也有所增加。该项目对社会情感学习的影响没有被评估，但检查行为的改变与社会情感能力的改变有关是很重要的。

(四)检查与连接

检查与连接项目主要针对有辍学风险的学生。项目通过检查与连接促进青少年与学校的联系。项目措施包括持续评估学生的参与指标，如出勤率、成绩、纪律问题（检查部分），以及由被称为监测员的项目工作人员提供的教育干预。他们定期与学生会面，根据学生的需要提供个性化干预（连接部分）。监测员同时还提供提高人际关系技能和问题解决技能的方法，这与社会情感学习的五个能力领域、学生的学业动机一致。

两个已公布的、在有辍学风险的青少年中开展检查与连接的研究报告为项目在提高学生入学率、完成学业率和减少辍学率方面产生积极影响提供了初步支持。第一项研究发现，在中学七年级和八年级接受干预的学生，在九年级被随机分配到干预或无干预的控制组的学生，在九年级接受干预的学生，出勤率在毕业前都更好（Sinclair，Christenson，Evelo，Hurley，1998）。在九年级实施项目的第二项研究显示，学生出勤率较好，辍学率也有所下降（Sinclair et al.，2005）。同样，虽然项目的一部分重点是改善人际关系和解决问题的技巧，但是具体的社会情感学习并没有被直接提及。在一所高中正在进行的随机控制试验中，教师通过使用一般社会能力测量表（Sinclair et al.，1998），证明了项目对接受干预的学生的学业能力提升和行为问题减少（C. P. Bradshaw，personal communication，August 14，2012）有效。

(五)面对历史与我们自己

面对历史与我们自己（FHAO）项目是一个例子，它说明如何把教导社会情感能力与高中的学业结合起来。面对历史与我们自己项目通过教授批判性思维、促进道德发展和其他技能建设的历史课教学来促进公民参与，提高其社会责任感（Barr et al.，2014；Barr，2010；Schultz，Barr & Selman，2001）。预期的学生结果包括社会和道德意识、公民学习和历史理解能力的提升（Barr et al.，2014）。面对历史与我们自己项目的另一个目的是提高教师的自我效能感、专业满意度和敬业度。根据最近的一份报告，面对历史与我们自己项目正在被 2900 名经过培训的教育工作者提供给大约 190 万名学生（Barr & FHAO，2010）。面对历史与我们自己项目通常是由课堂教师根据教师的个人情况，在一个学期的学习单元和不同的学习环境中有针对性地开展的。一个核心项目方案是利用大屠杀的历史经验教训来激发学生关于身份发展和群体间关系的讨论，另外还有一些活动包括学生自我反省、文章撰写活动以及嘉宾演讲等（Barr et al.，2014；Schultz et al.，2001）。

尽管面对历史与我们自己项目是一个非常流行的项目，但是大多数的项目评估结果都没有发表，不能用于回顾。巴尔（Barr）及同事（2014）最近发表了随机控制试验的研究结果，该研究对 60 所高中的 1371 名九年级、十年级学生和 113 名教师进行了抽样调查。研究结果表明，虽然只有一半的教师实施了完整的面对历史与我们自己项目课程，但是对学生和教师的报告结果有积极的干预效果。面对历史与我们自己项目的学生在总体的历史理解和公民学习方面的自我报告水平更高，包括政治宽容、公民效率、对课堂气氛和公民参与机会的积极认知（Barr et al.，2014）。但对于社会伦理认知的调查没有发现有统计学意义的结果。巴尔和同事们还发现了项目对教师自我效能及其他一些结果的积极影响。同样，尽管对他人政治观点的容忍度和公民效能可以映射到五个社会情感能力领域（如社会认知），但目前社会情感学习的结果还没有被专门测量过。

（六）改变生活计划

改变生活计划（CLP）是针对处于危险中的青少年的干预项目，主要采用参与式变革的方法（Eichas et al.，2010），旨在使青少年积极地改变他们的自我认知和身份认同。这种干预的焦点与社会情感学习的自我认知能力一致，并以强调身份探索和承诺发展的方式进行构建。在这个项目中，青少年是干预的积极参与者，并且被询问来确定他们生活中的问题和解决这些问题的方法。这一策略与学术、社会和情感学习合作共同体的决策一致。项目通常是分组进行的，在学期内可以持续 8—12 周。

艾夏思（Eichas）和同事（2010）对参与改变生活计划的 178 名 14—18 岁的青少年（对照组 61 人）进行了评估。这项干预是学校咨询项目的一部分，由研究生水平的小组协调员领导小组成员实施。研究结果显示，改变生活计划参与者的积极自我认同感增强，认同感的变化在这一结果中起着中介作用。他们还发现，有证据表明，增加身份认同可以减少一些因素导致的内在焦虑问题。同时，性别对改变生活计划参与者内化行为的影响有调节作用，并且只有女性表现出了对内化行为的影响。最后，种族也调节了身份认同的影响。例如，在改变生活计划项目的实施中，西班牙裔青年在这方面表现出了改善行为，而非裔美国人参与者则没有。总而言之，项目为未来研究提供了很有希望的方向，特别是在缺乏对社会情感学习项目和其他干预机制发生变化的研究的情况下。

（七）积极生活改变

积极生活改变（PLC）是一个以能力为基础的社会认知项目，旨在通过提升自尊（自我认知）、增强自我控制（自我管理）、实践负责任的决策、强化亲社会连接（社会认知）和坚定道德信念（人际关系技能）五种方法来减少青少年的问题行为。这些能力与积极的青年发展项目

(Guerra & Bradshaw，2008)相关联，并直接反映到学术、社会和情感学习合作共同体的五个能力领域。积极生活改变是专门为少年司法系统或替代学校、公立学校中的年龄较大、有风险的青少年设计的。学校工作人员可以在小组或教室里实施这个项目。它由 30 节课组成，平均分成 3 个模块，增加了项目实施的方便性和灵活性（比如，课程可能被布置为家庭作业）。

虽然目前还没有对照组的研究对该项目进行评估，但它已经在一些青少年司法机构中使用。在最近的前期—后期测试无对照实验研究中，对 27 名 9－12 年级的青少年进行了评估（Williamson，Dierkhising & Guerra，2013）。项目在六周的时间里分四组实施，其中一半（15 节）的项目课程被布置为家庭作业。分析结果显示，参与者的自尊心、决策能力和道德信念都有所增强，身体和言语攻击倾向也有所降低。这是未来研究的有希望的项目，特别是它以灵活的形式、高危青少年为研究重点。

(八)青年积极心理学项目

青年积极心理学项目是宾夕法尼亚大学人际关系项目的高中版本。这是一个以学校为基础的干预项目，旨在促进 10—14 岁青少年的福祉并预防抑郁症。这种干预旨在教导乐观主义应对策略和问题解决的能力，以提高应变能力，并帮助青少年识别和增强他们的人际关系优势（Seligman et al.，2009）。该项目是以 20—25 次基于课堂的 80 分钟会议为基础的，还包括讨论、活动、家庭作业和日记等（Seligman et al.，2009）。塞利格曼（Seligman）及同事（2009）详细描述了该项目实践的具体例子。

青年积极心理学项目在学校或社区环境中对中小学生进行了广泛的评估（Brunwasser et al.，2009）。一项包括 17 个实验研究的元分析显示，该项目干预与抑郁症状的减轻有关，这种情况至少维持了 12 个月（Brunwasser et al.，2009）。一项在公立高中语言艺术课程中接受该项目干预的 347 名高中九年级学生大规模的综合试验研究正在进行（Seligman et al.，2009），完整的项目效果尚未公布（J. Gillham，personal communication，September 20，2012）。

五、无效的项目

针对零效应的出版偏见使得我们很难描述无效的社会情感学习项目，作者、政策制定者和期刊都不愿意发表那些不起作用的证据——要么没有影响，要么有负面（医源性）影响。也可能是给定的项目：①有用或有必要但不充分；②充分但执行不力；③针对目标受众的设计不佳。因此，更充分地了解青少年所面临的挑战如何与社会情感能力发展联系在一起也很重要。正如前面提到的，青春期学生容易在社会情感学习相关的能力领域中表现出弱势，而这些弱势需要通过发展性策略来产生积极的变化。如果不考虑青少年时期教育内容的变化和高中教育的重要特点，仅仅改编中小学的课程是不够的。

事实上，一些与社会情感能力相关的项目似乎对年龄较大的青少年没有那么有效，比如，药物滥用项目(Perry et al.，2002)、欺凌预防项目(Smith，2010)。此外，一些对青少年不起作用的项目实际上与青少年时期做决定的理念背道而驰。例如，抗压性教育(d. a. r. e)项目强调两种社会情感能力：同伴抗压(relationship skills)和决策(Birkeland，Murphy-Graham & Weiss，2005)。不管怎样，这个项目的主要策略是通过强调一组负面结果来吓唬年轻人，这个策略可能适合那些有动力遵守规则的年龄较小的儿童，但其与青少年决策的研究(Modecki，2009)结果不一致。一般情况下，青少年不会低估与使用药物和其他问题行为相关的风险，而是为追求更多的刺激所鼓动(Steinberg，2008)。因此，需要改变能力建设干预的重点，以配合青少年的发展与进步。这与关于康复项目的文献研究是一致的。例如，胆怯项目只使用恐吓战术(比如，带青少年去探访监狱)，已被证明对青少年无效，甚至有害(Petrosino，Turpin-Petrosino，Hollis-Peel & Lavenberg，2013；Sherman et al.，1999)。总体而言，与年龄相关的有效性的差异和对青少年的有效性的缺乏都要求我们关注当前青少年社会情感学习项目中存在的明显差距。他们可能会受益于社会情感学习相关项目功能的加强，这些项目有助于整合独特的社会情感环境以及与年龄相关的能力的发展。

六、总结和未来发展方向

虽然许多针对高中生的社会情感学习项目的评估研究包含在对欺凌、积极青年发展和社会情感学习干预的元分析或综述中，但是很少有项目能够重复一次以上，而且没有项目在三个或更多的研究中被证明是有效的。与针对中小学生的社会情感学习干预范围相比(CASEL，2012；Jagers，Harris & Skoog，本手册第 11 章；this volume Rimm-Kaufman & Hulleman，本手册第 10 章)，对高中社会情感学习项目的持续发展研究有着迫切的需要。本章讨论了一些积极的高中项目评估，还有一些正在进行中。例如，正在对高中生进行的一个大规模的随机对照试验，其中包括积极的行为干预与支持、检查与连接。

将青春期早期被证明有效的初中课程项目延续到高中课程中，是在这种环境下改进循证项目的一种方法。事实上，越来越多的证据表明，应该在中学实施社会情感学习这门课程(Jagers et al.，本手册 11 章)。然而，一个中心问题是初中社会情感学习课程所涉及的主题与实施方法是否适合高中年龄较大的青少年。正如史密斯(2010)注意到的，存在的挑战是：高中学业目标的变化、师生关系、同伴环境、学校和班级规模等均与初中是有差异的，任何将初中项目扩展到高中环境的做法，都需要认真考虑与此相关的挑战，以及高中生的行为风险和发展特征。

文献中与青少年相关的一个重要环节是利用技术促进社会情感能力或潜力不断增加。最近一项针对青少年科技使用情况的调查发现，93％的青少年拥有一台家庭电脑，78％的青少年拥有手机，37％的青少年使用智能手机(Madden，Lenhart，Duggan，Cortesi & Gasser，2013)。理想的项目应该开发发展青少年社会情感能力的移动应用程序或计算机程序，这可以减少项目开发的障碍。可以为社会情感能力的某一情况开发计算机化的模块，学生可以使用在线评估工具来确定他们需要改进的部分。使用应用程序，青少年可以在他们选择的时间和地点练习相关技能(如自我控制、决策)。应用程序可以被专门设计，将社会情感学习整合到青少年的日常生活中。当前，安德伍德(Underwood)等人(2012)已经使用智能手机对青少年的电子邮件和短信进行编码，以此作为进一步理解其社交的方法。

另一种方法可以建立在综合性的 K-12 年级教育计划的基础上。比如，休利特基金会的深化学习项目(Hewlett Foundation Deeper Learning Program)。该项目的目的是通过更好的教学实践来完善学生的学业成果和社会技能。学生被教授掌握五种相互关联的技能：完成核心学业内容，使用批判性思维，解决问题，加强合作，以及学习如何监控和指导自己的学习(自主学习)。该项目计划对全国 15% 的学生进行深度学习技能的评估，并预计到 2025 年，80% 的美国学生将从该项目中受益。最初的支持集中在初级中学、高级中学和社区学院，教师接受额外的培训和支持。这个深度学习项目中的一些技能与学术、社会和情感学习合作共同体五个能力领域中的技能重叠。另一个例子是休利特基金会的"梦想学校"项目，其目的是专门为学生进入大学做准备。

另外，也有可能通过加强高中学生的课外活动的参与，来支持其社会情感学习(Fredricks & Eccles，2006)。举例来说，运动或参加学校俱乐部可以为提高学术、社会和情感学习合作共同体的所有五项技能提供基础。一些证据还表明，参加某些课外活动可能特别有利于那些由于青春期提前或者社会经济地位低下(Blomfield & Barber，2011)而面临风险的青少年(Modecki，Barber & Eccles，2014)。无论如何，需要更深入地了解带来这些结果的具体实践(Eccles，Barber，Stone & Hunt，2003)或潜在实践(Mays & Thompson，2009)。

总而言之，尽管高中生对社会情感学习项目的需求是显而易见的，对于促进高中生社会情感发展、减少风险的"有效的项目"却很少。但是，根据元分析及其他的一些独立研究，我们知道高级中学社会情感学习项目是可行的。但该领域现在还需要大量的证据来支持适合不同高中生的可复制和普遍化的社会情感学习项目。在理想的情况下，要以这样的证据去检验社会情感学习结果的机制，因为确定影响社会情感学习项目效果的机制是至关重要的。

七、参考文献

请扫描二维码获取原书参考文献。

第13章

高等教育阶段的社会情感学习项目

科琳·S. 康利

近20年来，社会情感学习的研究者和实践者们一直致力于学生内部和外部技能、问题预防、促进健康和积极发展的实践情况的改善（Collaborative for Academic，Social，and Emotional Learning［CASEL］，2012；Elias et al.，1997）。具体来说，社会情感学习研究者已经确定五种核心能力的价值——自我认知、自我管理、社会认知、人际关系技能和负责任的决策——并且已经通过校本项目发展这些能力（CASEL，2003、2012），但由于这些能力与整个生命周期相关，社会情感学习与任何特定的教育背景或发展时期没有固定的联系。且到目前为止，关于社会情感学习的理论和实证文献主要集中在学龄前到高中学生身上，社会情感学习实践指南中也经常提及关于这些学生群体的目标和应用（CASEL，2003；Greenberg et al.，2003；Zins，Weissberg，Wang & Walberg，2004）。相比之下，社会情感学习框架还没有应用到高等教育。当然，社会情感教育对于儿童来说至关重要，因为这可以在人生早期形成并绘制出一条积极的发展轨迹，但人们对社会情感学习的需求并不是在高中阶段就结束了。这种情况很容易解释，与中小学类似，高等教育机构的任务是教育学生成为有知识、有责任心、有社会技能、健康、有爱心和有贡献的公民（Greenberg et al.，2003；also see Seal，Naumann，Scott & Royce-Davies，2010）。同样，与社会情感学习对青少年的学业影响研究相类似（Zins，Bloodworth，Weissberg & Walberg，2004），社会情感学习项目对高等教育人群的研究表明，社会情感适应与积极的学业成果相关，包括学业成绩及其保持（Gloria & Ho，2003）。此外，社会情感能力的益处能够超越学业环境，如工作成功，积极的人际关系，以及更好的心理健康和总体幸福感（Bar-On，Handley & Fund，2006；Jordan & Ashkanasy，2006；Lopes，Salovey，Cot & Beers，2005；Mayer，Salovey & Caruso，2004）。因此，社会情感学习在高等教育中的价值非常高。

当前，关于促进和加强高等教育学生心理健康的文献越来越多，大部分文献关注了社会情感学习的结果(Conley，Durlak & Dickson，2013；Conley，Durlak & Kirsch，2015)。虽然这些项目还没有在社会情感学习框架内被概念化，但它们与青少年社会情感学习项目有许多相同的要素和目标。本章在社会情感学习背景下回顾了这些文献，并为今后在高等教育中的社会情感学习研究和实践提出了一些建议。

一、理论与实证背景：将社会情感学习拓展至高等教育

几十年的理论工作将高等教育视为学生的理论形成及发展时期(Astin，1984；Evans，Forney，Guido，Patton & Renn，2009)，并注意到各种社会情感和学业挑战给学生的心理健康和适应带来的巨大压力(Howard，Schiraldi，Pineda & Campanella，2006；McDonald，Pritchard & Landrum，2006)。高等教育环境通常给学生带来更少的结构，同时也提出更多的要求，带来新的角色和更大的压力，促使他们与压力、痛苦和困境做斗争。事实上，大量关于高等教育学生的研究证明，与发展和临床标准相比，高等教育学生的压力、适应不良和心理健康问题较严重(Stallman，2010；Stewart-Brown et al.，2000)。

与高等教育学生最相关的社会情感能力是那些可以提升他们个人认知和人际交往水平的技能，这些可以帮助他们在新的、具有挑战性的学业、社会情感领域中发展。同时，促进这些能力的提升，可能会抑制问题的产生或社会情感的不良适应。因此，社会情感能力无论是作为积极适应的方面，还是作为抑制消极适应的方面，都是有价值的。以下改编自学术、社会和情感学习合作共同体，它将五个核心社会情感能力应用于高等教育。

(1)自我认知：准确地认识自己的想法和情绪，以及它们对行为的影响；准确地评估自己的长处和局限性；拥有自尊、自我效能、自信、控制感和乐观精神。

(2)自我管理：有效地调整自己的思想、情绪和行为；管理压力；品味情感幸福；成功地运用诸如应对、解决问题、正念、放松以及积极和有成效的思考等技能。

(3)社会认知：识别适当的社会资源和支持；展示准确的观点，尊重他人，拥有同理心。

(4)人际关系技能：建立并维持健康的人际关系，在需要时寻求并提供帮助，有效沟通，建设性地谈判，解决个人之间的问题。

(5)负责任的决策：做出建设性的、负责任的和符合伦理道德的选择，促进自我和他人幸福；有效地管理目标、时间和任务。

在高等教育环境中，预先确定的学校时间表、家长监督、家庭惯例的结构和支持通常会让学生从外部责任转向内部责任，这强调学生要不断使用如自我认知、自我管理和负责任的决策等技能。在社会方面，向高等教育的转变经常涉及与室友建立新的关系，涉及全新的同龄群体和替代父母角色的教职工。因此，高等教育阶段的学生对社会认知和人际关系技能的需求也增加了。事实上，研究已经表明，社会情感能力的五个领域对高等教育学生的发展、适应和取得成功是至关重要的。例如，具有积极的自我认知和自我觉知的学生似乎在高等教育环境中能更

快适应（Ramos-Sanchez & Nichols，2007）。同样，自我管理技能对学生个人的情绪调节及学业表现都有积极的影响（Deckro et al.，2002；Palmer & Roger，2009；Parker，Duffy，Wood，Bond & Hogan，2005）。

相比之下，较差的自我管理会导致出现情绪困扰的症状，如抑郁、焦虑和压力，这些都是高等教育学生面临的最普遍和最具挑战性的问题（Adlaf，Glisman，Demers & Newton-Taylor，2001；College Health Association，2011；Bayram & Bilgel，2008）。并且，这些问题会对学习能力和留校率产生不利影响（Pritchard & Wilson，2003）。此外，由于社会技能、社会支持和社会压力是高等教育时期学生适应的关键因素（Gerdes & Mallinckrodt，1994），因此社会认知和人际关系技能在这种背景下对学生的学业成功至关重要（Hefner & Eisenberg，2009；Tao，Dong，Pratt，Huns-berger & Pancer，2000）。高等教育背景下的研究证明了负责任的决策的重要性，包括课内（academic goals and study skills；Robbins et al.，2004）和课外（substance use；Wolaver，2002）行为。总而言之，帮助学生在高等教育时期获得发展优势并促进他们的社会情感发展与加强在早期教育环境中的投资是同样重要的。

二、本章的范围

本章回顾了 113 个在高等教育机构（如两年制或四年制的学院和大学，商科学校和职业学校，研究生院、医科学校、法学院等专业机构）中进行的、已发表的和未发表评估的、与社会情感学习相关的预防和促进项目（若有需要，可以从本章作者处获得本章所回顾的所有项目的完整清单，按项目类别和成功状态分类）。本章特别侧重于预防和促进的普遍性项目，而不是那些面向具有早发性问题学生的针对性项目。此外，本综述侧重于评估那些涵盖一个或多个社会情感学习结果的项目——情绪困扰、自我认知、社会情感能力以及与他人的关系——因为这些是高等教育中最常见的社会情感结果评估工具，也与对年轻学生的相似研究相对应（Catalano，Berglund，Ryan，Lonczak & Hawkins，2004；Greenberg，Domitrovich & Bumbarger，2001）。最后，尽管一些针对高等教育学生的干预旨在减少药物使用、性侵犯、对身体的不满和饮食失调的情况（Anderson & Whiston，2005；Carey，Scott-Sheldon，Carey & DeMartini，2007；Yager & O'Dea，2008），但这篇评论的重点是对高等教育学生的一般性社会情感健康项目进行阐释。

康雷（Conley）和同事（2013）进行了类似的文献回顾，以评估高等教育干预对社会、情感、学术和健康相关的结果的影响。本章在社会情感学习框架内重新概念化这些研究，并具体关注这些干预所取得的社会情感结果。此外，本章以不同的方式总结了这些项目的影响。

三、当前研究：策略回顾

（一）方法问题

这里回顾的项目已经包括一个控制组并涉及对结果的定量分析进行评估的项目，这些结果可以归入以下一个或多个类别：情绪困扰、社会情感能力、自我认知以及与他人的关系。本次回顾的另一个入选标准是：除了建议的回家练习之外，该项目需要持续进行不止一节课。

(二)干预类型

由于在高等教育中提高社会情感能力的研究尚未在社会情感学习框架内组织起来，也没有作为系统项目或政策的重点加以推广(与面向更年轻人群的情况相反；CASEL，2012)，这些干预往往不像针对青少年的社会情感学习示范项目那样有组织、有结构或统一。学术、社会和情感学习合作共同体(2012)确定了若干针对学前和小学生的甄选项目，这些项目涉及学术、社会和情感学习合作共同体的所有五项能力，并提供多种机会在项目内和现实生活中进行多年的实践和发展。相比之下，针对高等教育人群的社会心理健康促进项目通常针对部分而非全部的社会情感学习核心能力，而且通常时间很短(比如，仅持续数周，很少超过一个学期)。

尽管在高等教育中，促进社会情感能力的研究缺乏系统性，但这些干预还是出现了一些常见的类别。心理教育项目主要是向参与者提供诸如压力应对和放松方式等方面的说教式信息。这些课程的教学内容各不相同，但是它们都一致认为，提供信息而不是培养技能将提高学生的适应能力。以技能为导向的项目主要包括以下五个主要类别，虽然用来描述这些干预的术语不同于青少年社会情感学习项目中的典型术语，但这些项目的实际要素和预期成果与其是非常相似的。为了说明青少年社会情感学习项目和高等教育促进项目之间的联系，在每个项目类别中最常强调的社会情感能力见表13-1，并在此简要描述。

表 13-1　高等教育阶段与社会情感学习核心能力领域相关的干预聚焦的技能

一般干预类型	社会情感能力				
	自我认知	自我管理	社会认知	人际关系技能	负责任的决策
认知-行为干预	①认识到压力和痛苦的诱因；②识别无意识的想法；③识别积极的自我陈述；④安排愉快的活动；⑤自我肯定	①压力管理，减压，预防接种；②认知修正或重组，挑战并产生反对意见；③反驳消极的自我陈述，增加积极的自我对话；④应对技能培训；⑤放松	①使用社交网络；②支持；③减少压力；④幸福	社交技巧(见下文社交技能干预中的人际关系技能部分)	①采取措施减轻压力；②修正不适应行为；③目标设定，时间管理
冥想干预	把注意力集中在一件事情上。例如，某人的呼吸；声音、物体或身体部位；一个人思想的传递	①被动地忽略分心的想法或感觉，使思想回到原来的想法；②放松练习，包括呼吸和身体扫描	一般不包括在内	一般不包括在内	一般不包括在内

一般干预类型	社会情感能力				
	自我认知	自我管理	社会认知	人际关系技能	负责任的决策
正念干预	①感官知觉体验，肉体上的感觉、想法和行为； ②自我接纳（接纳，"无论发生什么"）； ③自我导向的"慈爱"（同情、友善、快乐、平静）	①正念（把注意力放在当下，不带评判性）； ②对日常实践和经验的正念，例如，工作、学习、压力、痛苦、折磨； ③耐心，放手，放慢脚步，超然； ④放松，减轻压力	友好、同情心、平静		
放松干预	认识与压力、放松有关的身体感觉	①呼吸技巧（例如，缓慢、深呼吸）； ②身体放松（渐进式肌肉放松、自我训练、可控的放松）； ③心理放松（例如，引导想象）	一般不包括在内	一般不包括在内	一般不包括在内
社交技能干预	①识别那些损害健康的东西； ②很好地沟通	有效处理，改善沟通	①认识到关系障碍和痛苦的风险因素； ②倾听；理解	①沟通； ②自信； ③解决人际关系问题； ④冲突管理和决心； ⑤增强正能量； ⑥人际关系的各个方面	一般不包括在内

注意：表中的术语直接来自干预研究的作者。每个干预类别中的个别项目强调的具体技能各不相同，并不总是包含这里列出的所有技能。在最中心的区域中列出了一些与社会情感学习能力多个领域重叠的项目。

（1）认知-行为干预，倾向于强调自我认知和自我管理技能，如监控和修复认知，以改变情绪和行为反应。他们也经常使用一些技巧来提高社会认知、人际关系技能和负责任的决策的能力。

（2）冥想干预，包括各种冥想技巧，旨在提高自我认知和自我管理技能。

（3）正念干预，主要是训练大脑通过时时刻刻的意识、接受、非判断和同情的方式来获得自我认知和自我管理技能，还有一些重点是社会认知和人际关系技能。

（4）放松干预的目标是提高自我认知和自我管理策略，旨在教学生如何放松，如渐进式肌肉放松法、呼吸技巧或指导想象。

（5）社会技能干预，主要侧重于提高社会认知和关系能力，目的是提高如果断、沟通和冲突管理等技能。

社会情感学习文献中有一个关于年轻人的显著发现，即以技能为导向的预防项目往往比心理教育或纯说教项目会取得更大的成功（Durlak，1997；Durlak，Schellinger，Weissberg，Dymnicki & Taylor，2011；Greenberg et al.，2001）。文献表明，这是这些项目的一个功能，包括为参与者提供多种机会来实践，然后有效地应用到他们正在学习的技能中（Gresham，1995）。针对高等教育人群的心理健康促进和预防研究发现，使用此类监督技能实践的干预所产生的显著结果的可能性是仅使用心理教育项目的 7 倍，且是不包括监督实践的其他技能干预导向的 5 倍（Conley et al.，2013）。社会情感学习的研究人员和学者也注意到了技能练习的重要性，无论是在干预项目中还是在现实生活应用中，都要考虑时间的推移、能力的发展（CASEL，2012）。根据这些建议和现有的证据，本章单独回顾了纳入督导技能实践的干预项目。

（三）评估结果

正如前面提到的，这篇综述集中在四个主要的社会情感结果领域。情绪困扰的结果主要涉及抑郁、焦虑或压力，以及一般的心理压力或福祉方面。社会情感能力的结果涉及不同类型的认知、情感和社会技能方面，如有效的应对技巧、正念、理性信念、情感意识和管理、放松策略、自信和其他沟通技巧。自我认知的结果主要涉及自尊和自我效能，也包括一些自我同情、控制感或主动性、乐观和韧性的评估方面。人际关系的结果涉及对关系质量和满意度的评估，社会支持和适应，以及冲突和与他人沟通的模式方面。

四、研究结果

本章回顾了大量研究且对成功进行了高标准的界定，目的是产生选择性干预的子集，从而为今后的研究和实践提出建议。具体来说，一个成功的试验是指干预参与者与对照组相比，在社会情感领域的研究评估结果中，至少有一半以上的结果在统计学上有显著的效果（$p \leqslant 0.05$）；一个不成功的试验是在这些评估的结果中有不到一半的结果显示出有效益。

鉴于关于高等教育学生的大量研究，本综述只考虑至少经过三次试验评估的干预，并采用比可测人群和可用试验较少的干预和更严格的标准。遵循与本书"循证项目"部分的其他章节相同的方法，本报告的研究对象包括至少有三次成功的促进社会情感学习试验的干预。但是，由于对高校学生的研究数量较多，因此增加了一个额外的标准，即根据不同类型的干预所获得的成功试验的百分比来确定，要求被列入有效项目的项目必须有超过 66% 的干预试验是成功的（也就是说，至少一半以上的社会情感学习结果是显著的）。换句话说，对于有效的项目来说，通过干预获得成功的项目要求至少有 1 次成功试验；有希望的项目包括有 33%—66% 的概率达到干预试验的成功；无效的项目指的是，在涉及社会情感结果的试验中，只有不到 33% 的成功率。基于先前对青少年（Durlak，1997）和高等教育学生（Conley et al.，2013）的研究结果，这篇综述将有监督技能练习的干预与没有这个重要因素的干预区分开进行讨论。

(一)有效的项目：正念干预

到目前为止，只有一个针对高等教育学生的干预符合"有效的项目"的严格标准。证据表明，正念干预与监督技能练习作为一个初级预防和促进策略，能加强高等教育学生社会情感的适应。值得注意的是，九个经过审查的正念干预中有七个(78％)是成功的。干预后，学生的情绪困扰、自我认知和社会情感能力得到了改善(Astin，1997；Hoffmann Gurka，2005；Oman，Shapiro，Thoresen，Plante ＆ Flinders，2008；Rosenzweig，Reibel，Greeson，Brainard ＆ Hojat，2003；Sears ＆ Kraus，2009；Shapiro，Brown ＆ Biegel，2007；Shapiro，Oman，Thoresen，Plante ＆ Flinders，2008；Shapiro，Schwartz ＆ Bonner，1998)。值得注意的是，其中一个在干预后没有取得积极结果的试验，在其后 4 个月的随访中证明了它的成功，项目参与者被证明在抑郁和压力的控制方面都取得了进展(Leggett，2010)。另一个不成功的试验显示了干预组所有评估结果的显著的事后效应(效应量中 d 值为 0.52—2.63)，但是对照组没有一个结果显示如此，可能是小样本(干预组 10 人；控制组 6 人)的缘故，干预后的组间差异没有达到统计学意义(Lynch，Gander，Kohls，Kudielka ＆ Walach，2011)。

正念干预对于提高高等教育学生社会情感学习的成功率似乎可归因于其内容和结构因素。如表 13-1 所示，这些干预通常培养学生的自我认知(比如，感性经历、想法、情绪和行为的觉察，自我接纳，自我安慰)，自我管理(比如，正念、耐心、放松、压力管理)，社会认知(比如，同情他人)和人际关系技能(比如，关系中的正念、正念倾听和同理心)。此外，这些干预通常旨在通过技能、实践、动机以及态度等广泛地培养正念(Oman et al.，2008；Shapiro et al.，2008)。通常，正念干预要求参与者将他们新学到的技能应用到日常生活的多个方面(比如，鼓励在关系中和在工作中运用正念；采用正念方式进食；运用正念方式应对压力)。考虑到他们强调将一系列与自我相关的能力纳入日常生活，正念项目对情绪困扰(包括抑郁、焦虑、压力、一般性的情绪、情感和心情困扰)，社会情感能力(包括高水平的正念、理性信念、同理心、原谅以及低水平的沉思)和自我认知(包括怜悯、控制感以及希望)产生益处也就不足为奇了。

除了这些干预的内容以外，还有一些结构性因素值得注意。这些正念干预是手动改编的，使用的是卡巴-金(Kabat-Zinn，1982，1990)基于正念的减压和伊斯-瓦兰(Eas-Waran，1978，1991)八点项目的会议协议。一个典型的正念项目包括一个带有正念冥想或练习正式指导的说教元素(例如，静坐冥想、通道冥想、呼吸觉察、身体扫描、正念运动、仁爱冥想或哈他瑜伽)以及一个体验元素，包括在此环节中练习技能，并鼓励学生在此环节之外练习(典型情况是跟随音频和练习导语)。正念项目的成功是令人印象深刻的，因为它们很简洁，每周的干预时间为 3—10 次，每次持续 1—3 小时，约为 30 小时。

(二)有希望的项目

有三类干预符合有希望的项目的标准。尽管需要更多的研究，但认知-行为干预、放松干预和社交技能干预为改善高等教育学生的社会情感结果提供了一些希望。

1. 认知-行为干预

涵盖督导实践的认知-行为干预满足提高高校学生社会情感效果的有希望的项目的标准。在30项审查的干预中，有18项（60％）符合成功试验的标准。认知-行为干预在方法上有所不同，但它们通常遵循一个手册化的协议或结构化的框架（Beck，Emery & Greenberg，1985；Burns，1999；Ellis，2001；Meichenbaum，1985）。如表13-1所示，这些干预提升了自我认知和自我管理技能，例如，识别压力和痛苦的触发器，识别自动思维和自我陈述，修改或重组认知，提高应对技能，放松、管理或减少压力。一些针对高等教育学生的认知行为干预还涉及社会认知、人际关系技能（例如，运用社会支持来增强个人的幸福感并改进社会技能）以及负责任的决策（例如，逐步减少压力，调适适应性行为，设定目标，改进时间管理，做出健康的生活方式选择）。

德科罗（Deckro）和同事在2002年报道了一个认知-行为干预成功的例子，该干预旨在减少大学生的压力和痛苦。这个为期6周的基于技能的干预强调了表13-1中提到的许多社会情感能力，特别表现在自我认知（包括思维觉察、具身感知以及建立联系），自我管理（包括挑战性的认知调整、放松、压力管理、应对）和负责任的决策（包括目标设定）上。该干预是亲身体验和实践的（培训者和学生都有指导练习的手册），每个课程混合涵盖以下内容：①有关新内容的讲座、讨论和示范；②每周技能实践的回顾；③目标技能的监督实践。辅导员鼓励学生在课外进行技能练习，为学生提供完成练习的手册和有指导的音频文件，每周发送有关技能练习的电子邮件提醒，并要求学生完成每日的练习日志。最终，这些技能将融入学生的日常生活中。

已确定的18种成功的认知-行为干预，在社会情感结果的几个领域产生了显著的效益，包括情绪困扰（包括抑郁、自杀倾向、焦虑、压力、消极和积极情感、一般性的心理压力、情绪幸福感），自我认知（包括自尊、学业能力的自我概念、自我实现、乐观），社会情感技能（包括应对、积极思维风格、情绪觉察和管理、放松、压力管理、信任）和人际关系技能（包括社会认知、交流范式、冲突解决）。尽管取得了这样的成功，但有必要指出的是，在30种认知-行为干预中，有12种未能达到成功试验的标准。未来的研究应该着眼于弄清楚是什么使得这些干预中的一些成功，而另一些失败。

2. 放松干预

本研究确定了12项放松干预，其中6项（50％）是成功的。成功的干预运用了各种放松方法，包括自发性训练（Kanji，White & Ernst，2006）、渐进式肌肉放松法（Lyons & Lufkin，1967）、生物反馈（Ratanasiripong & Kathalae，2012；Turner，1991）、放松呼吸练习（Baker，2012）以及这些方法的组合（Charlesworth，Murphy & Beutler，1981）。正如坎级（Kanji）和同事在2006年报道的那样，自发性训练包括六种标准的训练，主要集中在：①肌肉放松；②感觉温暖；③平静的心脏活动；④减缓呼吸；⑤腹部温暖；⑥头部凉爽。渐进式肌肉放松法需要在紧张之后放松一系列的肌肉群，关注温暖、沉重和放松的感觉。生物反馈干预训练学生监测和调节他们对压力的基本生理反应，如心率、肌肉张力或皮肤温度。如表 13-1 所示，这些相关的放松技巧主要针对自我认知和自我管理，特别是通过提高对与压力和放松有关的身体感觉的意识，诱导身体和精神放松。相应的，这些放松干预的重点是评估情绪困扰的结果（例如，焦虑、抑郁、紧张）。三个成功的试验发现，干预对压力的生理指标（包括血压、脉搏和紧张的肌电图测量）以及自我报告的焦虑和压力水平有显著的影响。

虽然这六个成功的试验是有希望的，但也有六个不成功的试验，需要进一步的研究来解释放松干预在高等教育环境中的成功与否。

3. 社交技能干预

在有督导的五个社交技能干预中，有两个（40%）是成功的（Braithwaite & Fincham，2007；Waldo，1982）。虽然它们在通过行为干预提高社会技能方面的重点是相似的（见表 13-1），但是它们的具体方法有很大的不同，以此区分这两种干预。沃尔多（Waldo，1982）举办了一个关系技巧工作坊，旨在加强室友之间的积极沟通，包括"在困难的人际关系情况下倾听和诚实的自我表露"。通过讲座、示范、阅读、书面报告，以及最显著的"旨在培养支持性人际环境的结构化体验"等多种方式的结合，这一干预为学生在"价值观澄清、沟通和冲突解决"方面能力的发展提供了机会。

布雷斯韦特（Braithwaite）和芬查姆（Fincham，2007）实施了基于计算机预防和增进关系（Markman，Stanley & Blumberg，2001）的 ePREP 干预方法。这是一种经过实验验证的有助于提高浪漫关系质量的方法。通过自定节奏的幻灯片形式内容，参与者学习沟通和冲突管理技巧以及解决人际关系问题的技巧。作为监督技能练习的一个重要方面，参与者进行测验以确保掌握材料。在完成干预后，参与者会收到一份打印的材料以及每周一次的电子邮件提醒，以促进和评估他们实施目标技能的情况。干预之后，参与者在情绪困扰（比如，更低水平的抑郁、焦虑和消极情感，但是没有表现出更高水平的积极情感），社会情感能力（更高水平的信任），人际关系技能（更低水平的心理攻击性和冲突时的物理攻击性，但是在关系满意度和建设性沟通方面没有积极结果）等领域的 10 个结果中，有 6 个结果证明有益。值得注意的是，作者又重复了两次以上的 ePREP 干预（Braithwaite & Fincham，2009、2011），但在这些重复中仅发现对以上结果的微弱支持。2009 年的试验利用潜在生长曲线模型来确定随时间推移干预的益处，包括干预后（8 周）和随访（10 个月）。这些模型在社会情感结果上只产生一个（共七个）显著的群体效应（干预组与控制组比较）。具体来说，干预似乎影响了焦虑，但没有影响抑郁、建设性沟通、关系满意度及上述的三个冲突解决技巧。但作者同时指出，在 10 个月的随访评估中，10 个结果中的 7 个有很强的效应值（范围在 0.36—2.69）。此外，2011 年的试验发现一些只有女性（10 个评估结果中的 4 个）或只有男性（10 个评估结果中的 2 个）的社会情感结果得到改善的证据。虽然还需要进一步的研究来厘清这些混合的发现，但是该项目干预似乎确实为提高高等教育人群的社会情感能力提供了希望。

(三)无效的项目

有三类干预符合无效的项目的标准。因为迄今为止的实证评估表明，它们在大多数(67%以上)被评估的试验中是无效的。正如下面详细说明的那样，证据似乎反对以下干预的社会情感益处：①冥想干预；②强调技能但不包含对这些技能的督导实践的干预；③注重说教而不是技能的心理教育干预。

1. 冥想

这篇综述确定了六个有督导的技能练习的冥想干预，但是其中只有一个(17%)是成功的(也就是说，在本案例测量的社会情感能力中，该项目仅对其中的半数能力有积极影响；Baker，2012)。冥想练习旨在使参与者集中注意力在单一物品上(如单一的声音、物品或身体部位；一个人的呼吸或念头)，忽略其他分散注意力的想法或感觉，轻轻地将注意力重新集中在预期的目标上(Winzelberg & Luskin，1999)。

尽管有证据表明冥想对于减少成人和病人的冲动、焦虑有益(例如，降低冲动，改善放松)，但现有的关于高等教育人群的社会情感益处研究并没有充分证明冥想是一种改善社会情感结果的有效技术。具体来说，回顾的大量研究发现，对于所检验的一些社会情感学习的益处，例如，减少情绪困扰(焦虑、抑郁、一般性困扰)，增强自我认知(如自我效能感)，提高社会情感能力(如应对)，干预缺乏显著的影响，或者最多只有混合的结果(Fulton，1990；Kindlon，1983；Moss，2003；Winzelberg & Luskin，1999；Zuroff & Schwarz，1978)。

2. 没有督导技能练习的干预

这份综述确定了23个没有督导技能练习的干预项目，但只有5个(22%)是成功的(Abel，2005；Epstein，Sloan & Marx，2005；Grassi，Preziosa，Villani & Riva，2007；Heaman，1995；Winterdyk et al.，2008)。此外，在18个不成功的项目中，有13个项目未能对任何社会情感结果产生显著影响。鉴于这些不成功的干预，且不成功的可能性几乎是成功的四倍，没有督导技能练习的干预似乎对促进高等教育学生的社会情感适应无效，甚至没有希望。与18个不成功的项目相比，这5个成功的项目在干预类型或项目特征(如样本设计、形式、干预时长、实施方式)方面没有显著区别。因此，虽然这些项目整体上包括一个重要的元素——专注于技能，但它们缺乏对多次训练的监督，这似乎限制了它们产生社会情感效益的能力。

3. 心理教育干预

在这篇综述中确定的28种心理教育(说教式的而非技能导向的)干预中，只有4种(14%)符合成功的标准(Jones，2004；MacLeod，Coates & Hetherton，2008；Mattanah et al.，2010；Walker & Frazier，1993)。换句话说，心理教育干预的失败率是成功率的6倍。此外，在24个不成功的试验中，有17个试验在其评估的社会情感结果中没有显著的益处。因此，心理教育干预似乎未能在高等教育人群中实现在社会情感方面的预期效果。总体而言，不侧重技能发展的项目往往不会产生成功的社会情感结果，因为同样的发现出现在针对高等教育学生(Conley et al.，2013)和年轻人群的干预中(Durlak，1997；Durlak et al.，2011；Greenberg et al.，2001)，所以这一结论也就在意料之中了。

五、总结及未来研究和实践的建议

虽然社会情感学习的概念以前没有被应用到高等教育环境中，但是有许多心理健康促进和预防项目可以被认为是成功的或有希望促进高等教育学生社会情感发展的项目，并扩展对中小学生的调查结果（见本手册第 10 章、第 11 章和第 12 章）。与青少年社会情感学习的文献一样，并非所有的高等教育项目都同样有效。在有督导练习的技能导向项目中，一种干预类型，即正念，显示出明显的有效性，另外三种干预类型，即认知-行为干预、放松干预和社交技能干预，显示出希望。第五类冥想项目似乎对于改善高等教育环境中的社会情感适应无效。

与项目关注的主题不同，有两类干预似乎不能提高高等教育学生的社会情感学习。没有督导实践的技能导向项目不能有效地改善学生的社会情感能力。此外，心理教育项目不强调技能，而侧重于说教信息，几乎在所有情况下都不能产生社会情感效益。总之，正如在学龄儿童中实施社会情感学习项目（Botvin，2000；Durlak et al.，2011；Lösel & Beelmann，2003），督导技能练习似乎是成功促进高等教育学生社会情感发展的核心要素。

虽然目前的研究结果令人鼓舞，但重要的是要注意到，本章审查评估的是在干预期后立即进行的有效性研究。只有大约三分之一的项目包括随访期间的评估结果，且这些随访通常是短期的。因此，有必要对社会情感学习项目在高等教育中的长期影响进行进一步的研究。除了监督技能实践的重要性之外，还需要研究来检验某些项目成功的主动因素和机制。例如，中介分析可以澄清不同社会情感能力的获得是否对项目结果负责。同时，也需要研究比较高等教育中不同类型的社会情感学习干预，以确定它们对不同类型的学生的影响以及所提供的形式的差别。例如，大学校园里的第一年入学指导课程很普遍，但很少有研究调查它们对社会情感功能的潜在影响，而且现有的研究很少包括监督技能练习这一重要因素。

迄今为止，在高等教育中促进社会情感能力的项目往往是由研究人员发起的，将其从学校的课程、工作人员和目标中分离出来的，是相对简短的干预。在高等教育中，社会情感学习的下一个重要步骤是将成功的社会情感学习干预有计划地纳入高等教育机构和课程中，将有前途的研究成果扩展到日常实践中。根据社会情感学习研究人员和从业人员的重要实施指导方针，这将包括：①机构发起并设计以满足该机构的具体需要；②在该机构现有课程方案制定的范围内以持续、系统的方式进行协调；③得到学校管理人员和领导层的支持，并与关键机构工作人员合作开展工作；④随着时间的推移，仔细监测和评估以加强项目的改进和可持续性（CASEL，2012；Greenberg et al.，2003；Zins，Bloodworth，et al.，2004；Zins & Elias，2006）。

实施最佳实践的第一步就是高等教育人员必须首先就社会情感学习以及学业学习的价值作用达成一致。管理者可以利用高等教育环境中许多现有的结构特征编制社会情感学习项目，以便更好地实施和支持项目发展。这一过程中的一个关键因素是协调支持系统（Zins & Elias，

2006)，以制定社会情感学习目标，并实施和监督适当的项目以实现这些目标。高等教育的主要参与者包括学生代表、机构管理者和来自大学社区的一线工作人员，包括学生发展、健康和咨询中心以及与心理学和健康教育相关的学术部门。提供成功项目的工具和平台应该包括课程和课外活动。这篇综述确定了几个可以作为选修的工作人员的成功项目，且这些项目似乎能成功地吸引学生。在核心（而不仅仅是选修）课程中，开发促进社会情感学习的课程，例如，第一年研讨会，将使更多的学生受益，并在更广泛的范围内产生益处。将社会情感学习纳入联合课程，如新生入学指导和宿舍规划，也将使更多的学生接触到有助于他们应对高等教育环境挑战的技能。

本文对社会情感学习干预的回顾表明了系统地将其融入高等教育环境的价值。通过合作，社会情感研究人员和高等教育从业者可以将机构的目标和现有的循证社会情感学习项目（如本文回顾的那些）协调起来。最终，这些努力可以促进学生在这个重要的发展时期和环境中的社会情感学习。

六、致谢

特别感谢约瑟夫·杜拉克、丹尼尔·迪克森（Daniel Dickson）、亚历山德拉·基尔希（Alexandra Kirsch）、艾莉森·斯通纳（Alison Stoner）和我优秀的研究助理团队为本章所做的贡献。

七、参考文献

请扫描二维码获取原书参考文献。

第 *14* 章

面向高发病率残疾学生的社会情感学习项目

安德鲁·L. 维利、加里·N. 西珀斯坦

学校和生活中的成功在很大程度上取决于获得和充分利用与社会情感能力相关的知识和技能(Zins & Elias，2007)。社交能力是发起和维持积极关系、完成各种社交任务(例如，发起对话，应对取笑，玩游戏，表达不同意见等)的能力。情感能力是理解和适当调节情绪的能力。社会情感能力、学业成就与毕业后的成功是密不可分的，这一认识导致各个领域均致力于促进儿童社会情感学习(Elias et al.，1997)。最近 20 多年来，社会情感学习领域研究人员一直致力于开发和研究旨在改善学校所有学生的社会情感能力的项目(Greenberg et al.，2003)。社会情感学习项目运用多种基于研究的干预方法来提高所有学生的五种关键的社会情感能力，即自我认知、自我管理、社会认知、人际关系技能和负责任的决策(Osher，Bear，Sprague & Doyle，2010)。

当然，前述的所有学生包括残疾学生。在美国公立学校中，有超过 10% 的学生因残疾而接受特殊教育。在提高所有学生的社会情感能力的努力中，残疾学生是一个特殊的案例，原因有二。一是平均而言，残疾学生比非残疾学生更有可能在社会情感能力方面表现出明显的缺陷。许多残疾学生在获取和应用人际技能(与他人互动有关的能力)和个人能力(与自己的想法和感受互动有关的能力)方面均存在困难，这些困难使得这些学生在许多领域(如社会心理、学术、职业等)都有可能获得负面结果(Caprara，Barbaranelli，Pastorelli，Bandura & Zimbardo，2000；Parker & Asher，1987)。因此，残疾学生可能特别需要提高社会情感能力。二是由于残疾学生在其他领域(如认知、学术成就、语言)可能会出现的缺陷，这使得这些学生在面向全体学生的普遍性社会情感学习干预中获益的可能性更低。也就是说，残疾学生需要的是针对他们独特的学习需求而专门设计的社会情感学习干预。

本章的目的是要呈现面向残疾学生的社会情感学习的理论与实践。在特殊教育的相关文献

中，旨在提高残疾学生社交能力的干预被统称为社交技能训练（Social Skills Training，SST；Gresham，Robichaux，York & O'Leary，2012）。本章的一个具体研究问题是：将社会情感学习领域的研究和实践与专门针对残疾学生的社交技能训练的研究和实践相结合或相协调，可能会带来哪些好处和挑战。为了理解如何将社会情感学习和社交技能训练有效结合以提高残疾学生的社会情感能力，我们首先需要描述两者之间的相似之处和不同之处。

　　将社会情感学习和社交技能训练两者之间进行比较看似很简单，但实际上，这两个研究与实践领域之间的相似性和差异性均非常微妙，甚至会令人困惑。例如，两者之间一个明显的相似之处就是它们均关注学生的社交能力发展。但是，这两种方法针对的社交能力中的具体技能是有区别的。社会情感学习主要关注与社交能力相关的内隐的认知和情感过程（Zins & Elias，2007），而社交技能训练倾向于关注外显的、可观察的行为的变化（Gresham et al.，2012）。当然，这种区分也不是百分百的。许多社会情感学习项目也将可观察到的行为作为干预目标，而许多社交技能训练的干预中也包含了认知的及其他"非行为"的成分。尽管如此，就所强调的结果和所使用过的方法而言，社会情感学习主要根植于认知、情感和关系的方法（Osher et al.，2010），而社交技能训练则更明确的是基于行为分析的原则和技术（Gresham，2010）。

　　社会情感学习和社交技能训练之间另一个明显的区别是两种方法面向的人群不同：社会情感学习更多地关注的是非残疾学生，而社交技能训练更侧重于残疾学生。尽管大多数情况下均如此，但是社会情感学习和社交技能训练研究的目标人群直观看上去有更多的重叠。更准确的说法是，尽管一些社会情感学习研究也涉及残疾学生，但是与之相比，社交技能训练的相关文献中包含了更多针对接受特殊教育服务的残疾学生的研究（如 Kam、Greenberg & Kusche，2004）。然而，如我们后文将详细讨论的，并不是所有的残疾学生都能在学校中被正式鉴别并接受特殊教育服务，而社会情感学习和社交技能训练研究在不同程度上都是关注这些表现出社会和情感问题但未能接受特殊教育服务的学生群体。尽管两者之间有这些重叠，但公平地说，与社会情感学习相比，社交技能训练更加关注残疾学生和被鉴定为具有残疾风险的学生。

　　也许社会情感学习和社交技能训练对于学生最有帮助的相似之处就在于两者都强调了在学校范围内的多层干预方法（Gresham，2010；Zins & Elias，2007）。多层干预方法是指，在学校中既有面向全校所有学生的干预（一级干预：普遍性干预），也有面向具有社交问题风险的一组学生的更密集的干预（二级干预：选择性干预），以及面向已表现出明显社交问题的个别学生的最为密集的干预（三级干预：强化干预）（Sugai & Horner，2009）。这些分层干预方法通常是相互"嵌套"的。比如，有些学生可能既接受更密集的干预（二级或三级），又接受（而不是与之分离）普遍性的一级干预。那些有特定残疾的学生通常通过特殊教育来接受强化性的三级干预。尽管有多种安置方式（例如，资源教室、特教班、特教学校）为残疾学生提供特殊教育服务，但是大多数残疾学生大部分时间都是在普通教室中接受教育的。

　　到目前为止，社交技能训练文献中的大多数干预都是二级的小组干预以及相对少一些的三级的个别化干预（Gresham，2010）。相比之下，社会情感学习研究大多集中在以解决全校范围的社会情感学习问题为目标的普遍性的一级干预上。再一次重申，这一区别也并不是一定的。有一些社会情感学习研究的重点是针对有严重社会和情感问题风险的学生的二级干预（Payton et al.，2008），也有大量的特殊教育研究致力于在学校范围内建立积极行为干预和支持系统（SWPBIS；Sugai & Horner，2009）的普遍性的一级干预。

考虑到社会情感学习和社交技能训练在"干预层级"上的重叠与我们之前讨论过的预期结果和目标群体上的其他相似性和差异性，我们在本章中选择使用"社会情感学习"一词来指在全校范围内关注所有学生的认知、情感和关系发展的一级干预（Osher et al.，2010），而用"社交技能训练"一词表示提高残疾学生（包括尚未经过鉴别的接受特殊教育的残疾学生）社交能力的更为密集的二级干预（Gresham et al.，2012）。

本章所要传递的中心信息是，促进所有学生的社会情感能力发展的努力必须面向残疾学生。将残疾学生纳入以社会情感学习为目标的校本变革，需要清晰认识特殊教育及相关领域已经开展了数十年的社交技能训练的经验和教训。在教育改革中一直存在着一个不幸的现实，那就是许多改革忽视或未能考虑残疾学生的独特需求，或未能考虑特殊教育在实现这些改革目标中应发挥的作用（Kauffman & Hallahan，2005）。我们相信，当前对学校范围的社会情感学习项目的推动，可以为社会情感学习和社交技能训练之间的合作提供巨大的机会，共同设计和实施致力于促进残疾学生社会和情感能力发展的干预实践。

要达到这一目的，接下来要做的第一步就是要理解谁是我们正在谈论的残疾学生。在下一节中，我们将给出一些最常见的残疾的权威界定，并简要地介绍与这些界定相关的社会和情感特征。

一、高发残疾学生的定义与范围

《残疾人教育法》（IDEA）是规范美国学校特殊教育的联邦法律，该法律为 13 种不同的残疾类别提供了权威的定义。与一些流行的看法相反，最普遍的残疾是轻度残疾。轻度残疾包括学习障碍（LD）、情绪与行为障碍（EBD）和轻度智力障碍（MID）。不幸的是，"轻度残疾"这个词可能会误导人。轻度残疾只是相对于更严重的残疾而言的"轻度"。事实上，与"轻度"残疾相关的障碍可能是非常严重的，有这些学生所表现出的大量的学业上的和社交上的问题为证（Sabornie，Cullinan，Osborne & Brock，2005）。由于轻度残疾（学习障碍、情绪与行为障碍、轻度智力障碍）出现的频率相对较高，因此它们被称为高发病率（high incidence）残疾（与多重障碍、身体残疾、感觉障碍等不太常见的低发病率残疾相对）。

在这一章中，我们以高发病率残疾为关注对象的原因有二。首先，在残疾学生中，高发病率残疾学生最有可能在普通教育学校课堂上接受教育，而且几乎所有的学校专业人员和其他服务提供者会经常与这些学生打交道。其次，针对这些学生的社交技能训练的研究基础比针对低发病率残疾学生的研究基础更广泛、更全面。毫无疑问，低发病率残疾学生也需要干预和支持，以加强他们的社会情感学习，而且我们也鼓励从事这一领域工作的人更好地利用迄今为止的研究成果开展工作。然而，在这一章中，我们概述了所知道的关于为高发病率残疾学生教授社交技能和社会情感学习技能的知识。

在我们介绍学习障碍、情绪行为障碍和轻度智力障碍的定义及流行数据之前，我们先要说明为残疾下定义会遇到的三个挑战，这些挑战必须牢记在心。第一个挑战是，要认识到残疾学生并不完全属于明确界定的残疾类别。事实上，不同类别的残疾群体在学业发展、社交发展和心理特征上都有一定程度的重叠。这种重叠部分是由于残疾本身的性质，它在一定程度上可归因于学校对接受特殊教育学生的鉴定方式的特殊性。例如，有证据表明，学校有时会"违反规定"，将轻度智力障碍学生鉴定为学习障碍，以避免为学生贴上"轻度智力障碍"的标签。因此，一些被学校鉴定为学习障碍的学生往往会表现出更符合轻度智力障碍定义中的学术和认知特征(MacMillan & Siperstein，2002)。

第二个挑战是需要认识到同一残疾类别内部也存在着巨大的异质性。在同一残疾类别中的学生在学业、社交或情感功能方面的缺陷的性质和程度各不相同。因此，我们不可能谈论"典型的"学习障碍、情绪与行为障碍或轻度智力障碍的学生。无论是在研究中还是在实践中，残疾类别内部的这种差异性都是一个重要的考虑因素。

第三个挑战是，重要的是要理解，并不是所有残疾学生都被正式认定为特殊教育服务对象。一些残疾学生不需要特殊教育就能在学校取得成功，也有一些学生尽管有明确的特殊需要却没有得到鉴定或接受服务。其中对情绪与行为障碍学生的鉴定尤其明显(Kauffman，Mock & Simpson，2007)，受联邦政府对情绪与行为障碍定义的问题及其他因素(Wiley & Siperstein，2011)的影响，学校可能会对情绪行为障碍学生的鉴定不足。在社交技能训练研究中，那些表现出情绪与行为障碍特征但未被鉴定为情绪与行为障碍的学生，通常被称为有情绪与行为障碍风险的学生或只是有风险的学生。

(一)学习障碍

在所有残疾类别中，患病率最高的就是学习障碍。在(全美)6—17岁的学生(超过250万人)中，约5%的学生属于学习障碍，占所有接受特殊教育学生人数的近一半(美国教育部，特殊教育项目办公室，2011)。

学习障碍的一个重要特征是在一个或若干个学业领域(例如，阅读、写作、语言、数学；Kavale，2002)中的学习成绩非常低。之所以说学习障碍中的低学业成就是出乎意料的，是因为学生表现出具有中等到中等以上的学习能力，却没有实现相应的学业成就。学习障碍学生所经历的学习问题似乎与中枢神经功能障碍有关，这一障碍是由生物、遗传或环境因素引起的(Hallahan，Kauffman & Pullen，2011)。联邦政府对具有接受特殊教育资格的学习障碍界定如下：①一般定义——"学习障碍"指的是在理解或使用语言(口语或书面语)的一个或多个基本心理过程中的一种或多种障碍，这种障碍可能表现为听、想、说、读、写、拼写或做数学计算的能力不完善；②障碍类型——"学习障碍"包括诸如感知障碍、脑损伤、轻微脑功能障碍、阅读困难和发展性失语症（《残疾人教育改进法》，2004）。

学习障碍和社会情感功能

虽然学习障碍的关键定义特征是在特定的学业领域表现出意想不到的低成就，但很明显，患有学习障碍的学生在社会情感功能方面也远比非残疾学生更有可能表现出显著的缺陷。据估计，患有学习障碍的学生中有高达 75％的人存在严重的社交问题（Kavale & Forness，1996）。社交问题包括人际关系技能发展不佳和被社会排斥的风险较高（Bryan，Burstein & Ergul，2004）。

对于学习障碍学生的社会情感问题的成因已有多种解释。有证据表明，经常与学习障碍相关的语言和沟通障碍通常会对社会情感功能产生负面影响（Vallance，Cummings & Humphries，1998）。社会情感功能缺陷可能与学习有效解决问题的策略不足有关（Tur-Kaspa & Bryan，1995）或与伴生的精神类疾病（Forness，Kavale & Bauman，1998）有关。也有研究表明，社会孤立可能是学业问题（Siperstein & Bak，1989）和学业失败导致的自卑（Vogel & Forness，1992）的"副作用"。虽然确切的病因可能很难确定，但毫无疑问，患有学习障碍的学生需要有效的干预来改善他们的社会情感功能和相关结果。

（二）情绪与行为障碍

只有不到 1％的 6—17 岁的学生（0.87％，约 43 万名学生）被纳入情绪困扰（emotional disturbance）这一特殊教育类别。这是为情绪与行为障碍学生指定的特殊教育类别（美国教育部，特殊教育项目办公室，2011）。很难为情绪与行为障碍下一个明确定义。大多数定义包括与适当的对照组相比具有不同的情绪和行为反应，且这样的反应并不是在特殊情况下的临时性反应，而会干扰一个或多个领域（学业、人际、职业）。联邦政府对特殊教育中"情绪困扰"的定义如下："情绪困扰"是指个体可能具备以下一种或多种特征，并持续较长的时间，程度较为严重，已经对学生的学业和生活产生不利的影响：①表现出学习障碍，但不能以智力、感官或其他健康因素来解释；②无法与同伴和老师建立或维持良好的人际关系；③在正常情况下，有不恰当的行为或感受；④普遍存在不开心或抑郁的情绪；⑤在个人和学校生活中遇到困难时，有出现生理症状或恐惧的倾向（《残疾人教育促进法》，2004）。

该定义不适用于"社会适应不良"的学生，除非可以肯定他们有严重的情绪困扰。定义中对"社会适应不良"的排除条款及其他含糊不清的术语，可能在一定程度上解释了为什么患有情绪与行为障碍的学生未能充分接受特殊教育服务（Kauffman，Mock & Simpson，2007；Wiley & Siperstein，2011）。

情绪与行为障碍和社会情感功能

与学习障碍不同的是，社会情感功能障碍是联邦对情绪与行为障碍定义的核心。具有情绪与行为障碍经历的学生的社交问题，与这些学生的问题行为表现直接关联（Walker，Ramsay &

Gresham，2004）。研究人员通常关注对情绪与行为障碍学生的社会情感功能产生负面影响的两类问题行为：外向性行为（Externalizing behavior）或内向性行为（Internalizing behavior）。外向性行为是指向外部环境和他人的问题行为，例如，攻击性行为、破坏性行为、毁坏物品、偷窃等。内向性行为是指向内部的问题行为（以及相关的负面情绪），例如，抑郁、焦虑和社交退缩。有情绪与行为障碍的学生可能在不同程度上表现出外向性行为或内向性行为，但大多数至少在一定程度上会同时表现出这两种行为，如共病性（Hallahan et al.，2011）。

有情绪与行为障碍的学生往往表现出明显的社会情感问题，这受到多种因素的影响，包括个体因素，如气质、神经功能障碍、遗传，和环境因素，如家庭、社区、学校、同伴（Walker et al.，2004）。虽然联邦对情绪与行为障碍的定义并没有特别提到学业缺陷，但必须认识到，大多数有情绪与行为障碍的学生都存在严重的学习问题。

与学习障碍相似，毫无疑问，有情绪与行为障碍的学生需要提高社会情感能力的干预。至少，有情绪与行为障碍的学生需要有针对性的二级社交技能训练干预，而且大多数学生甚至需要三级的个别化干预。同样，许多被认定为情绪与行为障碍的学生每天至少有一部分时间是在普通教育环境中度过的。因此，这些学生接受的任何强化干预，都应该是在他们参加学校层面的社会情感学习项目一级干预的基础上额外增加的。

（三）轻度智力障碍

在 6—17 岁的学生中，约有 1%（0.9%，略多于 44 万）的学生接受有关智力残疾（mental retardation）的特殊教育。在这一残疾类别下，又可以分为轻度、中度及重度智力障碍（intellectual disabilities，ID）。鉴定为智力障碍是指学生的智力水平明显低于平均水平，且显示出适应行为障碍。目前，大多数学校和专业组织将智力低于平均水平定义为低于平均值两个或两个以上的标准差。若智力测试的平均分为 100 分，智力有障碍者就意味着得分在 70 分以下。大多数智力有障碍的学生（80%—90%）属于轻度智力障碍，即智商在 55—70。切记，有相当数量的轻度智力障碍学生可能被误诊为学习障碍。因此，智力障碍类别中接受特殊教育服务的往往是有中度甚至重度智力障碍的学生。虽然部分智力有障碍的学生一半以上的受教育时间是在普通教育环境中度过的，但是大多数时间是在独立的特教班中接受教育。联邦政府对智力障碍的界定如下："智力障碍"是指智力功能明显低于平均水平，同时存在适应行为障碍，并在发育时期表现出来，对儿童的教育表现有不利影响。

智力障碍和社会情感功能

适应性行为缺陷通常被定义为实践性智力（完成日常任务的能力）和社会性智力（理解和解释社会情境、社会交往的能力；Greenspan，2006）方面的缺陷。因此，社交能力缺陷是智力障碍和轻度智力障碍的关键定义特征（Siperstein & Leffert，1997）。对于轻度智力障碍的学生来说，社会和情感功能缺陷的后果与学习障碍学生、情绪与行为障碍学生所经历的一些后果相似，例如，较差的社会交往能力，与社会隔离，较高程度的问题行为（Hallahan et al.，2011）。

在社会认知方面明显而微妙的缺陷可能是轻度智力障碍的"本质属性"的一部分，从这个意义上说，这一人群表现出的社会缺陷可能主要是在理解和应对复杂的社会环境方面存在困难(Greenspan，2006)。莱福特(Leffert)和斯珀斯坦(Siperstein，2002)总结了轻度智力障碍个体的社交技能研究，显示其与社会信息加工理论中的五个社会认知过程有关：知觉和解释社会线索、考虑目标、形成策略、选择社交策略和评价社交策略(Crick & Dodge，1994)。例如，轻度智力障碍学生可能会错误地将敌对意图归结为良性行为，从而导致不恰当的(敌对或攻击性的)反应(Leffert & Siperstein，1996)。这些发现表明，面向轻度智力障碍学生的二级社交技能训练干预可能需要结合直接的干预来纠正社会认知缺陷。对于普通教育中的轻度智力障碍学生来说，需要调整一级社会情感学习干预，以适应与这种残疾相关的社会和情感特征。

在本节中，我们介绍了学习障碍、情绪与行为障碍、轻度智力障碍者三种高发病率残疾的当前定义，且每一种残疾都与不同程度的社会情感功能障碍相关。每一种残疾的社会情感障碍性质的相似性和差异性，可能对干预有重要的影响。接下来，我们将讨论社交技能训练研究中的概念模型，我们认为这些概念模型对基于学校的残疾学生干预有直接影响。

二、社交技能训练的概念模型

虽然社交技能训练的研究和实践可能深深植根于行为主义，但它们至少有一些植根于其他的有关人类发展和学习的比较成熟的理论，包括社会学习理论、认知-行为理论和社会信息加工理论。基于这些理论框架，社交技能训练领域的研究人员开发了几个概念模型，可用于指导残疾学生的校本干预。第一个概念模型区分了社交情绪功能中的习得性(acquisition)缺陷和表现性(performance)缺陷。第二个概念模型是社交技能训练中的竞争性问题行为(competing problem behavior)模型以及替代行为训练(replacement behavior training)的相关思想。

在社交技能训练干预研究中，一个重要的概念是区别习得性缺陷和表现性缺陷。社交技能的习得性缺陷不足意味着学生不知道如何使用社交技能，或者不知道如何在需要的时候自如地使用该技能(Gresham，2010)。格雷欣(Gresham)将这种类型的缺陷称为"不会做"的问题，因为学生"即使在最优的动机条件下，也不能完成既定的社交技能"。表现性缺陷是指学生知道如何运用技能，但却做得不够。表现性缺陷是"不愿做"的问题，也就是说，学生知道该做什么但不去做。

针对习得性缺陷("不会做"的问题)和表现性缺陷("不愿做"的问题)的干预方式是不同的。如果学生不知道某一技能或不知道如何自如地运用某一技能(习得性缺陷)，那么就需要教师或专业人员采用主动的、直接的教学方式让学生掌握这一技能。这些教学方式包括：示范(向学生展示如何应用该技能)、行为演练(练习该技能)、教练(提供学生运用该技能的反馈)、社交问题解决(帮助学生思考何时以及如何在各种情况下运用技能)(Gresham et al.，2012)。

对那些存在"表现性缺陷"的学生，即他们已经掌握了相关技能，但没有在适当的水平上使用这些技能，直接的社交技能教学将会失效。如果教授学生已经知道的东西，不太可能产生积极的结果。许多一级干预的社会情感学习项目和二级干预的社交技能训练项目会投入大量时间和资源在技能练习（直接教授社会技能或社交知识）上，而这些练习对于有表现性缺陷的学生来说可能是无效的。有表现性缺陷的学生需要一整套不同的干预，包括促进社交技能应用的事前干预，例如，提示，预先纠正，同伴介入策略，以及对结果的操纵，例如，表扬、成绩反馈、分数、合同、活动奖励、家庭笔记（Gresham，2010）。这些旨在提高社交能力的干预不仅要教会学生"社会交往的技能"，还要积极主动地在教室和学校中创设环境，以促进、强化和保持这些令人满意的社会行为（Sugai & Horner，2009）。

社交技能训练干预的另一个重要考虑因素是问题行为对高发生率残疾学生社会功能的影响。除了社交技能方面的缺陷（不能表现出熟练的社会行为）外，患有学习障碍、情绪与行为障碍、轻度智力障碍的学生可能表现出问题行为过度（如受社会交往影响而形成的较高程度的问题行为）。这些竞争性问题行为可以在一定程度上与社交技能"竞争"，从学生的角度来看，不当行为可能比恰当行为（社交技能）更容易（有效果）或更迅速（有效率）使其获得想要的社交好处，例如，同伴或教师的关注，想要的物品和活动，独处等（Maag，2005）。

因此，当为高发病率残疾学生提供社交技能训练时，专业人员需要仔细评估学生的竞争性行为问题的功能和目的，让学生掌握替代性行为（社交技能），学生可以用这些替代性行为达到相同的目的或获得相似类型和强度的强化（Maag，2005）。此外，可能还需要"改造"学生的环境，使得相关学生的社会技能比竞争性问题行为更有效地获得强化。

创设支持适当行为、阻止问题行为的社交环境是第一层的社会情感学习项目和第二层的社交技能训练干预可能整合或相互协调以取得最大化效果的一个领域——我们将在下面讨论社交技能训练干预的有效性时进一步讨论这一点。无论是否评估和应对了竞争性问题行为的特定功能或目的，在第一层社会情感学习项目和第二层社交技能训练干预中除了要对获得性缺陷或表现性缺陷补救之外，还需要有旨在减少竞争性问题行为的干预内容，这可能涉及各种差异性强化程序，明智地使用温和而非暴力的厌恶后果，进行教授认知应对技能或愤怒控制的教学，或其他形式的自我监控或问题解决的教学（Gresham，2010）。

若要成功地协调第一层社会情感学习项目与第二层和第三层的社交技能训练干预，需要明确我们前述讨论的概念模型。此外，还需要了解为改善高发病率残疾学生的社会功能而进行的干预的已有研究。我们将在下一节中概述这方面的研究。

三、面向高发病率残疾学生的社交技能训练的有效性

为了总结目前关于社交技能训练对高发病率残疾学生的有效性的知识，我们首先简要介绍几篇已发表的关于过去数十年的社交技能训练干预研究综述的重要发现。

我们将现有的社交技能训练项目或课程分为三大类：有效的、有希望的和无效的。为了将社交技能训练项目分为这三类，我们查看了每个项目的"成功试验"的数量。这里的"成功试验"是指一项精心设计的随机对照试验或准试验研究，且研究结果明确显示对高发病率残疾学生或高危高发病率残疾学生的社会能力产生积极影响。

"有效的项目"是指有三次或三次以上成功试验的社交技能训练项目；"有希望的项目"是指少于三次成功试验或有效性证据混杂的社交技能训练项目；"无效的项目"是指三组设计良好的小组研究均发现该项目对高发病率残疾学生的社会能力没有正面影响（或有负面影响）。请注意，本研究分类中的各个项目均是第二级的社交技能训练项目或课程（不同于第三级的个别化干预），项目效果评估采用群体设计（而非单一被试设计）。

(一)社交技能训练研究综述

已有数十个采用叙述方法和定量方法开展的回顾研究（Cook et al.，2008；Forness & Kavale，1996；Gresham，2010；Gresham et al.，2012；Gresham，Sugai & Horner，2001；Maag，2006；Quinn，Kavale，Mathur，Rutherford & Forness，1999；Sukhodolsky & Butter，2006），其中综述了大量与社交技能训练相关的研究。就第二层社交技能训练干预对高发病率残疾学生的效果而言，从已有研究来看，可以说是尚不清楚的。

例如，格雷欣和同事（2012）研究发现，在接受社交技能训练干预的高发病率残疾学生中，约 65％的学生在社交能力方面取得显著积极成果；而在未接受社交技能训练干预的高发病率残疾学生中，这一比例为 35％。然而，在对情绪与行为障碍学生的社交技能训练效果的元分析中发现了更小的影响（Quinn et al.，1999），对学习障碍学生的元分析结果同样如此（Forness & Kavale，1996），而在对智力障碍学生的社交技能训练干预的叙述综述中发现了不一致的影响（Sukhodolsky & Butter，2006）。因此，目前社交技能训练干预对高发病率残疾学生的真正有效性仍然存在一些不确定性（Leffert & Siperstein，2003）。

虽然人们对社交技能训练的总体有效性存在分歧，但哪些社交技能训练技术比其他技术更有效是清晰的。对于残疾学生更为有效的社交技能训练干预技术包括：示范、教练、练习、反馈，以及源自应用行为分析的其他方法的结合。对认知或认知行为方法（社会问题解决、自我指导）的研究支持较弱，特别是在考察自然环境对实际社会行为的影响时（Gresham et al.，2012）。对社交技能训练相关研究的回顾结果也表明，在针对高发病率残疾学生的第二层社交技能训练干预中，一直存在着学生结果的泛化不足或不一致问题（Gresham，2010）。也就是说，残疾学生可能会在训练情况或特定的衡量标准上显示出一些改善，但这些改善往往是短暂的，或者在"现实生活"环境中，他们的行为并没有得到改善（Gresham，2010；Gresham et al.，2001；Mart，2006）。

此外，如果经过学习，那些在第一层社会情感学习项目干预中所针对的能力（自我认知、自律、自我管理)可能与社会、情感和行为功能更持久的改善有关(Osher et al.，2010)。逻辑上的假设是，自控的学生比受外部后果控制的学生更有可能在更长的时间内、在不同的环境中保持社交能力。然而，一个需要批判的点是：许多(尽管不是大多数)残疾学生，特别是那些有竞争性问题行为的残疾学生，如果没有行为干预，包括采用正强化等方式(Epstein，Atkins，Cullinan，Kutash & Weaver，2008)对外部后果的熟练应用，可能就无法学会自我控制，尤其是在初始阶段更为如此。

社会情感学习项目所关注的社会认知可能也适合轻度智力障碍学生。如前所述，轻度智力障碍学生的许多人际问题可能与社会认知缺陷有关。在今后开展的社会情感学习和社交技能训练的合作研究中，专业人员应该致力于寻找最有效的方法来帮助残疾学生发展社会情感学习项目所针对的那些能力(Kam et al.，2004)。

总而言之，尽管我们已经从关于高发病率残疾学生的社交技能训练干预的现有研究综述中了解了很多，但仍存在一些关键的问题，需要谨慎行事(Leffert & Siperstein，2003)。最重要的是，因为社交技能训练经常包含多种练习，所以很难从研究中辨别出哪些练习是取得社会能力发展的短期效果或长期效果的最有效的或最关键的练习。

接下来，我们运用所确定的"有效的项目""有希望的项目"和"无效的项目"标准，看一看针对高发病残疾学生的有效的第二层社交技能训练项目的图景。同样，我们将第二层的社交技能训练项目分为三大类："有效的项目"(经过三个或更多精心设计的小组研究，有明显的有效性证据)；"有希望的项目"(经过不足三个精心设计的小组研究，或混合证据证明有效性)；"无效的项目"(有三个或更多精心设计的小组研究均证明没有正面效果或取得负面效果)。

(二)有效的项目

没有任何第二层社交技能训练项目符合我们的"有效的项目"的标准，即在三个或更多精心设计的随机对照试验或准实验研究中没有明确的证据证明项目有效。

(三)有希望的项目

有四项针对残疾学生的二级社交技能训练干预项目——应对能力(Coping Power)、早期提升(Early Risers)、不可思议的年份(Incredible Years)、成功的第一步(First Step to Success)——符合我们的"有希望的项目"的标准。这四个项目都是针对有情绪与行为障碍或情绪与行为障碍风险的学生。因为这些项目都不是为学习障碍或有轻度智力障碍的学生设计或测试的，所以不知道它们是否对这些学生有效。然而，考虑到我们之前解释过的不同残疾类别之间的重叠，这些项目的某些方面可能至少对一些被鉴定为学习障碍或轻度智力障碍的学生有益。

请注意，第二层干预项目(促进选择性思维策略课程的修订版)评估了来自 7 所小学的133 名特殊教育学生(Kam et al.，2004)，其中包括有学习障碍、轻度智力障碍、情绪与行为障碍的学生。该项目未能满足我们的"有希望的项目"的标准。虽然该项目在减少学生的外向性行为和内向性行为方面是有效的,但它在提高社会能力方面是无效的,而且它在解决社会问题方面只有微弱的正向作用。同样的结果也出现在接受一级干预的高危幼儿园中和接受二级干预的"家庭和学校在一起"(Families and Schools Together,Fast Track)中(实施问题预防研究组,2002)。相比之下,促进选择性思维策略项目被认为是一种适用于小学生的普遍干预方案(Rimm-Kaufman & Hulleman,本手册第 10 章)。

1. 应对能力

应对能力是第二层干预项目,旨在教授有情绪与行为障碍风险的学生掌握升入中学所必需的社会情感能力。该项目设有儿童模块和家长模块,包括为期 15—18 个月的、34 个单元的、每次 50 分钟的小组活动(以及定期的个别化活动)。家长模块包括支持儿童模块的若干有效行为管理策略(沟通期望、表扬、应对压力、沟通)的培训。项目中的儿童小组活动由训练有素的学校工作人员(主要是咨询师)在学校环境中组织。课程内容包括目标设定,情绪觉察,使用自我陈述来应对消极情绪和消极情境,放松技巧,学习技能和拒绝技巧。家长培训包括 16 个单元的小组活动、不定期的家访以及个别化沟通和支持。家长活动的重点是设定行为管理目标,建立规则,有效地给予指导,奖励适当的行为,有效地利用消极后果,建立每周的家庭会议。为了将技能推广到自然环境中,学校工作人员定期会与班上的个别学生进行简短接触(Lochman,Boxmeyer,Powell,Roth & Windle,2006;Lochman et al.,2009;Lochman & Wells,2004)。

已有三项高质量的随机对照试验研究(Lochman et al.,2006、2009;Lochman & Wells,2004)和一项准实验研究(Lochman & Wells,2002)评估了应对能力项目的有效性。在这四项研究中,共有 895 名 4—6 年级有情绪与行为障碍风险的学生参与了研究。结果表明,项目对参与者的外向性行为具有显著的积极影响。也就是说,从教师、家长和学生评分中可以发现,这个项目可以有效地减少诸如破坏、攻击、不服从和违规等消极行为(Lochman et al.,2006、2009;Lochman & Wells,2004)。项目干预一年后的随访数据显示,在对五个结果变量的测量中,有三个结果变量得到改善,其中包括教师对问题行为的评分。从教师对干预组学生和对照组学生社会能力评分的显著差异上可以看出,该项目对学生社会能力也有潜在的积极影响(Lochman et al.,2009;Lochman & Wells,2002)。因此,之所以认为该项目是一个很有前途的社交技能训练干预,是因为它既可以减少那些经常会干扰社交技能或与之竞争的外向性行为,还可以提高 4—6 年级的、存在情绪与行为障碍风险学生的社会能力。

由于该项目的认知行为干预及其所关注的学生结果目标与许多社会情感学习项目的内容和结果目标一致,因此,该项目可能特别适用于面向全校的第一层社会情感学习项目的扩展和补充。社会情感学习项目针对的关键能力通常包括:自我认知(例如,对情绪和优势的识别),社会认知(例如,同理心、换位思考),负责任的决策(例如,反思性问题解决),自我管理(例如,目标设定、处理压力)和人际关系技能(Zins & Elias，2007)。

正如我们之前所指出的，回顾社交技能训练研究可以发现，认知或认知行为干预(如"应对能力"项目和第一级社会情感学习项目中包含的一些干预)通常不如更多的行为干预方法对残疾学生有效(Gresham et al.，2012)。然而，应对能力包括认知和行为两方面的方法，特别是在父母培训部分，其中外向性行为管理策略的引入至少可以部分解释该项目对外向性行为的积极影响。

2. 早期提升

早期提升包括儿童模块、学校模块和家长模块。它由一名家庭倡导者负责协调。该倡导者必须拥有相关领域的本科学位，以及与儿童打交道的经验。儿童技能模块致力于促进儿童情绪和自我行为控制相关技能的发展，改善同伴关系和同伴交往，提高学习成绩。学校支持模块包括针对学生在课堂上遇到的困难而制订的个别化计划。家长技能模块包括每周的家庭会议，会议的重点是发展有效的育儿技能，建立积极的亲子关系，加强家庭与学校的联系。

已有两项随机分组研究(August，Hektner，Egan，Realmuto & Bloomquist，2002；August，Lee，Bloomquist，Realmuto & Hektner，2003)评估了该项目的有效性。项目的目标群体是有情绪与行为(攻击性和破坏性)障碍风险的小学生。在这两项研究中，389名从幼儿园到二年级的有情绪与行为障碍风险的学生参与了研究。研究发现，项目对儿童的社会结果和学习成绩有潜在的积极影响，但对外向性行为或内向性行为没有明显的影响。这一证据的程度被认为是中等程度到大程度的。该项目可以提高有情绪与行为障碍的低年级小学生的社会技能，因此被认为是一个有希望的社交技能训练干预。然而，后续研究结果表明，项目实施一年后，学生的收益没有保持(August，Lee，Bloomquist，Realmuto & Hektner，2004)。同样，该项目也可以与全校范围的第一层社会情感学习项目相结合，从而可能持续改善有情绪与行为障碍风险学生的社会能力。

3. 不可思议的年份

不可思议的年份旨在向12岁以下(主要是学龄前至小学低年级)有情绪与行为障碍风险(对立和挑衅)的学生教授社会情感能力。该项目提供20—30分钟的主题课程，内容重点是管理愤怒，解决问题，与朋友相处，情绪觉察。这些课程由班级教师面向目标儿童或整个班级讲授，每周2—3次。目标儿童同时要参加一个临床项目(18—20个小组活动，每周一次，每次两小时)。家长培训的重点是正面支持儿童的学习和成长，加强家庭与学校的联系。还有两项教师培训内容：一项是班级管理，另一项是专题课程授课教师培训。

一项随机分组研究(Webster-Stratton，Reid & Hammond，2004)调查了该项目对残疾学生的有效性。该研究包括51名4—8岁的有对立和挑衅障碍的儿童。结果表明，项目对外向性行为(基于父母对儿童行为问题的评级)有潜在的积极影响，对社交结果(基于同伴社会能力评级)有潜在的积极影响(Webster-Stratton et al.，2004)。除课堂行为问题外，大部分干预效果在一年后的追踪研究中得以维持（Webster-Stratton et al.，2004）。由于共同关注社会问题解决和情绪觉察，该项目与第一层的社会情感学习项目的目标具有一致性（Zins & Elias，2007）。

4. 成功的第一步

成功的第一步是为那些有情绪与行为障碍风险、表现出攻击性或反社会行为模式的青年学生设计的。一个训练有素的行为教练与每个学生及其教师、家长、同班同学共同工作。该项目为期 3 个月，共需 50—60 小时。成功的第一步项目包括学生筛查、学校干预和家长支持。"筛查"程序用于选定情绪与行为障碍风险最高的学生作为项目的候选人。学校干预（学习学术和社交技能）包括以学校为基础的干预，旨在增加亲社会行为和减少问题行为。行为教练培训教师使用示范法和反馈法来实施学校干预，教会目标学生采用适当的行为来代替不适当的行为，并教会同班同学强化和支持适当行为。完成干预的三个阶段（教练、教师、维护）共需要 30 天时间。家长培训部分（基于家庭）与学校部分相协调，培训家长掌握如何促进学生解决问题、交朋友、与他人合作、与他人沟通等能力。

两项随机分组研究（Walker et al.，1998，2009）和一项准实验组研究（Nelson et al.，2009）检验了该项目的有效性。共有 416 名 1—3 年级有情绪与行为障碍风险的学生参与了这些研究。结果表明，该项目能够有效减少有情绪与行为障碍风险的学生的外向性行为。教师和家长在不同的问题行为量表上的评分结果表明，该项目对外向性行为有显著的积极影响（Nelson et al.，2009；Walker et al.，1998，2009）。该项目对内向性行为（社交退缩）也有潜在的积极影响（Walker et al.，1998）。通过教师和家长对社交技能和适应行为的评分来衡量，结果显示该项目对社交结果也有积极的影响（Nelson et al.，2009）或潜在的积极影响（Walker et al.，2009）。最后，教师评分结果发现，该项目对相关学生的学业能力也有潜在的积极影响（Walker et al.，2009）。

与其他有希望的二级社交技能训练项目一样，成功的第一步项目也适用于多层干预框架。事实上，在一项研究中（Nelson et al.，2009），该项目是作为学校三级干预模式中的第二级（二级预防）实施的。然而，我们注意到，在我们已经确定的四个"有希望的"二级社交技能训练干预中，成功的第一步项目可以说是最具"行为性"的，相对较少地直接强调社会能力的潜在认知和情感方面。因此，成功的第一步项目直接关注行为，可能不"适合"以关注学生的知识、想法和感受为主的第一级社会情感学习项目。我们建议，尤其是在这种情况下，可能需要重新设计第一层社会情感学习项目以适应成功的第一步项目，而不是相反。之所以这么说，是因为大量研究表明，明确的全校范围的正向行为干预和支持（教学、激励和强化适当行为）可能对实现全校范围内的、与所有学生的成功社交相关的目标至关重要，特别是"所有学生"包括高危学生和残疾学生（Osher et al.，2010；Sugai & Horner，2009）。因此，社会情感学习研究人员应该研究如何在第一层的社会情感学习项目中包含更明确的行为要素（比如，成功的第一步项目中使用的那些内容），就像社交技能训练研究人员应该研究如何将第二层的社交技能训练干预与第一层的社会情感学习项目合并或协调起来一样。我们相信，未来的研究应该建立在社会情感学习和社交技能训练对残疾学生的研究的基础上，这样做将为我们学校的所有学生带来更好的社会情感学习发展结果。

(四)无效的项目

没有任何二级社交技能训练项目符合我们的"无效的项目"的标准，即有至少三个精心设计的小组研究评估认为，没有项目对残疾学生的社会能力没有积极影响以及（或者）产生了消极影响。

(五)对有希望的二级社交技能训练项目的评述

我们在本章中确定的有希望的第二层社交技能训练项目有许多令人鼓舞的地方。研究发现，这些项目对有情绪与行为障碍风险的学生的社会表现和问题行为有积极的和潜在积极的影响。这些报告和项目为我们指明了提高情绪与行为障碍学生和有情绪与行为障碍风险的学生社会情感能力的方法。

关于这些项目有几点需要注意的。首先，这些项目通常包含多个组成部分（例如，教师培训、家长培训、小组活动、个别化支持），涉及多个环境（学校、家庭、诊所），涉及多个干预主体（经过特殊培训的干预人员、教师、家长、同伴、儿童）。因此，可以肯定地说，在某种程度上，许多社交技能训练项目和社会情感学习项目都无法达到这四个项目的密集性和全面性的程度。也就是说，为了使有情绪与行为障碍的学生和有情绪与行为障碍风险的学生取得积极的结果，需要多种类型的、高密度的、在多个环境和多个实施者间仔细协调和维持的干预。

需要注意的是，即使有如此高的强度，这些社交技能训练的结果并不总是积极的或持久的。未来研究的一个重点是，当与高质量的、基于证据的一级社会情感学习或学校正向行为干预和支持项目相结合时，基于证据的二级社交技能训练是否可能更有效。正如我们在本章中反复提出的，未来研究社交技能训练和社会情感学习项目潜在的联合（或协同）效应必须建立在这两个领域的先前研究基础上。研究人员必须考虑如何通过加入社会情感学习的元素来加强有效的第二层的社交技能训练干预。同样重要的是，如何发展第一层的学校范围的社会情感学习项目，并结合更密集的第二层或第三层的社交技能训练干预，以帮助解决残疾学生独特的社会情感学习需求。

此外，令人失望的是，针对有学习障碍和轻度智力障碍学生的第二层社交技能训练干预的研究是缺乏的。我们期待未来有更多的、对于有学习障碍和轻度智力障碍学生来说高质量的干预研究。尽管高发生率残疾学生（学习障碍、轻度智力障碍、情绪与行为障碍）的特征有相似之处，但也在影响社交技能训练干预效果方面存在差异。

四、总结与建议：面向残疾学生的社会情感学习

最后，我们想强调一些"伟大的想法"，我们相信这些想法可以从当前的旨在提高所有学生社会情感能力的行动中产生。第一，有一个深刻但经常被忽视的观点，即"所有学生"实际上是指所有的学生，包括残疾学生。在确定和实施有效的校本实践方面，这意味着不要想当然地认为适用于普通学生的做法也适用于残疾学生。许多有残疾的学生需要的社会情感干预是特殊的，在干预的强度、方法、重点、谁来实施，以及如何实施等方面都有其特殊性。第二，社会情感学习和社交技能训练不需要单独或并行工作，第一层的社会情感学习干预和第二层的社交技能训练干预可以对残疾学生产生强大的合并效应。第三，应该把关注社会情感学习的改革努力和政策举措与其他直接影响残疾学生的改革和举措相结合，而不是相互分开。特别是，应该将促进积极的同伴互动的多层次干预作为促进残疾学生在学校中的社会融合的重要内容。

当考虑在提高残疾学生社交情感能力方面我们已经学到了什么，一个选择是把这个需求看成是半空白的。太多的残疾学生继续经历显著的社交问题，以及与这些问题相伴随的消极的短期的和长期的发展和教育结果（Walker et al.，2004）。社交技能训练研究的复杂性和挑战依然存在，包括如何测量结果，如何在不同时间和环境下保持治疗进展，干预和项目应如何处理残疾学生在残疾类别之间和残疾类别内部的巨大异质性等相关问题。

另一种选择是把需求看成是半满足的。尽管还有许多工作要做，但是我们已经对高发病率残疾学生所表现出的社交技能缺陷的性质有了大量了解，我们已经发现那些有希望的、以学校为基础的、面向情绪与行为障碍学生的干预，这将大大提高这些学生获得更大的社交和学业成功的概率（Gresham et al.，2012）。社会情感学习作为 K-12 教育全面改革的一个领域和一项倡议正在迅速发展，为跨学科合作提供了特别令人兴奋的机会，以确定和实施对包括残疾学生在内的所有学生最有效的干预。

跨学科合作需要社会情感学习和社交技能训练领域的研究者和实践者能够吸取这两个领域的经验教训。我们建议，社会情感学习项目的实践者应特别注意从社交技能训练和特殊教育研究中获得以下经验：第一，通过强化的、持续的和仔细协调的干预和支持，至少有一些残疾学生（如有情绪与行为障碍的学生）能够获得积极的社会成果；第二，虽然残疾类别可以告诉我们有关这些学生的社会性发展特点和需求，但是这些类别内部的异质性意味着研究者和实践者在实施面向高发病率残疾学生的社交技能训练时，必须认真考虑个体间的差异，尤其重要的是，要评估残疾学生的缺陷是习得性缺陷（不知道如何或何时应用社交技能，或者不知道如何自如地使用）还是表现性缺陷（知道如何应用社交技能，但没有动力去应用），还需要识别和处理其存在的特定的社会认知缺陷。干预的选择必须基于学生表现出的技能缺陷类型，干预的强度也必须与学生的社会技能缺陷强度相匹配。相关的是，社会情感学习和社交技能训练干预必须包

含减少竞争性问题行为的有效策略。这些策略的主要焦点应该是确定这些问题行为服务于学生的目的或功能，以及为相同或相似目的服务的教学替代行为(Gresham et al.，2012)。

社会情感学习和社交技能训练在认识论和实证基础上的差异(Osher et al.，2010)不应该阻止这两个学科探索全面的干预方法(认知、关系、行为)，这些方法可以为残疾学生带来更好的短期和长期的社会情感学习结果。我们希望加速推进社会情感学习与社交技能训练的进一步合作，以满足残疾学生重要的社会情感学习需要。

五、参考文献

请扫描二维码获取原书参考文献。

第 *15* 章

社会情感学习与师生关系

阿曼达·P. 威利福德、凯瑟琳·桑格·沃尔科特

儿童与成人的关系对于儿童从婴儿期到青春期的健康发展至关重要。这些关系最初是在家庭内部形成的，但很快就会延伸到学校环境中。这种转变通常发生在学前班，但也可能发生在婴幼儿时期。在学校内部，老师负责帮助儿童学习各种人际关系和学术技能。学生要学会与他人沟通，坚持完成具有挑战性的作业，遵守课堂规范，并找到实现目标的动力。从学前班到中学，根据教师的情感投入、敏感性和反应能力、对儿童自主性的支持和冲突程度，可以预测大量儿童的社会情感发展情况和学业成果。当存在高质量的师生关系时，学生会把老师当作解决问题的资源，积极参与学习活动，并更好地适应学校的要求。

我们在本章的目标是提供一个对基于证据的项目的回顾，这些项目可以在学校中使用，通过改善师生关系来促进儿童的社会情感学习。我们首先概述了师生关系的定义，并总结了用于理解其发展和重要性的主要理论。然后，我们简要介绍了目前师生关系的研究基础，因为它与社会情感学习有关。在另一节中，我们提供了一个致力于加强师生关系的项目的总结。这些项目是多种多样的，从学前班到中学各年级，其实施范围也各不相同。最后，我们对剩余的问题进行了总结。

一、定义和范围

学生与老师之间的关系质量与学生的学业成绩和社会情感发展有密切的联系（Hamre & Pianta，2001）。高质量的师生关系通常以高水平的温暖、敏感度和情感联系，以及低水平的从属性、消极性和冲突为特征（Pianta，1999；Spilt，Koomen，Thijs & Vander Leij，2012）。教师和儿童在相互交流中互动，不断地向对方提供信息。例如，教师可能会注意到学生在作业中遇到困难的提示，并对其做出反应，这可以从学生反复书写和擦除答案中得到证明。或者，教师可能注意到一个儿童和一个同伴在小组合作做作业上有困难。教师承认这种挑战（例如，"你们两个正在努力解决这个问题"），并提供了一个脚手架（例如，"如果你需要我对某事发表意见，我就在这里……"）。这为学生提供了支持，使他们能够持续地参与任务，学习知识或解决冲突。

在下一节中，我们将提供一些关键理论的概述，并说明师生关系是如何被定义和被理解的；这些理论已经被用来指导以增强师生关系为核心的教学项目的设计。

二、理论

(一)依恋理论

依恋理论最初描述的是父母与儿童之间的关系，后来也被广泛用于解释教师与学生之间互动的重要性。该框架强调，父母的温暖和敏感对于建立安全的父母与子女依恋关系至关重要。这种安全的依恋关系最终使幼儿能够探索新的环境，并适当地应对痛苦（Ainsworth，Bell & Stayton，1974）。同样，从理论上讲，教师和学生之间温暖、积极的支持也可以为儿童提供必要的情绪安全感，使其能够参与到学习活动中去，以发展全面的学术、行为和社会情感能力（Pianta，1999）。教师和学生之间的关系互动被整合到一个内部工作模型或模式中，这种关系为教师和儿童创造了期望，并引导他们的后续感知（Pianta，1999）。传达信息的质量——特别是如何交换信息（例如，语气、姿势和接近程度、行为的时机和对等程度）——与合作关系中的言行同样重要。当师生互动的质量高时，学生对教师的依恋感和安全感就会增强。这反过来又能让学生更充分地参与学校活动，以支持他或她的学校适应。当教师能够建立起与学生能力相匹配的情感联系和支持水平时，他们就能更有效地解决学生的问题和担忧。这种反应优化了学生利用课堂环境进行学习和发展的能力。

(二)自我决定理论

对于小学高年级和初中的学生，自我决定理论（Deci & Ryan，1985）经常被用来描述师生关系的重要性。根据这一理论，学生参与学校活动的动机是他们的心理需要：关联性（发展与他人的安全联系）、能力（理解如何有效地获得特定结果）和自主性（行动的自我启动）。当他们的关系是温暖的、有反应的并提供支持的时候，教师可以帮助学生满足这些需求，提高学生参与学习活动的欲望，并最大限度地提高学生在学校的表现（Roorda，Koomen，Spilt & Oort，2011）。

(三)发展系统理论

发展系统理论（发展生态模型，the developmental-ecological model）已被用作组织框架，并将师生关系的形成置于一个更大的环境和多层次系统中（Bronfenbrenner & Morris，1998）。这一理论强调儿童的发展是在一个动态的、双向的影响下发生的，影响范围从近到远（例如，从个体到家庭、老师，从同伴到邻里、学校）。从近期层面看，师生关系包括师生之间的行为交流，是双向的、交互的。这些交互作用受教师和学生自身的性别、年龄、气质或个性等特征的影响。教师与学生的关系也受到教室特点的影响，如教师与个别儿童相处的时间、教室中学生和成人的人数、教室的组织和结构。从较远的层面来看，学校的整体氛围也会影响师生关系（例如，学校的校长可能会鼓励教师花更多的时间与处境艰难的学生相处）。同样，这些影响是双向的。例如，当教师在课堂上与其他学生有更多回应性的互动，或者学生在学校生活中更频繁地寻求同伴帮助时，处于特定的师生二元关系中的成员之间的敏感性和回应性的共享互动（方式）可以被推广到更大的范围。

三、目前的研究

10 多年的对照研究提供了令人信服的证据，证明师生关系能提升儿童的学校参与度和学术技能，并成为有问题行为的儿童的保护性因素（Sabol & Pianta，2012；Roorda et al.，2011）。鲁尔达（Roorda）和同事（2011）进行了一项元分析，研究了从学前班到高中的师生关系和儿童的学校参与度之间的关联。他们发现，师生关系与儿童的参与度之间存在中等程度的关联（平均 $r = 0.34 - 0.39$）。他们还发现，师生关系与学业成绩之间低度相关（平均 $r = 0.16$）。其他研究人员发现，高质量的师生关系与儿童的学业和行为适应之间存在正相关关系，这与追踪调查研究的结果一致（Maldonado-Carreño & Votruba-Drzal，2011）。相反，以高水平的消极、分歧或冲突为特征的师生关系与较低水平的学校适应性有关（Birch & Ladd，1997）。事实上，高质量的师生关系对表现出行为问题的儿童尤其具有保护作用，因为这些儿童往往会与教师面临冲突情境，而与教师建立积极的关系有助于防止出现高压的师生互动循环，从而减少儿童的外化行为，提高他们的成绩（Doumen et al.，2008）。综上所述，大量研究结果表明，学生与教师的支持性关系能促进学生积极的长期发展，包括改善学习成绩和减少问题行为。

尽管已证明改变师生关系会影响学生长期的学业和行为表现，但较少的实证研究能揭示师生关系影响儿童的社会情感能力发展。在许多情况下，这些联系是隐含的。例如，有关师生关系的许多文献都集中在减少问题行为上（Sabol & Pianta，2012）。这种减少的潜在机制可能是社会情感能力的相应提高，如自我管理能力。然而，如果在评估针对师生关系的干预时没有明确衡量自我管理能力，那么学生问题行为的减少就不能归因于社会情感能力本身的改善。同样，提高课堂参与度可能依赖于学生做出负责任的决策和教师更好地管理教室中人际关系的能力，但是同样，没有实证证据表明这种社会情感能力是变革的机制。在大多数情况下，并未明确探讨加强师生关系、提高社会情感能力与提高学生成绩之间的具体联系。因此，我们讨论了研究中的定义和可操作的试验结果和构想，并在使用时描述了与特定社会情感能力的更直接的联系。

前面讨论的研究表明，关注师生关系作为一种预防高风险学生消极表现的策略，具有特别明朗的前景。早期干预可能会使儿童从不良的学校适应中转移出来，特别是那些在社会和学业上有风险的儿童。在下一节中，我们将回顾以证据为基础的项目，这些项目的重点是改善这种重要的关系。

四、干预策略概述

本节介绍了以师生关系为重点的干预，这些干预是改善儿童表现的一种机制，与儿童的社会情感发展有显性或隐性的关系。该评估包括影响教师和学生表现的项目。每个项目都必须具体描述增强师生关系对学生近期社会情感成果的贡献，或者在大多数情况下，它们的长期发展成果，包括学业成绩情况和减少的行为问题。在研究中，在没有明确这种联系的情况下，我们讨论了干预可能影响儿童社会情感能力的方式。所审查的干预项目相当多样化。例如，一些项目通过课程指向教师的知识和实践，而另一些项目则通过有目的的结构化交互对话来吸引师生双方。干预的重点也各不相同，它们把师生关系作为改变的主要机制。尽管大多数干预是多方面的，涉及诸如养育技巧或教师指导等过程，但有些干预仅以改善师生关系的质量为基础。由于干预之间的差异，我们不仅按照策略的有效性来讨论，而且按照对师生关系的关注程度来讨论。对于着重于多个系统的干预，其中一些不在教师与学生关系的范围之内，我们的总结集中在教师与学生的关系及相关的社会情感发展要素上。表15-1列出了本回顾中描述的干预详细信息，其中包括研究的作者、学生的年龄范围、干预的重点（例如，在学校范围内或在师生之内）以及相关的积极成果。

表 15-1　通过改善师生关系来改善儿童学校适应的干预综述

干预	作者	类型	年级	重点	学生—教师结果
不可思议的年份教师培训项目：教师课堂管理计划	Webster-Stratton et al. (2001)	普遍的	学前至小学	课堂	改善积极的教师行为；减少学生破坏性行为
芝加哥入学准备	Raver et al. (2008)	定向的或普遍的	学前	个别教室	提高教师的敏感度；增加儿童自我调节能力；减少儿童行为问题
我的教学伙伴	Hamre & Pianta (2005)	普遍的	学前	课堂	提高教师敏感度；增强对学生的监管；提高学生学业成绩
银行时间	Driscoll & Pianta (2010)	定向的	学前	教师—学生双方	提高教师能力；教师报告与学生的密切关系增加；减少学生问题行为
以关系为中心的反思	Spilt et al. (2012)	定向的	学前	教师—学生双方	提高教师敏感度；减少教师冲突
师生互动培训	McIntosh et al. (2000)	定向的或普遍的	小学	教师—学生双方	改进教师对表扬的使用；具有破坏性行为的学生人数减少

续表

干预	作者	类型	年级	重点	学生—教师结果
儿童发展或关心型学校共同体	Solomon et al. (2000)	普遍的	小学	教室或全校	增加学生亲社会认知和人际交往意识；提高学生学习动力和学习成绩
积极回应的教室	Rimm-Kaufman et al. (2007)	普遍的	学前至中学	教室或全校	增加学生的亲社会行为；提高学生数学和阅读成绩
要事优先项目和职业学院项目	Connell & Klem (2006)	普遍的	中学	全校	提高学生考试成绩；提高出勤率和毕业率；降低辍学率

(一)有效的项目

我们对有效的项目的标准要求是：有三次或三次以上的对学生、教师或两组参与者都产生了积极的结果的成功试验。这三次试验都必须包括一个有对照组或对比组的研究设计，从而支持这样的结论：干预是导致教师或儿童表现变化的原因。因此，案例研究或时间序列设计将不被视为该类别的成功试验。重要的是，除了师生关系之外，某些干预还针对多个过程。在这些研究中，如果强调师生关系是试验的主要组成部分，并产生了相应的效果，那么干预就被认为是成功的——即使不能将干预的师生组成部分作为与这一变化具体相关的机制分离出来。

1. 不可思议的年份教师培训项目：教师课堂管理计划

不可思议的年份(Webster-Stratton，Reid & Hammond，2001)是一个有效的多要素干预项目。该项目是为 4—8 岁的学前班和小学儿童设计的，包括家长培训项目、儿童培训项目、教师培训项目和名为恐龙学校的社会情感课程。教师培训项目主要通过五项技术来提高教师的课堂管理水平：①与学生建立积极的关系；②表扬和鼓励学生；③使用激励措施；④预防行为问题；⑤减少不恰当的行为。这些计划的组成部分是广泛的，范围从 4 整天的培训(28 小时)到 6 整天的培训，每月一次(36 小时)(Webster-Stratton，Reid & Hammond，2004)。在这些培训中，教师以小组的形式学习课堂管理策略，并观看师生互动的视频，这些视频可以激发教师围绕教学主题进行讨论(Webster-Stratton et al.，2001)。

教师课堂管理计划首先强调师生关系的重要性(Webster-Stratton et al.，2004)。这些课程表明，与具有挑战性的儿童建立积极的关系可以培养学生的积极性，改善合作关系，并提高儿童的学习能力。这部分项目的策略包括鼓励教师更加熟悉他们的学生，可以通过询问儿童在学校以外的爱好或对他们的生活感兴趣来实现。教师也被鼓励与学生一起度过单独的时间，关注他们的兴趣和成就。这可以通过给家里寄"快乐小报"，让儿童在课堂上给对方鼓掌，鼓励营造关心、温暖、信任的氛围来实现。教师还被邀请与学生分享思想和感受，支持合作，促进积极的自我对话。通过基于行为的技术，包括持续的表扬，有选择地关注儿童的积极行为，以及对儿童的期望行为进行激励，进一步促进师生之间的积极互动。

不可思议的年份课程和培训已经被多次证实改善了教师和学生的表现。在一项使用家长和教师培训组成部分的随机对照试验中，该项目改善了教师的课堂管理，增加了教师报告的儿童社交能力，减少了教师报告的问题行为，并改善了儿童在学校的行为（Webster-Stratton et al.，2001）。在另一项涉及家长培训、教师培训和个别儿童治疗的试验中，观察到的儿童在家中的破坏性行为有所减少，并且教师培训模块带来了教师课堂管理的改善（Webster-Stratton et al.，2004）。最近，不可思议的年份教师培训项目和恐龙学校课程一起实施，减少了儿童行为方面的问题，改善了儿童的入学准备，并增强了儿童的社交情感技能（Webster-Stratton，Reid & Stoolmiller，2008）。这些结果表明，不可思议的年份教师培训项目与恐龙学校、儿童培训和家长培训部分相结合，可以有效地改变教师的行为管理技能，减少儿童的破坏性行为，提高学校的准备水平并发展学生的社会情感能力。尽管不可思议的年份项目有效地改变了教师的行为，改善了课堂师生互动，但这种关系并不是改变的唯一目标。积极的行为管理是干预的一个组成部分，温暖的关系被认为有助于课堂学习，并为有效的纪律奠定基础。重要的是，关于不可思议的年份项目有效性的研究设计，使得我们很难确定师生关系的变化是否对积极的结果有特别的影响。但不可思议的年份项目强调了教师的实践，例如，为了促进有效的行为管理而建立积极的关系是提高学生的管理和学校准备的关键部分。

2. 芝加哥入学准备

最近，不可思议的年份教师培训项目被改编成一个幼儿期的多要素的教师咨询模型（Raver et al.，2008、2009）。有证据表明，这些扩展可能会提高教师的实践质量和改善儿童的行为和情感表现。芝加哥入学准备（CRSP）是一种有效的、基于学校的、多成分的治疗方法的项目例子。它综合了几个主要通过心理健康咨询提供的基于证据的项目（Raver et al.，2009）。该项目的目标人群是学龄前儿童，旨在改善贫困学生的情绪和行为规范。心理健康顾问（MHCs）通过课堂管理和参与技巧帮助教师与学生建立积极的关系。整个学年的干预包括四个部分：①教师培训；②以策略实施为重点的辅导；③减轻教师压力的心理健康咨询；④有挑战性的学生心理健康咨询。

干预的每一部分都发生在四个独立的阶段。第一部分的干预是基于不可思议的年份项目（Webster-Stratton et al.，2004），它专门针对教师的有效课堂管理。干预的第二部分涉及教师和顾问的共同努力，以实施在培训中学到的策略。这种指导是教师和顾问之间的协作过程，包括目标的建立、对师生互动的观察、分享反馈以及参与解决问题。干预的第三部分着重于减轻教师的压力以及顾问和教师之间围绕如何应对困境的个性化讨论。干预的最后一部分是儿童心理健康咨询，发生在该项目的最后10周内。这时，顾问为被确认表现出高水平行为问题的儿童提供个体和小组治疗。

芝加哥入学准备项目初步试验的结果表明，该项目增加了积极的教师实践，并减少了儿童的行为问题（Raver et al.，2008）。参与项目的教师表现出敏感性的提高，并且与对照组相比，更有可能表现出改善的行为管理技能（Raver et al.，2008）。干预也有效地改善了学生的行为。

根据教师报告和课堂行为观察，干预班级的学生表现出的行为问题显著减少（Raver et al.，2009）。这些结果表明，该干预有效地改变了课堂动态，同时改善了儿童的行为结果。此外，由于控制条件包括在干预教室中存在平衡顾问作为教师助手，因此干预结果不能归因于教室中额外的成人。芝加哥入学准备项目已在两项较大的试验（现称为"学习基础计划"）中得到了复现，这些试验也证明了儿童积极结果的提高（Morris，Millenky，Raver & Jones，2013）。在这两个试验中，参与干预都使教师提供更有效的课堂管理，使儿童表现出更少的问题行为和改善了的认知调节技能（表现在注意力、工作记忆、抑制控制上），并增加了课堂任务投入。有趣的是，尽管这些研究表明干预减少了负面行为，但积极的关系结果（例如，积极的社会行为）却没有显著提高。尽管作者指出，这些要素并未明确地受到干预的针对，但这些结果表明，减少问题行为并不一定意味着亲社会行为会增加。尽管如此，来自芝加哥入学准备项目的结果表明，针对教师的技能可以提高儿童有效管理行为的能力，这可被其抑制性控制的增加证实。遗憾的是，这些研究也有局限性，表现在无法厘清那些可能对改善儿童的结果最有效的一些因素。然而，整个咨询模型似乎是提高存在贫困风险的学龄前儿童的社会情感能力的有效方法。

3. 我的教学伙伴

我的教学伙伴（MTP）是一种基于网络的个性化教练模型，致力于改善师生互动（Pianta，Mashburn，Downer，Hamre & Justice，2008）。它基于这样的假设，即师生互动通过增加参与度、动机和任务行为而直接促进儿童取得成就（Hamre & Pianta，2005）。该项目使用"课堂评估评分系统"（CLASS；Pianta，LaParo & Hamre，2008）作为观察和分析视频并提供有关教师实践反馈的基础。"课堂评估评分系统"将师生互动分为三个维度：情感支持、课堂组织和教学支持。我的教学伙伴项目强调，教师会从广泛的机会中受益，这些机会包括：①观看高质量师生互动的录像；②识别对学生暗示的有效互动；③不断收到个性化的反馈和问题，解决教师自身与学生互动的分析。我的教学伙伴项目中教练和教师一起经历五个步骤：①教师录制与教室中学生的互动录像（例如，数学课，圆圈时间或小组指导）；②教练编辑视频并准备"课堂评估评分系统"特定维度（例如，支持学生自主性）的书面提示，以提高教师的自我分析技能；③教师观看视频并回答问题；④教师、教练员电话会议；⑤双方共同制订行动计划，改变教师与学生互动的方式。项目训练周期为 2 周，并在整个学年中持续重复约 12 个周期。教师和教练主要通过在线门户网站进行交流，该网站有一个包含 200 多个视频片段的视频库，展示了师生之间的有效互动，使教师能够观察到其他课堂上的高质量互动。这些项目要素侧重于帮助教师更好地观察自己的实践，了解他们在课堂上的行为如何影响儿童的行为，从而增加儿童在课堂上有效参与的机会。

迄今为止，三项试验研究了我的教学伙伴项目的影响。在第一项学前班试验中，项目与语言、素养以及社会情感课程的实施相结合（Pianta，Mashburn et al.，2008）。在这项试验中，参与项目培训的教师在师生互动中表现出更积极的改变，这是通过在学年中"课堂评估评分系统"评分成绩的提高来表现的。这些影响在来自贫困家庭的儿童较多的教室表现中更明显

（Pianta，Mashburn et al.，2008）。项目训练显著提高学生的读写能力，增加学生的接受性词汇量，增强学生的任务导向和自信心（Hamre et al.，2012；Mashburn，Downer，Hamre，Justice & Pianta，2010）。在近期的实验研究中，幼儿园教师在与儿童的交流中比对照组教师表现出质量更高的教学支持。同样，与没有接受辅导的学生相比，接受辅导的学生表现出更积极的投入行为（Downer et al.，2014）。尽管在辅导期间对儿童的准备状态指标没有显著的干预效果，但在干预后的一年中，那些参加项目的教师所教的学生在直接评估和教师报告中具有较高的抑制控制水平（Pianta et al.）。该项目也已在中学进行了测试，结果表明，参与干预的教师所教的学生在干预后的一年中获得了巨大的学术成就（Allen，Pianta，Gregory，Mikami & Lun，2011）。总的来说，这些结果表明，通过有针对性的专业发展和咨询来改善教师和学生在课堂上的互动，在改善儿童的学业和社会情感方面很有前景。

（二）有希望的项目

在这篇综述中，"有希望的"干预是指那些成功的试验少于三项，或者多于一项的项目，但在设计时没有采用对照组。与"有效的项目"的类别一样，"有希望的项目"可能会影响教师或学生的表现。但是，如果以教师表现为目标，那么我们必须将其与以前文献中的积极学生社会情感学习明确地联系起来。

1. 银行时间

银行时间是一种二元干预，旨在改善教师与特定的存在联系困难的学生之间的关系（Driscoll & Pianta，2010）。这里的联系困难可能是因为儿童在课堂上表现出破坏性行为，或者在社交上沉默寡言，或者教师出于各种各样的原因，很少与特定学生接触。干预称为银行时间，因为若教师"投资"与儿童的关系，在遇到挑战时（例如，当儿童从事困难的学习活动或在班级同伴网络中相处有困难时），这种关系可以成为学生和教师在班级中的资源。假设的变革机制正在加强师生之间的纽带，这有助于儿童发展重要的社会情感能力，例如，更好的沟通意识和情感意识，有效地寻求帮助的行为以及改进的自我管理技能。

这些技能可以在班级中与成人和同龄人一起使用，从而提高社交情感意识和学业方面的成绩。在银行时间课程中，教师们进行简短的、10—15分钟的一对一互动，传达支持探索的、敏感的、可预见性的和鼓励的信息。这些课程是在教师有空提供个性化的课程时进行的，这可能是在班级中其余人休息、独立工作或与教师的助手一起参加活动时。儿童通过选择材料、主导游戏和互动来领导每个银行时间的课程。具体来说，指导教师避免提问，发出命令或教课。相反，教师观察学生的行为，描述学生的行为，标记学生的积极和消极情绪，并强调关系中的积极主题。教师仔细观察学生的行为、言语、感受，并在互动过程中监控自己的想法和感受，让学生占据主动。这个过程有助于教师了解儿童的情况。教师描述学生在做什么，叙述儿童的行动或通过模仿（例如，如果儿童画了一幅画，教师可以描述儿童的图画或画一个类似的）表明他关注学生和支持学生的所作所为。教师给学生的积极情绪和消极情绪贴上标签，以强调对学生感受的接纳。最后，教师选择一个特定的关系主题，以便在课堂上向学生传达他与学生之间联系的重要性。例如，如果学生在新的学习活动中缺乏自信，教师可能会选择"你把事情做得很好"作为主题。这些技巧旨在提高教师和儿童对彼此的反应能力，进而在教师和儿童之间创建一个关系资源，在更大的教室环境中进行互动时使用。

目前，银行时间与教师和儿童的表现之间的联系已经在幼儿教师和儿童的样本中进行了研究。两项研究表明，银行时间的实施与教师与学生亲密感的增加有关。在一项研究中，银行时间的信息被提供给参与网络教师专业发展干预的教师（Driscoll，Wang，Mashburn & Pianta，2011）。教师可以选择在他们的教室中实施这些技术，以努力改善师生关系。研究人员发现，在这一年中，开展银行时间项目的教师与这些学生的关系比没有使用银行时间的教师和学生更密切。虽然这项研究并没有将学生随机分配，但实验表明，银行时间有助于改变老师与学生之间的亲密感。在第二项研究中，研究人员在两个不同的地点随机分配教师，将他们分为项目组或控制组，研究人员再次发现，参与项目的教师报告说，他们与儿童的关系更加亲密（Driscoll & Pianta，2010）。此外，教师对课堂行为的报告显示，参与干预的学生的挫折容忍度和课堂任务定向增加，行为问题水平降低。这些试验表明，该项目是一种很有希望的干预手段，可以改善教师对自己与破坏性的学龄前儿童之间关系的看法，并提高儿童的自我管理技能（例如，增加挫折容忍度）。初步研究显示，干预对所观察到的课堂行为没有影响，但场地差异和有限的样本量可能干扰了这些差异的检测（Driscoll & Pianta，2010）。重要的是，良好的师生关系与学生的积极表现有关，因此改变这种关系可能有助于改善儿童的入学准备并降低儿童破坏性行为的水平（Driscoll & Pianta，2010）。目前正在进行一项由联邦政府资助的大型随机对照试验（Williford，2010），旨在探讨教师对三四岁有破坏性行为障碍风险的儿童实施银行时间项目是否能改善儿童的行为和情绪结果。研究以课堂观察，直接评量，报告（教师、家长、儿童）等方式，探讨师生关系与儿童行为、情绪的关系。除常规对比组外，这项研究还包括一个时间控制的比较组（教师与儿童有相同的个人时间，但可以自由选择如何度过这段时间）。这项研究应该厘清师生关系的必要因素。此外，由于该研究还评估了一些表现，如教师评价的儿童的社会能力和儿童观察到的教师和同龄人的关系，因此也将阐明，改善师生关系如何导致儿童的社会情感能力的提高。

2. 以关系为中心的反思

在强调教师感知和幼儿发展关系的研究的基础上，以关系为中心的反思（RFRP）项目（Spilt，Koomen，Thijs & Vander Leij，2012）要求幼儿园教师直接检查他们与具有扰乱教室行为的儿童之间的关系。干预包括两个 45—60 分钟的咨询。在第一阶段，采用教师关系访谈（TRI；Pianta，1999），让教师谈论他的某一个问题学生来评估教师对与学生关系的感知，然后测量所表达的情感。为了促成与研究者的这种信息共享，研究者鼓励教师对具有挑战性的学生进行叙述和反思，了解他们积极和消极的经历。在第二部分中，研究者和教师观看在教室拍摄的录像带。研究者解释从观察和访谈数据中收集的优势和劣势的概况。然后，该资料与教师第一次所做的采访联系起来。在这些讨论之后，教师和研究者再确定需要改进的地方。同样的过程在教室里第二个难相处的儿童身上重复。

在一项对 32 名教师和 64 名幼儿园儿童的研究中，研究人员将他们随机分为两组，一组接受项目干预，另一组接受人际交往能力干预。研究人员观察到，参与项目的教师认为自己具有很高的效能水平，从而减少了师生冲突，但是也观察到儿童行为没有整体改善（Spilt et al.，2012）。这一研究结果显示，教师效能感等教师特质对师生关系的冲突等方面有不同程度的影响。

研究还表明，教师对师生关系的认知理解可能是改变师生互动的一个关键因素。虽然这项研究表明，以师生关系为目标可以改善教师的社交能力和情感能力（提高敏感性），但未来的工作还需要研究这些变化可能会在哪些方面反过来影响儿童的社会情感能力。

3. 师生互动培训

另一项针对学龄前儿童及教师的干预是师生互动培训（TCIT）项目（Lyon et al.，2009）。该培训旨在通过增加积极的互动和使用有效的纪律来改善师生关系。师生互动培训项目已经在课堂情境中进行了测试，包括使用案例研究设计（McIntosh，Rizza & Bliss，2000）、时间序列设计（Lyon et al.，2009）和实验设计（Tiano & McNeil，2006）的研究。师生互动培训项目的干预包括九个小组会议，对教师进行两个不同主题的培训：儿童主导的互动（CDI）和教师主导的互动（TDI）。前四节课讲授儿童主导的互动技能，在随后的四节课中讲授教师主导的互动技能，最后一节课是专门的毕业典礼。每次训练持续 1.5 小时，每周进行一次，持续 9 周。除了这些小组会议外，教师每周还会接受内部指导，每周最多进行 3 次，每次 20 分钟。最初，辅导的重点是与几个儿童进行互动，逐渐扩展到解决课堂上的情况。

儿童主导的互动专注于教师对表扬、反思、模仿、行为描述和热情（PRIDE）技能的使用，这可以增进师生之间的积极互动。表扬有利于增进温暖的互动，增加良好的行为；反思表明教师理解儿童；模仿学生行为促进了师生关系的和谐发展；通过描述儿童的行为，教师可以交流兴趣；热情使得教师能够让儿童专注于手头的任务。这些方法使人与人之间的关系更加温暖，并帮助教师以新的方式与儿童建立联系，同时增加儿童的自主能力和自我控制能力。

同时，教师主导的互动项目侧重于通过使用积极的态度、有效的命令、自然的过程和暂停方式来预防和管理具有挑战性的行为。在教师教授这些课堂管理技能时，该项目的目的是帮助教师减少问题行为，防止出现不良的行为。第一阶段的重点是将注意力放在良好的行为上，以增加学生良好的行为；第二阶段转向使用有效的教学方法，帮助学生理解课堂期望；第三阶段的重点是"坐下看"计划，类似于让儿童"暂停"。教师主导的互动项目的最后一堂课会复习所有技能，并让教师解决他们认为特别困难的情况。

对师生互动培训项目的一项"多基线"调查的结果显示，教师增加了他们在课堂上积极策略的使用（Lyon et al.，2009）。该调查涉及 4 个教室和 78 名来自低收入家庭、少数民族的学龄前儿童。这些结果与之前的研究一致。该研究在 7 个"开端计划"班级中进行，研究表明，与对照组的教师相比，使用师生互动培训项目的教师使用了更多的表扬行为（Tiano & McNeil，2006）。综上所述，本研究结果表明，师生互动培训项目能有效地改变教师行为，促进师生在课堂上的积极互动。具体地说，积极的注意在训练后增加了，这表明师生互动培训项目有可能增加师生关系中的温暖感受，同时减少潜在的使儿童处于不良表现的风险中的破坏性交互模式（Lyon et al.，2009；Tiano & McNeil，2006）。通过改善教师行为模式，干预可以改善儿童的发展表现，特别是减少儿童的行为问题。然而，社会情感学习的结果没有被测量，而且在实验研究中对学生的表现没有显著的影响（Tiano & McNeil，2006），因此，尚不清楚教师行为的变化是否与儿童社会情感学习增加有关。未来的工作应该通过对数量更多、更具代表性的儿童样本的测量来研究和衡量师生互动培训项目提高学生社会情感能力的程度。

4. 儿童发展或关心型学校共同体

儿童发展，现称为关心型学校共同体（CSC）。该项目最初在全国 24 所小学实施（Solomon，Battistich，Watson & Lewis，2000）。该项目基于以下信念：学校在满足学生的社会和个人需求方面发挥着重要作用。为了使学校满足这些需求，学生必须：①与彼此以及与学校中的教师和成人建立关怀和支持关系；②有机会参与与自己的学习和行为有关的决策；③在他们的社会和学校生活中找到成功的机会。为了促进这种关系，教师和学生为他们的班级制定规范，以期通过对组织的承诺来鼓励负责任的行为；强调高质量的人际关系是该共同体的一部分。该项目旨在增加学生对他们的学术和社会进步的投入。除了关注成人与儿童互动的质量外，该项目还关注发展学科、合作学习、基于文学的阅读指导以及家庭参与等要素。实施关心型学校共同体项目的试验结果表明，干预可以提高学生的学习动机和成就，提高人际交往能力，改善冲突管理技能，加强合作学习，增加亲社会行为（Solomon et al.，2000）。虽然关注积极的和支持性的师生关系不能直接与这些社会情感学习结果联系在一起，但是这项工作表明，与成人发展良好的关系是创设积极的社会情感学习结果的学校环境的重要组成部分。

5. 积极回应的教室

另一种通过师生关系改善教室和学校氛围的干预是积极回应的教室（RC）项目（Rimm-Kaufman，Fan，Chiu & You，2007）。与关心型学校共同体项目相似，积极回应的教室强调了学校和班级氛围的重要作用。该项目强调，儿童在安全、有挑战性、兴奋的情况下学习效果最好。为了创造这种学习环境，教师被鼓励去了解和理解儿童的个性、发展和文化。通过这些知识，教师可以鼓励所有儿童有效学习。准实验研究的结果表明，使用积极回应的教室项目练习一年后，儿童的阅读成绩提高，师生之间的亲密感提高，学生亲社会行为和自信心增强，学生的恐惧感降低（Rimm-Kaufman et al.，2007）。学生在数学和阅读测试中也表现出显著的进步，项目实施三年比实施一年或两年获得的收益更大。这些改进表明，实施干预可以增加儿童的亲社会行为并改善学生的学业表现。

6. 要事优先项目和职业学院项目

像关心型学校共同体项目和积极回应的教室项目的方法一样，要事优先（First Things

First，FTF)项目和职业学院项目都致力于解决师生关系，尽管它们是在学校改革的背景下进行的(Quint，2006)。值得注意的是，尽管这两个项目已经被证明可以改善学生的长期发展的表现，如提高学业成绩，但调查并没有明确测试学生的社会情感能力是否通过这些干预得到了改善。然而，这两个项目都以社会情感学习为目标，如改善人际关系和鼓励学生思考他们的兴趣和职业目标(可能与自我认知或负责任的决策有关)。

要事优先项目包括三个核心要素：小型学习社区、家庭倡导系统和教学改进努力(Quint，Bloom，Black & Stephens，2005)。小型学习社区通过在成人和儿童的关系中建立一致性来提高学生的学校体验。该项目允许学生在白天和学校里的老师有更长的时间待在一起，并且持续更长的年份。这种策略被假设为通过给学生在他们的高中生涯中建立有意义的和一致的关系的机会来增加自信心。在堪萨斯城，该项目在初中和高中实施，实施项目学校的学生在出勤率和毕业率方面有显著提高，辍学率有所下降，阅读和数学考试成绩有所提高(Quint et al.，2005)。但是，随后采用该项目的其他地区并没有看到一致的结果模式，这表明在推广这类项目时存在挑战(Quint et al.，2005)。

与要事优先项目类似，职业学院(Kemple & Snipes，2000)项目也是基于小型学习社区的原则开展的。职业学院是学校内的小型学院，为学生和教师创造了个性化和支持性的学习环境。它们结合学术和职业相关的课程，努力提高高中生的学习参与度和学习成绩。与要事优先项目一样，学生在几年的时间里与教师长期相处。职业学院项目已经存在了很多年，最近的评估表明，它们有助于取得积极的成果：①提高高中学生的人际支持水平；②降低辍学率；③改善风险最大的学生的就读和课程学习情况；④提高最有风险的学生按时毕业的可能性；⑤增加对职业认知活动的参与(Kemple & Snipes，2000)。尽管这些成果与社会情感学习没有明确关联，但关注人际关系改善、提高学生学习的参与度是与社会情感学习关联的(例如，负责任的决策和自我认知)。尽管职业学院项目对改善学生的长期发展表现是有效的，特别是当项目增加教师和学生之间的人际支持水平时(Kemple & Snipes，2000)，但社会情感项目对这些表现改善的促进程度尚未得到明确测试。

(三)无效的项目

在我们的回顾中，我们没有发现任何经过仔细评估的项目是没有效果的。

五、总结

本章对师生关系的基本理论和研究现状进行了介绍。我们对以证据为基础的项目的回顾旨在提高师生互动的质量，并表明加强师生之间的联系与提高学生的社会情感学习能之间的关系。然而，关于师生关系对学生社会情感学习的影响还有很多有待了解。特别是，这种关系影响学生表现的机制仍不清楚。我们的综述清楚地表明，师生关系的影响集中在短期和长期的发展表现上(通常表现在问题行为的减少方面)，而不是社会情感学习中近期的和中介的表现。尽管如此，观察性研究显示了师生关系和社会情感能力之间的联系。未来的研究应该检验一种敏感的和支持性的师生关系如何提高学生的关系管理、自我认知和决策技能。

此外，本章所述的许多项目都侧重于在更综合的项目背景下提高师生互动的质量。因此，对于一些干预，我们不知道是加强师生关系，还是组合策略对儿童社会情感学习的改善产生影响。未来的研究将"拆解"这些综合性的项目，这将有助于确定某些因素是否对改善师生关系和儿童的社会情感适应至关重要。我们还注意到，大多数成功的师生关系干预都是针对低年级学生(学龄前儿童和小学早期儿童)进行的，需要做更多的工作来测试这些项目在初中和高中的影响。此外，我们的回顾总结了不同的实施模式，从普遍的、学校范围的，到有针对性的和二元的。有必要进行更多的研究，以帮助决策者选择哪些项目最适合他们的学校、社区。最后，本章总结的证据来自较小的研究，因此，需要在常规的日常实践下实施干预的有效性试验，以确定当这些干预大规模实施时是否能保持相关效果。

六、致谢

本章由美国教育部教育科学研究所分别授予 No. R324A100215 和 R305B040049 的赠款支持，赠款分别授予阿曼达·P. 威利福德博士和同事，以及罗伯特·皮安塔(Robert Pianta)博士及同事。以上观点仅代表作者个人观点，不代表美国教育部门的观点。

七、参考文献

请扫描二维码获取原书参考文献。

第 *16* 章

促进学生社会情感能力发展的家校合作项目

安德鲁·加尔巴茨、米歇尔·S. 斯旺格-加涅、苏珊·M. 谢里丹

社会情感学习项目通过改善儿童的社会情感能力、态度、行为和学习成绩，促进儿童的学业成功和终身学习（Durlak，Weissberg，Dymnicki，Taylor & Schellinger，2011；Zins，Bloodworth，Weissberg & Walberg，2004）。项目通过直接教授技能和创造支持性环境的干预方法（CASEL，2012），提高儿童和青少年的自我认知、自我管理（如自我调节）、社会认知（如换位思考）、人际关系技能（如合作），以及做出负责任的决策等一系列相互关联的能力。这些个人能力的提高仅是社会情感学习项目的短期目标，而增加积极的社会行为，减少破坏性行为和情绪困扰，提高学习成绩（CASEL，2012）则是大多数社会情感学习项目的长期目标。

儿童的大部分时间都是在父母的指导下度过的（Walberg，1984），父母是儿童的主要老师。国家政策强调了父母在儿童发展中的重要作用，提倡将父母作为充分的教育伙伴（《不让一个儿童掉队法》，2001）和教育规划的决策者（U. S. Department of Education，Office of Planning，Evaluation and Policy Development，2010）。将家庭纳入促进儿童社会情感能力提升的干预体系中，关注多层生态系统对儿童生活的影响（Bronfenbrenner，1977），并允许儿童在情境中进行学习和强化（Albright & Weissberg，2010）。此外，亨德森（Henderson）和马普（Mapp，2002）报告了"一致的、积极的和令人信服的"证据，支持家庭在儿童的学业成就和生活成功中的作用。大量研究发现，家庭教育参与和社会情感学习项目所针对的若干相同结果之间存在积极联系，包括学生的学业成绩（Fan & Chen，2001；Power et al. ，2012）、小学阶段的行为表现（Sheridan et al. ，2012）、高中阶段的行为表现（Jeynes，2012）。家庭通过榜样示范、运用有效的育儿策略等方式促进儿童和青少年的社会情感学习。有效的育儿策略包括：支持适当的行为，设定限制，建立关系以及进行监控（Dishion & Stormshak，2007）。这些育儿策略的运用可以减少青少年问题行为（Dishion et al .，2008），提高青少年的社会情感能力，如自我管理能

力(Stormshak，Fosco & Dishion，2010)。

社会情感学习项目通常强调普遍的、全校范围的、多年的努力来发展学生的技能(CASEL，2012)。然而，当学生无法适应全校方法时，通常需要采取协调的、选择性的或有针对性的干预(Zins & Elias，2006)。事实上，非常有必要既采取普遍性干预以提高所有学生的社会情感能力，又采取选择性、针对性策略，以帮助那些经识别具有更大需求的学生(Gutkin，2012)。在学校中，可以采取由三个方面构成的分层支持策略(Biglan，1995；Horner et al.，2009；Metzler，Biglan，Rusby & Sprague，2001)，具体内容如下：①第一层为普遍性干预，如为避免问题行为的发生，培养所有学生掌握适当行为的技能；②第二层为选择性干预，主要针对有可能发生严重问题行为的学生；③第三层为针对性干预，主要针对那些需要密集支持和干预的学生。在各个层级的干预中，若要一并实现技能提升与日常环境中的技能泛化，可能最有效的做法就是家庭和教育工作者积极参与，合作设定干预目标，规划干预内容并配合实施干预。

本章的目的是回顾从幼儿园到高中的各个学段的社会情感学习项目中涉及家庭的项目，并确定包括"学校—家庭伙伴关系"(SFP)的内容。这是一种与家庭合作的具体教育方法。在介绍本研究的审查过程和纳入标准之前，我们先定义"学校—家庭伙伴关系"的主要组成部分，为该方法提供理论基础和实证基础，并强调它与基于学校的社会情感学习干预方法是一致的。

一、定义与范围

已经有许多不同的术语被用来描述学校和家庭共同努力提高学生成绩的质量和方式，但本章的重点是家校合作伙伴关系。为了把这项工作放在上下文中，我们回顾了研究文献中的关键术语，并解释了这些术语与我们对家庭和学校应该共同合作的最有效方式的概念的关系。家庭参与是一个术语，通常用于描述家庭在家庭环境或学校环境中发生的以教育为导向的行为(Fantuzzo，Tighe & Childs，2000)。这些行为包括给儿童读书，帮助做作业或在教室、学校做志愿者。此外，家庭参与也包括家庭和教育工作者之间的沟通，如通过电话或电子邮件进行沟通(Fantuzzo et al.，2000)。

随着时间的推移，家庭成员和学校人员不可避免地在相互交往中发展关系(Pianta & Walsh，1996)，但研究表明，这些关系的质量各不相同(Clarke，Sheridan & Woods，2010)。例如，家长和教育工作者经常在家长会上讨论学生的学习目标。然而，如果教师在没有征求家长的观点或没有让他们参与决策的情况下强行规定这些目标，那么，家长和教师就不太可能建立积极的关系或采取提高学生成绩的行动(Adams & Christenson，1998)。同样，如果父母在帮助子女教育方面的效能感不足，那么，他们参与子女教育的可能性就较小(Hoover-Dempsey，Bassler & Brissie，1992)。因此，在考虑学校和家庭如何最有效地合作时，双方互动的性质和由此产生的关系的质量都是重要的因素。此外，为了促进与家庭的健康工作关系，学校的结构和项目应该对所有家庭一视同仁(Mapp & Hong，2010)。

除了"家庭参与"之外，"学校—家庭伙伴关系"一词还描述了一种关系，这种关系包括家庭与教育者双方有意义的沟通和积极参与，促进双方的真正合作（Epstein，1995；Sheridan，Rispoli & Holmes，2013）。术语"伙伴关系"意味着工作是共享的。尽管研究人员还未确定究竟哪些特征是"学校—家庭伙伴关系"这一方法中最关键的，但是许多旨在促进家校合作的项目都选用了以伙伴关系为中心的项目要素，以对学生产生积极影响。我们基于理论（Bronfenbrenner，1977）和实证文献（Jeynes，2012；Sheridan et al.，2012）提出"学校—家庭伙伴关系"框架包括五个方面：①明确规定了教育者和家庭在促进儿童和青少年发展方面共担责任；②明确规定了家庭成员和教育者应从事共享的或联合的工作；③教育者和家庭成员之间互动的性质是协作及促进学生的发展；④项目干预活动既包括家庭环境中的活动，也包括学校环境中的活动；⑤家庭和学校之间的沟通是开放的，允许信息的多向流动（Christenson，1995；Epstein，1995；Fantuzzo et al.，2000；Sheridan，Rispoli et al.，2013）。

首先，在"学校—家庭伙伴关系"中，家庭和教育者共同承担教育儿童的责任，共同做出有关儿童的决定（Epstein，1995）。其次，各方在教育儿童方面的角色和责任明确，双方的定位是伙伴关系。学校与家庭的工作性质是协作的，重点是帮助学生获得积极的社会和情感方面的、行为方面的，学业方面的成果（Christenson，1995）。例如，家庭和学校可以共同制订一项计划，以鼓励儿童发展自我管理技能。为了使儿童利益最大化，这一计划中的内容既有家庭环境中的，又有学校环境中的合作活动（Albright & Weissberg，2010；Fantuzzo et al.，2000）。最后，沟通是家校合作的关键要素（Christenson & Sheridan，2001）。在家校合作中，沟通是清晰且包容的，允许消息来自父母或教育者中的任意一方，沟通应是多方向的（Sheridan，Rispoli et al.，2013）。

二、理论基础

"学校—家庭伙伴关系"和社会情感学习的理论基础是互补的。"学校—家庭伙伴关系"和社会情感学习是以生态系统理论和社会支持理论为基础的。此外，社会学习理论明确了家庭和其他关键个体在儿童社会情感能力发展中的独特作用。在下面的内容中，我们简要回顾了上述理论及其与"学校—家庭伙伴关系"、社会情感能力的关系。

布朗芬布伦纳（Bronfenbrenner，1977）提出生态系统理论，强调嵌套式生态系统对儿童发展的影响。具体而言，儿童在许多微观系统环境（例如，家庭、社区、课外活动）中发育和发展。儿童在一种环境（如微系统）中的经历可能会影响他在另一种环境下的行为。例如，儿童知道他可以通过在课堂讨论中正确回答问题来获得老师的注意，当他在家中做出类似行为时，他可能希望得到家长的注意。类似的一些关键的社会情感能力能够在家庭和学校等不同系统和环境中渗透（Jones & Bouffard，2012）。因此，非常有必要在社会情感学习活动中整合家庭和学校人员的努力（Zins et al.，2004）。"中观系统"（mesosystem）指与影响发展的微系统（如家庭、学校）之间的联系。实际上，"学校—家庭伙伴关系"是在中观系统内发生的（Reschly &

Christenson，2012）。生态系统理论认为，如果中观系统内部或父母与教育者之间存在脱节，儿童发展可能就会遇到困难（Bronfenbrenner，1979）。

　　社会支持理论（Boyce，1985）明确了存在于家庭内部的支持网络。但是，学校中的社会支持概念也很容易被理解，即学校工作人员支持儿童社会情感能力发展和适当社会行为的发展。家庭系统（Boyce，1985）和学校氛围为儿童提供了相近的社会支持。根据儿童发展的生态系统观，影响儿童的系统（例如，学校和家庭的微系统）是动态的，如果不同时考虑其他系统（例如，社区、学校）的影响，就无法充分理解。因此，非常有必要确定不同系统的功能及其在概念化儿童发展中的作用。但是，正如萨莫夫（Sameroff，2009）指出的，儿童的发展发生在一系列事件（transactions）中，发展的变化与发展的环境是"相互依赖的，发展的变化正是两者交互作用的函数"。也就是说，需要从支持儿童发展的更为广泛的系统性因素出发，分析儿童在社会情感能力、社会行为等方面的发展结果（Gutkin，2012）。实际上，在儿童很小的时候，父母就会对他们的社会情感能力发展有很大的影响。

　　社会学习理论认为，儿童可以从他人（如父母、其他儿童）那里学习技能和行为（Bandura，1969）。由于儿童和青少年大部分时间都是在父母的监督下度过的，所以他们观察到的许多行为都是其直系亲属的行为。儿童是否表现出观察到的行为，与一系列复杂的生态性和事件性问题有关，例如，父母与儿童的互动（Patterson，1982）。的确，多年来有关儿童发展的研究文献表明，父母对儿童的发展起着重要的作用（Moore & Patterson，2009）。这些文献表明，父母对儿童的发展有相当多的了解，在与教育利益相关者合作、促进儿童和青少年成功方面处于重要地位。

三、相关策略回顾

　　"学校—家庭伙伴关系"项目通过不同方式发展儿童的社会情感能力。有些项目以提高儿童社会情感能力的具体技能（如自我管理）为目标，而另一些项目则以改变社会情感能力的结果（如社交行为）为目标。在后面的项目回顾中，我们依据学术、社会和情感学习合作共同体出版的《2013 年指南》中确定的社会情感能力及其结果来分析项目干预的效果。

四、已有研究回顾

　　对相关文献的回顾性研究分析了哪些包含了家庭要素的社会情感学习项目是成功的，且这些项目干预中有可能也包含"学校—家庭伙伴关系"要素（Albright & Weissberg，2010；CASEL，2012；Christenson & Carlson，2005；Cox，2005；Durlak et al.，2011）。我们从中确定了 11 个包括"学校—家庭伙伴关系"要素、致力于提高学生的社会情感能力的具体技能和发展结果的项目，依据前述"学校—家庭伙伴关系"的五个维度，对每一个项目进行编码，并对照五个维度依次对每个项目进行定量评分（0 分＝不符合，1 分＝部分符合，2 分＝完全符合）。

"不符合"表示该项目中没有提及该维度内容；"部分符合"表示项目中包含该维度的某些方面（即≥1）；"完全符合"表示该维度的所有方面都包括在内。在这 11 个经过评分编码的项目中，有 6 个项目与"学校—家庭伙伴关系"中的大部分维度都密切关联。表 16-1 列出了我们分析的 11 个项目及其与"学校—家庭伙伴关系"维度的一致性情况。在本章中，我们只讨论与"学校—家庭伙伴关系"要素高度一致的这 6 个项目。

在对每个项目的"学校—家庭伙伴关系"要素进行评分之后，我们依次评估了 6 个项目的实证研究证据，以此为依据将各个项目分为三类："有效的项目""有希望的项目"和"无效的项目"。"有效的项目"需要有至少三项能够证实该项目有效（可以促进学生社会情感能力发展或改善社会情感能力结果）的实证研究，研究方法可以采用随机对照试验设计、单一被试实验设计，或者在研究设计上不存在大的问题的准实验研究设计。"有希望的项目"符合下列条件中的至少一项：有一至三项能够证实该项目有效的实证研究、混合式实验结果，或者在缺乏实证研究的情况下，基于理论和研究的结果表明该项目很有前途。"无效的项目"是指对该项目干预的评估未能达到预期的效果。我们还评估了项目干预的层级（如普遍支持）。我们从研究方法和统计上存在的问题在概述方面对未来研究提出了建议。表 16-2 列出了对这 6 个项目的介绍和分析概述（如项目干预层级、干预策略）。

表 16-1 社会情感学习项目、学校—家庭伙伴关系标准及得分表

社会情感学习项目	"学校—家庭伙伴关系"评分标准					总分
	A	B	C	D	E	
联合行为咨询	2	2	2	2	2	10
家长—教师行动研究	2	1	2	2	2	9
家庭核查	1	1	2	2	1	7
关心型学校共同体	1	0	1	2	2	6
不可思议的年份培训系列	1	1	2	2	0	6
第二步	1	1	1	2	1	6
西雅图社会发展	1	1	1	1	0	4
项目成就	0	0	1	2	0	3
走向学校：社会能力项目或开放圈	0	0	1	1	1	3
积极回应的教室	0	0	0	1	1	3
我可以解决问题	0	0	1	1	0	2

注：下面给出了每个项目的评分编码标准。项目采用李克特式量表（0＝不符合，1＝部分符合，2＝完全符合）。考虑的编码标准包括"学校—家庭伙伴关系"框架的五个要素：①明确规定了教育者和家庭在促进儿童和青少年发展方面共担责任；②明确规定了家庭成员和教育者应从事共享的或联合的工作；③教育者和家庭成员之间的互动的性质是协作及促进学生的发展；④项目干预活动中既包括家庭环境中的活动，也包括学校环境中的活动；⑤家庭和学校之间的沟通是开放的，允许信息的多向流动。

表 16-2　符合家校合作框架的社会情感学习项目的主要特征

	支持层级	主要研究设计	干预策略	典型效果
有效的项目				
联合行为咨询	选定层；针对层	随机对照试验，单一被试研究，准实验研究	以合作伙伴为中心的支持	积极的社会行为，关系技能
家庭核查	选定层；针对层；部分普遍层	随机对照试验	以家庭为中心的评估与反馈	减少问题行为，自我管理
关心型学校共同体	普遍层	随机对照试验，准实验研究	多要素的，学校范围的干预内容	学术成就，积极的社会行为，社会认知
不可思议的年份培训系列	普遍层；选定层；针对层	随机对照试验	面向家长、教师和学生的结构化培训	积极的社会行为，做出负责任的决策
第二步	普遍层	随机对照试验，准实验研究	面向学生的结构化小组培训	积极的社会行为，减少问题行为，社会认知
有希望的项目				
家长—教师行动研究	选定层；针对层	随机对照试验	与家长、教师的合作咨询	积极的社会行为，关系技能

(一)有效的项目

1. 关心型学校共同体

关心型学校共同体是儿童发展项目的修改版本。该项目是小学阶段的、面向全体学生的项目，其目标是使学校成为关心学生的共同体(Battistich，Schaps，Watson & Solomon，1996)。学校通过建立相互支持的关系，与学生和家长合作，发展共同的目标和对核心价值观的承诺等方式成为关心型共同体(Battistich et al.，1996)。根据该理论，项目之所以能够取得效果，与下列要素有关：温暖和支持的关系，对核心价值观的承诺，彼此协作，可获得的和全情投入的课程，学生的投入，运用建构主义方法开展教学和学习等(Battistich et al.，1996)。人们认为，这种方法可以充分满足学生的基本需求，加强学生与学校共同体的联系，并促进学生的智力发展和社会道德发展(Battistich et al.，1996)。

关心型学校共同体项目包括"儿童发展项目"中以下核心干预要素：班会课程、跨年龄同伴项目、家庭活动以及全校范围的共同体项目(U. S. Department of Education，Institute of Education Sciences，What Works Clearinghouse，2007)。班会课程使用由学生和教师共同制定的规范和规则来开展社交和人际交往技能培养活动(Solomon，Battistich，Watson，Schaps & Lewis，2000)。家庭活动通过家长与儿童在家讨论诸如家庭历史和价值观等主题，将家庭与学校共同体联系起来(Solomon et al.，2000)。儿童了解自己的家庭背景后，可以在课堂上分享，从而建立家庭与学校之间的联系(Battistich et al.，1996)。全校范围的共同体项目通过让利益相关者(如家长、教师)参与项目和其他活动，彼此之间建立共同体意识(Solomon et al.，

2000）。跨年龄同伴项目是将学校中高年级和低年级学生组成同伴，促进相互帮助。关心型学校共同体项目涉及学校共同体中的许多成员，通过让这些成员参与家庭、学校等环境中的项目活动，可以培养人们的共同体意识，支持学生的社会情感能力发展和支持性关系的构建。

已有多项随机对照试验研究和准实验设计研究证实了关心型学校共同体项目的效果。该项目被列为2013年甄选项目之一（CASEL，2012）。该项目的效果评估研究发现，关心型学校共同体项目对学生的行为和社会适应（Battistich，2003）、学生态度和价值观（Solomon et al.，2000）、学业成绩（Battistich，Schaps & Wilson，2004）等均有积极影响。然而，也有研究发现，该项目在学生发展的许多变量上缺乏显著的效果（Cox，2005）。此外，研究结果表明，该项目在按照设计实施的范围内能够产生积极的影响（Solomon et al.，2000）。

在关心型学校共同体的许多核心活动中，有"学校—家庭伙伴关系"框架的一些维度，但也缺少一些维度。关心型学校共同体并不认为教育工作者和家庭正在从事共享或共同定义的工作。相反，关心型学校共同体项目面向家庭和学校，让家长参与各种旨在提高学生成绩的活动，但家长并不参与项目的决策。此外，尽管在家庭作业中涉及一些家庭沟通的方法，但程序上并不完全允许多向沟通。例如，以家庭为基础的活动让学生和家长共同讨论，这些讨论的内容将在班级中分享（Battistich et al.，1996）。除了与学生一起参与家庭活动外，关心型学校共同体项目也邀请家长与学生、教师一起参与学校中的项目活动（Battistich et al.，1996）。家长也可以与教师组成协调小组共同规划家庭—学校活动（Solomon et al.，2000）。综上所述，在关心型学校共同体项目中，家长可以通过多种方式在家庭和学校中参与子女教育，然而，这些活动的组织方式与合作伙伴关系的定位并不完全一致。

在关心型学校共同体的今后研究中，需要厘清调节变量和中介变量的影响，并更好地理解其作用机制。关于关心型学校共同体项目的学校—家庭框架，项目需要从家长参与的角度转向更充分体现伙伴关系的角度。这可以通过与家庭合作实施核心干预内容，并鼓励学校工作人员与家长沟通，让家长了解该项目需要影响儿童发展的所有关键人物的共同努力。此外，还需要建立支持多向沟通的沟通机制，促进教育工作者和家长之间的合作。

2. 联合行为咨询

联合行为咨询（CBC）通常被看作"选择性"［第二层］或"针对性"［第三层］的干预策略，采用间接干预的方式，通过协作解决问题促进学生在人际关系技能、社会行为等方面的发展（Sheridan & Kratochwill，2008）。联合行为咨询依据行为咨询原则，以行为生态学理论（Bronfenbrenner，1977）和家庭中心主义（Dunst，Trivette & Hamby，2007）为基础。联合行为咨询致力于在学生生活中的关键人物之间建立积极的联系，以最大限度地努力来取得学生的发展成果（Sheridan，Rispoli et al.，2013）。联合行为咨询的实施需要经历一系列阶段，包括约8周的会议和会议间活动（Sheridan et al.，2012）。一位联合行为咨询顾问召集并组织教师和学生家长召开联合行为咨询会。这位顾问自身在行为问题解决和基于证据的干预方面具有专长，并主持以伙伴关系为中心的会议，以确定如何最好地满足学生的需求并规划学生未来的成功路线(Sheridan et al.，2012)。

联合行为咨询的流程包括：确定目标，设定可观察和可量化的目标，通过跨环境实施基于证据和功能的适当行为支持计划，评估实现目标的进展。上述流程的实施包括四个阶段：需求识别、需求分析和计划制订、计划实施、计划评估。各个阶段的活动都是联合实施的(Sheridan & Kratochwill，2008)。联合行为咨询主要是若干的结构化会议，但这一模式是动态的，还包括一系列的互动以及会议间的活动(例如，与教师的简短沟通)。

从已发表的研究来看，联合行为咨询项目经研究证实对一系列问题行为(如社交技能、社交行为、完成家庭作业等)都是有效的，包括单一被试实验研究(Colton & Sheridan，1998)、准实验研究(Sheridan，Eagle，Cowan & Mickelson，2001)和随机对照试验(Sheridan et al.，2012；Sheridan，Ryoo，Garbacz，Kunz & Chumney，2013)。除了对学生发展(如社交技能、适应性能力)产生直接影响外，谢里丹(Sheridan，2012)和同事的研究发现，加强家长与教师之间的关系也是促进项目产生积极效果的部分原因。此外，古丽(Guli，2005)发现，联合行为咨询项目是少数几个有证据证明通过家校合作和家长干预能够解决学校中的问题的有效方式之一。

联合行为咨询与以学校—家庭伙伴关系为中心的框架保持一致。联合行为咨询明确指出，家庭和教育工作者通过制定共同目标，实施干预和评估进度，共同承担促进学生发展的责任。当联合行为咨询项目启动时，其对共享决策和共同目标设定的关注被传达给所有各方。除了教育者和家长积极参与问题解决外，项目还分别在家庭和学校中实施行为支持计划，以建立跨环境的可持续支持系统，并增强环境的一致性(Crosnoe，Leventhal，Wirth，Pierce & Pianta，2010)。联合行为咨询倡导并建立了多向沟通网络，信息共享可以从任何一方发起，与任何参与者共享。

实证结果表明，联合行为咨询既能促进学生社会情感能力的发展，也能改善社会情感能力的结果。尽管目前已有研究初步揭示了项目效果的影响作用机制(如教师—家庭关系)，但是还需要更多的研究来评估以伙伴关系为中心的变量(如多向沟通、分担责任和共同决策)的调节或中介作用。

3. 家庭核查

家庭核查(Family Check-Up，FCU；Dishion，Nelson & Kavanagh，2003；Dishion & Stormshak，2007)是多层干预模型，如家庭干预和治疗的生态方法(Stormshak & Dishion，2009)的一部分。"普遍层"的干预内容包括学校内的家庭资源室，通过提供各种材料(如书籍、视频)和服务(如咨询)以支持积极养育措施，促进家庭参与(Stormshak，Connell & Dishion，2009)。在"选择层"或"针对层"中，"家庭核查"主要是一个评估过程，可以帮助家庭获得资源，从而在家庭或学校中进行干预。"家庭核查"项目的目标是减少儿童的问题行为，提高学生的社会情感能力和家庭互动频率，增进家庭与学校的关系。因此，家庭核查项目包括"普遍层""选择层"和"针对层"的干预内容，以促进学生的社会情感能力的发展和表现的改善。该项目的实施主要是依据生态理论（Dishion & Stormshak，2007）。

家庭核查干预包括三个阶段：①初次面谈；②生态评估；③反馈或激励。每个阶段均由家长顾问指导，并与家庭合作进行。在第一阶段，在初次面谈过程中，顾问会与家庭建立融洽的关系，并完成一个全面而独特的需求评估，以了解最合适的服务；在第二阶段，生态评估包括一次家访，直接观察家庭的互动和适应，以评估儿童在各种环境（如学校和家庭）中的适应情况；在第三阶段，顾问向家庭提供关于家庭优势、实践和行为的反馈。在这个阶段，家庭可以对接到相应的服务和资源，父母可以选择按照建议采取行动，获得诸如短期干预、家庭治疗或基于学校的项目等服务。

关于家庭核查效果的研究证据非常充分。在一系列分析家庭核查项目有效性的试验中（Dishion et al.，2003；Dishion & Stormshak，2007），研究结果表明，家庭核查项目有效地提高了积极育儿的能力，减少了家庭冲突，减少了儿童的问题行为、不良同伴关系以及药物滥用情况等（Dishion et al.，2008；Van Ryzin，Stormshak & Dishion，2012）。家庭核查项目也改善了青少年的自我管理（自我调节）能力、学校参与度和出勤率（Stormshak et al.，2009、2010）。

在家庭核查项目中，家庭干预和学校干预一起实施，尤其是当干预着眼于每个环境中的目标时，这可以满足"学校—家庭伙伴关系"框架中的多个要素。例如，在学校环境中提供"家庭核查"的重点内容是家长参与教育、育儿实践和学校参与（Stormshak et al.，2010）。这种模式（基于学校的家庭核查干预）针对家庭和学校环境中的目标，同时涉及家庭和教育工作者，旨在实现学生成功的共同目标。为了加强与伙伴关系框架的一致性，家庭核查可以关注教育工作者和家庭之间的共同目标和责任。

家庭核查项目非常适合成为伙伴关系模型，因为它在以家庭为中心的服务和生态理论方面拥有牢固的基础。目前，家庭核查项目的一种形式侧重于家庭评估、动机和资源。在某些情况下，家庭和学校环境都是干预阶段的目标。因此，家庭核查项目可以扩展到常规的学校干预内容，例如，家庭与学校之间的沟通或家庭作业指导。另一种形式是家庭—学校检查，这可以扩大家庭核查的影响范围，并使其与以合作伙伴关系为中心的框架保持一致。例如，在家庭—学校检查中，顾问可以联合或分别完成家庭检查和学校检查，以评估每种环境的需求、动机和资源，然后在干预阶段和相关会议中将这两种环境结合起来。在联合实施阶段，父母和教育者可以制定干预，强调共同决策、共同确定的目标和责任，以及环境一致性。

4. 不可思议的年份培训系列

不可思议的年份培训系列（2014；Webster-Stratton，1981）是一个由多个元素构成的项目。该项目使用结构化的团体训练方法来培养家庭行为养育技能、教师行为管理技能、儿童的社交技能。该项目的最终目标是通过使用系统的方法预防和减少儿童的问题行为。该项目可以在"普遍干预层""选择干预层"和"针对干预层"上实施，与"学校—家庭伙伴关系"的许多标准一致，能够优化儿童社会情感能力的技能和表现（Menting，Orobio de Castro & Matthys，2013；

Menting，Orobio de Castro，Wijngaards-de Meiji & Matthys，2014；Webster-Stratton，Reid & Beauchaine，2011）。该项目的培训内容包括家长培训模块、教师培训模块、基于课堂或小组的专题课程。教师或治疗师可以使用这些课程教授儿童掌握具体的社会情感能力，包括自我认知、自我管理、社会认知、人际关系技能、负责任的决策。项目中的培训模块内容既可以单独实施，也可以组合在一起实施。

家庭养育模块中包括多项内容。项目依据 0—12 岁儿童家庭的发展框架（Webster-Stratton，2000），采用录像示范的方式支持观察性学习，近些年也采用家庭教练的方式（Webster-Stratton & Reid，2014）。养育项目的内容涵盖支持学龄前儿童的入学准备和提高小学阶段儿童的家庭育儿技巧。参加者还将学到如何创设支持性的家庭环境和学校环境，以培养儿童的社会情感能力。其中，家长初阶培训项目包括学前和小学学龄儿童的项目，重点教授父母基本的育儿技能，如表扬儿童，与儿童玩耍，执行限制性规则，支持在家学习（The Incredible Years，2014）；家长高阶培训项目侧重于养育子女和以学业为导向的技能，如培训父母与教师共同解决问题，为儿童制订行为支持计划（Webster-Stratton，Reid et al.，2011）。

除了面向家庭，该项目还为教师提供了基于证据的课堂策略培训。例如，促进教师掌握积极主动的、符合儿童发展规律的教学策略、行为管理策略，建立良好的师生关系，促进儿童情绪调节、社交能力和问题解决能力的培养。此外，项目着重向教师提供关于与家庭合作的建议，特别是合作解决问题、与家长积极沟通、与家长协调行为支持计划（Webster-Stratton，Reinke，Herman & Newcomer，2011）。

不可思议的年份培训系列项目中关于儿童培训的内容也称为"迪娜恐龙社会情感能力和问题解决课程"。该项目侧重于培养儿童的社会情感能力，减少儿童的破坏性行为（The Incredible Years，2014；Webster-Stratton & Herman，2010）。项目还关注人际技巧、情绪调节技巧以及如何在学校取得成功的技巧。这些相同的社会情感能力也在家长和教师培训项目中涉及，这可以建立项目中的一致性并促进跨环境的技能泛化。

不可思议的年份培训系列已经得到广泛研究，并被多个组织（如 CASEL，2012）选定为示范性项目。多项随机对照试验（例如，Webster-Stratton，Reinke et al.，2011）研究表明，面向儿童、教师和家长的普遍性培训项目，可以改善儿童的社会情感能力。后续的重复研究持续证明了项目对不同类型儿童，如注意力缺陷或多动障碍儿童（Webster-Stratton，Reid et al.，2011、2014）社会情感能力发展的积极效果（The Incredible Years，2014；Webster-Stratton & Herman，2010）。最近一项元分析研究表明，该项目在减少破坏性行为和增加适应性行为方面是有效的（Menting et al.，2013）。其他研究结果表明，项目增加了教师的积极课堂管理技能，促进了儿童与同伴之间的互动，提高了儿童在学校的参与度，改善了儿童的问题解决能力（Webster-Stratton & Herman，2010；Webster-Stratton，Reid & Hammond，2004）。尚没有专门的随机对照试验分析关于家校合作的补充培训是否会影响项目的有效性。

当项目以组合在一起的干预包的形式实施时，项目涉及"学校—家庭伙伴关系"框架中的许多维度。具体而言，尽管它并未为促进学校与家庭的伙伴关系做出积极计划，但是该项目是倡导家庭参与的。如果将项目提供给教育工作者和家长，同时涉及家庭和学校环境，并将参与者的努力集中在儿童成功的共同目标上，那么它将更充分地体现以合作伙伴为中心的定位。该项目强调了家庭与教育者合作努力提高学生的学业成绩（如团队问题的解决；Webster-Stratton & Herman，2010）。项目还确定了各自的角色、职责和目标，然而，学生的目标并不针对每个儿童、教师或看护者。如果同一儿童的家庭和教育者同时参与该项目，则可以在项目中加强学校与家庭的伙伴关系。例如，可以采取家庭和学校联合培训的方式，家长和教师制定具体的共同目标，做出共同的决策并发展多向沟通。

关于该项目的进一步研究可以加强项目设计与伙伴关系框架的一致性，并针对特定的家庭—学校变量研究实证的结果及其发生机制。例如，有必要确定当家长和教师同时参与项目时，对儿童产生影响的作用机制；特别是在考虑环境一致性对支持教育相关活动的影响时，有必要分析家庭—学校合作培训课程的效果。最后，可以通过利益相关者之间的频繁沟通，整合多向沟通方法，支持对儿童成果的共同责任，从而使每一方都有机会分享和回应关注的问题。

5. 第二步

第二步（Second step）项目是一种普遍性的、基于课堂的干预，其目的是提高学前班至八年级儿童的社会情感能力（Committee for Children，1991）。该项目通常作为一种普遍性的预防项目，旨在预防问题行为和提高社会能力。目标的后者也表明了其与社会情感学习项目的相关性。项目的核心部分是直接的课堂教学，以发展儿童的同情心、情绪调节、交友和解决问题等技能。该项目也包含连接家庭和学校的策略。学校专业人员（大多数情况下是课堂教师）组织工作坊并提供教学。在这些工作坊中，每周都有一个社会情感能力主题（例如，解决社交问题）。此外，教师还会组织新的小组或团队活动，以提供结构化的机会，练习和加强技能。依据认知问题解决理论和社会学习理论，教师采取的主要教学方法包括示范、观察和练习活动。在周末，教师会向家庭布置一项活动，让学生把在学校中学会的技能教给家长，并在家庭中练习这一技能。有些学校还提供家长育儿课程，让家长学习社会情感能力。

第二步项目的扩展版本涉及教师和全校范围内有关儿童正在学习的社会情感能力的培训（Frey，Hirschstein & Guzzo，2000）。此外，可通过《第二步家庭指南》（Committee for Children，1995）获得家长培训，其中包括儿童在课堂教学中学到的各种社会情感能力的有关教学视频。教师培训和家长培训都可以通过多种方式进行：有的是为家长或教师举办为期一天的研讨会，有的是直接将教学录像视频送至学生家中。在理想的情况下，可以组织六次单独的家长小组活动，共同学习、示范和练习学生在课堂中学到的各种社会情感能力。

关于第二步项目的两项随机对照试验研究和多项准实验研究发现，第二步项目对儿童有积极的影响，如增加了儿童积极的社会行为，提高了儿童的社交技能，减少了儿童的问题行为（Beland，1992；Grossman et al.，1997；McMahon，Washburn，Felix，Yakin & Childrey，2000）。第二步项目也满足学术、社会和情感学习合作共同体选定示范性项目的标准（CASEL，

2012)。

当第二步项目中的儿童课堂教学干预内容与教师和家长培训干预内容相结合时，项目就包含了"学校—家庭伙伴关系"框架中的许多要素。例如，为父母和教育工作者提供类似的培训来培养社会和情感技能，可以促进环境的一致性和技能泛化。第二步项目中的家长和教师联合培训计划针对家庭和学校环境，可以创建共同目标。这些策略的主要目的均是改善儿童在不同环境中的发展表现。

可以进一步完善第二步项目的设计，以增强它与"学校—家庭伙伴关系"框架的一致性。例如，家长和教育工作者之间加强合作，共同确定目标和优先事项将是有益的。与家庭建立内容连接是一种重要的学校—家庭沟通方式，它还可以扩展到旨在鼓励多向沟通的更为成熟的设计。通过这种方式，可以与各方共享在家里或学校里练习技能和增强技能的一致策略。此外，如果有条件提供家长和教师联合培训课程，这可以使家长和教育者的程序保持一致，并促进环境的一致性。未来的研究可以进一步分析第二步项目的学校—家庭组合形式对儿童社会情感能力发展的影响。

(二)有希望的项目

如前所述，"有希望的项目"符合下列条件中的至少一项：有 1—3 项能够证实该项目有效的实证研究、混合式实验结果，或者在缺乏实证研究的情况下，基于理论和研究的结果表明该项目很有前途。一个成功的试验的研究方法可以采用随机对照试验设计、单一被试实验设计或者在研究设计上不存在大的问题的准实验研究设计。

家长—教师行动研究

家长—教师行动研究(Parent-Teacher Action Research，PTAR)项目团队提供了一个框架，将家长和教师作为平等的伙伴聚集在一起，为有行为困难的学生确定目标和行动计划(McConaughy，Kay & Fitzgerald，1998)。因此，该项目的主要干预层级处于"选定层"或"针对层"。成就、行为、关怀(The Achieving，Behaving，Caring，ABC)项目评估了"家长—教师行动研究"团队对有行为问题的小学生的作用。所有选定的学生都被分配到 PTAR 小组或对照组；两组学生都接受了全班的社会技能教学。与仅接受社交技能教学的对照组相比，PTAR 加社交技能教学的干预方式在减少问题行为和提升学生社会技能方面更有效果。

PTAR 团队包括儿童的班主任教师、家长、家长联络人以及一名辅导员。PTAR 团队会议从确定儿童的优势和家长—教师的共同目标开始。目标可以是学术、社会或行为目标。这些目标是通过可观察的指标来评估确定的(McConaughy et al.，1998)。PTAR 团队参与了行动研究周期，包括收集和分析数据，制订行动计划和评估进展。

支持 PTAR 团队的证据主要来自 ABC 项目。即刻后测结果显示，与只接受过基于课堂的社交技能教学的学生相比，参加 PTAR 的学生由其父母和教师报告的行为问题显著减少，而由其父母报告的亲社会行为显著增加(McConaughy，Kay & Fitzgerald，1999)。两年后的结果更加有利(McConaughy，Kay & Fitzgerald，2000)。例如，父母参加 PTAR 的学生表现出的问题行为减少以及学生行为、合作和自我控制等技能增强（McConaughy et al.，2000）。

PTAR 团队集中体现了"学校—家庭伙伴关系"框架的许多要素。PTAR 团队将家长和教育工作者视为促进儿童发展的平等的合作伙伴。这一指导原则表现为建立父母与教师之间的共同目标，并采取措施消除学校人员和家庭之间可能存在的权力差异（McConaughy et al.，1998）。PTAR 团队之间的合作致力于通过积极的、基于优势的方法来促进学生的发展。家庭和学校环境的目标是为学生在这两种环境下的表现创建可观察的目标（McConaughy et al.，1998）。通过一系列关于 PTAR 团队互动的规则，鼓励家长和教师多向沟通。例如，规则之一是父母要先讲话。此外，PTAR 团队会议的来回往复的性质与多向沟通策略是一致的。

虽然目前已有令人鼓舞的研究发现，但未来的研究仍有重要的方向。对 PTAR 团队的主要实证支持来自 ABC 项目。因此，还可以由其他研究者开展 PTAR 团队有效性的试验。根据已发表文章中 PTAR 团队的流程细节，研究者有可能更明确地向父母沟通他们在决策制定和目标设定中的平等角色。最后，已有研究将 PTAR 团队加上社会技能教学的学生与仅接受社会技能教学的学生进行比较，未来的研究应该尝试检验没有社会技能教学的 PTAR 团队的效果。

(三)无效的项目

本研究未发现对一个结果变量都没有显著影响的项目。然而，值得注意的是，一般的学校—家庭工作方法存在三个限制。首先，家庭参与往往只惠及一小部分家庭。对于学校来说，非常有必要识别出阻碍家校合作的系统性因素（Mapp & Hong，2010）。其次，在确定预防和干预活动时，有必要考虑所关注的社会情感能力及其结果。也就是说，有必要选择那些已经证明对某些特定变量有效果的"学校—家庭伙伴关系"相关项目。例如，如果一个教师想要减少一名中学生的行为问题并增加自我管理能力，那么可以考虑选用"家庭核查"项目策略。最后，本研究回顾的项目既有在全校范围内普遍实施的计划，也有根据学生或家庭需要予以额外定向支持的项目。在一定程度上，根据现有政策确定与每个学校社区最相关的支持层有助于实施具有共同使命的补充性项目。

五、"学校—家庭伙伴关系"框架的今后发展

本研究提出的由五个要素构成的"学校—家庭伙伴关系"框架以伙伴关系为中心，建立在关于家庭—学校关系的理论和实证研究的基础上。实证调查包括了框架的关键组成部分（例如，Sheridan et al.，2012），并将以伙伴关系为中心的实践作为干预方案的一部分。今后的研究可以进一步评估该框架中所包含的"学校—家庭伙伴关系"各个要素的相对贡献。例如，可以回答下列问题：就促进学生社会能力发展及其结果而言，这五个要素中哪一个更重要或最重要？对于哪些群体，在何种条件下，哪些要素是最重要的？要回答这些问题，可以通过实证证据将"学校—家庭伙伴关系"的要素与具体的学生社会情感能力及成果联系起来。

六、总结

社会情感学习项目通过培养相互关联的若干技能，如社会认知(CASEL，2012)可以促进学生的终身学习(Zins et al.，2004)。实证研究证据表明，"学校—家庭伙伴关系"可以促进儿童的发展(例如，Henderson & Mapp，2002)。然而，许多社会情感学习项目并未明确地让家庭参与到以伙伴关系为中心的活动中。本章重点回顾了那些针对社会情感能力及其结果、积极地纳入家庭参与的社会情感学习项目。具体来说，本研究主要是评估项目与"学校—家庭伙伴关系"框架的一致性。

不同项目之间各有差异，主要表现在：①与"学校—家庭伙伴关系"框架的一致性；②项目干预的层次；③所针对的社会情感能力和目标结果。例如，关心型学校共同体项目让家长和儿童参与家中的普遍性活动，并为家庭和教育工作者提供共同参与活动的机会；联合行为咨询项目和家长—教师行动研究项目干预的层级主要是"选定层"或"针对层"，将家长和教育工作者看作规划儿童成功的共同责任人。本研究中包括的所有项目都具有独特性，通过有意义的家庭参与促进学生积极的社会情感能力的发展。

大量的实证研究支持了本综述中确定的许多项目的应用效果，更多的随机试验评估了其中包含的"学校—家庭伙伴关系"要素的因果机制和产生积极影响的路径。虽然需要进行研究来弄清"学校—家庭伙伴关系"框架中每个要素的相对贡献，但是许多项目均可以进一步完善以更加符合"学校—家庭伙伴关系"框架。例如，可以进一步扩展关心型学校共同体的影响范围，使家庭在项目决策中平等参与。总而言之，"学校—家庭伙伴关系"和社会情感学习项目在造福儿童方面处于独特的地位。在儿童一生的关键个体(如父母、教师)之间建立伙伴关系，可以增强环境的一致性和稳定性，从而提升儿童获得成功所必需的关键社交技能。

七、参考文献

请扫描二维码获取原书参考文献。

第 17 章
校外项目与社会情感学习

托马斯·P. 古洛塔

曾经大多数家庭的习惯是母亲待在家里，儿童去附近的学校上学。每一个儿童都能敏锐地意识到：即使是最轻微的不恰当行为都会通过邻居传到父母耳朵里。现在，修正学派的历史学家一直反对上述（女性不能参与职场）现象。这种声讨促使女性由 1890 年占劳动力总体的 17.2% 增长至 1950 年占劳动力总体的 28.8%，1980 年达到了 42.6%（Waite，1981），2010 年达到了 47%（U. S. Department of Labor，2011）。值得关注的是，2010 年，超过 64% 的职业妇女育有 17 岁以下的儿童（Bureau of Labor Statistics，2013）。由于社区对需要校车接送的教育问题做出回应以及区域化发展成为趋势，小型学校被认为是低效的，所以步行前往邻里学校的人数下降。由于郊区大批人独居的生活方式，城市社区人口流动瞬息万变，以及在居住地附近工作的居民数量骤减，这些使得人们与邻居交往越来越少。

俗话说得好，"游手好闲是魔鬼的游乐场"，在下午 2 点至 6 点的工作时间段，美国年轻人极有可能（在缺少监管下）从事不良行为。例如，滥用药物和性行为。这个时间段恰好与许多父母的工作时间段相吻合（Cohen，Farley，Taylor，Martin & Schuster，2002；Gottfredson，Gerstenblith，Soule，womer & Lu，2004）。

即使年轻人不受诱惑偏离正当之路，许多挂钥匙儿童[①]直到父母回家都与电视节目或电子

[①] 这里的"钥匙"指的就是房门的钥匙。这些儿童一般都把钥匙挂在脖子上或者藏在房子后门的门垫（或其他物件）底下。"挂钥匙儿童"这个说法来自 NBC(美国全国广播公司)1944 年的一部纪录片。这部纪录片讲的是"二战"以后，夫妻中的一方必须参军，而另一方就得出去工作养家，因此，把儿童独自留在家里的情况越来越普遍。

游戏为伴。弗雷德·罗杰斯(Fred Rogers)①的电视节目或阅读彩虹(Reading Rainbow)②电视节目是否正在被观看，或者网络的使用是否出于辅助家庭作业的目的，这都值得怀疑。

与育儿、娱乐以及其他青年项目一样，校外项目的起源可以追溯到世纪之交的进步主义时期。在南欧人(大多数是意大利人)、安置所以及个别改革者的推动之下，旨在促进宅在家里的年轻人身心发展的各类活动被发展出来(Gullotta，Adams & Markstrom，2000)。

在以上背景下，建设性地占据年轻人时间的思想理念遍及美国大部分地区。实施项目可以简单地指在儿童等待父母下班的时间，为其提供一个受监督的场所做家庭作业或者玩棋盘游戏；也可以是有计划的活动，旨在提高儿童的读写能力并发展他们的社会情感能力。本章主要回顾了旨在滋养儿童身心项目的相关文献，还研究了一些实践案例(例如，课程)。

一、定义和范围

"校外项目"一词是指在放学后或不上课期间进行的活动，如在节假日时期。"社会情感学习"一词涵盖发展社会和情感能力的过程。它是基于这样一种理解：最好的学习是在支持性关系的背景下出现的，这些支持性关系使学习具有挑战性、参与性和富有意义。社会情感能力对于成为合格的学生、公民和工作者都至关重要。通过多年的综合努力来培养学生的社会情感能力，可以防止或减少许多危险行为(如吸毒、暴力、欺凌和辍学)。社会情感学习最好通过有效的课堂教学，学生参与课堂内外的积极活动，让家长和社区广泛参与项目的规划、实施和评估(CASEL，2013)。

社会情感能力包含什么？它包括自我认知、自我管理、社会认知、人际关系技能和负责任的决策。在本章中，我们研究了现阶段为数不多的有关社会情感学习课程与校外项目相结合以培养年轻人社会情感能力的文献。后文中关于"有效的项目"部分提供了社会情感学习课程的示例，对这些示例进行修改(如果有的话)可以整合到校外项目中。

二、理论

目前已有许多理论观点为促进社会情感学习成长和发展提供了各种范式。这些思想从诸如神经科学(Blair & Raver，本手册第 5 章；Greenberg，Katz & Klein，本手册第 6 章)、社会学习(Bandura，1986)、儿童发展理论(Piaget & Inhelder，2000)、智力发展理论(Gardner，

---

① 弗雷德·罗杰斯是美国最著名、影响最深远的儿童电视节目制作人及主持人。他于 1966 年开始了他传奇一般的《罗杰斯先生的左邻右舍》(Mr. Rogers' Neighborhood)的制作。此电视节目从 1968 年开始在美国公共电视台连续播出了 30 余年，并在之后不断重播，见证了数代美国人的成长，影响深远。
② "阅读彩虹"是美国的王牌节目，在 1983—2006 年连续播出，共获得过 200 多项大奖。该节目通过丰富的内容和形式，激励儿童阅读。

1983)和生态理论(Durlak，Mahoney，Bohnert & Parente，2010)等中借鉴而来。

在这个浩瀚的理论森林中，项目开发人员可能会感到迷茫。但幸运的是，有路标来协助我们探寻。以下是本手册各章中反复出现的一些最重要的内容：学习在不断重复的经历中才能提升，学习也需要观察和示范；为已经学到的知识建立关联至关重要；主动、动态地学和做中学比被动、静态地学和仅靠听讲的学习效果更好；个体喜欢的活动和练习是需要发展地设计的，同时足够新颖才能激发想象力。最重要的以及本章强调的是，项目包含的文化必须安全、有序，同时能够激发学生的学习动机和参与的积极性。必须连续创设教育时机，以增加应用新近学习技能的可能性。如果项目设计者没有提供可以使新学习的技能扎根的环境，那么，不管本手册中提及的课程在理论上有多专业，最终它们都将失败。

三、目前研究

在过去的 30 年中，校外项目吸引了许多投资者。反过来，这些投资者希望明智地花费自己的钱，为此，他们邀请学术团体参与到项目中来。这促使许多文章得以发表和《美国社区心理学杂志》特刊的诞生。这些文献提出了三个重要的结论和对大众普遍观点的两种保留意见。

第一，存在多种项目模式。这些项目模式有些是结构化的，有些则不然；有些是私人机构提供的，有些是由学校和青少年服务局等市政机构发起的，还有其他一些是由非营利机构提供的，如教堂、安置所和专门用于这些活动的场所(如男孩女孩俱乐部)。这其中，项目模式不是单一的。

第二，提供社会情感学习机会的有效项目具有四个特征，即 SAFE。S 代表有序性，表示项目以设定的、有计划的方式来发展预期想要让参与者获得的技能；A 代表主动性，意味着用来教授技能的活动需要运动、参与、操作和练习；F 代表聚焦性，这意味着有足够的时间用于发展年轻人至少某些方面的社会情感能力；E 代表清晰性，即干预旨在培养特定技能，如负责任的决策或社会认知(Durlak，Weissberg & Pachan，2010)。

第三，先前有效实施预防性项目的研究显示(Gullotta，Bloom，Gullotta & Messina，2009)，成功的项目需要雇用受过良好教育且具有胜任能力的员工，他们能够与喜欢参与项目的成员建立积极、稳定的关系，且很享受能够参与到这个项目中来。员工精通课程背后的基本原理，并且长期跟进项目进展(Cross，Gottfredson，Wilson，Rorie & Connell，2010)。总之，拉尔森(Larson)和沃尔克(Walker，2010)表示，当越来越多的人从手册中获取项目内容时，员工越需要针对新情况进行个性化处理，并认识到，涉及年轻人的每一种情况都是新奇的。这就说明，员工需要不断提升领导能力。有些人提出通过导师指导的方式提升此类技能，而古洛塔和同事(2009)提出采用更具指导性的"教练"方法来提升。

有趣的是，校外项目相关文献对两个广受认同的观点提出了质疑。第一，在课后进行与学校有关的学术活动是否有价值。例如，里格斯和格林伯格(2004)警告说，过分强调家庭作业或补充性学术工作可能会挫伤项目促进青少年积极发展的能力。科恩(Kohn,2006)进一步分析了关于家庭作业的相关研究,得出在校外项目中涵盖家庭作业是一项毫无价值的活动的结论。

第二个质疑是"剂量"问题。它是指参与者在项目中的参与程度。在许多预防和治疗的实施研究中,接受全程剂量的患者比未接受全程剂量的患者做得更好。研究校外项目的文献发现,情况并非总是如此(Hirsch,Mekinda & Stawicki,2010;Larson & Walker,2010;Roth,Malone & BrooksGunn,2010;Shernoff,2010)。这些作者正在研究的是项目整体质量的重要性及其对项目某一要素(或课程)产生的影响。为了进一步阐明这一点,可以将本手册中的许多基于实证的实践类比为一种可口的调味料,点缀在"鱼"上面,为最后的食物锦上添花。在新鲜捕捞的且经过前期处理的"鱼"上,这种调味料可以添加食物的风味,同时还能极大地提升饮食体验。但是,没有一种酱汁可以挽救一道开始变质并且散发令人作呕气味的菜肴。如果该食物已经开始腐烂并且气味令人恶心,再好的调味品都无法挽救。简言之,如果项目开发者的设计原理像腐烂的鱼一样散发着臭气,那么任何基于实证的课程都将行不通!这一类比将我们引到本章的核心上,寻找包含上述 SAFE 原则和人员配备特征的项目。

(一)有效的项目

我们的主要兴趣是包含旨在促进社会情感学习的课程的项目,但很遗憾地发现,没有任何项目满足上面提及的三项成功试验的标准。在这样的情况下,我们可以确定一些特定的校本课程,这些课程几乎不需要任何改动即可应用于校外情境。

1. 全明星

全明星是一项普遍的预防性干预项目,这个项目成功延迟了参与其中的 11—14 岁中学生第一次使用药物及其他问题行为的时间。全明星项目寻求发展积极的榜样,鼓励遵循规范,发展个人抵抗力,增强青少年与社区的联系,并加强父母的沟通和监督。它通过使用小组活动,游戏和艺术项目,与参加活动的年轻人进行的单独会议,家长组队、毕业典礼来实现这些目标。全程干预持续 27 周,每周 2 次,每次 45 分钟。在正式进入该项目之前,工作人员需要参加为期 3 天的课程培训。该项目还开发了另外两个课程,可用于将干预项目延长至 3 年(Hansen & Dusenbury,2004;McNeal,Hansen,Harrington & Giles,2004)。

2. 促进选择性思维策略

促进选择性思维策略是针对小学生群体(K-6)开发的普遍预防性课程。它旨在提高学生的社会情感学习能力,包括自我控制、情绪理解、解决问题和积极自尊等能力。它通过在整个学年和整个小学期间教授具体的技能来实现这一目标。儿童要学会识别和标记情绪,建立和维持友谊,分享、遵守秩序和表现适当举止。脚本化的课堂项目平均每周讲两次,每次约 30 分钟。员工可以利用各个流程之间的教育时机强化学习效果。研究表明,该计划在减少行为问题和提高社交问题解决能力方面是有用的(Conduct Problems Prevention Research Group,1992;Greenberg,Kusche & Quamma,1995)。

3. 生活技能训练

生活技能训练是面向 K-12 青少年的普遍预防性课程。最初，项目旨在预防药物滥用。多年来，它一直不断更新以促进个人自我管理和一般社交技能的提升。这些技能包括增强自尊和适应性应对策略，建立友谊和提升交往能力，以及促使青少年在可能带来伤害的情境下坚持自我。与其他先前描述过的、基于证据的有效措施一样，这些技能的教授最好结合认知行为理论。该方法涉及信息的传递、角色扮演、反馈和强化，通过在教育环境内外反复进行练习获得技能（Botvin & Griffin，2003）。

(二)有希望的项目

四个专门设计的用来促进社会情感学习的各个方面发展的校外项目具有很强的发展潜力，但有待于进一步评估。

1. B. P. 学习型使命

第一个是 B. P. 学习型使命（Gullotta et al.，2009）。B. P. 学习型使命于 1859 年在新伦敦的红灯区成立，以"拯救"城市青年免受捕鲸港中的罪恶诱惑，如今已向 7—18 岁的低收入内城区青少年开放。该项目招收大约 65 万名年轻人，包括 40% 的非洲裔美国人、50% 的拉丁裔和 10% 的欧裔美国人。该项目的目标是，入学的青年将在不上课的时候定期参加该项目，出勤率超过 95%（星期一至星期五，包括学校假期和节假日）。近年来，随着顾问培训（CIT）夏令营的开放，越来越多的五年级毕业生进入高中阶段学习后依然参与其中。

使命项目的既定目的是改善参加活动的青少年的亲社会行为和提高学习成绩。该项目的理论基础建立在社会学习理论、皮亚杰的认知发展理论和加德纳的多元智能理论上。使命项目广泛使用各种有意的教学活动，如戏剧、体育、舞蹈、烹饪和手工来实现其目标。尽管不鼓励竞争，但还是要庆祝小组成功。工作人员全职工作，他们不仅要接受培训，还有望接受使命项目制定的亲社会课程。萨蒙基金会（Salmon Foundation）多年来拨款资助该项目的开发和评估。项目反映了社会情感学习的核心能力，即自我认知、自我管理、社会认知、负责任的决策和人际关系技能（CASEL，2013）。工作人员与儿童就读的学校紧密合作，而且每天与父母或监护人保持联系。

2008 年进行的一项小规模试点研究的结果表明，与在同一所学校就读的配对青年样本相比，参与使命项目的青年在阅读能力、工作习惯养成以及尊重他人方面显著提高（p<0.05）；其他三个变量（自我控制、合作和友善）与同类青年样本数据相比也提高了，但没有达到显著水平。

在 2010 年进行的另一项小规模试点研究中，通过与同一所学校的配对青年样本进行比较，我们发现他们在尊重他人和自我控制方面存在明显差异（p<0.05），而其他变量（合作和友善）未达到显著水平。第三项小型试点研究检查了学生 2012 年的学业测试成绩。参加该项目的年轻人的表现优于同班同学的平均学习水平、学校平均水平、区平均水平以及与新伦敦一起分

组的其他学区的平均水平，甚至在某些情况下，还超过州平均水平。在进行这项研究时，学区正在国家指派的专业人员的指导下，着手改善不太好看的学业成绩。

2. 拉丁美洲青年课后项目

拉丁美洲青年课后项目（Riggs，Bohnert，Guzman & Davidson，2010）不要求青年人每天参加，但设立该项目的目的是让青年人可以参与其中。该项目由主要服务于拉丁族裔的社区机构负责运作。这一校外项目全年运作，专业项目活动包括家庭作业帮助、体育活动、计算机操作和对自己文化的探索。该项目的明确目标是提高年轻人的技能和自我价值。训练有素的员工通过与年轻人有组织和非正式的互动提供文化项目。

初步研究的结果表明，那些经常参与该项目的年轻人对该项目的评价更高。出勤率、项目价值、自我价值的提升和对教育的积极感受之间存在显著的正相关关系。

3. 飞行章

飞行章项目起源于南卡罗来纳州的查尔斯顿，这里基础教育阶段的学生就读于位于社会经济地位低下社区的薄弱学校。该项目在父母的工作日从儿童上课开始，至下午 6 点结束。项目要求已入学的儿童定期参加，拒绝接受不能满足该要求的儿童。

项目课程围绕社会情感学习的五个核心能力，即自我认知、自我管理、社会认知、负责任的决策和人际关系技能（CASEL，2013）而展开。像 B. P. 学习型使命项目一样，该项目强调员工具备承担工作必要的技能的重要性，并以社会学习理论为基础设计课程。课程在一周内围绕六项活动进行组织。该项目的独特之处是开发了一个软件程序，可以跟踪年轻人随时间变化的社会情感学习发展情况。

试点研究的结果表明，参加飞行章项目的年轻人更有可能完成高中学业。报告数据表明，参加该项目的青年人在学术和社交方面的表现要优于没有参加该项目的同龄人（Abry，Brock & Rimm-Kaufman，2013）。

4. 后区

最后一个值得借鉴的项目是后区（After Zone）。后区是专为罗得岛州中学生（6—8 年级）开发的。此项目分为 3 个学期，每周 4 天，每次 2.5 小时，贯穿整个学年。其运营模式是为成员组织提供核心培训和支持，通过开展合适的活动以促进学生学业成果的改善。与本节讨论的其他项目不同，后区不直接提供实施项目。相反，它招募为这些年轻人提供服务的现有的姊妹机构，并致力于改善项目实施工作（Kauh，2011）。

后区的最初研究因无法评估参与项目的质量、无法确定小组采用的准实验和定性方法而受阻。尽管如此，作者报告的数据还是暗示了这种方式的价值。例如，对于那些定期参加该项目的学生，他们的入学率有所提高，而对于其中一部分年轻人，他们的数学成绩也有所提高。值得注意的是作者的明确声明，项目实施的忠诚度对于实现这些目标至关重要。评估研究的设计不能确定项目的忠诚度。就是说，评估人员对项目进行严格的自我检查，为改善其中存在的薄弱环节提供了机会（Kotloff & Korom-Djakovic，2010）。鉴于难以把握初中儿童学习兴趣的项目以及存在各种不同项目的现实，引导学生稳步增加入学率，提高学习成绩和发展社会情感能力的尝试值得额外关注。

(三)无效的项目

尽管对校外项目的研究还处于起步阶段，但某些不断出现的结果为实施校外项目要规避什么提供了指导。这些发现如下：不要雇用不合格的员工，不要执行人员流动率高的项目，不要创建儿童与员工关系消极的项目。此外，仅提供监督(保姆服务)，不需要定期出勤，并且不要求员工对课程负责任的社会情感学习校外项目，似乎是令人怀疑的。

四、结语

近年来，校外项目的数量已经显著增长。尽管在此过程中，使用了许多有效的基于实证的独立课程，但关于项目的基本结构却很少受到关注。要提高校外项目的质量，不仅需要充足的资金，而且还需要制定运营的核心标准。这些标准应包括基本条例，如员工资质、最低项目运行时间和课程。这是需要研究人员关注的最后一个领域。我和我的同事既没有寻求也没有提出一个"适合所有人"的课程。事实上，鉴于美国人口的多样性和复杂性日益增加，这种适合所有人的方法将失败。此外，研究人员需要借鉴学习、发展和多元智力理论框架来开发吸引不同年龄、性别和社会经济背景的年轻人的新框架。例如，一个项目如何吸引并维持7—12岁的市中心男青年的积极参与？此外，在此行动的呼吁声中，我并不建议研究人员开发新的项目，而是鼓励他们发现社区中现有的项目，并与这些处于评估阶段、可能需要改进和重塑的项目进行合作。对于社区心理学院或学校工作来说，我想不出还有比这更好的部门议程了。

五、参考文献

请扫描二维码获取原书参考文献。

第*18*章

面向青少年司法机构及人群的社会情感学习项目

帕特里克·H. 托兰、艾米莉·尼科尔斯、妮可·杜瓦尔

本章总结了到目前为止成效显著的将青少年司法和过失与社会情感学习结合起来的项目。将社会情感学习特有的概念与青少年违法犯罪联系起来是一个新的想法。然而，自青少年法庭成立以来，一个核心假设便是：大多数犯罪行为可以追溯到社会和情感功能方面的问题（Shaw & McKay，1942）。实际上，法律上的"过失"一词是为了将青少年犯罪与成人犯罪区别开来，区别的原因是，基于青少年还处在人格形成的发育期，大多数青少年犯罪是由于他们在社会情感能力发展方面受到干扰这一假设。因此，关注的重点应该是社会情感能力的发展问题，而不是作为成人故意行为的犯罪（Tolan & Titus，2009）。一个和谐且符合人性的方案是，社会情感能力的功能成为干预的重点，以预防或减少青少年犯罪行为，并且重新确定那些可能发展成为成人犯罪的轨道（Tolan，2002）。尽管已经认识到社会情感能力的发展因素有助于解释违法犯罪行为，许多针对犯罪行为的干预目标也是社会情感能力（的培养），本章是第一个明确将社会情感学习一词作为正式用语同青少年司法机构联系起来的文本。虽然人们已经认识到社会和情感能力方面的问题可以被用来理解和干预犯罪行为，但实际上，由于对法律程序的过分重视和对惩戒犯罪者的过分关注，这种认识被冲淡和掩盖了，且这种情况在过去30年中尤为突出（Elliott & Tolan，1999；Tolan & Titus，2009）。

当前，市面上既没有在社会情感学习的基础上针对青少年司法机构的大量研究，也没有将社会情感学习框架与青少年司法政策或事件有意义地嵌套起来的研究。取而代之的是，人们认为针对精神病理学或社会情感能力与行为的犯罪者的干预是必要的，而且更有用。其实，现今已有的项目通常包含在社会情感学习项目列表中，这些项目会对违法行为或其前身以及与之密切相关的结果（如侵略、暴力）产生影响。幸运的是，研究者对犯罪干预和干预项目进行了系统而合理的评估，为有效评估提供了坚实的证据。

在这种情况下，本章确定了实证支持的有效预防（普遍的、选择性的和有针对性的）和旨在影响青少年犯罪风险发展的支持项目。这些犯罪行为的前期表现常常会伴随一些侵略行为或者不遵守规范的行为。此外，本章还研究了在这些情况下社会情感学习的潜在价值（CASEL，2003）。我们总结了一些将违法行为与社会情感学习联系起来的相关项目，并且总结了一些运用社会情感能力明显减少违法犯罪行为和与违法犯罪密切相关的行为的项目。从社会情感学习实施过程的角度来审视以上两种类型的项目，我们觉得这是有意义的，并且会给我们带来一些反思。

一、识别基于实证的项目： 项目遴选标准

与其他领域一样，对使用中的干预项目的调查，甚至是对社会情感学习和犯罪行为有交集的项目的调查显示，只有一小部分足够合理且充满前景的评估研究可以纳入项目评估或元分析中（预防暴力蓝图咨询委员会，2011）。项目审查的一个重要原则是，为了使审查具有可信度，应对所有入选项目保持标准应用的一致性（Tolan，2013）。考虑到在已有的成果基础上进行建设，且即使是与之相关的项目也缺乏专业的评估，因此我们以青年健康发展蓝图为依据确定纳入本次研究范围的项目（研究和预防暴力中心，CSPV，2013）。这项经 20 年的研究得出的成果基于明确且具体的对项目设计和效果的标准的要求。这些标准用于对本手册中"有希望的项目"和"有效的项目"（示范项目）的区分。青少年健康发展蓝图对于"有希望的项目"的界定是基于一个随机对照试验或两个准试验的显著积极影响（而不是简单的预测作用）。要被视为示范项目，证据必须来自至少一个随机试验和一个单独的重复试验（可以是准实验性试验），并且在整个试验中均具有一致的结果。其中，至少有一个试验在干预结束后 12 个月显示出持续的效果。示范项目是指那些已准备好投放使用的；有希望的项目指的是具有有效证据但缺乏重复性或持续作用证明的项目。

(一)本研究中包含的项目

对于本章，我们仅考虑了青少年健康发展蓝图标准中的示范项目和有希望的项目，这些项目已证明对侵犯、暴力或犯罪行为有影响，选择处于危险境遇的被试青少年，是因为他们表现出有暴力、侵犯、犯罪行为或有被卷入少年司法处理的经历。我们使用学术、社会和情感学习合作共同体（2003）提供的对社会情感学习的定义来表征未明确使用社会情感学习框架的项目中的可能成分。如果项目的各要素和目标结果主要是让学生获得能够了解他们当下的感觉的能力，并且让他们能对自己的能力进行现实评估，且能做到有根据的真正自信，我们将以上的这种能力定义为"自我认知"。比如，如果项目能够①教会学生如何管理情绪以尽快完成手头任务，而不是让情绪干扰任务；或②学会勤奋努力并且提高延迟满足的能力，以此达成目标；或③面对挫折能保持恒心和毅力，我们就可以认为项目包含"自我管理"要素。标记为"社会认知"

的项目旨在让学生了解他人的感受，让他们能够接纳他人的观点，获得与各种群体进行积极互动的能力。如果项目结果和要素涉及有效处理各种关系技巧中的情感，建立和维持健康且有益的关系，抵制不适当的社会压力，协商解决冲突的方式以及寻求帮助，那么我们将其标记为"人际关系技能"。标记为"负责任的决策"的成分和结果是针对青少年的决策能力的，具体指他们能通过对相关因素和替代行动方案的可能后果的充分考虑来做出决定，能够尊重他人，能够对自己的决定承担责任。

(二)本研究的组织

我们对项目的评估组织分为三类：有效的项目(青少年健康发展蓝图示范项目)、有希望的项目(青少年健康发展蓝图中有希望的项目)和无效的项目(听起来有理有据但是实际无效或者效果甚微的项目)。在每个类别中，我们再做如下区分：①只包含社会情感学习相关成分的专门项目；②包含一个或多个社会情感学习成分的多要素项目；③不包含特定社会情感学习成分，但包含与理论相关的能力的交叉重叠项目；④不包含社会情感学习成分但导致社会情感技能发展的项目。

(三)项目概览

表 18-1 总结了纳入青少年健康发展蓝图示范和有希望的项目。对于每个项目，我们都列出了其中包含的以及在实施后测量的社会情感学习元素。我们还标注了参与者的年龄范围和风险等级、项目针对的过失行为及对这些行为的影响。从表 18-1 中可以看出，有针对 13—18 岁的青少年的项目，有针对 9—12 岁处在青春期前的青少年的项目，还有针对 7—12 岁的儿童的项目。大多数针对青春期前儿童的项目都是基于技能的手册化项目，而针对处在青春期的青少年的项目则侧重于发展与同龄人、家庭成员和学校工作人员的关系。但是没有一个项目是面向少年司法机构的。其实，儿童和未成年人群体是普遍的(针对整个人口)、选择性的(包含潜在风险群体)和有指向型的(青少年会显示出有犯罪倾向的早期迹象)的混合群体。对青少年的大多数干预项目是家庭干预，如家庭疗法，并对卷入司法系统的青少年进行选择性或针对性的预防干预。按照常理，在青春期之前是不让青少年接触司法系统的，因此，司法系统关注的焦点与青少年包容性之间存在对应关系也就不足为奇了。蓝图示范项目中只有 3 个是针对卷入少年司法系统的青少年设计的，9 个项目是为有犯罪行为风险或已经涉嫌犯罪的青少年设计的，而其余 10 个作为普通项目实施(归类有交叉)。

(四)各项目中的社会情感学习相关要素

被评估的项目反映到依据学术、社会和情感学习合作共同体提出的社会情感学习的框架的程度不同。原因是大多数项目都是在社会情感学习框架和基本技能被命名之前开发、实施和评估的。实际上，本评价中包括的许多项目都涵盖了该框架基础的部分内容，如促进选择性思维策略(Kam，Greenberg & Kusche，2004)。当反映到社会情感学习框架时，我们发现这些项目通常针对1—2个社会情感学习结果或过程。最常见的社会情感能力的重点是促进人际关系技能的发展。有9个项目强调负责任的决策，而在另外8个不同的项目中分别包含了自我管理和社会认知培训；其中5个项目的组成部分强调增强自我认知，4个项目强调要获得多种社会情感能力，如生活技能训练包括改善人际关系技能以及提高社交和自我认知能力（Botvin，Griffin & Nichols，2006)数据尊重原著。12个项目报告了社会情感学习相关指标的显著改善情况。研究发现，在大多数情况下，如果人际关系技能受到影响，社会认知也会受到影响。列表中只有2个项目对社会情感学习包含的其他技能(决策制定、自我管理或自我认知)有显著影响。

表 18-1　蓝图示范和有希望的项目与社会情感学习内涵与结果

项目名称	年龄段	风险等级	司法相关结果	社会情感学习过程					社会情感学习结果				
				自我管理	自我认知	负责任的决策	人际关系技能	社会认知	自我管理	自我认知	负责任的决策	人际关系技能	社会认知
美国大哥哥大姐姐	6—18岁	部分可能受到伤害	针对吸毒和攻击性行为						×			×	
功能性家庭疗法	11—18岁	早期干预	累犯			×	×					×	×
生活技能训练	13—17岁	所有人群	攻击、打架及青少年犯罪行为	×		×	×	×					
多维治疗寄养服务	13—17岁	部分可能受到伤害	反社会行为、品行障碍、逮捕或拘禁				×					×	
促进选择性思维策略	6—12岁	所有人群	攻击性	×	×	×	×	×	×	×	×	×	×
不可思议的年份	2—10岁	部分可能受到伤害		×	×		×				×	×	×
行为监管及强化课程	7—9年级	部分可能受到伤害					×	×					
家庭和学校在一起	幼儿园大班至六年级	部分可能受到伤害	攻击行为	×	×		×		×	×		×	
良好行为游戏	幼儿园大班至一年级	所有人群	同伴和教师攻击行为报告	×								×	
指导良好选择	9—14岁	所有人群	青少年犯罪			×	×				×		
自我解决问题	学前班至幼儿园大班	所有人群				×		×	×		×		
佩里学前教育	4—5岁	部分可能受到伤害	青少年犯罪及违法行为						×	×		×	
西雅图社会发展	1—6年级	所有人群，有风险	过失行为、攻击行为				×	×				×	

续表

项目名称	年龄段	风险指数	司法相关结果	社会情感学习过程					社会情感学习结果				
				自我管理	自我认知	负责任的决策	人际关系技能	社会认知	自我管理	自我认知	负责任的决策	人际关系技能	社会认知
养育健康儿童	1—2 年级	所有人群	酗酒行为				×	×				×	×
尊重他人的步骤	3—5 年级	所有人群	虐待行为		×		×	×			×	×	
增强家庭功能	6—12 岁	所有人群	青少年犯罪及攻击行为	×	×	×	×	×				×	
联系家庭和教师的兴趣	6—12 岁	所有人群	攻击行为	×		×	×	×				×	

注：该表并未将蓝图示范项目和有希望的项目分开。

二、有效的项目

(一)专门的社会情感学习项目

促进选择性思维策略是蓝图示范项目中的典型案例。该项目的设计思路与社会情感学习框架相对应。它的课程包括社会情感学习的所有五个组成部分：自我认知、自我管理、社会认知、负责任的决策、人际关系技能。该项目的目的是培养学龄前儿童的社会情感能力，减少他们现今以及今后成长过程中的违法或攻击性行为(Domitrovich，Cortes & Greenberg，2007)。促进选择性思维策略是一个不寻常的项目，甚至可以说是一个开创性的项目。因为该项目系统地糅合了零散的技能以达到期望的总体效果。促进选择性思维策略课程包括教儿童认识自己情绪的情感单元、自我控制单元、教儿童的行为如何影响其他人的社会认知培养单元、负责任的决策课程、人际关系技能单元(行为问题预防研究小组，1999；Domitrovich et al.，2007；Kam et al.，2004)。

参与促进选择性思维策略项目的儿童比未接受项目的儿童表现出更强的自我控制力，对自己的情绪有更好的理解，有更好的人际关系技能，尤其是在非对抗性冲突解决方面。此外，在与他人相处的过程中，他们认识他人的能力更强(Domitrovich et al.，2007；Kam et al.，2004)。与未接受促进选择性思维策略项目的儿童相比，参与该项目的儿童的攻击行为减少，并且内部化和外部化行为的增长率也有所减少(行为问题预防研究小组，1999；Kam et al.，2004)。参加该项目不仅可以提高学龄前儿童的社会情感能力，还可以降低产生攻击性行为的风险，从而间接降低以后犯罪的风险。也有研究结果显示(至少作为综合措施的一部分，如家庭和学校在一起项目就是将该项目引入家庭中再配合其他干预)，高风险的品行障碍青年出现较少的犯罪行为(行为问题预防研究小组，2011)。

(二)多要素项目中的社会情感学习内容

许多蓝图示范项目直接将社会情感学习内容作为多要素项目的一个方面，并结合其他方面，如家庭功能、教养方式或提高学术能力等来开展干预。不可思议的年份项目就是一项专为有风险或有行为问题的学龄前和小学阶段的儿童设计的项目。该项目结合了社会情感学习内容与其他与家庭和学校有关的理论内容。不可思议的年份项目会提供以儿童为中心的培训，包括自我管理(特别是使用自我交谈让自己平静)、解决问题、社交技巧和应对挑衅的课程，以及学习分辨其他儿童的感受的课程(Webster-Stratton，Reid & Hammond，2004)。此外，该项目还提供针对父母的培训，以父母的育儿技能为目标，比如，如何与儿童玩耍，帮助儿童学习，以及有效地设置限制。该项目还包括旨在提高父母之间有效的人际交往能力的内容，如沟通能力、情绪管理和解决问题的能力。提高学业表现是通过以家长和教师为中心的项目元素实现的。在以家长为中心的要素中，重点是通过建立可预测的家庭作业例程并与教师建立合作关系来鼓励父母参与学校事务。以教师为中心的系列课程促进了有效的课堂管理，其中包括有效利用教师的注意力，表扬和鼓励，对困难行为问题的激励措施，积极的教学策略，以及与学生建立积极的关系。

(三)交叉重叠的社会情感学习项目

特别为被司法部门管束过的年轻人设计的 3 个蓝图示范项目包含非社会情感学习特定内容和干预目标。这些项目显示出强大的效果和可观的成本-效益(Aos，Lieb，Mayfield，Miller & Pennucci，2004)。多系统治疗、功能性家庭疗法(FFT)和多维治疗寄养服务(MTFC)都是针对有过寄养经历且被少年司法系统教育过的青少年的，他们每人都接受过不同程度的司法干预(Tolan & Titus，2009)。每个项目都将重点放在了家庭实施的过程上，这是降低这些青少年犯罪风险的关键。尽管每种干预都可以视为能潜在地提高自我认知和关系技能，并可能通过家庭互动的变化而促进自我管理和负责任的决策，但是没有一种可以轻易地被描述为社会情感学习项目。每种干预都包含部分的社会情感能力的提升，效果尤其明显的是在家庭会议和家庭互动的过程中，但这些表现通常被认为是沟通和家庭管理能力的转变，而不是儿童本身的变化。但是，每个项目都显示出对儿童社会情感能力或同义概念的能力的影响。这些社会情感能力与问题行为的减少相关联，尽管显现出来的联系很微弱，但是确实反映了社会情感学习与青少年日后犯罪的可能性之间的预测关系(Tolan & Titus，2009)。

多系统治疗是一种针对 12—17 岁青少年犯罪者的集中性综合治疗方法。这些青少年犯罪者极有可能无家可归，并且经常进出少管所。这种治疗针对暴力和重犯(青少年)的生活环境(家庭、学校和社区)，以减少反社会行为(Henggeler，Mihalic，Rone，Thomas & Timmons-Mitchell，1998)。这个项目设计了几种策略来改变儿童的家庭管理，间接改变家庭与其他系统(如学校、同伴和少年司法系统)之间的关系。多系统治疗包含的动力和影响力向更体贴、更恰当、更偏向自我控制行为的方向转变，与社会情感能力(强调的理念)有相似之处。尽管没有直接的证据表明干预是通过社会情感学习进行的，但因为对干预过程的描述与社会情感学习框架有些重叠，所以很可能会通过实施各种干预来促进社会情感能力的发展。

　　功能性家庭疗法是一项短期(8—30 小时的会议)干预项目，针对的是一系列有问题的年轻人，包括那些有违法风险的人、表现出品行障碍和存在多次犯罪行为的青少年(Alexander et al.，1998)。功能性家庭疗法的目标是减少诸如行为问题、抑郁绝望的情绪和父母不恰当的教育方式等，并加强家庭同盟、支持性沟通和积极养育等类似的保护性因素。这个项目通过三个不同的阶段来完成：①青少年和家庭成员的参与和动机激发；②行为改变；③使学习到的技能普遍化。教授功能性家庭疗法的过程和社会情感能力的培养过程存在重叠，特别是诸如沟通和冲突解决之类的关系技能的培养。本项目试验评估的指标包括家庭功能的改善，参与积极的养育和沟通，累犯的减少以及家庭外安置(Alexander et al.，1998)。目前尚未通过实验证明青少年关系技能的改善对降低违法犯罪风险的作用，究其原因是在项目活动实施过程中，缺失对多元变革策略这一中介作用的分析，从而产生局限性(MacKinnon，Fairchild & Fritz，2007)。

　　多维治疗寄养服务是针对青少年的强化服务，可替代机构、住宿和团体护理场所(Chamberlain & Reid，1997)。由于有不良行为和攻击性，被收养的儿童集中在以上安置点也存在一定的风险。在干预下，儿童与经过特殊训练的寄养父母生活在一起，6—9 个月的干预期间，这些"父母"将接受结构化、个别化治疗计划。该项目遵循行为父母培训方法，并结合额外的个案工作和对家庭的支持。因此，除了接受个人和家庭治疗外，每个儿童都将受到临床病例管理者的监督。与多系统疗法和功能性家庭疗法一样，这是一项复杂的工作，并且每一个社会情感学习的特征都强调家庭过程。该项目对儿童的影响被认为是家庭育儿习惯改变和这些改变影响其他环境的结果。显然，儿童的自我控制能力也是该方法的结果，并且关系技巧和自我认知可能是结果的中介变量。评估表明，该干预可减少逮捕、拘禁和问题行为的发生(Chamberlain & Reid，1997)。但是，到目前为止，评估还没有测试与社会情感学习框架相对应的过程的实施效果。

　　鉴于这三个项目的预期重点着实为面临风险并涉嫌犯罪的青少年带来了实际的好处，一个重要的问题就出现了：青少年一旦决定开始参与到项目中来，以社会情感学习为重点的做法是否可以很好地减少那些处于高风险青少年的犯罪行为，或者是否可以通过投入社会情感学习发展过程来引发项目对家庭的影响和对与别人建立关系的效果？如果家庭干预策略是通过改变家庭沟通方式、一致性方向、父母教育质量，以及改善问题的组织来表征其效果，那么，这些变化可能会为改善社会情感学习创造条件。从本质上说，至少对于进过少管所的那些青少年而言，输入途径可能不是以社会情感学习为切入点，而是以引起和支持问题行为的条件的相关因素为切入点，如较差的家庭功能。找出这些事物之间的联系似乎是进行更多研究的关键。此外，可能有必要了解如何通过家庭干预行为对社会情感学习的直接影响来增强这些方法取得的效果。这些方法是否有效，这种增强是否可以改善结果？由于没有社会情感学习特定的家庭干预，创建和检查此类干预可能对了解社会情感学习在鼓励青少年司法环境和人群中健康发展方面很重要。这似乎是进一步研究的关键所在。

　　美国大哥哥大姐姐项目展示了另一种类型的与社会情感学习理论重叠的项目（Grossman & Tierney，1998）。导师指导作为一种相对典型的、无组织的亲密指导方式，已被证实是一种能有效降低青少年犯罪率的方法（Tolan，Henry，Schoeny，Lovegrove & Nichols，2015）。在这种情况下，很难确定社会情感学习过程是否在起作用，因为许多干预没有一个详细的论述，并且很少有研究来正式测试指导过程中的不同特征如何作为中介影响重要的发展过程和行为结果（Mac Kinnon et al.，2007；Tolan et al.，2015）。需要特别指出的是，目前亟须通过理论效果（如社会情感学习促进）的框架来描绘过程，以阐明指导为何以及如何获得何种益处。社会情感学习过程很可能是通过成人的兴趣、陪伴和非正式的咨询产生的，这样做可以解释犯罪预防和其他好处。诸如指导的努力可能表明，可以通过非正式干预间接或偶然地促进青少年社会情感学习的发展。连同对包含额外要素的〔例如，中西部预防项目（MPP）中的要素〕干预的研究一起，这些工作可能会加深我们对社会情感学习在减少犯罪方面的作用的了解。

　　正如这些例子所示，在一些社会情感学习交叉项目中，项目的交叉是通过对其他影响因素系统中的风险和保护过程进行泛化来实现的。在某种程度上，它与个体子系统的社会情感学习效果或更大系统的社会情感学习过程一致。在其他情况下，干预（如指导）尚未在社会情感学习框架下进行概念化或实证分析，但似乎有可能促进社会情感学习框架内的技能提升。当然，开展研究以阐明社会情感学习的过程或技能对家庭、同龄人、学校和邻里层面的影响，以及基于社会情感学习框架进行审查和重新编码（如果可能的话）的努力，将有助于这种理解（Catalano et al.，2003）。

　　还有其他一些举措确定了额外的资源，并强调持续支持亲社会参与和规范的价值。这些规范削弱了犯罪和相关行为（Pentz，Mihalic & Grotpeter，1998）。这些项目提出了一个问题，即如何在实施过程中，以社会情感学习元素多管齐下来更高效地改善违法和犯罪行为。例如，中西部预防项目（Pentz et al.，1998）采用了一套协调良好的社区战略体系，包括大众传媒节目制作、社区组织和培训，以及地方政策举措，以推动反对使用毒品并鼓励通过使用社交技巧来降低同伴压力带来的风险的发展。将社会情感学习组件嵌入直接利用社区资源的项目中，可能会激发其他项目产生更大的潜力。当然，审查社会情感学习流程是否影响了中西部预防项目的技能培训或规范将非常有价值。一般而言，项目设计及其在某些内容上的相似性，以及对社会情感学习的关注表明：作为基于社会情感学习的活动，想要更好地理解青少年犯罪以及预防问题，应该考虑能够促进或加强社会情感学习的不同系统进程，以及（或者）嵌入其他形式的干预会如何决定社会情感学习的培训效果。

（四）包含社会情感学习结果的项目

　　在先前描述的示例项目中，犯罪、侵犯或暴力行为得到了大大的改善。许多项目还通过实证证明了对社会情感能力发展的影响，并论证了社会情感学习项目的有效性。例如，自我监控是促进选择性思维策略项目中的重点内容（Kam et al.，2004）。虽然青年人的自我认知对解决青少年的犯罪行为是有效的，但美国大哥哥大姐姐项目并没有把它作为重点（Turner & Scherman，1996）。同样，对促进选择性思维策略的评估表明，通过实施促进选择性思维策略项目，被试者的自我认知有所增强（Kam et al.，2004）。不可思议的年份项目下的参与者都在负责任的决策方面有所提高。除生活技能训练项目外，所有其他项目都会影响人际关系技能和社会认知。

由于在前面的部分已对这些影响中的大多数进行了详细讨论，因此我们仅关注一个项目来具体描述其对社会情感学习发展的影响过程。不可思议的年份项目可以提高父母解决问题的能力，并提高父母的热情和父母与儿童之间的积极互动的频率（根据实测结果）。此外，儿童的亲社会行为得到改善，在家庭和学校中的行为问题有所减少（Webster-Stratton et al.，2004）。这背后暗含的效果促进了父母行为管理的改善，还增加了儿童提高社会情感能力的机会。这些转变最终降低了问题行为的数量，如本例以及大量影响社会情感能力的项目所示，测量和评价影响社会情感能力的中介过程的途径，以及评估这一途径如何与问题行为、攻击性行为减少，从而犯罪率降低等成果相联系，具有很大的价值。

三、有希望的项目

青少年健康发展蓝图组织已经确定了许多（约 40 个）满足指定标准的项目，其中一个子集表明了犯罪率的显著降低，以及项目对有犯罪风险的人群的社会情感能力相关结果产生了影响。所有这些项目在表 18-1 中列出，我们选择了一些作为示例项目进行描述。

（一）专门的社会情感学习项目

西雅图社会发展项目及其衍生项目——抚养健康儿童和进行良好行为游戏是这些项目的代表。这些项目专注于社会情感学习的一两个特定内容。进行良好行为游戏是一项小学生犯罪的校本预防项目，专注于社会情感学习的自我调节方面。具体来说，该项目使用小组应急策略来帮助儿童发展自我控制技能，以减少攻击性行为并改善学校学习。在对结果进行重新评估以及在整个小学和高中的随访评估中，参加良好行为游戏的儿童出现攻击行为的可能性较小，显示出攻击性行为和不良行为的增长速度比未参加该项目的儿童要慢。与没有参加良好行为游戏项目的儿童相比，他们还显示出较低的反社会人格比率（Kellam et al.，2008）。反社会人格是一种与犯罪活动非常相关的精神病学诊断，因此表明该游戏以及通过参与该游戏获得的自我控制可能会减少以后的犯罪参与率。

西雅图社会发展项目或抚养健康儿童项目的重点是培养正确的社会情感学习的社会认知和建立良好关系的技巧。这两个项目都包含小学适龄儿童在学校中的预防计划，旨在通过早期对风险进行修正来减少犯罪行为、酒精和毒品的使用可能。这些项目将教师培训、父母教育和儿童社交技能培训结合起来（O'Donnell，Hawkins，Catalano，Abbott & Day，1995）。具体而言，西雅图社会发展项目或抚养健康儿童项目的重点是向儿童讲授与他人进行适当互动的技巧，其中包括人际关系技巧、社会认知、冲突谈判与解决，以及拒绝技巧的课程（Catalano et al.，2003；O'Donnell et al.，1995）。参与该项目不仅会导致更多的亲社会行为，而且会减少犯罪行为。例如，与对照组相比，参加了西雅图社会发展项目或抚养健康儿童项目的那些儿童表现出家庭沟通次数的增加和对家庭的依恋，与同龄人的合作加强以及理解他人的能力增强（Catalano et al.，2003；Hawkins et al.，1992）。与没有参加该项目的人（Brown，Catalano，Fleming，Haggerty & Abbott，2005）相比，参加者还表现出更少的外部化、攻击性和自残行为，并且饮酒和大麻的使用频率下降幅度更大（Gerty & Abbott，2005）。值得注意的是，良好行为游戏项目和西雅图社会发展项目或抚养健康儿童项目针对的是不同的社会情感能力，但都显示出与少年司法制度相关的长期影响。这可能表明，社会情感学习的多个方面可以帮助减少青少年犯罪参与的可能性。

（二）多要素项目中的社会情感学习内容

家庭和学校在一起是一项很有前途的多要素项目。该项目的干预范围从小学到高中，对患有早发行为问题的儿童进行深度干预。但是遗憾的是，对干预效果的评估只进行到了六年级（行为问题预防研究小组，2004）。项目的组成部分，特别是与目标社会情感学习元素相关的内容被教授给儿童，这些元素包括自我控制、情绪理解和沟通、与朋友和父母的关系以及负责任的决策方面的课程（行为问题预防研究小组，1999、2004）。在某种程度上，这是因为家庭和学校在一起项目融入了促进选择性思维策略项目。与促进选择性思维策略一样，家庭和学校在一起项目旨在通过教学生如何识别问题、对这些问题给出反应、评估这些反应的方式来提高他们的决策能力。除了直接解决社会情感学习问题外，该项目还包含了其他成分，以增强效果。首先，提供父母培训，以帮助他们提高儿童的学习成绩，加强父母与学校的沟通，以及控制愤怒和使用有效纪律。其次，上门拜访，针对的是父母效能、赋权、解决问题的能力和育儿技能。最后，家庭和学校在一起项目每周提供三次学术辅导，以提高儿童的阅读能力。这种针对高危青少年的选择性干预表明，社会情感学习元素（与家庭关系和技能培训一起使用时）可能有助于减少患有严重早发行为问题的青少年的数量和减少青少年发生过失行为的可能性。

（三）交叉重叠的社会情感学习项目

虽然一些有希望的项目的元素、重点与学术、社会和情感学习合作共同体概念化的社会情感学习清晰对应，但也存在其他一些项目更适宜被理解为触及与社会情感学习相似但不相同的功能或发展领域。如前所述，在许多情况下，这可能表示项目开发人员对工作流程的概念不同，而在其他情况下，可能是概念化要早于社会情感学习项目的正式阐述。例如，佩里学前教育项目强调将自我控制视为该项目可以提升的儿童能力之一，但它似乎没有技能培养或培训的导向。如果人们看到这样的项目在行动中，那么，很难估计这样的项目在多长时间内被评估为具有社会情感学习的活动，以及有多少似乎具有社会情感学习目标但没有此类活动。

(四)社会情感学习结果

青少年健康发展蓝图项目中包含的所有有希望的项目都证明了通过干预可以培养健康的人际关系技能，尽管并非所有项目都同时包含社会情感能力和问题行为。已发现家庭和学校在一起项目可以有效提高社会情感学习相关技能，减少问题行为。参加家庭和学校在一起项目可以提高青少年的自我管理能力，特别是可以改善情绪应对方式，改善情绪识别能力，改善人际关系技能，特别是可以更好地解决社会问题和促进更积极的同伴互动（行为预防研究小组，1999、2004）。参与家庭和学校在一起项目还与减少学校的侵略性、破坏性和对立行为有关。

与示范项目一样，青少年健康发展蓝图中的一些有希望的项目也强调社会情感学习的影响。这不是由于对儿童的社会情感能力的培训产生的，而是通过影响儿童的发展系统而产生的。其他项目似乎并不打算通过这些系统对儿童施加直接影响，而是要创造一种发展环境，在这种环境中，社会情感能力受到影响并且可以蓬勃发展。例如，尊重他人的步骤项目侧重于学校的组织活动以减少欺凌行为（Frey et al.，2005）。作为重点的一部分，尽管这些不是项目的直接重点，并且该项目并未对这些社会情感学习过程产生专门影响，但它们更注重自我控制、社会认知和负责任的决策。规则的设计、规范的推广，以及个人责任感这些技巧将使这些技能在运用时更加灵活，更有价值，更实用。同样，联系家庭和教师的兴趣项目（LIFT；Reid，Eddy，Fetrow & Stoolmiller，1999），强调家庭与学校之间的沟通和家长教师的合作，可以强化行为上的积极性和非侵略性的问题解决能力。人们还认为，这种改进的沟通和多系统行为管理方法可以增加使用社会情感能力的机会，这是学校家庭关系变化和由此产生的环境的产物。

这些干预间接设定目标，而不是提高特定技能，这为进一步考虑青少年司法机构的建设与社会情感学习的结合提出了一个重要问题。就是说，有多少社会情感学习项目是作为一种技能让孩子们将其作为习惯带到其他环境中去的，以及有多少是通过支持技能的环境产生影响的，这些是一个转移与差别效用的问题，因为在这个过程中，社会情感能力被认为对犯罪和相关行为有影响。它不仅适用于少年司法的人和环境，而且这一重点突出了研究的价值，阐明了在个体和环境层面上的应用过程（Tseng & Seidman，2007）。

四、无效的项目

有一长串以社会情感学习为导向和目标的项目没有足够的质量或足够程度的评估来对其效果进行判断。但开发者们在论证实施效果方面付出了巨大努力，论证结果有的被认为是积极的，有些则有不同的结果，有些则没有明显的效果，有些则暗示了负面的效果。由于没有足够证据来确定这些项目在各种类别中所处的位置，因此，此处不进行统一评论。旨在防止犯罪并在少年司法系统中进行干预的两项项目的目的是与社会情感学习相关的，并已显示出负面影响（与犯罪风险增加有关）。

恐吓从善项目的目的在于，通过使青少年实地到监狱中去，同囚犯面对面接触，并且体验监狱生活，从而使处于危险中的青少年了解犯罪行为会给他们的生活带来的负面影响。囚犯向青少年讲述监狱生活的不良影响，夸大监狱恐怖故事，以劝阻青少年不要有犯罪行为。此外，囚犯还谈论了最终导致他们入狱的糟糕行为（Buckner & Chesney-Lind，1983；Klenowski，Bell & Dodson，2010）。这种项目通常强调对抗，以震撼青少年的心灵，使他们增强自我认知，使他们摆脱犯罪想法。恐吓从善的实验表明，项目会增加随后被捕的可能性。值得注意的是，参与者确实表现出更高的自我认知（Buckner & Chesney-Lind，1983；Klenowski et al.，2010）。与其他社会情感学习项目相比，恐吓从善项目是否采用了对社会情感能力的不恰当理解（例如，对抗），还是技能变化与结果的关系是与其他社会情感学习项目不同的，这一点尚不清楚。但是，负面行为产生的坏影响复制性极强，并且很可能导致连锁反应。

禁毒教育（D. A. R. E）项目于1983年在洛杉矶成立，现已成为减少毒品使用和暴力行为的全国性学校模式。项目最初因对评估的反应（对某些人群存在负面影响）而被修改（Ringwait et al.，1994）。修改内容包括关注暴力预防和涵盖更多技能实践，以及在其他有效项目中被认为重要的要素（Sloboda et al.，2009）。值得注意的是，这些更改使项目符合社会情感学习原则。禁毒教育核心课程有17节，通常每周一次，为中学生提供时长为45—60分钟的课程，侧重于教授青少年吸毒的不良影响，以及认识和抵抗使用毒品或暴力的社会压力所需的技能。课程由训练有素的警务人员在学校的教室里展开。课程强调自尊、决策和人际沟通技巧，所有这些都是社会情感能力。精心设计和对照的研究表明，特别是对于中上层或中上层郊区的年轻人而言，项目对于毒品使用或使用意图有一贯的微弱的负向影响，对非西班牙裔白人学生的影响更大。艾纳特（Ennett）等人（1994）进行的元分析评估了禁毒教育，发现它对药物的使用没有显著影响，可以忽略不计（作用量仅为0.06）。然而，有趣的是，艾纳特（Ennett）及同事的元分析表明，参与项目的效果与社交技能的提高显著相关（d=0.19）。最近对禁毒教育（经过修订，纳入了更多的社会情感学习成分）进行的随机评估（Sloboda et al.，2009）发现，与对照组相比，参加的学生暴饮暴食和其他问题行为后果的发生率更高，没有发现对社会情感能力或密切相关的结果的显著影响。

尽管禁毒教育与社会情感学习蕴含的理念较为契合，而恐吓从善项目不太契合，但两者都有至少对一些个体造成负面影响的充分评估证据。考虑如何有效地传播和培训社会情感学习的原则以及负向影响如何发生似乎是重要的。关于每个项目及其带来的结果的原因，已经进行了无数的讨论。但是，对其中中介过程进行的讨论却很少。因此，目前尚不清楚这些项目导致的问题与社会情感学习理念之间的关系究竟如何。了解这些特征如何正面或负面地产生影响，是另一个重要的研究领域。

五、面向青少年司法机构的社会情感学习项目的未来走向

如前所述，对于被少年司法机构教育过的青年来说，不存在概念化的社会情感学习方法。这意味着目前还没有基于实证支持的专门为促进青少年司法机构发展的社会情感学习的干预，也没有参加社会情感能力的项目就一定可以减少违法可能性的结论。我们在这篇综述中提供的是与社会情感学习和犯罪行为相关的预防领域的当前状态的描述，这可能会为这一框架的某些方面和未来的研究提供建议。

通过将社会情感学习框架应用于一系列具有足够证据以提供实证支持的项目中，我们能够确定社会情感学习的组成部分，并展示出预防犯罪的积极作用的已有工作。我们还确定了影响社会情感学习过程，但未将其作为干预目标的项目。在某些情况下，如多系统治疗、功能性家庭疗法和多维家庭治疗，这些项目作为少年司法系统干预的一部分，特别是作为转移项目可以提供实证支持。同样，一些专注于社会情感能力的项目也会对攻击性、行为问题、暴力或犯罪行为产生影响。着重于与社会情感学习相对应或理论上与社会情感学习有良好联系的项目的研究，已证明它们是有效的。因此，这种模式表明，基于社会情感学习方面的努力对于防止犯罪是重要的。与其他方法相比，社会情感学习项目干预的效用，或者在其他系统中发现的那些影响是否会在青少年司法环境中发生，尚不确定。但是，可以说，以社会情感学习为重点的项目在减少犯罪或其他侵害（如侵略）方面已显示出重要而有希望的效果。

关于社会情感学习对少年司法系统相关人员的价值，项目开展的哪些方面至关重要，以及如何促进实施的论述，都必须被充分地评估才可以作为初步的推论依据。例如，需要制定一种具体的表述，来描述关于社会情感能力如何与犯罪风险（或防范此类风险）相关，以及社会情感能力如何影响被少年司法系统干预过的青少年。还需要方案来评估测量社会情感学习过程的现有项目（作为行为影响的中介结果和长期功能的近期结果）。社会情感学习也可能会被建议与有效预防犯罪的其他项目结合。此外，需要考虑并深化社会情感学习过程如何在家庭和在教室中发生，同时还要解释当前社会情感项目开展的效果，并设计其他可能有价值的工作。进一步的研究将有助于加深对提高社会情感能力的以行为和环境为中心的干预的理解，以及发现与直接培训此类技能的方法有何相似或不同（例如，旨在影响学校社会情感学习氛围和道德规范的项目，使用教室培训学生特定技能的项目）。出于这些考虑，可以设计或修改项目以通过影响这些社会情感学习的过程来产生更大的效果，从而可以更自信地评估社会情感学习项目对于降低违法行为和违法风险是否重要。同样，这样的框架可能会允许这些项目澄清哪些社会情感能力很重要或具有优势。

此外，我们对项目的审查表明，在青少年司法机构中或那些面临犯罪风险的青少年群体中，某些社会情感学习理念被考虑得相对较少。这并不意味着不存在这样的项目，只是它们没有被评估出具有足够说服人的潜在好处来证明实施可能取得的效果。例如，与司法系统相关的

青少年很少被教授与自我管理、自我认知有关的特定技能。这些技能在青年被监禁之前、之中和之后可能至关重要，因为有充分证据证明，冲动可以成为不良行为的中介（White et al.，1994），而诸如自我管理和自我认知等技能的增强可以帮助青少年更好地管理冲动的行为和反应、负责任的决策技巧。正如在指导良好选择项目中教过的，如果向处于少年司法系统风险中或参与少年司法系统的青少年讲授这些内容，很可能会给他们带来很多好处。

以少年司法机构作为依托去提高社会情感能力的过程中遇到的问题有，在少年司法机构中，青少年对社会情感学习的兴趣有限。社会情感能力方面的问题在强调确立刑事责任和相关的惩罚倾向的背景下，已经变得不那么重要。确立刑事责任和以惩罚为导向的背景，几乎掩盖了发展中的问题、早期易感性问题、参与犯罪的利害关系。这一关系对少年司法的形成至关重要（Tolan & Titus，2009）。此外，社会情感学习在概念化和应用方面主要关注教育环境。因此，对于少年司法环境，政策和实践，以及在该系统中的青少年的相关特征，没有显示出关于实施社会情感学习项目的任何实质性考虑。

将社会情感学习纳入青少年司法系统可能并不是更好的目标，这不是因为强调社会情感学习是无效的，而是因为少年司法系统不适合充分重视此类项目。如果在这样的机构中开展活动，这些项目可能不会像社区所致力于改善的那些部分一样有效（Tolan & Titus，2009）。也许，正如此处确定的项目所强调的那样，研究者应该将目标放在如何把社会情感学习当作学校和其他典型发展环境中的保护性和预防性焦点，减少青少年进入少年司法机构的人数上。

六、参考文献

请扫描二维码获取原书参考文献。

第三部分 评估篇

| 模块内容 |

第 19 章
教育环境中的社会情感学习评估

苏珊·A. 德纳姆

由于与儿童的学业准备、学业成功、学校适应、社会关系、个人幸福和心理健康、最终的工作表现、面对压力时的总体适应能力等方面的概念和经验相关联，儿童的社会情感学习已经成为一项重要的话题(Brackett，Rivers & Salovey，2011；Raver & Knitzer，2002)。本章主要评估让儿童能够在其成长的一个重要环境——学校中取得成功的社会情感学习的各个维度。在社会情感学习带来的众多益处中，我重点强调社会情感学习在支持儿童的学校适应和学术认知及成功方面的途径，并评估社会情感能力最有效的方法。

正如津斯等人(2007)所指出的："学校是社会场所，学习是一个社会化过程。"学生们一边学习知识，一边和老师及同龄人合作，他们必须运用情感去促进学习。具备社会情感能力的儿童在教室里的参与度更高，对学校的态度也更加积极，更容易被同班同学接纳，而且会得到老师更多的指导和积极的反馈。没有社会情感能力，幼儿更可能不喜欢学校，学业表现也差，以至于留级和辍学(Raver & Knitzer，2002)。

鉴于这些重要的结果，本章的重点是关于各种社会情感能力的教育评估的建议，记住每个年龄阶段的不同发展任务和每种社会情感能力的本质。评估是教育系统不可或缺的组成部分，包括：①为儿童社会情感学习进步设定清晰的目标和基准(标准)；②以证据为基础的课程和指导以及对执行此项目的老师的支持，以达到此类标准(Durlak，Weissberg，Dymnicki，Taylor & Schellinger，2011)；③普遍和有针对性的筛查和进展监测(形成性、阶段性和总结性)。

图 19-1 展示了我对这个系统要素之间关系的思考：①发展性任务是基础，由此社会情感能力得以展现和发展；②根据这些重要的社会情感能力，设立标准；③以标准检验评估结果，反之亦然；④不管是标准还是评估都是有用的，因为它们能够指导教学(这往往导致需要更加深入并定期评估和修订标准，并得到专业发展和课程的支持)；⑤我们努力的终点就是社会情感

能力的改变。

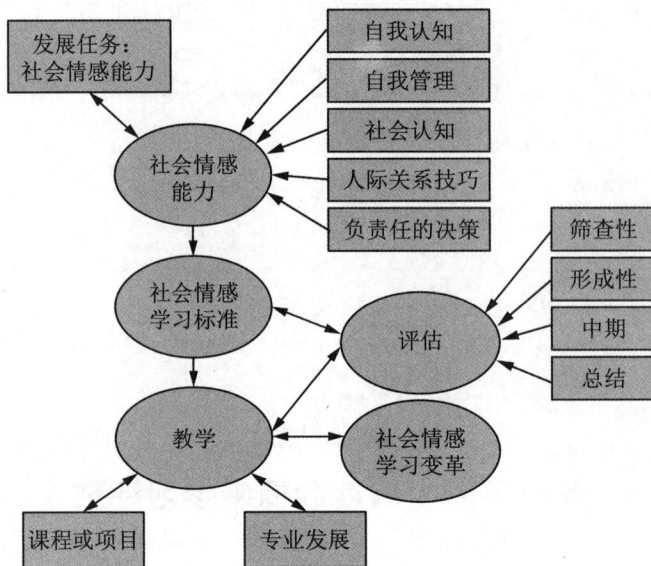

图 19-1　教育环境中社会情感能力发展的相关系统

　　如图 19-1 所示，我回顾了社会情感学习发展任务与学业成功之间关系的证据。我还展示了社会情感学习评估必须从该领域的教育标准出发，描述了社会情感学习特定的评估标准和一些用于学术环境的有用的社会情感学习评估工具。最后，我就我们在这个领域的立场和目标提供了一些结论。

一、社会情感能力的发展任务环境

　　社会情感能力必须从儿童各个年龄段所面临的关键任务的角度来评估。评估工具应该承认，至少是含蓄地承认，儿童不同时期的发展重点有变化。在儿童早期，社会情感能力是围绕着社会发展任务组织的，如积极地参与社交及非社交活动环境，社会交往中的情感唤醒管理，与成人保持联系，成功进入同龄人的世界。这些发展任务可能刚开始会比较困难，因为为了成功地完成游戏和学前班的活动，儿童通常被要求能够静坐或等待，参加活动，听从指挥，进行小组赛以及和伙伴相处。

　　儿童进入童年中期以后，社会情感学习任务也会发生根本性的变化。随着儿童逐渐意识到更广泛的社交网络，关键的社会情感学习发展任务就随之变成指引他们在同伴包容、接纳和友谊的磨合中前行。管理好如何及何时表达情感变得至关重要，知道与谁分享充满情感的经历和想法也同样重要。

　　青少年则被期望与异性和同性同龄人建立更亲密的关系。到了初中和高中，他们需要成功地应对更大的同龄人群体和其他挑战；比以往任何时候都更清楚地理解别人的观点；在情感上独立于父母和其他成人，同时又与他们保持依恋关系；建立明确的性别认同和身体认同；为成年期的任务做好准备，比如，职业、婚姻和家庭生活；建立个人价值观或道德体系，做出对社会负责任的行为。在学业领域，年龄较大的儿童被要求在参与越来越复杂的课程时变得更加独立，并考虑他们的成就是如何促使他们走向独立的。在各个年龄段，这些发展任务都是评估儿童社会情感学习成绩及其与学校适应和学业成功之间关系的重要基准。正是在这些发展任务中，社会情感学习的所有组成部分都在发挥作用。

关键的社会情感能力

社会情感学习共有五项核心能力，随着它们在整个发展过程中的变化，儿童需要对刚刚回顾的发展任务进行成功的适应：自我认知、自我管理、社会认知、人际关系技能以及负责任的决策（Payton et al.，2000；Zins et al.，2007）。社会情感学习的所有组成部分可能都相互关联。由于这种重叠，这里对社会情感学习能力的描述完全是我自己的观点。此外，以下所有关于这些能力与积极成果之间关系的论述，都是有据可依的。因为篇幅有限不能详尽阐述，有兴趣的读者可以参考德纳姆，布朗（Brown）和多米特罗维奇（2010）的文章或者联系我。

自我认知包括准确地评估个人情感、兴趣、价值观和优势的能力。社会情感学习的这部分也包括对一个人的识别和标记一个人的感受。即使是学龄前儿童，他们已经有明确的和相对稳定的自我认知（比如，他们是否变得越来越擅长数字和字母），而且这些自我认知已经被证明和成绩有关。儿童在早期的学校教育中继续发展其学术能力，对自我感知的学业能力的评估与在学业任务中总结经验并出色完成学业任务呈正相关。总之，一个儿童的觉察自我的能力以及自尊或自我效能感，都可能为其将来的学习动力和成就奠定基础。

自我管理包括如下几种能力：处理个人情绪和注意力的能力，以富有成效的方式行事的能力。富有成效的方式尤其指的是能感知情绪，监控情绪，并且能够恰当地表达情绪，在必要的时候调节情绪。所以，这些富有成效的方式能够帮助而不是阻碍儿童应对各种情况。这种自我管理和儿童的学校适应和学习成绩息息相关。特别是那些处理不好消极情绪的儿童和青少年，他们可能没有个人资源来专注于学习，而那些能够保持积极乐观态度的儿童可能能够积极参与并成功地完成课堂任务。

社会认知包括能理解他人的观点，理解他人的感受，共情能力，欣赏他人的观点。孩子们不断地尝试理解自己和他人的行为和情绪，这传递了重要的人际信息，可以指导人际互动。若儿童无法理解情绪，会让课堂变得混乱不堪。越来越多的研究发现，学校适应和学业成功，与幼儿的情绪知识（对表情、情境和情绪成因的准确识别；情绪知识与青少年的行为问题负相关也已获得证明）之间存在着同步的、纵向的关系。

人际关系技能的目标是促进与他人积极有效的交流，并最终维持长久的人际关系。许多技能是至关重要的，包括积极主动地与他人玩耍；能发起并保持对话、合作；建立友谊的技能，包括坚持自己的立场，解决冲突，通过谈判满足他人的需求。许多研究人员发现，构成社会情感学习这一部分的社交技能与学业成功相关（比如，有时甚至考虑到对早期成绩的贡献）。

随着学龄前儿童日常社交互动频率和复杂性的增加，做出负责任的决策变得至关重要。儿童必须学会分析社会环境，识别问题，设定目标并确定有效的方法来解决同龄人之间的分歧。随着儿童年龄的增长，他们与社会情感学习相关的任务变得越来越复杂，做出负责任的决策包括做出合乎道德的决定，遵守课堂规则，抵制来自同伴的压力，控制破坏性行为反应等。儿童解决社会问题的要素是和他们的学校适应以及学业息息相关的。当重要的协变量被控制以后，研究发现，大龄儿童的社会问题解决能力和他们的年级平均成绩相关。面对逆境时，选择亲社会行为的应对方式似乎有助于学业成功。

二、满足儿童的社会情感学习需求

社会情感学习是从学龄前到青春期关键发展任务中不可或缺的一部分，它通常与儿童在学校环境中的成功相关。这里回顾的研究表明，当问及如何提高儿童的学习成绩和整体幸福感（而不是识字或者算数）时，教育家或者家长应该问问这些问题：我们可以怎样促进他们的社会情感学习？我们儿童的社会情感能力是什么？为了满足儿童的社会情感学习需求，我们必须确定是什么构成了自我认知、自我管理、社会认知、人际关系技能和负责任的决策方面的最佳发展？我们如何确定儿童在各个领域的能力？

（一）目标和基准：标准

标准，"作为教育指导的结果，学生应该知道学什么和能够做什么"（Dusenbury，Zadrazil & Mart，2011；Dusenbury et al.，参见本手册第 35 章）。标准反映了关键利益相关者关于最佳发展的决策。标准是州和其他地方教育机构确定教育目标，选择循证方法，支持教师高质量教学以达成这些目标的基础，并通过评估、监督学生朝着目标发展（如图 19-1 中标准的关键位置所示）。

因为社会情感学习如此重要，所以这个领域的标准与其他领域的标准一样重要（我认为可能更重要）。然而，在全国范围内，社会情感学习的标准少且不清楚。具体来说，截至本文撰写时，《州共同核心课程标准》（*Common Core State Standards Initiative*，2010a、2010b；国家研究委员会 NRC，2012）已被 45 个州采用，内容包括在人际交往和个人素养方面的社会情感相关技能。人际交往领域包括两类能力：团队合作和领导力。个人交往领域包括三类能力：开放性、职业道德或尽责性责任心、积极的自我评价。

尽管人际交往领域涉及诸如责任、冲突解决、沟通和合作等能力，个人交往领域包括灵活性、主动性、多样性欣赏和元认知，但是这些并不能转化为本文所述的社会情感学习内容。事实上，国家研究委员会（NRC，2012）承认，认知能力比人际和个人能力得到了更广泛的关注，这两方面的覆盖范围也不均衡。

此外，正在开发的用于评估是否达到《州共同核心课程标准》的基准评估工具，并未涵盖人际和个人的标准［美国大学和职业准备评价联盟（Partnership for Assessment of Readiness for

College and Career，PARCC），智能平衡评估联盟（Smarter Balance Assessment Consortium）]。国家研究委员会（NRC，2012）在其报告中称，社会情感能力（在所谓的"个人"和"人际"领域，国家研究委员会认为，尽责性和社会行为是学习成绩的最佳预测因素）仍然需要继续研究，以开发和使用恰当的社会情感学习评估工具。

无论是在标准方面还是在评估方面，《州共同核心课程标准》都没有充分或明确地满足社会情感学习的需求。去哪里寻求社会情感学习评估工具呢？如图 19-1 所示，要统一社会情感学习的标准、评估和教学，必须搜索尽可能清楚地涵盖五个社会情感学习领域的社会情感学习标准示例。为此，杜森伯里和同事（参见本手册第 35 章）描述了各州的社会情感学习标准。他们报告说，学前阶段的社会情感学习标准发展最为完善，传播最广，各州经常参考来自"开端计划"或全国幼儿教育协会的基准。至于针对年龄较大的儿童（K-12）的社会情感学习标准，有三种不同的方法：①独立、综合性的社会情感学习标准；②关注社会情感学习一个或多个维度的独立标准；③在其他领域的学习标准中整合与社会情感学习相关的目标和基准（Dusenbury et al.，2011）。

独立的社会情感学习标准是理想的，因为它们提升和阐明了社会情感学习的关键能力，但并非所有的州（当然也不是现行的共同核心）都有。然而，有几个州已经采用了优秀的、独立的社会情感学习标准（尽管不总是跨越年龄水平）。伊利诺伊州模式是一个很好的例子，在K-12 独立的社会情感学习标准（伊利诺伊州教育委员会，2006）中，小学阶段、初中以及高中的早期阶段和晚期阶段的社会情感学习标准都是围绕三个目标组织的，这些目标涵盖了社会情感学习的所有方面，这里列举了：

目标 1：发展自我认知和自我管理技能，以在学校和生活中取得成功。

目标 2：利用社会认知和人际关系技能建立和维持积极的关系。

目标 3：在个人、学校和社区环境下展示决策能力和负责任的行为。

每个目标至少有 3 个标准。

像伊利诺伊州这样的社会情感学习标准本身是令人鼓舞的。显然，这些标准与当前的社会情感学习概念密切相关。而且如图 19-1 所示，它们可以指导评估和教学，促进两者之间的协同关系。当社会情感学习标准就位后，开发和采用社会情感学习评估工具就变得更有必要。我们在详细阐述关于在教育环境中收集的信息和决策的评估标准之前，有必要描述社会情感学习评估的功能。我们需要评估社会情感学习的功能，但是具体该什么时候以及怎样使用它呢？

（二）社会情感学习评估的功能

在教育环境中，我们可以使用社会情感学习评估工具的筛查、形成、过渡以及总结性功能。筛查允许实施三层教学模式——从面向所有儿童提供社会情感学习教育，到针对风险儿童的针对性干预，再到针对持续挑战的儿童的个别化工作。筛查界限可以划分为有针对性的和有风险的儿童，这些儿童的教育需求可能与没有风险的儿童不同。

形成性评估可以看作对学习的实时评估，它被整合到教学中（NRC，2012）。这种评估使学生清楚地知道学习目标，因为它与当前的教学单元直接相关。课堂上，老师们使用这样的评估去确定儿童与技能之间的差距，以便他们能和学生们一起提高学生的社会情感能力。此外，形成性评估中呈现的任务可能因学生而异，这取决于学生当前的自我效能感。简言之，形成性评估用来监控学生的进步，让学生参与并给予反馈(Perie，Marion & Gong，2009)。最近在非社会情感学习领域中使用形成性评估的元分析结果表明，使用形成性评估与学生积极的学习成果相关，尤其是当教师在使用过程中得到专业发展，并且通过计算机系统提供形成性评估时(Kingston & Nash，2011)。

形成性评估更多的是一种参照标准的努力(其结果可以用一组定义好的学习任务来解释)，而不是参照标准的评估(结果可以根据个人在某些已知群体中的相对地位来解释)。鉴于一些作者认为形成性评估不需要受到中期评估和总结性评估某些要求(如心理测量信度)的限制，教师可以使用实际的社会情感学习标准进行形成性评价。另外，我在这里描述的一些评估工具也可能对形成性评估有用。

中期评估具有形成性评估的一些特点(例如，它可能用于教学目的)和总结性评估的一些特点(例如，通常用于评价和预测目的)。作为混合性质的一部分，它通常由教师管理；一个关键的识别特征是，与形成性评估不同，中期评估是在课堂、学校或地区层面总结的(Perie et al.，2009)；其执行频率低于形成性评估，通常在年中或更频繁的时间执行，因此结果可以在一个学年内使用。

非社会情感学习中期评估通常基于标准的水平(从而使课程、教学和专业发展保持一致性；Bulkley，Oláh & Blanc，2010)，并提供三个功能：第一，教育者可以根据中期评估的结果调整教学和课程，以满足整体课堂的需求；第二，中期评估可以提供关于学生的课堂是否符合特定目标的信息，以便在学校或全教育系统范围内，教育者可以做标准化的项目调整，以改善教学，并最终提高学生的表现；第三，中期评估可以预测每个学生达到总结性评估标准的可能性，从而为课堂内外决策提供依据。

从理论上讲，中期评估会影响课堂、学校和地区层面的实践。然而，也有人认为，在实践中，中期评估通常需要生成、存储和报告与教学无关的考试分数的数据(Burch，2010)。不幸的是，使用评估数据做一些事情的重要步骤很容易被忽略(Halverson，2010)。即使教师确实使用了这些数据，他们也可能无意中把重点放在测试上。最重要的是，这些问题还没有在社会情感学习评估中得到系统的解决。

总结性评估是对学习的评估，目前与中期评估一起进行，通常与高风险问责评估紧密相连。总结性评估通常在学期或学年结束时进行，根据一套确定的内容标准来评估学生的表现。这些评估通常在全州范围内进行(但可能更窄，如在地区范围内；或更宽，如在国家行政部门)，通常用作问责计划的一部分或为政策提供信息。它们可以是教师管理的单元末或学期末测试，仅用于学生评估，或作为对项目设计的前后变化的测量。

考虑到这些评估功能和伴随的问题，我现在描述我们应该依据的标准，为每个功能的潜在可用性选择高质量的社会情感学习评估。以上，我概述了"最佳选择"的标准，接下来是评估工具的选择，以及对如何在学校规划有效的社会情感学习评估。

(三)社会情感学习评估工具的标准

我们知道，一些州——至少还没有完全和连贯地——正在认识社会情感能力和评估的重要性。为了在当前的问责环境下尽可能充分地支持这些州，并推动这一领域的发展，我们需要确定现在是否有足够的社会情感学习评估工具。使用高质量的评估工具有助于确保我们就如何促进儿童社会情感学习做出更好的决定。德纳姆、怀亚特(Wyatt)、巴塞特(Bassett)、埃切维里亚(Echeverria)和诺克斯(Knox，2009)，以及肯迪奥拉、韦斯伯格和杜森伯里(2011)列举了专门用于教育的社会情感评估工具的标准(如果不是全部的话，大多数也适用于其他评估领域和研究用途)，有几个是最重要的。

第一，因为任何评估都是从为用户提供足够的文档开始的，所以要选择评估工具，必须能够判断其内容是否合适，然后才能转向更技术性和实用性的问题。因此，社会情感学习评估工具应该有一个手册，其中包含测量标准说明、评估的社会情感学习结构，以及量表项目的分配。如果手册对每个项目都给出了详细的行为定义，就更有帮助了。但是很少有社会情感学习评估包括这样的内容。手册还应明确说明该量表是否以及如何用于多种目的(筛查、形成性等)。越来越多的评估工具正在明确这些可能的用途，但这一备受关注的领域远未系统化，仍需要用户进行大量规划。特别是出于社会情感学习的目的，文档应明确说明评估在发展上是适当的；跨年龄段的家庭措施是可取的；对不同年龄层次，有几种不同形式的"最佳匹配"方法。我要补充的是，在这里所给出的模型中，对所有特定的社会情感能力都有清晰的描述，每项技能都有充分的描述用于形成性评估。此外，与评估工具平行的筛查工具可能非常有用。

第二，必须考虑实际评估工具的质量。心理计量性能必须是优秀的；评估工具应至少具有足够的信度和效度，以及尽可能公平，不带偏见，并可在不同年龄和人口群体中推广。本章引用的所有测量方法都符合心理测量学的要求，但关于普遍适用性的信息有时不太完整。例如，代表美国人口统计学的不同样本需要度量的规范和心理量表数据，对于不同文化中各种社会情感学习行为规范具有文化敏感性。当选择和使用自我报告或家长报告时，必须考虑母语和方言。但是，大多数评估工具，无论是社会情感学习还是学术评估工具，至少不能充分满足这些多样性需求中的一部分。

第三，我们必须考虑效用。评估有基准或外部效标(如规范或标准)，这有助于对分数及其随时间的变化进行有意义的解释，因此，评估工具可用于跟踪教学和项目的结果。在实用性方面，应在合理的时间范围内(例如，10—20 分钟)进行管理。管理时间的可接受性部分在一定程度上取决于是否对学校或教室中的所有儿童进行评估，或仅选择部分儿童。最后，在可能的情况下或大多数情况下，希望能采用电子管理和记分，因为它们比纸质管理和手工计分更快，成本更低。所有这些关于效用的标准都反映在成本上：评估工具在完成时间、所需技能和设备、测试表格或评分方面的成本必须合理。

第四，考虑到行为往往是有特定评分者和特定背景的，为避免偏见，在可能的情况下，建议有多个信息提供者提供相同维度的衡量标准；在基于学校的社会情感学习评估中，从多个来源（例如，教师、学校工作人员、心理健康专业人员、家长或学生本身）集合信息可能特别有效。

三、教育环境中社会情感学习的评估工具

许多评估工具都已经被开发并用于评估，这些工具可以确定社会情感能力是如何促进从学龄前到青春期儿童的各种积极成果的形成的。其中，许多方法都已经被收录在汇编中（Denham，Hamre，and Ji，2010；Denham 和同事们，2009；Haggerty，Elgin，and Woolley，2011；Ringwalt，2008；Sosna and Mastergeorge，2005），最近的综述同样存在（例如，Crowe，Beauchamp，Catroppa & Anderson，2011；Humphrey et al.，2011）。一般来说，该概要针对的是两种研究（例如，Denham et al.，2009；Denham，Hamre，et al.，2010）或应用环境（例如，Haggerty et al.，2011；Ringwalt，2008；Sosna & Mastergeorge，2005），覆盖从婴儿期（例如，Ringwalt，2008）至成年期（Denham et al.，2009）。审阅者在广泛的标准范围内搜索社会情感学习量表，通常用于研究目的，并列出了它们供同事参考。通常情况下（但不是普遍的），简编和综述都是根据所涵盖的发展领域、预期用途、年龄范围、管理细节、评分和解释、完成量表所需的时间长度和多样性问题对量表进行分类的。这些材料是本章的重要补充。

从这些汇编和综述中可以明显看出，社会情感能力已经通过多种机制进行了衡量，包括信息提供者量表、直接评估、观察以及结构化或非结构化访谈（Denham，Hamre，et al.，2010）。对于许多社会情感能力的评估来说，直接评估和观察是非常宝贵的（Denham，2006）。然而，在许多应用案例中，可行性是一个压倒一切的问题，如直接评估，观察和访谈所需的时间，培训所需要的资源，建立观察员或编码员的可靠性，编码或评分信度，这些工具最适合研究用途（参见麦考恩，本手册第 21 章，他指出了在为高危儿童或目标儿童提供服务的层面上，此类评估工具不仅可行，而且非常有用）。

我们等待实用的、可用的、可行的和基于理论的评估工具的发展。目前，量表系统可能更为可行。当精心设计以符合尽可能多的参考标准时，量表是适用于教育环境的（以及用于研究目的）。因此，本章回顾了众多信息提供者提供的评分量表。

专门的社会情感学习评估工具

与肯迪奥拉及同事一起（2011），在研究了所引用的汇编和综述之后，我选择了几个评估工具。它们满足了许多已经提出的标准。这些工具是教育环境中的社会情感学习评估的典范（该列表可能并不详尽），包括 Devereux 量表、社会情绪优势和心理弹性量表、社会技能改进系统评分量表、行为和情绪评价第二版量表、学前行为和情绪评价量表。表 19-1 显示了每个量表适合的年龄水平、信息提供者、所述的核心社会情感能力以及诸如普遍性、实用性和可用类

型(如筛查、总结)等特性。表 19-1 可用于量表的选择，更多细节将在下面的章节中说明。

1. Devereux 幼儿评估第二版

对于学前期的评估，Devereux 幼儿评估第二版(DECA)是一个国家规范的评估，评估与学龄前儿童复原力相关的儿童保护因素(LeBuffe & Naglieri，1999a)。家长和教师都可以用英语或西班牙语填写评估清单，评估学龄前儿童常见的 27 种积极行为(以及 10 种问题行为，这些行为不是重点，但在某些情况下可能很重要)。量表包括依恋、主动性和自我调节(它们本身很重要，但与这里提出的社会情感学习模型不太一致)。DECA-C 是一个临床版本，也由家长或教师完成，可以检查宽泛范围内行为问题量表和四个问题行为子量表。它还包括一个将结果与有针对性的干预策略联系起来的指南(LeBuffe & Naglieri，1999b)。最近对 DECA 的调查显示：①对教师、贫困家长以及不同种族的学龄前儿童来说，英语和西班牙语版本的信度和合适性比较一致；②良好的信度和因素结构类似于标准化样本(Jaberg，Dixon & Weis，2009；Ogg，Brinkman，Dedrick & Carlson，2010；OadesSese，Kaliski & Weiss，2010)。此外，DECA-C 也不容易出现假阳性或假阴性。

表 19-1　本章节社会情感学习评估工具信息汇总

评估工具	时间和对象		关注的核心社会情感能力					评估工具质量			使用			可供评估的方式			
	年级	对象	自我认知	自我管理	社会认知	人际关系技能	负责任的决策	手册的准确性	心理测量质量	普遍性和多样性问题	费用(美元)	耗时(分钟)	电子管理	分级评价	形成性评价	中期评价	总结性评价
行为和情绪评价第二版(BERS-2)	K-12	教师，父母	√	√	√	√		√	√	√	198	10		√	—d		—d
学前行为和情绪评价(P-BERS)	K	教师，父母		√		√		√	√	—	109	10		?	?		?
Devereux 幼儿评估第二版(DECA)	学龄前	教师，父母		√		√		√	√	√	200	10	√	?		√	√
Devereux 学生优势评估(DESSA)	K-8	教师，父母	√	√	√	√	√	√	√	√	116	10		√	√		√
社会情绪优势和心理弹性(SEARS)	K-12	教师，父母，学龄前儿童，学龄儿童	√	√	√	√		√	√	—	15—305	15—20	只提供评分	√	√		√

续表

评估工具	时间和对象		关注的核心社会情感能力					评估工具质量			使用			可供评估的方式			
评估工具	年级	对象	自我认知	自我管理	社会认知	人际关系技能	负责任的决策	手册的准确性	心理测量质量	普遍性和多样性问题	费用（美元）	耗时（分钟）	电子管理	分级评价	形成性评价	中期评价	总结性评价
社会技能改进系统（SSIS-RS）	学前—高中	教师，父母，学龄前儿童，学龄儿童	✓	✓	✓	✓	✓	✓	✓	261—362	10—25	只提供评分	—	✓	✓	✓

说明：①不是每一个评估都提供了逐项描述，DESSA 部分除外。②普遍性的部分能保证国家和地区具有有代表性的标准或面向父母的西班牙语版本，但缺少其他信息。③具体费用取决于购买了多个版本，详情应与出版商联系。④用于团体和个人的教学和项目评估的潜力。⑤心理健康专业人员使用 DECA-C 的费用是 126 美元。表中没有 DECA-C 专栏。⑥DECA 和 DESSA 每年的使用费用是 250 美元。⑦该表并未将蓝图示范项目和有希望的项目分开。

这两个量表（DECA 和 DECA-C）都在期望的 10—20 分钟内进行评估，并提供基于网络的管理、评分和解释。由于 DECA 和 DECA-C 包含规范化信息（标准分数和百分位数排名），它们可用于中期和总结性评估。作者认为，这些措施也可以作为进度监控和个性规划的形成性评估。在第二版中，量表增加了执行个性化项目分析的功能，以支持这种使用。此外，评分者之间的比较和测试前—测试后的比较都可以通过电子评分实现。这些措施也可用于社会情感学习项目的研究和评价，但它们与当前社会情感学习模式缺乏一致性。

2. Devereux 学生优势评估

Devereux 学生优势评估（DESSA；LeBuffe，Shapiro & Naglieri，2009）还有一个简洁版本（Naglieri，LeBuffe & Shapiro，2011），它是由家长和教师们完成的小学生行为评定量表（K-8）。DESSA 测量的是与这里描述的社会情感能力直接对应的儿童优势。具体来说，它提供了八个维度的 72 项评分，包括乐观思维、自我管理、目标导向行为、自我认知、社会认知、个人责任、决策和人际关系技巧。社会情感综合得分也包括在内，它是基于八个量表的综合。该量表可以使用网络上的管理、评分和解释。

最近的独立调查表明，Devereux 学生优势评估的简洁版量表具有聚合效度、区分效度以及信度，缺乏假阳性和假阴性，且具有预测能力（Nickerson & Fishman，2009）。Devereux 学生优势评估测试需要 15 分钟，而 Devereux 学生优势评估简洁版是被吹捧为 1 分钟的筛查量表。

由于 Devereux 学生优势评估的全面性和对儿童优势的关注程度，并且符合此处列出的其他标准，它为干预项目提供了有用的信息，也可以用于创建课堂概况，以用于后续预防策略；分数也可以用于持续进行的进度监控。由于标准化，该量表被认为可用于中期评估、形成性评估和总结性评估。虽然该量表不能对高中生进行评估，但对于儿童来说，这一量表似乎很有希望。

3. 社会情绪优势和心理弹性

社会情绪优势和心理弹性（SEARS）包括一个筛查量表，以及 52—54 个题项的教师版（SEARS-T）、家长版（SEARS-P）、儿童版（SEARS-C）和青少年版（SEARS-A）量表，并从概念框架中检验社会情感学习。该框架与此处描述的概念框架内容很接近，但并不完全相同。它包括：责任、社交能力、同理心和自我调节。K-12 的儿童可以被评分，而且教师版和家长版（Merrell，Cohn & Tom，2011；Merrell，Felver-Gant & Tom，2011）已经证明了其信度、聚合效度、预期的亚组差异（如性别）和稳健的因子结构（尽管家长版将责任和自我调节组合在一起）。

社会情绪优势和心理弹性筛查量表还显示出良好的信度（内部一致性和重测信度）和共时效度，以及接受或不接受特殊教育的儿童群体的差异（Nese，Doerner，Kaye，Romer & Merrell，2011）。这一系列量表并不完全符合当前社会情感学习模型，但它有多个社会情感学习组成部分，并符合时间要求（花费 15—20 分钟），而且还提供了一个评分程序以及供家长使用的西班牙语版本。

鉴于社会情绪优势和心理弹性量表的全面性和对儿童优势的关注程度，其量表（尽管与 Devereux 学生优势评估相比，社会情绪优势和心理弹性量表与社会情感学习模型的一致性稍差一些）为干预项目提供了有用的信息，还可以用于创建学生档案，进行进度监测及随后的预防策略；评分报告、进度监控报告和综合评分报告可提供长短两种表格。与 Devereux 学生优势评估一样，由于它的标准化，该量表可用于中期评估、形成性评估和总结性评估。出版商指出，该筛查量表可用于重复评估（即形成性评估或中期进度监控）或全班、全校的学生筛查，我认为该量表也可以满足项目评估和研究功能。

4. 社会技能改进系统

社会技能改进系统（SSIS-RS；Gresham & Elliott，2008）是一套评估量表，旨在评估儿童的社交行为，并协助实施干预。这是整个系统的一部分。该量表是对广泛使用并得到积极评价的社交技能评估量表的更新（Gresham & Elliott，1990；Elliott，Frey & Davies，本手册第 20 章）。改进包括更新的标准、社会情感发展更广泛和概念化的四个子量表、形式之间的重叠程度、效度量表、心理计量特性、西班牙语版本以及与干预的直接联系（Crosby，2011；Frey，Elliott & Gresham，2011；Gresham，Elliott，Vance & Cook，2011）。该系统包括针对学前至 18 岁年龄段儿童的教师和家长的评分量表，以及针对小学及以上水平学生的自我报告版本。量表包括社交技能、学术能力以及问题行为（SSIS；Gresham & Elliott，2008）。

评分量表的所有版本都包括合作、主张和自我控制量表，而家长版本还包括责任感和共情的分量表。因此，该量表涉及社会情感学习五个领域中的四个：自我管理、社会认知、负责任的决策和人际关系技能。尽管该量表可在 10—25 分钟完成，但没有筛选量表。它有一个计算机评分选项。由于社会技能改进系统包含规范化信息（标准分数和百分位数排名），所以它可以用于中期和总结性评估。考虑到它包括每个子项的频率和重要性评级，可以想象它也可以用于形成性评估。

5. 行为和情绪评价第二版

行为和情绪评价第二版（BERS-2；Benner，Beaudoin，Mooney，Uhing & Pierce，2008；Buckley，Ryser，Reid & Epstein，2006；Drevon，2011；Epstein，Mooney，Ryser & Pierce，2004）和学前行为和情绪评价（P-BERS；Epstein，Synhorst，Cress & Allen，2009；Griffith et al.，2010）都是强有力的社会情感学习工具。两者都显示出稳健的、可复制的因子结构，以及信度和效度（教师、家长和青年自我报告版本的聚合效度和亚组差异效度；发布者指出，学校心理学家以及儿童心理健康、少年司法和社会服务工作者也可以完成 BERS-2）。西班牙语版本可供家长填写。

BERS-2 和 P-BERS 版本与本文所支持的社会情感学习模型匹配并不完美，但是交叉点足够多，因此这些量表可能有用。在 P-BERS 中，这些因素包括情绪调节、入学准备、社会信心和家庭参与，而在 BERS-2 父母和青年版（青年版还包括职业优势量表）中，它们的因素是人际关系优势、家庭参与、个人内在优势、学校功能和情感优势。该量表大约需要 10 分钟才能完成。冈萨雷斯（Gonzalez），瑞瑟（Ryser），爱波斯坦（Epstein）和雪莉（Shwery，2006）已经发现拉丁裔父母支持使用 BERS-2。就困难而言，德莱文（Drevon，2011）认为，P-BERS 的项目样本在用于指导和调整干预的形成性评估中十分有限，并表示担心该方法仍然缺乏家长规范（截至撰写本文时）。然而，出版商建议，BERS-2 可以用于筛选和总结原因。

四、结论

现在应该很清楚，社会情感学习评估是一个复杂的问题，需要同时从多个方向、多个组成部分采取行动，并且在某种程度上，它落后于当前其他领域的评估方法。与肯迪奥拉及同事（2011）一起，我可以提出一些建议，我希望这些建议能够为专业人士和教育工作者确定明确的社会情感学习测量行动步骤。至关重要的是，学校、学校系统和州必须从社会情感学习的角度评估图 19-1 所示的系统，并确定其使用社会情感学习评估的具体、明确的需求和功能（我希望是在建立了独立的标准之后）。可以推测，社会情感学习评估的目的是阐明学生的社会情感学习的优缺点，并协助做出有助于促进儿童社会情感学习的数据知情决策，从而促进实现广泛、长期的积极成果。实现这些结果的方法是基于评估的课堂教学和更广泛的社会情感学习项目。如图 19-1 所示，这些目标实际上是进行社会情感学习评估的唯一原因，这需要学生、教师、管理者的个人和经济资源支持（Kendziora et al.，2011）。

用户还需要根据他们的特定需求区分筛查、形成性评估、中期评估和总结性评估。例如，纳格列里（Naglieri）及同事（2011）认为，筛查人员可以足够敏感，用于形成性进度监测，但其他人（例如 Drevon，2011）断言，任何评估都需要足够的条目来立即指导教学。同样，在检查形成性评估或中期使用的界限时，使用者和评估专家需要确定给定的评估是否真的能够实现预测未来结果的双重功能（如中期评估）；同时，从微观分析的角度帮助教师理解每天要对一个教室或某个孩子做什么(形成性评估)。这可能不是什么艰巨的任务,但在任何情况下,区分形成性评估和中期评估并不总是那么容易(Perie et al.,2009)。

实际上,就所获得的信息而言,形成性评估、中期评估和总结性评估之间的差异可能更多地存在于理论家的头脑中,而不是在实践中(Bulkley et al.,2010)。从理论上讲,任何使学校、地区或州各级教育者能够存储数据并为多个受众生成多份报告的技术,都允许他们不仅从学生那里收集数据,而且以服务于不同目的的方式分析数据。因此,社会情感学习评估的开发人员和用户应该共同努力,以确定使用哪些特定工具和以任何单一评估方式实现多个评估功能的能力。显然,围绕如何最好地使用社会情感学习评估,该领域需要解决这些问题,即使这些解决方案狭隘窄化。

在做出这些功能性决定之后,必须认识到个性化评估工具的优势和局限性,必须在州、学校系统和学校内选择适合的工具。我已经说明了我和其他人认为对教育环境有用的社会情感学习评估工具,但是每一组利益相关者必须根据自己的具体需要选择评估工具。此外,应该重申的是,与麦考恩(参见本手册第 21 章)和其他人一样,我相信创造基于理论的、直接的、心理测量健全的、对管理者可行的并促使教育工作者采取一致行动的评估和观察工具,这是我们这个领域的关键挑战和目标。在一些情况下,了解特定儿童在特定环境下的社会情感能力有助于为他们制定教育行动规划。此外,有人认为评分系统倾向于主观性(Kyllonen,2012)。

但是,考虑到目前社会情感能力评估的状况以及本章早些时候设定的参数(例如,此时多信息提供者评分系统是最可行的),如何才能完成相当艰巨的评估选择任务呢?一种方法是,返回到前面列举的标准,遵循德纳姆及同事(2009)、肯迪奥拉及同事(2011),创建一个系统来详细检查这些标准是否最大限度地达标。在这方面,里(Li)、马里昂(Marion)、佩里(Perie)和贡(Gong)开发了(2010)一种潜在有用的评估方法,可以帮助州和地区一级的决策者评估任何中期评估系统,但他们的观点似乎适用于所有类型的评估。因此,需要对此评估工具中的步骤进行描述。它们包括①检查任何评估工具的用途;②在子项、测试和多重测试层面进行开发和文档测试;③管理和兼容;④效用。

根据此处已经提出的建议,他们的工具首先包括检查任何一项评估工具的目的和用途;使用者必须清楚地表达出社会情感学习评估将促进学生取得积极成果的机制和过程,以及他们打算评估的目标人群,并确保任何评估工具都是针对那些学生开发的。

里和同事(2010)接下来考虑从子项、测试和多重测试级别进行开发和文档测试。子项检查应确保它们符合所需的内容区域,应仔细检查测试以确定是否符合标准(或没有标准的社会情感学习的子域)、每个标准的子项数、心理测验的充分性以及评分和解释。多个测试级别标准是指考虑执行评估的频率,这是一个与目的、工具本身和它所提供的教学项目密切相关的决定(例如,其多重管理如何与课程教学顺序相关联,测试开发人员如何考虑潜在的异型开发)。

接下来,里及同事(2010)探讨了管理和包容性:评估工具在多大程度上适合有特殊需要的儿童，在做自我报告或家长报告时，对英语作为第二语言有何考虑。他们的下一类评估是考试成绩和报告。例如，对于不同的用途来说，使用适当类型的分数很重要；以标准为参考的分数（例如，达到标准）可能适合形成性评估，而以常模为参考的分数对中期评估和总结性评估更有用。成绩报告也很重要：单个报告和汇总报告都应提供给各个利益相关者，并提供与测试目的一致的信息。此处回顾的评估工具正在朝着最后一个目标努力：教师和其他利益相关者（如父母、校长）从每种工具中获得的信息越多，效果越好——评估报告是传递此类信息的理想手段。

如前所述，测试实用程序也很重要，它构成了里和同事（2010）测评评估工具的方式的另一个方面。任何社会情感学习评估都必须与课程、对学生的教学支持和教师的专业发展相适应。这表明，利益相关者的任务远比仅仅选择社会情感学习评估要复杂得多。相反，规划必须包括图 19-1 所示的整个系统。正如哈尔沃森（Halverson，2010）所指出的那样，类似于里及同事要求采取行动理论进行评估的方法，教育工作者必须能够将社会情感学习结果转化为有用的信息、决策和指导性行动。潜在效用应在实施前进行评估，实际效用应在实施后以持续的动态方式进行。最后，实用性和组织工作，包括但不限于管理的灵活性、评估系统的安装和维护的便利性、对于所有信息提供者的易用性和技术支持的程度，这些都是学校和地区领导需要考虑的因素。为教师和其他人提供充足的资源和培训至关重要，这样评估才是公平的，并能得到建设性的使用。例如，评估人员应该接受如下培训：理解手册中每一项的意思以及在每个评分量表上做出判断，但这样的步骤很少实施。

这些标准的应用是至关重要的一步。里和同事（2010）在他们的文章中举例说明了这些标准的用法——通常是通过访问评估发布者的文档，并在文章中为评估标准的每个步骤提供可定制化的表格供最终用户使用。这些表中还包括子标准和对每个主要标准进行评估的叙述性描述。这样的工具在测评社会情感学习中可能非常有用。我建议用户和评估专家共同决定在哪个特定的州、城市或地方教育机构使用什么样的社会情感学习评估工具，通过选择工具（可能是从这里建议的工具中选择），然后仔细研究里和同事的有利流程来评估它们。

简言之，从认识社会情感学习的重要性，到制定标准和更好的评估工具，再到评估与教学的联系，以及教师在社会情感学习教学和评估中的专业发展，还有很多工作要做。尽管这些努力可能很艰难，但是回报肯定是值得的。

五、参考文献

请扫描二维码获取原书参考文献。

第 20 章
学生社会情感学习评估和提升系统

斯蒂芬·N. 艾略特、詹妮弗·R. 弗雷、迈克尔·戴维斯

社会技能至关重要，特别是在儿童和青少年的教育生涯中。它们既不是《州共同核心课程标准》(全国州长协会最佳实践中心，州首席教育官理事会，2010)的一部分，也不属于毕业要求，但如果没有它们，学习就会受到影响，对学校的满意度就会降低，许多学生将无法毕业。社会技能之所以重要，是因为这种技能可帮助人们与他人建立相互支持的关系，并促进学习技能和积极情绪的发展(Capara，Barbaranelli，Pastorelli，Bandura & Zimbardo，2000)。

在本章中，我们研究了社会技能，并提出学习社会技能是社会情感学习的一个子集。在研究当今使用的社会技能评估方法和干预方法之前，我们先仔细研究最重要的社会技能。

一、社会技能的基本概念

(一)社会技能的定义

社会情感学习被定义为获得核心能力的过程，以识别和管理情绪，设定并实现积极的目标，欣赏他人的观点，建立和维持积极的人际关系，做出负责任的决策以及建设性地处理人际关系(Elias et al.，1997)。尽管在文献中没有发现社会情感学习和社会技能具体定义上的比较，但似乎很明显，社会技能是社会情感学习的一个子集(Davies & Cooper，2013)。最近，杜拉克、韦斯伯格、德米奇(Dymnicki)、泰勒(Taylor)和谢林格(Schellinger)在对校本普遍干预及其对提高学生社会情感能力的影响的元分析中指出(2011)，社会情感学习涵盖了一些核心概念，如认知、情感和行为能力，包括自我认知、自我管理、社会认知、人际关系技能和负责任的决策。社会技能的定义有很多，然而，几乎所有的定义都描述了一系列的行为，这些行为有助于开启和维持积极的社会关系，有助于促进同伴接纳，使个人能够应对、适应社会环境的要

求，进而获得令人满意的学校适应(Gresham，2002)。这些技能显然嵌入社会情感学习的核心能力中。

社会技能有两个关键维度：第一，社会技能包括言语和非言语行为；第二，行为通常是针对特定情况的。总的来说，这两个维度强调了社会技能的互动性和视场景而定的特性。

思考社会技能的另一种有用的方法是基于社交有效性的概念(Wolf，1978)。从这个角度来看，社会技能可以定义为在特定情况下发生的，为儿童产生重要社交结果的社交行为(Gresham，1981b)。具有重要社交意义的结果意味着社会行为者(同伴、教师和父母)在特定环境下产生重要、具有适应性和功能性的结果。换句话说，具有重要社会意义的结果是那些可以影响个人对社会期望和所处特定环境行为要求的适应的结果。就本章而言，社会技能被定义为社会所接受的习得性行为，能够使个人与他人有效地进行互动，并避免或逃避与他人消极社交互动的不可接受的行为(Gresham & Elliott，1984、1990、2008)。

(二)社会技能的主要类别

格雷欣和艾略特(1990)基于对社会技能干预文献的回顾和量表发展目的的因子分析研究，将社会技能描述为一个多维结构，包括合作、主张、责任、同情心和自我控制行为。在过去的10年中，随着对自闭症谱系障碍学生的评估和干预研究的增加，社会技能的另外两个方面——沟通和参与——变得普遍起来。今天我们相信，有七种基本的、功能性的社会技能能够进行可靠的评估和作为干预目标，这些技能有沟通、合作、主张、责任、参与、同情心和自我控制。这七种社会技能的反应类别与学术、社会和情感学习合作共同体提供的框架里所重视的发展结果非常吻合，即自我认知、自我管理、社交认知、人际关系技能和负责任的决策。

(三)社会技能在儿童发展和学校成果中的重要性

中小学教师将一些社交行为归结为学生课堂学习成功的关键。其中的社交行为包括：遵循指挥，注意听从指令，在面对成人和同伴时控制脾气，以及管理冲突(Hersh & Walker，1983；Lane，Givner & Pierson，2004；Lane，Stanton-Chapman，Jamison & Phillips，2007)。在学前教育阶段，教师已经确定了成功的课堂体验所必需的几种特定社交行为：遵循指导和课堂规则，在与成人和同伴发生冲突的情况下控制脾气，并与其他儿童良好地互动(Frey，Elliott & Kaiser，2014；Lane et al.，2007)。

父母对学龄前儿童社会技能的重要性评分也被纳入研究。赖恩(Lane)及同事(2007)使用社会技能评估量表(SSRS；Gresham & Elliott，1990)分别记录了家长和教师认为哪些社会技能对家庭和学校的运转至关重要。赖恩和同事们提议，如果父母和教师对学龄前儿童社会行为的期望相似，那么，儿童在入学时的行为调整可能会更少；但是，如果父母和教师有不同的行为期望，那么，学龄前儿童在过渡到学校、想要学有所成时可能会遇到更大的挑战。在使用社会技能改进系统评分量表进行家长和教师对学龄前儿童社会技能重要性的评分调查中，弗雷和同事(2014)发现，父母和教师都认为四种行为对学龄前儿童的学业成功和发展至关重要：①遵循指示；②在无人监督的情况下表现良好；③与其他儿童的良好互动；④对自己的行为负责。此外，家长和教师都将合作和责任列为两个最重要的领域。家长认为，沟通能力是必不可少的。教师认为，自我控制能力是学有所成的必要条件。对于父母来说，重要性评分最低的领域是参与。对于教师来说，重要性评分最低的领域是同情心。父母和教师对社会行为重要性评分的差异可能是因为父母和教师与儿童互动的背景和环境不同。

几十年来，研究人员还记录了一些对于儿童来说最重要的社交成果，包括同伴接纳(Bierman，2004；Newcomb，Bukowski & Patte，1993；Parker & Asher，1987)以及教师和家长接纳(Gresham，2002；Gresham & Elliott，1990)。在一项经典的研究回顾中，帕克(Parker)和阿什(Asher)发现(1987)，难以与同龄人打交道的儿童往往表现出反社会或攻击性的行为模式，并且有违反学校规范的经历。如果没有有效的干预，这些行为模式可能会持续下去，并有可能升级为其他形式的不适应行为(Walker，Ramsay & Gresham，2004)。研究人员还记录了儿童的社会行为与其长期学业成绩之间的关系(Caprara et al.，2000；DiPerna & Elliott，2002；DiPerna，Volpe & Elliott，2002；Malecki & Elliott，2002；Wentzel，1993)。

"学术推动器"的概念是从研究人员的工作中演变而来的。他们研究了学生的非学术行为(如社会技能和动机)与其学术成就之间的关系(Gresham & Elliott，1990；Wentzel，1993)。在一项有500名学生参加的追踪研究中，卡普拉拉(Caprara)和同事们(2000)发现，三年级学生的社会技能(由教师评估)比三年级学生的成绩更好地预测了学生八年级的学业成绩。马莱茨基(Malecki)和艾略特(2002)报告了更为有力的发现。他们发现，社会技能与高风险测试所测得的年终学业成绩之间的相关性约为0.70。因此，社会技能对学校里的儿童来说是至关重要的学术推动器。

(四)社会技能的优势与劣势

与任何技能一样，无论是社交、认知还是身体技能，社会技能都是从不存在、显现、精通，发展到完成阶段的。在儿童成长的一定时间内，他的某些社会技能将相对较强或经常使用，而另一些社会技能则相对较弱或不经常使用。社会技能劣势的一个重要概念特征对社会技能干预计划的设计和实施具有直接影响，即社会技能习得缺陷与社会技能表现缺陷之间有区别(Gresham，1981a、1981b；Gresham & Elliott，2008)。这种区别很重要，因为需要采用不同的干预方法来矫正社会技能缺陷，并且对不同的干预级别(选定的、有针对性的或强化的)指示了不同的设置(例如，普通教育课堂与分组讨论)。

习得缺陷是缺乏使用特定社会技能的知识，无法流畅地进行一系列社交行为或在具体情况下难以知道哪种社会技能是适合的(Gresham，1981a，2002)。根据这一概念，习得缺陷可能是由社会认知能力的缺陷、整合流畅反应模式的困难或对社会情境的恰当辨别的缺失造成的。习得缺陷可以被描述为"做不到"的问题，因为即使在最佳的动机条件下，儿童也无法表现出既定的社会技能。

表现缺陷可以被认作未能在可接受的水平上表现给定的社会技能，即使儿童知道如何表现社会技能(Gresham，1981a)。也就是说，表现缺陷是指一个儿童拥有技能却不能始终如一地表现出来。表现缺陷是动机或表现方面有困难，而不是学习技能方面有挑战。

社会技能缺陷概念化的另一个重要组成部分是"相互冲突或干扰问题行为"的概念(Gresham & Elliott，1990)。竞争性问题行为可分为两大类：①外在行为模式，包括不服从、攻击或胁迫；②内在行为模式，如社交退缩、焦虑或抑郁。这些外在化或内在化的行为常常与特定社会技能的获得或表现相互矛盾，或阻碍了特定社会技能的获得或表现。

（五）社会技能缺陷的基础比率

基础比率信息在评估中很重要，因为如果不先了解一种现象在人口中的正常比率，就无法知道这种现象有多不寻常或有多典型。格雷欣、艾略特和凯特勒(Kettler，2010)进行了一项实证研究，以确定社会技能获得或表现缺陷、社会技能优势和问题行为的基础比率。具体来说，他们以具有全国代表性的3—18岁儿童为样本，实证地确定了社会技能获得和表现缺陷、社会技能优势和问题行为的基础比率。他们使用社会技能改善系统评分量表的国家标准化样本(N=4550名儿童)，涵盖三个信息提供者(教师、家长和学生)和三个年龄组(3—5岁、6—12岁和13—18岁)，这样，基础率得以计算出来。结果表明，在一般人群中，社会技能习得缺陷和问题行为的基础发生率极低。6—12岁组学生的社会技能表现缺陷和社会技能优势的基础比率要高得多，他们展现的表现缺陷和社会技能优势低于大龄儿童(13—18岁)、教师和三个年龄组的家长。

正如社会技能改进系统评分量表标准化样本的基础率研究所表明的：社会技能表现缺陷，而不是社会技能习得缺陷，是主张干预者可能面临的困难形式。也就是说，许多儿童可以表现期望的社交行为，但他们可能需要支持来了解应在哪些情况下表现该行为或表现这些行为的额外动机。一旦能够可靠地识别出此类缺陷，就可以实施一系列循证的干预，以减少或消除社会技能缺陷。当然，当同时发生的问题行为与期望行为的表现相互矛盾时，干预会更加复杂，但是同样可以使用一系列干预来减少此类互相矛盾的行为。

二、社会技能的评估

评估儿童社交能力的方法有多种，包括直接观察、访谈、角色扮演和评分量表。然而，在过去的20年中，评估社会技能最常用的方法是评分量表(Crowe，Beauchamp，Catroppa & Anderson，2011；Humphrey et al.，2011)。偏好这种评分量表有很多原因。评分量表是一种相对有效的工具，用来表示个人观察他人或自己行为的大致特征。正如艾略特和布斯(2004)指出的那样，评分量表在反映个人的社会功能、情感功能和个人功能的形象方面是不完善的"镜子"。然而，在许多情况下，结构良好的评分量表所反映的信息可能非常有用。但是，有许多研究人员和实践者认为，直接观察是评估社交行为的"黄金标准"。

根据多尔(Doll)和艾略特(1994)的研究，"黄金标准"一词具有附加含义。也就是说，如果目的是对目标行为进行具有高度代表性的抽样，那么，观察法就时间而言可能是昂贵的。例如，在一项针对学龄前儿童的研究中，多尔和艾略特提出了一个问题，即有多少观察数据足以准确预测儿童在课堂上的典型社会技能和问题行为的频率。具体来说，为获取一个准确且具有代表性的学龄前儿童的社交行为样本，他们使用相关性研究设计来检测，30 分钟的课堂上的观察次数。他们采用部分间隔抽样法对 24 名儿童进行观察，观察进行了 6 周，通过单向镜子在教室里观察每个儿童在自由活动期间的行为并录制了 9 个 30 分钟的录像。多尔和艾略特使用相关性和 kappa 系数将早期观察阶段和后期观察阶段进行了比较。这些比较的结果表明，从信度的角度来看，两次或三次观察都不足以描述社交行为的统一模式。经过五次观察，四分之三的行为中，有六种行为与观察记录高度相关(r＝0.80)。根据这些数据，作者得出的结论是，在几周内至少进行五次 30 分钟的观察才足以代表学生的社会技能。多尔和艾略特还发现，行为类型能够解释行为可预测性的变化。一些行为，如定向游戏或身体攻击，比其他行为的发生更一致。而诸如分享之类的不太一致的社交行为，通常比其他行为更依赖于环境或背景事件，因此，即使有 7—8 次观察也很难预测。作者得出的结论是："取决于特定儿童的兴趣行为，观察记录可能需要相当长的时间才能记录对儿童行为的足够一致的描述。"

行为评分量表和问卷是评估工具，是量化教师和家长意见最常用的方法(Elliott ＆ Busse，2004；Merrell，2003)。评分量表可以在不同的环境中，由许多源头(如教师、家长、治疗师、儿童本身)重复使用，以此提供多种行为指标。精心设计的行为评分量表本质上是评分者对儿童近期观察和经验的概括描述。当然，评分量表有其局限性，必须使用其他数据库的内容，以增加其评分结果的可靠和有效的可能性。

(一)影响评分量表使用的实践和技术问题

行为评分量表似乎不仅仅是一系列结构化直接观察的汇总。评分者通常是目标儿童行为环境中的"参与者"，与通常通过直接观察、系统操作的行为相比，要评估的行为是更全面的技能的集合。行为评分量表为收集数据提供了一种有效的方法，以此创建一个相对全面的功能图谱。尽管一些行为主义者会争辩说，评分量表不是评估儿童社会技能的"黄金标准"，但它们提供了一个合理的多指标、多来源评估的组成部分。对于许多从业者来说，在时间有限却又需要对一系列社会行为进行抽样调查的情况下，评分量表是他们干预工作评估的重要组成部分。

研究人员已经发现了影响评分量表使用的几个潜在问题，其中包括信息提供者之间的一致程度、自我报告的使用以及与直接观察相比评分结果的有效性。

1. 多个信息提供者

通常，信息提供者是教师、家长和儿童本身。一些行为评分量表只适用于教师；另一些量表只适用于家长或儿童；还有一些量表三者共同适用。有些信息提供者能够更好地根据行为可能发生的情境对某些行为进行评分。例如，教师在评价注意力跨度、课堂行为、学校环境中的社交互动等方面更便利。有些情况可能父母更了解，如兄弟姐妹之间的互动、吃饭时的行为等。

使用行为评分量表的最佳做法是发动多个信息提供者对同一个儿童的行为进行评分，以更全面地了解儿童在各种情况和环境下的行为。当然，研究人员已经反复发现，多个信息提供者充其量只能达成中等程度的一致（Achenbach，McConaughy & Howell，1987；Gresham，Elliott，Cook，Vance & Kettler，2010；Ruffalo & Elliott，1997）。尽管多个信息提供者的交叉导致一致程度只有中等水平甚至是低水平，但使用多个信息提供者可以辨别哪些行为倾向在哪些情况下发生，哪些行为似乎是针对特定情况的。这些信息可以用于分类决策和干预计划。

2. 自我报告评估

自我报告评估要求个人提供关于自己的标准化信息，如思想、感觉和身体经历。它们使研究者和从业人员可以获得个人自身看法的信息，这些信息可以"提供可能表明普遍的社会或情感困扰的'危险信号'"，并且在某些情况下，它们可以将需要进一步评估的特定关注领域分离开来（Merrell，2003）。自我报告信息可用于筛查，也可以帮助进行诊断和制定干预目标等。卡兹丁（Kazdin，1986）建议使用自我报告来评估儿童的内在症状，一些研究人员已经记录了儿童评估自己焦虑水平的效用。然而，一些关于使用自我报告量表的担忧也已经引起了注意。首先，自我报告量表要求个人提供他们对自己看法的信息，这些信息是相对主观的（McConaughy & Ritter，1995），本质上是回顾性的（Kratochwill & Shapiro，2000），并且通常是在特定的情境下（Kazdin，1979）。其次，自我报告量表对行为的测量还需要在进展上适合他们的预期人群，使用者必须考虑受访者的认知、语言和阅读能力。这些因素可能在决定回答是否有效方面十分重要。最后，另一组影响受访者完成自我报告量表有效性的因素通常被称为"反应偏差因素"，包括伪造、默认或社会期望（Merrell，2003）。尽管存在批评或担忧，自我报告量表仍在研究、综合评估和治疗有社交—情感障碍的学生方面发挥了作用。精心设计的多维量表包括自我报告量表，如社会技能改进系统评分量表，也包括检测伪造或可能的反应偏差的方法。

3. 直接观察评分量表的效度研究

与任何评估工具一样，评分量表中的分数需要有证据证明其使用的有效性。鉴于行为评分量表只是作为间接的观察手段，因此，评分量表验证工作的一个重要部分是将其结果与同一目标儿童的直接观察结果进行比较，这是合乎逻辑的。在评估行为模型中，这种逻辑尤其正确。其中，直接观察被视为所有其他评估都应与之进行比较的"金标准"。然而，很少有行为评分量表的作者报告有关评分与观察之间关系的信息。这可能会让读者感到惊讶，但大多数直接观察系统和行为评分量表在几个重要方面存在差异，导致结果的可比性不高。一个主要的区别是，直接观察目标的行为往往比按评分量表操作的行为更加分散或离散。另一个区别是，直接观察行为的结果很少像大多数行为评分量表那样在响应类或分量表上进行汇总。此外，直接观察评估的行为通常仅限于一项或两项离散的技能，而评分量表通常收集 50—60 种行为或技能的信息。覆盖范围和评分上的这些差异降低了直接和间接观察评估结果的可比性，并减少了同时进行的有效性评估。

正如多尔和艾略特（1994）指出的，关于获得儿童社交行为的代表性样本应收集多少观察数据这一问题的研究数据是有限的，而对于大多数行为评分量表，评估者预计会在 1—2 个月的时间内总结其观察结果。为了确保代表性，观察过程应获得足够大的行为样本，但观察周期的发生频率和持续时间就只能靠估计了（Doll & Elliott，1994；Johnston & Pennypacker，1980）。在评估儿童的社会情感行为时，使用多元的、多方法的途径被认为是最佳做法。然而，我们必须认识到，所有评估都存在差异。常见的差异来源于不同的方法、信息提供者、环境和时间。基于这种差异，我们需要考虑两个基本的评测原则：①所有评测中都存在误差；②测试的是行为样本。对此，我们要使用多种来源和多种方法来减少误差并获得更具代表性的样本，尽管这些方法或来源之间可能不会达成很高的一致性。例如，阿亨巴赫（Achenbach）及同事（1987）对 119 项研究进行了元分析，检验了信息提供者们对儿童行为的评价是否一致。结果发现，所有类型的信息提供者之间的平均相关性在统计学上都是显著的，但幅度适中。相似的信息提供者（如教师组、心理健康工作者组）具有最高的相关性（分别为平均 r=0.64 和 r=0.54）。具有不同角色（如教师或家长组）的信息提供者之间的相关性较低，但仍然显著。其中，教师和观察者组之间的相关性最高（平均 r=0.42），两组观察者之间的平均一致性为 r=0.57。

尽管使用同一种评估方法的不同信息提供者可以达成显著的一致性，但得出不同评估方法之间享有一致性却是另一个问题。艾略特等人（1988）发现，教师和观察者在社会技能评分量表（教师版，SSRS-T；Gresham & Elliott，1990）上的评分以及观察者的观察结果与所观察到的行为具有中度相关性。同样，梅里尔（Merrell，1993）发现，儿童行为清单（直接观察表）（CBCDOF；Achenbach & Edelbrock，1986）和学校社交行为量表（SSBS；Merrell，1993）与教师和观察者对问题行为的评分之间的相关性是弱相关至中等相关（r=−0.06——−0.39），与完成任务评分上的相关性是中等相关（r=0.26—0.52）。

（二）常用的行为评分量表

最近，对儿童的社会情感能力的测评方法有两个主要综述（Crowe et al.，2011；Humphrey et al.，2011）。两个研究小组都对研究文献进行了全面的检索，以了解用于青年和儿童的社交行为的实证研究方法。汉弗莱团队确定了 189 种方法，而克洛（Crowe）团队使用了一套更严格的搜索标准，确定了 86 种方法，这 86 种方法也被汉弗莱和同事确定了。在这些方法中，汉弗莱和同事们（2011）按照"在四篇及以上同行评审的学术期刊里的文章（报告研究）中使用过"的标准选择了 12 种方法。他们进一步指出，其中只有 3 种方法在 10 篇及以上的研究文章中使用过，它们分别是：非语言准确性诊断评估（DANVA）、能力和行为评估量表（SCBE）、社会技能评估量表或社会技能改进系统评估量表。克洛团队（2011）将社会技能评估量表和社会技能改进系统评分量表确定为在所有已发表的方法中引用次数最多的方法——1988—2010 年引用量为 1300 次。我们在表 20-1 中总结了这 12 种方法以及关键的技术维度，然后基于社会技能评估量表和社会技能改进系统评分量表在研究文献中的地位对其进行了重点研究。

社会技能评估量表（Gresham ＆ Elliott，1990）是社会技能改进系统评分量表的前身（Gresham ＆ Elliott，2008）。如今，社会技能评估量表和社会技能改进系统评分量表的版权都已出售，因为对社会技能评估量表的研究需求仍然存在，完成社会技能评估量表只需不到 10 分钟。社会技能评估量表是一种对学生社交行为基础广泛的、多评价者的评估。它考察了师生关系、同伴互动和学习表现。社会技能评估量表和社会技能改进系统评分量表是唯一从三个主要评分来源（教师、家长和学生）获得信息的社会技能评分量表。评估从这三个来源收集 3—12 年级学生的信息，从家长和教师中收集从幼儿园到二年级的儿童信息。这两种工具还有三种形式，反映了三个发展年龄范围：学龄前（3—5 岁）、小学（K-6 年级）和中学（7—12 年级）。社会技能评估量表和社会技能改进系统评分量表侧重于社会技能的综合评估。此外，它们还评测那些经常与社会技能行为习得或社会技能行为表现相互矛盾的问题行为。另外，这些量表的教师版本还包含对学术能力的衡量，因为差劲的社会技能、相互矛盾的问题行为和欠佳的学术表现往往会同时发生。

社会技能改进系统评分量表比前身有更多优势，包括：①更新了全国规范；②补充了四个子量表（沟通、参与、欺凌和自闭症谱系障碍）；③评估者之间涵盖的主题有了更大的重叠，改进了心理计量特性和有效性量表；④出现了父母和学生表格的西班牙语版本；⑤评分和报告软件；⑥项目评分与整个社会技能改进系统项目中以技能为主的干预部分有了直接的链接。所有形式的社会技能改进系统评分量表包括七个子领域的通用社会技能：沟通、合作、主张、责任、共情、参与和自我控制。社会技能改进系统评分量表中的每一项都是根据评分者对行为频率的感知，按 4 级频率量表（0＝从不，1＝很少，2＝经常，3＝几乎总是）进行评分。此外，所有社会技能改进系统评分量表（小学版除外）使用 3 级重要性评分（0＝不重要，1＝重要，2＝非常重要）来识别需要立即进行干预的缺陷。

社会技能改进系统的教师版和家长版包括以下五个子领域的问题行为：外化、欺凌、多动症或注意力不集中、内化、自闭症谱系。教师版包括学业能力量表，测量学生在阅读和数学、学生动机、父母支持和一般认知功能方面的表现。主量表上的分数（社会技能总分、问题行为总分和学业能力总分）以标准分数表示（M＝100，SD＝15）。

在一项具有全国范围代表性的样本研究中，研究者将社会技能改进系统评分量表进行了标准化。样本共有 4700 名 3—18 岁的儿童和青少年，在 36 个州的 115 个地点进行了评估，每个年龄组样本的男女人数相等，并且在种族、民族、社会经济地位（SES）和地理区域方面与美国人口相匹配。

社会技能改进系统评分量表在内部一致性和重测信度方面具有强大的心理计量学特性。每个版本、每个年龄段的社会技能和问题行为量表的中位数信度都在 0.90 左右；总社会技能的重测信度为 0.82（教师版）、0.84（家长版）和 0.81（学生版）。在教师、家长和学生版本的社会技能子量表中，中位稳定性指数都在 0.80 左右；在所有评分者的问题行为子量表中，中位稳定性指数也都在 0.80 左右；学业能力量表的稳定性估计为 0.92。

表 20-1　12 个社会情感测量的特征

测量	年龄	版本	测试长度	完成耗时（分钟）	量表和子量表	答案形式	其他语言
儿童情绪技能评估（Schultz, Izard & Bear, 2004）	4—8 岁	儿童	56	10—25	情绪归因准确性，愤怒归因倾向，幸福归因倾向，悲伤归因倾向	多选 1—5	佩迪语（南非）
巴伦情商清单：青少年版（Bar-On & Parker, 2008）	7—18 岁	儿童	60、30（短版）	20—25、15—15（短版）	总体情绪智力，人际关系，适应性，压力管理，总体情绪，正面印象，前后矛盾指数	李克特 1—4	西班牙语，荷兰语
儿童激进行为量表（Michelson & Wood, 1982）	8—12 岁	儿童、家长、教师	27	10—15	总体自信心，被动性和攻击性	多选 1—5	
儿童评价量表（Hightower et al., 1987）	5—13 岁	儿童、家长、教师	24、38（教师）、18（家长）	10—20	遵守或执行，焦虑或退缩，人际交往能力，自信心（儿童）；付诸行动，害羞—焦虑，学习，挫败感，自信的社交技巧，任务导向，同伴社交能力（教师）；挫折忍耐，害羞焦虑和同龄人的社交性（家长）	李克特 1—3	
非言语准确性诊断分析（Nowicki & Duke, 1994）	4 岁至成年	儿童	16—32	30	解释儿童和成人的面部表情，附语言和姿势	多选 1—4	
差异情绪量表（Izard, Dougherty, Bloxom & Kotsch, 1974）	7 岁至成年	儿童	36	10—15	积极情绪（兴趣、喜悦、惊奇），消极情绪（害羞、悲伤、愤怒、厌恶、蔑视、自我敌对、恐惧、内疚和羞愧）	李克特 1—5	
情绪管理清单（Shields & Cicchetti, 1997）	6—12 岁	家长、教师	24	10	消极性，情绪管理	李克特 1—4	
马特森青少年社会技能评估（Matson, Rotatori & Helsel, 1983）	4—18 岁	儿童、教师	64（教师）62（儿童）	10—25	适当的社交技巧，不当的自信、冲动，过分自信的行为、嫉妒	李克特 1—5	日语，西班牙语，土耳其语，中文，荷兰语，葡萄牙语

续表

测量	年龄（岁）	版本	测试长度	完成耗时（分钟）	量表和子量表	答案形式	其他语言
学前和幼儿园行为量表第二版（Merrell，1996）	3—6岁	教师、家长	76	12	社会合作，社会互动，社会独立，外部问题和内部问题	李克特1—4	西班牙语
积极倾向测量—修订版（Carlo，Hausmann，Christiansen & Randall，2003）	11—18岁	儿童	25	30	公开，匿名，可怕，情绪化，顺从和利他的亲社会行为	李克特1—5	加拿大法语，西班牙语，日语，俄文，中文，葡萄牙语，意大利语，奥地利德语
能力和行为评估量表（LaFreniere & Dumas，1996）	2.5—6.5岁	教师、家长	80、30（短版）	15	抑郁—快乐，焦虑—安全，愤怒—忍耐，孤立—整合，积极进取—镇静，自我本位—亲社会，对立—合作，依赖—自主和四个总结量表：社会能力，外部问题，内部问题和总体适应	李克特1—6	西班牙语
社会技能改进系统评估量表（Gresham & Elliott，1990）	3—18岁	儿童、家长、教师	79（家长）、75（儿童）、83（教师）	10—25	社会技能（沟通、合作、主张、责任、同情心、敬业度、自我控制），竞争性问题行为（外在化、霸凌、多动或注意力不集中、内在化、自闭症谱系）和学术能力（阅读成就、数学成就、学习动机）	李克特1—4	

对社会技能改进系统子量表和题目的查看表明，它几乎测量了学术、社会和情感学习合作共同体的社会情感学习模型的所有组成部分。具体来说，学术、社会和情感学习合作共同体定义的"自我认知"类似于社会技能改进系统评分量表中的"自我控制"项；学术、社会和情感学习合作共同体定义的"自我管理"实际上等同于社会技能改进系统评分量表中的"自我控制"量表；学术、社会和情感学习合作共同体模型中的"社会认知"由社会技能改进系统评估量表中的"共情"和"参与"量表很好地表现出来；学术、社会和情感学习合作共同体模型定义的"人际关系技能"含义宽泛，可以用社会技能改进系统评分量表中的"沟通""合作"和"主张"量表来衡量；最后，学术、社会和情感学习合作共同体的"负责任的决策"与社会技能改进系统评分量表中的"负责任"项非常相似。

三、提高社会技能的干预

为了提高儿童社会技能而采取的有效的和个性化的干预必须基于循证方法进行有效评估和合理实施。在本章的剩余部分，我们将重点关注社会技能干预的主要方面。

(一)基本要素和流程

有效的社会技能教学方法包括建立正确的行为模型，引发模仿反应，提供纠正反馈和强化，安排练习新技能的机会。在最近对学龄前儿童的学校社会技能干预的元分析研究中，弗雷和凯撒(Kaiser)发现(2012)，在具有正向的、统计显著的效应量研究中，儿童通过观察成人的示范，练习目标技能，接受即时反馈来学习社会技能，并在目标技能训练后交流经验。作为社会技能干预的组成部分，艾略特和格雷欣(2007)还回顾了各个年龄段的社会技能干预文献和现有的社会技能干预计划，并确定了有效的社会技能计划的六个组成部分：讲述、展示、做、练习、监控进展和概括。在"讲述"部分，教师或干预者为他想要教授的社会技能建立学习目标，介绍和定义该技能，讨论为什么该技能很重要，并具体说明如何表现该行为。在"展示"部分，教师或干预者对行为进行示范，并提供目标技能的正确示例和错误示例。教师或干预者可与学生建立角色扮演情境，以进一步展示技能。在"做"的部分，教师或干预者要求学生定义技能，讨论该技能为什么很重要，并说明完成技能所需的步骤。然后，学生通过角色扮演来练习这项技能。学生使用角色扮演中的技能提供反馈。在"练习"部分，教师或干预者让学生完成可以与同学一起练习技能的活动。必要时，教师或干预者会提示使用所需的社会技能，并在学生表现出所需的社会技能时积极强化他们的能力。为了监控进展，教师或干预者要求学生反思他们对目标社交行为的使用，并完成对其技能表现的自我评估。在最后的"概括"部分，教师或干预者要求学生在家长或兄弟姐妹的支持下到课外使用该技能。使用这六个程序的组合应能使学生学习社会技能，更频繁、一贯地表现这些所需的行为，并在完成干预程序后继续表现这些行为(Elliott，Frey & DiPerna，2012)。

(二)培训教师教授社会技能

学校社会技能干预计划的成功取决于教师"对其执行计划的能力的信心，并具有按计划完成到底的技能和资源"(Buchanan Gueldner，Tran & Merrell，2009)。培训教师讲授与问题行为相一致或相冲突的社会技能，这对于教师的信心和计划的成功非常重要。戴维斯和库伯(Cooper)强烈建议(2013)教师需要培训，需要定期的支持和对其表现的建设性反馈(CASEL，2002)，以有效实施社会技能培训。

教师培训的四个核心要素提供了促进社会技能和情感发展的框架，以支持儿童的适当行为并防止挑战性行为(Fox，Dunlap，Hemmeter，Joseph & Strain，2003)。这些组成部分包括与儿童、家庭和同事建立积极的关系；设计鼓励的和有趣的环境来促进积极的行为；教授社会情感技能；针对行为最具挑战性的儿童制订个性化的干预计划。

（三）社会技能干预的效能研究

大量的评述和元分析已经研究了社会技能干预的有效性。大多数评述都集中在针对各年级儿童的社会技能干预（Ang & Hughes，2002；Beelmann，Pfingsten & Losel，1994；Durlak，Weissberg & Pachan，2010；Erwin，1994；Hanson，1988；Losel & Beelmann，2003；Pellegrini & Urban，1985；Schneider，1992）上，或专门针对学龄前儿童（Frey & Kaiser，2012；Kennedy，2010；Vaughn et al.，2003）、小学生（Goldston，2000）或中学生的社会技能干预（Alwell & Cobb，2009）的结果上。对社会技能干预的评述和元分析也针对特定的残疾学生群体进行，如自闭症谱系障碍的学生（Bellini，Peters，Benner & Hopf，2007；Buettel，2007；Wang，Cui & Parrila，2011；Wang & Spillane，2009）、情绪与行为障碍的学生（Cook et al.，2008；Quinn，Kavale，Mathur，Rutherford & Forness，1999）和学习障碍的学生（Forness & Kavale，1996）。纵观评述，通常社会技能干预被认为对提高有残疾和无残疾儿童和青年的社会技能是有效的，但这些综述的作者始终没有注意到，各项研究结果存在显著差异。调节变量分析表明，不同人群和干预者的干预效果存在差异。例如，在最近的一项元分析中，与未接受干预的学龄前儿童相比，接受学校社会技能干预的学龄前儿童在干预后的社会技能评测方面是否表现得更好（Frey & Kaiser，2012），残疾儿童与无残疾儿童的情况存在显著差异，特别是残疾儿童因贫困相关的风险因素而被归类为有危险的儿童。具体而言，在包括残疾儿童的研究中观察到最大的干预效果，其次是对非残疾儿童的实验研究。干预研究（包括被归类为危险儿童的干预研究）的效应量在统计学上不显著，整个子研究组的总体效应量为 0.05。此外，研究者与教师实施的干预在效应量上存在显著差异。在研究者实施的干预中，治疗组儿童治疗后的社会技能结果测量值比对照组儿童增加了 0.8 个标准差；而在教师实施的干预中，治疗后社会技能结果测量值仅增加了 0.17 个标准差。

在干预相对不多的情况下，残疾儿童和非残疾儿童都可以通过社会技能干预获得或提高亲社会行为表现。基于社会技能干预的评述和元分析中的研究、建议之间体现的差异性，还是必须考虑影响社会技能干预有效性的三个因素：第一，应该根据评估结果、观察结果、文化和发展期望来选择干预的目标技能，并且这些技能必须对干预对象具有社会有效性；第二，应预先向实施社会技能干预计划的教师提供培训和支持，并使用循证的专业技能来发展和辅导实践；第三，应监测干预的实施情况（如评测疗法忠诚度）。各项研究结果的差异可能与对教师和干预者的培训或支持不足，或与未按照设计好的干预计划执行有关。

弗雷和凯撒（2012）使用"小组设计研究报告标准"（Gersten et al.，2005）评估了含有元分析研究中的方法质量。他们发现，大多数研究很少提供关于社会技能干预中行为选择的信息、教师和干预者的背景信息、实施干预的教师的干预培训程序（和后续支持）信息、干预的社会有效性信息，以及程序忠诚度或治疗完整性数据信息。未来需要研究社会技能干预的有效性，并应衡量和报告治疗完整性或程序忠诚度、跨条件干预者的特征，以及社会有效性（Frey & Kaiser，2012）。在解释社会技能干预的结果时，应考虑以上这些因素。

(四)评估和提高社会技能的综合系统

在本章中，我们将社会技能改进系统评估的部分内容引入干预系统，以此作为一套综合工具的示例。这套工具使教育工作者能够通过年轻的成人增加学龄前儿童的亲社会行为。我们主要介绍社会技能改进系统评分量表和干预方法的其他系列描述。这些干预方法以及通过评分量表评估的目标行为属于两本干预手册的部分内容：社会技能改进系统中的全班干预计划（CIP；Elliott & Gresham，2007），侧重于由教师确认的、为全班学生设计的前10项社会技能；社会技能改进系统的干预指南（IG；Elliott & Gresham，2008)的重点是针对那些对全班干预计划没有反应的学生或因有严重并发问题行为损害了所需社会技能的学生。

来自社会技能改进系统表现评价指南（SSIS-PSG；Elliott & Gresham，2007)或社会技能改进系统的评估数据推动了干预目标行为的决策。如图20-1所示，它可以将一套社会技能改进系统工具组织起来，以创建一个循证的多层次干预评估模型。

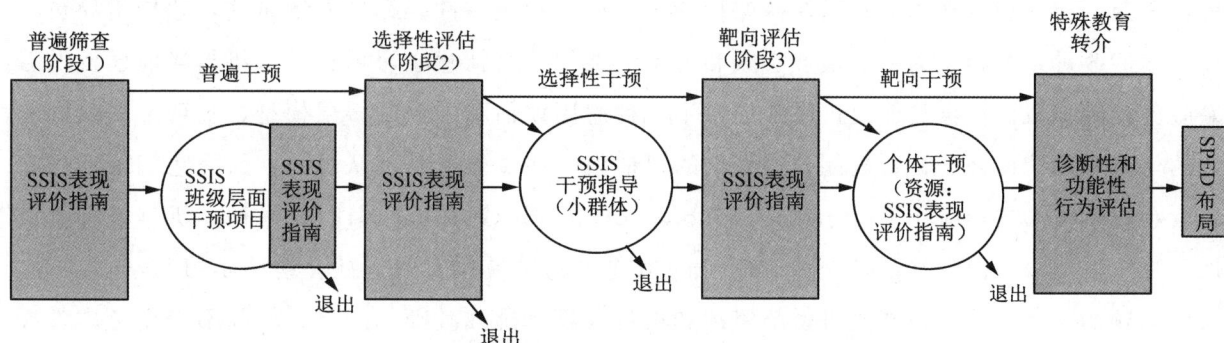

图20-1 SSIS多层次评估和干预模型①

(五)社会技能改进系统在澳大利亚学校中的应用

全校范围内的社会情感学习规划可以促进整个学校的团体建设活动和家庭联系，这也是形成广泛支持文化的一部分。然而，为比例失衡的低社会经济地位家庭服务的学校，往往拥有大量社会情感能力低的学生，因此更具挑战性。在这些情况下，社会情感学习的有效性便与减少不适当的问题行为有着内在的联系。研究表明，许多生活在贫困、家庭功能障碍、虐待和忽视环境中的儿童更容易出现行为、社会、学业和心理健康问题（Doll & Lyon，1998；Buchanan et al.，2009）。这些儿童也更可能有语言和学习困难，使得进入学习环境的难度更大。在社会经

---

① SSIS指社会技能改进系统，同时是皮尔森教育公司的一个商标。

济地位低的社区，创伤事件和其他压力事件也往往更为频繁（Hatch & Dohrenwend，2007；Casey & Paulson，2011）。对于具有多个风险因素的学生，学校可能需要采取多种干预来促成有效的学习。

班达巴州立学校（BSS）是昆士兰州东南部的一所社会经济地位很低（SES）的学校，现有649名学生。2011年澳大利亚全国学业测试结果显示，澳大利亚三年级的学生中有45％达到了前两个阅读等级，但班达巴州立学校三年级学生中只有16.2％达到了同样的标准。学校的数据还显示，高达45％的学生在阅读方面一直被认为需要额外的支持。此外，33％的学前班学生需要语言支持，并表现出发育迟缓。作为为期四年的《国家合作计划》的一项重要举措，2011年，学校、社区同意将社会情感学习和行为一起作为重点关注领域，以期在全校范围内为学生的心理健康和学术学习提供支持（Davies & Cooper，2013）。

学校鼓励全校采取致力于提高学生的适应能力和幸福感的普遍做法，并建议提高教师能力，以确保规划和干预的可持续性。全校范围的积极行为支持（SWPBS）是2007年推出的第一个以系统为基础的行为管理策略。虽然学生行为有一些明显的改善，但已确定需要采取特定的干预来提高学生的社会技能。从预备年级（或幼儿园）到三年级，向这四个年级的学生提供社会技能培训，并在四年内维持培训干预计划，这被认为是具有战略意义的。学校领导层致力于提供资源、材料和教师培训，以保持课程的顺利进行和完整性。经过大量研究，学校指导员将社会技能改进系统确定为基于最佳实践和可持续性的社会情感学习项目，这将与当前学校的普遍服务相辅相成。社会技能改进系统提供了一种通用评估和干预的多层模型，实现了高效和有效的全班干预。此外，社会技能改进系统的评估内容在文化上是被认可的，因为它们最近已在澳大利亚学校中成功应用了（Kettler，Elliott，Davies & Griffin，2012）。最初，所有教师都参加了一个信息会，内容涉及社会情感学习的当前研究和最佳实践，社会情感学习与学习成绩、行为问题的关系，社会技能改进系统概述和项目大纲。挑战教师们的是，教师不仅要考虑教授识字和算术来提高学业成绩这部分的重要性，而且要认识到发展社会和情感能力是提高所有学生的适应力和社会、情感、行为能力的关键。

在班达巴州立学校，所有在预科三年级任教的教师（N＝15）使用表现评价指南量表，根据五个等级的标准对班上所有学生进行评估，然后将社会技能改善系统评分量表应用于亲社会行为较低的学生（等级1和等级2），以确定待培训的目标社会技能水平。第一年参与该计划的372名学生中，近16％是土著人，超过15％的学生将英语作为第二语言，近5％的学生有残疾。在对亲社会行为进行评估时，近11％的学生被评为1级，超过21％的学生被评为2级，因此，近三分之一的学生随后使用社会技能改进系统评分量表（教师版）进行了评估。然后，由班主任向全班学生专门讲授通过应用社会技能改进系统评分量表发现的社会技能习得缺陷。这些缺陷在他们的班级学生中最常见，而全班同学的表现也普遍覆盖了其他10项社会技能。通常情况下，社会技能改进系统评分量表会驱动个体干预，但在本项目中，它被用于针对更常见的技能缺陷，并将干预推向整个班级。

四年制项目第一年的初步数据表明，教师对所有学生表现评价指南的四个组成部分(阅读、数学、学习动机和亲社会行为)的评分在培训后显著增加。此外，通过 SSIS-RS 被评估为亲社会行为低的学生(N＝81)在社会技能和学术能力方面的评分显著提高，而问题行为评分则显著降低。这些结果都在朝着预期的方向发展，非常有希望。

教师们(N＝14)对使用社会技能改进系统的思考也被调研和记录了下来(Davies & Cooper，2013)。所有教师都认为，社会技能提高了学生的学业成绩，应该由课堂教师教授，并且所有教师都非常积极地在课堂上进行社会技能培训。他们普遍对自己目前的知识、技能和在课堂上实施社会技能改进系统全班干预计划(SSIS-CIP)的能力感到满意。在教授了几个月的社会技能后，教师们对 SSIS-CIP 作为一项干预计划非常满意，并报告说它符合 SAFE(有序的、主动的、专注的和明确的)标准(Durlak et al.，2011)。因为该项目精心安排了相互关联、相互协调的活动以及活泼而有趣的课程，该项目专注于至少一种社会技能的构成部分，并针对特定的社会技能设定明确的目标。然而，在这个具有挑战的环境中，几乎三分之一的学生有社会技能缺陷，教师们评论说，虽然那些在社交方面表现良好的学生喜欢这个项目，但那些需要社会技能的学生却常常对某个社会技能的标准没有反应，或者没能长时间地坐着听下去，还评论它有多无聊。不当行为被许多老师认为是完成项目内容的障碍。

班达巴州立学校的教师们认识到有社会技能缺陷的学生很难参与学习，除非这些学生通过直接引导提高他们的社会技能，否则他们将无法学习这些技能。因此，似乎迫在眉睫的是，要为处于挑战性环境中的学生尽早地提供社会技能培训，或者学业规划，这样才能实现他们学习和发展的目标。虽然班达巴州立学校的社会技能项目进展不尽如人意，但仍将继续以可靠的评估数据和有效的结构为指导，向许多儿童提供社会技能培训。

四、结论

具有社交能力的学生更快乐，更健康，更专注于学习。在许多情况下，社会技能是使重要行为积极发展的关键因素，这些重要行为有助于学生在社交、情感和学业上的成长。具有良好社交能力的学生可以与他人保持联系，并意识到他人对自己的行为和态度的重要细微差别。当学生未能发展适当的社会技能时，可以使用许多可靠和有效的工具来评估这些技能，并确定需要改进的技能。提高这些技能的方法也已经有了很好的研究，并得出了一些可行的干预方案，这些方案因年龄和理论取向的差异而有所不同，且干预计划的相似之处多于不同之处。但它们都强调学生通过观察其他表现出期望行为的人来学习，通过讨论如何利用这些行为来促进建设性关系的形成，最后通过多种情况和地点与他人一起练习这些行为。

本章重点介绍了社会技能改进系统，描述了一种全面、系统的方法来理解和提高在社会上有效的社会技能，如沟通、合作、参与和自我控制。这个系统明确强调了学术、社会和情感学习合作共同体的社会情感学习框架中所包含的许多社会技能。

未来欢迎有更多的研究，也需要更多的课堂时间来教授社会技能，但此时此刻，影响成千上万学生社会技能发展的手段已经存在。将提高社会技能作为教师和家长的优先事项，还有赖于他们认识到社会技能的重要性。社会技能可以促进与同龄人、家长和教师的关系，并有利于产生许多有助于学业成功的条件。因此，社会技能在小学生每天的生活中都具有重要的社会和学术意义。

五、参考文献

请扫描二维码获取原书参考文献。

第21章
学生社会情感能力直接评估的机遇与挑战

克拉克·麦考恩

　　正如本手册表明的，社会情感学习包括一系列的心理、情感和行为过程，这些过程在儿童和成人生活中扮演着重要角色。学术、社会和情感学习合作共同体认为，社会情感学习包含多种重要的技能，包括：①对感觉、优势和挑战的自我认知；②理解他人的感受和观点的社会认知；③形成积极关系和处理人际冲突能力的人际关系技能；④对个人和社会行为做出积极负责任的决策；⑤管理个人情绪以实现目标的自我管理能力（Elias et al.，1997）。

　　对于研究者和实践者来说，一个关键的问题是如何测量这些社会情感学习的重要维度。本手册的第19章和第20章介绍了关于社会情感学习评估的一些有希望的进展。然而，在可用、可行和科学可靠的工具适于大规模应用之前，还有许多工作要做。缺乏这类工具极大地限制了人们了解社会情感学习对儿童的影响程度，以及系统、定期监测儿童学习和使用社会情感能力的程度。此外，如果没有严格的和健全的社会情感学习评估体系，也将难以评估国家社会情感学习标准的意义和影响。

　　本章介绍了研究者和实践者感兴趣的儿童社会情感能力评估，它的目的是：①描述政策和实践背景下如何嵌入社会情感学习评估；②回顾社会情感学习评估实践的最新进展；③讨论确定儿童社会情感能力直接评估的前景和未来的方向；④描述社会情感学习评估的挑战和教育实践的启示；⑤提出关于所需要的社会情感学习评估类型的建议；⑥预示社会情感学习评估的未来发展和工具创新的案例。

一、社会情感学习项目和相关政策的增长

　　理论和研究已经阐明了什么是社会情感学习，如何培养社会情感学习，以及社会情感学习

对青少年发展的影响。例如，我们已经了解到，良好的社会情感学习与高质量的同伴关系
（Dodge & Price，1994）和更好的学业成果（DiPerna，Volpe & Elliott，2005；Wentzel，
1993)等相关。此外，在过去的30年里，各种以学校为基础的干预模式得到了发展和评估。有
足够的证据表明，这些项目可以增强儿童的社会情感学习能力（Durlak，Weissberg，Dymnicki，
Taylor & Schellinger，2011）。我们还了解到，当儿童参与实施良好、循证的社会情感学习项
目时，他们在一系列结果领域表现得更好（Durlak et al.，2011）。

对社会情感学习重要性认识的日益增长导致了教育政策和项目的重大发展。到目前为止，
许多州已经采用了K-12教育标准，这些标准要么包含重要的社会情感学习要素，要么像伊利
诺伊州那样包含独立的社会情感学习标准（Dusenbury et al.，本手册第35章）。此外，至少已
经出台了两项联邦法案，其中包含促进儿童社会情感学习的条款。这些发展反映了一个广泛的
共识，即社会情感学习很重要。事实上，州和联邦政府对社会情感学习的重视程度越来越高，
这反映了从证明社会情感学习的重要性到制定政策和配置资源以加强学生社会情感学习的
转变。

越来越多的策略可以帮助教育工作者达到各州的社会情感学习标准。特别是，大量有效的
社会情感学习校本项目已经开发出来。虽然这些社会情感学习项目的重点有所不同，但都是为
了在中小学生中推广一个或多个社会情感学习维度。严格的现场试验已经证明了这些项目中许
多干预的有效性。这也使人们更加相信，州和联邦的政策可以通过明智地采用循证课程来实
施，这些课程对学生以及相关服务系统具有广泛、持久的益处。就像测量和监控儿童的学习进
度是非常重要的一样，了解儿童将哪些社会情感能力带到了学校，以及他们是如何应对旨在提
高社会情感能力的项目的也是很重要的。然而，用于评估儿童社会情感学习的工具较少，社会
情感学习评估工具的缺乏给该领域的发展带来了障碍。

二、社会情感学习评估的最新进展

（一）评估的目的

任何评估（包括社会情感学习）的构建都可以应用于许多目的。评估可用于测量环境或个
人，测量过程（形成性评估）或结果（终结性评估），测量教师实践或学生行为，评估项目，识别
儿童正在出现或已经显现的问题，诊断个别儿童或监测学生对干预的反应。虽然我认识到所有
这些评估目标对社会情感学习行动、学校及儿童很重要，但本章侧重于对个体儿童社会情感学
习的直接评估，特别是它们编码、解释和思考社会情感信息的能力，在本章称为"社会情感理
解"。如此关注社会情感理解的主要原因是：①社会情感理解与儿童的发展结果有关；②社会
情感学习项目和相关标准关注社会情感理解；③很少（如果有的话）有针对社会情感理解大规模
评估可用的、可行的工具存在。

(二)指导理论

正如理论引导了项目开发和政策制定一样,理论也应该指导目标明确的、有意义的、科学合理并且实际的评估工具的开发。指导本手册所有章节的社会情感学习理论尤其重要,因为它整合了许多方面。也许更重要的是,它可以作为国家标准的基础。我希望它能够推动基于学校的社会情感学习评估和项目实践。社会情感学习理论包含人类社会情感倾向中一个非常广泛的领域。出于我在本章的目的,我使用了一个定制的更狭义的社会情感学习理论,与本手册中使用的广义模型一致。

一些相关的、有影响力的社会情感学习模型可以为评估和干预的开发和使用提供有针对性的指导。相关有用的框架包括哈尔贝施塔特(Halberstadt)、德纳姆和邓斯莫(Dunsmore)建立的情感社会能力模型(2001),克里克(Crick)和道奇(Dodge)建立的社会信息加工模型(1996),萨洛维(Salovey)及同事的情商模型(Mayer & Salovey, 1997;Mayer, Salovey & Caruso, 2004;Salovey & Mayer, 1990),利普顿(Lipton)和诺维茨基(Nowicki)的社会情感学习框架(2009),阿道夫(Adolphs)的社会神经科学模型(2003)。有关社会情感学习相关理论的更多信息,请参见本手册第 2 章。

这些模型强调什么社会情感现象是重要的,这些现象如何运作,以及它们如何与生活结果等方面各有不同。它们分享一些重要的指导主题,这将有助于研究人员和实践者的活动,因为他们寻求将社会情感学习概念化以及将社会情感学习测量、工具和干预实践理论化。

前面提到的所有理论都承认社会情感学习涉及对社会情感信息的理解,包括对社会情感信息的编码、解释和推理。所有的理论也都承认社会情感学习涉及在人际环境中的目标导向行为,也就是执行。理解和执行是密切相关的。这些理论反映了这样一个现实:有效的社会情感能力反映了学生在理解和执行方面的技能,而有些儿童可能具备前者但不具备后者。考虑到社会情感理解和执行力之间的区别,不同种类的评估(我接下来要简要回顾的)比其他的更适合评估社会情感学习的某些方面。

(三)评估的种类

有各种各样的方法可以用来评估儿童的社会情感能力。行为评定量表(Behavior Rating Scales)和行为观察系统(Behavioral Observation Systems)都关注行为或社会情感的执行。这些系统非常适合在积极社会关系中测量是否存在积极行为或干扰行为。例如,社会技能改进系统评分量表(Gresham & Elliott, 1990、2009)包括父母、教师和自我报告评估,评估儿童参与社会技能行为(如合作和自信)的频率(Elliott et al., 本手册第 20 章)。它还包括评估攻击性行为、多动症行为和其他问题行为的量表。行为观察也很适合捕捉社交强化和干扰行为的频率和强度(Reynolds & Kamphaus, 2004)。同样,同伴可以评估社会积极行为和干预行为的存在(McKown, Gumbiner & Johnson, 2011)。自我报告问卷对确定儿童对其社会情感特征的看法很有用（Harter，1982；Kovacs，2011；Measelle，Ablow，Cowan & Cowan，1998）。

　　每种评估都有优点和缺点。行为评定量表和同伴提名要求评分者评估目标儿童所普遍表现出的某些行为或特征，但提供的有效信息很少，甚至没有。它们可能更善于捕捉不常见但影响很大的行为，如极端攻击，而这些行为在直接观察中可能不会发生。同伴提名可以对儿童的行为产生一个重要的附加观点，并且具有行为评定量表不具备的优点和缺点。自然环境中的行为观察可以提供信息。然而，要获得可靠的观察分数，需要在不同的环境和场合进行观察，这往往需要大量的时间和资源。此外，在观察期间可能没有完全捕捉到已经显现的重要的儿童行为。自我报告是了解儿童对自己看法的不可替代的信息来源。然而，它通常对幼儿不可行。测量的内容、社会期望反应偏差或缺乏洞察力会影响它们的有效性。

　　这些评估方法的优点和缺点的详尽列表超出了本章的范围，感兴趣的读者可搜索其他作品（Denham，Ji & Hamre，2010；Gresham，2011；Humphrey et al.，2011；Merrell，2009；Wigelsworth，Humphrey，Kalambouka & Lendrum，2010）。重要的是，这些评估方法是评估儿童社会情感执行力的主要的可行工具。

　　从这些评估方法和指导社会情感学习行动的潜力中可以得出几个重要的结论：第一，它们是在评估儿童社会情感学习中发挥重要作用的有效工具。第二，有一些社会情感学习的维度目前还没有，但是应该用这种类型的新方法或改进方法来测量。例如，学术、社会和情感学习合作共同体模型的一个关键社会情感学习特征"关系技能"，只能通过现有的评估间接地衡量。第三，现有工具未能测量的某些社会情感学习维度，需要不同的评估方法来进行有效的测量。

　　特别是，教师评分量表、行为观察、同伴提名和儿童自我报告更适合评估社会情感执行力，而不是社会情感理解能力。这是通过与学业评估的类比来说明的。教师评分、行为观察、同伴提名和儿童的自我评估可以提供一个有用的学业能力的总体评估。然而，通过"直接评估"或要求儿童通过解决不同难度的问题来展示其掌握能力的学业能力评估，可能更可靠，更有效（Begeny，Krouse，Brown & Mann，2011；Kilday，Kinzie，Mashburn & Whittaker，2012）。类似的，观察者、同辈和儿童本身可能会对儿童的社会情感理解做出一个粗略的估计（Gresham & Elliott，2009；Nowicki & Duke，1994）。然而，与阅读一样，社会情感理解也涉及隐性心理过程（Invisible Mental Processes）的激活和展开。因此，直接评估方法，要求儿童通过解决各种困难的社会情感问题来展示他们对社会情感能力的掌握，这样可以更好地衡量他们对社会情感的理解。

三、直接评估社会情感学习

　　有一些方法可以直接评估儿童的社会情感理解。这些评估工具构成了一个让社会情感学习研究人员和实践者感兴趣的集合。以下是关于社会情感学习直接评估中社会情感学习所选维度的综述。本综述包括直接评估实践的说明性例子，而非一个详尽的介绍。此外，接下来描述的许多评估在理论上为科学合理的直接评估提供了可行性，尽管它们在应用环境中被广泛使用有重大阻碍，包括难以管理、评分和解释评估结果，并需要比通常更多的时间（McKown，Allen，Russo-Ponsaran & Johnson，2013）。表 21-1 是本章所审查的各项评估的摘要。对更全面的评估方案感兴趣的读者可在别处阅读（Denham et al.，2010；Gresham，2011；Humphrey et al.，2011；Merrell，2009；Wigelsworth et al.，2010）。

表 21-1 对社会情感学习各维度的直接评估

概念	理论基础	直接评估项目	评估发展时需要的注意事项
感知、强化和挑战中的自我认知	自我概念、自尊、自我效能感、自我形象准确性	伯克利木偶访谈（Measelle et al.，1998）；自我评估量表（Harter，1982）	明确不同年龄阶段对健康自我认知的理解；针对广泛的年龄范围开展可用的、可行的、可扩展的评估
识别他人情绪的能力	非语言的准确性	DANVA（Nowicki & Duke，1994）；德纳姆量表（Denham，1986）	可伸缩的评估
换位思考能力	心理理论，社会换位思考	心智理论的实验测量（Happé，1994）	针对广泛的年龄范围开展可用的、可行的、可扩展的评估
人际关系技能或形成积极关系的能力	社交能力，友谊品质	无	明确关系技能的定义；开展可用的、可行的、可扩展的、科学合理的评估；相应的构造定义
人际关系技能或有效解决冲突的能力	解决冲突，解决社会问题，社会信息加工	社会信息加工应用程序（Kupersmidt et al.，2011）；问题解决测验（Bowers et al.，2005）；社会语言发展测试（Bowers et al.，2008）	可伸缩的评估，以描述个体儿童与冲突解决相关的社会情感学习技能的维度
人际关系技能，如团队合作的能力	社交能力	无	可用的、可行的、有效的和可扩展的评估，以准确地描述单个儿童与团队合作相关的社会情感学习技能的维度
负责任的决策，包括对个人和社会行为做出道德上的建设性选择	社会道德发展，社会问题解决	社会信息加工应用程序（Kupersmidt et al.，2011）；问题解决测验（Bowers et al.，2005）；社会语言发展测试（Bowers et al.，2008）	对不同年龄段负责任的决策的明确定义；可伸缩的评估
自我管理，包括管理情绪和行为来实现目标的能力	自我调节，情绪调节	学前自我调节评估（SmithDonald et al.，2007）；没有小学及以上的项目	明确自我管理的定义；可用的、可行的、可扩展的、科学合理的直接评估

(一)自我认知

目前还没有对儿童社会情感优势、挑战和情感认知的直接评估。自我认知是一个复杂的测量结构，因为根据定义，它需要某种形式的自我反省和自我报告，而这可能是不准确的，要么因社会期望产生偏差，要么被有限的洞察力所蒙蔽。

尽管如此，直接评估的模型已经被发展为与自我认知相关的概念，这些概念可能被证明对未来评估发展的努力方向具有指导意义。哈特（Harter，1982）开发了一个可靠的、有效的 28 项自我报告问卷来评估感知自我能力。哈特量表适用于 9 岁以上的儿童。对于年幼的儿童，麻森（Measelle）和同事（1998）开发了伯克利木偶访谈（Berkeley Puppet Interview，BPI）来测量幼儿的自我概念。在伯克利木偶访谈中，儿童与两个木偶互动并接受它们的"采访"。对于每一个项目，两个木偶对自己做配对和相反的陈述，然后问儿童，这个儿童更像哪个木偶。伯克利木偶访谈包括测量感知学业能力、成就动机、社会能力、同伴接受度、内在症状和外在症状的量表。与学术、社会和情感学习合作共同体的社会情感学习模型相一致的是，一些伯克利木偶访谈量表与意识到自己的优势和需求这一总体概念有关。戴维斯及同事发现，幼儿具有多维度的自我概念，能够可靠地报告自己的自我概念，其内部一致性可靠度从 0.62—0.78 不等。此外，伯克利木偶访谈具有一定的关联效度。伯克利木偶访谈相关性的表现与各种测量方式的标准程度在理论上是一致的。伯克利木偶访谈大约需要 45 分钟来实施，这可能限制了它对实践者的有用性。

（二）识别他人的情绪

一些直接的社会情感学习评估是通过非语言行为，如面部表情、声调或姿势，来衡量儿童识别他人感受的能力的。衡量情感识别技能的评估方法来自各种不同的理论传统，包括情感社会能力（Halberstadt et al.，2001）、非语言沟通（Nowicki & Duke，1994）和社会信息加工理论（Crick & Dodge，1996）。在这里，我回顾了四种评估，可以用来衡量学龄前儿童到青年的情绪识别技能。所有这些都是单独管理的评估，大多数需要一个训练有素的测试管理者单独与儿童一起完成评估。对于下面审查的所有评估，管理者必须手工对评估进行评分，并将原始分数转换为更具解释性的指标。

为了评估学龄前儿童的情感知识，德纳姆（1986）创建了情感知识测试（Affect Knowledge Test，AKT）。对于情感知识测试，儿童由受过培训的管理人员进行单独测试，他们使用具有可移动面部表情的木偶来显示不同的情绪，以评估儿童对基本情绪和唤起情绪的情境知识。情感知识测试的内部一致性和再测信度范围为 0.60—0.85（Denham et al.，2010）。此外，大量情感知识测试研究表明，学生在情感知识测试时表现的效标效度与同伴、教师对其社会能力的反应（Denham et al.，2003），以及其他目前、未来的调整指标有关（Cutting & Dunn，1999；Denham et al.，2002；Dunn & Herrera，1997）。情感知识测试的运行大约需要 10 分钟。

同样，儿童和青年的情绪识别（the Child and Adolescent Recognition of Emotion，CARE）是一个情绪识别任务，包含五个子测试，其中三个测试评估面部情绪识别，两个测试评估情绪姿势识别（Innovation Research and Training，2008）。儿童和青年的情绪识别是为 4—6 岁儿童开发的一种带有自动评分报告的计算机管理的评估。面部情绪识别任务使用面部动作编码系统（Facial Action Coding System，FACS；Ekman，Friesen & Hager，2002）对儿童照片进行编码。有证据表明，儿童和青年的情绪识别具有一定的效标效度，在其他一同进行的面部情绪识别的直接评估中，学生在儿童和青少年的情绪识别中的表现与教师对 4 岁儿童积极社会行为的报告相关（Warren-Khot et al.，2012）。儿童和青少年的情绪识别项目大约需要 30 分钟。

　　发育神经心理学评估（developmental NEuro-PSYchological assessment，NEPSY-Ⅱ）的情感识别（Affect Recognition，AR）测试涉及三个面部情绪识别任务（Korkman，Kirk & Kemp，2007）。在这三个任务中，儿童都需查看其他儿童的照片。首先，儿童看到成对的面孔，并指出成对的照片中的儿童是否有同样的感受。其次，儿童看一组照片，从几张照片中选择两个感觉相同的儿童。最后，儿童观看一张目标脸，并从其他几张表情中选择与目标脸相同的一张。情感识别提供了一个反映被调查者阅读面部表情能力的总分。发育神经心理学评估是从全美范围内具有代表性的 1200 名 3—16 岁儿童样本中确定的。情感识别的内部一致性信度（Cronbach's alpha）为 0.64—0.88，再测信度（r12）为 0.46—0.66，这取决于儿童的年龄（Korkman et al.，2007）。情感识别的表现与预期的结果测量相关，如韦氏量表的理解子测验和诊断状态（Korkman et al.，2007）。发育神经心理学评估的情感识别大约需要 10 分钟来执行。

　　另一种通过成人测量学龄期儿童情绪识别的直接评估是非语言准确性诊断评估（Diagnostic Assessment of Nonverbal Accuracy，DANVA；Nowicki & Duke，1994）。非语言准确性诊断评估通过面部表情、姿势和声调来测量儿童对情绪的识别能力。大量研究表明，对非语言准确性诊断评估的评分具有良好的内部一致性信度，范围为 0.68—0.88；再测信度良好，范围为 0.70—0.86（Nowicki & Duke，1994）。对非语言准确性诊断评估显示出良好的相关效度。儿童在非语言准确性诊断评估上的表现与概念的调整指标相关，包括同伴接受度和学业成绩（Nowicki & Duke，1994）。针对 6 岁及以上儿童的非语言准确性诊断评估制定了暂行规范，但这些规范是基于现有研究的非代表性样本的汇编（Nowicki & Duke，1994；Nowicki & Mitchell，1998）。对非语言准确性诊断评估的每个子测试需要 5—10 分钟来执行。

(三)识别他人的观点

　　社会情感学习的另一个重要方面涉及从他人的角度看问题。关于社会换位思考（Selman，1980）和心智理论（Flavell，1999）的研究广泛地将换位思考描述为推断另一个人心理状态的能力，包括另一个人的信仰、欲望、意见和意图。为了评估儿童推断他人思想内容的能力，人们研发了大量聪明的实验任务。例如，传统思维理论中的一个经典的"错误信念"任务是给儿童看一盒糖果并问盒子里是什么。大多数儿童认为糖果在盒子里，然后实验者展示盒子里实际上有一些意想不到的东西，如铅笔。把铅笔放回盒子里，然后问儿童："如果有人走进房间，从来没有见过盒子，他们会认为盒子里装的是什么?"要知道，一个天真的观察者会认为盒子里装的是糖果，需要儿童明白他认为正确的东西和另一个人认为正确的东西是不同的，并推断出另一个人的错误信念。

　　大多数测量错误信念的尝试都是为了了解认知发展的典型过程。例如，研究人员长期以来一直对儿童何时能正常地理解心智以及他人的想法感兴趣(Gopnik & Meltzoff，1997；Selman，1980)。其他关于换位思考和心智理论的研究主要关注社会换位思考能力受损的后果。例如，在 20 世纪 90 年代，研究人员清楚地发现，患有自闭症(一种以严重的社交障碍为特征的疾病)的儿童，在心智理论任务上比正常发育的同龄人表现得更差(Baron-Cohen，1995；Happé，1994)。这一观点强化了社会视角是发展社会关系能力的重要基础这一结论。

实验测量得到了很好的测量结果(Wellman & Liu，2004)。然而，很少有心智理论的评估被充分验证来解释单个儿童的评估表现。一个例外是发育神经心理学评估的心智理论的子测试(NEPSY-Ⅱ ToM；Korkman et al.，2007)。我在前面关于发育神经心理学评估的情感识别(NEPSY-Ⅱ AR)的讨论中描述了发育神经心理学评估的标准示例。发育神经心理学评估的心智理论的子测试包含了评估错误信念理解和相关结构(如非字面语言和习语)的 15 个核心条目。心智理论的子测试(TOM)给出一个分数，用来反映儿童对他人信念和意图的理解。NEPSY-Ⅱ ToM 的报告的内部一致性范围是 0.76—0.84(取决于年龄)，而报告的再测信度是 0.77(Korkman et al.，2007)。NEPSY-Ⅱ ToM 的表现与预期结果相关，包括语言障碍状况报告、教师对学生入学准备和社会认知的报告。NEPSY-Ⅱ ToM 需要 10—15 分钟来执行。

(四)负责任的决策和人际关系技能

没有任何理论、实证研究或测量方法能够准确地映射到负责任的决策或人际关系技能的概念上。负责任的决策和人际关系技能都涉及理解和解决复杂的现实社会问题的能力，有大量的学术研究和相关的测量策略可以用来评估决策过程。克里克和道奇(1996)描述的社会信息加工方法是衡量决策过程的突出的理论和经验基础。在他们的模型中，当面对社会情况时，儿童参与一系列的认知过程来理解这些信息，并评估和选择其中一个反应。这些过程包括定义问题，制定社会目标，考虑一系列的响应选项，以及选择最佳响应选项。

基于这个模型已经开发出了直接评估。其中，大部分是基于情景的(Vignette-Based)访谈。儿童被告知假想的社交问题，然后通过追问来确定他们解决社会问题的方式。这些评估中有许多内容适合在群体层面上进行解释，但并不足以可靠地诊断出每个儿童的强项和需求。三种直接评估已经标准化，足以用来评估个别学生：一种是通过网络进行的评估，称为社会信息加工应用程序(Social Information Processing APplication，SIP-AP；Kupersmidt et al.，2011)，测量儿童对假设社会问题的理解和解决能力。社会信息加工应用程序是基于克里克和道奇(1996)模型开发的用于测量社会信息加工的。社会信息加工应用程序包括八个从第一人称视角拍摄的视频片段，描述了在各种情况下涉及对主角的模糊挑衅的情况。社会信息加工应用程序的管理标准包括 8 个情景短片。在每个情景之后，儿童被要求回答 16 个问题，使用 5 点反应量表。问题旨在评估问题编码、线索解释、情绪反应、社会目标和反应获取。测试者可以制定所询问的情景和问题，还可以创建其他问题。在一项包括 244 名完成社会信息加工应用程序的男生的研究中，库珀斯密特(Kupersmidt)和同事(2011)报告了量表内部一致性信度。除了一个量表外，其他量表的内部一致性为 0.83—0.94。各项的因子结构与社会信息加工应用程序的理论一致。此外，学生在社会信息加工应用程序上的表现与预期的测量标准相关：（学生的）有敌意的归因、产生报复的目标和攻击性的反应都与家长、教师的反社会行为相关。社会信息加工应用程序以 269 名 8—12 岁的男孩为样本，标准版的社会信息加工应用程序大约需要 30 分钟来执行。

　　另外两种评估源于言语和语言病理学领域，具有社会决策评估的许多特征。问题解决测验（Test Of Problem Solving，TOPS）的初级第三版（TOPS-3；Bowers，Huisingh & LoGuidice，2005)在测试手册中被描述为评估"儿童如何使用语言技能来推理和思考他们的日常情况"。尽管该评估的设计、内容和形式与克里克和道奇(1996)模型并不完全一致。从表面上看，它似乎是用来评估儿童应对各种复杂现实社会情境的高阶推理能力。对于问题解决测验初级第三版的基本形式，儿童会看 18 张一个或多个人从事日常活动的照片。对于每一种情况，儿童都会被问到一些问题，这些问题评估了他们对情况进行推断的能力、对所描述事件的顺序进行推理的能力、对反事实进行推断的能力（反面问题）、为问题生成适当的解决方案的能力、预测事件并提供关于所描述情况起源的原因的能力。量表的平均内部一致性信度为 0.56—0.69，再测信度为 0.62—0.70，总量表为 0.84。在 6—13 岁的每一年龄段，语言障碍儿童的得分明显低于正常对照组。问题解决测验初级第三版是在美国 6—13 岁的全国代表性小学生样本中确定的，大约需要 35 分钟来执行。

　　社会语言发展测试（The Social Language Development Test，SLDT）由问题解决测验初级第三版的作者开发(Bowers et al.，2008)，评估 6—11 岁小学生社会语言技能，包括非语言沟通能力。在评估社会信息的高阶问题解决时，对于克里克和道奇(1996)的问题解决测验初级第三版来说，社会语言发展测试更接近社会信息加工模型的方法。其中一项名为人际谈判的测试包括 12 个涉及冲突与谈判的假想小故事，儿童会被问到三个问题来进行测验评估：第一个是通过让儿童陈述问题来评估问题编码能力；第二个是评估学生在人际谈判中产生解决方案的能力；第三个叫作推理的子测验，评估儿童对于线索的解释能力。在这项任务中，儿童观看人们在各种情况下的照片，并被要求说出这个人在想什么。后两个子测试并不完全符合克里克和道奇(1996)的模型。多种解释（Multiple Interpretations)用于评估儿童描述一个社会环境的多个潜在原因的能力。同伴支持（The Supporting Peers)的子测验评估儿童在各种压力情况下对同伴的支持。社会语言发展测试内部一致性信度为 0.65—0.93，再测信度为 0.45—0.79。在大多数年龄段、大多数子测试和综合分数上，正常发育的儿童在社会语言发展测试上的表现比有语言障碍的同龄人要好。社会语言发展测试是在全国有代表性的 1100 名 6—11 岁的儿童样本中确定的，大约需要 45 分钟来执行。

（五）语用判断

　　虽然本手册中所讨论的社会情感学习的核心维度通常不强调语言技能，但是从概念和实践的角度来看，语言及其评估的一些方面是需要考虑的。从概念上看，语用学（Pragmatics）是语言学的一个分支，它研究的是说话者和听者不仅能从语言的表面内容来理解，还能从语境线索、先验理解和社会习俗中推断语言意义。具体形式的语用判断包括能够推断说话人的社会意图，知道在各种社会环境中为了实现社会目标说什么，怎么说。从实用的角度来看，实用语言是社会成功的关键。在我们的研究中，儿童语用判断测试的表现与其社会能力行为产生持续的联系（McKown，2007；McKown，Gumbiner，Russo & Lipton，2011；McKown et al.，2013）。

现阶段已经发表了几个单独运行的语用判断测试。口语综合评估（the Comprehensive Assessment of Spoken Language，CASL；Carrow-Woolfolk，1999)包括一个侧重于语用判断的子测试，其中包括 60 个项目。在这些项目中，儿童判断社会语言在各种社会环境中的适当性或在假设的社会情境中产生情况。口语综合评估内部一致性信度范围为 0.77—0.92，再测信度范围为 0.65—0.83(视年龄而定；Carrow-Woolfook，1999)。在有效性证据方面，典型发育中的儿童比语言障碍儿童表现得更好(Carrow-Woolfolk，1999)。此外，学生更好的表现与家长和教师社会行为能力有关(McKown，2007；McKown et al.，2011)。口语综合评估是在全国有代表性的 1700 个样本中进行标准化测试的，样本年龄的范围为 3—11 岁和 12—21 岁。口语中综合评估语用学的判断标准子测试需要 10—15 分钟。

实用语言测试第二版（Test Of Pragmatic Language，TOPL-2；Phelps-Terasaki & PhelpsGunn，2007)是一份包含 39 个项目的儿童交际能力评估报告，被作者定义为"利用语言的社会规则来表达或解释在语境中恰当的意图"的测试。该评估是针对 6—18 岁的青少年单独进行的。考官向考生展示插图，并针对每个插图提出一个问题，以了解考生的实用技能。实用语言测试第二版的内部一致性信度范围为 0.82—0.93(平均为 0.91)，再测信度范围为 0.94—0.99。学生在实用语言测试第二版上的表现与在其他语言评估上的表现高度相关。正常发育中的儿童得分明显高于语言障碍或学习障碍的儿童(Phelps-Terasaki & PhelpsGunn，2007)。实用语言测试第二版是在全国有代表性的 1136 名 6—18 岁的儿童样本中确定的，执行时间为 60—90 分钟。

（六）自我管理

自我管理被定义为管理一个人的思想、情绪和行为以实现目标的能力。对于学龄前儿童，雷弗（Raver）和同事开发了学前自我调节评估（the Preschool Self-Regulation Assessment，PSRA；Smith-Donald，Raver，Hayes & Richardson，2007）。它是一种自然地评估儿童情绪、注意力和冲动调节的直接测量方法。在学前自我调节评估中，儿童完成一系列需要调节的任务。在完成任务时，测试者对他们的行为进行评分。例如，在一项名为"零食延迟满足"的小测试中，儿童被要求等到考官发信号后再吃透明杯子里的糖果。他们等待的能力被作为衡量控制冲动的指标。学前自我调节评估内部一致性和内部信度始终超过 0.80。学前自我调节评估因子结构和与其他测量的并发相关性表明，它是一种有效的自我调节评估（Smith-Donald et al.，2007），但直接评估还没有很好地覆盖小学或更年长儿童的自我调节或类似的发育的结构。执行学前自我调节评估的总时间为 35—45 分钟。

对于大一点的儿童，自我报告的勇气量表和其他自我报告工具（Duckworth，2011）已经用来测量自我控制的不同维度。此外，梅耶-萨洛维-卡罗索情绪智力测验青年版（Mayer-Salovey-Caruso Emotional Intelligence Test：Youth Version，MSCEIT：YV）评估了情绪理解和调节的几个方面。梅耶-萨洛维-卡罗索情绪智力测验青年版是一项直接评估。在这项评估中，10—17 岁的青少年解决情绪问题，以衡量其准确感知、使用、理解和管理情绪的能力。这是梅耶-萨洛维-卡罗索模型中情绪智力的四个维度。该测验非常适合评估自我管理的情绪管理维度。对于成年版梅耶-萨洛维-卡罗索情绪智力测验，其半信度范围为 0.79—0.83（Mayer et al.，2004）。此外，梅耶-萨洛维-卡罗索情绪智力测验的表现与适应性结果（如积极性和社会关系）呈正相关，与非适应性结果（包括肢体争吵和吸烟）呈负相关。对于梅耶-萨洛维-卡罗索情绪智力测验青年版，其内部一致性信度范围为 0.70—0.85。此外，儿童在梅耶-萨洛维-卡罗索情绪智力测验青年版上的表现越好，教师对他们社会技能的评估越高，对其外化行为评估越低（Rivers，Brackett & Salovey，2008）。

（七）综合的直接社会情感学习评估

以前的许多评估都只测量了社会情感理解的一个维度，而没有测量其他维度。这是由于评估通常产生于一个特定的传统理论或经验，并在该传统理论中推进测量。然而，国家标准和应用实践的关注点变得更加广泛，这要求实践者关注社会情感学习的多个维度。因此，提出了这样一个问题：是否能够从理论、经验的多维度来衡量学生的社会情感理解是全面的、连贯的社会情感评估，以及它们是否比狭义的测量方法提供了更多的有效性。我和同事的研究表明，答案是肯定的。麦考恩（McKown，2007）在一项研究中检查了来自临床样本的图表数据，发现有几个直接的社会情感学习理解评估与家长和教师的有关社会行为相关。此外，在控制年龄、性别和智商的情况下，口语综合评估子测验和问题解决测验的成绩均与家长和教师在儿童行为评估系统中的社会行为报告显著相关（BASC；Reynolds & Kamphaus，2004）。在另一项研究中，麦考恩和同事（2009）在普通教育学生和临床案例学生样本的检查中发现，直接社会情感学习评估要测量学生非语言的准确性、精神状态推理技能、语用判断和社会问题解决表现在理论上的三因子结构，还发现综合的社会情感学习变量与社会行为之间的关联比任何单一因素的评估结果都更强。这表明，跨领域的测量比单一、更窄的特定领域的测量更能反映实际。麦考恩和同事（2013）做了进一步研究，他们在测试了正常发育的临床研究中的儿童后发现，在评估社会性理解的三因子的解决方案时，这些因素分数是高度可信的，因子得分在一定程度上收敛和具有区分效度，儿童在评估诊断中的表现与理论预期有差异。

四、教育实践的挑战与启示

前面回顾的评估是少数几个旨在通过儿童在社会情感任务中的表现直接衡量儿童社会情感理解的工具。它们也是为数不多的具有信度、有效性和规范性数据的直接评估。如前所述，许多社会情感学习直接评估通过对一致的因子结构、年龄、诊断状态和其他标准测量的理论预期之间的关系进行判断，来获得测量项目、时间的一致性和有效性。然而，现有的测量策略存在局限，尤其是对儿童社会情感理解的大规模评估感兴趣的实践者来说，社会情感学习标准的激增以及随之而来的对儿童技能的监控对于该领域的研究来说是一个重大的挑战。

现有的评估是为临床评估背景下的个体评估而设计的。这些评估策略通常不适合普遍应用，无论是筛查还是定期测量社会情感学习。多重障碍使现有的直接社会情感学习评估不能很好地适用于普遍评估。在本章回顾的评估中，除一项外，其余都是单独进行的，大多数都需要进行大量培训，以确保标准化管理。对于大多数的评估，评分和口译需要进一步的工作和专门的知识。此外，本章回顾的每一项评估都需要大量的时间来管理。

大规模管理、评分、解释和应用的障碍是较少实施标准化成绩测试的原因之一。相比之下，现有的直接社会情感学习评估不适合进行大规模管理，而且使用它们的实际障碍往往令人望而却步。未来需要的是实用的、可用的、可行的、科学可靠的、适合于大规模管理的评估。在教育科学研究所的支持下，我和我的同事正在为 K-3 儿童开发这样一个系统。在这个系统或类似的东西被开发出来之前，在实践中，现有的社会情感学习直接评估可以最好地用于评估有社会情感困难的儿童。了解社交障碍儿童的社会情感强度和需求模式，可以帮助教育工作者制定充分知情的案例和相应的教育计划，以弥补社交障碍，提高儿童成功参与学校生活的能力。

另一个重大挑战是，现有评估缺乏社会情感学习直接评估策略的统一理论指导。现有的直接评估通常衡量学生社会情感理解的一个维度，如对他人情绪的识别。没有一个独立的评估单元对所有潜在的社会情感理解的关键维度进行广泛评估，样品提取的标准和程序差别是其中的一个影响因素。例如，非语言准确性的诊断性评估是从大量的实证研究中得出的（Nowicki & Duke，1994）。社会信息加工应用程序对 8—12 岁的男孩有相关标准，旨在评估其社会认知中有关攻击的相关因素（Kupersmidt et al.，2011）。为了测量儿童的社会情感理解，实践者必须对不同的样本进行许多不同的评估，因为这些样本具有不同的目标，无法获知这些分数是如何相关的，从而限制了结果的价值和可解释性。

五、指导和建议

从这篇综述中可以明确的是，直接评估社会情感理解是可能的。事实上，现有的评估工具已经对社会情感学习的许多方面进行了技术上合理的直接评估。虽然前面回顾的评估来自各种不同的理论，并且在其建构覆盖范围上也各有不同，但是它们所评估的内容与州一级正在激增的社会情感学习标准之间存在显著的重叠。我们知道，这些评估可以提供有用和可操作的信息。虽然还需要在多个年龄范围内进行进一步的研究，但已完成的研究表明，这些评估中的表现与社会情感执行力、社会接受度和其他生活结果相关（McKown et al.，2009）。基于这些评估方法，可能需要针对学生所确定的缺陷进行干预。有一些事项可以指导对直接评估感兴趣的研究者和实践者。值得注意的是，这些指南适用于临床的社会情感学习评估，而不是普遍评估。

指导方针 1：对指定的案例使用直接评估。虽然在社会情感理解的直接评估方面已经有了一些有希望的进展，但从这篇综述中可以很明显地看出，绝大多数评估是由训练有素的临床医生或研究人员为个人管理设计的。因此，没有技术上可行的大规模管理执行机制。这些评估都很适合解决基础研究和应用研究问题。也许目前现有的直接评估在临床和教育上的最佳应用是作为一种手段，以了解因关注学业、社交或情绪功能而被转移接受评估的儿童的社会情感优势和需求。

指导方针 2：采用、改编或发展社会情感学习理论。这是社会情感学习领域特别令人兴奋的时刻，州立标准和循证实践开始崭露头角，并似乎正在就社会情感学习是什么和不是什么达成共识。此外，学术文献还包括对社会情感过程的深入探索，这些过程往往与新兴的操作性定义重叠。然而，科学研究和实践应用领域的社会情感学习模型并不相同，因为关于社会情感学习的定义和维度还没有普遍的共识。对于研究者和实践者来说，无论是调整现有的框架，还是开发和评估一个新的混合模型，有必要生成一个由社会情感学习相关维度构成的、连贯的心智模型。我并不是在主张加深社会情感学习理论。相反，我建议所有的研究者和实践者建立并阐明一个有证据支持的观点，即社会情感理解和执行的哪些维度是重要的，以及它们如何影响功能性的结果。发展一种理论不仅仅是思维练习。在思维模式下，研究人员和实践者可以选择与这些观念相对应的评估，并开发出理论上一致、实用和有用的信息，以实现他们的测量目标。

指导方针 3：让教育工作者了解评估。如果理论是良好评估实践的关键基础，那么，教育者的实践智慧也是如此。特别是，明智的评估研究者和实践者会密切关注教师的工作，如教师关心的教学问题是什么，教师需要什么才能成功，以及教师每天面临的挑战是什么。一方面，如果教师认为评估与他们的需求无关或没有回应性，即使是最漂亮的数据也不会对他们或他们的学生有利。另一方面，如果评估解决了教师关心的现实问题，那么，评估数据就有很大的潜力使教师和学生受益。最终目标是开发和部署被建设性地用于指导实践决策的评估，评估研究人员和实践者应该更好地理解教师，他们最终将使用或忽略学术、社会和情感评估信息。

指导方针 4：评估既不该太宽泛也不应太狭隘。在研究者或实践者关于社会情感学习的理论的基础上，重要的是对社会情感学习的维度进行足够广泛的取样，以获得完整的图像，但这并不需要评估天下万物。例如，如果一个人采用了情绪智力框架，它可能足以评估情绪的感知、使用、理解和管理；如果采用了社会信息加工模型，它可能足够管理基于情景的社会问题解决措施。即使在直接社会情感学习评估发展的相对早期阶段，仍然有太多的时间用于评估项目而非管理项目。让理论来指导评估，不要高估或低估社会情感学习的理论相关维度。

指导方针 5：开发一套灵活的、便于掌握的评估工具。随着研究者或实践者的社会情感学习理论越来越清晰，需要评估的领域也变得更加清晰，相关的评估工具体系也会显现。对于研究者或实践者来说，开发一套社会情感学习直接评估工具是有用的，它可以满足抽样社会情感学习相关维度的目标，可以灵活应用于研究和临床评估环境。另一部分是要保持工具的宽松性。随着时间的推移，似乎可能会开发出新的评估方法，任何对社会情感学习的直接评估感兴趣的人都应该定期检查评估环境，寻找新的工具来反映过去实践的改进。当这种情况发生时，研究人员和实践者应该准备好放弃一种不再反映技术水平的工具。

指导方针 6：将直接评估与其他方法结合使用。在研究、临床和教育评估的背景下，多方法、多评分者的评估往往比单一方法、单一评分者的评估更受欢迎。在儿童评估领域，这是最可行的。除了社会情感理解的直接评估外，还有大量的心理和行为过程的直接评估以及大量的优秀教师和家长行为评定量表（Denham et al.，2010）。评估的种类和内容应该由研究者或实践者寻求回答的问题所驱动。可以想象这些问题将被精确地调整以进行更好的评估，但仅仅管理社会情感学习直接评估是远远不够的。对于研究人员来说，要理解复杂的社会现象，就需要用不同的评估方法来收集三角数据。对于临床医生和教育工作者来说，了解学生社会障碍的原因需要测量社会情绪理解（如直接评估）、社会执行（如通过教师报告进行测量）和社会干预行为（如通过直接观察进行测量）。

指导方针 7：了解直接评估的心理测量极限。与任何领域的评估一样，社会情感学习直接评估的信度和效度各不相同。一个儿童的分数可以被解释的信度和这个分数的意义，取决于行为样本的信度和评估的结构效度。在认知测试或学术测试领域，评估的信度和效度，以及从这些领域的测试得出的分数的相应意义都得到了很好的确认。与此不同的是，直接评估社会情感理解的心理测量性质则更为多样。因此，这种负担更多地落在研究人员和实践者身上，他们需要知道，通过直接评估儿童的表现可以得出什么结论，不能得出什么结论。

六、愿景：生成数据易于转化为行动的评估

尽管存在技术上的挑战，可用于普遍筛查和评估的直接评估应该在推动学校社会情感学习实践方面发挥越来越重要的作用，并在指导管理者、教师和其他专业人员理解学生的社会情感方面发挥重要作用。前面描述的评估表明，开发可靠、有效的多维度工具来测量社会情感理解是可能的。我们需要的是一套便于研究人员和教育工作者使用、易于扩展、具有时间和成本-效益并提供可靠和有效信息的工具。该系统应该能够筛查、监控和评估所有儿童社会情感能力的发展。适当的发展评估应该与理论和经验证据相一致，即什么年龄，什么社会情感学习维度最重要。此外，因为社会情感学习直接评估比社会情感执行更适合于测量社会情感理解，所以开

发辅助的社会情感学习评估工具将是重要的，比如，教师评分表格和评估儿童与同龄人、成人行为的观察系统。

这是社会情感学习领域的一个激动人心的时代。在过去的 30 年里，该领域在制定有利于这一时代儿童的政策和实践方面取得了巨大的进步。虽然评估实践落后于政策和实践，但对社会情感理解的有希望的和科学可靠的直接评估已经发展起来。目前，这些评估工具最适合研究和评估临床上有社交障碍的儿童。为了社会情感学习行动的持续发展，为了使儿童和为他们服务的系统受益，开发可用的、可行的、科学可靠的社会情感学习普遍评估系统至关重要。

七、致谢

本章内容得到了教育科学研究所对拉什大学医学中心编号为 R305A110143 的资助。本章所表达的观点仅代表作者个人的理解，并不代表该研究所或美国教育部的观点。

八、参考文献

请扫描二维码获取原书参考文献。

第22章
学生社会情感能力的形成性评估

罗伯特·马扎诺

毫无疑问，形成性评估(Formative Assessment)已经被确定为促进学生学习的主要课堂策略之一。值得注意的是，"形成性评估"一词是评价领域借用和改编的；因此，形成性评估的起源并不是评价的世界。形成性评估和总结性评价(Summative Evaluation)的区别最早是在1967年由迈克尔·斯克里文(Michael Scriven，1967)在美国教育研究协会(American Educational Research Association)的专著中提出的。在那里，斯克里文区分了那些正在制订的程序和那些已经发展到最终状态的程序。他解释说，评估过程在项目开发过程中与项目完成时具有不同的特征——因此，有了术语"形成性"和"总结性"评价。

布鲁姆(Bloom)在1969年试图将形成性评价与总结性评价移植到评估中，但"很少有教育家有兴趣进一步研究这个想法，因为它似乎对日常的学校教育没有什么实际意义"。公平地说，布鲁姆的梦想已经实现了，因为形成性评估现在已经成为美国大多数(即使不是全部)K-12教师的口头禅。

一、形成性评估研究

形成性评估目前的流行归功于1998年的一份出版物，其中，布莱克(Black)和威廉姆(Wiliam)对该主题的研究进行了总结。他们总结了250多项课堂评估研究的结果，得出的总体结论是，形成性评估可能是教育者在上课过程中强化学生学习的最有力的工具之一。下面是他们研究中经常被引用的一段话：

这里报告的研究结论表明，形成性评估确实能提高学习效果。取得的成就似乎是相当可观的，正如前文所指出的，这是有史以来最大的教育干预措施之一。为了说明其成效，如果能在全国范围内达到 0.7 的效果，就相当于把像英国、新西兰或美国这样的国家的"平均水平"的数学成绩提高到了"前五名"，仅次于新加坡、韩国、日本和中国香港(Black & Wiliam，1998)。

基于这些结论，形成性评估受到了教师和管理者的欢迎。10 多年来，它的效用毋庸置疑，而且经常被认为是有效课堂实践的关键。例如，到 2011 年年中，该研究被引用超过 2700 次(Kingston & Nash，2011)。谢菲尔德(Shepard，2009)指出："从那时起，几乎没有一种形成性评估的学术或流行的处理方法能够在不认可布莱克和威廉姆这一著名的综合研究成果的情况下进行，这些综合研究成果证明了形成性评估对提高学生成绩的力量。"

形成性评估研究早期解读的问题

虽然早期形成性评估由于研究结果的各种解读而被广泛接受，特别是像布莱克和威廉姆(1998)所阐述的那样，但最近这些解释受到了挑战。金士顿(Kingston)和纳什(Nash)解释说(2011)，一些其他研究人员表示布莱克和威廉姆的原始理论不支持他们的报告的结果："总之，对布莱克和威廉姆综述的评论认为，过去支持他们关于形成性评估的效应大小的研究实际上并不支持这样的结论。"

为了验证形成性评估的原始结论，金士顿和纳什(2011)进行了自己的元分析综述。他们回顾了超过 300 项研究，这些研究似乎都是强调 K-12 年级形成性评估的有效性："许多研究在研究设计上存在严重的瑕疵，产生了无法解释的结果。研究中只有 13 项提供了足够的信息来计算相关的效应值。"他们最后的结论是：形成性评估的平均效应比最初报道的要小得多，共有 42 种独立的效果可供选择，观察到的中位效应为 0.25，采用随机效应模型，计算加权效应为 0.20。

虽然金士顿和纳什(2011)的分析不如布莱克和威廉姆(1998)的综述为人所知，但它仍然给形成性评估的原始热情蒙上了一层怀疑的阴影。

一个实践者可能会问的合理问题是：为什么会出现这种差异？在金士顿和纳什(2011)的研究中可以找到答案。他们指出，形成性评估的表现形式在不同的研究中是不同的，以至于不能构成一个单一的结构。在一些研究中，形成性评估被定义为教师向学生提出问题，并根据学生的回答向学生提供反馈的类型。在其他研究中，形成性评估被定义为以特定顺序管理和以特定方式设计的特定类型测试等。

二、社会情感学习实践者的作用

社会情感学习的实践者教导学生有效地获取和应用知识、技能和态度来理解和管理情绪，设定和实现积极的目标，感受和表达对他人的同理心，建立和保持积极的关系，并做出负责任的决策(Elias et al.，1997；Zins，Weissberg，Wang & Walberg，2004)。学术、社会和情感学习合作共同体已经确定了五个相互关联的个人能力和人际能力集群，为成为好学生、好公民和好员工提供了基础：①自我认知——准确地识别一个人的情绪和思想，以及它们对行为的影响；②自我管理——在不同的情况下调节思想、情绪和行为，能够设定和实现个人和学术目标；③社会认知——站在他人的角度理解他们；④人际关系技能——与不同的个人和团体建立并保持建设性的关系；⑤负责任的决策——对个人行为和社会交往做出道德和尊重的选择。社会情感学习实践者可以通过系统的教学、示范促进学生在日常生活中应用这些能力，以建立高度关怀、高度参与的课堂与学校学习环境。20多年来的研究文件表明，精心设计和有效实施社会情感学习项目可以提高学生的社会情感能力和自尊，学生的课堂行为和学术成就表现更好，并能减少学生的破坏性、攻击、欺凌以及药物滥用的行为（Durlak et al.，2011；Greenberg et al.，2003；Sklad，Dieskstra，De Ritter，Ben & Gravesteijn，2012；Zins et al.，2004）。

鉴于这些积极的发现，一个实践者可能会问的另一个合理的问题是：关于形成性评估和社会情感学习，我应该做些什么？如果一个实践者对这个问题的回答是不应该使用形成性评估，那么，他就犯了一个战略性的错误。迄今对形成性评估的模棱两可的发现并不是因为它是一种无效的策略，相反，这些模棱两可的发现是研究文献中对形成性评估的描述广泛而多样的结果。也就是说，正如文献中所讨论的，"形成性评估"一词指的是许多策略，其中一些策略在其重点上是完全不同的。当一个人缩小形成性评估的焦点时，他可以找到一些相当明确的指导。同样，金士顿和纳什（2011）提供了一些方向。具体来说，如果一个人希望确定形成性评估的关键特征，他们（金士顿和纳什）引导其使用反馈的研究作为指导。他们特别强调了海蒂（Hattie）和提默里（Timperley）的元分析工作（2007）。对反馈的研究是一个合乎逻辑的起点，因为反馈总是与有效的形成性评估联系在一起。例如，威廉姆和莱希（Leahy，2007）这样描述形成性评估：

限定词形成性指的不是评价，甚至也不是评价的目的，而是评价其实际服务的功能。在某种程度上，评估是形成性的，即来自评估的信息被反馈到系统内部，并实际用于以某种方式改进系统的性能（评估是改善的方向）。

同样，赫里蒂奇（Heritage，2008）解释说："形成性评估的目的是在学习过程中向教师和学生提供反馈，了解学生目前和期望成绩之间的差距，以便采取行动来缩小差距。"

在他们的研究中，海蒂和提默里（2007）综合了12个元分析，来自196项研究的发现和近7000个反馈效应。基于这种综合，他们开发了一个有效的反馈模型——专注于学习目标。正如金士顿和纳什（2011）解释的那样："利用这些发现，海蒂和提默里（2007）开发了一个有效反馈的模型。该模型将学习目标、目标进展以及在这些目标上取得更好进展所需的步骤结合起来。"虽然有效的反馈并不等同于有效的形成性评估，但反馈研究确实为发展形成性评估提供了清晰而有针对性的方法——一种专注于建立明确学习目标并跟踪学生的目标进展，帮助学生进一步确定他们可采取的措施来实现这些目标。

本章给出了符合这些特征的形成性评估模型，并详细介绍了如何将其与社会情感能力结合起来使用。具体来说，本章描述了一个形成性评估的模型，它侧重于提供：①关于社会情感能力的明确学习目标；②实现这些目标的进程；③实现这些目标所需步骤的指导。要设计这样一个系统，首先必须理解人类知识的本质，以及如何将知识组织成学习的过程。赫里蒂奇（2008）解释说：学生形成性评估可以提供有效的反馈，教师需要记住在任何特定的知识领域里学习是如何发展的，这样他们才能够定位学生目前的学习状态，并决定教学行动，以推动学生的学习进步。在一个领域中，清晰地表达学生的学习进程可以提供学习的宏观视角，支持教学计划，并成为形成性评估的试金石。

三、知识的本质

要理解学习的进程，思考人类知识的本质是很有帮助的。当然，描述知识的本质有很多方法。这里使用的方法是基于陈述性（Declarative）知识和程序性（Procedural）知识之间的区别。这是一种常见的知识划分方法（Anderson & Krathwohl，2001）。陈述性知识是信息性的。以下是K-12学术领域中常见的陈述性知识的例子：了解字母表中的字母，理解导致拿破仑在法国下台的事件的顺序，理解浮力的概念等。程序性知识是"可操作的"。它的特点是一个人可以采取一系列的步骤或策略来实现特定的目标。以下是 K-12 学术领域中常见的程序性知识的例子：能够在平衡代数方程中阅读柱状图，能够写一篇简短、有说服力的文章。

陈述性知识和程序性知识的区分为思考社会情感学习标准提供了一种有用的方式。近年来，在设计学龄前至十二年级社会情感学习标准方面取得了一些进展（Dusenbury et al.，本手册第 35 章）。伊利诺伊州在制定学龄前至十二年级教育标准方面一直处于领先地位，它们的标准围绕三个学习目标展开：①发展自我认知和自我管理技能，以实现学业和生活上的成功；②运用社会认知和人际关系技能，建立和维持积极的人际关系；③在个人、学校和社区环境中展示决策技能和负责任的行为（Gordon，Ji，Mulhall，Shaw & Weissberg，2011）。最近，我和我的同事，学术、社会和情感学习合作共同体，伊利诺伊州教育委员会和伊利诺伊州具有一定代表性的教育团队合作，从幼儿园到高中选取 10 项社会情感学习标准，研发形成性评估（这些评估策略的副本可以从罗杰·韦斯伯格处获取）。为了说明陈述性知识和程序性知识应用的区别，需要考虑来自伊利诺伊州教育委员会的一个标准：2A.5a 中如何表达对持不同意见的人的理解。这一标准是为高中学生制定的，是伊利诺伊州"社会认知和人际交往能力"目标的组成部分（伊利诺伊州教育委员会，2013）。这个标准的核心是程序性的，因为表达对持不同观点的人的理解是可以操作的。为了满足这个标准，学生必须执行具体的策略，例如：

（1）承认存在意见分歧。

（2）做出一个有意识的决定，假设你不同意的那个人是善意的。

（3）积极倾听对方在说什么，并试着理解他的理由。

（4）当提出与他人相反的观点时，要把注意力集中在自己观点的逻辑上。

（5）确保在讨论中不要说任何负面的话。

除了这些策略之外，标准还有一些陈述性成分：

（6）理解观点的特点。

（7）理解自己对某个话题的看法。

（8）理解两个人在特定话题上有不同意见的标志。

（9）理解一个人在与持相反观点的人交流时的典型情绪反应。

（10）理解强烈的情绪会影响一个人的思考。

在技能学习中，陈述性知识和程序性知识的混合是很常见的。陈述性知识被认为是过程的正式部分。学习一项技能（技术上称为"过程"）通常包括三个阶段。菲茨（Fitts，1964）将第一阶段称为认知阶段。在这里，学习者理解程序中的步骤或策略，并且能够口头表达（如在有要求时能把它们描述出来）。根据安德森（Anderson，1983）的研究，在这个阶段，对语言的中介作用进行观察是很常见的方式；在这个过程中，学习者需要复述执行技能所需的信息。第二阶段被称为联想阶段。在这里，学习者的技能表现是顺畅的，学习者最初对技能的错误理解得到纠正。联想阶段添加了一些早期理解过程中没有包含的重要元素，并对一部分学习者理解的元素进行了调整，以满足学习者的特定需求和偏好。在这个阶段，不再需要口头复述。第三阶段是自主阶段，技能得到细化。在这一阶段结束时，学习者可以自觉地执行程序，这使得学习者可以考虑其他可能与这个过程相关的元认知元素，如因情有可原而做出变通。

社会情感学习标准中的"意志"成分

社会情感能力与传统技能的一个区别是，它包含一个"意志"成分（Blumenfeld & Marx，1997；McCombs & Marzano，1990；Montaivo & Torres，2004）。根据定义，与任何过程相关的"意志"成分涉及自我系统（Self-system）。自我系统通常被认为是人类意志的建筑师（Harter，1982；Markus & Ruvolo，1989）。麦库姆斯（McCombs）和马扎诺（1990）认为，自我系统可以这样描述："自我作为行动者，作为意志和意愿的基础，在某种程度上可以被认为，是一个有目标导向的生成结构……它……有意识或无意识地定义了我们是谁，我们想什么，我们做什么。"博尔卡兹（Boekaerts，2009）的自我系统结构中包含了一些原则：人们普遍认为，一小组更高阶的目标或原则应该放在一个层次目标网络的顶端。这一套基本原则有助于一个人感知自我，因为这些原则代表了一个人的基本价值观以及他所认为的理想的特征。因此，更高层次的目标为一个人的生活提供了总体的组织和方向，优化了意义的形成过程。马扎诺（2010）进一步阐述了原则在自我系统中的作用。他解释说，"基本操作原则"是高于目标的，这些原则是非常普遍的，但它们影响了大量的人类行为。例如，一方面，一名教师可能持有的基本操作原则是："如果一个老师知道如何释放他们的潜力，所有的学生都能达到高水平的成就。"不管学生过去的成绩如何，只要教师和学生互动，这个原则就会引导学生做出特定的行为。另一方面，如果一个教师有一个基本的操作原则："学生的学业成功是由他们的家庭环境决定的"，那么，他就会因为这个原则而表现出其他类型的行为。

由于它们与社会情感能力相关，基本操作原则（也称为"信念"）很可能控制着学生是否使用社会情感能力。如果某个技能符合学生的一个或多个基本操作原则，那么，学生通常会选择在日常生活中使用社会情感能力。如果不符合，学生通常会选择不在教室外使用社会情感能力。

四、社会情感能力的学习进程

对知识的性质及其在社会情感能力具体应用中的讨论允许将特定社会情感能力的知识排序成一定的学习进程。如前所述，学习进程是有效执行形成性评估的关键（Heritage，2008）。社会情感学习进程的一般形式如表 22-1 所示。

表 22-1　社会情感学习阶段的通用形式

高	在适当的情况下有意识地使用技能： ①了解一个人的基本操作原则，以影响一个人的行为； ②对自己的基本操作原则进行必要的改变，以增加使用特定社会情感能力的可能性
↓	能够正确且流畅地执行与社会情感能力相关的步骤或策略： ①熟练运用技能； ②通过实践形成解决问题的步骤或策略
低	理解对社会情感学习技能很重要的陈述性知识，并能够大致执行该技能： ①了解写作的步骤或策略的技能； ②了解对应聘者很重要的事实性信息技能； ③了解与单词相关的重要词汇技能

与社会情感能力相关的陈述性知识处于学习进程的最低水平。学习一项技能的第一阶段（认知阶段）为学习者了解该技能，理解与该技能相关的一些基本术语，在提示时大致模仿该技能提供了基础。

在学习进程的下一个阶段，学生实际上是在练习技能，目的是熟练使用。这些练习很可能是由教师组织和指导的。当然，这与学习新技能的联想阶段是一致的。在社会情感学习进程的最高阶段，学生认识到社会情感能力的使用与他的基本操作原则是一致的或不一致的。如果他认识到该技能不能用于个人，学生就会检查自己的信仰，并在必要时做出调整，以增加该技能在现实世界中的使用。

表 22-1 所示的进展可以转化为一个相当基本的标准或尺度，跟踪学生的进展，能很好地符合反馈研究建议的形成性评估标准。也就是说，它提供了一个明确的目标——在本例中，就是在顶级水平上执行社会情感技能的能力。它允许学生跟踪进展推行的进度。此外，它还为学生下一步必须采取的步骤提供指导。例如，如果一个学生理解了社会情感能力的陈述性知识，那么，他的下一步就是开始练习和塑造技能。

五、开发形成性评估和社会情感能力的量表

在一系列的著作中，马扎诺（2006、2009、2010）描述了一个评分标准或熟练度量表（见表 22-2），可以使学习进程（如表 22-1 所示）更易于评价。

表 22-2　适用于社会情感能力的马扎诺量表

得分	社会情感学习熟练度量表的一般形式	社会情感学习能力的特殊案例
4.0	在适当的情况下有意识地使用该技能： ①理解一个人的行动准则会影响这个人的行为； ②尽可能多地使用社会情感学习技能，从而在自己的基本操作原则上做出必要的改变	有意识地决定对持不同意见的人使用表达理解的技能： ①理解学生可能有的信念，这些信念会阻止他表达对持有不同观点的人的理解； ②修正会阻碍学生对持有不同观点的人表达理解的想法
3.5	除了 3.0 分的内容之外，达到部分 4.0 分的内容	除了 3.0 分的内容之外，达到部分 4.0 分的内容
3.0	能够正确、流畅地执行与社会情感学习技能相关的步骤或策略： ①熟练掌握这项技能； ②通过实践塑造步骤或策略	在真实生活中表达与自己持不同观点的人的理解，且没有明显错误，并能运用如下策略流利地表达理解： ①承认有不同的意见； ②做出一个有意识的决定，假设你不同意的那个人是善意行事的； ③积极地倾听对方在说什么，并试着理解他持这种观点的原因； ④当你的观点与别人的观点相反时，把注意力集中在你自己观点的逻辑上； ⑤确保在你们的讨论中不要说任何关于这个人的负面言论
2.5	2.0 分部分没有重大错误，达到部分 3.0 分的内容	2.0 分部分没有重大错误，达到部分 3.0 分的内容
2.0	理解对社会情感学习技能很重要的陈述性知识： ①了解构成技能的步骤或策略； ②了解事实性信息对技能的重要性； ③掌握与技能相关的重要词汇	能够表达对持不同意见的人的理解，并能够解释或描述关于技能的事实性信息： ①意见的特点； ②学生自己对具体话题的看法； ③表示两个人意见不同的行为； ④当有人不同意他的观点时，学生典型的情绪反应； ⑤强烈的情感影响一个人思考的方式； ⑥理解基本术语的含义，如意见、分歧、冲突、对抗和尊重
1.5	达到部分 2.0 分的内容，3.0 分的内容存在重大错误或疏忽	达到部分 2.0 分的内容，3.0 分的内容存在重大错误或疏忽
1.0	在帮助下实现 2.0 分、3.0 分的内容	在帮助下实现 2.0 分、3.0 分的内容
0.5	在帮助下实现 2.0 分的内容但不包括 3.0 分的内容	在帮助下实现 2.0 分的内容但不包括 3.0 分的内容
0.0	即使接受帮助也无法完成任何目标	即使接受帮助也无法完成任何目标

六、不同类型的评估

如果将表 22-2 左侧所示的熟练度量表与社会情感能力一起使用,那么可以从学生那里收集到的评估选项信息将大大扩展。事实上,熟练度量表允许多种类型的课堂评估,远远超出了传统的纸笔测试。特别是,当熟练度量表就位时,我们很容易使用三种类型的评估:追问式讨论、非介入性评估和学生生成评估。

(一)追问式讨论

在使用追问式讨论时,教师会见个别学生并询问他有关社会情感能力的问题,确保涉及分数 2.0、3.0 和 4.0 的内容。在这种情况下,教师可以灵活地继续向学生提问,直到教师对学生的熟练程度有了一定信心。在讨论结束时,教师使用熟练度量表对学生的表现水平做出判断。例如,如果教师认为学生已经充分理解了简单的内容(如 2.0 的内容)并且对 3.0 的内容有部分理解,则给他 2.5 分。如果教师认为学生只能独立、准确地回答非常少的问题,但是通过一些提示可以部分理解 2.0 和 3.0 的内容,那么就给学生 1.0 分。依此类推。

(二)非介入性评估

当一个非介入性评估被使用时,一个特定的学生甚至可能没有意识到他已经被评估了。例如,假设教师观察到一个学生与另一个学生就他们有分歧的话题进行交流。老师注意到,第一个学生试图使用特定的策略来表达对持不同观点的人的理解,这表明该学生的行为得到了 3.0 分。然而,学生在执行这些策略时犯了一些错误或有疏漏,教师会在那个特定的时间点给那个学生打 2.5 分。

(三)学生生成评估

当使用精熟度量表时,学生生成评估可能是对学生可用的最强大的评估形式。在这种情况下,学生接近教师,并提出他将做什么,从而匹配熟练度量表中特定的指标。例如,相对于表 22-2 的技巧表达水平来说,一个学生目前在表达理解不同意见上处于 3.0 的分数,这就表明这个学生能够准确描述他的信仰或者利用技能做其他学生没有做过的事情。而成绩为 4.0 的学生则可以更好地使用和理解该技能。

七、设定目标并监督进展

配备类似于表 22-2 所示的社会情感能力熟练度量表,能让教师在课堂上使用不同类型的评估,以确定每个学生在某项技能上的现状。从海蒂和提默里(2007)的元分析来看,针对每个学生在某一特定技能上的进步，可以为他们设定具体的目标。例如，一个学生可能会设定一个目标：在本学期结束时，在表达对持不同观点的人的理解的能力上达到 4.0 分。而另一个学生可能会设定一个目标：在本学期结束时达到 3.0 分。此外，学生应该通过查阅熟练度量表，知道自己要达到的理想状态需要做什么。把 4.0 分作为目标的学生应该知道自己的信念或必须检查自己的信念，因为这些信念可能会阻碍学生在特定情况下使用该技能。把 3.0 分作为目标的学生需要意识到，自己必须练习与技能相关的策略，以达到一定的熟练程度。

最后，量表可以用来显示随着时间的推移所取得的进展。新学期开始时，社会情感能力的得分为 0.5 分的学生可能每周都会记录自己的状态。分数可能会随时间而变化。学生可以通过半分和满分来了解自己的进步。这样的跟踪方法可以提供许多机会，让学生庆祝自己的成长。

八、评级

如果社会情感能力在学前至十二年级的课堂上被明确地教授、使用，教师最终需要解决将形成性评估的分数转化为成绩的问题。他们会在评分期结束时使用社会情感能力的最后总结性分数来完成这一目标。例如，假设教师在一个学期中讲解了三种社会情感能力，并且以图形的形式跟踪学生在这些技能上的进展。在学期结束的时候，教师会为每项社会情感能力分配一个总结性分数，代表每个学生的最终状态——学生在学期结束时达到的技能水平。这三个总结性分数可以用加权平均数或非加权平均数来组合。这些总结性分数的平均数可以用下列办法换算成传统成绩：

3.51—4.00＝A

3.00—3.50＝A－

2.84—2.99＝B＋

2.60—2.83＝B

2.50—2.59＝B－

2.34—2.49＝C＋

2.17—2.33＝C

2.00—2.16＝C－

1.84—1.99＝D＋

1.67—1.83＝D

1.50—1.66＝D－

0.00—1.49＝F

除了整体成绩，家长和学生可以看到学生在每种社会情感能力上进步了多少。通过对熟练度量表的检查，家长和学生可以确定学生的能力和最迫切的需求。除了计算平均值之外，还可以选择合并分数（Marzano，2010）。

九、一个持续性改进的方法

也许使用熟练度量表进行形成性评估的最大优势是，它允许学生在特定的主题上不断更新他们的分数。这意味着，随着学年的进展，学生可以提高以前的评分阶段的分数。举例说明，假设在第一学期已经讨论了三种社会情感能力，我们在前面已经看到，这些技能的总结性分数可以转化为整体分数。现在假设第二学期还有四项技能。同样，在评分期结束时，这些分数可以转换成一个整体评分。然而，如果允许学生持续更新他们的分数，在第二学期，他们将被鼓励在第一学期分数的基础上提高他们三种技能的分数。这意味着第二学期的总成绩将以第二学期的四项技能和第一学期的三项技能为基础。这样的系统可以让学生不断提高他们对特定社会情感能力的熟练程度，并获得他们的认可和学分。

十、指导和建议

为了实施本章提出的建议，教师必须从理解社会情感学习标准开始，着眼于识别显性或隐性技能。接下来，教师将该技能转化为如表 22-2 右侧所示的学习过程。最好的方法是让学生分组作业，将 2.0 分、3.0 分和 4.0 分的内容翻译成学生容易理解的、熟悉的语言和例子。

在教学初期，教师可以将学生喜闻乐见的量表作为教学的基础，对 2.0 分的内容中固有的陈述性知识进行例证和讨论。学生应该有足够的机会去实践 3.0 分的内容中所包含的步骤和策略。实践活动开始应该使用高度结构化和以教师为导向的场景，但是随着时间的推移，应该为学生提供更开放的机会来使用与社会情感能力相关的步骤或策略。最后，对于 4.0 分的内容，学生可以在一本只有教师可以阅读的日志中记录他们对自己的信念的见解，表达哪些想法阻碍了他们使用社会情感能力。这将有助于学生坦率地表达他们的自我发现，并通过日记与教师私下交流。

使用图表或柱状图来跟踪学生在特定社会情感能力上的进展，是一个非常强大的激励工具。在熟练度量表上的每一次进步，都是教师和学生之间积极互动的机会。在量表上取得的进步应始终得到承认和庆祝。

最后，学生生成的评估越多地用于展示不同级别的能力，效果越好。这些评估让学生对自己的成功负责，并让他们控制展示自己能力的方式。这可以让学生深入思考一种特殊的社会情感能力。

十一、潜在问题和缺陷

当试图教授和评估学生的社会情感能力时，一个常见的趋势是它们会被简单对待。换句话说，一些教师可能不会认真、严格对待社会情感能力学习，不会认真、严格地增加学生的自我认知和社会认知，不会认真、严格地改变他们的行为。虽然熟练度量表的使用和各种类型的评估有助于防止这种趋势，但它仍然是一个被意识到并应加以处理的缺陷。

掌握社会情感能力是学生在 K-12 前期面临的一个重要挑战，这在很大程度上源于学生必须关注自我系统以及学生对自己、同龄人和周围世界的信念。我们不能以一种漫不经心的态度来做。在要求学生检查他们的信念之前，教师应该花大量的时间向学生提供有关自我系统及其目标层次结构和基本操作原则的信息。学生应该有一个坚实的基础，即他们的行为在很大程度上受到他们信念和目标的影响。更重要的是，他们应该有一个坚实的基础，不管他们目前持有的信仰是什么，他们都有能力改变自己的信仰，以改善他们自己和他们接触的人的生活。也许这就是教授和评估社会情感能力的最终目标——让学生理解人为什么要做决定，以及基于合理的信念而不是他们从过去或当前环境中继承的信念来做决定。

十二、参考文献

请扫描二维码获取原书参考文献。

第23章
学校氛围和学习条件评估

马克·加里波第、萨利·鲁迪、金伯利·肯迪奥拉、大卫·欧舍

学校氛围(School Climate)是一个复杂和重要的结构(Van Houtte，2005)，研究者和实践者已经对其很多方面进行了评估(Cohen，McCabe，Michelli & Pickeral，2009；Zullig，Koopman，Patton & Ubbes，2010)。比如，学校结构和组织(如学校规则、班级规模、部门间合作、纪律政策和规约)，文化(如信仰、准则和价值观)，关系(如成人和学生之间、群体内部的互动、学校共同体成员之间的信任)，学生和成人的行为(欺凌、恐吓和讽刺；参与、安全)或者受到其他人的影响(如教师的素质；社会情感能力，如交流、同情心和冲突处理)(O'Malley，Ritchey，Renshaw & Furlong，2011；Stamler，Scheer & Cohen，2009)。这些结构属于学校氛围，不过学校氛围的结构还包括很多内容。

学校氛围很重要，不仅因为它的内容本身很重要，而且因为它与学生的学业表现、社会性发展及未来的人生结果相关(Thapa，Cohen，Guffey & Higgins-D'Alessandro，2013)。全国青少年健康追踪研究(National Longitudinal Study of Adolescent Health)调查7—12年级青少年健康和幸福的保护性因素发现，学校联结(connectedness)①作为学校氛围的一方面，是减少药物滥用情况、学校缺勤情况、早期性行为、暴力和意外伤害风险等最强有力的保护性因素(Blum，2005；Resnick et al.，1997)。考察学校氛围也有政策方面的原因。自2011年以来，美国教育部已批准43个州免除《不让一个儿童掉队法》的一些核心原则，其中包括规定到2014年被测试的学生需要在阅读和数学方面100%达到精通的水平。作为豁免条件的一部分，各州正在开发许多新的教师评估和学校问责制，其中包括与积极的学校氛围相关的内容。在这一章中，我们首先描述三种重要的模型来定义和评估学校氛围。这些模型代表了目前的政策、实践以及研究

---

① 学校联结：学生感受到在学校中被接纳，被尊重，是学校的一员，类似于学校归属感。

框架。其次，我们确定并描述了学校氛围的核心要素，在附录 23.1 中，我们提供了一份简短样本，它来自经过联邦审查的工具清单，可以用来测量学校氛围。最后，我们提供进行学校氛围调查的指南和建议，并讨论这些模型的应用和学校氛围数据的使用。

一、三个重要的学校氛围模型

（一）学习条件

2005 年 8 月，美国研究学会（AIR）的工作人员与国家专家及芝加哥公立学校系统的工作人员汇聚在一起，就以下方面达成了共识：①如果目标是提高学生的出勤率、成绩、毕业率和中学学习的成功率，学校应该对于那些最重要的因素予以行动；②这些因素的可操作指标，我们称为社会情感的"学习条件"，它们是最接近学校教学过程的学校氛围因素。这些条件与学生和教师的学术能力及社会情感能力相互作用，能够影响学生的积极性、参与性和成就（Fredricks，Blumenfeld & Paris，2004；McNeely，Nonnemaker & Blum，2002；Osher，Dwyer & Jimerson，2005；Osher & Kendziora，2010；Ryan & Patrick，2001；Thuen & Bru，2009）。那些能够对学习产生影响的条件和示例包括以下四个方面。

（1）身体和情感安全，包括公平对待和免受骚扰。它们会影响学生的上学意愿和在学校感受到的压力水平。这些因素反过来会影响学生的注意力、记忆力和承担学习风险的意愿。

（2）支持，让学生感到关心和激励以融入学校学习，并与同龄人建立联系，使他们具有学校归属感。

（3）挑战，包括学校同学和教师的高期望、课程的严格性和相关性，以及个人的成功动机。

（4）同伴的社会情感氛围，包括文化素质、责任心、韧性、团队合作和为学校、社区做贡献。

（二）全国学校氛围委员会

2007 年，国家学校氛围研究中心（National School Climate Center）和美国教育委员会（Education Commission of the States）成立了全国学校氛围委员会（National School Climate Council）。该委员会得出的结论是：学校氛围可以被广泛地定义和评估为"学校成员在学校生活中的体验模式，包括规则、目标、价值观、人际关系、教学、学习、领导力实践以及组织结构"（Cohen et al.，2009）。学校氛围以学校或个人特征的四个领域为代表。

（1）安全，包括学生的社会和人身安全及福祉方面的体验。

（2）制度环境指学校通过支持和资源等来消除不利于教师教学、学生学习和安全的方面（如拥挤、设施不足和学校氛围不良），从而保障学校秩序和学生学习。

（3）人际关系的特征是包容，在同学关系及师生关系中有多样性、信任和交流。

（4）教与学强调伴随建设性的反馈，给予学生个性化的支持，给予学生冒险的机会和提供改善学生社会情感能力、健康状况、安全状况、人际关系和学业成就的综合课程。

该框架解释了学校和个人特征，并探索学校和个人之间的相互作用，对于理解基于学校的体验和社会情感能力如何提升学校氛围至关重要。

(三)安全与支持性学校

2009 年，美国教育部学生安全和健康办公室(Department of Education's Office of Safe and Healthy Students)召集了一个由学校氛围方面的学者、政策制定者和利益相关者组成的团队，草拟了一个测量学校氛围的建议性模型。在大量的听证会和咨询了研究者和实践者之后，这个团队开发出一个综合模型，将学校氛围的很多因素归纳为三个主要方面(Harper，2010，见图 23-1)。该模型是一个能够在全国范围内的学校实现有效的、可操作的测量学习条件的框架，并能够有效地使用这些数据来创造一个具有良好学习条件、安全的、支持性的和成功的学校。

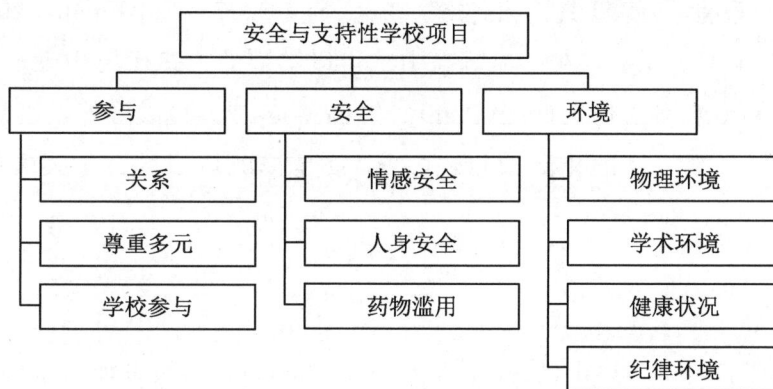

图 23-1 安全与支持性学校项目模型中的三个主要部分

在联邦安全与支持性学校项目(Safe and Supportive Schools Program)中，11 个州的受助者已经开发并使用了基于此模型并与之相关的调查。安全与支持性学校模型包含以下内容。

(1)参与是指学生、教师和家长内部及相互之间的关系质量，家庭、教职工和学生参与学校活动的程度，学校和广大社区的联系。

(2)安全强调学生、教职工和社区成员从学校环境和学校相关活动中所感知、体验和创造的身体和情感安全。

(3)环境包括为学生提供身心健康支持、学校物理设施、学术环境支持，保证纪律程序的公正性和充分性。

二、不同模型中的学校氛围核心要素

不管从哪一个角度来分析学校氛围和个人在学校中的表现，显而易见的是，学生、成人和学校作为同一个系统组成部分的特征会相互作用，进而影响学生的成绩。支持性的学校氛围包括有助于在学生和教职工之间形成关心、支持和鼓励的环境因素。在后面的内容中，我们将讨论三个学校氛围模型中共有的元素（物理环境、安全、挑战、支持和参与度），以及它们如何与学生的学习成绩相关。

（一）物理环境

研究表明，学校的物理环境可以显著影响学生有效学习的能力（Doan & Jablonski，2012；National school Boards Association，1996）。影响学生成绩的三个显著因素是秩序、质量和物理空间。学生的不当行为经常出现在教室年久失修的环境下，这不仅扰乱课堂秩序和干扰教学时间（Dinkes，Kemp & Baum，2009），还可能对教师的专业精神、学生的注意力及焦虑等产生不良的影响（Browers & Tomic，2000；Hastings & Bham，2003）。教学楼的物理条件（例如，脏乱的地面和墙面、未修复的天花板、损坏的家具和固定装置、脱落的油漆）也与学生的不良行为、教师满意度和学业成就等具有相关性（Bullock，2007；Earthman，2004；O'Sullivan，2006；Schneider，2002）。比如，在一项对高中二年级学生的追踪研究中发现，66％的学生认为学校存在至少一种不恰当的建筑设施（Planty & DeVoe，2005）。另外，通常更有可能发现，学业成绩最差的学生（基于标准化测试）所在的学校是被破坏了的、年久失修的和不干净的学校。

（二）安全

安全是对所有学校的基本要求（Dwyer & Osher，2000）。学校可能使学生暴露在一些危害学生学习和学业表现的风险因素中，并可能与一些反社会行为和违法行为有关（Casebeer，2012；Glew，Fan，Katon，Rivara & Kernic，2005）。在一项关于学校犯罪和安全的全国性调查中，74％的公立学校记录了2009—2010学年在学校发生的1起或多起暴力犯罪（如袭击、强奸和抢劫等；Robers，Zhang & Truman，2012）。除了身体攻击，言语攻击也很普遍。美国有28％的12—18岁学生在一个学年中受到欺凌（Robers et al.，2012）。

（三）挑战

学校可能是安全有序的，但是当教师对学生的学业和行为有很高的期望时，学生才能被置于学业成功的理想位置，尤其是对有辍学风险的学生而言（Catalano，Haggerty，Oesterle，Flemings & Hawkins，2004；J. Lee，2012；V. E. Lee，Smith，Perry & Smylie，1999）。所谓挑战，我们指的是高期待，学生能够投入并有足够的动力参与学校功课及相关的、严格的学术内容。然而，当教师在没有足够支持的情况下向期望较高的学生施压时，学生的学习和学业表现可能适得其反（V. Lee & Smith，1999）。对学生的高学业期待应该伴随着适当的对学生的支持。

(四)支持

研究者已经证明了教师的支持在积极的学生发展结果方面的重要作用(Brewster & Bowen，2004；Muller，2001；Wentzel，1997、2002)。建立学生支持的有效方法包括确保在学生的生活中有重要的成人参与其中，有成人来鼓励、支持和培育他们。传统观点认为，教师素质(教师资格证书和学历水平方面)对学生成绩只有中等程度的影响(Ballou & Podgursky，2000；Darling-Hammond，2000；Darling-Hammond & Youngs，2002；Goldhaber & Brewer，1999)。最近的概念聚焦在教师效能感上，它结合支持、回应和关怀来提供高质量的教学。表现出这些技能的教师更有可能使学生获得一系列积极成果(Brewster & Bowen，2004；Lee & Burkam，2003；Lee & Smith，1999)。此外，那些没有掌握这些技能的教师会承受更大的压力和有重多的职业倦怠(Tsouloupas，Carson，Matthews，Grawitch & Barber，2010)。

掌握这些能力的高效教师能够与学生建立积极的关系，他们为学生的学习和幸福做出了贡献(Hamre & Pianta，2005；Wentzel & Wigfield，1998)。这种类型的学生支持包括提供公正和平等的待遇，询问学生是否需要帮助，让课堂变得有趣，确保学生理解课堂中所教授的内容和直接交流学生的学习进度(Spier，Garibaldi & Osher，2011；Wentzel，1997、2002)。

(五)参与度

学生参与度是学校氛围的一个关键元素，大量的研究将其与学生的学业成就联系在一起。学生参与度具有情感、认知和行为的成分，与"学校联系""学校纽带""归属感"的概念基本重叠。参与度与出勤率相关，进而与学业成绩和辍学率相关(Croninger & Lee，2001；Goodenow，1993；Willingham，Pollack & Lewis，2002)。尽管鼓励出勤的奖励措施和学校政策可能会影响学生的参与度，但是研究发现，改善课程和教学法会极大地影响学生的参与度，并最终影响学生的积极学习成果(Ryan & Deci，2000；Yazzie-Mintz，2010)。

三、学校氛围评估

理论框架和实践研究均表明，学生在学校体验到的物理环境、安全、挑战、支持、参与度和学生的学业、社会性和情感发展密切相关。学校氛围很重要，要想在学校范围内改善学校氛围，学校领导者采取的最重要的措施之一就是测量它。测量的准则非常多(比如，"那些被评估的就是要去实施的"；"你没有得到你所期望的，但你得到了你所检查的"；"测评什么，什么就重要")，但是，有一些指标提示我们不能低估学生(以及潜在的教职工和家庭)对学校看法的价值。精确的测量是了解需求、确定改进目标和及时监测进度的基础。在这一部分，我们回顾了学校氛围的测评方法。

(一)选择评估工具的建议和指导原则

我们选择学校氛围测评工具的时候应该考虑多元因素。比如，应该基于受访者(学生、学校教职工、家庭、学校管理者)选择合适的测评工具。对于学生而言，还应该考虑学生的年级。还需要考虑的其他因素包括：使用方便程度，格式和管理时长，经费，报告及其结果的解释规定，学校、学区或州的方案规划需求等。

在选择测评工具的时候，使用者应该考虑调研的技术和实践潜力，以及该工具与学校改善工作的契合度。为了确保学校氛围测评结果数据的可用性，测评工具应该在技术上和实践上都是可行的。技术上可行的工具应该同时符合概念上和心理测量学上的要求，它们应该是可靠的，并且具有同时效度、构想效度和表面效度。学校氛围量表应相互关联，并且抓住学校氛围的多个维度。在采用或者创建一个实践上可行的学校氛围测评工具时，重要的是要考虑问卷的结构(如频率数据、二分变量、定序变量或定类变量)，问卷或量表的长度，数据计分，报告以及依此采取行动的易用性。

在理想情况下，问题和量表生成的数据通过提供有意义的信息(如增强了改善和维持学校氛围的意识和责任心)产生对相关领域的改进意见，并阐明这些改进的可行步骤可以增强用户的能力。分解数据可以更容易地了解不同群体对学校氛围的体验。将学校氛围测量与学校改进联系起来的最好案例是由芝加哥学校研究协会(Consortium on Chicago School Research，CCSR)几十年来对芝加哥公立学校的多方面功能(包括从学生、教师和管理者的角度测评氛围)的系统评估(Bryk，Sebring，Allensworth，Luppescu & Easton，2010)。多年的研究已经证实，学校功能的五个方面对学校改进最具预测性：①积极进取的教学；②有效的领导者；③合作性的教师；④参与的家庭；⑤支持性的环境。芝加哥公立学校研究协会已经建立了一个线上的互动平台，这个平台使教育工作者能够探索学校层面的结果。它在分数报告中使用颜色和图表帮助使用者快速地确认优势和不足。

学生安全与健康办公室(OSHS)作为美国教育部国家安全支持性学习环境中心(National Center on Safe Supportive Learning Environment，NCSSLE)的一个部门，已经为那些考虑使用现有测评工具的人提供了有用的资源。美国教育部国家安全支持性学习环境中心网站上包含了17份学生、家庭和教职工学校氛围调查的概要，描述了每一份调查的结构、预期受访者、关键来源报告及获取调查工具的信息。关于所有17项调查的详细信息可以访问美国教育部国家安全支持性学习环境中心网站。附录23.1给出了这些调查的几个例子。所有17项调查均是通过公开征集提名的，由技术人员进行审查，并由学生安全与健康办公室审核其有效性和可信度。

简编版本的调查包括那些为二年级及以下的学生设计的调查，如美国研究学会的学习条件调查(Conditions for Learning Survey)；适合多元受访者的调查，如加利福尼亚学校氛围、健康和学习(California School Climate，Health，and Learning Survey)数据系统中的调查；还有重点关注社区风险及保护性因素的调查，如关心青少年社区调查(Communities That Care Youth

Survey)；还有一些相对简短的调查，如学校体验感知量表(perceived school experiences scale)，它包括 14 个题目，用于测量三个指标。

(二)家庭意见的特殊考量

家庭积极参与学校活动是学校健康发展的一个有力指标，因为家庭参与可以帮助学生学习，推进学校实现其使命，并加强社区联系和有效使用社区资源(Bryk，Sebring，Allensworth，Luppescu & Easton，2010)。然而，通过调查来衡量家庭对学校氛围的看法可能特别具有挑战性。学生、教师和管理者都在学校，测试者可以利用他们的这段在校时间完成调查，但涉及家长的调查，通常需要联系校区外的家长。然而，学区也不能总是为生活状况不稳定的家长保留当前的联系方式。有过糟糕学校体验的家庭成员和脱离家庭的家庭成员都可能不愿意做出回答，从而增加了反应偏差的风险。另外，家长相比于学生可能有更多的语言要求，纸质问卷、网络、手机和电话调查模式的选择都会影响所获得的信息，从而可能造成结果有偏见(Fei et al.，2007；Gribble & Haupt，2005；Van de Kerckhove，Montaquila，Carver & Brick，2009)。因为家庭问卷调查存在很多挑战，学区赞助的家庭调查的典型应答率通常为 25%—30%(Nathanson，McCormick，Kemple & Skpek，2013)。这个应答率太低，无法确保调查结果代表所有家庭。调查要覆盖到更多的家庭，可能需要创新的策略。这些策略要以家庭为主导，具有跨文化交流能力，并能够动员包括家庭组织和宗教团体在内的社区组织。

(三)学校氛围评估的未来

2013 年 1 月，作为使学校更安全倡议的一部分，奥巴马宣布，他的政府将开展一项学校氛围调查，以提供"可靠的数据帮助学校实施改善学校氛围的政策"(The White House，2013)。为了履行这一承诺，美国教育部国家教育统计中心已经致力于开发、测试新工具，设定测试基准，然后免费提供一套全国学校氛围调查工具。这项工作已经由美国研究学会和 Sanametrix 公司实施，措施包括从中学生、教职工、校长和家庭成员的角度评估学校氛围(使用安全和支持性的学校参与框架、安全和环境框架)。这些工具将建立在一个在线平台上，以便学校和学区能够灵活、独立地开展调查并立刻获得调查结果。这些结果将为学校工作人员了解和改善学生的教育环境提供基础，并能够将其结果与国家基准、其他学校和学区的结果进行比较。

全国学校氛围调查(The National School Climate Survey)将在 2015 年春季开始实地测试，全国具有代表性的基础数据采集定于 2016 年春季进行。如果工作按计划进行，学校和学区将免费获得一套可靠、有效的工具，以便了解他们的学校氛围，并在 2016—2017 学年与其他学校的氛围进行比较。一些学校已经有使用目前的工具评估学校氛围的历史(比如，芝加哥、克利夫兰、纽约市、安克雷奇等拥有安全与支持性学校拨款的州，以及许多使用健康儿童调查的加利福尼亚地区，它们可能会继续采用当前的测评工具，这样，它们就不会失去追踪趋势的能力。对于其他很多没有特定评估工具的州、学区和学校来说，全国学校氛围调查的开展可能是一个巨大的福音，可以极大地扩大对学校氛围和在学校建立安全和良好氛围的措施的了解。

四、潜在的问题及缺陷

在学校、学区和州开发一个系统来有条不紊地收集、评估、报告和使用学校氛围或学习条件数据是一个非常具有挑战性的过程。在这一节中，我们将描述一些重要的挑战，并分享如何应对这些挑战的想法。

(一)仅依靠学校办公室的转介、停学或开除数据

使用现有学区数据来验证来自学生、教职工或者家庭调查的结果可能是有优势的，因为学区数据广泛可用，但它们不一定是学校安全或氛围的最佳指标(Furlong，Morrison，Cornell & Skiba，2004)。此类数据受到与报告和分类学生行为有关的学校特殊政策和做法的强烈影响。这些政策和做法可能没有系统地进行，并且在学校或学区中也都没有标准化。另外，有关停学和开除的数据可能比实际学生的不当行为能够更好地代表学校的纪律政策。学校要获得信息来采取行动改善学校氛围和学习条件，这些信息必须来自学生或者教职工(可能还有家庭和社区成员)。调查是收集这些信息的有效方式，但是调查也有挑战。

(二)问卷开发、管理、分析和报告中存在的问题

有很多发生在学校的糟糕调查，这些调查并没有达到它们原本的目的。调查工具没有经过统计的稳定性分析，其结果未在中央办公室的活页夹中使用。美国教育部国家安全和支持性学习环境中心已归档了2011年一系列网络研讨会材料，这些研讨会与收集和使用学校氛围和学习条件数据的过程有关，并提供了许多实用建议。克服这些挑战的策略之一是：①对自己想知道的事情有一个清晰的愿景。②相应地选择或开发问题或者量表。使用已开展过调查的题目(必要时需要获得许可)可以促进新开发问卷的可持续性和实用性。③新编写的或者是针对新群体的调查问卷应该使用"边想边说"式访谈(也称为"认知实验室")来进行测试。小范围样本的试访谈能够在尝试进行大规模样本调查前改善题目和管理程序。④缩短调查时间有助于提高受访者的注意力和完成度。⑤在调查的过程中，要让利益相关者参与宣传，促进受访者参与调查。⑥在数据报告之前确认数据的信度和效度，必要时报告注意事项。⑦即使问卷有很高的应答率(学生或教职工调查的目标通常是80%)，也要分析结果确保具有代表性。⑧尽快与利益相关者(包括受访者)分享调查结果，重点关注结果中提出的建议措施。

(三)尚未开发有关学校氛围类别或所需学习条件的清晰愿景

对于很多学校而言，评估学校氛围只是学区交给他们的工作任务，而不是他们自己改善学校过程的一部分。国家学校氛围委员会(The National School Climate Council，2007)指出，在学校氛围质量标准和改善标准中，几乎很少有学校将调查数据和将要实施的改善计划和技术援助联系起来。学校或学区想要实现理想中的学习条件，有必要为这个学习条件确立一个愿景及基于这个愿景给予具体的操作化指标，这样可以帮助学校走向成功。

五、结论

有利于学习的学校氛围可以被有效地测量，并能够有效地使用测量结果来监督进展和持续的改进情况。比如，近 10 年来，阿拉斯加州和美国研究学会合作，已经从学生、教师和家庭的视角对学校氛围(或相关的内容)进行了测量。同样，克利夫兰市从 2008 年开始使用学校氛围数据来监测、规划和问责，并且它现在已经扩大到了特许学校。

为了持续地改善学校氛围，欧舍和肯迪奥拉(2010)强调有三个主要障碍需要去克服，并提出了广泛的建议以改善积极的学术、社会和情感学习的学校氛围。首先，必须表明社会情感因素在教育中的重要性，它可以通过学校氛围调查的方式进行评估。然而，这仍然需要更多的支持性证据。各学区和州需要在积累证据的同时，发展评估和监测学校氛围、社会和情感条件的能力。其次，实施学校氛围评估的财政资源往往有限。作为回应，利益相关者需要认识到学校氛围和学习条件的重要性。最后，学校氛围调查应该和学校中的学术及社会情感项目有机结合起来，以便两者都能在整个过程中被监测。比如，一种积极的学校氛围可以增强一个项目的影响或者使项目作为学校氛围的结果得到改善；相反，学校氛围的强烈消极特征也可以削弱项目的实施效果。州和学区应该为学校和社区改善学习条件提供有效的工具、策略和支持。

学校氛围评估也是管理者、教职工的一种有勇气的行为，他们收集和审核的数据表明了学生和学校教职工对学校氛围的看法，然后利用这些事实来为如何改善学校氛围的决策提供信息。使用调查数据的基本过程就是理解事实，分享事实，然后根据事实采取行动。然而，评估必须先行。

六、参考文献

请扫描二维码获取原书参考文献。

附录 23.1 学校氛围问卷举例

学校安全与健康办公室审查的 17 所学校氛围调查的完整列表可以在网上找到。在这里，我们提供了三个公开的调查。尽管 2016—2017 年，新的全国学校氛围调查将免费提供给学区和学校，但一些教育工作者可能希望更早开始测量学校氛围。我们或许可以将之视为学校安全、纪律改革或教育工作者评估举措的一部分。类似用户可能考虑使用以下调查工具，或使用在线概要中所包括的任何工具。

1. 美国研究学会的学习条件调查

(1)描述。题项数量：2—4 年级版，23 题；5—8 年级版，53 题；9—12 年级版，56 题。管理：纸质的或在线的，以学校为基础。2—4 年级版，3 点回答选项；5—12 年级版，4 点李克特量表，4 点频次选项。

(2)结构。安全、尊重的氛围，很高的期望，学生支持，社会情感学习。

(3)调查对象。学生 2—4 年级，5—8 年级，9—12 年级。

(4)信度。Cronbach's alpha 范围：2—4 年级，$\alpha = 0.54 - 0.71$；5—8 年级，$\alpha = 0.74 - 0.80$；9—12 年级，$\alpha = 0.77 - 0.83$。

(5)关键报告。Osher, D., Kendziora, K. & Chinen, M. (2008). *Student Connection Research: Final Narrative Report to the Spencer Foundation*. Washington, DC: American Institutes for Research.

(6)调查工具。免费使用该调查工具。

2. 卓越文化和道德评估

(1)描述。题项数量：学生问卷，105 题；教职工问卷，134 题；家长问卷，70 题。管理：学生，纸质调查、校本调查；教职工，纸质和在线调查；家长，纸质调查。使用 5 点李克特量表。

(2)结构。学生问卷：能力，卓越(仅 4.2 版)；能力，道德规范(仅 4.2 版)；学校文化，卓越；学校文化，伦理；教师实践，卓越；教师实践，道德规范，学生安全，教师对学生的支持和参与。

教职工问卷：能力，卓越(仅 4.2 版)；能力，道德规范(仅 4.2 版)；学校文化，卓越；学校文化，伦理；教师实践，卓越；教师实践，道德，学生安全，教师对学生的支持，参与、领导实践，教师信仰和行为，家校沟通和支持。

家长问卷：感知学校文化，学校与家长互动，家长与学校互动，在家学习或促进卓越，养育或促进道德。

(3)受访者。学生(初中生和高中生)，教职工，家长。

(4)信度。Cronbach's alpha 的范围：学生(高中)，$\alpha = 0.85 - 0.91$；教职员工，$\alpha = 0.84 - 0.91$；家长，$\alpha = 0.45 - 0.91$。

(5)关键报告。Khmelkov，V. T. (2010). *Culture of Excellence and Ethics Assessment*, *Student and Faculty Survey*：*Reliability*，*Validity and Other Psychometric Data*，*High School Sample*. 〔PowerPoint presentation〕. Manlius，NY：Institute for Excellence and Ethics. Available at excellenceandethics. org.

(6)调查工具。可免费使用测量工具，但须遵守用户协议条款。

3. 感知学校经历量表

(1)描述。题目数量，14 项。管理：纸质、校本。5 点李克特量表。

(2)结构。学术动机，学术压力，学校联结。

(3)对象。7—12 年级的学生。

(4)信度。Cronbach's alpha 范围：$\alpha = 0.88 - 0.90$。

(5)关键报告。Anderson-Butcher，D. ，Amorose，A. ，Iachini，A. & Ball，A. (2011). The Development of the Perceived Schools Experiences Scale. *Research on Social Work Practice*，22(2)，186-194.

(6)调查工具。可免费使用本调查工具。

第 24 章
组织准备度评估

香农·B. 万利斯、克里斯蒂娜·J. 格罗克、

布里奇特·E. 哈特菲尔德

为儿童服务的组织常常是组织社会情感学习干预的场所。社会情感学习干预的范围和实施方法各不相同，但一般旨在培养学生具有自我认知、自我管理、社会认知、人际关系和负责任的决策等技能[Collaborative for Academic，Social，and Emotional Learning（CASEL），2012；Zins，BLood-Worth，Weissberg & Walberg，2004]。许多组织可能对帮助儿童发展这些社会情感能力感兴趣，因为拥有这些技能可能有助于儿童在组织中取得成功。例如，学校可能对提升社会情感能力感兴趣，因为这些技能有助于儿童发展学术能力；寄养机构可能会支持儿童提升他们的社会情感能力，以提高他们适应残疾的能力；孤儿院可能会支持儿童提升他们的社会情感能力，以帮助他们更好地适应与收养者相处；运动队可能会对提升运动员的社会情感能力感兴趣，并将其作为提高运动员团队合作能力和运动成绩的一种手段。幸运的是，一些组织为这些直接为儿童服务的人员提供社会情感学习培训，这样他们就可以支持儿童社会情感能力的发展。然而，直接服务提供者的培训即使质量很高，也不一定能转化为有效的实践（Hemmeter & Conroy，2012）。组织和组织内个人的许多特征都与社会情感学习及其干预实践是否有效实行有关（Domitrovich et al.，2008）。由于高质量地进行社会情感学习干预与改善儿童的发展结果相关，因此了解可能利于社会情感学习实践的环境因素对于许多儿童服务组织来说是重要的第一步。

一、实施质量

社会情感学习干预实施的质和量往往相差很大（Weisz，Sandler，Durlak & Anton，2005）。

先前的研究已经证实，当社会情感学习干预的关键措施以高质量和预期的频率（剂量）提供时，儿童有更好的结果（Durlak & DuPre，2008）。对于社会情感学习干预计划而言，干预的关键措施是必须考虑到每一个核心部分（Century，Rudnick & Freeman，2010）。如果这些措施没有到位，干预就不会在儿童身上起作用。并且，仅仅实行关键干预是不够的。这些关键部分必须谨慎实施，并有足够的持续时间来引起儿童发展结果的变化。当有足够质量和数量的关键社会情感学习干预要素存在时，这表明干预是在不折不扣地按照计划实施。但是，实施质量比不折不扣地按照计划实施的概念更加广泛。除了确保能够以干预设计者预期的方式（不折不扣地实施）提供干预外，实施质量还包括能够及时根据环境变化调整干预并适当增加计划以外的干预以提高措施的有效性（积极适应），真正体现出干预的方式能够适应环境（Domitrovich，Gest，Jones，Gill & Derousie，2010）。在大多数研究中，实施质量已被描述为与"不折不扣地按照计划实施"同义。尽管按照设计的方式提供干预是实施质量的重要组成部分，但我们对此定义进行了扩展，并建议，尽管不折不扣地按照计划实施表示实施质量的一个重要方面，但它可能无法全面说明强有力的实施意味着什么。对干预目标的深刻理解和承诺可能有助于实施者超越他们设计的某些活动的范围，从而在整个环境中有效地整合社会情感学习策略（Jones & Bouffard，2012）。这种方式要求融合特定的背景，除了以质量实施和预期频率（不折不扣地按照计划实施）作为干预的关键组成部分以外，还代表了对高质量实施的综合性定义。最后，我们建议对实施质量的评估是一个连续体（从低到高），任何以社会情感学习作为干预手段的组织都应该以高的实施质量为目标。

二、实施质量的预测指标

实施质量在很大程度上取决于社会情感学习干预提供的培训和持续支持。比如，为那些提供直接服务的工作人员、干预教练或者培训师提供基本的培训，因为他们是持续实施干预工作的基础。为他们提供足够的资源和支持有利于他们集中时间和精力使用最新的干预。实施干预的设计者需要尽可能地清楚掌握影响成功的社会情感学习干预的所有条件（Wandersman et al.，2008）。尽管通常没有提供对高质量实施的最佳支持，但它们已与提高实施质量联系在一起，并且是确保有效使用社会情感学习干预的必要组成部分（Kretlow & Bartholomew，2010）。

实施质量的预测指标在重要的干预训练之前就会开始使用。这些先前就存在的特征反映了一个组织实施成功的社会情感学习干预的准备度。换句话说，组织准备度就是组织整体去学习和实施新的实践的能力（见图 24-1）。具体来说，组织和组织内个人的各个方面构成了组织执行社会情感学习干预实践的准备度。不幸的是，在具体的实践中，人们很少花费时间去考虑一个组织是否已经做好实施新的社会情感学习干预的准备。在社会情感学习干预之前检验组织和个人的各个方面的准备度是值得花费时间和努力的，这主要是因为这个过程为发现影响实施质量的潜在挑战提供了可能性。

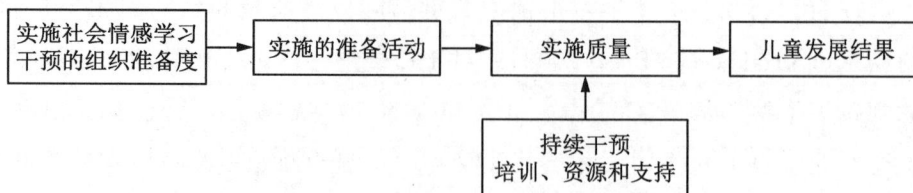

图 24-1　从建立组织准备转变为儿童发展结果的过程概念模型

　　我们强调要非常重视组织准备度的一个主要原因就是组织准备度呈现了实践中提高实施质量和确保实施有效性的机会。在培训实施之前了解组织实施社会情感学习干预的准备度有利于培训者在组织成员培训的过程中掌握组织目前的特殊优势和挑战，从而提供有针对性的培训(Peterson & Baker，2011)。具体来说，培训者可以通过前期的这些了解确定一个组织是否：①需要在推动社会情感学习干预训练之前开展组织能力建设；②做好了一般的准备，但是需要在训练过程中提供特殊类型的支持；③为实施社会情感学习干预做好充分的准备并有可能取得成功。通过采取这种主动的策略来保证实施质量就可能在问题发生之前得到有效预防，并且最终促进儿童更好的发展结果。

　　基于组织准备度在改善社会情感学习实施质量过程中的重要性，这一章的目标就是：①为在社会情感学习培训开始之前专注于了解组织提供合理性；②总结一些与社会情感学习干预实施质量相关的环境的现状；③确认一些在测量组织准备度过程中发现的问题；④分享相关领域的经验，包括为接受评估的组织提供有效的社会情感学习干预的实践经验。

三、在社会情感学习干预准备前了解组织

　　在理想情况下，实施社会情感学习干预的过程应该从实施的准备阶段(实施准备活动)开始，然后引出新的实践措施。最早注意到准备阶段的研究人员之一是勒温(1947)。他将其称为解冻，并将该阶段的目的描述为培养改变习惯的动力。为了实现这一目标，当代的实施模式包括实施准备活动，例如，获得领导者对干预的最初承诺，建立关键利益相关者(领导者、直接服务提供者、家庭)的指导委员会，并就儿童实施社会情感学习的重要性达成共识(Devaney，O'Brien，Resnik，Keister & Weissberg，2006)。有时，这些任务被描述为计划、前期选择(preadoption)或探索阶段的一部分(CASEL，2006；Fixsen，Naoom，Blasé，Friedman & Wallace，2005；Greenberg，Domitrovich，Graczyk & Zins，2005)。最近，研究人员已将有关实施过程的最佳实践综合到质量实施框架中。该框架包括 14 个步骤(Meyers，Durlak & Wandersman，2012)。在质量实施框架中，步骤5—10与前面所述的关键准备活动相呼应。例如，获得干预的支持，建立实施团队并制订实施计划。这些能力建设活动对于做好准备工作、保障项目成功实施非常重要，需要多少关注取决于组织和组织内个人的某些特征。要知道从哪里开始实施准备工作以及应该着重于哪些工作，就有必要了解将要实施社会情感学习干预的组

织的现有准备度。

我们尽量在实施的准备阶段了解组织的准备度。准备活动包括建立利益相关者委员会和制订社会情感学习愿景，需要计划好组织和干预人员的时间和初期投资。我们描述了三种示例场景，这些场景要求决策者(资金提供者、主管、研究人员)了解组织的准备度，以便他们可以决定是否开始与组织一起参与实施准备活动。第一，在为社会情感学习干预培训申请资金时，出资者可能需要提供证据，证明该组织有能力成功实施该计划。第二，有很多项目的组织主管或负责人可能对社会情感学习干预感兴趣，但有限的资金只能在某些项目中实施。在这种情况下，了解组织实施新干预的准备度将有助于确定将有限资金用于投资的最有效点上。第三，研究特定社会情感学习干预效果的研究人员需要确定哪些组织最有可能将培训有效地转化为高质量实施。在每种情况下，在组织被选择参加之前，可以根据组织的准备度让组织参与实施准备活动。通过在准备活动开始之前对组织的准备度进行评估，决策者可以使用此信息就与哪些组织合作做出明智的决策。

在质量实施框架的 14 个步骤中，步骤 5—10 描述了准备活动的一些基本前提，以阐明组织的准备度(Meyer et al.，2012)。具体来说，作者列出了了解组织的一些评估策略，这些评估策略的目标主要是"基于实施背景的初始注意事项"。换句话说，通过评估组织准备度，我们可以确定如何以及是否继续进行准备活动，继续干预培训和实际使用社会情感学习干预。在本章中，我们着重了解组织的过程，并将其称为评估组织的"准备度"。

四、准备度的特点

在本节中，我们描述组织的一些关键因素以及组织内的个人，它们共同构成了组织的准备度。我们将注意力集中在基于先前的实证研究得出的组织准备度特征上，同时基于我们跟组织合作的经验进一步补充了一些关键特征。

(一)组织：背景、历史和氛围

1. 社区的工作关系和政策

组织与社区其他组织之间的正式和非正式联系可能反映了组织实施社会情感学习干预的准备度(Anderson-Butcher et al.，2010)。正式关系可能来自较大的社区组织成员(比如，幼儿园就是全国幼儿教育协会地方分会的活跃成员之一)，也可能来自定期与其他组织进行网络交流的机会(比如，受同一资助方资助的"开端计划"中心和其他"开端计划"中心的每月例会)。非正式关系的结构性较差，但是当组织负责人彼此认识或者组织的任务、客户重叠时，非正式关系就会浮出水面。例如，寄养机构与当地家庭暴力避难所的关系，或孤儿院与当地儿童医院的关系可能会使社会情感学习干预获得更好的支持，并表现出更好的组织准备度水平。在支持使用循证实践的社区联盟的研究中，与其他社区组织有着密切关系的联盟为实施干预提供了更强的支持（Brown，Feinberg & Greenberg，2010）。与外部组织建立关系的好处可能包括增加社会资本、财务支持和实物资源。如果一个组织与其他组织的关系较弱，培训人员应特别注意发展这些关系，以提高实施质量。

在州、县或者学区的政策和资金决策中强调社会情感学习的重要性，也可能表明组织实施社会情感学习干预的准备度。社区和学校系统对社会情感学习重要性的重视程度存在差异。学术、社会和情感学习合作共同体对州社会情感学习标准分析的初步发现可以作为这种差异性的证据。它们发现，在整个 K-12 系统中，幼儿园教育能够更加全面地阐述社会情感学习标准（Kendziora，Weissberg，Ji & Dusenbury，2011）。具体来说，对于幼儿园教育，49 个州和哥伦比亚特区的幼儿园都具有与社会情感学习有关的学习标准。但是对于整个 K-12 系统，只有一个州（伊利诺伊州）制定了系统的社会情感学习标准。幸运的是，那些学校所在的社区拥有针对州 K-12 系统的明确社会情感学习标准，这些学校能够访问社会情感学习资源，如培训、书籍和材料，这些资源可以在整个系统中共享（比如，一些特定领域的社区支持——在语言和扫盲干预方面，参见 Zukoski & Luluquisen，2006）。此外，社区中优先考虑社会情感学习的组织可能会从地方基金会或州政府机构那里获得更多社会情感学习特定的赠款机会。要评估社区组织优先选择社会情感学习的程度，可以直接检查最近的本地政策，查看概述文件，例如，社会情感学习州概览，或与当地政策专家讨论。尽管短期内可能很难改变政策环境，但是了解当地情况很重要。这样，培训才能对这些情况做出反应。如果政策优先考虑某个领域，例如，科学、技术、工程和数学（STEM），而不是社会情感学习，则培训师可以思考如何将社会情感学习干预目标和活动与那些已经获得资助的科学、技术、工程和数学所关注的目标和活动融合起来。

2. 组织的历史和氛围

每一个组织都有悠久的历史、独特的文化及一系列信念，这些信念建构了组织中的新的社会情感学习干预的方式（Kress & Elias，2006）。组织历史的一个特别突出的方面就是它最近是否尝试去实施一个新的项目。这个项目要么是关于社会情感学习领域，要么是其他领域。一般而言，如果先前的干预取得成功，并且先前的计划得到领导者和直接服务提供商的好评，则该组织将更愿意接受其他干预。如果组织在干预方面有负面经验，那么，组织历史的这一方面可能会成为将来实施工作的障碍。如果组织计划开始另一个干预过程，则应直接解决这些障碍。例如，与参与者谈论他们对过去所面临的实施质量障碍方面的看法，以及在当前实施过程中解决这些障碍的方法，可能有助于使这种干预努力与以往有所不同。

一个组织也有自己独特的氛围，这有助于其准备实施。实际上，在最近的一项研究中，与组织之间相比，组织内部的实施水平更加相似（Baker，Kupersmidt，Voegler-Lee，Arnold & Willoughby，2010）。这一发现表明，组织具有一些独有的特征，这些特征对于理解准备度很有意义。实际上，在组织氛围的研究中，氛围越积极，组织成员表现出更少的压力或抵抗力，组织对儿童的影响就会越理想（Williams & Glisson，2014）。另一个例子是，表现出有较大工作压力和职业倦怠的总体氛围与较低的实施质量和较低的组织成员的干预能力有关，尤其是在组织成员随后与干预培训师或教练的关系不牢固时会更加显著（Ball，2011；Landrum，Knight & Flynn，2012；Ransford，Greenberg，Domitrovich，Small & Jacobson，2009）。但是，值得注意的是，当培训师从一开始就意识到这种准备不足的影响因素时，他们可以通过进行社会情感学习干预培训来对此进行补偿。例如，他们可以尝试通过将压力管理作为干预培训的一部分来减轻组织中的压力（Jennings & Greenberg，2009；Raver et al.，2011）。组织氛围的一个方面是社会支持的数量（Hall & Hord，2001）。在先前的中小学研究中，具有强大社会支持的教师（包括与其他实施者进行开放式交流和互动）取得了比同行更高的实施质量（Kallestad & Olweus，2003；Leithwood & Jantzi，1990）。与其他组织建立合作关系可能会增强这种准备度。

此外，组织服务对象（如学生）的需求也是影响组织准备度的一个重要因素。先前的研究表明，认为自己的学生有很高的心理健康需求的组织表现出更愿意实施相关的干预（Ball，2011）。在中学教师中也看到了这种关系。他们认为，学校需要做欺凌干预，然后实施高质量的干预计划（Kallestad & Olweus，2003）。帮助组织建立社会情感学习干预需求的信念的一种方法是收集和审查该组织服务儿童社会情感学习的优势和挑战的数据（Kendziora et al.，2011）。评估对于任何组织来说都是重要的实施准备活动，但如果发现该组织培养服务对象的社会情感能力的信念准备不足，则需要特别强调出来。

在某些情况下，组织准备度所呈现的特征在培训的过程中会发生变化。在另外一些情况下，这种变化可能会更加困难。无论哪一种情况，对组织准备度的了解都可以为后来干预的实施提供宝贵的见解，可以为下一步的工作提供参考。尽管这些特征都不应该视为实施的必要条件，但是如果组织在很多领域中没有优势则可能需要考虑是否应该立即实施社会情感学习干预。

(二)组织中的领导者和直接服务的提供者

除组织因素外，个人特征也与组织的实施准备度相关，会影响干预成功与否。本节描述组织中个人的准备度特征，包括组织负责人和直接服务的提供者。

1. 领导者的关系与承诺

组织内的领导者常常为组织的氛围和信念定下基调。与准备度特别相关的是，领导者与直接服务提供者的关系以及他们对干预主题（社会情感学习）的承诺可能会在组织的准备中发挥作用。实际上，在以前的研究中发现，领导者（如校长）与直接服务提供者（如教师）的支持与干预实施的质量有关（Ackerman，2008；Leithwood & Jantzi，1990）。支持可能包括提供鼓励、真诚的赞扬，以及公众对直接服务提供者所做努力的认可。采取这些步骤来建立支持性关系，可以使直接服务提供者在尝试不熟悉的干预做法时更愿意冒险，并且可以为其接受建设性的批评建议打下基础。

除了与直接服务提供商的支持性关系外，对社会情感学习重要性的坚定承诺可能是成功实施社会情感学习干预的最重要的领导特征。社会情感学习的坚定承诺之所以有如此强大的影响，是因为它能够转化为支持社会情感学习干预的努力，如员工选拔、专业发展和组织整体愿景等。直接服务提供者能够识别其领导者何时因为资金或政治而承诺实施干预，而不是因为对社会情感学习重要性的真正承诺（Mancini，et al.，2009；Wanless，Patton，Rimm-Kaufman & Deutsch，2013）。此外，领导者不仅需要对社会情感学习做出总体承诺，而且还必须对所选择的社会情感学习做出特定的承诺(Kam，Greenberg & Walls，2003)。一些人认为，确保成功实施社会情感学习的第一步是使领导者"倡导"干预（CASEL，2006；Greenberg et al，2005）。实际上，一些社会情感学习干预要求领导者接受后才能开始培训。考虑到领导者的认同对实施质量的重大影响，重视领导者信念的这种策略就是合理的了（Kam et al.，2003；Wanless et al.，2013）。但是，在准备活动开始之前，可能很难评估组织领导者对特定干预的支持程度。具体而言，如果在了解组织领导者在社会情感学习干预方面的具体情况之前就让外部出资者、总监或执行董事试图确定组织的哪些表现体现出最高的准备度水平，则可能无法知道该组织领导者是否专门实施了社会情感学习干预。但是，领导者对社会情感学习的一般承诺可能是实施特定干预的前提，可以将其视为准备度的特征。

2. 直接服务者的社会情感能力、自我效能感、心理健康和应对挑战的开放性

实施支持社会情感学习发展的干预通常会对实施者自身的社会情感能力提出特别高的要求(Jennings & Greenberg，2009)。例如，许多社会情感学习干预要求实施者注意并识别儿童的情绪，并帮助他们发展词汇量以谈论他们所感受的情绪。但是，某些直接服务提供者可能会遇到困难，他们通常以先入为主的观念来理解儿童在某种情况下的感受，而不是在那一刻专心地观察和倾听儿童的声音。培养这种层次的实践响应能力需要实施者致力于在他自己内部培养这种社会情感能力。此外，在讨论社会情感学习干预时，直接服务提供者的社会情感能力是很重要的。例如，他调节负面情绪和执行功能的能力。匹兹堡大学、哥伦比亚大学和圣何塞州立大学等正在努力将社会情感能力的发展纳入其教师职前培养课程。实施社会情感学习干预的个人必须成为他们试图在儿童中发展社会情感能力的榜样(Jennings & Greenberg，2009)。难以调节自己负面情绪的教师不太可能照顾好表现积极的儿童(Raver，Blair & Li-Grining，2012)；从儿童的角度出发，他们不太可能在消极的时候做出积极的反应和互动(Swartz & McElwain，2012)。神经科学的进一步研究表明，在许多情况下，如果没有意识技能的发展，这些人就无法获得另一种(也许更积极的)互动方式(Arnsten & Li，2005)。当干预的目的是改变这些自动反应，以促进更积极的、基于关系的策略时，个体会被迫"重新连接"此自动反应，这可能是具有挑战性的。在实施社会情感学习干预之前，应仔细评估直接服务提供者的社会情感能力，并在必要时评估为直接服务者提供积极、规范技能的支持的情况。总而言之，尽管实施很多类型的干预要求承诺和技能建设，但是社会情感学习干预特别强调培养高度个性化的技能，这些技能很难学习，并且直到最近才开始在教师准备项目中明确讨论。

较高的自我效能感、精神健康和开放态度也可能增加直接服务者成功实施干预的可能性。具体而言，自我效能感在很大程度上决定了实施者能够在某一项任务中付出努力的强度。即使在难以使用干预策略的情况下，自我效能也可能转化为更加具有针对性的投资和实施干预（Han & Weiss，2005）。

此外，直接服务者的个人幸福感（Wellbeing）对于成功实施社会情感学习干预也非常重要。在一项基于教师的干预研究中发现，教师自我报告的焦虑和愤怒与教师参与程度显著相关（Hatfield et al.，2012）。但是，正如在社会情感学习干预研究中看到的那样，这种准备度的特征在培训期间可能具有可塑性。社会情感学习干预的研究直接将直接服务者的心理健康顾问纳入他们的培训中。在一个具体的干预中，给抑郁症非常严重的直接服务者提供了心理健康咨询，这意味着更少的课程需要用于培训，这些培训主要用于培养同理心和在课堂上建立积极的关系（Li-Grining et al.，2010）。

开放的态度与更高的实施质量有关，并可能转化为社会情感学习干预的培训（Lieber et al.，2009）。就像许多准备度的特征一样，为提高自我效能感、心理健康水平和应对挑战的开放态度，进行有意努力可能是有效的，应该确保在准备度方面苦苦挣扎的直接服务者具备这些特征。

总体而言，我们从多个组织层面回顾了一些关键的准备度特征，这些特征反映了现有的实证研究和作者的实践经验。但是，该准备度特征列表可能不完整，我们希望在该领域继续进行研究。例如，很少有研究探索儿童特征（心理、社会人口统计学）与实施质量之间的关系。在与培训师的对话中我们听说，儿童的这些特征不会影响实施质量。与此同时，直接服务者经常对社会情感学习干预表示怀疑，说这些干预与学生的相关性不大，就好像由于他们所服务的儿童的特殊性而无法实施干预一样。培训师和教师报告之间的差异可能源于他们的视角不同，或者源于儿童特征之间的细微差别。当然，在过去与实施干预相关的措施中，培训者的评估和教师的评估并不总是有差异的（Wanless et al.，2013）。也许每一种策略与具体实施都存在不同。总而言之，我们在准备度方面存在这些差距的一个原因可能是现有的组织准备度评估存在一定的局限性。

五、评估组织准备度

组织准备度评估可以衡量组织开始实施新的社会情感学习干预的准备程度。但是，评估准备度并不像管理量表和计算项目分数那样简单。现有的评估方法具有不同的优势，我们建议在选择评估或评估组合时考虑两个主要问题。第一，我们建议准备度的状态应该包括组织特征和个人特征，我们建议评估这两个层面的准备度。第二，准备度的评估在心理测量特性方面具有不同的特性，使用多个评估者的三角验证的方式是应对这一挑战的一种方法。关于现有的关于准备度评估的文献回顾，请参见韦纳（Weiner）、阿米克（Amick）和里（2008）等人在健康服务领域的元分析。不幸的是，现在还没有专门针对社会情感学习干预准备度而设计的评估工具。

在更详细地描述每个问题之前，重要的是重申我们对准备度的操作性定义。在本章中，我们将准备度描述为组织进行新干预并高质量实施的一般能力。如前面所定义的，一些组织的准备度的评估采用了这种方法，他们着重于准备度的一般特征。但是，其他准备度评估会从组织的角度考虑。他们考虑尝试新的干预，并着重评估组织在执行特定干预所需的实施准备活动方面的进度。例如，建立社会情感学习干预指导委员会。对于那些正在通过新的社会情感学习干预推动自身参与的组织，后者的评估是有用的。我们承认，与一般情况评估相比，这些评估可能具有更大的特殊性。尽管存在这些不足，我们鼓励与一般性准备度评估工具进行对话，因为它们在许多情况下都可能有用。例如，投资者、研究者或整个组织的总负责人（总监）等外部实体可能会对那些准备实施新的社会情感学习干预的组织准备度评估感兴趣。在这种情况下，在开始实施任何准备活动之前，应该关注组织的一般准备度。在此阶段的准备度评估要求进行总体评估。我们认为，使用一般性准备度评估是值得的。这样，决策的制定者（资金提供者、机构主管和研究者）在开始对活动进行投资之前，可能对那些将要投资的组织有所了解。后面我们描述了评估组织一般性准备度中的一些问题，并提供了一些现有的适合此目的的评估案例。

（一）对准备度特征的全面评估

现有的关于"组织应对改变准备度状态"的评估已经为包括诊所、服务机构、学校和医院在内的组织创建了评估工具。这些评估工具在准备度的概念方面存在不同。例如，其中一些评估侧重于组织领导者的特征，其他评估侧重于直接服务提供者的特征，还有一些评估则跨多个层级特征。《早期教育变化阶段量表 2.0 版》(*the Stage of Change Scale for Early Education and Care 2.0*)就是一种仅评估直接服务者应对变化准备度的量表。该量表有 7 个项目，包括捕获个人应对变化的意愿、需要变化的意识、学习新信息的兴趣、自我效能感、克服障碍能力的信念、对社会支持的感知和将自己作为专业人士的看法。尽管提示中提到幼儿保育，但这些内容相当笼统，似乎很容易适应其他类型的直接服务提供者。干预教练或指导者会完成此措施，以告知他有关培训过程中后续步骤的方法。尽管此措施涵盖了准备工作的一些重要方面，但它并未评估领导者或组织的特征。实际上，没有一种现有的评估可以完全利用我们在本章中描述的所有准备度特性。因此，结合现有措施来评估广泛的准备度特性可能会产生对准备程度最有效且最实用的评估。

尽管我们鼓励读者直接了解韦纳(Weiner)及同事(2008)用元分析的方法对目前已有的评估工具进行的回顾性研究，但在此我们为读者描述其中的一种评估措施：《德州基督教大学的组织对变革准备度的评估——4 个领域》(TCU ORC-D4；Lehman, Greener, Rowan-Szal & Flynn，2012)。我们之所以描述此特定措施，是因为该措施是可充分利用的多水平（组织、领导者、直接服务者）项目，它侧重于一般准备而不是实施准备活动，并且可供用户直接访问。尽管该措施不是专门为准备实施社会情感学习干预而设计的，但其已经做出努力来调整以与各种组织和干预一起使用。例如，该措施已被调整以适用于刑事司法组织和社会机构。《德州基督教大学的组织对变革准备度的评估——4 个领域》旨在评估组织的变革动机、资源充足性、员工素质和组织氛围。许多维度与本章中描述的准备度特性重叠。具体而言，其组织层次的项目包括实施经验的历史(培训利用率)、工作相关的压力和职业倦怠、社会支持(凝聚力)；对于领导者，有一些关于支持性领导风格(直接领导)的项目；对于直接服务提供者，有一些关于自我效能和开放性(适应性)的项目。我们建议评估一些尚未由《德州基督教大学的组织对变革准备度的评估——4 个领域》评估的社会情感学习准备度(与其他组织的工作关系、当地的社会情感学习政策、对儿童社会情感学习需求的信念、领导者对社会情感学习的承诺、直接服务提供者的社会情感能力和心理健康)的特征，并补充一些已有的准备度评估，以解决尚未被评估的准备度特征。例如，组织与其他组织关系的评估已经在先前的研究中以访谈的方式开展(Sharp，2001)；地方政策可以通过研究公共记录来确定；可以通过对直接服务提供者开展问卷调查来了解其对儿童社会情感需求的总体看法(Ball，2001)；在领导者层面，学术、社会和情感学习合作共同体的可持续的全校范围社会情感学习工具包(Sustainable Schoolwide Social—Emotional Learning Toolkit)为组织领导者提供了一种自我反思的工具，以评估他们对社会情感学习的承诺(Devaney et al.，2006)；可以使用量表来直接评估直接服务提供者的社会情感能力(梅耶—萨洛维—卡鲁索的情绪智力测验：Mayer-Salovey-Caruso，2002)和心理健康(流行病学研究中心抑郁量表，CES-D：Radloff，1977；正负性情感量表，PANAS：Watson，Clark & Tellegen，1988)。总之，将现有的准备度评估工具与其他评估方式结合起来可以提高准备度评估的有效性。

(二)需要多个评估者

需要多个评估者才能获得最有效的信息。许多准备度评估依赖于单个报告，这种方法可能捕获难以观察到的实施方面，但是在某些情况下发现，其产生的有效得分要低于观察者的评分(Durlak，2010；Dusenbury，Brannigan，Falco & Hansen，2003)。从许多不同的角度(如从领导者、直接服务提供者、社区合作伙伴)获取个人报告可能是有意义的。但是以前的研究表明，只要有可能，让熟悉组织的外部评估员对准备度进行评估可能是最佳选择。外部评估者可以是以前的干预教练、社区合作伙伴或顾问，他们定期拜访某一组织，但也参与其他组织。

总而言之，尽管先前的研究支持某些个人准备度预测的有效性，但是对组织准备度进行更正式的评估很少有与实施质量相关的有利的实证证据(Weiner et al.，2008)。尽管存在不足，我们仍提醒资助者、利益相关者和干预者评估组织的准备度以获取信息，这可以帮助他们为尝试实施新的社会情感学习干预的组织提供服务。在这一点上，我们鼓励研究人员继续在这一领域中进行量表开发，并建议他们用具有相关准备度特征的单个量表或由多个评估者进行的评估来补充现有的量表，以提高准备度数据的有效性。换句话说，我们始终建议评估组织的准备度，并建议采取三角测量措施和评估方法以增强准备度信息的质量。

六、从该领域获得的启发

在实施社会情感学习干预之前，了解组织准备度可以提供有关该组织是否应该继续进行干预培训的信息；如果可以进行培训，还能够帮助干预者知道如何使培训最有效。但是，评估组织准备度可能会引起以下问题。

(1)准备度应该如何评估？

(2)结果如何才能表明组织处于准备不充分状态？

(3)应该如何与组织共享发现的准备度评估结果？

我们在下面介绍这些潜在的问题和挑战，并遵循可能支持该领域准备度评估的准则和建议。不幸的是，在准备度的定义，评估它的最有效方法以及如何解释准备度得分等方面还有许多未解决的问题，需要进行更多的研究。与此同时，我们会根据最佳实践提供指导，将这些准则纳入未来的社会情感学习干预研究中，并对其进行进一步的分析，以将准备度和后续实施质量联系起来。

(一)潜在的问题和挑战

1. 准备度评估

尽管有准备度评估，但许多现有的准备度评估并不是为直接为儿童服务的组织设计的。我们对其心理测量特性的了解很有限，并且严重依赖自我报告。例如，在几乎所有情况下，准备度的评估都可能无法分析准备度的所有方面。我们需要进行研究以确定准备度的哪些方面与预测未来的实施质量最相关。评估组织和组织中个人的准备度特征的结果，将提供给组织开始接受新的社会情感学习干预培训准备度最全面的信息。此外，寻找外部评估者来评估组织的准备度可能是一项挑战，会增加额外的成本。如果没有研究人员与实施过程相关联，也没有干预培训人员与组织合作，那么，可能会不清楚谁将是合格的外部评估师。获得领导者和直接服务提供者对组织准备度状态的想法可以提供有用的信息，但也依旧无法提供全部信息。重要的是要意识到这些心理测量问题，但是不应将它们误认为是进行准备度评估的障碍。

准备度评估的另一个潜在挑战是无论使用什么措施，评估准备度都需要一些时间和金钱，而这些往往是供不应求的。几乎任何初步行动都会引起财务上的担忧，但我们希望组织、干预者和资助者了解：跳过准备度评估将与负面影响有很大的关联，而且时间方面的缺乏可能会特别具有挑战性。有时，组织决定开始新的社会情感学习干预并雇用干预人员，会期望他们立即开始培训。在某些情况下，要求干预专家尽快培训直接服务提供者，以满足地区要求、专业发展要求或拨款截止日期的限制。同样，资助者通常希望获得资助的研究人员研究社会情感学习干预的使用，以便立即开始培训直接服务提供者。当这些赠款有时间限制时，研究人员还会被迫决定是推迟培训以全面评估准备度，还是立即开始训练，以便在赠款期结束之前有更多时间来观察干预效果。我们希望通过强调评估准备工作的重要性，使外部施加的时间表能发生相应的变化。

总之，这些潜在的评估问题可能导致对准备度评估过程缺乏信心。但是随着时间的流逝，可以通过对实施过程的这一关键方面进行持续的研究和教育来解决这些问题。在短期内，创造性和全面的评估策略是需要的。我们将在下面详细介绍这些建议。目前，我们强调准备度评估的目的是在出现实施问题之前了解组织的优势及其所面临的挑战。甚至不完美的准备度评估会比完全没有尝试更周全的方法进行准备度评估更加有效。我们极力主张，尽管存在评估方面的挑战，但依旧要评估准备度。收集的任何准备信息都只会增强培训师对组织背景的了解，并激发有关如何进步的对话。

2. 确定组织准备度中存在的不足

对组织的准备度进行评估后，就很少有示例说明如何将评估数据清楚地转化为组织实施社会情感学习干预的准备度。但是在一定程度上，准备度评估的得分反映了组织准备的真实情况。复杂的组织特征和个人特征共同构成组织准备度特征，我们通常期望以一定特征来描述组织的准备度状态。我们已经描述了准备度的许多方面，但是不必假定必须满足所有准备度指标才能开始与组织合作。例如，我们看到一些组织处于孤立状态，但是随着时间的推移，它们自己设法与其他实施组织建立关系。即使在培训之前不存在这种准备度（如组织间关系），也可以进行培训。不过进一步的研究是必要的，以便确定是否必须存在某些准备度因素才能实现较高的实施质量。此外，准备度特征的某些组合是否比其他组合更有利？这些问题的答案尚不清楚。因此，许多准备度评估明确指出，不应使用临界值做出准备决定（National Implementation Research Network，2012）。在这些评估有很强的预测效度证据之前，我们借此机会重申使用组织准备度评估结果进行高风险决策的潜在问题。如果没有经验证据表明准备度评估与以后的实施质量之间具有更强的联系，准备度评估可能最好用于有意义的讨论，这将有助于确定是否继续实施以及如何确定个性化社会情感学习培训。

尽管尚需进行研究以确定最有效的方法，但准备度评估结果的价值仍是无可争议的。如果社会情感学习干预中的利益相关者之间的讨论不受组织准备度评估结果的驱动，干预的结果存在有偏差的风险，会在无意间更重视某些准备度特征而非其他准备度特征，并且可能会狭隘化理解准备度的概念。例如，在某些情况下，组织可以主动与资助者或干预者联系，并对实施社会情感学习干预表达出强烈和真正的兴趣，这种热情或主动可以表明较高的准备度，但依旧可能无法传达组织的全部情况。我们看到了一些领导者的例子，他们对社会情感学习干预非常热心，但对实施社会情感学习所需的资源抱有不切实际的期望，并且对直接服务提供者的一般技能水平抱有过高的看法。这些领导人的热情掩盖了其他关切领域。由于没有进行任何准备度评估，没有为直接服务提供者提供完整的培训，领导者的热情就掩盖了直接服务提供者对干预的需求。没有从准备度评估中获得有效信息，实施质量会很低，直接服务提供者会灰心丧气，因此需要在培训中加快脚步。总而言之，尽管领导者的认同是准备的关键方面，并且经常在没有准备度评估的情况下会很明显，但不应将任何准备特征视为不需要评估的标志。一个透彻的评估，包括多元的视角评估结果，可能不会得出准确的准备度分数，但是可能会引起讨论，从而揭示问题。

3. 与组织共享准备度结果

准备阶段可以是投资者、组织、直接服务提供者、干预者及某些情况下与研究人员建立关系的时间。在这段时间里，如果是一个新的合作者来评估组织的优势和挑战，可能会使组织感到不舒服。特别是，如果告诉组织人员他们的组织似乎还没有为即将开始的干预做好准备，在考虑实施社会情感学习干预之前需要花费时间进行能力建设，这会使干预变得更加艰巨。这些顾虑是有根据的，但是可以在不牺牲坦率的对话的情况下进行细微处理，而这将最终加强实施工作。

(二)准则和建议

当遇到前面讨论的问题和挑战时，以下建议应该会有所帮助。

1. 评估准备度

研究人员继续完善组织准备度措施，但与此同时，我们需要一种有效评估组织准备度的策略。我们建议选择一些不同的评估方法，以便一种评估优势可以弥补其他评估的不足。以下是该方法有益的一些示例。第一，在多个准备度指标中寻找一致的准备度特点，这样可增强对组织准备度状态评估结果的信心。比如，找到两项表明组织氛围中压力较小的措施，这样可以更好地确保事实确实如此。第二，与外部报告相比，来自领导者或直接服务提供者的自我报告通常更容易获得且花费更少，但是用一些选定的外部评级来补充自我报告可能会增强准备度评估结果的有效性。如果很难找到外部评估者，请找一些该组织以外但又与其他组织有联系的工作人员(例如，一个与许多学校合作的心理健康顾问，或那些在组织需要培训时才会联系的不定期工作的专业发展培训师)。他们可能对组织非常了解，不仅可以提供有效的评分，还可以提供不受组织政治偏见影响的外部观点。第三，我们概述了组织和个人层面的准备度。不幸的是，大多数评估只针对某一个层次。有目的地选择针对组织准备度的各个方面的评估将提供组织准备度最完整的描述。第四，进行适当的准备度评估需要花费时间和金钱。时间和金钱通常很难获得，但它们有可能影响实施的许多方面，因此需要将其视为整个实施成本的一部分。准备度评估是此过程的第一步，不应做任何改动。

评估组织准备度的多个层次，并抓住机会从不同的视角获得有用信息，这样有可能获得对组织准备度更完整的理解。一方面，数据可用于决定是在社会情感学习干预下前进还是在建立能力方面花费时间。另一方面，组织准备度的评估分数还可以为培训或干预教练提供丰富的数据，从而推动个性化的过程。总体而言，从领导者、直接服务提供者、主要利益相关者和知识渊博的外部评估者那里收集数据可能会提供所需的丰富信息，以对组织的实际准备水平进行三角测量。

2. 解释准备度评估结果

权衡培养尚未开发的准备度特征所需要的时间和精力有助于确定是在社会情感学习干预培训期间对他们进行工作还是在社会情感学习干预培训开始之前专注于建立这些能力。组织上的准备工作与儿童准备上正规学校的工作类似。入学准备是指对于一个儿童而言，他已经具有一定的社交、情感、认知和身体技能。教师和工作人员通常在学龄前评估准备度，以确定儿童是否准备好了上幼儿园。但是，在某些情况下，儿童可能没有"准备好"转向正规学校学习，家长和教师可以使用学校准备度评估中的信息来确定如何最好地进行个性化教导，以便决定儿童是继续去有额外支持的幼儿园就学还是花一年的时间学习技能。与其使用一个学校的入学分数来确定儿童升入幼儿园的水平，不如从多个角度考虑多条数据，以指导下一步工作。此过程在很大程度上与了解组织实施社会情感学习干预在准备度连续性上的位置有关。评估组织是否为实施干预做好准备的主要目的是就下一步措施做出明智的决定，而不是产生无须进一步审议就直接将决策转变为决定的准确分数。

我们提出了一个决策树，用于使用组织准备度数据来决定社会情感学习干预的培训决策。这将通过确定准备度特征来开始该过程。接下来是关注没有达到足够水平的准备度，并提出两个关键问题：①对于需要进一步关注的每个准备度特征，在每个领域中建立相关能力将花费多少时间和其他资源？②对所有这些需要进一步关注的所有准备度特征进行整体评估，是否在接下来的社会情感学习干预培训的一两年中需要花费大量的时间和资源来实际解决？

尽管在实施过程中可以开发或补偿许多准备度特征，但要解决的领域太多会让人产生担忧。如果准备度评估者和利益相关者认为有许多的准备特征没有达到水平，那么，此时推迟社会情感学习干预并专心于建立准备度可能是最有意义的。该决定应权衡准备度特征本应达到的程度，以及开发它们的难度和同时需要资源的准备度特征的数量。例如，如果组织的直接服务提供者对社会情感学习的自我效能感低下，并且其初始的社会情感能力也很低，那么，培训师可能会在培训过程中专注于这些问题，从而克服这两个挑战。

如果组织在开始社会情感学习干预培训之前需要花时间进行准备，那么专注于能力建设的时间因组织而异。在进行能力建设之后，重点将转向确定如何进行社会情感学习干预。具体而言，任何组织都不太可能具备准备度特征的所有优势，并且在实施过程中充分利用准备度优势，即直接与欠发展的准备度特征进行交流以提高实施质量。例如，前面提到的案例包括一个拥有直接服务提供商的组织，这个组织的自我效能感较低，社会情感能力也不强。意识到这些问题的干预培训师可能会决定在训练过程中扮演更多角色，突出直接服务者细微的成功以增强其效能感。同样，在将这些技能转化为专业实践之前，可能需要进行其他技能的培训。总之，考虑到为实施准备活动开发经过批准的培训方法，干预培训和持续的干预支持可能会带来最佳的社会情感学习干预成果。

3. 分享准备度评估结果

建议组织开展准备度评估可能会令人很不舒服。但是，最好将其描述为实施过程和必要的诊断步骤的一部分。准备度评估结果应与组织的优势和需求保持平衡。如果对话是积极的并且需要细致地解决需求，则对弱点的讨论可以促进评估者与组织的关系，并最终提高实施质量。例如，对话可以从对组织优势的描述开始，然后从选择几个要解决的关键领域着手。为了确保进行这些可能困难但必不可少的对话，我们建议干预人员在与组织合作之前进行准备度评估，并且资助者在为组织实施社会情感学习干预提供资金之前进行准备度评估。

七、结论

在本章中，我们建议组织的准备工作应包括各种各样的特征，并且准备度评估是进行社会情感学习干预之前必不可少的步骤。尤其是，评估准备度可以初步了解组织使用具有较高实施质量的社会情感学习干预的可能性。在基于多个角度进行准备度评估之后，培训师可以清楚地看到组织的优势和挑战，并直接解决它们。尽管需要进行进一步的研究来开发组织准备度评估，但是使用一种或多种可用工具进行评估的行为将为所服务的儿童带来更高的干预质量和更积极的结果。

八、参考文献

请扫描二维码获取原书参考文献。

第25章

有效的社会情感学习实践指标

萨姆·雷丁、赫伯特·J.沃尔伯格

在过去的 30 年里，尽管社会对学校经费的投入大幅增加，但根据国家教育进步评估显示，学生的学习进步收效甚微。"距离已死"是新的口头禅，美国工人现在不仅在彼此之间竞争，也在与其他国家受过更好教育的人竞争。这种竞争劣势导致人们越来越担心我们国家的未来，所以需要研究如何才能最好地取得学业成绩和其他教育成果。本章探讨了社会情感学习对学术学习的贡献，以及学校改进方法的交叉研究。该方法认识到，通过仔细关注具体的、相互关联的专业实践，可以改善教学成果。

由于杜拉克等人（Durlak，Weissberg，Dymnicki，Taylor & Schellinger，2011）的工作，在大量研究的基础上，我们可以说社会情感学习本身是一个重要的目的。它对更好的学生成绩和其他的学校成果有显著效应。这一章，我们在一个全面的学校改进系统的背景下，对有效社会情感学习实践的具体指标进行细致关注，以描述社会情感学习干预在学校中的实施。我们首先介绍基于指标的、互联网辅助的学校改进系统 Indistar。该系统目前在 21 个州的 6000 多所学校中使用。之后描述与 Indistar 方法相一致的社会情感学习实践和指标。

Indistar 是一个互联网辅助系统，它通过一系列的指标，指导校本领导团队实施有效的实践。该系统是由美国学术发展研究所（ADI）开发的，并得到了美国学术发展研究所下属的创新和改进中心（CII）的部分支持。该中心是一个全国性的内容中心。2005—2012 年，萨姆·雷丁担任该中心的主任，赫伯特·沃尔伯格担任首席科学官。Indistar 的研究方法和基础研究源自赫伯特·沃尔伯格编写的《学校重组和实质性改善手册》（2007）和雷丁编写的《超级系统：决策、学习、连接》（2006）。这些作品以及最初开始涉及 Indistar 的研究都很少关注社会情感学习。2011 年，雷丁和沃尔伯格帮助他们在美国学术、社会和情感学习合作共同体的同事制订有效的社会情感学习实践的具体指标。

一、定义和范围

Indistar 的理论书籍中使用的（Redding，2006；Walberg，2007）"指标"一词是对有效实践中特定要素存在与否的一种二元表达。"二元"具体表现在：指标并不是测量一个范围或连续标记，而仅测量"有或没有"。有效实践的"指标"是对专业实践的具体的、行为的表达。研究表明，其有助于学生的学习（然而，多个指标的总和是可以标准化的，可以用来总结一所学校的优势和劣势，以及它们在干预期间的变化）。用通俗易懂的语言表达一项指标，以便学校组织成员能够肯定地回答它是否在学校内经常被使用。如果没有，则可以计划全面执行。如前所述，我们在本章中将描述包括 Indistar 在内的有效实践指标的一般系统，并集中讨论最近制订的社会情感学习指标（见附录 25.1）。

以互联网为基础的 Indistar 系统可以指导一个学校领导小组评估有效实践多个指标的当前执行水平，并重点关注有效实践中的多个指标的普遍性和例行化执行质量。评估是通过对基本研究和实施实例简介指标的链接进行的。此外，人们可在互联网上访问获取教程、指标实施指南等材料，以及学校领导、教师团队、教师和家长的视频演示。视频演示由一名解说员进行解释，并与演示人员进行视频访谈。此外，它还随专业发展模块一并提供使用指南和练习册。

Indistar 系统将学校、地区和州联系起来，这样，由地区或州提供的教练就可以评审学校团队的工作并对其进行评论。评估形成的报告以电子方式提交给州，取代了以前各州使用的纸质方案。由于该系统采用了持续的改进过程，这些计划跨越年度报告日期，并一直有效，直到团队能够提供充分执行指标的证据为止。随着时间的推移，这个周期不断重复，以确保实践一直保持一致的应用。

二、具体指标指导下的学校改进理论基础

尽管 Indistar 可以用于促进学校的改善，但它最初是针对前所未有的《不让一个儿童掉队法》。该法案要求学校制订每年的改善计划，并每年让未能连续 5 年取得足够进展的学校在第 5 年重新制订计划。若第六年再次失败，则要求学校变为公立特许学校，并且还要更换这所学校所有或大部分教职工，包括校长；与证明有效运作学校的校外团体签订合约；将学校的运营移交给国家机构；或者进行另一种形式的重组。也就是在这个学校进行根本性的改革。

2011 年，美国教育部为各州实施《不让一个儿童掉队法》提供了灵活性，同时加强了对成绩最差学校的关注。最近，Indistar 可以并且正在被一些州使用，这些州放弃了以前《不让一个儿童掉队法》的要求，在改善学校方面承担更大的责任。此外，几乎所有的美国学校都可以得到改进，因此，Indistar 适用于整个范围。

当《不让一个儿童掉队法》被引入时，很少有理论和研究能够指导实质性的改进工作。在组

织中，甚至在工业企业和公司中，转型研究几乎并未达到严格的高标准，比如，随机现场试验或控制组比较。重组（以及后来的转型干预）正在进行中，鉴于国家危机，人们做出了努力，汇集现有的最佳理论和证据，为改善美国教育，特别是不断失败的学校提供指导。教育科学研究所出版的《扭转长期表现较差的学校》(Herman et al. ，2008)是为学校转型建立理论基础的早期尝试。

由于各州、地区和学校都在努力寻找改善低成绩学校的表现的可靠策略，美国学术发展研究所下属的创新和改进中心委托在学校改进方面优秀的专家来编写教育工作者可以使用的模块，这些模块被汇编在前面提到的书中(Walberg，2007)。2008 年，美国教育研究协会 H 分部授予这本书"年度杰出出版物"奖。尽管这本书侧重于学校结构的调整和学校的实质性改进，但对于那些历史表现较差的学校来说，书中涵盖的许多原则具有更广泛的实用。事实上，Indistar 在实践中被广泛用于地区和学校的改进。

该手册涵盖了六个改进领域，是有效实践和具体指标的基础。该书的导言明确指出，这些章节借鉴了社会科学理论和教育家的思想，同时还结合了目前一些有限的可用的研究成果。由创新和改进中心赞助的另一本书《改善学生学习：家庭、学校、地区和州的行动原则》(Walberg，2011)采用了更广泛和更严格的研究来改进学校，而不仅仅是改建学校。这本书中有一部分涉及社会情感学习理论、核心思想和相关指标，尽管未在书中广泛讨论。

使用有效实践的具体指标来指导和评估学校改进过程，源自绩效管理方法。该方法强调基于证据的程序以取得成果(Ebener，Hunter，Imm & Wandersman，2007)。随后，Indistar 将学校实质性改进的研究与有效实践和具体指标的绩效管理方法相结合。

有效的实践和指标源自《学校重组和实质性改善手册》(Walberg，2007)，该手册首先推广了 Indistar，并被各州采纳用于学校改进，但并未包括社会情感学习实践或指标。随后，它与学术、社会和情感学习合作共同体一起开发的社会情感学习实践和指标被州采用以补充学校改进指标。它也可以被地区或学校采用，以改进社会情感学习技能。

三、社会情感学习有效实践的指标

结合前文对 Indistar 系统及其理论基础的描述，本节对社会情感学习的研究进行了总结，得出了社会情感学习指标。社会情感学习指标的完整规范见附录 25.1。尽管有许多资源可以引用，但最有用的资源如下：Cefai(2008)；CASEL(2003)；CASEL and the University of Illinois at Chicago(UIC) Research Group(2011)；Dwyer，Osher，and Warger(1998)；Epstein(2009)；Haggerty，Elgin，and Woolley (2011)；Larson (2005)；Marzano (2003)；Marzano and Pickering (2003)；McPartland (1994)；National Center on Safe Supportive Learning Environments(2014)；Redding，Murphy，and Sheley(2011)；Social Development Research Group(2011)；Stiggins(2001)；Walberg(2011)；Zins，Weissberg，Wang，and Walberg

（2004）。其中，许多都有大量的研究和实践出版物的附加参考。有关社会情感学习的最佳参考资料和资源，请参见学术、社会和情感学习合作共同体网站。

　　附录25.1列出了有效的社会情感学习学校实践和指标。学校层面的社会情感学习干预分为四类有效实践：领导力、专业发展、教与学、学习环境。每一种有效实践都是通过实践的多个指标进一步界定的。这些类别大致按照优先顺序排列，但学校的领导团队可以根据自己认为合适的顺序自由选择。将与社会情感学习相关的有效实践指标以及学校改进其他方面的指标包含在内，可以确保社会情感学习得到应有的关注，并承认社会情感学习是学校改进的驱动力。

（一）领导力

1. 有效的实践

校长和领导团队倡导、规划和评价社会情感学习干预。

2. 有效实践的指标

　　领导力的六个指标（见附录25.1）给校长和领导团队的实践赋予更大的独特性。这些指标提供了更具体的表述，也为领导团队在实现当前未实现的指标时选择具体的路径留出了空间。通过这种方式，领导团队开始从事与指标相关的研究：考虑选项、制订和执行计划、分析数据以确定有效性，并在过程中及时做出调整。例如，①领导团队可能会确定，"校长定期监测基于证据的社会情感项目的实施情况"这一指标目前没有得到满足。②描述现状，解释学校已经建立了一个以证据为基础的项目，但是校长没有合适的方法来监督项目的实施。③为了充分实现目标（现在用将来时态表述的指标），领导团队确定了一个适当的监测方案供校长使用。对于每个指标，领导团队都构建自己的行动路线来达到目标。明智的方法项目的研究方案和相关资源可能会提供很多路径和想法，但领导团队有责任选择实现目标的最佳途径。④最后还需要确定的是，领导团队在确定目标已经实现时，必须提供能够证明目标已经实现的证据。

　　学生的社会和情感发展以及他们的学业成长已经被视为学校的基本责任（Bencivenga & Elias，2003）。校长和领导团队的领导活动对于强化社会情感学习在学校的重要性以及成功实施基于证据的项目和实践是至关重要的。一项对六所市内学校的研究发现，相比于获得较低的校长支持的学校，那些得到校长更多支持的学校的学生的社交和情感能力、攻击行为和行为规范方面的改善程度是实施青少年犯罪预防计划的学生行为改善程度的两倍多，即使两组的实施质量都很高（Kam，Greenberg & Walls，2003）。校长的作用就在于明确学校的目标，确保学校文化的各方面都支持实现这些目标。

　　领导者可以使用各种数据来确定学校推广社会情感学习的有效性。这些评估包括项目评估、对个别（和全体）学生社会情感能力的评估，以及对学校氛围的评估。雷克斯基金会（Raikes Foundation）委托华盛顿大学的社会发展研究小组（Social Development Research Group）（2011）审查和确定可靠、有效和可用于全校范围内的评估，以衡量中学生的社会情感健康水平。该小组选择了 10 个符合审查标准的评估。报告中其他有用的信息包括将学术、社会和情感学习合作共同体的五项社会情感能力与评级清单或量表中的类型进行比对。评估工具说明了目的和结构，这是非常有用的信息，因为没有单一的评估工具可以满足所有学校的需要。

评估社会情感能力的工具是广泛的，包括多种框架，如青年风险和保护因素、青年发展品质。其中一些工具以学术、社会和情感学习合作共同体的五个核心能力领域作为研究框架。雷克斯报告(Raikes Report)的目的是为学校提供一份可管理的评估措施列表，这些措施在一段时间内适合于大量学生。通过选择最合适的评估工具，学校能够计划行动步骤，以提高学生的社会和情感能力，并对学生的成绩产生积极的影响。

(二)专业发展

1. 有效的实践

学院为教职工提供基于循证方法的专业发展，以推广社会情感学习。

2. 有效实践的指标

专业发展的两个指标(见附录 25.1)为学校规划和实施教师和其他员工的专业发展提供了指导。专业发展对于循证项目的成功至关重要，因为它有助于确保高质量的实施。越来越多的研究表明，教育项目的成功往往取决于实施的质量，而实施质量既需要对员工进行初步培训，也需要持续的指导。20 世纪 70 年代，随着兰德公司(RAND)一份分析联邦政府支持教育创新项目的报告的发表，实施质量成为关注的焦点。柏曼(Berman)和麦克劳福林(McLaughlin)提供了许多研究参考(1978)，津斯和同事编辑的书(2004)描述了社会情感学习项目的许多应用。

已经从不同的维度讨论了实施质量：①坚持性，即遵循以下程序方法，并完全按照手册的规定完整地实施项目；②改编，是指对一个项目的方法或内容进行修改，通常是为了适应当地的需要(如使该项目在发展或文化上更合适)；③剂量，指在项目中给予学生足够的时间接触项目；④互动性，指学生如何积极参与项目(Dusenbury, Brannigan, Falco & Hansen, 2003)。虽然迄今为止的研究往往集中于所执行的一个或两个方面，而且通常没有涉及所有方面，但每一个概念都已在实证研究中加以审查。

对实施质量进行评估的研究发现，高质量的实施在实践中很少实现。林格沃特(Ringwalt)和同事(2003)发现，只有大约 15％ 的有经验的教师"非常严格地"遵循课程指南。被采访的教师说，他们经常修改课程，尤其是为了满足他们服务的人群的需求。林格沃特和同事发现，当教师接受培训和专业发展时，他们的坚持性有所提高。这些发现强调了专业发展的重要性。在这些研究中，实施的忠诚度与许多变量的改善结果相关，包括社会情感学习(Durlak et al., 2011)。研究表明，专业发展(包括正规培训)是项目成功的关键。当项目促进专业发展，内容包括最初的培训和持续的支持和指导时，实施的质量就会提高，学生的成果也会得到改善(Berman & McLaughlin, 1978)。

(三)教与学

1. 有效的实践

教师和教师团队实施社会情感学习项目和评估学生对社会情感学习目标的掌握程度。

2. 有效实践的指标

教与学的 10 个指标(见附录 25.1)涵盖了教学人员建立社会情感学习目标、制订包括目标在内的教学计划、授课和评估学生对目标的掌握情况的过程。这些指标可以确保所教授的课程与标准(如有)保持一致，并与用于确定学生对社会情感目标掌握程度的形成性评估保持一致。这些指标还强调一种个性化或差异化的方法——使学习活动适应每个学生的意愿和需要。这些指标包括支持和加强社会情感能力的课堂管理程序。

当标准与评估结合时，人们往往会更认真地对待它们。这些标准和评估反过来又可能为教师专业发展创造机会。当标准被认真对待时，它们就变成了教学的计划或蓝图，塑造和影响着课堂上发生的事情。

当伊利诺伊州引入社会情感学习标准时，学校通过制订计划，选择基于证据的项目，为教师寻找高质量的社会情感学习干预以促进专业发展等做出回应。学术、社会和情感学习合作共同体在社会情感学习循证实践方面的工作(CASEL，2003)为学校提供了指导。对标准进行必要的形成性评估是很重要的，在伊利诺伊州制定社会情感学习标准之后，罗伯特·马扎诺与学术、社会和情感学习合作共同体合作开发了与这些标准的基准相一致的形成性评估。正在实施社会情感学习标准的学校参与了形成性评估的编写，并有机会在他们学校的不同年级对评估进行测试。为了支持学校找到好的评估工具，学术、社会和情感学习合作共同体与一组专家合作，选择可用的最佳工具来监测学生在社会和情感发展方面的进步。这个小组回顾了由马扎诺研究联盟(Marzano Research Associates)与学术、社会和情感学习合作共同体开发的形成性评估工具，并决定如何在学校中最好地实施它们。有关背景研究，请参见柏曼和麦克劳福林(1978)的参考资料，以及津斯和同事编辑的书(2004)。

在教学单元的发展过程中，教师需要关注学生的整体需求，将基于目标的方法应用到社会情感学习以及学术学习中。教师必须考虑学生的先验知识、学习经验、技术技能，以及他们的问题和感兴趣的学术领域，以促进学生智力的参与。教师还必须考虑学生社会情感发展的阶段以及学习特定学科或研究领域的独特影响。

为了支持学生在各个学科上的成长，教师还必须根据学生的情感成熟程度来考虑他们对特定概念和思想的"准备程度"。教师应该培养一种协作的、积极的学习过程，使学生在仅仅获取事实或信息的同时，在智力上参与，并促进他们的分析、逻辑思维、探究的能力。

学生的学术和智力成长与社会情感能力的发展是有机地联系在一起的。这包括学生与年龄有关的社会情感发展阶段、自我概念和自我价值、自我调节和自我指导、同伴和师生关系、情感生活和家庭社区挑战、种族认同以及相关的个人和社会文化因素。

学生的社会情感发展是他们参与学习过程的重要组成部分。教师必须理解和尊重每个学生的独特品质和差异，并对学生在探究领域进行情感投入。教学过程，包括教学和课堂管理，是以教育经验为前提的，这些教育经验建立在健康的课堂关系之上，这些关系对学生的生活有意义，支持学生的求知欲，并通过合作学习经验提供个人成就感。这并不是要减少显性教学的内容，包括直接教授与社会情感能力相关的知识和技能。

(四)学习环境

1. 有效的实践

整个学校或社区通过宣传活动、教育活动和成员联盟来支持社会情感学习。

2. 有效实践的指标

学习环境的八项指标(见附录 25.1)将社会情感学习的范围扩大到教室外，包括更广泛的学校社区，还包括学生及其家庭、教师、管理人员、学校工作人员和志愿者。这种更广泛的学习环境有时被称为学校文化或学校氛围。

制订一个学校愿景，营造一个情感安全、有利于学习的学习环境，是让工作有针对性地进行的重点。清晰的愿景可以使学校不做出与最佳学习环境所必需的因素不一致的决定。当然，社会情感学习指标中发现的学校愿景和其他有效学校运作的要素，在总体上是适合学校改善的。但是，将社会情感学习的特殊性添加到这组指标中可以确保社会情感学习不会被忽视。

实施这一愿景需要建立规则和程序，对违规行为承担适当的后果，并建立一个向所有学生教授自律和责任的项目。虽然这一点非常重要，但学校环境的其他方面对学校成绩也很重要：①一个欢迎和有利于学习的物理环境；②促进交流互动的社会环境；③促进归属感和自尊感的情感环境；④营造学习和自我实现的学术环境。这些更广泛的改善关系和提升社区意识的因素，对学生的学习有积极的影响。

学校文化是指学校生活的质量和品质，反映了规范、目标、价值观、人际关系、教学、学习、领导行为和组织结构方面的信息。在一个积极的学习环境中，学校社区的所有成员都受到尊重，并共同努力，为共同的学校愿景做出贡献。这群体包括学生的家庭以及学生和学校工作人员。柏曼和麦克劳福林(1978)、沃尔伯格(2007、2011)提供了许多研究参考，津斯和同事编写的书(2004)提供了应用于学校生活和文化的例子。

文化是人们近距离工作的自然副产品，它对学校的效率有积极或消极的影响。培养一种间接影响学生成绩的学校文化是校长领导力的一个重要主题。研究发现，校长与学生在教室内外的直接互动可能具有激励、启发、教育或其他方面的影响力，但其范围有限。大部分的影响是间接的或通过教师和其他人来调节的。以下是具有建设性文化的学校的特征(Zins et al.，2004)。

(1)增强成员之间的凝聚力。

(2)促进员工的幸福感。

(3)培养组织成员之间相互理解的氛围。

（4）培养学校秉承统一发展愿景的理念。

举例来说，当校长们花时间在教职工会议上指出并赞扬教师合作的例子，以及与教职工就学校的基本宗旨和使命进行讨论时，他们就履行了文化责任。同样，教师会议和专业发展活动重申了学校作为一个整体的社会情感学习目标以及特定年级、学科和个别学生的目标应该做什么。

同僚合作的特点是真实、专业的行为，包括公开分享失败和错误的经历，表现出对彼此的尊重，并建设性地分析和批评实践和程序。尽管有时人们会将合作关系理解为仅仅涉及教师之间的社会交往和明确的友谊，但真正的合作关系意味着讨论专业问题，并就这些问题提出建议和寻求建议。这通常被称为"坦诚文化"。培养信任的环境以及员工对彼此能力的信心，会产生一种坦诚的文化。

说到师生关系，学校纪律必须符合学区的政策。因为学区制定了广泛的目标，分配权力，并制定了使学校管理成为可能的控制措施。在这样的框架下，每一所学校都应该有一份写得好的、有效的纪律要求。具体建议的策略是制定一个设计良好、严格执行的行为准则，以鼓励熟练运用行为技能，培养身体上不具攻击性的学生。对于反复的不良行为，特别是有长期的打斗行为的学生，特殊的训练是必要的。即使在学区和学校建立的纪律和预期行为框架内，每位教师也应该让学生参与制定并遵守针对该教室的规则和程序，使预期行为被定义，被教导，被强化和被奖励。

归属感、参与感和对学校的强烈认同感是学生参与的标志，是学生学术学习必需的社会和情感因素（Domitrovich et al.，2008；Durlak & DuPre，2008；Fixsen，Naoom，Blasé，Friedman & Wallace，2005；Meyers，Durlak & Wandersman，2012；Zins et al.，2004）。学生参与需要在学术环境中建立心理联系（比如，积极的成人、学生和同伴关系）。

麦克帕特兰（1994）提出了四种广泛的干预，以提高学生的参与度：①提供在学业上取得成功的机会；②建构关心学校和支持性的环境；③宣传教育与未来努力的相关性；④帮助学生解决学校环境中的个人问题。以下因素对学习参与度有积极影响。

第一，学校政策和实践。学校的实践和政策，如跟踪、留用、停学和严格的规则结构会对学生的参与度产生负面影响，而政策和实践，如规模较小的学校（或校中校），为学生选择创造机会，以及强调课程与个人生活目标的相关性，则会提高学生的参与度。

第二，学校拥有关心性班级环境。有证据表明，拥有敬业精神的教师，积极的师生关系，有序、温暖、关心和支持的学校环境，使学生在学术上取得更大的成功。此外，培养学生自主性、参与性和能力感的教学实践也至关重要（McPartland，1994；Walberg，2007、2011）。

第三，学生之间的关系。社会融合程度高的学生比同伴接纳度低的学生更有归属感。

第四，家庭支持和参与。在家庭中感觉到更多的父母支持（即关于学校的讨论，家庭作业的适当监控）和享有更多的家庭学术资源的学生在学校会有更大的成功（McPartland，1994；Redding，2011）。

感觉教师关心他们和关心他们学习的学生更有可能做得更好。此外，获得良好维护的和舒适的教室，有吸引学生的工作展示，在其中进行严格和相关的学习，是学习的必要条件。因为学校氛围对学生的学习动机和学业成绩有影响，所以，评估教室和学校氛围的方法是很重要的。衡量学生与学校联系的常用方法包括出勤率和行为及知觉调查。学生们感觉与学校有联系，学生参与度就会提高，负面行为就会减少。回顾特定学生以及整个学校的纪律、行为、感知和出勤情况，是衡量学生学习环境的一种方法。2011 年 5 月，安全与支持性学校网站发表了一份学校氛围调查纲要。

当学生感到被重视并相信他们在课堂上会有影响力时，就会产生关爱的学习者群体。学生对归属感、自主性和能力有心理需求。学生在有爱心的学校环境中满足自己的需要，就会有学习的动力。这些影响因素与先前描述过的雷克斯基金会报告，学术、社会和情感学习合作共同体网站列出的学校氛围调查的选项一致。

评估系统还应包括一种从学生、职员和家长的角度衡量氛围的方法。当教室和学校的气氛是安全的、关怀的、参与性的和结构良好的时，教授和学习社会情感能力会更有效。另一种表达学习氛围重要性的方式是使用"学习者关怀社区"这个短语(Zins et al. ，2004)。它指的是学校内积极的关系、规范和价值观的普遍存在。

最后，社会情感学习评估应该与其他学校已经存在的数据进行整合，如人口统计数据、考勤数据、纪律行为数据和学生学术数据。如何利用数据促进学生学习和成绩的提高是综合评价体系的重要组成部分。

四、实施流程

职责和程序步骤

在评估学区或学校有效专业实践指标的当前实施水平时，目标不是简单地勾选一个项目，而是要对实践有更深入的了解，并能高度一致地应用。为了提供充分实施的证据，领导团队必须提出并回答以下问题：

(1)指标的直接意义、字面意义和目的是什么？

(2)我们将如何知道该指标的实施程度？

(3)必须分析哪些数据才能确定实施水平？

(4)可以使用或必须创建什么工具来收集数据？

(5)谁将提供这些信息？

(6)怎样才能最好地获得它？

(7)现在的信息说明了什么？将来我们要努力争取什么？

将确定必要的数据来源、收集数据和分析数据的责任交给领导团队，领导团队开始从事"深度实践"，不仅提供信息，而且获得更大的理解和技能，并推动地区或学校的改善。虽然许多学校能够坦率而有效地使用这个系统来指导他们的改进，但 Indistar 涵盖的教练功能（见下文），使州或地区的教练能够审查团队的工作，提供意见，并与团队保持对话。

Indistar 的计划和进度监控的实施，需要与评估步骤数量相同的领导团队参与。该计划具体针对有效实践的指标，现将其表述为一个目标。团队首先确定当目标实现时"它将是什么样子"。在学区或学校的背景下，该项目是有意义的，包括可执行的任务、负责人和时间线。任务应该是具体和实际的，并遵循一系列连续的步骤。实现过程应该帮助实践者知道什么时候应该完成哪个步骤，并从整体上理解顺序。

每一项目标的计划必须有充分执行的合理期望，如果没有实现，则应校正该项目。在监控过程中，领导团队管理每个目标的任务完成情况。当任务完成时，领导团队评估执行水平。如果领导团队确定目标已经实现，那么，团队将处理前面列出的问题。如果领导团队确定该计划没有完全实现目标，就应该修改计划，增加更多任务。这不是简单的工作，而是"深入的实践"，这是人们学习最好的方式，也是地区和学校得到显著改善的方式。

为了帮助领导团队（以及地区和学校社区）运行正常，梳理研究思路，明确有效的专业实践，Indistar 通过以下方式提供支持：

（1）教练功能，使在地区或学校之外有专业知识的人能够实时跟踪领导团队的工作，并提供指导。

（2）介绍明智的方法，提供关于指标、研究综述、案例和参考文献的资料。

（3）不同形式，包括指标行动教程，由管理者、教师和家长展示的叙事，视频演示。

五、未来发展

以学校为基础的领导团队通常会推动学校的进步。大量的学生学习数据为团队的决策和计划提供了依据。每年的学校改善计划是主要的路线图。这个计划创建并随访一年，然后循环重新开始。这些计划首先针对学生的特定分组和年度评估显示薄弱的学科领域，目标是提高较低的分数。这种根据最近的不足之处进行年度规划的办法已被证明是取得重大改进的一种微弱的和无效的手段。

有效实践指标的微小改进遵循不同的路径。领导团队根据具体指标对实践进行持续评估、实施、监控和复审。除了详细审查学生的学习数据外，该小组还分析了影响学生学习成果的学校员工的专业实践。持续改进不只是针对上年度测试显示的薄弱环节的改进，还针对持续改进情况，审视全校范围内的专业实践，力求全面提高绩效，包括最近的不足之处。团队不是每年创建一个计划，然后遵循它，而是参与一个持续的改进过程。该过程总是根据有效性指标评估当前的实践，规划立即实施的步骤，并监控进展情况。会定期创建一个报告，该报告记录了当时的进展，但是改进周期仍在继续，没有中断。

(一)规划和评估

学校团队成员必须坦率地向自己证明，所有接受指标的人员经常证明指标的有效应用。证据必须满足指标的内涵和团队设定的标准。每一项指标都必须按字面意义进行解构，以便清楚地表明该指标得到了满足。这并不需要大量的文档，仅仅需要访问与指标相关的特定数据以及一个简洁的语句，即数据最终表明指标得到了满足。

学校团队成员优先考虑这些指标，以获得"快速的胜利"，同时也通过较长时间内的实践工作，最终实现所有指标。在评估每一项指标以确定目前的执行水平时，学校团队成员还需要根据重要性对其进行优先排序，并根据其实现的难度进行评级。优先级和机会的组合产生了一个索引分数，团队可以在计划改进时将其考虑在内。因此，优先级相对较高、相对容易实现的指标首先被处理，快速被执行，从而激励团队深入研究并朝着更困难的指标努力。

计划是通过提出一系列任务来构建的。这些任务从逻辑上促进指标(现在称为"目标")的全面实施。对于每一项任务，都有专人监督其执行情况，并设定完成的目标日期。

第一个任务是询问该指标所适用的人是否知道这种做法是他们所期望的。如果不是，那么交流期望可能是第一个任务。第二个任务可能涉及如何与指标适用的人(例如，领导、教师、团队)讨论指标，使他们对指标有一个很好的理解。之后的任务包括了解收集必要数据的方法，以了解实施的状态，并确定是否需要额外的指导或培训。

当通向指标(目标)完全实现的所有任务都完成时，团队重新评估该指标。如果团队的数据显示指标已经实现，则团队提供简洁的证据。如果数据表明任务已经完成，但是指示工具显示任务没有完成，那么团队就会添加任务，并继续朝着完全实现的方向工作。

在计划实施的中期，一个随机选择的指标可以"重新评估"。这是一个持续改进的过程。如果一个指标最初被评估为"完全实施"，团队可以在任何时候回到起点，并改变评估，以便它可以按计划实施。一旦一个指标被评估为未实施或实施有限，团队只能通过完成任务(或删除不必要的任务)来改变评估，然后提供充分实施的证据。

(二)教练

在强调有效实践及其与社会情感学习相关指标的学校改进过程中，教练的支持和指导对许多学校是有利的。教练可以由学校聘请，也可以由地区或州指定。教练们按照 Indistar 提供的方法被培训，并按照州或地区制定的程序和报告要求进行操作。教练以多种方式与领导团队进行沟通——现场咨询会议，电话会议或网络会议，与校长和其他员工单独谈话，以及发送电子邮件。但是嵌入 Indistar 系统中的教练评论提供了一种方法来记录建议的要点——总是具体地参考指标和团队的工作。教练的意见允许团队成员用他们自己的想法来回应，并且教练和团队之间的对话得以保持。这为教练和团队成员的思维提供了丰富的跟踪辅助。在未来的工作中以及新教练或新团队成员可能出现的时候，这是非常有用的。此外，教练会定期进行更彻底的检查，使用教练的检查功能，并检查为他提供的各种报告。

在以指标为基础的持续改进过程中，教练的目标始终是培养学校团队的能力，使其能够在坦率的文化中发挥作用，其目标是准确确定有效实践的实施水平，并努力付诸普遍和一致的实践。学生学习数据在哪里起作用？具体的指标包括个别教师、教师指导团队和领导团队如何使用实时数据进行决策，设计指导和再教学，以及如何提高学生早期掌握技能的期望和为落后的学生提供支持。的确，每一个学生的进步都会在许多时间点上被仔细评估，教学也会根据学生的需要和对内容的掌握程度而定。

当教练帮助领导团队理解每一项指标的含义，收集必要的信息，以准确评估当前的实践和与指标相关的实践，改进计划，并监控结果，直到团队确信该实践在整个学校得到充分实施时，教练才能为学校提供最好的服务。教练以一种可能被称为"元认知指导"的方式与团队进行交互，这意味着"大声地思考"，为团队建模，分析与指标相关的当前绩效，以及分析如何规划具体步骤，以实现全面实施。通过大声思考，提出关键的问题，并保持团队的高度坦率，教练将持续改进的能力和程序灌输给团队。

认识到优点和不足，学校团队在领导能力、团队流程、教学规划、课堂管理、教学、社区和家庭参与等方面的专业实践将不断加强。重点是成人如何做才能使学生取得高成就。

教练的首要职责是确保领导团队定期开会，所有成员都要充分参与，并坦诚地指出有效实践的指标。其次，教练指导团队理解指标，制定导致全面实施的任务，并充分描述其全面实施的证据。

六、潜在问题和缺陷

与任何改进过程一样，如果学校工作人员不按照前几节所述的一般的和简要的计划、评估、行动步骤一步一步脚踏实地地完成的话，Indistar 可能会以失败收场。

由于 Indistar 诞生于对表现不佳的学校进行改革的需要，它依赖于对指标做出诚实反馈的真诚员工。如果他们给出虚假的和明显有利的答案，他们就是在欺骗自己和学生。这就像一个重病患者告诉医生一切都好一样。在学校的例子中，虚假的答案会使 Indistar 的结果变得无效，并使该系统变得无用，而风险包括持续的糟糕表现和更激烈的干预。因此，学校工作人员有充分的理由在这里所述的几个步骤中认真对待 Indistar 系统，并在计算机化的系统本身中更详细地对待它。在建立一种"坦率的文化"方面，教练也是必不可少的，他们会提供具体的指导，并挑战和修正那些虚假的工作。

依靠学校领导团队对当前专业实践的自我评估，需要对学校组织成员的能力有信心，即使是在成绩较差的学校也要坦率、认真地检查自己的工作，并有条不紊地推进改进工作。不幸的是，学校改进过程长期以来一直是由教育部和国家教育机构等外部机构强加给学校的。虽然启动这些程序的初衷是提高学生的学习成果，但它们都体现在官僚机构的监管机制中，这导致学校领导和教师很被动，在满足外部机构的需求方面只付出了很微弱的努力。本章所概述的改进过程使学校人员有机会运用自己的才能和经验来改变学校的命运（参见本手册第 24 章）。它还使他们承担相当大的责任，以坦率和勤奋的态度参与这一进程。他们主要是对自己和所服务的学生负责，尽管这是一个专业社区应该承担的责任和义务，但它需要转变观念。

注重有效的实践、具体的指标，以及对底层研究和实施实例的访问，为领导团队的工作提供了边界和结构。外部教练的支持和指导会对工作质量进行健康的检查，并在日常改进工作中提供实时的建议。Indistar 促进了向地区和州提交的报告的电子化进程，减少了学校工作人员记录合规情况的时间，并为实施有效的实践留出了更多时间。

七、结论

在这一章中，我们描述了从研究中提炼出最有效的社会情感学习实践的方法，列出了有助于了解学校当前实践水平的指标，并制订了改进计划。指标在许多领域被用来作为更一般概念的中介和具体的衡量标准，在教育方面很有发展前景，具体可以参见来自业务领域的绩效管理文献（Frear & Paustian-Underdahl，2011）。

最初是由美国教育部资助，美国学术发展研究所下属的创新和改进中心开发了 Indistar，为需要改进的学校提供详细的评估和最有可能的基于数据的改革路径。Indistar 目前在全美 21 个州的 6000 多所学校开展业务，它允许各州在学术、社会和情感学习合作共同体的初步指导下制定有效的社会情感学习实践指标。

Indistar 的核心特征是源于一本书的指标体系。这本书总结了研究成果和广泛多样的学校改革经验（Walberg，2007）。新纳入的社会情感学习指标是基于对社会情感学习效果的客观、定量的元分析（Durlak et al.），以及参考文献中给出的和文中描述的其他工作而定的。

一些州、校区和学校正在采用社会情感学习实践，甚至利用社会情感学习为学生制定课程标准。学术、社会和情感学习合作共同体提供社会情感学习的原则和资源使计划和实施两者结合，以取得最佳效果。教育工作者可以从 Indistar 所包含的基于指标的过程中受益，来评估和改进社会情感学习和其他与改革相关的专业实践。随着各国将社会情感学习指标纳入 Indistar 系统，美国学术发展研究所用学校一线的实地经验和切实的评价数据检验这些方法落实的有效性。

八、参考文献

请扫描二维码获取原书参考文献。

附录 25.1　社会情感学习领域有效实践的校级指标

1. 领导力

有效实践：校长和领导团队推动、规划和评价社会情感学习。

有效实践的指标：

(1)校长和学校领导团队以书面材料传达：促进所有学生的社会情感学习是学校的优先事项。

(2)校长和学校领导团队已经制订了多年计划，以实施有计划的、持续的、协调的社会情感学习规划。

(3)学校领导团队会定期查看多种测量方式的数据(例如，行为数据；聚合的课堂观察数据；对教师、学生和家长的学校氛围调查)，并利用这些数据做出有利于学生社会情感学习的决定。

(4)校长负责确保学习成果，包括社会情感学习目标。

(5)校长定期监测社会情感学习项目的实施情况。

(6)校长庆祝个人、团队和学校的成功，特别是与学生学业和社会情感学习结果相关的成功。

2. 专业发展

有效实践：学院为教职工提供基于循证的专业发展，以促进其社会情感学习。

有效实践的指标：

(1)学校员工的专业发展，包括社会情感学习目标、技能、策略和学习条件。

(2)专业发展，包括对实施社会情感学习课堂教学的教师进行现场指导。

3. 教与学

有效实践：教师和教师团队做出计划以实施和评估学生对社会情感学习目标的掌握程度。

有效实践的指标：

(1)学校已经建立了一个正式的评估系统来跟踪学生社会情感能力的发展。

(2)教学团队使用显示当前社会情感目标掌握水平的学生数据来规划社会情感能力教学。

(3)所有的教师都接受一份结合社会情感目标、课程、教学和评估的文件的指导。

(4)教学团队开发包括所有年级的社会情感学习目标的教学模块。

(5)教学团队整合策略和材料，以提高跨学科(例如，语言艺术、社会研究、体育、艺术)的社会情感学习。

(6)所有的教师都寻求学生对他们感兴趣话题的意见，以此来增加学习的动力。

(7)所有教师使用与社会情感学习目标一致的学习活动，以满足所有学生的个性化学习需求。

(8)所有教师与学生合作制定课堂规则和程序，并确保有效落实。

（9）所有的教师都把不当行为作为一个机会来重新教授和强化以前的社会情感能力教学。

（10）所有的教师都是社会情感能力的示范者、教导者和强化者。

4. 学习环境

有效实践：整个学校共同体通过宣传、教育活动及成员协会组织来支持社会情感学习。

有效实践的指标：

（1）学校有一个愿景或使命声明，支持在情感上安全的、有利于学习的学习环境。

（2）校长在教职工中倡导共同体意识、合作意识和凝聚力，以支持学习工作。

（3）在所有会议（全体员工会议、各类委员会、规划、论坛等）和教学环境中，教职工间的互动反映了一种彼此信任、尊重和协作的氛围，注重成人的社会情感能力。

（4）学校的纪律要求概述了发展适当的行为，认可积极的行为管理策略，并指导教师利用不当行为作为加强学生学习社会情感概念和技能的机会。

（5）学校章程概述了教师、家长和学生的责任或期望。

（6）所有教职工都培养师生之间的积极关系，以提高学生的积极性和学生在学习和学校生活中的参与度。

（7）学生成绩单显示了学生在达到社会情感学习目标方面的进步。

（8）鼓励学生在课外活动中运用他们的社会情感能力。

第四部分 **实践和政策推广篇**

| 模块内容 |

第26章
社会情感学习项目的实施

约瑟夫·A. 杜拉克

手册里几乎每一章的作者都以这种或那种方式讨论"实施",这表明需要特别注意这个重要的主题。实施可以被定义为"通过有效的改变策略使循证计划或已知维度的实践行动投入使用"(Damschroder & Hagedorn,2011)。通过仔细的评估,一个循证计划在其他地方已经被证明是有效的,其他人发现了这个计划并希望在他们的环境中使用它,以获得类似的积极结果。不幸的是,经验表明,这种从研究到实践的转变并不总是顺利的。许多计划在新的环境中实施得不够好,无法实现它们的主要目标。对此有很多解释。有时是因为工作人员没有得到足够的培训,无法正确地执行新的计划;有时是因为他们自行决定改变计划原始版本的结构或应用;有时还因为各种管理或实际问题,新计划可能会被意外缩短,甚至完全停止。换言之,在许多情况下,新计划与原始版本的相似度不足,因此获得较差的结果也就不足为奇了。

这些可能的情况凸显了达姆施罗德(Damschroder)和哈格多恩(Hagedorn,2011)定义的一个重要方面:"实施"的实现需要使用"有效的改变策略"。有效的实施不是自然发生或自发发生的,而是需要使用专门设计的系统方法来增加计划的成功概率。要使用这些方法,我们需要了解哪些是实施的重要因素或方面,应采取哪些措施来促进有效实施,哪些因素对实施过程产生不同影响。这些是我将在本章讨论的主要问题。

一、实施研究和实践简史

对"实施"的研究可以追溯到 100 年前,因为它早期的重点是帮助农民学习和应用以科学为基础的农业实践(Rogers,2003)。然而,直到 20 世纪 70 年代末和 80 年代初,社会科学界才注意到"实施"。当时人们注意到对青年实施教育和社会心理干预的重要性。在过去的 10—15 年,实施理论、研究和实践呈现指数级增长，由于多个学科的贡献，该领域现已发展成为一项成熟的科学事业。

实施对于所有类型的组织、计划和人群都很重要。无论你是与学校、心理健康诊所、公共卫生或保健组织、企业、政府合作，还是与为儿童、家庭或成人服务的社会服务机构合作，实施都值得注意。此外，实施对于预防和治疗都很重要。总之，实施作为影响各种干预的一个重要理论、研究和实践领域，正受到人们的重视。迄今为止进行的关于实施的多学科研究为社会情感学习项目的相关研究和实践提供了信息，这是本章的重点。

在本章中，我将介绍并简要讨论关于实施的 11 个重要发现，然后简要讨论一些需要在未来的研究和实践中进一步探讨和阐明的几个关键问题。我希望这种表达方法不仅可以为当前各种与社会情感学习项目有关的研究和实践提供一种方便的视角，而且能为如何推进社会情感学习项目提供建议。其他一些资源也为与实施有关的各种问题提供了极好的述评或评论（Bopp，Saunders & Lattimore，2013；Damschroder，Aron，Keith，Kirsh，Alexander & Lowery，2009；Domitrovich et al.，2008；Dusenbury，Brannigan，Hansen，Walsh & Falco，2005；Glasgow，Green，Taylor & Stange，2012；Humphrey，2013；Johnson，Hays，Center & Daley，2004；Moore，Bumbarger & Cooper，2013；O'Donnell，2008；Stirman et al.，2012）。

二、实施科学的主要发现

（一）高质量的实施是有效项目的必要条件

这也许是关于实施的最重要的既定事实。现有明确的证据表明，高质量的实施（见下文）与积极的项目成果密切相关（Durlak & DuPre，2008）。反之亦然。低质量的实施通常与影响最小，甚至有时与没有积极影响的项目相关。此外，一次对 200 多个社会情感学习项目的回顾显示（Durlak，Weissberg，Dymnicki，Taylor & Schellinger，2011），质量实施会对儿童产生强烈的实际影响。当参与实施良好的社会情感学习项目的学生与实施较差的社会情感学习项目的学生相比较时，前者的学习成绩是后者的两倍。此外，前一组学生的情绪困扰和行为问题的程度仅为后一组学生的一半。学校人员需要明白，他们必须投入高质量实施中，才能取得更好的效果。总之，我们不应该认为项目本身是有效的，而是实施得当的项目才是有效的。

（二）监控实施是所有项目评估的重要组成部分

如果没有关于实施完成水平的信息，就无法对项目成果进行合适的解释。在面对消极结果时，这一点尤其重要。如果一个项目没有得到很好的实施，那么原本可以成功的计划也可能会产生很差的结果。即使有了积极的项目成果，衡量项目实施水平也很重要，因为这些数据提供了实现项目效果所需的信息，以及如何通过更好的实施来改善效果的信息。因此，监控实施对于评估项目的真实价值至关重要，并且可以为项目的持续改进提供有价值的指导。

(三)忽略实施质量的代价非常高

考虑实施质量的另一个原因是几乎每个学校都面临的决策过程。学校资源有限,学校人员必须对所提供的课程项目做出慎重的决定。他们是否应该实施一个新的项目,并且,考虑到新项目中的备选方案,他们应该选择哪一个?这些决策不仅应始终关注项目的潜在影响,还应参考实现高质量实施的可能性。如果学校没有良好地实施项目,他们将遭受严重的短期和长期代价。

在执行不力的项目上所花费的金钱、资源和员工时间都将被浪费,因为这样的项目不太可能成功。此外,随着消极结果而来的是,学校工作人员很可能形成错误的信念,例如,"社会情感学习项目不起作用",这降低了他们将来承担相关项目的意愿。

因此,除非学校人员致力于实现高质量的实施,否则他们不应实施循证的社会情感学习项目。尽管高质量实施不能保证项目的成功,但没有高质量实施,成功的可能性就很小。总之,对实施的适当关注促进了研究、实践和教育政策的发展,因为它可以带来更好的决策,为学生提供更好的服务。

(四)实施是一个多维概念

循证项目的实施可以通过多种不同的方式来完成。目前至少已经确定了实施的八个不同组成部分:忠诚度、投入程度、项目交付的质量、参与者回应力、项目差异、控制或比较条件监测、项目范围和适应(Durlak & DuPre,2008)。每一个组成部分都将影响实施的质量。虽然忠诚度和投入程度是被研究最多的,但其他方面也值得关注。例如,项目交付的质量不仅指一堂课的水平如何,还指促进新学习技能的推广和应用的方法(Domitrovich,Gest,Jones,Gill & DeRousie,2010)。参与者回应力(有时称为"参与度")是指一个项目激发参与者的兴趣并吸引他们注意力的程度。一个项目在计划中看似理想,但如果它不能有效地吸引观众,其影响力就会减弱或不存在。因此,在考虑新社会情感学习项目时,最好征求相关人员(教师和学生)的意见,以便更好地了解项目的材料、活动和目标如何有效地吸引和激励目标受众。当这个项目被提供给不同种族或文化的学生时,这一点尤其重要。

(五)"实施"存在于一个连续的过程中

实施不是全有或全无;相反,它不同程度地存在于一个连续的过程中。例如,就投入程度而言,这个连续过程的范围可以从 0 的实施(新项目从未开始)到 100% 的实施(表示整个项目已经执行完成)。另一种看待这一连续过程的方法是从质量的角度出发,通常可以将其定义为在多个维度(投入程度、质量、忠诚度等)上进行干预,其干预程度能够为实现有效项目提供最佳机会(参与者能够获得最大化的利益)。换句话说,我们可以考虑质量实施的低水平、中水平和高水平。如前所述,实施水平可能会有所不同,因为教师在教授学生时,可能会决定省略或更改计划的某些部分(进行改编)。

(六)改编很常见，可能会改进项目结果

大多数在学校里进行的新项目都是忠诚地执行和改编的混合体。忠诚地执行是指提供一项干预的有效因素，即那些对产生预期效果至关重要的因素。这些有效因素是"助力"干预并使之发挥作用的要素。当试验新的项目时，应该复制这些因素(有时也称为"核心构成")。改编是指对原始计划所做的更改。学校通常会进行调整，因为实践者认为，为了使项目符合学校的能力、资源和业务特点，或者为了满足学校工作人员和学生群体的文化价值观和生活经验，有必要进行调整。通常会修改的项目特征包括：项目课程的确切时限和持续时间，课程中的一些特定活动、示例、语言或练习，以及课程的进度。这具体取决于学生的需要。只要保留项目的有效因素，就可以进行诸如此类的调整以适应学校的生态环境。换言之，任何对项目的改编都应该是有目的的，不得仅因个人偏好而对项目进行更改，并且绝不应破坏或干扰该项目理论上或经验上确定的有效因素(Moore et al.，2013)。

事实上，为了使学校工作人员充分投入和参与，在第一时间试验该项目，一些修改可能是必要的，因为目标计划的某些方面可能不符合学校的文化和习惯做法。改编并不一定是令人担忧的，因为研究表明，计划周密的改编可以提高项目的影响力(Durlak & DuPre，2008)。此外，研究清楚地表明，在有或没有项目开发人员和研究人员指导的情况下，学校工作人员会以某种方式例行调整新项目(Ringwalt et al.，2003)。其他研究也清楚地表明，在相当长的一段时间内，灵活地干预(那些以某种方式改编的干预)更有可能被其他人广泛传播和使用(Rogers，2003)。总之，为了确保在新项目中适当地融合忠诚地执行和改编，将项目带入学校的人员(资助者、研究人员或原始项目开发人员)必须与主办单位的工作人员合作，以确定一种可接受的方式来决定忠诚地执行和改编的适当融合，这一点很重要。

(七)有效的专业发展服务对于高质量实施至关重要

正如高质量实施是项目有效的必要条件一样，良好的专业发展服务也是实现高质量实施的必要条件。专业发展服务，包括项目前培训和持续的技术援助。它似乎是实现循证项目良好实施的必要条件。幸运的是，这类服务目前有几种可用的选择，尽管未来还需要更多的选择才能在全美范围的学校中实现大规模传播(部分资源列表参见 Durlak，2013)。如果学校工作人员只参加信息研讨会或只是阅读培训手册，他们将无法学习如何有效地实施项目。他们需要向对该方法熟悉的其他人学习专业知识。与他人协商有助于学校工作人员了解干预背后的核心理论及其有效因素，包括：如何在不同情况下适当地实施干预；何时需要重复实施部分计划；哪些改编是可以接受的，或可能需要进行哪些改编使干预适合特定的环境。利用私人教练(训练有素和经验丰富的顾问)帮助教师和其他学校工作人员实现高质量的实施，已成为几项成功的专业发展尝试的一个日益明显的特点(Becker，Darney，Domitrovich，Keperling & Ialongo，2013)。

(八)影响实施的多个因素

表 26-1 列出了研究回顾已确定的影响实施的 23 个因素示例(Domitrovich et al.，2008；Durlak & DuPre，2008；Fixsen，Naoom，Blasé，Friedman & Wallace，2005；Greenhalgh et al.，2005)。这些因素存在于多个生态层面。例如，有些发生在社会或社区层面(例如，教育政策、政治压力、资金)；另一些则是干预的特征(例如，其复杂性或灵活性)或实施项目的一线执行者的特征(例如，对项目变革的开放性和对项目的一般态度，他们的自我效能感，以及在日常工作和职责中掌握或融合新技能的能力)。这些因素也可以是组织要素，即在主办和教授项目的学校内部创建的系统或结构的一部分(例如，领导力、氛围、士气或组织能力)，或者是为主办组织成员提供专业发展服务而建立的系统或结构的一部分(例如，培训特点和持续技术援助的特点)。专业发展服务的重要性已经叙述过了，由于篇幅限制，这里不能对所有其他相关因素展开讨论了。一些因素将在下一节描述实施过程的各个步骤中有所提及。

每一个生态因素都不同程度地存在着(而不是简单地存在或不存在)，并且根据其特点和对变化的适应程度，阻碍或促进项目高质量地实施。例如，支持和鼓励学校选择循证项目的政策可能会最终改进学校课程。然而，如果那些同样的教育政策不支持学校为实现高质量的实施而确保足够的专业发展尝试，那么，学校服务的积极变化将非常缓慢，甚至可能根本不会发生。

表 26-1　影响实施质量的因素举例

1. 社区层面的因素
a. 相关领域的理论与研究；
b. 政治或行政压力；
c. 资金；
d. 教育政策和课程规定。

2. 项目执行人员特征
a. 对项目的需求；
b. 对项目收益的看法；
c. 自我效能感或自信心；
d. 新技能的掌握程度。

3. 课程特征
a. 兼容性或是否适应项目实施地点的环境；
b. 项目的灵活性或适应性。

4. 主办学校的特点及其执行系统
a. 积极的工作氛围；
b. 与拥抱变革相关的组织规范；
c. 项目是否符合学校的常规做法；
d. 对新项目的共同愿景；
e. 共享决策并支持利益相关者之间的协作；
f. 与其他机构的工作伙伴关系；
g. 有效的沟通实践；
h. 有效地成立工作组和分配任务；
i. 强有力的领导；
j. 项目宣传；

k. 行政支持。 **5. 专业发展服务的特征** a. 项目启动培训的质量； b. 持续技术支持的质量。

（九）有效实施至少需要 14 个相关步骤

实施对于项目结果至关重要，因此，必须了解应该采取哪些具体步骤来实现高质量的实施。一项综合了现有文献的研究综述发现：①来自多个学科和研究领域的不同作者就至少存在 14 个关键步骤达成了相当大的共识；②这些步骤可以分为 4 个连续的或暂时的阶段（Meyers，Durlak & Wandersman，2012）。对实施过程中重要步骤的综合称为质量执行框架，它描述了每一步应执行的任务。该框架的一个主要含义是：高质量实施涉及一系列相互协调的计划和行动。事实上，一个令人吃惊的发现是：在 14 个确定的步骤中，有 10 个步骤应该在实施开始之前完成。如前所述，质量执行框架的聚合效度源自它的 14 个步骤，针对的是由其他独立研究确定的影响实施的生态因素。

简言之，高质量实施 4 个阶段的步骤可以通过列出每个步骤中应该回答的一些问题来说明。实施的第一阶段包括 8 个步骤，主要以不同评估的结果为指导。这些评估旨在检查有计划的干预是否匹配学校环境以及学校实施干预的意愿。例如，该项目对员工和学生团体的需求以及自身的使命和价值观的响应如何？员工对完成目标的期望是否现实？学校在多大程度上有足够的能力成功地实施计划（Wanless et al.，本手册第 24 章）？是否有任何可行的方式修改项目？如果是，如何在不改变计划有效因素的情况下做到这一点？工作人员和学校管理人员是否真正支持干预？学校是否会为这个项目提供有效的领导？学校能安排有效的项目前培训吗？

第二阶段包括两个与创建适当的实施结构有关的步骤。此阶段有两个重要问题：谁将是负责监测实施情况的小组成员？能否制订一个切实可行的实施计划来具体规定团队成员的职责？

只有在前两个阶段及其相应步骤圆满完成之后，才能开始实施第三个阶段。这一阶段包括向一线实施者提供持续的技术支持，建立收集实施情况信息的机制，并为实施进展情况提供支持性反馈。这些步骤很重要，以便在必要时能够迅速提高实施水平，并解决意料之外的障碍或问题。因此，需要回答的一些重要问题涉及确定如何监测实施以及如何定期将实施进度的有用反馈传递给各利益相关者。

高质量实施的最后一个阶段包括一个单独但重要的步骤，它与改进项目在未来的应用相关。这一步骤涉及对项目及其实施的批判性反思和分析。它的核心问题是："我们在这个背景下进行这个项目学到了什么？"一些补充性的相关问题包括思考对项目实施产生积极和消极影响的因素，以及如何改进方案的执行及其结果。想要获得对这些问题有用的信息，就需要所有参与者（例如，提供专业发展服务的参与者、学校管理者、一线实施者，以及视情况而定的资助者、学生及家长)之间具有开放的沟通渠道。

一些资质

经验表明，在某些情况下，14 个步骤中的某些步骤的数量和顺序是可以修改的。例如，有些步骤可能需要再次讨论(例如，学校管理人员或领导层的人事变动，或者对该项目的投入减少)，有些步骤可以在有积极信息的情况下跳过(例如，学校的能力和承诺已明确可以跳过，并且已经仔细评估了其需求)。然而，通过描述实现高质量实施所需的协调一致的行动，以及为实现这一目标所需的规划，质量实施框架为未来的研究和实践提供了有用的指导。最值得注意的是，在采用一些预备性的、有必要的步骤来增加实施有效的可能性之前，项目实施不应该开始。

(十)有效实施需要多个利益相关者之间的协作

实现高质量实施是许多团体的共同责任，每个团体都可以发挥关键作用，包括负责学校实践和课程的州和联邦机构；为新项目提供资金的资助者；热衷于产出高效项目的研究人员、理论家和项目开发人员。其他具有重要作用的人员包括学校领导和管理人员，他们必须给学校工作人员足够的时间和支持，使他们通过深思熟虑的专业发展来学习和实践新技术。当然，学校一线工作人员必须投入必要的时间和精力来有效地实施项目。特别是这后一类人，他们对每一步实施的实际情况有重要影响，例如，专业发展的哪些方面对他们最有帮助或没有帮助，以及可以对项目进行哪些修改以改进其预期结果。总之，政策、理论、研究、管理和实践必须齐心协力，才能最大限度地实现项目的高质量实施。

(十一)影响实施质量的因素也影响项目实施的可持续性

令人遗憾的是，有时即使是有效的项目在试用结束后也会中止，所以，直到最近才更多地开始关注有效的社会情感学习项目的持续性。前面提到的与高质量实施有关的因素也影响了项目在初始试用结束后是否会继续运行。例如，如果高质量实施的相关因素一开始就使项目不太适合学校的情况，没有获得足够的认同和承诺或者缺乏有效的领导，那么，项目的实施质量和影响力就会大打折扣，而继续这项计划的动机和所需的努力就会大大降低。即使这些因素仍然是积极的(工作人员希望继续实施项目)，后续事件也可能会干扰项目的继续实施。为了提高项目实施的可持续性，有几个因素特别值得注意，包括人事变动、领导力、项目成本和新的行政命令。

根据情况，管理人员和教师流动率都可能很高，因此，随着新的工作人员进入学校系统，有必要使他们适应项目并获得他们的支持。新教师需要接受培训才能完成课程，而这通常需要为其专业发展花费更多钱。如果人员流动影响了那些提供强有力的项目领导的人(管理人员和教师)，那么就需要引入新的人员来支持项目并提供必要的领导。学校可能会承受压力，以应对新的课程改革要求，这可能会干扰之前的社会情感学习项目的运作。

因此，从一开始就预见潜在的问题并规划项目的可持续性是很重要的。换言之，为实现高质量实施而采取的必要措施应该包括对新项目结束后会发生什么的讨论。这种讨论应该是与学校工作人员最初合作的一部分。只要有可能，与利益相关者的初步讨论应包括考虑项目实施结果和项目成果，以获得他们对教育规划中使用经验方法的承诺。这些承诺应包括寻找使用当地预算而不是依靠外部资金来支持项目成功的方法。幸运的是，需要培训的新工作人员较少，而且课程材料已经购买并准备就绪，因此，维持项目往往比最初项目实施时所需的财务支出要低。可持续发展规划再次说明了有效领导的重要性。如果学校或地区领导认为新项目有价值，他们就更有可能找到资金来维持这些项目。

总之，如果利益相关者承诺尝试一个循证项目，仔细规划以实现高质量的实施和评估项目的实施水平，然后利用收集到的信息做出进一步的决策，那么，事实上，他们就已经采用了科学的方法在解决问题。在考虑实施过程和项目成果时，通常要考虑四个主要选择：①继续实施项目，因为实施情况良好，项目已经实现了其主要目标；②继续实施项目，并尝试改进项目，因为尽管实施情况良好，但该项目在实现目标方面仅部分有效；③继续实施该项目，但根据需要改进实施，以便对该项目的影响进行充分的测试；④中止该项目，因为尽管实施情况良好，但该项目根本没有效果，所以要寻找另一个满足学校需求的循证项目。学校采用这种系统化的方法，代表着一种彻底的背离和对当前教育实践的决定性改进，当前的教育实践很少是由数据驱动的。最终的结果是，学校将开展更多的循证项目，无效的项目将被取代和消除。

艾利亚斯（Elias，2010）在对持续、停滞或中止的社会情感学习项目进行调查时指出了几个已经讨论过的与可持续性相关的重要因素（例如，良好的预备培训、持续的技术援助和行政领导）。他还强调了另外两个因素：①成为他人积极榜样的教师能够维持学校的承诺和动力；②与仅在一些教室中实施不同，已融合为整个学校及其日常实践一部分的项目更有可能继续下去。

虽然我们对高质量实施相关问题的认识在过去几年中有了很大的提高，但仍有一些问题需要进一步探讨。接下来将讨论一些主要的问题。

三、关于项目实施我们还需要了解些什么

以下每个问题都是经验性的问题，似乎可以通过认真仔细的研究得出最好的回答，这些研究结合了理论家、资助者、管理者、研究者和实践者的努力。干预必须在不同学校的现实条件下进行研究，而且应记住，学校工作人员最适合就不同状况下的实际可行情况提供重要的反馈。

第一，对于不同的社会情感学习项目，实现高质量实施的阈值是什么？实施并不一定要完美，但我们不知道在社会情感学习项目无法实现其预期目标之前它有多不完美。对生活技能训练项目的研究表明，60％的实施水平与积极的结果相关（Botvin，2000）。但由于项目的目标群

体、内容和目标不同，最佳实施阈值可能会有所不同。根据学生的教育水平、他们以前的经验或当前的技能水平，对于提高不同的社会情感能力的项目，或在学术、个人或社会成果中具有更高优先权的干预，可能需要更高的阈限。

第二，如何才能设计出最有效、最高效的机制来提供有效的专业发展服务？考虑到工作人员的更替和具有不同学习风格的现有工作人员的个人需要，是否有可能将这些服务进行个性化处理？一旦项目开始（例如，通过互联网，使用虚拟现实教室或移动应用程序），如何最好地利用技术来提供初始培训或持续的技术援助？

第三，实施的不同方面如何相互影响以及如何影响项目结果？例如，交付质量、忠诚度、适应度和投入度等如何相互影响？提高项目组成部分的实施质量可以减少执行所有项目内容的必要性（例如，有可能减少项目投入），或者增强实施质量（忠诚度或适应性）是否会增强项目效果？

第四，我们如何评估不同生态因素的存在和水平会影响实施的过程和最终质量？这些不同的因素如何相互作用影响实施？例如，评估学校及学生需求的最佳方法是什么？在不利条件下（例如，当政治、财政或行政压力对项目推进造成强大障碍时），我们如何做才能获得足够的支持？内部领导者能否通过不断鼓励和激励员工来克服最初缺乏完全认可或承诺的情况？教师如何克服缺乏关键管理者足够支持的问题？在确定项目的适切性时，就诸如需求感知、员工认同等因素而言，它们在多大程度上进行高质量实施是必需和充分的？

例如，在一项关于促进选择性思维策略项目的研究中，凯姆（Kam）、格林伯格和沃尔斯（Walls）发现（2003），校长支持与项目实施质量相互作用，是影响学生成绩的一个关键因素。只有在校长支持率高的促进选择性思维策略学校中，学生的社交能力和课堂行为才会发生显著变化。肖杜瓦（Chaudoir）等人（2013）对 100 多项用于评估各种生态因素的措施进行了回顾，这些生态因素被认为是影响实施的，这为其他人衡量不同的实施如何影响项目结果提供了一个视角。

第五，循证项目的有效因素是什么？很少有人试图从经验上证实假定的干预因素的有效影响。项目的推广往往依赖理论或逻辑模型，以假定的变革机制为基础。我们必须发现不同干预的真正有效因素，以改善项目的实施、效率和有效性。这样做将对未来产生重大影响。了解干预的有效因素将影响项目如何以及以何种方式适应不同情况；改善专业发展服务，因为它将确定学校员工必须具备哪些技能才能高质量地实施项目；提高项目效率，从而使更多的课程对其他人有吸引力（例如，一些课程更易于学习，操作更简洁，这将通过排除一些项目材料、专业发展的某些部分，以及学校工作人员在实施项目时花费的时间和精力来降低项目成本）。

第六，我们如何才能更好地阐明完成与质量实施相关的每一步所应采取的各种决策和具体行动？尽管前面描述的质量实施框架概述了高质量实施所涉及的行为步骤，但是我们需要更具体的信息来说明如何以最佳方式高效地和最适当地完成每个步骤。一些研究小组已经为各种组织开发了实用的方法，这些组织的应用可能在这方面非常有帮助（见本手册第 31 章和第 33 章）。

评估实施各个方面最有效的方法是什么？例如，实施水平往往随时间而变化，因此，单一评估不太可能提供实施的完整情况。然而，目前尚不清楚进行评估的频率和方式。杜森伯里和同事(2005)进行了一个有益的讨论，用不同的评估方法评估校本项目实施的多个组成部分。科学的进步要求对相关结构进行准确的测量，因此，开发评估工具和程序来评估实施工作的过程和最终结果是很重要的。此外，如果评估工具易于在日常学校实践中使用，那将是最理想的。

上述问题不太可能有单一的解决办法，但必须在许多情况下加以限定，包括项目的目标、内容、学校及其学生团体的特点，以及当前的政治和社会环境。总的来说，当仔细探讨先前讨论的问题来回答以下重要问题时，该领域就会向前推进一步：各利益相关者如何协同工作才能实现针对某些学生的特定成果的高质量实施？

四、结论意见

乍一看，高质量实施所面临的挑战似乎令人望而生畏。例如，实施的 8 个方面、影响实施的 23 个生态因素、高质量实施涉及的 14 个步骤，似乎会导致大量可能需要考虑和研究的内容。此外，还需要多个利益相关者(通常彼此之间协作不佳)学习如何合作以达到相同的目的。总的来说，似乎有太多我们不知道的和太多的障碍需要克服。

尽管如此，许多学校还是成功地实施了社会情感学习项目。在过去的几年中，实施科学领域取得了巨大的进展，有几个积极迹象表明这一进展将继续下去。现在有专门研究实施的期刊(例如，实施科学)和其他一些需要提供实施数据以供出版的机构，如美国心理协会出版的刊物。政策、研究和实践也开始结合起来支持实施。例如，美国和英国的政府机构现在都在支持以实施为重点的特殊举措(Meyers et al.，2012)，并在美国建立了实施培训机构(Proctor et al.，2013)。

未知或复杂的事情不会阻碍科学领域的进步。实际上，它们可以激发领导者的好奇心和创造力，并激励那些在重要的事情上勇于挑战的人。实施是非常重要的，敬业的利益相关者可以并且将会增强我们对如何以给学生带来最大利益的方式实施社会情感学习项目的理解。

五、参考文献

请扫描二维码获取原书参考文献。

第27章
社会情感学习与职前教师教育

金伯利·A. 肖纳特-赖克尔、

詹妮弗·L. 汉森-彼得森、雪莉·海梅尔

我们怎样才能最有效地帮助教师应对教学的挑战？职前教师需要什么样的课程和经验，使他们具备必要的技能、品格和知识，以促进21世纪多样的班级中所有学生的成功？越来越多的证据表明，如果能够关注教学的社会情感层面，学生的成功将会得到提升（Durlak，Weissberg，Dymnicki，Taylor & Schellinger，2011）。因此，了解职前教师教育项目如何最好地为教师提供在教学工作中促进学生取得成功所需的背景知识，已经成为教育家、决策者和广大公众最近关注的热门话题。

本章将阐明社会情感学习的相关事项，包括了解学生的社会情感发展、教师的社会情感能力，以及如何创建关心与支持、管理良好、民主与安全的课堂环境，并将它们纳入职前教师教育项目。我们首先简要概述了美国的职前教师教育，并为在职前教师教育项目中包含与社会情感学习问题相关的知识的重要性提供了理论基础。然后，我们回顾了现有的研究。我们的讨论集中在最近的研究中，这些研究考察了职前教师教育课程中与促进学生社会情感学习发展相关的主题的性质和频率。鉴于职前教师教育的大部分课程是由国家政策指定的，我们还报告了最近把社会情感学习相关维度（例如，社会情感学习项目的实施，教师的社会情感能力，创建支持学生社会情感发展的课堂环境）纳入国家级教师认证要求的检索结果。在本章的最后，我们提出了一些将社会情感学习纳入职前教师教育项目的指导方针和建议，并指出了一些潜在的问题和挑战。

一、职前教师教育中的社会情感学习情况

近年来，越来越多的理论和实践关注以学校为基础的促进学生发展的社会情感能力，因为

教育者、家长和决策者正在寻求解决当前问题的方法，如学习动机和成绩下降（Eccles & Roeser，2011）、辍学率上升（Battin-Pearson et al.，2000）、校园欺凌和攻击行为增加（Swearer，Espelage，Vaillancourt & Hymel，2010）。追踪研究表明，在9—16岁，37%—39%的年轻人被诊断出有至少一种精神疾病（Jaffee，Harrington，Cohen & Moffitt，2005），患病率在21岁的青少年增加到40%—50%（Arseneault，Moffitt，Caspi，Taylor & Silva，2000）。遗憾的是，大约80%有社交、情感和行为问题的青少年没有得到他们需要的服务（U. S. Public Health Service，2000），而且提供的服务往往既不恰当也不基于证据（U. S. Department of Health and Human Services，1999）。2009年，美国医学研究所关于青少年精神、情绪与行为障碍的报告强调，预防和使用实证支持的干预是减少精神疾病和促进青少年社会情感健康的基本策略。这一趋势隐含的一个假设是，可以设计教育干预项目来培养学生的力量和复原力。

与对教师进行充分的培训和准备以促进学生的心理健康的需要相结合，当前的理论和研究表明，高质量的教育不仅仅要培养学生的智力技能，还需要培养学生的社会情感能力以及诸如自我认知、社会认知、自我管理、人际关系技能和负责任的决策等积极的人类特质（Greenberg et al.，2003）。社会情感学习是一个培养识别和管理情绪、发展对他人的关怀和关心、建立积极的关系、做出负责任的决策和有效处理具有挑战性的情况的能力的过程（Osher et al.，2008；Payton et al.，2000；Weissberg，Payton，O'Brien & Munro，2007）。这种对学生社会情感学习的关注，与自公共教育出现以来所持的观点是一致的：强调学校教育应该培养学生的同情心、合作精神和冲突解决能力，以便"让学生在我们的社会中以公民的身份有效参与"（McClung，2013）。先前的理论和实证证明，这些个人能力和人际能力是可以被教授和测量的，它们促进了学生的发展，减少了问题行为，改善了学生的学业成绩、公民行为和与健康相关的行为（Durlak et al.，2011）。特别地，社会情感能力可以通过充满关爱心的学习环境和经验来培养（Elias et al.，1997；Greenberg，2010），并且具有持久的效果（Hawkins，Kosterman，Catalano，Hill & Abbott，2008）。社会和情感技能创造了热情、关爱和包容的课堂，并为建立和维持学业成功和负责任的公民意识的学习关系提供了基础。

重要的是，教师在自己的教学中高度重视社会情感学习的作用。例如，一项针对600多名教师的全国代表性调查（Bridgeland，Bruce & Hariharan，2013）显示，从幼儿园到高中的大多数教师都认为社会情感能力是可以教的（95%），推进社会情感学习将使来自富裕和贫穷家庭的学生都受益（97%），并将对入学率和毕业率（80%）、标准化考试成绩和整体学业表现（77%）、大学预备（78%）、劳动力准备（87%）、公民意识（87%）产生积极影响。这些教师也报告说，为了有效地执行和推广社会情感学习，他们需要来自地区和学校领导的大力支持。尽管教师们已经准备好推广社会情感学习，但是仍然需要一个系统的方法来支持联邦、州、地区和学校层面的实施。2013年，盖洛普（Gallup）的一项民意调查结果显示，普通民众的观点与教师们所持的观点一致（Bushaw & Lopez，2013）。然而，教师们反映，在回应学生的行为需求，进而支持学生的社会情感学习发展方面，他们所接受的培训和拥有的信心有限（Reinke，Stormont，

Herman，Puri & Goel，2011；Walter，Gouze & Lim，2006）。

关于教师流失的研究提供了一些有趣的见解，有助于理解社会情感教学维度对教师的影响。有证据表明，教师的职业倦怠和流动是提高教师素质的主要威胁。全美教学和美国未来委员会的报告（2007）指出，教师流失每年给美国造成高达 70 亿美元的损失。其中，教师流失对低绩效、高贫困率的影响最大。压力和情绪管理不良是教师对职业感到不满并离职的主要原因（Darling Hammond，2001），另一个影响因素是学生的行为（Ferguson，Frost & Hall，2012）。例如，一项研究表明，在 50％永久离开这个职业的教师中，几乎 35％的原因与学生纪律问题有关（Ingersoll & Smith，2003）。学生纪律、课堂管理和学生心理健康方面的问题出现在教师职业生涯的初期，第一年的教师觉得没有做好有效课堂管理的准备，无法识别诸如焦虑等常见的心理健康问题（Koller & Bertel，2006；Siebert，2005）。积极的一点是，数据还表明，当教师接受了关于影响课堂教学和学习的行为和情感因素的培训时，他们会觉得自己能更好地提出和实施积极、活跃的课堂管理策略，阻止学生攻击性行为，营造积极的课堂学习氛围（Alvarez，2007）。为了了解学生社会情感学习有效发展的条件，需要解决可能影响学生社会情感学习的制度因素。因此，一个重要的问题是，职前教师教育在多大程度上提供了必要的信息、课程或经验，使教师能够处理与社会情感学习相关的维度，包括关于社会情感发展的理论和研究，以及创建良好管理和促进学生心理健康的课堂学习环境所需的知识和技能。

二、职前教师培养和社会情感学习

（一）美国的教师培养工作

职前教师培养是指教师入职前所接受的教育和培训。这种教育通常是在学院或大学里，其中设置的课程和经验是根据国家对教师认证的要求来规划的[①]。关于职前教师培养的完整历史和批判性分析超出了本章的范围，但是有兴趣了解更多关于教师教育现状的读者可以在达林-哈蒙德（Darling-Hammond，2010、2013）的文章中找到更多的信息。目前，全国 1400 多所高等院校培养了大部分教师（Greenberg，McKee & Walsh，2013）。根据美国全国教师质量委员会（NCTQ）的报告（Greenberg，McKee，et al.，2013），每年大约有 200 000 名教师从教师培养项目中毕业。职前教师教育项目在培训时间（例如，4 年制学士学位课程或 1—2 年制研究生课程），不同水平的学校（小学、初中、高中），学科内容（中学和高中前期教师通常有一个确定的学科，如科学、数学、社会等），教学方法，实习时间长短和认证要求等方面差异很大。获得教师教育学位通常有最低平均绩点（GPA）的要求，且要完成学士学位，要了解社会、制度和国家政策如何影响教育过程，要了解学习是如何发生的以及如何有效地教学，要成功完成有监督的现场教学（Zeichner & Paige，2007）。在某国或某州取得的证书在其他国或州可能不被承认。在美国，州与州之间的互惠是有限的。

关于职前教师教育在多大程度上包括社会情感学习的直接信息或关于培训的研究还处于初

级阶段。然而最近几项研究的结果让我们得以了解，在何种程度上，课堂和学校中为学生社会情感学习奠定基础的因素被包括在教师培养项目中。例如，关于课堂管理的知识对所有教师来说都是必不可少的，因为当学习环境是支持性的、安全的、关怀的、参与的和管理良好的时候，提升学生的社会情感能力是最有效的。它支持儿童的发展，并为他们提供实践社会情感能力的机会（Weissberg et al.，2007）。"课堂管理"一词指的是教师在课堂上建立有秩序的、常规的和有限制的授课和管理活动，以及为学生创造安全与支持的氛围。有效的课堂管理可以防止破坏性或不良行为的发生，增加学生在课堂上投入学习的时间，从而改善学生行为，提升学习成绩。沟通风格、绩效期望、课堂结构和规则、学校组织氛围、对所有学生学业成功的承诺、教师的社会情感能力（Jennings & Greenberg，2009）、对家长和社区参与的开放性等问题，都是有效课堂管理的重要组成部分，尤其是对社会情感学习而言。在下一节中，我们将探讨目前社会情感学习被涵盖在美国职前教师教育项目中的情况。

（二）教师培养和儿童、青少年发展知识

教师对学生的社会、情感和认知发展的知识和理解，被认为是有效的、高质量教学的核心（Comer & Maholmes，1999；Daniels & Shumow，2003；Darling-Hammond & Bransford，2005；Sarason，2001）。10多年的研究表明，了解儿童和青少年发展知识的教师能够更好地设计和实施教学，以支持学生的社会、情感和学业能力发展（Hamre & Pianta，2006；Rimm-Kaufman & Hamre，2010）。学校中良好的社会关系（如师生关系、同伴关系等）与积极的社会成果和学业成果之间的联系也被验证了（Hamre & Pianta，2001；Wentzel，2003）。

最近，美国国家儿童健康与人类发展研究所（NICHD）、国家卫生研究所（NIH）、美国卫生与公共服务部（USDHHS）和全国教师教育认证委员会（NCATE）合作举办了两次圆桌讨论会，讨论儿童和青少年发展研究对职前教师培养工作的关键意义。一组在教师培训和儿童与青少年发展研究方面国际知名的专家提供了意见。会议后的报告（NCATE，2010）强调职前教师了解与社会情感学习相关的许多问题的重要性，包括儿童的社会和情感发展、师生关系和学习环境。2005年，向595所全国教师教育认证委员会认证的公立和私立机构主管发送的一份包含33个项目的在线调查研究了教师培养项目中有关儿童与青少年发展的知识现状。在收到的283份回复中（回收率48%，64%来自公立机构，36%来自私立机构），90%的人表示他们要求预备教师至少选修一门关于儿童与青少年发展的课程。由于国家对预备项目学时的限制，一些项目报告了之前的全部课程。然而，这些知识在课堂实践中的应用更加有限。事实上，在全国教师教育认证委员会的调查中，有20%的项目本身并没有开设此类课程，而是心理学系开设了相关课程，与课堂实践的关联更少。此外，调查结果表明，在课程使用的许多文本中，几乎没有将儿童发展的与青少年发展的知识应用于实际的课堂实践，而是需要教师自己创建案例。接受调查的人强调在研究和应用之间建立更明确联系的文本的好处有很多。

随着教师教育领域的知识基础不断扩大，教育工作者和教育机构有责任丰富和修订实践、

项目、政策和合作关系，并确定重点。从全国教师教育认证委员会（2010）报告中得出的一个结论是，目前将发展科学课程纳入教师培养的努力严重不足。为了促进教师教育领域的发展，他们建议项目将行为科学的学术研究与在教室和社区开展儿童和青年发展实践的机会结合起来。此外，决策者在设计评价学生和教师表现的新标准和评估时，特别是在评价表现较差的学校时，必须考虑儿童和青少年发展的重要性，因为这些学校的学生往往更需要项目干预来提高成绩。

（三）教师培养和学生的社会和情感行为问题、心理健康、课堂管理

最近关于改善学生的社会和行为能力、防止消极结果（如精神疾病和攻击）的教育研究集中于学校环境研究，因为有证据表明，基于实证的学校课程可以阻止问题行为和情感障碍的出现（Durlak et al.，2011；Sklad，Diekstra，De Ritter & Ben，2012；Weare & Nind，2011）。教师在培养积极的师生关系、创造支持性和关怀性的课堂环境中发挥着关键作用（Hamre & Pianta，2005、2006）。有证据表明，有效地将社会情感学习项目融入实践中的教师会使学生获得更积极的结果（Durlak et al.，2011）。教师在解决学生精神疾病和社会、情感与行为问题方面的作用，人们所知甚少。教师在识别学生的重大适应问题或识别学校中常见的破坏性行为方面具有独特的作用。然而，大多数教师在处理这些问题时感到准备不足（Walter et al.，2006），因为他们缺乏关于学生心理健康和课堂管理方面的知识和技能。实际上，科勒（Koller）等人（2004）发现，无论是有经验的教师还是第一年的教师都报告说，他们在教师教育项目中没有接受足够的培训来识别和处理学生的心理健康问题。同样，学校和教育心理学联盟（2006）对全国 2335 名教育工作者的研究发现，这些教育工作者认为自己没有接受足够的职前培训来处理学生的行为，大多数教师（特别是第一年教师）认为课堂管理是其最急切的两大专业发展需求之一。

对教育课程的分析证实，职前教师教育项目没有为教师处理学生的社会、情感和行为问题做好充分准备。斯戴德（State）等人（2011）收集并审查了美国职前教师基础预备课程的必修教学大纲。他们发现，在调查的 80 个教学大纲中，有 42 个（53％）不包含任何与学生的社会、情感和行为问题（SEB）相关的内容，剩下大多数涉及的覆盖范围非常有限。例如，相对较少的课堂时间被用于教授师范生如何识别学生问题和如何促进学生的社会情感学习。关于课程主题，在 38 个教学大纲中，只有 8 个（21％）关注课堂管理，6 个（16％）包含情绪与行为障碍的特征和识别方法，只有 2 个（5％）包括关于儿童社会和情感发展的知识。

关于社会、情感和行为问题相关主题的总课堂时间，斯戴德等人（2011）估计：平均 168 分钟用于讨论可能有用的干预，平均 57 分钟用于讨论课堂管理主题。例如，斯戴德等人估计，只有平均 16 分钟的课堂时间用来讨论学生社会、情感和行为问题的特征或识别方法（包括精神障碍），只有平均 7 分钟的课堂时间用于讨论社会情感发展的相关知识。有接近 1 小时（平均 57 分钟）的时间用于课堂管理相关知识。总的来说，斯戴德等人发现，在典型的教师教育项目规定的所有课程中，只有平均 6 小时 50 分钟致力于理解、识别和管理学生的问题行为和促进学生社会情感发展的相关知识。显然，每个新教师在这些主题上接受的培训大不相同。有些教师完全没有得到正式的培训，而有些可能得到相当多。

在斯戴德等人（2011）综述的基础上，凡尼斯等人（Vinnes et al.，2014）调查了大学研究生教师教育项目包含与社会、情感和行为问题相关的四个主题内容的程度——社会发展、情感发展、行为管理、虐待或忽视。他们调查了美国新闻与世界报道（2012）指定的前 50 名教师教育研究生课程，主要分析包含这些主题的项目是否存在项目水平的不同（小学与中学）、大学类别的不同（公立与私立）或者地理位置的不同（东北、南部、西部、中西）。他们的最终样本是来自全美 50 所顶尖大学中 43 所的 78 个中小学教师教育项目，包括那些在网上公开课程描述的项目。凡尼斯等人（2014）发现，在他们审查的 78 个项目中，超过三分之二的项目至少要求有一门关于社会发展、情感发展、行为管理、虐待或忽视的课程，但是只有一门课程提到了虐待或忽视；行为管理是最常被提及的主题，尽管在被审查的研究生教师教育项目中，只有略多于一半的项目在其标题或课程描述中专门提到了行为、行为管理或课堂管理；只有四分之一的项目要求开设一门有关社会发展的课程，五分之一的项目要求开设两门，一个项目要求开设三门；较少有项目要求开设情感发展相关课程，尽管有三个项目要求开设两门情感发展课程。这些主题课程的要求在小学和中学课程、公立和私立机构中并没有不同，但是存在显著的地区差异：南部的项目较少包含社会发展课程，西部的项目较多包含行为管理课程。凡尼斯和同事推测，这些差异可能源于与学校心理健康服务相关的州立法和政策的差异，或教师许可要求的不同，或学校、教师和学校心理健康服务提供者的价值观的差异。

美国全国教师质量委员会（NCTQ；Greenberg，Putman & Walsh，2013）最近的一份报告也反映了职前教育中对课堂管理的相对忽视的问题。全国教师质量委员会运用教学大纲、教材、见习观察或评估工具等课程材料，对 33 个州 79 所高等教育机构的 119 个教师预备项目中与课堂管理相关的专业课程进行了调查。调查结果显示，虽然他们所审查的项目 97% 都提到了课堂管理，但课堂管理策略的指导和实践往往分散在整个课程中，而且没有从最新的科学研究中找出最有效的策略。此外，在职前教师的实习过程中，很少有人注意为他们提供将有效课堂管理知识转化为实践的机会。事实上，只有三分之一的课程要求将所学的课堂管理技能付诸实践。考虑到职前教师教育对课堂管理经验和培训的相对忽视，较高比例的教师反映学生行为问题是他们在课堂上取得成功的一个重要障碍，这点并不奇怪（Ingersoll & Smith，2003）。

总之，到目前为止，有关职前教师教育课程包括社会情感学习相关知识及其实际应用的研究一致表明，帮助教师获得提升学生社会情感能力、创造积极的课堂环境、促进学生成功的知识和技能并未得到充分重视（Jones & Bouffard，2012）。我们应如何影响职前教师教育项目来扩大他们对社会情感学习的关注？学院和大学受州和联邦政策、认证要求的指导，规定教师职前教育项目中必须包含的主题和课程，以便教师获得教学资格证。因此，在下一节中，我们将介绍教师教育中社会情感学习（SEL-Ted）项目的发现，即美国 K-12 职前教师教育认证要求中有关社会情感学习的最新州级综述，这是确保教师将社会情感学习融入教育实践的关键的第一步。

(四)社会情感学习和州级教师认证要求：教师教育中社会情感学习项目

在美国，教师教育项目必须符合要求才能被认为是经过批准的项目。这些要求的目标是通过为教师教育项目提供基准来确保为职前教师提供高质量的培训。这些要求通常包括规定的标准(概述教师必要能力的声明)和课程作业(一套特定课程)，职前教师必须成功完成才能获得州颁发的教师资格证书。

为了研究这些要求，我们从审阅文章、报告和政府网站开始，了解教师认证的过程并确定负责制定美国教师教育项目要求的机构。每个州，通过一个州级部门(如教育部)或理事会(如董事会、州教育委员会)，有权制定自己的教师教育项目要求。一些州规定，教师教育项目必须得到全国教师教育认证委员会或州教师教育认证委员会的认证。每一个非营利性认证机构的认证过程都包括审查教师教育项目，以确定它们是否符合这些机构制定的原则和标准。有些州并不强制要求全国教师教育认证委员会或州教师教育认证委员会进行认证，但将全国教师教育认证委员会专业标准作为州级标准的基础。

1. 数据收集和编码

研究收集了美国 50 个州和哥伦比亚特区有关规定标准和课程要求的信息，这些规定是州批准的教师教育项目所必须遵守的。在数据收集过程中，每个州负责制定标准和课程的部门或委员会的网站都经过了审查，列出这些要求的文件也被找到了。

依据来自社会情感学习理论和该领域专家的研究 (Fleming & Bay, 2004；Jennings & Greenberg, 2009；Payton et al., 2000；Zins, Weissberg, Wang & Walberg, 2004)，我们编写了一份编码指南来分析美国各州规定的教师教育项目标准。该编码指南由三部分组成，包括：①教师的社会情感能力(例如，职前教师学会培养自己的社会情感能力，如自我认知、社会认知)；②学生的社会情感学习(例如，职前教师学会培养学生的社会情感能力)；③学习环境(例如，关注提升学生社会情感能力的课堂、学校和社区环境)。前两类——教师的社会情感能力和学生的社会情感学习——被进一步划分为学术、社会和情感学习合作共同体(2013)定义的五个维度：①自我认知；②社会认知；③自我管理；④人际关系技能；⑤负责任的决策。最后一类，即学习环境，进一步细分为四个维度：①课堂环境；②支持性的全校协作；③发展家校伙伴关系；④建立学校与社区的伙伴关系。编写这些维度是为了评估职前教师在何种程度上能够创造一个最佳环境来促进学生的社会情感学习，并与课堂之外的其他人合作共同提高学生的社会情感能力。

当分析每个标准时，以一个有意义的单元为单位进行分析，而不是以整个标准。当然，在进行分析时考虑了每个标准的上下文。举个例子，下面这个标准："职前教师示范有效的语言、非语言和媒体沟通技巧，以培养学生积极探究、合作和课堂上的支持性互动。"(密苏里州初等和中等教育部门，2006)当对这个标准进行编码时，不是将一个编码应用于整个标准，而是将其分为四个有意义的单元：①职前教师示范有效的语言、非语言和媒体沟通技巧；②培养学生的积极探究能力；③合作；④课堂上的支持性互动。在为本例中每个有意义的单元编码时，研究助理考虑了是谁的社会情感能力得到了锻炼或培养(例如，教师或学生)，以及通过什么方式(例如，使用沟通技巧)。

经过培训的研究助理审查了收集到的州级教师教育项目标准的文件内容，运用定性研究方法，标准中与社会情感学习相关的短语依据编码指南进行编码(Creswell，2007)。只有州"要求"的标准，而不是"建议"的标准才会被编码。此外，我们区分了将其标准应用于所有职前教师的州和将其标准应用于特定年级和特定学科领域职前教师的州(例如，专攻基础教育、中等语言艺术的职前教师)。我们最感兴趣的是找出适用于州内所有职前教师的标准并进行编码。因此，只有在没有适用于所有职前教师的统一标准，或者适用于所有职前教师的统一标准不涉及三个社会情感学习类别中的任何一个时，我们才会考虑适用于特定职前教师群体的标准。在我们审查的各州级标准中，90%的州有适用于所有职前教师的标准，只有10%的州适用于特定年级和特定学科领域的职前教师标准。

采用评分者可信度和 Kappa 统计量来评估对标准进行编码的术语编码系统的信度。研究人员随机选择了美国的八个州，每个州有两名研究助理对这些州的标准进行编码。评分者可信度和 Kappa 统计量分别为：教师社会情感能力 87.5%(Kappa＝0.697)，学生社会情感学习95%(Kappa＝0.722)，学习环境 100%(Kappa＝1.000)。

在这些编码的基础上，依据教师教育标准或要求涉及子维度(如自我认知)的多少，每个州在三个类别(教师社会情感能力、学生社会情感学习和学习环境)上获得了一个评分。

2. 主要发现

在这一节中，依据每个州标准中出现的有关教师和学生五个社会情感能力维度和学习环境四个维度的频率，我们呈现了以下主要发现。

发现 1：州级教师教育项目标准对教师社会情感能力提升的重视不够。我们发现，没有一个州的标准涵盖了所有 5 个教师社会情感学习核心能力。绝大多数州(71%)的标准涉及 5 个教师社会情感学习核心能力中的 1—3 个，只有 20%的州涉及 5 个教师社会情感学习核心能力中的 4 个。此外，10%的州级标准关于教师社会情感能力的要求只适用于特定年级或学科领域的职前教师，而不是所有的职前教师。

在教师 5 个社会情感学习核心能力中，标准中最常提到的是负责任的决策(90%的州)、社会认知(86%的州)和人际关系技能(80%的州)。相反，被提及最少的是自我认知(仅 18%的州)、自我管理(仅 4%的州)。换句话说，很少有州要求职前教师学习以下相关技能，例如，识别自己的感受、优势和劣势，或者控制和适当地表达自己的感受，管理压力以及监控自己实现目标的进展。

下面，对于教师社会情感能力的每个维度，我们提供了一些示例。

（1）自我认知：理解自己的信仰和价值观……（田纳西州教育部门，2001）

（2）社会认知：教师必须理解学生在身体、社会、情感、道德和认知领域的发展是存在个体差异的，并且能够理解每个领域的发展差异会影响学生的表现……（明尼苏达州教育部门，2009）

（3）负责任的决策：识别和处理偏见的能力，包括但不限于性别歧视、种族主义，并能意识到这些偏见对人际关系的影响……（内布拉斯加州教育部门，2008）

（4）自我管理：教师在班级中能够合理地进行情绪管理……（北卡罗来纳州，2006）

（5）人际关系技能：教师能够与班级中的每一位学生建立积极的关系……（阿拉巴马州，2007）

发现 2：少数州级教师教育项目标准对提高学生社会情感能力有全面的关注。三分之一（33%）的州级标准涉及 5 个学生社会情感能力，20% 的州级标准涉及 5 个学生社会情感能力中的 4 个，29% 的州级标准涉及 5 个学生社会情感能力中的 1—3 个。此外，12% 的州级标准中关于学生社会情感能力的要求只适用于特定年级或学科领域的职前教师，而不是所有的职前教师。学生社会情感学习是唯一一个完全没有被一些州级标准涉及的类别，6% 的州级标准没有涉及任何一个学生社会情感能力的子维度。

在学生社会情感能力 5 个子维度中，大多数州级标准都涉及了负责任的决策（82%）、人际关系技能（78%）和自我管理（73%）。也就是说，大多数州都关注培养职前教师来提高学生做出建设性、尊重的选择，建立和维持健康的人际关系，调节思想、情绪和行为的能力。对自我认知（43%）和社会认知（51%）的关注较少，这表明较少的州关注培养职前教师来提升其学生识别自己的情感、优势和劣势的能力，或者理解、同情不同背景的人的能力。

下面，对于学生社会情感能力的每个维度，我们提供了一些示例。

（1）自我认知：使用评估策略让学生参与自我评估活动，帮助他们了解自己的学习行为、优势、需求和进步……（密苏里州教育部门，2006）

（2）社会认知：教师的教学设计……旨在让学生接触到各种认知、社会和文化观点……（南卡罗来纳州教育部门，2009）

（3）负责任的决策：创造一个支持学生对自己的学习和行为负责的班级环境……（马里兰州教育部门，1994）

（4）自我管理：教师创建一个帮助学生自我激励的班级环境……（宾夕法尼亚州教育部门，2000）

（5）人际关系技能：教师知道如何帮助学生在小组中合作和富有成效地工作……（伊利诺伊州教育部门，2001）

发现 3：几乎每个州的教师教育项目标准都要求教师获得有关学习环境的知识。学习环境是美国州级标准中涉及最多的维度。具体来说，82% 的州级标准涉及学习环境的全部 4 个子维度；6% 的州级标准涉及了 3 个维度，只有 2% 的州级标准仅涉及 1—2 个维度。此外，10% 的州级标准中关于学习环境的要求只适用于特定年级或学科领域的职前教师，而不是所有的职前教师。

大部分州级标准涉及了学习环境的 4 个维度：全校协作（90%）、学校—社区伙伴关系（88%）、家校伙伴关系（86%）和课堂环境（86%）。

下面，对于学习环境的每个维度，我们提供了一些示例。

（1）课堂环境：教师掌握有效的班级管理策略……（伊利诺伊州教育部门，2006）

（2）支持性的全校协作：教师与同事和谐相处，共同促进学生的学习和发展……（南达科他州教育部门，2009）

（3）家校伙伴关系：教师与家长积极合作，与家长沟通，促进家长参与学生的学习活动……（马萨诸塞州教育部门，1994）

（4）学校—社区伙伴关系：教师重视并且能利用社区其他成员的知识来对学生进行教育……（新墨西哥州教育部门，2000）

3. 下一步

在教师教育中社会情感学习项目的下一阶段，我们将在美国 50 个州和哥伦比亚特区的 300 所公立和私立大学进行分层随机抽样，用与州级编码指南相似的框架对教育课程内容进行编码。我们的项目还包括对美国教育学院院长的访谈，听取他们对如何将社会情感学习融入教师培养工作的建议或思考，以及对将社会情感学习融入教师培养工作的典型职前教师教育项目的描述。这项工作，加上我们在州级认证要求中对社会情感学习现状审视的研究，将为了解社会情感学习融入教师培养工作的程度提供一个更全面的描绘，从而为在职前教师教育中推进社会情感学习的科学理论和实践活动提供依据。

三、建议

在回顾现有文献的基础上，我们提出以下七条建议以促进社会情感学习领域在职前教师教育方面的发展。

第一，州级政策制定者应该重新设计政策，以确保教师资格认证要求所有教育工作者证明他们有能力将当前有关儿童和青年社会情感学习和发展的知识应用到 K-12 的课堂实践中。这方面的一个例子目前正在马萨诸塞州展开，一群教育工作者和政策制定者正在合作，将社会情感学习融入职前教师教育中。

第二，根据全国教师教育认证委员会（2010）报告的建议，需要更多地关注为师范生提供学习儿童和青少年社会和情感发展理论的机会，方法是将发展科学理论整合到整个教师培养课程中。

第三，教师候选人需要了解社会情感学习的最新研究发现以及其实际应用，并有意识地、详细地关注社会情感学习的各个领域。

第四，职前教师教育项目需要重新设计课程，将社会情感学习课程内容与社会情感学习实际应用结合到课堂教学中。这可以通过见习生的教学经历和基于课堂的视频示例、角色扮演和课外辅导来实现。

第五，将社会情感学习纳入职前教育的先决条件是拥有一批具有必要社会情感学习知识和技能的教师教育专家和课堂指导者。因此，各大学和教育学院需要雇用具有所需专门知识的新人员，并为其现有教员提供这方面的专业支持。

第六，与此相关的是，在实习过程中，师范生需要与在社会情感学习知识和实施方面有专长的教师一起授课，这样，师范生可以有观察和实施社会情感学习的第一手经验。

第七，所有师范生都应该被指导如何设计教案以促进学生社会、情感发展和学术上的学习。

四、潜在的问题、挑战以及结论

虽然我们已经提出了一些建议，比如，将社会情感学习融入职前教师教育，但仍有一些潜在的问题和挑战需要提及。第一个潜在的挑战是，忽视促进教育者社会情感学习的重要性（Jones，Bouffard & Weissbourd，2013）。从我们的回顾来看，很明显，目前一些项目很少关注职前教师自身的社会情感能力以及幸福感的培养和提升。如果我们想要推进社会情感学习的科学和实践，特别是在有效实施社会情感学习项目方面，这无疑是有问题的。事实上，当能够切实实施时，社会情感学习项目最有可能为学生带来积极的结果（Durlak et al.，2011）。最近有证据表明，当教师职业倦怠（Ransford，Greenberg，Domitrovich，Small & Jacobson，2009）或者对社会情感学习项目不买账时（Reyes，Brackett，Rivers，Elbertson & Salovey，2012），项目实施得很差。第二个可能出现的问题是，开设的课程只提供关于社会和情感层面教与学的肤浅知识，而没有包含基于证据的社会情感学习项目和实践及其有效实施的信息。例如，在看到我们提出的将社会情感学习融入职前教师教育的建议时，许多教师培养项目的管理者和教职工可能急于开创课程，但是没有充分注意为师范生提供经验和机会应用社会情感学习的知识和技能。事实上，低质量的教师培养项目并不会促进这一领域的发展。最后，我们必须小心谨慎，不要完全对培养具有社会情感学习知识和经验的职前教师将带来积极的学生成果报以积极的信念。事实上，我们并不知道在职前教师教育中包含社会情感学习知识和实践到底能够在多大程度上提高学生的能力。虽然我们现在有证据表明，教师高质量实施基于实证的社会情感学习项目会产生积极的学生结果，但我们还不知道在教师职前准备期间的社会情感学习指导能在多大程度上为学生带来更积极的结果。

（一）教师培养的新举措

虽然这个领域还有很长的路要走，但是现在已经出现了一些教师培养项目案例，这些项目正在把社会情感学习的理论、研究和实践应用到职前教育中。例如，在圣何塞州立大学的"为达成和培养全人的合作共同体"(Collaborative For Reach and Teaching the Whole Child)项目中，教师们致力于将教与学的社会情感维度融入教师培养项目中。修改并融入社会情感学习的职前教育课程包括数学和科学方法、课堂管理。此外，圣何塞州立大学的教师们不仅专注于将社会情感学习融入课程作业中，他们还开发了一个社会情感学习视角的观察协议，供指导教师和大学导师在观察师范生教学时使用。

在加拿大不列颠哥伦比亚大学的教育学院，社会情感学习已经明确地被纳入一个为期12个月的学士学位教师培养项目。具体来说，大约400名小学职前教师教育学生可以选择的9个选项之一就是社会情感学习项目(每年36名学生)。在这个项目中，师范生教育以社会情感学习为重点。在所有的课程中，师范生不仅学习社会情感学习的当前研究和理论，而且在他们的教学实践中，还提供了培训和机会来实施基于证据的社会情感学习项目和实践。在教育学院甚至有一个社会情感学习项目图书馆，其中包括各种各样的社会情感学习项目书籍供师范生阅读并融入他们的课程和教学。实习为师范生提供了将社会情感学习项目和实践融入课堂和课程的机会。此外，除了在这个特别的社会情感学习项目中明确关注社会情感学习外，所有的师范生，都获得了特定的课程和灵活的学习方法，以创建安全的、关怀性的和参与性的课堂和学校环境。虽然社会情感学习在职前教师教育中的推广在我们看来是一个重要的步骤，但也并非没有挑战。的确，在已经是高要求、高密集性的一年课程中增加一门关于创造安全的、关怀性的和支持性学习环境的课程，必须以减少其他领域的必修课程来平衡(例如，儿童和青少年发展课程或者特定的学科课程等)。因此，社会情感学习必须在大学和学院一级得到承认和推广，成为教师培养的必要组成部分。

(二)总结评论

要创造一个人与人之间充满关怀、合作、同理和同情的世界，教育者、家长、社区和决策者必须共同努力促进学生个人和社会的发展，而将社会情感学习纳入职前教师教育是朝着正确方向迈出的一步。事实上，我们必须有意识地努力设计出最有效的教育实践来促进教师和学生的社会情感学习。这种努力必须以强有力的概念模型和全方位的研究为基础。促进社会情感能力是教育的根本使命(Jones et al.，2013)。

五、致谢

我们非常感谢学术、社会和情感学习合作共同体的支持，它启发并资助了我们职前教师教育认证要求中的社会情感学习的现状评估。

六、 参考文献

请扫描二维码获取原书参考文献。

（二维码）

注释

（1）尽管大多数教师的学位是由高等院校的学院或教育学院颁发的，但越来越多的教师通过其他认证途径获得国家教师资格证书。全美选择性教师认证协会指出，美国大约有 30% 的教师通过其他途径获得教师资格证书，而且这个数字还在继续增长。

（2）如果提及了该类别多个子维度中的至少一个，则表明涉及该类别（例如，如果只提及教师的"情感认知"，而没提及教师"建构性的自我认知"，则教师社会情感能力的自我认知子维度仍被认为是涉及了的）。

第 *28* 章
社会情感学习与在职教师培训

帕特里夏·A. 詹宁斯、詹妮弗·L. 弗兰克

教师质量已经成为影响我们国家提高学生学业成绩和行为水平最重要的因素。很明显，教师在塑造学生的正式学习环境中起着至关重要的作用(Eccles & Roeser，1999)。为了促进学生的学业学习和亲社会行为，教师不仅仅要教授课程内容，还要与学生建立起支持性和鼓励性的关系，建立和实施促进学生内在动机的行为准则，指导学生应对冲突情况，鼓励学生之间的合作。教师在儿童和青少年的情感能力社会化方面发挥着重要作用，因为他们本身就是重要的行为模范(Denham，Bassett & Wyatt，2007)。

为了促进学生的学业学习，教师必须处理好课堂上复杂的社会情感动态，同时兼顾长期的、通常是强制性的学习目标和学生的即时需求和能力。这些动态的复杂性随着多样性水平的提高而增加，诸如种族多样性、经济能力、学习能力和语言差异等。它们要求教师对个别学生的需求和资源保持更多的敏感，进行更多的思考。这些因素加大了同时处理社会情感学习和学生学习的难度(Downer，Maier & Jamil，2011)。

舒尔曼(Shulman，2004)研究教师专业发展(PD)超过 30 年，他说：

> 课堂教学……也许是我们人类所发明的最复杂、最具挑战性、最苛刻、最微妙且最令人恐惧的活动。事实上，当我把教学的复杂性与回报更高的职业——行医——进行比较时，我得出结论：只有在自然灾害期间的急诊室里，行医的复杂性才能接近每天课堂教学的复杂性。

然而，与医科学生相比，教师只接受了一小部分培训来为他们所选择的职业做准备。此外，越来越多的儿童在没有准备的情况下来到学校，许多儿童有破坏性行为问题(Gilliam，

2005；U. S. Department of Health and Human Services，2000）。破坏性行为在家庭经济条件差的学生中是一个普遍存在的问题（Oliver & Reschly，2007），而有行为问题历史的儿童需要教师付出更多的努力（Hauts，Caspi，Pianta，Arseneault & Moffitt，2010）。此外，与高利害测验相挂钩的问责制的出现可能会加剧教师的苦恼，尤其是对于那些服务于最有可能面临学业失败的儿童的教师而言（Darling-Hammond & Sykes，2003）。

本章探讨了教育工作者如何准备以满足这些需求，以及如何开展社会情感学习课程内容和项目相关的问题。我们解释了教师的社会情感能力如何影响学生的学习，并回顾了提升教师能力的途径。本章讨论教师培训和社会情感能力在更大的学校改革工作中的作用。最后，我们提出了改进社会情感学习专业发展的建议和指导方针，并指出了一些潜在的问题和挑战。

一、有效的教师专业发展的特征

教师专业发展的现状是一个值得研究的关键问题。总的来说，"高质量的专业发展"被定义为一个持续和连贯的学习过程，"通过以成人学习者为中心、工作嵌入过程，系统地滋养了教育者的成长……"教师专业发展专注于帮助教育者获得提高学生成绩所需的知识和技能（Speck & Knipe，2005）。

从历史上看，管理人员更倾向于采用"一次性"工作坊的专业发展方法，即由外部顾问或课程专家在工作时间为教师提供培训，培训的重点是特定的教学或学科内容。然而，这种方法由于缺乏连续性和连贯性，未能认识到教师工作的挑战和复杂性而受到批评（Selman，2003）。教师需要更多的时间来吸收、讨论新的信息和练习新的技能（Garet，Porter，Desimone，Birman & Yoon，2001）。

美国的国家教育统计中心（NCES）研究发现，教师们通常花一天或更少的时间在专业发展的任何一个内容领域提升技能，只有18%的人认为培训"在很大程度上"与其他学校的改进活动相联系。感觉自己的专业发展活动明显改善了教学的教师比例，从12%上升到27%（Parsad，Lewis & Farris，2001）。尽管《不让一个儿童掉队法》要求教师的专业发展包括"非一天或短期的讲习班或会议"，但几乎没有证据表明各州和地区有有效监控这一能力（Jaquith，Mindich，Ruth & Darling Hammond，2011）。

尽管当前的专业发展实践并不总是符合最佳实践标准，但是促进教师专业发展的特征是众所周知的。在过去的 10 年中，已经有一些非常有影响力的研究表明了教师专业高质量发展的实践特征（Garet et al. ，2001；Guskey，2000、2003；Parsad et al. ，2001）。然而，影响专业发展有效性的特征是多样且高度复杂的（Guskey，2003）。加兰特（Garet）等人（2001）以全国1027 名教师为样本，确定了专业发展活动对教师自我汇报的知识、技能和课堂教学的变化有显著积极影响的三个核心要素：①注重内容知识；②主动学习的机会；③与其他相关专业活动的一致性。加兰特等人还发现了三个通过影响以上核心特征来影响教师专业发展有效性的结构特征：①专业发展的形式（例如，研讨会 vs 持续改革活动）；②专业发展的持续时间（短期、"一次性"培训 vs 持续的培训和技术援助）；③活动（演讲 vs 教师集体参与和协作的机会）。

结合这些因素，我们可以深入了解社会情感学习中教师专业发展如何构建以达到最佳效果。在一段较长时间内，持续提供参与性的学习机会以及积极的团队参与和协作环境，比大多数教师所经历的典型的"一次性"研讨会方法要好。同样，帮助教师加深对社会情感学习项目的关键概念和理论知识的理解，为教师提供机会以积极地将这些知识应用于实际情况的专业发展项目，对教师在课堂中推广并应用新知识和技能非常重要。在帮助教师了解社会情感学习项目的目标如何与其他学校、地区和州范围的教育目标相适应方面，教师专业发展也可以发挥重要作用。

二、杰出社会情感学习项目中专业发展的特征

高质量的专业发展是项目有效实施和保证干预效果的关键组成部分（Weissberg & Greenberg，1998）。然而，很少有教师培养项目提供关于有效传递社会情感学习内容的社会情感知识和技能的培训（Schonert-Reichl et al.，本手册第 27 章）。因此，许多教师并没有很好地准备好讲授社会情感学习课程内容，将社会情感学习概念推广到课堂管理工作和与学生的互动中，并且将社会情感学习概念整合到其他课程中。

学术、社会和情感学习合作共同体（2012）列出了高质量的基于证据的 K-5 社会情感学习项目。要获得学术、社会和情感学习合作共同体的推荐，项目必须在实施之前保证能够促进教师专业发展。项目中各种不同的专业发展需要不同的技能，大多数专业发展项目旨在指导教师获取社会情感学习项目的理论、原则和策略，帮助他们熟悉所需的课程活动，这样他们就可以切实实施项目。一旦教师开始实施这个项目，学术、社会和情感学习合作共同体建议提供持续的支持来帮助他们推广和整合社会情感学习概念。

在这一章中，我们仔细查看了 9 个由学术、社会和情感学习合作共同体精选的项目，它们也是被药物滥用和精神卫生服务管理中心和国家循证程序和实践注册中心（NREPP）评为高质量的、有培训和实施材料的项目（见表 28-1）。我们查看了每个项目的评分和项目网站，并查看了报告研究结果的文献，以确定项目的有效性，并了解教师如何准备以实施项目。

令人惊讶的是，从这些来源获得的关于项目专业发展的细节信息非常少。专业发展项目存在强制性、推荐性或完全可选性的差别。大多数项目提供 1—3 天的介绍性工作坊，向教师介绍项目的理论和课程，还有一些提供持续的指导或咨询。项目的专业发展强度范围从可选的、在线的、自我导向的指导（"第二步"项目）到要求一年的强化专业发展，包括 4 天的研讨会和持续的咨询（开环项目）。

当与标准的最佳实践比较时，开环项目是社会情感学习专业发展的杰出示例。为期 4 天的强化训练包括项目课程介绍，学习将课程融合进整个学校的方法等。培训包括整个学年的定期

访问辅导，以帮助教师实施该计划。此外，运用一个可选的亲社会教育者项目，开环项目是调查的项目中唯一——个专门涉及教师社会情感能力的。这项额外的服务是通过 3 个两小时的工作坊提供的，介绍了教师自我管理和有效教学之间的联系。参与者学习识别职业倦怠的早期迹象，并学习管理压力的策略。接下来，我们将讨论与社会情感学习专业发展实施质量相关的具体问题。

表 28-1　9 个基于证据的社会情感学习项目的专业发展要素

项目	教师专业发展时长	教师专业发展目标和活动
关心型学校共同体	不同	理解关心型学校共同体项目的内容，观看并讨论课堂视频和课堂设计，学习成功实施的步骤；学习如何建立一个有效的学习社区，让学生对学校有归属感
我可以解决问题	3 天的工作坊	学习问题解决技巧。问题预解决技巧：识别情感和偏好，倾听和关注，排序、计时和练习。问题解决技巧：替代解决思维、因果思维、目的—手段思维，练习对话技巧
不可思议的年份	可选的 3 天工作坊	发展课堂管理技能和积极的教学策略，与学生建立积极的关系，在课堂中教授学生社会情感技能和问题解决能力
密歇根健康模型	两天的工作坊	了解项目基础和如何使用教师手册；熟悉健康内容和材料；学习如何将技能型教学应用到健康课程中
开环	4 天的核心训练加上持续的咨询，要求一年的承诺	核心训练：加强教师的社会情感能力，提高教师的课堂管理技能，学会教授开环项目课程。 亲社会教师项目：探讨如何提高教育工作者的社会情感能力以帮助增加教学投入，加强他们与学生的关系，改善他们的压力管理，所有这些都可以提高学生的成绩（额外的 3 个两小时工作坊）。 关系型教师：探讨成人间的关系、有效教学和学校氛围之间的联系（额外的 3 个两小时工作坊）
促进选择性思维策略	可选但强烈鼓励 2 天的工作坊加上持续的咨询，2 年的培训和支持过程	了解课程的理论或模式，有关情感、情感发展和大脑组织的基本知识；复习不同单元的课程，以及其他教师开展促进选择性思维策略课程的视频演示；观看课堂现场演示、小组讨论和积极的教师角色扮演；帮助教师修改课程以适应他们的教学风格；持续的培训旨在帮助教师将概念推广到日常活动中，并将概念整合到常规课程中
积极行动	可选的 1 天培训以及教师可以自我学习的材料	帮助新用户理解项目愿景和目标；在一组实施人员之间建立凝聚力和共享目标；为能够从项目中获得最好的结果提供教师专业发展机会和有用的提示
"第二步"	提供线上培训	在线教学指南提供了该项目各个方面的指导，并包括该项目的视频模型；教学者的工具包概述促进现场教师专业发展的流程以及如何实现该项目
告别毒品和暴力	可选的 2—3 天的工作坊，10 期的培训手册	课程培训：介绍项目研究和原理，介绍实施基于实证的最佳实践，学习建立复原力的策略，教授生活技能和预防策略，练习开展项目活动。 手册：一项共有 10 期的项目，旨在帮助教师做实施项目的准备

（一）与实施质量相关的问题

执行良好的项目更有可能产生预期的结果，而且教师接受项目实施前的培训和持续的技术援助，更有可能高质量地实施基于证据的项目（Durlak & DuPre，2008）。然而，问题仍然是需要多少培训以及什么样的培训才能达到高质量的实施。有效性研究表明，当项目规模扩大时，项目实施的可变性很大。教师经常删除课程或项目模块的关键点（Botvin，Baker，Dusenbury，Tortu & Botvin，1990），不太可能采用互动教学方法，如小组活动和角色扮演，而这些是项目成功的关键（Ennett et al.，2003）。

教师对项目有积极的态度，有动力切实地执行项目，有较强的自我效能感才能更成功地实施以实证为基础的项目（Durlak & DuPre，2008；Gingiss，Gottlieb & Brink，1994）。教师的专业背景和提供者的其他特征也可能影响方案的效果（Glasgow，Lichtenstein & Marcus，2003）。例如，倦怠程度高、校长支持程度低的教师不太可能实施高质量和高忠诚度的社会情感学习项目（Ransford，Greenberg，Domitrovich，Small & Jacobson，2009）。具有外向的人际关系风格和权威的教学风格、较好的教学技能和较强的团队领导能力的教师，在实施项目时也会有较高的质量和忠诚度（Gingiss et al.，1994；Sobol et al.，1989；Tobler，2000；Young et al.，1990）。然而，很少有实施前的专业发展项目来提高教师的这些技能和改善性情，或预防教师的压力和倦怠。

项目实施质量的问题可能是由于研究人员和教育工作者对项目理解方式的不同造成的。预防研究将项目定义为干预，而教育工作者则将此类项目视为课程。干预是改变行为的临床方法。临床医生接受培训以理解心理理论与构建以及基于此的干预理论的变化，并认识到需要严格遵守干预协议。相反，课程是为某一特定的学科而开发的教学、学习和评估材料。教师接受教育学的训练，也是为了促进学生学习。教师通常要调整课程以适应学生的背景知识、经验和学习环境，并由自己和学生一起设定学习目标。干预人员的首要任务是忠诚地开展干预，但教师的首要任务是满足学生的个人教育需求，这可能需要对项目进行修改。此外，教师必须平衡教学时间的各种需求，他们可能把社会情感学习课程放在次要地位，而更加关注那些要求学生在标准化考试中表现出熟练程度的课程。

干预和课程的相互对立以及教师管理的相互冲突的优先级，可能需要项目开发人员和教育工作者之间的额外合作以在干预项目的忠诚度和项目适应性之间找到平衡（SAMHSA，2002）。需要开展研究以理解任何以证据为基础的项目的哪些部分是可以修改的，而哪些是干预效果的核心，不应该修改。此外，社会情感学习专业发展应该明确地解决修改和适应的问题，而不是要求遵守一个完美的忠诚标准，因为这可能会导致教师拒绝实施项目。

（二）与社会情感学习教学相关的专业知识

尽管对有效专业发展设计的特征（为什么以及如何促进专业发展）已经有了共识，专业发展项目的实际内容与我们对教师有效教学所必须具备的专业知识的假设密切相关。在课程设计和教育学领域，舒尔曼(1987)的工作在帮助组织围绕教师必须掌握的专业知识的基本领域的思考方面起到了关键作用。表 28-2 概述了舒尔曼认为的高质量教学至关重要的专业知识领域。据此，教师必须具备一般教学知识，例如，掌握有效课堂管理的原则以有效地构建学生的学习环境。然而，教师也必须了解他们的学生，以及了解如何利用他们的背景、发展状况和先前的学习经验使他们参与学习。这些信息也有助于预测学生在学习知识和发展中可能出现的误解或差距。同样，教师对教育环境和成果的动态了解有助于教师设计有效的学习环境，并通过与现实世界建立具体的联系来帮助学生参与学习。最后，教师的专业知识是至关重要的，能确保教师对所教的学科有一个坚实的理解，并能够有效地利用、(必要时)调整或扩展课程，以最大限度地促进学生的学习。

表 28-2　有效教学所必需的专业知识领域

领域	概述	相关
一般教学知识	超越学科内容，与教学和课堂管理相关的广义原则和策略	提供和创建学习环境，使学习和参与的程度最大化的能力
学习者知识	有关学习者特征和背景的知识	帮助学生参与学习，预测学习障碍并为学生扫除学习障碍做准备
教育背景知识	有关课堂小组、社区和文化运作的知识	了解社会动态以及如何与之相契合来设计有效的学习环境
教育结果知识	理解学习的目标、目的和最终应用	帮助学习者建立学习和现实世界之间的联系
学科知识	理解所教学科的内容	有效地组织信息，回答特定学科的问题，并进行批判性思考；评估课程教材
课程知识	了解为某一特定学科在某一年级上的教学而设计的材料和工具的操作	在特定的情况下有效地使用教学材料，并预测使用特定课程或程序材料的适应或禁忌
学科教学知识	内容、知识和教学法的融合	

舒尔曼(1987)的一个主要贡献是引入学科教学知识的概念，即如何在给定的学科领域内最有效地教学。具体来说，学科教学知识是"学科和教学方法的混合，以理解特定的主题、问题是如何组织、表达和适应学习者的不同兴趣和能力的"。在许多方面，掌握学科教学知识是专业发展项目的最终目标和理想结果(参见表 28-2)。如舒尔曼模型所示，教学是一项复杂的活动，需要掌握多个领域的知识。我们认为，有效的社会情感学习专业发展不仅应该在结构上最大化地确保忠诚度，而且专业发展项目的实际内容也应该帮助教师发展这些领域中的知识和技能。然而，正如我们之前的评论所指出的，绝大多数社会情感学习专业发展关注的是促进教师的学科和课程知识的积累以及高质量地实施社会情感学习项目，而不是让教师参与持续学习。我们认为，教师必须具备与社会情感学习概念和技能相关的一般教学知识，否则他们可能会无意中出现与社会情感学习理念相悖的行为。例如，如果社会情感学习项目教导学生通过运用问题解决技巧来处理冲突，而不是排斥他人或咄咄逼人，但教师却使用拒绝和言语攻击的形式来管理破坏性行为，那么，他的行为可能会破坏社会情感学习项目的有效性。因此，有权威性且积极的课堂管理策略可能是社会情感学习专业发展的重要组成部分。

学习者的知识包括其在日常课堂活动中的应用，这对于社会情感学习项目的成功实施是至关重要的。教师必须对社会和情感发展以及特定年级的学生应当发展什么能力有一个大致的了解。他们需要了解风险和弹性因素如何影响或促进学生社会情感能力，以及教师的行为如何影响弹性因素或风险。例如，教师应该了解，接触暴力的儿童可能会有攻击倾向，这是由于他们误解同龄人或成人的敌对行为。"敌对归因偏差"是一种预期他人会做出敌对行为的倾向。表现出这种偏差的学生可能需要教师的额外支持，以帮助他们适应学校环境，并解决与同学之间的潜在冲突(Crick & Dodge，1996；Dodge & Price，1994)。这些知识可以包含在社会情感学习专业发展中，这样，教师就可以对这些问题做出积极反应，而不是在不了解他们如何加剧问题的情况下做出反应。

为了创建提升社会情感能力的学习环境，教师需要关于教育背景的知识。例如，教师通过了解学生社会行为的同伴评价和整体的同伴接受程度，可以预测学生将来对学校和成人生活的适应程度(Gest，Sesma，Masten & Tellegen，2006)，教师可能会更关注学生的同伴关系和评价，以促进积极的关系，消除消极的关系。

教师需要了解教育结果和学科教学知识，以便有效地应用社会情感概念，在课堂上推广社会情感学习。他们需要了解自己如何鼓励亲社会行为，并加强课外学习的普遍性。他们需要这种理解来将社会情感学习概念融入其他课程领域。例如，解决问题的技能可以通过将概念与例证这些技能的文献联系起来，或者通过解决学生之间的日常冲突来得到加强。教师还必须明白，他们教授的社会情感学习理念和技能与课程一样多(如果不是更多的话)，而且他们必须监控自己的行为以确保他们正在示范自己打算教授的行为。

(三)与社会情感学习教学相关的教师性格特征

与所有的教学一样，教师的性格在塑造社会情感学习课程的教学和学习环境中扮演着重要的角色。例如，亚力克山大(Alexander，1994)在舒尔曼(1987)的基础上，对可观察到的教学实践以及能以同样强大的方式影响教学的教师的隐性思想、价值观和信念进行了区分(见表28-3)。亚力克山大将教学的这一特点划分为三个领域，包括对学生、社会和知识本身的思想、价值观和信念。在社会情感学习领域内，这些内隐信念的作用可能比在传统的学科教学中更加强大。例如，如果教师认为在课堂环境中谈论情感是不恰当的，那么，他就很难有效地讲授课程，也很难示范特定的情感。此外，一个认同课堂管理独断专行的教师可能会指定解决人际问题的方法，而不是鼓励学生学习解决问题的技巧。

表 28-3 与社会情感学习相关的教师内隐思想、价值观和信念

领域	概述	相关
对学生的信念	对儿童发展、需要和学习过程的信念	想法陈述，课程教授和覆盖
对社会的信念	对社会需求与教育的关系，以及个人在社会中发挥作用的需求的信念	课程重点和覆盖范围，项目普遍化
对知识的信念	对儿童认知或理解方式的信念，文化对知识的影响	根据发展水平、文化和其他相关背景特征，预测并做出深思熟虑的调整以适应差异

班克斯(Banks et al.，1999)介绍了个人结构的理论概念，以理解有效教学法和教学的必要特征。个人结构被定义为"过去的知识、学习经验和对什么是好的教学的个人看法以及对课程目的信念的复杂混合"。教师的个人信念是教师自身经历的结果，其不仅如亚力克山大(1994)所述有助于推动思想、价值观和信念付诸实践，而且在不同程度上也有助于推动教师自身专业知识的发展。据推测，这样的个人结构在教师的职业生涯中不断被重新评估。所以，随着时间的推移，个人和职业经验都在持续塑造这些结构。这些个人信念和前面讨论的结构在塑造教师呈现给学生的课程的非正式方面起到最重要的作用。如果社会性课程或隐性课程与所教的理念没有内在一致性，即使教师不折不扣地实施给定的社会情感学习课程，也可能削减积极的学习成果。接下来，我们讨论课程中不太明确的方面，这些方面对于学生社会情感学习来说可能最重要。

(四)与社会情感学习教学相关的课程实施维度

对于有效社会情感学习课程的特征已经逐渐有了共识。然而，强调对这门课程忠诚度的另一个弱点是，它通过使教师认识到并积极地塑造教学环境的各个方面来支持社会情感学习目标。在教育领域，人们越来越认识到，学生的学习不仅局限于他们从显性课程中获得的知识——主要包括学生有意接触的正式的书面文本和材料。而且，学生的学习和社会化是显性课程和隐性课程共同作用的结果(见表 28-4)。例如，科茨(Cortes，1981)讨论了社会课程，它通过与家庭、同伴群体、社区、各种媒体的互动来塑造儿童的学习内容。虽然不是正式的书面课程，但社会课程是一种强大的社会化力量，塑造了儿童对社会情感学习理想的有效性的假设。

表 28-4　塑造学生学习的正式和非正式课程

课程类型	描述	相关
显性课程	指导学习的正式书面文本和材料，并且是有意提供的	高质量的课程和教材是学生学习的前提，教师必须精通课程
社会课程	家庭、同伴群体、社区、大众媒体和其他在一生中"教育"我们的社会力量的持续、非正式课程(Cortes，1981)	学生和教师对接触的社会课程的认知对于理解隐含的信念、假设和有效推广项目是至关重要的
隐性课程	儿童从公立学校的性质、组织设计以及教师和管理人员的行为和态度中学到的(Longstreet & Shane，1993)	除了直接指导外，对教师行为、学校结构、成人互动的观察还为理解社会情感学习原则提供了背景，可能促进或破坏核心指导
空课程	关于未教授内容的选择	未教授内容也可以向学生传达价值观

学校日常活动的组织结构和运作形成了"隐藏"或"隐性课程"，儿童通过这些课程学习社会权力和特权的动态(Longstreet & Shane，1993)。观察学习是通过观察成人与成人或成人与学生之间的互动来进行的，这是一个强有力的隐性课程，能够为许多与自我相关的领域提供指导，如沟通、自我管理、关系建立和冲突解决(Bandura，1985)。

我们还添加了"零课程"，它代表了学校情境中没有明确教授的全部内容，成为学校情境中塑造学生社会情感学习的最后一个特征。在许多方面，在学校里"没有教"或讨论的内容，与明确教授的内容一样，会向学生发出强有力的信息。例如，暴力预防和药物滥用预防等与社会情感学习相关的问题不是常规课程的一部分，这就间接地传递了一个信息，即这些问题并不重要，与学校教育无关。一般来说，社会情感学习项目的一个优势是，它们把发展中重要的话题作为课程的一部分，并潜移默化地向儿童传授可接受的行为和表现的标准。综合考虑，尽管教师的性格特征自然地与他的教学质量有关，但由于其对非正式课程的影响，它对于学生的社会情感学习来说尤为重要。

三、成人社会情感能力的重要性

我们已经研究了社会情感学习专业发展的现状，以及如何通过拓宽学科和课程知识之外的方法来改进它，并坚持项目的保真度。为了有效地获得教授和示范社会情感学习理念所必需的知识和性格，以及了解和把握提供社会课程和隐性课程的机会，教师需要具备较高的社会情感能力。现在，我们考虑教师社会情感能力在成功实施社会情感学习项目中所扮演的角色。

(一)亲社会课堂模式

亲社会课堂模式将教师的社会情感能力确立为与学生表现和课堂结果相关的组织框架(Jennings & Greenberg，2009)。根据此模型，教师的福祉和社会情感能力通过师生关系、课堂管理、开展社会情感学习项目来影响课堂氛围，并最终影响学生的学业和行为表现(见图28-1)。社会情感能力包括五个维度：自我认知、社会认知、负责任的决策、自我管理和人际关系技能。尽管社会情感学习项目是将这些方面应用于儿童发展，但这些方面也可适用于成人。詹宁斯和格林伯格(2009)提出，为了教儿童这些能力，教师必须表现出一定程度的社会情感能力。詹宁斯和格林伯格认为，社会情感能力高的教师表现出高水平的自我认知：他们认识到自己的情绪、情绪模式和倾向，并能产生快乐和热情等积极情绪来激励他人学习。他们对自己的能力有准确的理解，知道自己的情绪优势和劣势。社会情感能力高的教师也表现出高水平的社会认知：他们知道自己的情感反应是如何影响其他人的。他们也能认知和理解他人的情感，而且通过互相理解和合作来建立坚实和支持性的人际关系。他们通过协商来有效处理冲突；他们是敏感的，在与学生、家长和同事相处时能够理解他人不同于自己的想法。社会情感能力高的教师表现出亲社会的价值观。他们尊重学生以及学生的家庭，理解自己的决策可能会影响到他们。他们为自己的行为和决策负责。社会情感能力高的教师知道如何管理自己的情感和行为，即使是在面临挑战性情境时，他们也会以健康的方式管理自己的情绪以促进积极的课堂结果，而不

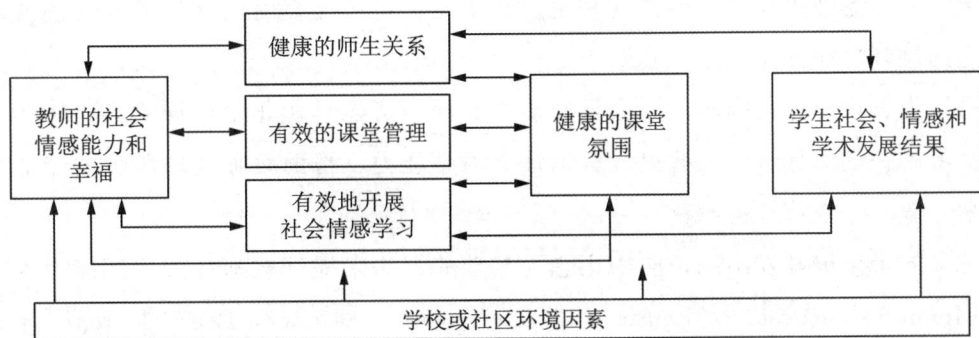

图 28-1 教师的社会情感能力和幸福影响学生社会情感和学术发展结果的模型①

损害自己的健康。他们坚定而尊重地设定界限，但是他们可以接受为了让学生弄清楚事情所产生的含糊不清的地方。

社会情感能力与心理健康息息相关。当教师感受到对社会和情感挑战的掌控时，他们会感到更有效率，教学也变得更愉快，更有益(Goddard，Hoy & Woolfolk Hoy，2004)。当他们经历痛苦时，他们为学生提供情感和教学支持的能力就会受损。教师社会情感能力和幸福感反映在他们的课堂行为和与学生的互动中，这是学生社会化发展的重要途径；社会情感能力高的教师能提供更高水平的课堂组织、情感和教学支持，从而形成高质量的课堂氛围(Hamre & Pianta，2001)。

(二)教师压力与社会情感能力

高水平的压力会损害社会情感能力。教师报告说，处理学生行为问题产生的负面情绪是他们的主要压力(Carson，Weiss & Templin，2010；Montgomery & Rupp，2005；Sutton & Wheatley，2003)。学生的不当行为会引发负面情绪，如沮丧、愤怒、内疚和悲伤，这可能会对教师的教学产生负面影响(Emmer & Stough，2001)。频繁的负面情绪会损害教师的内在动机和自我效能(Kavanagh & Bower，1985)。长此以往，持续的压力会影响教师的绩效并可能导致教师倦怠(Tsouloupas，Carson，Matthews，Grawitch & Barber，2010)，以及导致教师绩效的恶化和学生不端行为的增加(Osher et al.，2007)。相反，经常体验积极情绪的教师可能更有复原力(Cohn，Brown，Fredrickson & Conway，2009；Gu & Day，2007)，具有内部动力，能够更好地应对复杂的教学需求(Sutton & Wheatley，2003)。教师的热情与学生的学习动机、学习兴趣呈正相关(Frenzel，Goetz，Ludtke，Pekrun & Sutton，2009)。

当教师没有必要的资源来应对教学中的情感挑战时，学生的参与度就会降低(Marzano，Marzano & Pickering，2003)。课堂气氛的恶化会引发"倦息级联"(Jennings & Greenberg，2009)：越来越多的学生的不端行为导致课堂气氛恶化，而教师在努力应对的过程中变得情绪

---

① Jennings & Greenberg(2009). Sage Publications，Inc. 版权所有(2009)授权印刷

疲惫；出于沮丧，老师可能会变得被动和爱惩罚学生，这可能会削弱学生的积极性并造成课堂破坏性行为的循环(Osher et al. ，2007)。

教师的压力管理的支持措施和社会情感能力的增强可能是优化学生课堂表现和为学生提供社会情感学习的关键。最近，一些提升教师社会情感能力、帮助教师处理压力的专业发展项目被设计出来。

越来越多的干预被开发出来，应用正念为基础的方法来提升教师社会情感能力和亲社会的学生成果(Jennings，Roeser & Lantieri，2012；Roeser，Skinner，Beers & Jennings，2012)。正念指的是一种特殊的注意力形式，其特征是有意识地以一种好奇、不加评判的态度关注当下(Kabat-Zinn，1994)。正念既是一种专注的方式，也是一种专注的实践。正念觉察练习(MAPs)通常包括引导和保持注意力在一个特定的目标上，如呼吸和许多其他的方法(Vago & Silbersweig，2012)。以正念为基础的干预可以减轻成人的压力，提升他们的福祉(近期文献综述，参见 Eberth & Sedlmeier，2012)。正念觉察练习也可能促进自我认知和自我管理——社会情感能力的两个重要维度的发展(Vago & Silbersweig，2012)。

几个已发展的专业发展项目采用基于正念的方法来提升教师的福祉和社会情感能力(Flook，Goldberg，Pinger，Bonus & Davidson，2013；Jennings，Frank，Snowberg，Coccia & Greenberg，2013；Jennings，Snowberg，Coccia & Greenberg，2011；Roeser et al.，2013；Simon，Harnett，Nagler & Thomas，2009)。这些项目旨在通过以下措施提高教师的社会情感能力和福祉：培养正念技能和心态，改善课堂的社会情感氛围，改善教师与学生互动的方式(特别是与他们认为做出挑战性行为的学生)，提高教师有效开展社会情感学习课程的自我效能感。研究才刚刚开始，需要精心设计的临床试验来评估教师的健康水平和心理健康结果，他们的教学质量和学生的社会成果、学业成果。这些数据将提供必要的证据，以确定这些方法是否应该包括在全面的社会情感学习专业发展中。

四、教师社会情感能力、 社会情感学习和教育改革

社会情感学习是学校改革的重要组成部分。尽管学业成功很重要，但我们也希望学校"培养负责、有爱心、情绪智力高的学生，让他们成为终身学习者，积极参与的公民和有生产力的劳动者"(Zins，Walberg & Weissberg，2004)。一个支持性的实施社会情感学习项目的学校的氛围能为学生学习创造条件。事实上，我们现在知道，社会情感学习项目可以提高学生的学习成绩(Durlak，Weissberg，Dymnicki，Taylor & Schellinger，2011)。然而，要推广社会情感学习项目，就需要优先考虑教师教育和支持的政策。

一般来说，典型的专业发展和社会情感学习专业发展都不符合最佳实践的标准。典型的"一次性"工作坊成为教师专业发展的重要途径，是因为教师专业发展在大多数学区并没有得到非常高的优先级评定。因此，时间的限制和资源的缺乏不断强化了现状。在这些限制下，社会

情感学习项目开发人员被要求将教师的专业发展安排在现存的、有限的时间框架内。考虑到教师要充分实施社会情感学习项目所需的广泛知识和技能，开发人员期望某一具体的社会情感学习项目提供给教师所需的全面培训，可能是不现实的。

考虑到教师教授社会情感学习课程、示范社会情感学习理念行为所需的技能和知识的复杂性，教师需要对社会情感发展以及它与学业学习的关系有一个广泛的理解。教师也需要机会来发展他们自己的社会情感能力，这样，他们才能有必要的自我认知和自我调节来监督自己的行为以确保示范适当的行为。教师也需要学习管理与教学相关的压力，这样他们才能在遇到社会和情感压力情境时保持冷静。接下来，我们为政策制定者和教育工作者提供指导方针和建议，使他们能够对教师教育和专业发展做出系统的改变，帮助教师创建和维护支持社会情感学习的课堂，并有效地开展基于证据的项目。

五、指导和建议

考虑到我们之前所描述的广泛知识基础和技能，作为课堂管理、教师性格培养和儿童发展方面学习和实践的天然伙伴，社会情感学习项目应该完全整合到本科水平的职前教师培养中。这种学习和发展可以在教师职业生涯的最初几年里，在教师培训和辅导项目的支持下继续下去。个别社会情感学习项目的培训可以更容易地整合到以后的综合专业发展系统中。该系统认可所需的广泛知识和技能以及特定项目课程的具体内容。

研究生项目也可以提供专业的社会情感学习。例如，不列颠哥伦比亚大学提供社会情感学习和发展的文学学士学位和教学证书。这些项目的毕业生可以成为校本项目的领导者，定期为在职教师提供与社会情感学习相关的专业辅导。通过这种方式，学校能够系统地在学校的所有年级融合对社会情感学习的理解。有了强大的校级支持和坚实的知识和技能基础，教师将更好地为有效的社会情感学习项目做好准备。

最后，需要更多的研究以更好地了解教师需要做哪些准备来创建适合社会情感学习的课堂，并有效地开展社会情感学习；需要研究帮助教师管理压力和发展社会情感能力的项目如何增加社会情感学习专业发展的价值和提高实施质量。此外，研究可以帮助我们了解，多大程度和何种类型的专业发展对社会情感学习项目的扩展最有帮助。

六、可能的问题和挑战

教师教育改革总体上存在诸多潜在的问题和挑战（Levine，2006）。教育工作者和政策制定者在一些基本问题上存在意见分歧，例如，培养教师的最有效的教育是什么？什么会破坏成功的教师教育改革？前面提出的观点也将面临同样的挑战。在美国，教师培训是由一群庞大而多样化的高等教育机构组织开展的。他们提供的教师认证项目通常由各州教育部门授权控制。前面所述的建议不仅需要在州级层面做出改变，而且需要培养教师的机构和提供教育服务的机构进行广泛的合作和协调，使教师流畅地从职前培训过渡到在职培训。此外，学校领导需要接受培训来支持这一过程。这些改革需要额外的资源，政策制定者将需要阐明这些变化对纳税人的重要性。与许多改革努力一样，地区和学校领导的高流动率以及教师的高流动率使这些努力面临失败的危险。然而，除非我们现在对教师未来角色的培养方式做出实质性的改变，否则许多教师将不会得到良好的安排或者不会拥有必要的初始知识和技能，以充分认同和参与社会情感学习项目。

七、总结和结论

我们回顾了有效教师专业发展的特点和社会情感学习专业发展的现状。我们探讨了与社会情感学习教学相关的专业知识和教师性格，以及如何将这些专业发展中的最佳实践应用于改善社会情感学习的专业发展。我们讨论了教师社会情感发展对有效的课堂管理、支持性的师生关系和有效的社会情感学习项目实施的重要性，以及这些因素如何有助于营造支持亲社会行为和学业成功的课堂氛围。我们探讨了教师的压力和职业倦怠是如何影响社会情感能力的，并提出了减少教师压力和促进教师社会情感能力发展的新方法。最后，我们讨论了社会情感学习专业发展如何扩展和整合到职前和在职专业发展中，以及这样做的潜在问题和挑战。

教师的效能和专业发展正成为学校改革的重点。关于改善学校条件，支持教师对学生的关心和对教师职业的承诺，改善学生的学业表现和社会情感发展，这些关键问题需要教育决策者给予更多的关注。

八、参考文献

请扫描二维码获取原书参考文献。

第 29 章

培养具有社会、 情感及认知能力的学校领导者和学习共同体

珍妮特·帕蒂、彼得·圣吉、

克劳迪娅·马德拉佐、罗宾·S. 斯特恩

一、学校领导力概览

领导力是学校层面第二大影响学生学业成绩的因素，仅次于教师质量（Hallinger & Heck，1998；Waters，Marzano & McNulty，2004）。有效的领导力可以激发成功的学校变革和最佳教学实践（Leithwood，Louis，Anderson & Wahlstrom，2004）。校长在分配学校领导力并建立自我指导型专业人士的学习共同体时，也会塑造学校文化，他们会肩负起教学中的创新责任（Louis，Leithwood，Wahlstrom & Anderson，2010）。学校领导者们通过营造一种有上进心、有参与感和有效率的教师领导者文化，最大可能地促进学生的成长和取得成就。

但是，也有许多其他因素会影响学校的成功，如教师的素质、家长的参与度、人力资源和经费财力。此外，政治议程推动实施影响学校的政策。教育公平和教育普及继续被误解和被忽视，这是因为教育对话的重点仍然集中在全球市场的竞争力上。问责制已经成为确保每个儿童都能在学校取得成功并为毕业生做好职业准备的灵药，但我们往往忽视了如何发展学校的能力，以实现这些预期的成果（West，Peck & Reitzug，2010）。学术成就的提升是当前改革教育的核心载体，但是，我们必须注意培养学生的品格、合作精神、目的感和责任感，这些都是人生成功的重要因素。没有这些重要的生活技能，太多的年轻人会在社交、情感、学业等方面遭受失败。

一个国家对学校办学宗旨的信念决定了推动课程和教学改革的政策，但是学校领导者的信念和能力是塑造文化并使之发生的核心。我们必须发展高质量的领导力，培养学校管理者、教师领导者，并创建能促使学校得以成功的文化（Patti，Holzer，Stern & Brackett，2012；

Sparks，2009）。在本章中，我们将介绍基于社会情感能力的五个核心能力的领导力发展概况。我们描述了这种类型的社会情感能力和认知发展如何培养各级学校领导者，以促进和维持学校的系统变革。我们为这项工作提供了理论基础，并提出了四项核心领导技能：可实践的自我反省，促进和参与对话，建立生成性关系，系统思维。最后，我们基于一个可实现的框架提供指导和建议。该框架提出了发展所有利益相关者的个人和集体能力，以领导学校并维持系统性变革。在本章最后，我们将探讨在发展领导力的道路上可能会遇到的一些问题和挑战。

二、成为学校领导者的最新研究趋势

迄今为止还没有发现任何灵丹妙药可以用来吸引和培养最优秀、最聪明的人成为有效的学校领导者。基于现场指导或教练支持发展丰富的实地经验，是发展有抱负的领导者的最理想的方法之一，但维持这种模式的成本限制了其可用性（Mitgang & Gill，2012）。通常任职一年内，校长在保证学生标准化考试成绩，使学校"扭亏为盈"方面被寄予厚望。因此，越来越少的人去竞争校长职位（Byrne-Jiménez & Orr，2012）。

随着学校领导者在改善学生学习方面的作用变得至关重要，他们的发展也变得愈加关键。学校领导必须掌握大量技能，从教学、学习到管理和社区拓展方面。为了有效地完成所需的各种任务，学校领导者应构建包括教职工在内的协作领导结构（Leithwood & Mascall，2008）。20多年的研究发展了"共享领导"概念（Leithwood & Jantzi，2000；Minckler，2014；Senge，1997）。为了真正实现共享领导力，领导者要发展社会资本。他们从员工内部激励和培养潜在的领导者候选人入手，使其能够并愿意承担领导责任（Minckler，2014）。学校领导在雇用职员时必须意识到这一需求。此外，他们必须建立对学校各方面使命做出贡献的人的协作网络。任何改革的成功实施（包括协作式领导结构）都会受到亚群体成员的观念的影响。这些成员认为他们可以在自己的亚群体之外获得资源和专业知识（Penuel，Fishman，Yamaguchi & & Gallagher，2007）。这对于那些有能力将学校文化转变为一个不断学习的共同体的学校领导来说是一个好兆头。

传统的领导者从高层推动变革，往往由于未能挖掘组织内各级人员的领导能力而使组织有对抗变革的倾向（Leithwood & Mascall，2008；Senge，1996，1997；Spillane & Diamond，2007）。大量的研究支持这样一种观点，即变革型的学校领导者（激励和促进他人成长的领导者）最适合创造一种支持变革的文化。变革型领导者和情绪智力之间的联系日益紧密（Hackett & Hortman，2008），但是基于情绪智力和教育领导力的研究仍处于起步阶段，其中大部分基于个人的自我报告。库克（Cook，2006）考察了143名小学校长情绪智力自我评分与本土开发的领导力提升工具之间的关系。该情绪智力评估测量了社会情感学习五项核心能力中的四项：自我认知、社会认知、自我管理和人际关系技能，领导力评估工具可以评估以下九个领域：①领导力特征；②愿景领导力；③共同体领导力；④教学领导力；⑤数据驱动的改进；

⑥改善学生学习的组织；⑦改善员工效能的组织；⑧文化能力；⑨教育管理。除文化能力和共同体领导力外，其他领导力特征均与校长对其情绪智力的自我评价显著相关。

哈克特和霍特曼(2008)利用情绪能力量表(大学版)(ECI-U)和多因素领导问卷(MLQ)——一个测量变革型领导力的工具(Bass & Avolio，2004)——探讨了校长情绪倾向和领导力之间的关系。他们发现，五项核心能力中的四个，尤其是人际关系技能，与变革型领导中的一个或多个维度之间存在显著的正相关关系。斯通(Stone)、帕克和伍德(Wood，2005)也探讨了情绪智力(EI)与学校领导力之间的关系。他们希望确定校长和副校长所需的特定的社会情感能力，从而使他们满足工作的要求。研究样本包括464名来自加拿大安大略省9个学校董事会的校长和副校长。在个人特质、人际关系、适应性、压力管理这四个广义的情绪智力维度上，被管理者和员工指定为高于平均水平的领导者的指标得分更高。

虽然领导者情绪智力的发展被广泛认为是全球商业组织获得有效绩效的关键(Prati，Douglas，Ferris，Ammeter & Buckley，2003)，但对于教育者来说，领导力发展中的情绪智力概念仍然是新的。此外，尽管对校长有明确的国家标准(公立小学校长理事会，2008)，其中也提及了教学领导至关重要，但不清楚的是，一旦掌握了领导能力，哪些领导力能把表现最好的校长与平庸甚至不合格的校长区分开来。

在本章中，我们提出，社会、情感和认知技能的发展是培养学校领导过程中缺失的环节。这些技能在当今领导力发展中被忽视，即便它们能够通过学校领导者和其他人之间的人际交往来改变教学和学习。我们从对理论基础的简要介绍开始，为读者提供了支持这种领导力发展的方法的背景。

三、理论基础

领导力发展的理论基础包括伟人理论(Great Man theory)。伟人理论将最优秀和最聪明的领导者定义为那些具有内在能力的人，也就是20世纪早期，科学管理时代所信奉的那种自上而下的领导者。但随后，人们又意识到，个人特质会影响领导者的绩效，不同的情况需要不同的领导方法(Bennis，1959)。威尔金斯(Wilkins)和乌奇(Ouchi)两位学者在强调(1983)领导者应该建立信任文化和与他人开放交流的文化方面很有影响力。这种文化的特征是有共同的信仰、价值观和目标。21世纪的教育领导理论还是一如既往地关注领导者作为学校改革的推动者这个维度，来改进教学和提高学生成绩(Hallinger & Heck，2011)。与此同时，越来越多的人认识到，只有改变在学校工作的人的行为，才能改变学校的行动。我们相信，当学校领导发展自己的社会情感能力和认知能力，并通过教师的转型来建立专业能力时，学校与学生的学习将会发生剧烈的变化。

职前和在职的领导力发展都是由领导理论的演变所决定的，并锚定在另外四个理论框架中：成人学习理论、情绪智力和社会智力理论、自我心理学、系统思维。

(一)成人学习理论

成人学习理论提醒我们，随着我们的成长成熟，我们的学习是通过：①在生命的不同时刻准备就绪；②内在动力的来源；③乐于接受新的学习和经历；④对具体的实践经验加以应用，而进行的。成人学习者可以在一个支持信任的环境中指导自己的学习，在这个环境中他们能够承担风险，愿意放下骄傲，接受反馈，并尝试新的学习方式。凯根(Kegan)的建设性发展理论(Helsing，Howell，Kegan & Lahey，2008)提醒我们，成人和儿童一样，经历的发展阶段从以自我为中心的行为，到更复杂的把自我定位为多重压力的交互作用，以及将个人欲望置于更广阔、面向服务的环境中。了解这些发展阶段可以帮助学校领导尝试与他人合作以改变自己的行为和做法。领导一所学校意味着要认识到，无论是个人还是团队，在经验和技能上都可能处于不同的位置。反过来，这意味着，必须对处于不同发展阶段、具有不同需求和不同技能水平的个人和团队进行校准，提供有效的干预(如培训、教练和指导)，而不是提供千篇一律的专业发展(Helsing et al.，2008)。

(二)情绪智力和社会智力理论

桑代克早在20世纪20年代就首次提出了社会智能的概念(Thorndike & Stein，1937)。近年来，这一概念被赋予新的含义(Bass，2002)。戈尔曼、博亚齐斯(Boyatzis)和麦基(McKee)促进了(2013)与领导者的社会智力相一致的若干能力的发展，如同理心、适应性、组织意识、发展他人、灵感和团队合作。这些能力都属于领导者的社会认知和人际关系方面的能力，而两者都是成功的关键。

情绪智力包括监测自己和他人的情绪，对情绪进行区分，并使用这些信息来指导自己的思维和行动的能力(Mayer-Salovey，1993)。与固定智力不同，情绪智力的发展从童年贯穿到成年。自我认知是我们管理自身行为和发展富有成效的关系的基础(Avolio & Gardner，2005)。我们越是有高度的自我认知，越是能结合情绪提供给我们的数据，做出更好的决策(Brackett，Rivers & Salovey，2011)。我们的情绪能力表现在我们与他人的关系中，如我们如何处理来自主管、同事和下属的反馈，以及我们如何解决冲突和压力(Ashkanasy & Daus，2005)。为了进一步理解有目的的社会情感学习培训与有效的学校领导力之间的可能联系，研究正在进行中。

(三)自我心理学

自我心理学作为一种心理发展的方法，描述了一个人一生对"核心计划"的追求，利用一个人天生的才干(Kohut，1984)来实现自己的抱负，这个过程以本人的理想为中介。随着人一生的发展，他们会从事一个或多个职业，在这个过程中，他们的抱负和理想随着职业需求的变化不断更迭；但反过来，这些抱负和理想又要求他们的能力不断进化。有意义的成长依赖于个人内在的能力发展，依赖于个人结合自身成长经历所发展起来的理想和价值观对技能的不断优化。自我心理学方法与被发展的人建立了一种共情关系，一种对不断展开的经验而不是内容的时刻协调，促进了被理解的感觉，进而促进了自我反思的深化（Warner，2013）。这对于"领导者需要时间进行自我反思"而言是至关重要的。

(四)系统思维

彼得·圣吉（1996）拓展了我们对学校复杂性的理解。学校是一个由许多相互关联的部分组成的系统。学校被称为学习型组织，是一个有共同愿景并共同努力实现这一目标的集体。虽然我们生活在社会系统中，但我们通常很难回看这些系统是如何作为一个整体运作的。系统思维意味着领导者需要：①审视自己的假设，并准备改变这些假设，以寻求改进的支点；②通过多视角、集体思维，对接收到的数据进行三角测量；③认识到短期修复不能解决深层次问题，开发、应用和衡量干预的利弊都需要花费时间（Senge，2012）。支持系统思维的学校领导者会对现状、事件、组织文化和氛围进行系统思考。

上述的每一个理论都为领导力发展提供了一个框架，而这种发展不是发生在有抱负和有经验的校长的任职准备阶段。也就是说，就像着力改善年轻人的社会情感能力一样，在制定学校领导专业发展课程中，必须包括社会、情感和认知技能发展的内容。这里描述的四种基本核心领导力源自领导力文献，以及我们在社会情感能力、学校和组织领导领域的经验。

四、核心领导力技能

将理论付诸实践需要运用行为中可见的技能，即改变自我、他人和组织的技能。我们将它们比作可以完成多种绩效责任和期望的原材料（Waters et al.，2004）。学校领导应能：①建立广泛的、共同的学习愿景；②发展有利于学生学习和员工专业成长的学校文化和制订教学计划；③确保对组织、运行和资源的有效管理，营造安全、高效、有效的学习环境；④与教师和社区成员合作，回应社区的不同旨趣和需求，并调动社区资源；⑤拥有诚信、公平、合乎道德的行为；⑥理解和影响政治、社会、法律和文化环境（Council of Chief State School Officers，2008）。为了能够满足这些广泛期望，学校领导需要在培养可实践的自我反思，建立可生成的关系，促进有意义的对话和系统思维等方面得到支持。这些技能通常被视为"软技能"，是我们存在的核心——我们思考的方式、我们感知和与他人互动的方式、我们倾听的方式，以及我们以专业和优雅应对日常工作挑战的能力——是成人成功的基础（Brungardt，2011）。越来越多的研究表明，这种情感和认知技能必须通过深度学习来传授，而且必不可少。深度学习是指一个人能够将所学知识运用到新情况的过程——换言之，就是学以致用（Pellegrino & Hilton，2013）。这些社会情感认知技能也是团队有效合作的核心，更是领导力的核心要素（Druskat & Wolff，2001）。当我们促进和支持针对年轻人的社会情感学习时，我们不能排除成人也需要塑造和培养这些技能的事实。这些技能内在于社会情感学习五个核心能力中。我们对这些核心领导技能的描述如下。

(一)培养具有操作性的自我反思能力

认识自己的过程是复杂的、难以衡量和评估的，需要个人在三个方面做出努力：①反思什么是重要的——我们心里最深刻的愿望；②反思我们如何理解周围的事件；③反思我们的情绪。将这三个方面的自我反思付诸行动对于学校领导来说至关重要；也就是说，领导者用从自我反思中获得的洞察力来指导后续决策和行为。关于可实践的自我反思的一个例子就是个人愿景生成的过程，会逐渐变成共享的、全校范围的愿景的基础(Kantabutra，2005)。没有从个人愿景中获得灵感，就很难激励他人。当摒弃一些条条框框，简单地在心中叩问"我和我们真正想要创造或实现的是什么"的时候，这可能会激发我们无限的力量。当多主体参与到探索组织愿景的过程中来时，这样的力量会变得更强大。

另一个可行的自我反思维度是转向内在的反思实践：从个人经历中获得的认知可能会抑制一个人在自我、他人或组织中进行必要改变的开放性或能力。我们的感知不可避免地被我们的成长经历、原生文化、教育和职业经历等塑造。我们不可避免地以我们的心智模式——我们一生中形成的深刻的思维和行动习惯为基础来运作。

自我反思可以帮助我们更好地促进我们的情绪和随后的行动(Salovey & Mayer，1990)。当我们对自己的情绪有更多的了解，不断地去发展我们的情感词汇，理解产生这种情绪的原因，并适当地表达和调整它们时，我们就会变得更有认知能力和情绪智力。没有洞察力的反思不会导致行为改变(Grant，Franklin & Langford，2002)。人们可能只是简单地反复思考同样的想法而没有改变，而其他人可能利用这种反思来做出认知—行为选择。不幸的是，现实对校长的日常要求让他们几乎没有时间进行自我反思，而这种自我反思能培养洞察力和为改变做好准备。德拉戈-塞弗森(Drago-Severson，2012)在一项针对25位全国校长的研究中发现，校长们"渴望定期有机会与同事和其他校长们一起反思领导力的挑战"。然而，在参与研究的25名校长中，只有3位校长真正地经常进行反思。其他研究也支持反思需要被重视(Patti，Tobin & Knoll，2003)。专业发展机会需要为个体和集体的更新提供时间。

(二)建立生成性的关系

有效的学校领导者与他人建立积极关系的能力对学校的氛围和文化有很大的影响，是对学生成绩起作用的中介变量。但是，成人之间的关系也必须是生成性的，这样，成人一起工作才能就教学和学习产生新的、更好的想法和解决方案。当教师参与组织良好的专业学习社区或调查小组时，就会产生生成性的关系。在这些小组中，他们探索学生的工作，回顾专业文献，分享成功实践，并寻求改进办法。

有效的学校领导者善于营造一种信任的、鼓励和支持的、促进关系发展的环境。领导者影响、激励和建立信任的能力会影响成人之间关系的质量——他们是否开放，个人如何沟通和协调他们的行为，他们是否富有同情心，以及他们如何处理冲突。生成性的关系要求每个人在与他人的关系中理解、表达和适当地管理自己的情绪。值得一提的是，建立生成性关系的先决技能是：同理心，积极倾听（倾听他人观点），专注，准确解读面部表情，察觉语调等（Goleman et al.，2013）。同理心文化创造了安全的环境，在这种环境中，生成性的关系得以发展，批判性的反馈被接受，差异得到尊重，创造力得到蓬勃发展。

（三）获得和促进有意义的对话

教师每天大部分时间都与学生在一起，教师和他人的互动时间极其有限，因此，教职工之间的沟通往往具有挑战性。在最好的情况下，每周的教师会议照常召开，但很少留出时间给教职工。留出专门的时间让他们进行有可能推动组织向前发展的有意义的对话，以促进他们分享想法和做到真正的倾听。他们鼓励思想的碰撞，也不怕冲突爆发，前提是要能生成更多的解决方案。

第一，为了鼓励这种对话，领导人需要在提供信息、讨论紧迫问题和教与学的对话之间找到微妙的平衡。管理者和员工之间的信息流动往往需要为短期收益采取务实的行动，但是学校社团的成员需要时间来反思教学价值观、信仰和实践。这些对话可以作为一个整体努力的行动来展开，或者在教师领导者所领导的小型学习社团中很好地展开，但前提条件是这些教师领导者拥有强大的促进技能，这是开展有效对话的先决条件。这些对话允许进行更深入的学习，并有助于提出长期解决方案和进行必要的个人实践变革（Pellegrino & Hilton，2013）。

第二，有意义的对话要求领导者展示有效的冲突解决策略，学校里的每个人都以同样的方式发展。建立团队来进行对以学校为基础的问题领域的调查，而没有在如何有效地接受不同意见、解决管理冲突方面达成共识，将会阻碍预期的结果。赋予工作人员处理冲突的能力是任何有意义对话的先决条件。退一步，让教师领袖的声音出现，目的是团结整个共同体，而不是创造分裂。

第三，领导人需要了解自己在不同情况下与不同群体的冲突模式。一种方法是使用评估（Thomas & Kilmann，1978）作为反思工具来调查个人冲突模式，并探索它们在工作场所的表现。与教练或值得信赖的同事一起对这种模式进行反思，与其他学校领导分享彼此的经历，让他们认识到自己并不孤单，并一起设定目标，以改善具有挑战性的行为（Patti et al.，2012）。

第四，领导者需要参与主动学习、角色扮演和模拟。在这些过程中，他们进入困难对话，练习阅读语言和非语言表达，并使用能够开启交流的语言。在学校领导的所有技能中，简单地增加一些自信但不带有攻击性的语言，会让他人大开眼界。有效监督他人需要专业的教练技能，让教师在必要时通过激励和指导来探索自己的优势和不足。许多学校领导使用更无礼的语言，疏远了接受者，减少了有效解决问题或改变现状的机会。"学习如何在真正发生冲突时进行开放而有效的对话是很重要的"，塔霍马（Tahoma）学校的负责人迈克·马连斯基（Mike Maryanski）说："如果你做不到这一点，你就别想建立真正的学习文化。"（Ben-son et al.，2012）

(四)系统思维

系统思维涉及上述所有基本技能，并体现了社会情感学习中的负责任决策的能力。学校领导者善于理解其组织的独立结构之间的复杂性和相互关联的关系，有利于其做出将学校视为一个整体的决定。从有效管理财政资源到确保学生成绩，每个监督领域都要求学校领导超越眼前的事件，超越困扰学校领导者的危机导向型领导文化系统(Benson et al.，2012)。通过全面了解系统，他们扫视学校，并在学校系统的相关部分中感知利益相关者和结构的需求。有了这种技能，学校领导可以发现学校系统结构中的差距，并建立鼓励协作、承担风险和有纪律的反思文化。

为了让学校领导和团队做好系统思维的准备，他们需要专业发展，这要求他们：①持续进行符合他们愿景的练习；②探索他们的思维模式，系统地选择长期改变的最佳策略。这种专业发展采用三种主要方式：视觉化(构建学校中相互关联事件的循环和图表)，沟通(使用常用词汇巧妙地讨论、对话、探究和宣传)和主动学习(物理挑战、计算机建模、角色扮演和模拟；Systems Thinking in Schools，Waters Foundation，2014)。在每一种方式中获得的战略有助于领导者确定系统问题的根源、状况方面的潜在原因和影响。此外，考虑到他们可能会面临的道德困境，以及多个利益相关者的广泛观点，他们还需要负责任的决策者。肯斯勒(Kensler)等人(2012)使用多案例研究了美国东南部两所运用系统思维管理高中的实例，试图确定擅长使用系统工具的学校团队是否真的利用这些工具来对话和衡量团队绩效、结果。他们发现，虽然两所学校都有系统的思维能力，但只有校长参与专业发展的学校充分利用了这些工具。结果表明，有意使用系统思维工具的学校有100％的团队成员充分参与并致力于改进过程，而没有掌握目标技能的学校没有建立信任的文化或没有发展成为一个有效的实践社区。系统思维工具将认知和情感过程结合起来，发展所有核心的社会情感能力，并专注于负责任的决策。我们认为，这四种技能(可实践的自我反省、生成性的关系构建、促成有意义的对话以及系统思维)应该成为学校领导力发展项目的核心要素。这些基本技能一旦发展起来，就体现了社会情感学习的五项核心能力。我们知道，这些能力有助于形成成人和年轻人学习的氛围和文化(Weissberg & Cascarino，2013)。下面的部分提供了一些指导方针和好的建议，以培养这四个关键技能。

五、领导力建设的方针和对策

在纽约城市大学亨特学院和师范学院的暑期校长学院职前教育中，我们纳入了本章讨论的理论和核心领导技能的具体要素(Patti et al.，2012)。在职专业发展将继续整合这些要素，通过研讨会、机构为学校和地区领导人以及教育组织提供指导。最近，由耶鲁大学情绪智力中心提供的学校校长和负责人的专业发展嵌入了我们在本章中已经讨论过的深度学习内容。接下来的指导方针和建议基于这些经验以及我们所拥护的个人和集体发展模式来进行。虽然指导方针是按顺序提出的，但根据学校领导的准备程度和学校的复杂程度，这些步骤往往以更流畅的方式发生。

准则一：在安全的环境中学习

在任何个人或集体变更过程开始时，营造安全的氛围至关重要。学校领导者及其团队必须在安全的生态环境中学习——这种环境鼓励透明、体验式学习和自主探究学习。尝试新的学习动机，尤其是最初可能在自己舒适区之外的新学习，需要使用本章前面提到的四项核心领导技能。职业发展项目必须培养领导者的自我反思技能，开启并促进有意义的对话，建立生成性关系和系统思维。

情感和心理安全是通过创建基于社区生活的共同价值观和行为规范来建立的。学校领导者可以促进练习，以确定核心价值观和社区规范的强有力的使命性宣言融入家庭；一些领导邀请外部协调员协助他们进行此过程。利思伍德（Leithwood）和詹特兹（Jantzi）确定了变革型领导力的八个维度（2000），这些维度为有效的学校领导的特点提供了洞见，有助于建立一个情感关怀和心理安全的学习环境：提供愿景或灵感，示范行为，提供帮助，个性化支持，提供智力激励，促进对团体目标的承诺，鼓励高绩效期望，提供有条件的奖励，并强烈鼓励个人进步。此外，领导者通过无数的细节来展现同理心和同情心，在不忽视教学期望和目标的情况下，创造出安全和有目的的空间。

准则二：建立个人愿景和共同愿景

一旦建立了安全的生态环境，下一步就是创建或扩展个人和集体的愿景。共同的愿景指导组织成员完成手中的工作。它将当前的现实与未来取得成就的意图联系起来。坎塔布特拉（Kantabutra, 2005）进行了广泛的综述，探讨了愿景与组织绩效之间的关系。他认为，一个强大的愿景应该包括简洁、未来导向、稳定性、挑战性、抽象性和激发能力等特点。但是，愿景的最终力量并不在于精心设计的语言，而在于对共同愿景的承诺。我们追求的目标与现状存在着差距，为此需要开启一个创造性的过程。这种"创造性张力"是创造过程中的能量来源。创造远见迫使人们说出当前存在或不存在的事实，以及面对差距需要做的事情。与学校领导者一起工作时，我们必须使他们经历"构想"的过程。这可以在教练或协助者的协助下，通过多种方式来实现。可视化过程可以采用画图或书面形式。构想一旦创建，便将其与当前现实进行比较，并进行改变。领导者和所有成员体验这一必不可少的过程，并创造所有人都热烈拥护的共同愿景。

准则三：基于愿景树立目标

需要将愿景转化为可以被跟踪评估的特定目标，以便监督评估进度并进行自我纠正。正如我们设定目标以提高学业成就一样，我们也需要设定个人和集体的情感和社会行为目标。例如，能够进行艰难的交谈而不会感到恐惧或沉迷，或进行自我调节以免在对话过程中打断另一个说话者。无论目标是什么，每个人都必须参与到可能影响个人和职业目标实现的社交、情感和认知技能的改善中来。

就像愿景一样，有效的目标设定包括个人的和集体的。例如，在一所学校中，出于将社会情感学习融入其文化的愿景，共同的目标可能包括培训冲突管理或留出时间来反映和分享对特定问题的想法和感受。最近，两位助理校长谈到了他们对以目标为中心的情绪发展的渴望。当他面对挫折感时，尤其是当他努力工作并看到其他人没有这样做时，他想发展出更多的同情心。当他在某些情况下感到沮丧时，另一个人希望培养更好的自我控制能力。两位领导者都决定继续发展自己的同情心，并且把这种心态带到工作中，以便他们能够以另一种眼光看待正在经历挫败的人，然后提出安慰和激励这个人的策略。每个人都提出了几个特定的案例，在这些案例中，他们最需要有同情心，并确定了具体的方法来富有同情心地回应，以便将自己的愿望固定在具体行为上。此外，通过共同努力，他们创建了一个相互支持的系统，其动机是在新的领导角色中面对情感挑战时不要被超越。

准则四：认识和使用社会情感能力

在日常生活中，领导者面临的各种挑战给他们提供了运用社会情感能力的机会，而这种能力一直以来都被人忽略。例如，当校长苏珊·瑞安（Susan Ryan）准备与一个一直上班迟到的工作人员进行艰难的会谈时，她的语言揭示了她识别和管理自己的情绪以及对他人表达同情心的相关技能。

> 我对 X 老师真的很生气，所以在接下来的对话过程中我都得不由自主地深呼吸。X 老师不喜欢听取反馈意见，我也不想因为生气，让我的情绪干扰我思考的能力。所以我可能会说："X 老师，我很高兴有机会与您联系，听您说说最近可能导致您迟到的原因。"

苏珊对情感技能的使用源于认知和情感技能的结合。其实这也是她的自我反省。可悲的是，学校领导者往往是最后一批获得诚实反馈来帮助他们识别社会情感能力和发展边界的群体。领导者应寻求能够促进其社会和情感意识发展的策略，例如，日记写作，情绪可视化，调整自己进行自我对话，进行正式评估并与可信赖的同事进行诚实的对话（Patti，Stern，Martin & Brackett，2005），提供有关个人人际优势和促进社交和情感能力发展的有用见解。

准则五：教练——作为反思性过程的工具

每个学校领导者都可以从个人教练中受益。正是在这种教练关系中，学校领导者可以反思自己的长处、面临的挑战和积累的经验，并以新的思想和行为发展来实践。更深刻的变革需要的不仅仅是新的技能，这一点尤其重要（Patti et al.，2012）。教练不分享他的经验；相反，教练作为指导，是学校领导者寻找自己的解决方案并使用该信息设定个人和职业变革目标的反射镜。

教练心理学领域的研究仍处于起步阶段（Grant & Cavanaugh，2007），但是，一些实证研究已经证明教练在企业和个人层面的影响，包括希望的增加以及对自我效能感、自尊心和人际关系的改善（Grant，2003；Spence & Grant，2007）。此外，以同情心而非执着为基础的教练更有可能促进理想的、可持续的态度和行为的改变（Smith，Van Osten & Boyatzis，2008）。迄今为止，关于教育领导力领域教练的实证研究很少。现有的内容涉及校长提高教练技能进而提高教学水平的某些方面（Neumerski，2013）。在传统上，教学指导通过关注知识转移、建模、技能实践、反馈（Knight，2007），以及需要工作支持的新手教育领袖来为教师提供支持。

有效的教练需要考虑人们的发展阶段，包括一些可能尚未准备好接受教练的人。通常，那些寻求教练支持的人可能已经在反省自己的水平上工作了，如以下校长的评论所示："培训增强了我对人的思考方式。"（Maldonado Torres，2012）有趣的是，这位校长在她的教练发展一年后进行的年度审查过程中表明："这所反思型学校重视专业发展，具有洞察力和敏感性，行政部门鼓励并支持教师磨炼其个人和学习社区的技能。"相比之下，反思性较低和自我保护能力较强的学校领导者可能不愿对这种自我学习方式敞开心扉。对于这些人而言，其他工具可能会更具生产力，例如，自愿参加一系列基于社交和情感能力的研讨会议。

此外，在领导者之间构建的同伴网络体系往往更强大，可以使教练更加有效，并在整个系统中产生更大的影响。例如，几年前，一个学区的校长拥有 26 000 名特殊教育学生。约克市邀请校长及其领导团队参加五次领导力发展教练课程，以发展他们的社交能力和情感能力。教练课程是自愿参加的，不参加不会受到处罚。在接下来的 5 年中，61 名学校校长中有 25 名参加了基于情绪能力的个人和团队教练课程，促进了他们行为和做法的许多变化，提高了他们的能力。在教练的带领下，校长们制定了共同目标，以改善学校的氛围和学生的学业成绩，提高学生的社交和情感成就。通过教练的协助对话，学校领导者谈到了阻碍和增强他们共同愿景和职业表现的行为。他们积极调整自己的情绪状态，以了解情绪起因，并在各种情况下选择更合适的行为。

最终，所有受过指导的团队都签署了协议，参加了全校范围的社会情感学习。个人和团队辅导是校长促进学校社区每个成员投入社会和情感发展的催化剂。

准则六：实践和重新评估

通过持续的练习、反馈、反思和纠正过程，所有学习都会随着时间的流逝而发生改变。我们尝试建立的新技能要求越高，对时间的把握、耐心和持续实践就显得越重要。更重要的是，不管是我们建立的与自己内部的还是与他人之间的目标，这些目标需要我们采取行动，但是这个过程经常令我们感到不适，而这些行动往往伴随着长期的个人经历在情感经验上的映射。通过不断的实践，我们重新构造和打破了旧模式；我们开始设想新的说话、做事方式。我们设置了学习新策略的可能性，甚至从朋友、家人和生活伴侣那里获得帮助。

此过程与针对年轻人的社会情感学习项目的典型锻炼类型没有什么不同。成人有较长的时间陷入非生产性行为，因此有时需要更多的实践和评估。个人改变是一个转型过程，在此过程中，一个人可能会从一个发展阶段过渡到另一个阶段。这可能很困难，因为人必须发生心理转变才能适应变化。与我们合作的一位学校领导就是一个例子：她以前是现在领导的学校的老师，之前与她共事的同事现在必须接受她是校长这个事实，以及她过于疏远以前的所有同事的情况。暂时回顾一下我们的发展阶段，很明显，这位校长对保持与他人的友谊和被人喜欢（发展的社会化阶段）的担心干扰了她就教学方面做出必要决定的能力。不管采取什么策略去改变这种处境，这位校长都必须认识到，作为学校的负责人，学生的成功必须先于与同事的友谊。在我们的案例中，这些是变革性的变化，这些变化会极大地影响参与者的职业生活。它们要求学校领导者不断使用策略来促进自己和学校所有成人的五个社会情感能力领域的发展。

准则七：建立弹性对等网络

在一个真正协作的同伴社区中，主动性和学习的发生都是由参与者本人引导的。他们聚在一起分享有效的教学策略或探索年级或学校不同水平的学术数据，以确定学生在哪些方面需要更多帮助。有些人可能专注于解决行为或组织氛围的问题，而另一些人实际上可能一起进行探究，以探索学术领域正在关心的问题。有效的同伴学习社区具有包容性，并通过共同的热情、志向和在实践中的协作而被给予更多的权重。这些类型的网络关系会衍生出一种归属感和信任感。这种隶属关系允许个人承担风险并实现自我指导的成长。

学校领导者可以从参与到同龄人的网络关系中受益。本特森（Bengtson）等人（2012）对59位在职校长进行了研究，这些校长参加了国家认可的阿肯色州领导力学院硕士校长计划。他们使用多种方法探索了正在正向发展的个体自我反思能力与同伴网络之间的关系，结果显示，同伴网络可以增强个体的自我反思能力。他们将实验结果运用到学校中，以求学校取得更好的表现。经过两年多的参与分析，在校长的叙述中我们可以发现，校长在反思性实践中得分更高。这些主要候选人的经历与他们的学校表现改善之间存在关联。

最近，与纽约市晨兴中心的联系形成了这样的校长网络，该校将对社会情感学习感兴趣的校长聚集在一起。作为该计划的一部分，该校向他们提供了个人指导。多数校长同意参加个人专业教练课程。当被问及为什么他们同意花时间进行这种密集的辅导时，一位小组负责人回答说："这是一个小组的决定。我们是由大约9所学校组成的网络，彼此相互学习。我们认为这是一个很好的机会，可以促进我们领导者的情感发展。"（J. Patti，personal communication，2013）积极的团队协作显然激励了这些校长继续开展工作。

富有弹性的同伴网络的另一个例子可以在很有前途的计划，即通过艺术发展智力中看到，通过艺术发展智力是在墨西哥创建的一种方法，已被用来在4000多所学校中培训25000多名教师和学校领导。通过艺术发展智力的教育框架将视觉艺术作为发展个人和社区的生理、心理、情感和社交能力的工具，改变了学习空间。成人和年轻人建立了一个安全的空间，使他们彼此独立地、集体地理解一件艺术品。他们可以彼此思考，感受，分享和支持。在同等重视学生和成人发展的同时，该计划的目标是提高教育质量并为教师和学生开发21世纪的技能。通过这种变革性的教学方法，通过艺术发展智力创建了一个扩展的学习社区，在其中，教师和学生可以冒险学习新的课程和教学策略。今天，通过艺术发展智力被视为墨西哥最佳教育实践的典范。他们将工作扩展到强大的社会情感学习组件中，该组件着重于情感智能的四个集群能力。通过艺术发展智力和社会情感学习组件正成为其他国家或地区学习的典范，以增强同伴学习网络在改变儿童行为方面的力量。我们从这些成人转型最佳实践制度化的努力中学到很多东西。

尽管这些准则代表了我们的集体经验和新兴的文学基础，但是如果我们不表达在追求这一目标时可能遇到的弊端，我们的领导力发展之路将被忽略。此外，我们绝不建议本章中描述的个人专业发展排除学校领导在日常工作的"基本要素"中所需的其他培训机会。综合起来，学校领导将获得成功的权力。最后，我们对可能性和障碍的了解越多，在选择有影响力的专业发展方面就越成功。

六、问题与困惑

学校领导者回避接受本章所述的专业发展方面的教育的原因有很多。第一，教育领导者，特别是学校校长承担的提高学生成绩的压力会使他们把这个问题放在高于一切的位置，并限制校长追求更具反思性的领导力的意愿。第二，根据学校领导的领导风格和发展阶段，这种发展可能被认为是不必要的、肤浅的，甚至是对某些人有威胁的。第三，不熟悉 K-12 阶段的社会情感学习研究基础的学校领导者可能不太愿意探索这种成人的发展领域。以研究为基础的、强有力的社会情感学习项目通常包括发展学校工作人员一定程度的社会情感能力，这可以帮助他们开始关注成人发展。

与所有有效的专业发展一样，这项工作需要的不仅仅是最初的讲习班或培训。这项工作需要的是定期安排的培训和辅导，以及建立弹性的同伴网络，以帮助参与者进行真正的变革。尽管这种发展不会比其他许多学习机会花费更多，但要将这项工作推广到更广泛的学校组织，需要组织机构的所有成员投入时间，参与到同一空间并且一起协作。由于在教育领域尚缺乏关于哪种领导力发展方法最有效的经验研究，许多人可能看不到长期致力于这一过程的价值，所以必须进行更多的研究，以便可以更广泛地确定和实施成功的案例。最后，培训提供者必须对社会情感学习和成人专业发展领域有广泛的了解，因为在重视儿童的社会、情感和认知发展的文化学习氛围中，这两者有错综复杂的联系。

七、结论

对于我们来说，我们需要明白，我们生活在一个快速变化的时代。然而，比起处理阻碍我们的混乱、困惑、恐惧、愤怒、否定甚至抑郁等糟糕的情绪，给各种经济、社会和生态危机命名似乎要容易得多。我们认为，这些挑战的许多根源在于教育体系，现存的教育系统既不能帮助学生理解这些问题的本质原因，也不能发展其情感成熟度以有效面对这些问题。想要改变这一现状，首先我们得从重新定义职业发展、专注学校校长的个人成长，以及建立富有弹性的同伴学习网络入手。这些网络可以塑造、培养认知，只有这样，我们培养出来的学生才能在情感和社会认知上真正走向成熟，才能作为一个完整的人实现自己的成功以及变成一个良好的公民。

八、参考文献

请扫描二维码获取原书参考文献。

第30章

社会情感学习与全校范围的积极行为干预

乔治·G. 贝尔、萨拉·A. 惠特科姆、

莫里斯·J. 埃利亚斯、杰西卡·C. 布兰克

纵观美国教育的历史，教育工作者一直面临着与学校纪律和班级管理相关的两个主要目标的挑战：①管理和纠正学生行为的短期目标；②培养学生自律的长期目标（Bear，2005）。自律涉及学生在他们自己的意志下抑制不适当的行为和表现出亲社会的行为。这需要拥有自律行为基础的社会、情感和行为能力。多年来，学校纪律和班级管理的方法在对这两个目标的重视程度，以及在实现这两个目标的战略和技术上都有很大的不同。这在今天和过去都是正确的，正如现在学校纪律和预防行为问题三种流行方法之间的差异：①零容忍方法（American Psychological Association Zero Tolerance Task Force，2008）；②社会情感学习方法（Durlak，Weissberg，Dymnicki，Taylor & Schellinger，2011；Zins & Elias，2006）；③全校范围的积极行为干预和支持方法（School Wide Positive Behavioral Interventions and Supports，SWPBIS；Sugai & Horner，2009；Sugai et al. ，2010）。

零容忍方法的主要目的是对学生行为进行短期管理。通常在学校安全的规定下，学生的行为问题应立即得到纠正，而不考虑所涉及的具体情况，这主要依靠惩罚手段。把行为不端的学生从教室或学校里赶走是其中最常见也是最具争议性的方法。社会情感学习和全校范围的积极行为干预和支持强调预防行为问题，使用积极而非惩罚性的技术，与零容忍方法形成鲜明对比。然而，正如本章即将谈到的，这两种流行的方法也可以相互对立。它们有不同的目标，并强调不同的战略和技术。与零容忍方法一样，全校范围的积极行为干预和支持方法的主要目的是成人对学生的行为进行管理；相反，社会情感学习方法的主要目的是长期发展学生自我约束的社会情感能力，使学生不仅在学校期间，而且在离开学校后都能够自我约束。社会情感学习和全校范围的积极行为干预和支持方法的主要目标有差异，强调不同的策略和技术。

考虑到社会情感学习和全校范围的积极行为干预和支持方法的受欢迎程度，以及它们对不同但或许同等重要的学校纪律目标的关注，很多学校面临整合这两种方法的挑战。为了更好地将这两种方法结合起来，教育工作者有必要了解驱动这两种方法的基本原则和实践，以便他们能够看到这些方法的重叠和互补，以及可能被视为冲突的特性。这一章主要是为这些教育工作者写的。

在本章中，我们首先对社会情感学习和全校范围的积极行为干预和支持方法进行概述，并描述它们的关键特性。本手册对社会情感学习方法进行了广泛的介绍，因此，本章更多地关注全校范围的积极行为干预和支持方法。接下来，我们将重点介绍这两种方法的优点和局限性。我们认为，社会情感学习方法的主要优势是发展自律，而全校范围的积极行为干预和支持方法是管理学生行为，两者在很大程度上是互补的。每一种方法的主要优点弥补了另一种方法的主要缺点（Osher，Bear，Sprague & Doyle，2010）。最后，我们讨论了学校在整合这两种方法时可能遇到的潜在问题和挑战，以及如何克服它们。

一、社会情感学习方法

从历史和理论上讲，社会情感学习方法深深植根于发展心理学，尤其是建构主义学习理论（Piaget，1932、1965；Vygotsky，1934、1987），以及有关干预和复原力的研究（Greenberg，Domitrovich & Bumbarger，2001；Zins & Elias，2006）。它还借鉴了一系列与人类发展和行为相关的理论，包括但不限于社会认知理论、社会问题解决、积极的青年发展、复原力、道德和亲社会行为发展、情感发展、学生参与、权威性的规训和人类发展生态学。社会情感学习方法是对一个发展社会情感能力的系统的全面阐述，长期以来，社会情感能力被认为对个人成长和在学校、家庭、工作场所和公民环境中的有效表现很重要（Elias et al.，1997）。这包括本手册其他部分阐述的五个社会情感能力：①在学校、家庭和社会中的负责任的决策；②自我管理情感和行为；③人际关系技能；④社会认知；⑤自我认知。这五个核心能力包括一些特定的社会认知和情感技能，研究表明，这些是自律和亲社会行为的基础。要正确理解社会情感学习，不仅要把它看作一套能力，还要包括以下内容。

（1）在社会情感能力方面的系统指导和实践，与学术机构建立明确的长期联系，并按年级进行清晰的衔接。

（2）用统一的主题，如尊重、责任、公平和诚实，加强积极的学校文化氛围。

（3）在具体的、以证据为基础的健康促进和问题行为预防方法中进行适当的发展指导。

（4）提供服务以提高学生的应对技能，并提供社会支持，以处理危机和冲突。

（5）酌情在校内和校外提供积极服务的机会（Elias，Wang，Weissberg，Zins & Walberg，2002；Elias et al.，1997）。

社会情感学习与之前广泛的研究相联系，与之前提到的为发展社会情感能力而设计的干预的复杂性相关；对技能发展产生持续而强烈的影响是至关重要的。与此相关的是，由于社会情感学习理论的建构主义性质，技能和自律机制的内在发展被视为长期技能获取的关键。

社会情感学习方法非常强调在支持性关系的环境中获得社会、情感和行为能力。研究表明，温暖和支持的关系有助于社会情感能力的发展，这可以从教师价值观的内化中看出（Hughes，2012）。它们提高学生的学业成绩（Danielsen，Wiium，Wilhelmsen & Wold，2010），激励学生做出负责任、亲社会的行为（Wentzel，2006）。积极的师生关系对预防和改正问题行为十分重要（Hamre，Pianta，Downer & Mashburn，2008），也包括欺凌（Gregory et al.，2010）。研究强烈支持同伴关系和班级规范在预防行为问题和提高学生学业成绩方面的作用（Stearns，Dodge & Nicholson，2008；Thomas，Bierman & the Conduct Problems Prevention Research Group，2006）。研究表明，父母对儿童的学业、社会和情感发展有很大的影响（Parke & Buriel，2006）。

如本手册其他章节广泛回顾的（参见本手册第 15 章），研究表明，社会情感学习项目包括针对社会情感能力的课程，在支持关系的背景下开展时，它在实现广泛的、有价值的学业、社会和情感结果方面是有效的。这些结果包括更好的社会情感能力，对自己和他人更积极的态度，更积极的社会行为，更少的行为问题，更少的情绪困扰，以及更好的学习成绩（Durlak et al.，2011）。

二、积极行为干预和支持方法

全校范围的积极行为干预和支持与积极行为干预和支持被纳入《残疾人士教育法》（IDEA）修订案直接相关。对于行为妨碍其学习或他人学习的残疾儿童，《残疾人士教育法》要求个人层面的积极行为干预和支持，而不是全校层面的积极行为干预和支持。该法案还向各州提供资金，专门用于员工培训和实施全校范围的积极行为干预和支持。这类资助的目的是防止出现学术和行为问题，从而减少"为了满足这些儿童的学习和行为需求而给他们贴上残疾标签"的现象。尽管包括了积极行为干预和支持这个术语，但全校范围的积极行为干预和支持在《残疾人士教育法》或其他联邦立法中都没有定义。同样，与社会情感学习方法一样，全校范围的积极行为干预和支持没有单一的框架（Knoff，2008）。它的开发者认为，全校范围的积极行为干预和支持最好被看作简单的积极行为支持（PBS），就像用于残疾学生一样，适用于所有学生（Dunlap，Sailor，Horner & Sugai，2009）。从这个观点来看，要理解全校范围的积极行为干预和支持，首先必须理解积极行为支持以及它是如何演变成全校范围的积极行为干预和支持的。积极行为支持这个术语最初是由霍纳（Horner）和同事（2009）提出的，用来描述"非厌恶性（nonaversive）行为支持技术"。他们将其应用于严重残疾的个体，尤其是那些表现出自残、攻击性和严重破坏性行为的成人（Dunlap et al.，2009）。积极行为支持的目标是实施积极行为的干预和支持，通过使用正强化来增加适应性行为，而不是使用令人厌恶的惩罚形式，如电击、身体约束和排斥。这些积极行为的干预和支持是由功能行为评估（FBA）指导的。功能行为评估被视为"积极行为支持的基础"（Dunlap et al.，2009）。功能行为评估是基于这样的理解：几乎所有的行为都可以与两个主要的功能或目的相联系，比如，获得想要的事件，可以通过寻求关注和奖励，或避免、逃避令人厌恶的刺激来达到（Crone & Horner，2003）。由于发现积极行为支持可有效解决机构中严重残疾者的严重行为问题，因此将其应用于有情绪与行为障碍的学生以及残疾儿童（Dunlap et al.，2009）。积极行为支持迈向全校学习方法的下一步是由其发展出的理念来指导。他们认为，将积极行为支持技术应用于个人的做法在很大程度上是无效的，"这些措施是在混乱的教室和学校中实施的，在那里，老师们不断地处理多个学生的行为问题，而全校或班级范围内的纪律明显缺失"。因此，在混乱的学校和教室，在缺乏行为管理技能的教师的情况下，霍纳和俄勒冈大学的同事创建了全校范围的积极行为干预和支持（Dunlap et al.，2009；Sprague & Horner，2006）。在此过程中，他们将功能行为评估和应用行为分析（ABA）的一般原则应用到三层预防模型中，这在预防性心理健康方面的文献中很常见（例如，第 1 层关注普遍的级别；第 2 层关注选定的级别或二级级别；第 3 层关注个别的或三级级别）。

霍纳强调积极行为支持和全校范围的积极行为干预和支持的理论和概念基础为"与行为理论和应用行为分析紧密相关"。与社会情感学习相似，全校范围的积极行为干预和支持强调系统变革，目的不仅是预防学校问题行为的发生，改善学生的行为，还包括改善学校的"社会文化"。在 2010 年实施的蓝图和自我评估中，全校范围的积极行为干预和支持的定义就体现了这一点（Sugai et al.，2010）。该蓝图由积极行为干预和支持技术援助中心发布，由美国教育部和特殊教育项目办公室资助，旨在指导学校实施全校范围的积极行为干预和支持。在蓝图中，全校范围的积极行为干预和支持被定义为"一种框架或方法，由建立学校社会文化、学习模式和教学环境，以及为所有学生取得学业和社会成功所需的个人行为提供支持的干预实践和组织系统组成"。与其他全校范围的积极行为干预和支持的流行定义类似（例如，Horner，Sugai，Todd & Lewis-Palmer，2005；Sugai & Horner，2009），该定义足够广泛，没有特定性，几乎能涵盖学校纪律和预防性心理健康的任何计划或模型。虽然在这些定义中，我们丢失了全校范围的积极行为干预和支持的应用行为分析和积极行为支持基础，但从蓝图中描绘的以及在文献中经常引用的全校范围的积极行为干预和支持的定义特征来看，这些理论基础得到了明确的强调。这些特点概述如下。

定义特征

文献中经常引用全校范围的积极行为干预和支持的五个定义特征（Horner et al.，2005；Sugai，Horner & McIntosh，2008；Sugai et al.，2010）：操作定义和有价值的结果，持续的收集和使用数据进行决策，系统变革，研究验证的实践，应用行为分析和生物医学科学的基础。

(一)操作定义和有价值的结果

全校范围的积极行为干预和支持强调,有价值的学术和行为结果应该被确定,并有针对性地进行干预。与应用行为分析原则一致,它是对结果进行操作化的测量和常规监测,以确定全校范围的积极行为干预和支持实践的使用是否对学生行为产生积极影响(George,Kincaid & Pollard-Sage,2009)。办公室纪律检查(ODRs)和停学数据是最常见的测量结果(例如,Bradshaw,Mitchell & Leaf,2010;MassGalloway,Panyan,Smith & Wessendorf,2008),全校范围的积极行为干预和支持的其他有价值的结果还包括学校氛围和学业成绩(例如,Horner et al.,2009)。

(二)持续的收集和使用数据进行决策

办公室纪律检查和停学数据不仅用于衡量项目的有效性,而且通过收集和分析形成决策。这些数据将从功能行为评估的角度进行分析(Crone & Horner,2003;George et al.,2009)。例如,如果数据显示大量办公室纪律检查来自五年级数学班的学生,则可以假设这些学生的不当行为是为了避免他们反感的东西(数学)或引起同龄人或老师的关注。然后可以做出决定,以更好地增强他们的任务行为,并使数学教学和作业更具有激励性。

(三)系统变革

系统变革(现在也被称为“支持性系统”)对于学校来说并不新鲜(Fullan,2007),而且全校范围的积极行为干预和支持系统变革的各个方面与大多数其他学校的改革举措是一致的。这些方面包括基于团队的选择和实施研究验证的实践、基于数据的决策、行政和团队领导、工作人员承诺、通信和信息系统、充足的人员和时间,以及预算支持。然而,全校范围的积极行为干预和支持方法与其他系统变革工作有很大不同的一个主要方面是领导团队的推荐组成,这反映了该方法的行为视角。为了确保以证据为基础的干预是与应用行为分析和积极行为支持相关的,在蓝图中建议领导团队至少包括两名在应用行为分析方面具有专业知识和经验的个人。

(四)研究验证的实践

全校范围的积极行为干预和支持方法强调“研究验证”实践的实施(Sugai et al.,2010),以防止问题行为和实现有价值的结果。在全校范围的积极行为干预和支持中,“验证研究是指直接而系统地检查实践的准确实施与实践接受者的行为或表现的重要变化之间是否存在功能关系的研究”。如下所述,四个主要的研究验证实践是全校范围的积极行为干预和支持学校的特征。

1. 明确的行为预期

工作人员要发展 3—5 种积极的行为预期,这些行为预期是明确定义的,并与整个学校多处的具体可观察的行为相关(例如,餐厅、走廊和教室;George et al.,2009)。它们通常以一个矩阵的形式呈现,这个矩阵指定了学生应该在建筑的每个位置展示什么样的行为(例如,

"在走廊上安静地行走"）。

2. 直接教学预期的行为

教师要以直接的方式向所有学生传授行为期望，以确保他们了解学校和班级规则，并培养他们的社交能力（McIntosh，Filter，Bennett，Ryan & Sugai，2010）。规则和行为预期通常以矩阵的形式描述，在学校里以类似于学业教学的方式教授；教育工作者使用的教学计划包括直接指导，示范，反馈和正面强化，以及预期行为的角色扮演示例（Sugai et al.，2010）。

3. 强化适当行为

教师应系统地确认或积极地加强学生表现出的符合学校预期的行为，特别是那些由学校的全校范围的积极行为干预和支持小组开发的矩阵中确定的预期行为（Sugai et al.，2010）。各种形式的正面强化，如有形的奖励（如代金券、门票），获得特权或喜欢的活动，社会认可和口头表扬，不仅可以用来教授新技能和激励学生（George et al.，2009），而且可以用来培养积极的师生关系（McIntosh et al.，2010）。代金券和门票还用于提示成人更频繁地强化目标行为。

4. 对不适当的行为做出反应的系统

教师应根据不当行为的严重程度制定一系列后果反应。教育者应使用基于证据的行为技术，包括惩罚（例如，口头谴责），重新教学和实践行为期望。应该由教师在班级内处理的小的行为问题与应该由办公室管理人员处理的大的行为问题是有区别的。

（五）应用行为分析和生物医学科学的基础

应用行为分析原则的应用在前面每一个定义特征中都有所涉及（Dunlap et al.，2009；Sugai & Horner，2009）。蓝图指出，全校范围的积极行为干预和支持也以"生物医学科学"为基础。然而，尚不清楚这个术语在适用于全校范围的积极行为干预和支持时究竟意味着什么，以及它如何转化为教育实践，特别是超出应用行为分析原则的实践。作者简单地指出，有五个"与采用行为和生物医学观点相关的主要假设"（Sugai et al.，2010，p.15）：行为①是可以教的；②是环境可操作的；③是合法的和可预测的；④受环境因素的影响；⑤和生物物理因素相互作用。因此，生物医学科学似乎在很大程度上等同于应用行为分析。

三、 社会情感学习和全校范围的积极行为干预和支持方法的主要优势和局限性

在对这两种方法的优缺点进行评估时，必须认识到，每种方法中各项目的实质性差异可能与这两种方法之间的差异一样大。因此，一个项目是否属于社会情感学习、全校范围的积极行为干预和支持，或同时属于这两者以及为什么，并不总是很清楚。对于许多同时采用这两种方法的学校来说，情况尤其如此。对于全校范围的积极行为干预和支持，当尚不清楚其指全校范围的积极行为干预和支持的一些流行定义中提到的广泛项目和实践（例如，Sugai & Horner，2009；Sugai et al.，2010），还是专门指由霍纳和苏盖（Sugai）开发的以应用行为分析和积极行

为支持为基础、涵盖上述定义特征的项目时，要确定其优缺点尤为困难。如果是前者，即指任何能够有效实现学校所重视的成果的方法，那么，这种方法对现有的关于学校纪律、班级管理和学校改革的文献几乎没有什么贡献。它也很少提供关于教育政策和实践的指导，因为不同学校的项目和实践存在相当大的差异。然而，如果全校范围的积极行为干预和支持被视为包含了前面介绍的定义特性和特征，那么，它的优点和缺点就可以被识别出来，我们将在下面尝试这样做。类似的批评同样适用于社会情感学习方法。也就是说，社会情感学习项目在主要目标和实现目标的社会情感学习策略上存在很大的差异。例如，有多个项目针对特定的预防领域如药物滥用和校园暴力而实施；一些项目针对一个或两个特定的社会情感能力如同情心和社会决策而实施；还有一些项目的目标指向广泛的社会情感能力，包括前面列出的五个社会情感能力领域。

(一)共同点和优点

总的来说，在全校范围的积极行为干预和支持和社会情感学习的实践中，共同点和优点多于差异和弱点。两者都是基于学校的计划，致力于提高学生的社会能力；同时，两者明示或暗示地阻止学生的问题行为；两者都重视预防胜于纠正；两者都不认为零容忍或以惩罚为重点的纪律政策在创建安全健康的学校方面特别有效；双方都致力于向所有学生提供关键的生活技能，认为这是促进学生学业成功的基础(Greenberg et al.，2003；Horner et al.，2005)。与有关学校改革的研究一致(例如，Fullan，2007)，这两种方法都认识到：成功地实施任何全校范围的计划都需要一个持续的系统变革过程，这需要时间。两者都为学校的实施提供了宝贵的资源和支持。例如，学术、社会和情感学习合作共同体提供广泛的指导，协助地区及学校评估其学校人员的社会情感需要及教职员的专业发展需要，以选择合适的社会情感学习项目或方法，并监察项目的推行及成效(Devaney，O'Brien，Resnick，Keister & Weissberg，2006)。同样，积极的行为干预和支持技术援助中心提供了大量的评估和实施工具以及推荐的实践。

(二)主要目标以及实现它们的区别

尽管这两种方法有共同点和优点，但它们的主要目标有很大的不同，实现这些目标的战略和技术也各不相同。如前所述，社会情感学习方法的主要目的是发展学生自律的社会和情感能力，而全校范围的积极行为干预和支持方法的主要目的是预防和管理具有挑战性的行为。不同的主要目标以及实现它们的策略和技术反映了两种方法的理论框架。对这两种方法的优点和局限性的任何评价都必须考虑到主要目标的差异。

1. 社会情感学习的主要优势和全校范围的积极行为干预和支持的局限性：发展认知、情感和自律行为

社会情感学习项目的一个基本要素是适合发展的、有顺序的实践，包括对社会情感能力的前瞻性指导——反映学生如何思考、感受和行动。该方法侧重于学生行为以及作为亲社会行为和自律基础的情感和认知，这是与全校范围的积极行为干预和支持方法最大的不同之处。研究表明，在与亲社会行为和自律相关的情感和认知中，移情、愤怒调节、道德推理、问题解决和自我效能感是最主要的(Bear，2012)。大多数社会情感学习项目都针对这些情感和认知而实施，包含旨在发展相关技能的结构，并支持它们的实践、维持、跨越时间和环境的推广(参见CASEL，2012，有关学前至高中项目的综述)。例如，积极回应的教室项目的教学方法包括日常晨会，学生参与规则制定，使用积极的教师语言，开放式提问，尊重倾听和解决问题的策略。这些策略有助于提高学生的自我效能感、学业成绩、社交技能和改善在学校中的积极关系(RimmKaufman & Chiu，2007)。社会决策项目有一组特定的提示和线索，在全校范围内使用，以促进技能在各种环境中的应用(Elias & Bruene，2005)。在更广的层次上，杜拉克和同事(2011)认为，最好的社会情感学习实践和项目是有序的、积极的、集中的和明确的(SAFE)。实践应该包括有系统和有顺序的课程内容。积极的实践包括角色扮演和其他经验活动。集中是指分配充足的教学时间，明确的实践是那些侧重于构建和应用特定技能的实践。几乎所有基于证据的社会情感学习项目都有跨年级的、不重复的课程结构。

大量的研究支持社会情感学习方法正在实现其主要目标，甚至更多。在迄今最为全面的社会情感学习干预的综述中，杜拉克和同事(2011)回顾了213项有关学前至十二年级的全校社会情感学习干预的元分析，发现实施项目的学校的学生社会情感能力、合适的社会行为、积极的态度和学业成绩有统计学上的显著改善。此外，在行为问题和情绪困扰方面也有统计学意义上的下降。

社会情感能力的发展是社会情感学习方法的一个主要优势，但它是全校范围的积极行为干预和支持方法的一个不足之处。与应用行为分析理论框架一致，儿童认知和情感在行为中的重要性一直没有得到足够的重视——不是面向儿童的想法和感觉，而是重点使用以教师为中心的行为实践来教授行为预期的和外部管理的行为。由于其根源于行为主义和应用行为分析，全校范围的积极行为干预和支持的环境因素(如教学)对于学生的行为问题负有主要责任，因此，教育工作者应该改变他们的做法，而不是让学生改变他们的想法、感受和行动。

2. 全校范围的积极行为干预和支持的优势和社会情感学习的局限性：教师指导的学生行为管理技术

如果一个人的目标是自律地发展，那么，全校范围的积极行为干预和支持对教师指导技术的强调就是该方法的局限性；但是当一个人的目标是对学生行为的管理时，这种局限性就成了其主要优势。社会情感学习的情况恰恰相反：其发展自律的优势反映了其对学生行为管理的局限性。全校范围的积极行为干预和支持方法为学生行为的有效、短期管理提供了一整套以证据为基础的预防和纠正行为技术，并在教师和支持人员的共同框架内这样做。行为技术，特别是正强化、负强化、消退、反应成本惩罚和涉及厌恶的惩罚，在管理个别学生行为的有效性方面得到了研究的有力支持，特别是在短期内(Landrum & Kauffman，2006)。在某种程度上，所有的老师，包括那些坚持社会情感学习方法的老师，都会使用这些行为技巧，通常还会结合其他技巧(Bear，2005；Brophy，1996)。它们是几乎所有学校纪律模型和方法的共同要素。研究支持它们在全校范围内使用这些技术以预防和纠正问题行为（例如，Embry，2002；Gottfredson，Gottfredson & Skroban，1996)。

　　然而，行为技术，特别是系统地使用正强化，在全校范围的积极行为干预和支持中比在社会情感学习方法中受到更大的重视。积极的强化，使用有形的奖励(如代金券、门票)，获得特权或喜欢的活动，社会认可和口头表扬，是全校范围的积极行为干预和支持方法的基石。它们作为一种识别积极行为和"激励学生使用新技能"(George et al.，2009)的机制被系统地应用。这种积极强化的系统应用，结合积极的监督，不仅是为了直接管理学生的行为，而且间接地增加了教职工与学生之间正互动、负互动的比例，从而培养师生关系(McIntosh et al.，2010)。

　　行为技术在管理学生行为方面的有效性在全校范围的积极行为干预和支持方法中得到了很好的确立。正如在大量研究中看到的那样，它减少了办公室纪律检查和停学现象（例如，Bradshaw et al.，2010；Flannery，Fenning，Kato & McIntosh，2014；Mass-Galloway et al.，2008)。一项随机对照研究发现，欺凌行为有所减少(Waasdorp，Bradshaw & Leaf，2012)。虽说如此，目前还不清楚的是，是否所有学生都需要系统地应用这些研究中所使用的行为技术，或者是否在许多以有效的班级管理为特征的教室和学校中也需要这样做(Bear，2013)。此外，这些技术是否会导致学生行为的持续改变或者带来更积极的学校氛围的变化，这仍有待确定(Bear，2010；Osher et al.，2010)。研究表明，使用行为技巧教授的社会技能很少能持续下去，而且往往不能在教学结束时推广到其他场合，后果也不再突出(Landrum & Kauffman，2006)。行为技巧的系统应用在满足那些没有自律能力的学生的行为需求时是最有价值的，特别是对那些有严重或长期行为问题风险的学生，或目前有严重或长期行为问题的学生(需要第二层和第三层支持的学生)。与社会情感学习方法相比，全校范围的积极行为干预和支持方法为满足这些学生的需求提供了更大的指导和更广泛的基于证据的技术。跨环境的行为预期的直接教学（行为在这些环境中是什么样子的），一致地运用后果、行为的功能视角（调整前因和后果以适应行为的功能，促进行为改变)建立一致的信息体系，让学生从成人那里得到具体的指导，已经被证明对有行为问题的学生和那些没有内在动机催发合适行为的学生是有效的(Epstein，Atkins，Cullinan，Kutash & Weaver，2008)。

　　虽然大多数社会情感学习项目包括积极主动地指导学生如何处理负面情绪，如何产生同理心，以及如何做出健康的行为选择，但很少有策略和结构来指导教师如何减少挑战行为或有效使用惩罚行为(减少负面行为的策略)。在这种情况下，社会情感学习项目似乎是有局限性的，特别是对于那些正在努力处理大量具有挑战性行为事件的学校来说。

　　全校范围的积极行为干预和支持方法的一个优势是它强调持续的数据收集和分析，以证明其目标结果已经实现，包括管理学生行为的目标。当问责制数据得到高度重视时，这一点尤其重要。日常收集的不仅是关于学生行为问题的多种数据(如办公室训诫、停学)，而且有关于学校的优势和需求、实施的忠诚度以及其他学生和学校成果的数据，从而提高了学校有效地针对最需要的领域进行改进的能力。如全校范围的积极行为干预和支持所强调的，收集有效的和多种形式的数据的另一个好处是，这些数据往往在说服他人（例如，学校董事会和家长）需要额外资源方面很有价值。本章后面将讨论全校范围的积极行为干预和支持方法中常用的数据类型。

四、 对于一个学校来说什么是最好的：社会情感学习、全校范围的积极行为干预和支持，还是两者都是

一所学校在这两种方法之间的选择很可能不仅取决于它的主要目标，也取决于对学校纪律和班级管理这两种传统目标目前实现的程度的评估。也就是说，如果学生行为不当是一个主要问题，并且学习环境不利于学习，包括社会情感能力的学习，那么，采用全校范围的积极行为干预和支持方法将是一个明智的决定。添加社会情感学习方法中常见的技术不仅可以支持短期的遵从性，而且可以在长期内发展学生的自我约束能力，这是明智的。然而，在实施社会情感学习方法的学校中，几乎不需要采用全校范围的积极行为干预和支持方法，因为行为问题并不明显。在许多学校，将这两种方法结合起来似乎是最合适的，例如，当两种目标都受到高度重视，但都没有完全实现的时候。还有一些学校没有选择的余地——它们被要求或者被强制执行这两种方法。

然而，当全校范围的积极行为干预和支持方法和社会情感学习方法被认为是不兼容的，是相互独立的而不是互补的时，将两者整合起来是最有问题的。如果把它们视为截然相反的，把它们潜在的哲学理解得太简单，或者认为它们都过于复杂或有限制而不采取循证的或有希望的实践，那么，这两种方法以及它们的技术和策略会被视为不相容的。在这种情况下，可能会出现问题，导致实践不能有效、完整地实施或根本没有得到实施。在实践中，如果两者都存在，那么，不太可能放弃其中一个，至少不可能全部放弃，而学校很可能会发现自己在努力适应两者。例如，马里兰州和伊利诺伊州已经进行了大量关于全校范围的积极行为干预和支持方法的研究（例如，Bradshaw et al.，2010），学校被要求实施品格教育（马里兰州）或社会情感学习（伊利诺伊州）。在一个对马里兰州小学全校范围的积极行为干预和支持的随机对照研究中，布拉德肖和同事（2010）发现，平均5.1个项目被引入每个学校："品格教育或发展社会性或社交技巧，欺凌预防，药物预防（例如，药物滥用、抵抗力教育项目），解决冲突和同伴冲突。"

本节将重点介绍全校范围的积极行为干预和支持和社会情感学习的潜在整合策略，以及整合过程中可能出现的常见挑战。我们主要关注四个领域，在这些领域中，当同时使用这两种方法时，整合或缺陷经常发生。具体来说，我们解决：①项目的短期和长期目标；②使用外部奖励；③领导结构；④考核和评价。

（一）项目的短期和长期目标

考虑一下学校和地区利用全校范围的积极行为干预和支持方法和社会情感学习方法最有希

望的方面，来创建一种全面有效的服务模型，以支持所有儿童并重视学校纪律和班级管理的两个传统目标：短期管理学生行为，长期发展学生自律。目标以及实现这些目标的技术和策略的结合与抚养儿童（Baumrind，2013）和保持学校纪律（Bear，2010；Brophy，1996；Gregory et al.，2010）的权威方法一致。在纪律规训中，响应能力（通常称为支持）和需求（通常称为结构）受到同等重视，并且在短期和长期内，两者都被视为建立、维持纪律的工具。响应性被描述为支持性、互惠性关系，以及对儿童发展需求的敏感性，正如社会情感学习方法所强调的那样。需求强调明确的行为期望、规则和责任结构，就像全校范围的积极行为干预和支持方法一样。

虽然全校范围的积极行为干预和支持的技术可能是满足需求和实现短期目标最有效的方法，但它们的最终成功在于与社会情感学习的技术建立联系并与之衔接，从而获得内化的技能，包括自律。因此，与需求相关的技术，无论是积极的还是惩罚性的，都将与社会情感学习的以责任为中心的技术相联系，以实现短期和长期的目标。例如，如果全校范围的积极行为干预和支持方法在学校范围内的期望是"尊重他人"，并且老师（可能有学生的输入）将尊重性的或惯例的行为示例定义为"轮到你再说话"和"倾听"，然后在儿童学习这些规则时称赞他们，这对于学生最初建立行为很重要。但是，对此类规则的其他讨论（例如，除了对自身的直接后果之外，为什么其他仍然重要），以及这些行为的惯常实践和应用可能有助于指导和整合重要的社会情感能力，如人际关系技能和负责任的决策。另一个例子可能是，当老师实施了一个行为后果，如"暂停强化"后，一个学生暂时从一个似乎是在强化他的挑战性行为的情境中脱离出来。将这种实践与后续的教学联系起来，或者对这种行为进行反思，可能会帮助儿童尝试以一种不同的方式参与到未来的生活中。在这些例子中，全校范围的积极行为干预和支持教学方法与社会情感学习方法是同步的，可以确保学习的连续性和协同性。

（二）使用外部奖励

在社会情感学习方法中，成人当然应该承认并鼓励儿童社会情感能力的实践，但与全校范围的积极行为干预和支持方法相比，社会情感学习方法对使用有形奖励的强调要少得多，尤其是在外部控制学生行为方面。考虑到全校范围的积极行为干预和支持方法与社会情感学习方法对外部奖励的使用通常持相反的观点，专业人员可以重新定义这个问题，并考虑将外部奖励作为通向社会情感能力的长期发展的短期桥梁，同时，有策略地使用它们（仅在需要时谨慎地使用，而不是以契约或社会比较的方式；Bear，2010）。策略性地使用外部奖励，包括有形的奖励，可能是完全合适的，特别是当问题行为很明显的时候。与社会情感学习导向最一致的是使用班级或学校级别的奖励以奖励与团队合作相关的偶发事件，并使用表扬和奖励来强化期望的行为，以及潜在的认知和情感。

与全校范围的积极行为干预和支持相关的一个常见挑战，特别是与以教师为中心的实践相关的挑战是，系统地、频繁地使用表扬和奖励足以改变行为（短期和长期的），并且容易设置有效实施的假设。正如布罗菲（Brophy，1981）对有关表扬和奖励的研究文献的广泛回顾所指出的，它们在班级上的有效性"被严重夸大了"。有策略地、明智地实施它们，尤其是在班级和全校范围内，往往是一项艰巨的任务，因为教师面临多重要求，而且其对行为的影响往往很小（Brophy，1981）。它们的使用与许多普遍的教师培训不一致（Brownell，Ross，Colón & McCallum，2003）。他们知道在某些情况下（例如，以控制的方式使用以及强调社会比较；Deci，Koestner & Ryan，2001），奖励甚至表扬可能会损害学生的内在动机。当考虑"扩大规模"的奖励系统时，例如，在全校范围的积极行为干预和支持实践中，让教师和工作人员以系统和策略性的方式实施奖励尤其具有挑战性。当教师被要求改变他们目前的做法，并实施"扩大规模"的奖励制度时，特别是当几乎没有证据表明需要改变或新制度比目前的做法更有效时，应该预料到抵制现象，因为这是非常正常的（Bear，2013）。

全校范围的积极行为干预和支持方法可能会误以为能够通过系统地强化特定的期望行为来快速而持久地改变行为，这是全校范围的积极行为干预和支持方法遇到的一个挑战，而未能体会到策略性和明智地使用赞美和奖励在管理学生行为以及发展自律方面的潜在价值，这是社会情感学习方法的一个缺陷。也就是说，在对建构方法进行过于僵化的解释之后，外部奖励可能使用得太少，特别是在教授新技能、缺乏内在动机以及没有表现出所期望的行为时。可以肯定的是，奖励的使用和它们对内在动机的潜在危害是几十年来一直存在争议的主题（Cameron & Pierce，1994；Deci et al.，2001）。这种争论很可能会继续下去。在这场辩论中，经常出现的关于两者的极端观点（奖励从不损害内在动机，奖励几乎总是有害的）可能同样是错误的。最近的研究表明，在整合社会情感学习和全校范围的积极行为干预和支持方法的背景下，经常使用表扬和奖励与更大的亲社会行为的外在动机和内在动机相关（Bear，Blank，Mantz & Farley-Ripple，2015）。

（三）领导结构

全校范围的积极行为干预和支持研究和社会情感学习研究在建立学校可持续的、有效的常规和做法的能力的重要性方面相一致，两者都建议从指导委员会或领导团队开始（Devaney et al.，2006；Sugai et al.，2010）。小组的代表性特别重要，因为每个成员都可以充当学校网络中各个成员的联络人（例如，管理人员、年级教师团队、专家、家长）。当有太多的团队提出太多的倡议时，或者当团队成员不能真正反映学校的需求时，例如，当团队中的特殊教育和支持人员的数量与普通教育教师的数量不成比例时，就会出现常见的挑战，反之亦然。在发生这种情况时，代表性不足的成员可能会产生抵制行为。

代表性的领导团队可能会为全校范围的积极行为干预和支持实践和社会情感学习实践的混合模型制定范围和顺序。例如，他们可以明确地将每个选定的学校范围内的期望行为与所采用课程中的特定社会情感学习联系起来。有了这个路线图，教育工作者可以更容易地理解全校范围的积极行为干预和支持与社会情感学习之间的重叠部分，并在教学过程中向所有学生清晰地、持续地传达这些重叠部分。考虑到相互竞争的实践和缺陷的潜在可能性，至关重要的是，领导委员会必须指导工作，以明确适合于发展的、因地制宜的社会情感学习和全校范围的积极行为干预和支持的做法，并传达倡议之间的联系。如果目标是营造一种既包含响应式关系又包含要求的氛围，领导委员会和学校专业人员需要对特定学校环境中的改革文化和学生的社会情感需求有较深刻的理解。

了解学校内已有的哪些革新对于有效整合新实践很重要。例如，全校范围的积极行为干预和支持是一种结构化的、分层的干预模型。该模型根据学生的需求增加干预强度，普遍的做法是：关注定义和教授不同情境下学生的行为期望，在学生达到期望时表示认可，这通常是由学校工作人员以协调的方式制定的。如果一所学校已经有了这种协调的结构，那么，这些实践的自然扩展将正式合并更多以学生为中心的社会情感学习策略和技术。社会情感学习可以扩大学生对核心期望（例如，尊重、善良、责任感）的重要性的理解，并帮助他们建立与期望有内在联系的技能（例如，解决冲突，调节情绪）。通过这种方式，社会情感能力的实践可以更容易地对跨学校环境和情况进行整合，并且当教授新的行为或惯例时，当学生缺乏应用技能的动机时，教师可以有策略地经常和系统地使用奖励（如果需要的话）。当学生有持续的机会来反思和内化行为期望与社会情感过程（如移情、自尊和自我认同）之间的联系时，外部奖励可能就没有必要了。

随着学校实施过程的进行，领导委员会将继续充当数据团队，根据定期评估分析来制订行动计划。对学生成绩数据的分析可能有助于确定需要更深入支持的学生，对实施数据的分析有助于确定在学校范围内贯彻实施项目的程度。领导委员会也可以使用这些数据来规划员工的专业发展活动，这些活动的重点是学校最初定义的社会情感教学的核心。

(四)考核和评价

一方面，鉴于促进社会情感学习和全校范围的积极行为干预和支持的实施的领导团队必须依靠准确而有效的数据，可能发生的潜在挑战是数据收集不完整。例如，学校可能会集中精力分析全校的办公室纪律数据，而忽略了全校范围的积极行为干预和支持实践和社会情感学习实践所导致的行为变化的其他重要因素，特别是那些与他们的长期目标相关的因素（例如，增加亲社会行为）。另一方面，学校可能会把精力投入与社会情感行为感知相关的特定工具的使用中，但却没有一个系统来收集和分析数据，以便在频繁、持续的基础上进行决策，而这些数据很容易使用。

为了避免出现评估挑战，实施全校范围的积极行为干预和支持和社会情感学习的学校在评估需求（例如，专业发展、组织支持），实施的忠诚度和项目的有效性时，使用全面和多样的方法至关重要。读者们可以参考本手册其他部分关于社会情感学习评估的更深入的分析。此处提供的示例包括特拉华州全州学校氛围计划中使用的多途径评估方法。该方法将全校范围的积极行为干预和支持方法和社会情感学习方法整合在一起。三种不同的评估被用来确定学校在四个综合领域的优势和劣势：发展自律，预防行为问题，纠正行为问题，以及解决有严重和长期行为问题的学生的需求。评估的第 5 个关键领域是员工发展和项目评估。作为三种评估的一部

分，学生、教师或员工、家长首先完成特拉华州学校氛围调查问卷（Bear，Gaskins，Blank &
Chen，2011）。接下来，在专业学习社区的背景下，学校工作人员完成并讨论对综合的优势和
需求的评估，由 10 个与前面提到的 5 个领域相关的项目组成。最后，外部评估人员根据对教
师、工作人员、管理人员和学生的访谈，在相同的五个领域完成单独的需求评估、学校观察、
材料和政策审查。完成后，学校面临的挑战是解决项目实施过程中确定的障碍，并制订学校改
进计划。该计划可能包括最小化障碍并最大化有效和高效项目实施的策略。

除了收集可帮助工作人员了解利益相关者对气氛和服务提供范围的看法的数据外，考虑对
每个学生的长处和优势进行普遍评估，以及筛查学生社会和情感上的缺陷也可能有用。这种增
加的评估可以帮助学校清楚地确定哪些学生没有对社会情感学习和全校范围的积极行为干预和
支持的通用做法做出反应，并且可能需要更深入的、以优势为导向的干预。结合对气氛和纪律
数据的分析，社会情感筛查评估使专业人员能够快速、有效地收集有关学校内所有学生的社会
情感行为的信息，从而建立针对性更强的干预计划和提升进度监控的能力。

五、总结

在本章中，我们比较了社会情感学习法和全校范围的积极行为干预和支持方法，包括全校
范围的积极行为干预和支持方法的简要历史以及其定义的特征，强调了每种方法的主要优势和
局限性。我们认为，每种方法的最大优势是另一种方法的劣势，特别是当我们遵从学校纪律和
班级管理这两个传统目标来管理学生行为和培养学生自律的时候。全校范围的积极行为干预和
支持方法为教育者提供了基于证据的行为技术，在需要的时候，可用于管理学生的行为。当社
会情感学习中常见的以学生为中心的技术不足以实现学校纪律这一重要的短期目标时，这些以
教师为中心的技术往往是必要的。然而，全校范围的积极行为干预和支持的方法在很大程度上
忽视了发展自律的长期目标，特别是与自律相关的情感和认知。相反，这是社会情感学习方法
的优点和主要关注点，而管理学生的不当行为则是其一个相对的弱点。它们一起提供了需
求（或结构）和响应（或支持）的混合，定义了纪律规训。由于许多学校现在被要求实施全校范围
的积极行为干预和支持方法和社会情感学习方法，我们已经确定了学校可能面临的几个主要的
潜在挑战，并提供了解决这些问题的建议。

六、参考文献

请扫描二维码获取原书参考文献。

（二维码）

第 31 章

社会情感学习的校际推广： 社区联盟的作用

阿比盖尔·A. 法根、J. 大卫·霍金斯、瓦莱丽·B. 夏皮罗

本书各章的作者（第 1 章的 Durlak，Weissberg，Domitrovich & Gullotta；第 10 章的 Rimm-Kaufman & Hulleman；第 11 章的 Jagers，Harris & Skoog；第 12 章的 Williamson，Modecki & Guerra）和其他研究（例如，学术、社会和情感学习合作共同体；Durlak，Dymnicki，Taylor，Weissberg & Schellinger，2011；O'Connell，Boat & Warner，2009）已发现存在许多高质量的、校本的社会情感学习项目。这些项目如果实施良好，可以提高社会情感能力，提高学术成就，预防心理、情绪和行为问题，更多的实证研究支持了这些发现，即使对于那些生活在不利条件下的青少年而言依然有效。这些证据表明，学校通过实施这些课程获益良多。然而，研究也表明，有效的社会情感学习项目目前并没有在学校中被广泛使用（Gottfredson & Gottfredson，2002；Ringwalt et al. ，2011）。

我们在这一章中讨论了社区联盟如何帮助促进社会情感学习项目在教室、学校和校区的推广。我们根据 12 个社区联盟在对该系统进行随机对照评估的情况下实施社区关爱项目（Communities That Care，CTC）预防系统的经验（有关该项目的更多详情见 Hawkins et al. ，2008），确定了在试图拓展有效的社会情感学习项目传播时可能面临的一些挑战。在这个多年的项目中，虽然一些社区的学校最初不愿采用社会情感学习课程，但所有的社区最终还是采用了。结果，在这些社区中，超过一半的中学生接受了旨在培养社会情感能力、防止问题行为发展的项目培训。我们讨论了社区联盟在使用社区关爱项目与学校合作时，是如何克服阻挡社会情感学习课程开展和实施的障碍的。在回顾我们从这个项目中汲取的经验之前，我们先从对社区关爱项目的介绍开始。

一、社区关爱项目预防系统

社区关爱项目预防系统(Hawkins & Catalano，1992)的开发旨在帮助社区将促进青少年健康发展和预防青少年问题行为(如辍学、青少年怀孕、药物滥用、犯罪和暴力)项目纳入其日常实践。

社区关爱项目预防系统的主要目标是通过增加项目和政策的使用来改善整个社区青少年的表现。这些项目和政策在减少与问题行为相关的风险因素，增加与更好的结果相关的保护性因素，以及实现更健康的青少年发展方面显示出了有效性。认识到广泛的变革不可能通过一个人的努力，甚至是一小部分坚定的人的努力来实现，社区关爱项目预防系统依靠社区成员的广泛联盟来共同工作。社区联盟包括民选官员、执法人员、学校行政人员和工作人员、公共卫生官员、青少年、父母和企业代表。社区利益相关者的积极参与以及伴随这一合作而增加的技能、信息和资源，有助于增加社区的共识，为变革活动买单，最大限度地减少服务的重复，并产生可以更好地实施和更有可能持续下去的、更具成本-效益的服务(Hawkins，Catalano & Arthur，2002；Kania & Kramer，2011；Stevenson & Mitchell，2003；Wandersman & Florin，2003)。

社区关爱项目预防系统的建立是为了让社区成员参与进来，培养他们对变革活动的积极参与行为(如增强其"集体影响力"，见 Kania & Kramer，2011)。社区关爱项目是一个由不同的社区利益相关者组成的联盟，他们根据从学校和社区收集的数据以及对当地学校学生的调查，将社区概况与经过对照研究证明有效的测试项目相匹配，以帮助改善青少年的表现。该联盟监督和调查新政策和项目在适当的社区组织，包括学校、卫生组织和人类服务组织中的实施。社区关爱项目预防系统就实现变革所需的步骤为联盟提供明确的指导，提供了六个结构化的培训工作坊，以确定、讨论和实践这些联盟需要承担的步骤、过程和行动(在社区关爱项目的材料中被称为"基准和里程")。社区关爱项目预防系统在整个过程中提供了积极的技术援助，以协助联盟成员。

社区关爱项目预防系统运用各联盟的自然吸引力，基于对各社区有不同问题需要用不同办法来解决的认识，强调变革活动必须针对社区，由当地社区成员发起和运作(Hawkins et al，2002；Hawkins，Van Horn & Arthur，2004)。社区关爱项目预防系统没有规定实施特定的程序；相反，社区创建独特的行动计划，使用各种项目类型和形式来满足它们的特殊需求，包括针对学校、家庭、社区或个人的干预。本章的焦点是，如果有相当比例的当地青少年在社会情感能力上存在缺陷，那么，社区联盟就应该选择社会情感学习项目来满足这些需求。与选取学校项目的典型过程不同(例如，当决策由员工或管理者做出时)，联盟做出的选择是基于不同利益相关者群体的一致意见，学校的新社会情感学习课程被视为社区变革行动的一部分。

虽然社区关爱项目预防系统没有强制要求使用校本课程或社会情感学习课程，但本章的其余部分将重点放在社区关爱项目预防联盟如何有助于促进此类课程的传播上。我们描述了在采用和实施社会情感学习和其他学校课程时通常面临的障碍，以及社区关爱项目预防系统联盟在与学校伙伴合作克服这些挑战时所使用的策略。我们的注意力不仅集中在与采用新项目有关的决策过程上，而且集中在与这些干预的实施和可持续性有关的问题上。

二、社区青年发展研究

我们的发现基于参与社区青年发展研究（CYDS）联盟的经验，这是一项为期 10 年的社区随机试验，旨在测试社区关爱项目预防系统在减少青少年危险因素、增加保护因素和减少问题行为方面的功效（Hawkins et al. ，2008）。该项目涉及七个州的 24 个中小城镇，居民规模为1500—50 000 人。这些社区在 2002 年秋季被随机指定实施社区关爱项目预防系统（n＝12）或照常提供预防服务（n＝12）。在项目的前 5 年，12 个干预社区在社区关爱项目预防系统中接受了培训和技术援助，为一名全职联盟工作人员（社区关爱项目协调员）提供了资金，并为实施针对学校、家庭和 5—9 年级（这一范围是研究的重点）学生的预防方案提供了高达 275 000 美元（2—5 年）的资金支持。

（一）在干预社区中采用社区关爱项目预防系统

过程评估（Fagan，Hanson，Hawkins & Arthur，2009）表明，本研究中的所有 12 个干预社区都完全实施了社区关爱项目预防系统的模型。所有干预社区在研究的第一年组成了一个预防联盟，并且随着时间的推移保持着积极的联盟关系。虽然一系列社区利益相关者（执法、卫生和人类服务机构、青年服务团体、地方或州政府、企业、青少年和家长）在联盟中都有代表，但学校人员往往占最大比例。在研究项目的第一年，学校代表（主管、课程专家、校长、副校长、预防工作人员或顾问、教师和其他工作人员）占社区成员的 26％（Fagan，Brooke-Weiss，Cady & Hawkins，2009）。

根据社区关爱项目预防系统的指导方针，在研究期间，所有六年级、八年级、十年级和十二年级的当地青少年每两年完成一次社区关爱项目预防系统青少年调查。这项基于学校的调查提供了针对 30 个风险和保护因素以及问题行为（Arthur，Hawkins，Pollard，Catalano & Baglioni，2002）的有效且可靠的自我报告措施，调查数据被用于确定联盟努力的重点。在这项研究中，联盟成员回顾了当地数据的趋势，以确定随着时间的推移持续升高或降低学生报告的风险和保护因素。然后，各联盟确定了 2—7 个令人关切的因素的优先次序，作为预防活动的目标。为了避免服务重复，联盟成员还对其社区中已实施的解决其优先领域的方案和政策进行了资源评估。

为了获得研究资金，本研究中的联盟必须选择这样的干预：①解决社区的优先风险和保护性因素；②在对照试验中进行测试，证明对 5—9 年级的儿童或家庭在降低风险因素、增强保护性因素及减少问题行为方面是有效的。在社区关爱项目预防系统的一个培训工作坊上，联盟成员回顾了社区关爱项目预防策略指南提供的信息。该指南简要介绍了 39 个经过测试的、有效用于研究年龄组的设计，包括学校范围的干预、校本社会情感学习课程、辅导计划、课后活动、家长培训计划和社区干预。根据所有联盟成员的投入，并考虑到方案要求、财务成本、所需人力资源和当地社会或政治行动者，联盟选择了解决其优先的风险和保护因素并被认为可行的方案。在研究的第 2—5 年，联盟成员实施并监督新方案，以确保这些方案得到充分实施（关于联盟使用的实施监督程序的详细说明见 Fagan，Hanson，Hawkins & Arthur，2008）。

（二）校本项目及采用社会情感学习课程

社区关爱项目中的干预社区都决定在本研究的前 5 年中的某个时间点采用新的校本项目，包括社会情感学习项目。他们这样做是由以下事实确定的：①社区关爱项目预防策略指南确定了有效的社会情感学习项目；②这些项目被认为是成本-效益相对高的，特别是在学校工作人员会教授的情况下；③这些服务可以惠及很大一部分青年人，特别是在为该计划所针对的年龄组学生提供服务的社区的所有年级和学校。如表 31-1 所示，项目第 2 年有 5 个社区采用校本课程、第 3 年有 4 个社区采用校本课程、第 4 年有 1 个社区采用校本课程、第 5 年有 2 个社区采用校本课程。研究期间，在 12 个干预社区实施了 9 个不同的校本预防项目，5 个干预社区实施了多种校本项目。如表 31-2 所示，实施社区关爱项目的社区使用的 9 个项目中，有 6 个涉及提供具有社会情感学习要素的课程。

表 31-1 社区青年发展研究中实施的校本项目（按社区和年份排列）

社区	所选项目	实施年份
A	全明星	第 2—5 年
	项目发展评估	第 2—3 年
	班级行动	第 5 年
T	生活技能训练	第 2—5 年
	青少年狮子探索技能	第 3—5 年
O	青少年狮子探索技能	第 2—5 年
C	青少年狮子探索技能	第 2—5 年
J	生活技能训练	第 2—5 年
I	生活技能训练	第 3—5 年
	奥维斯欺凌预防	第 3—5 年
N	保持明智（Stay SMART）	第 3 年
	生活技能训练	第 4—5 年
H	生活技能训练	第 3—5 年
W	项目警报	第 3—5 年
	禁止滥用毒品	第 5 年
Q	奥维斯欺凌预防	第 4—5 年
G	禁止滥用毒品	第 5 年
X	保持明智	第 5 年

注：研究的第 1 年涉及社区关爱项目中的联盟的形成和训练；项目的采纳和实施开展于第 2—5 年。

表 31-2　包含社会情感学习要素的校本项目在社区关爱项目中的表现

社会情感学习要素	全明星	生活技能训练	青少年狮子探索技能	项目警报	禁止滥用毒品	保持明智
识别或管理情绪		√	√		√	√
移情或换位思考			√			
目标设定	√	√			√	√
决策制定	√	√	√		√	√
沟通技能		√	√	√		
冲突解决		√	√			√
人际问题解决		√	√	√	√	√

先前的研究表明，美国的小学、初中和高中有很大一部分未能实施有效的学校课程（Gottfredson & Gottfredson，2002；Hallfors & Godette，2002；Ringwalt et al.，2011），因此，在参与本研究的所有 12 个社区中采用新的基础课程是值得注意的。例如，一项关于毒品吸食预防课程传播的全国性研究（可能包括社会情感学习元素）表明，只有 47% 的初中（Ringwalt et al.，2011）和 10% 的高中（Ringwalt et al.，2008）报告说使用了经过测试和证明有效的项目。我们认为，基础广泛的社区联盟的结构性参与促成了这一成功。如另一些人所说（Mihalic，Fagan. Irwin，Ballard & Elliot，2004；Saul et al.，2008），循证项目在学校的传播常常受到以下因素的阻碍：缺乏关于哪些项目有效的信息，缺乏为这些课程提供支持的"拥护者"，关于学校应教授什么有争论，以及许多纳入创新项目的结构性障碍。正如我们在下一节所述的，使用社区关爱项目预防系统可以避免并克服这些挑战。

三、社区关爱项目联盟促进有效社会情感学习项目采用和传播的策略

（一）提供有效社会情感学习项目的信息

采用校本和社会情感学习项目的首要障碍之一是学校人员在获取有效项目的科学证据方面遇到困难（Mihalic et al.，2004；Sau et al.，2008）。这些信息经常发表在学校工作人员无法获得的科学期刊上，这些文章经常描述一些不易被实践者理解的方法学问题和程序（Mihalic et al.，2004）。虽然现在描述"最佳实践"和"模范"项目的材料和名单比过去更容易获得，但此类名单通常依赖不同的标准来确定有效性。对于学校工作人员来说，理解这些数据仍然是困难的（Hallfos，Pankratz & Hartman，2007）。学校需要得到帮助才能获取和理解关于测试和验证项目有效的信息。

如前所述，社区关爱项目预防系统在社区关爱项目预防策略指南中向各联盟提供关于什么是有效的信息。在社区关爱项目预防系统的一个培训工作坊上，联盟成员回顾了有效方案及其实施要求的简短摘要。由此，参加联盟会的学校人员可以直接获得有效的信息。为了将这些信息传达给没有参加社区关爱项目联盟或培训的学校行政人员和工作人员，参与这一研究试验的

联盟随后与学校董事会、校长、教师和其他学校人员举行了正式和非正式会议，以说明有效的项目选择。在一些社区，联盟协调员获得了新课程的副本，并与教师和行政人员一起考察课程内容。一位联盟协调员和学校校长访问了附近的一个城镇，观察正在考虑的一个项目方案（青少年狮子探索技能课程）的实施情况；访问之后，校长决定在学校采用该课程。

（二）发展拥护者和支持者

并不是所有的管理者都这么容易被说服。在许多社区，管理者对利用课堂时间去教授和处于学校核心任务外围的课程表示担心。在我们研究的社区，就像在全国的其他社区一样，学校面临着提高学生的学业成绩和考试分数的巨大压力，这常常导致学校必须专注于以学业成绩为目标的教学规划（Durlak et al.，2011；Elias，Butler-Bruene，Blum & Schuyler，2000；St. Pierre，2001）。这些看法增加了开展社会情感学习项目的难度。

在社区关爱项目预防系统的试验中，各联盟认识到，它们需要创造一个"双赢"的局面，并向学校人员表明，采用社会情感学习和其他课程将有助于完成它们的核心任务。为此，一些联盟协调员获得了州和地方规定的学习要求的副本，然后将这些目标与课程内容匹配，以显示这些课程的实施将如何帮助学校满足其学业需求。另一种方法是向学校管理者提供研究，显示预防计划与学术成就之间的联系。例如，有证据表明，暴露于较少的危险因素和拥有更多保护因素的学校具有更高的标准化考试分数和等级（Arthur，Brown & Briney，2006；Flemin et al.，2005）。联盟成员强调，通过实施已知的减少风险和加强保护的社会情感学习课程，学校可以提高学生的学习成绩。其他证据表明，在社会情感项目中，具有较好的解决问题能力、情绪调节能力和决策能力的学生更有可能按时上学并取得较好的学业成绩，也不太可能表现出妨碍学习的破坏性课堂行为（Durlak et al.，2011；Greenberg，2010）。当社区利益相关者与学校人员分享这些发现时，他们可能会认为采用的新项目是值得的。如果社区中的其他主要领导人向学校行政人员传达这些信息，那么，这些信息可能特别具有影响力，而社区中有影响力的利益相关者在社区关爱项目联盟中的广泛参与则有助于实践这一点。

在所有被研究的社区，联盟认识到需要发展拥护者，因为他们将倡导采用新的项目。关键人员必须提供强有力的支持，以确保新项目的采用和成功实施（Miller & Shinn，2005；Rohrbach，Grana，Sussman & Valente，2006）。拥护者最好来自两个层面：一是学校主管和校长这一行政层面，因为他们有权做出决定性的决策，并能分配资源；二是教师和工作人员，他们必须愿意充满热情地、全身心地投入教授新项目，并获得学生们的积极回应。

在这项研究中，来自社区关爱项目的所有联盟都花了大量时间建立关系和获得学校人员的支持。在某些情况下，联盟协调员、其他成员与学校职员有着预先存在的直接关系。在其他情况下，关系是需要建立的，通常是通过正式会议和非正式访问期间进行的多次对话来建立关系的。这一进程的第一步通常是邀请学校的关键代表加入社区关爱项目联盟，在那里，他们将更多地了解有效的预防策略，并了解学校的做法如何与更大的社区目标相联系。我们的过程评估表明，在项目开始时，更快地采用新课程的学校往往有更多的社区关爱项目联盟成员（Fagan，Brooke-Weiss，et al.，2009）。社区关爱项目模式下的直接培训有助于说服学校代表采用经过测试的和有效的方案来解决学生在自己社区报告的高风险和低保护因素，这将有利于学校和更大范围的社区的发展，这样做不会与提高学生学术水平的需要发生冲突。

联盟在决定争取哪些人参与联盟以及哪些人参与有关新项目的对话方面是具有战略性的。他们依靠关于学校的集体知识来确定谁最愿意改变和创新，谁最能理解新项目的好处，谁最有能力影响采用新项目的决定。在某些情况下，社区决定以一种"自上而下"的方法（让学区或物业管理者参与进来）来争取对新项目的支持，因为他们所在地区的决定必须首先得到学校主管领导的认可。联盟成员随后努力与这些管理者建立关系。"自下而上"的方法有时也会被采用。在这些情况下，各联盟认识到，学校行政部门不太可能接受新的方案，特别是由非学区雇员介绍的方案。因此，第一步是让教师参与进来，一旦获得教师支持，该工作人员（而不是联盟成员）就会向管理部门征求对新项目的批准。

最后一个策略是在缺乏充分的热情或无法轻易克服障碍的情况下，在学校内试行项目。在我们的两个试验社区，学校不愿意提供自己的工作人员来教授新课程，因此，联盟确定资助了一名合格的教师来提供课程，希望学校最终能够提供自己的教师来实施项目。在另一个案例中，一个有 7 所小学的社区决定在其中一个最具支持性的校长所在的学校启动新的社会情感学习项目，然后邀请其他所有学校的教师参加最初的项目培训工作坊，以熟悉项目的内容。联盟还邀请学校课程主任在早期采用社会情感学习项目的学校开始在课程后对其课程进行观察。通过这种方式，联盟对该方案产生了进一步的理解和支持，并于第二年在全区实施，其中部分资金来自学区。正如这个例子所表明的，推广社会情感学习项目通常是一个日积月累的过程。

（三）克服实施中的结构和组织障碍

即使学校接受创新，学校工作人员意识到社会情感学习项目的好处，仍然可能存在阻碍采用新课程的结构或组织障碍。当社区出现这些情况时，各联盟发现给项目实施带来挑战的具体问题，并为其提供互利的解决方案是很有帮助的。例如，在一个社区，联盟协调员专门询问了主管人所在地区的需要，当得知他的老师们需要与表现不佳的学生有独处的时间以提高他们的学习成绩时，联盟决定邀请校外的工作人员来教授新课程，这将使教师有时间与学生见面。

在一些地方，联盟发现有其他的、无效的或未经测试的课程正在实施，导致在学校里没有时间来教授新课程。这些课程通常是由教师开发的或得到当地大力支持的，学校人员不愿意停止使用。在这些情况下，联盟成员与学校合作以决定是否应保留或放弃目前就预防项目所做的努力。联盟并不评判过去的选择，而是比较提议项目与当前项目的内容和展现出来的好处。在某些情况下，两种选择之间的内容没有显著差异，但新的项目（提议项目）得到了更仔细的评估，并证明在改善学生成绩方面是有效的，而现行的方案（当前项目）则没有。然后，联盟会提醒学校、政府人员，他们的共同使命——培养健康成功的学生——要求学校将时间和金钱投入确实有效的项目上，而不是那些未经验证的项目上。为了回应新设计的课程成本过高而无法采用的论点，联盟成员提供了证据，证明从长远来看，大幅减少问题行为的课程可以节省资金，例如，提高学生毕业率，预防犯罪行为，减少药物滥用行为和提供心理健康服务（Aos，Lieb，Mayfield，Miller & Pennucci，2004）。他们在这项研究中还有的一项优势在于能够提供一些研究资金来支付项目启动成本。

四、运用联盟推广社会情感学习项目的指导方针和建议

尽管尝试在学校开展和推广新的社会情感学习项目时有许多令人畏惧的挑战需要克服，但从社区关爱项目预防系统的评估中汲取的经验教训表明，社区联盟和学校—社区伙伴关系有助于有效推广社会情感学习项目。联盟可以利用与学校人员的现有关系，提供必要的可信度，并在试图说服学校采用新方案时寻求学校管理人员和工作人员的帮助。即使不能立即取得成功，地方联盟也可以采取一些小的步骤，并随时间推移不断重复，以提高信誉，表明他们与学校合作的兴趣，培养拥护者。通过寻求社区内部的支持，联盟参与联合决策，并与合作伙伴一起实现共同愿景。由于这些行动并不容易进行，我们在下一节总结了从工作中吸取的一些经验教训，并为促进更多地采用社会情感学习项目提供了额外的建议。

(一)建立一个包括学校代表和其他社区成员的联盟

学校经常被要求解决社区青年问题，但他们不能独自解决。促进整个社区年轻人的健康发展需要社区所有部门的利益相关者的积极参与（Kania & Kramer，2011）。社区关爱项目预防系统的基础是创建多样化的联盟，代表学校人员和所有与改善青年生活相关的其他人。建立基础广泛的社区联盟对于创造一种共享沟通、资源、责任和协作的氛围是必要的；也就是说，当社区的不同部门参与关于联盟的使命、愿景和目标的讨论和决定时，他们更有可能拥护共同的责任，以实现有针对性的行为变革（Kania & Kramer，2011）。此外，他们的参与使每个成员或组织都能了解特定目标与更大的使命之间的关系。因此，重要的是，联盟应与学校人员沟通，寻求如何将实施社会情感学习项目与促进青年健康发展的更大社区目标联系起来（Elias，Zins，Graczyk & Weissberg，2003）。这样做有助于整合学校所做的努力与社区的活动，创造"双赢"局面。

必须指出的是，社区关爱项目联盟的成员、行动和取得成功的潜力应该与学校一级的团队区别开来。学校一级的团队往往是为了帮助开展或监督社会情感学习课程的实施。尽管这些团队也可能涉及社区成员，但它们的基础通常不比社区关爱项目联盟更广泛。后者涉及商业、政府、执法、媒体、宗教组织和宣传团体的利益相关者，以及社区内的卫生、教育和社会服务组织、父母和青年，并且是由社区主要领导人（如市长、警察局长和学校主管）指派加入联盟的。在社区关爱项目模式中，有关政策和方案的决定是由这一广泛的利益相关者联盟做出的。当

一大批有影响力的社区成员要求并监督社会情感学习项目时，当这些项目被视为促进青少年健康发展的努力的一部分时，这些项目被采纳、良好实施和持续进行下去的可能性就会提高。如果由社区联盟发起，包括来自多所学校的代表，他们都了解在社区范围内开展服务的必要性，那么，社会情感学习项目可能会接触到更多的学生。相比之下，校本团队则倾向于关注特定学校的需求。社区关爱项目联盟也为跨特定机构共享资源提供了更多的机会，学校不必承担与项目材料和人员有关的所有费用。

(二)迈出第一步并不懈努力获得对社会情感学习项目的支持

研究表明，采用社会情感学习项目和其他创新项目是一个必须培养的过程。社区机构往往抵制变革，满足于"现状"(Backer，1995；Rogers，1995)。就学校而言，这通常意味着不愿意将有效的社会情感学习项目纳入其核心课程(Durlak et al.，2011)。克服变革的阻力需要坚持不懈的努力，表现出诚意，并持续进行谈判和讨论。联盟可能需要采取一些小步骤来"入门"，也就是说，与学校人员建立信任，希望他们最终能采取校本计划。如果学校人员最初拒绝采用社会情感学习项目，联盟可以考虑采用基于社区的项目，培养学术和社会情感能力，然后向学校人员传达这些课外活动是如何帮助学生的。例如，课后辅导计划可以促进学生的学习和实现对学校的承诺，而家长培训干预可以改善学生与家长的沟通。联盟可以要求学校帮助他们号召学生和家长参加这些类型的项目或者提供实施项目的空间。以这种方式，联盟与学校建立了信任，并与学校合作伙伴接触，而不要求他们牺牲课堂时间、人员或其他资源。此外，这些活动表明，该联盟正与学校一同努力，促进青年及其家庭的健康发展，而学校可以不单独做这些。

与此同时，如果最终目标是增加对社会情感学习项目的接受度，那么，联盟必须积极追求这一优先事项。要做到这一点，需要坚持不懈的努力，让各级学校人员参与多种对话，并反复传递信息，以便学生和学校都能从社会情感学习项目中受益。所有 12 个社区最终都采用新的校本课程，但在某些情况下，在这之前需要 3 年的谈判。

(三)大处着眼，小处着手

类似的，认为一所学校能够在项目实施和采用的各个阶段轻松而迅速地发展是天真的。更现实的做法是，最好从小处着手，在一所学校或与一名教师(最好是支持该计划的教师)一起试点一门社会情感学习课程，以便熟悉项目内容和传授方法，确定实施障碍，并留出时间让实施获得最高收益。一旦最初面临的挑战被克服(正如我们所希望的)，联盟可以考虑扩大项目规模，将新项目推广到更多的教师、年级或学校。当面临挑战时，新发展的支持者可以帮助新采用者提供建议和解决方案。新的项目允许缓慢地成长，学校可以有适应新项目的过程，以建立更大、更持久努力的基础。正如埃利亚斯和同事(2003)所指出的："伟大的想法是好的，但事实上，小的胜利和小的步子为以后的、更大的和持久的成功提供了必要的基础。"

学校工作人员也应该意识到，社会情感学习项目并不是能对青少年产生直接和巨大影响的"灵丹妙药"。这些项目对儿童的社会情感能力的影响相对较小，并且在显现出全部的效果之前，可能会有一些延迟（Durlak et al.，2011）。然而，对大量青年人高质量地实施这些课程，有可能产生整个社区范围内的值得庆祝的变化，并用来促进对项目的更多支持和传播。在社区关爱项目预防系统的研究试验中，社区联盟会定期向学校董事会和公众提供项目活动信息、新方案服务的青年人数以及有效性的证据，并公开赞扬学校行政人员和教师在提高青年能力方面所做的努力。这些努力取得了成效。在某些情况下，学校行政人员和学校董事会批准将新项目纳入学校常规项目，并接手该项目的资金费用。

五、潜在的问题和隐患

一些基于联盟的变革努力并没有带来成功的学校—社区伙伴关系或预期的儿童福祉（Flewelling et al.，2005；Hallfors，Cho，Livert & Kadushin，2002；St. Pierre & Kaltreider，2004）。在建立和维持基础广泛的联盟时，可能会出现重大挑战，即使是强大的联盟尝试在学校中将新的社会情感学习项目引入、发展和制度化时也可能遇到障碍。在本章的最后一节，我们将确定哪些额外的挑战会阻碍社会情感学习课程的成功实施，并为克服这些障碍提供解决方案。

（一）社区未能充分参与青年发展项目

许多研究都注意到了让社区成员参与促进青年健康发展所面临的困难（Feinberg，Chilenski，Greenberg，Spoth & Redmond，2007；Merzel & D'Afflitti，2003；Stith et al.，2006）。联盟成员即使有共同的关注点或目标，也很难对这一事业做出并保持坚定的承诺，并使该组织从计划走向行动。这需要花费大量的资源和时间，可能是一个挑战。大多数联盟依赖于志愿者，他们经常在私人时间参与，并不保证总可以参加会议或采取必要的行动。确保来自不同背景，拥有不同技能、需求、资源和成功所需想法的联盟成员之间的凝聚力和协作也是一项挑战。会员更替很可能发生，这进一步使保持专注、承诺和支持的能力复杂化。

由于联盟通常由志愿者组成，因此，雇佣能够维持运作并确保完成任务的敬业员工非常重要（Kania & Kramer，2011）。各社区应准备为至少一名具有各种技能的兼职或全职带薪工作人员拨出资源，这些技能包括加强会议协商，鼓励协作，促进联合决策和委派任务。很可能很难找到一个具有这种多样化技能的社区成员，也很难为这个职位获得可持续的资金。然而，在社区关爱项目预防系统的研究中，对协调员职位的研究资助结束两年后，7个干预社区继续使用联邦和州赠款及地方政府资助等来支持有薪工作人员（Gloppen，Arthur，Hawkins & Shapiro，2012）继续工作。提名一位（志愿）联盟主席也会有帮助，他可以协助加强会议协商，提升每个成员对联盟活动的主人翁意识，为参与提供有意义的机会，保持热情，并创造团结一致和共同决策的气氛。

(二)人员变动

联盟很可能面临普通会员的更替，而不稳定性在学校代表中可能更为常见。一些研究表明，新教师的更替率高达 50%，而主管在城市学区的平均雇用年限只有两年（Elias et al.，2003）。这些数字表明，协调员应招募多个学校代表参加联盟，并避免将一名管理人员或教师确定为他们唯一的变革支持者或推动者。同样重要的是，一旦决定采用新的社会情感学习项目，联盟将继续与学校人员合作，确保课程在学校或学区的制度化，因为一些负责社会情感学习项目交付的人也有可能离开。因此，确定一个项目的协调员是有帮助的，或者更好的是，建立一个负责监督实施程序并根据需要招聘新实施者的实施团队（Elias et al.，2003）。

(三)不理想的实施质量

采用一个新的项目的决定只是成功实施和推广社会情感学习课程的第一步。同样重要的是，根据开发者指定的内容、活动和交付方法，确保项目具有忠诚度地完整实施和交付。有证据表明，当在社区重复这些课程时，有效的校本课程的实施质量会受到影响（Gottfredson & Gottfredson，2002；Hallfors & Godette，2002）。学校人员经常对课程的核心要素进行更改，例如，缩短课程，省略关键内容或活动，更改课程中概述的教学模式。教学实践的变化通常被学校人员视为可取的，特别是当教师调整课程以回应学生的优势和需求或更好地适应学校文化、实践或领导能力时。然而，更紧密地遵守有效课程的核心部分（实施精确性）与学生态度和更积极的行为变化相关（Durlak & DuPre，2008；Fixsen，Naoom，Blase，Friedman & Wallace，2005）。

为了确保高质量实施，所有负责社会情感学习项目交付的指导员都必须接受项目开发人员的培训，以熟悉促使项目成功的有效成分（Fixsen et al.，2005）。此类工作坊通常为课程教学提供了演示和实践的时间，这有助于教师更快地掌握课程内容。由于课堂上可能会出现挑战，因此，如果开发人员可以提供培训，教师也必须接受定期的培训，并获得熟悉课程的人员的持续指导或支持。如果学校指定了一名项目协调员，他可以担任教师或教练，特别是当他接受过培训，并且在实施项目方面经验丰富时。

联盟在确保社会情感学习课程的高实施质量方面也可以发挥作用。在社区关爱项目预防系统中，联盟的一个工作组负责监测选定方案的执行情况，查明潜在问题，并帮助学校和其他机构采取纠正行动，在出现挑战时改进实践。在我们的研究项目中，联盟要求教师完成简短的调查，说明他们每节课的授课程度，社区志愿者以及学校人员观察课程以评估实施情况（Fagan et al.，2008）。联盟随后审查了这些信息，并与学校人员合作，发现问题后向教师提供反馈。但教师们并不总是乐于接受这种帮助，尤其是在实施的启动阶段。但当他们意识到这些信息与工作绩效的评估无关时，他们的担心就减轻了。联盟成员强调，监测和反馈仅用于改进课程，以实现整个社区正在努力实现的目标：为当地青年带来更积极的结果。此外，允许哪些人听课是根据学校政策以及与教师或学校行政人员协商后决定的。

六、结论

有证据表明，社区可以获得高质量的社会情感学习项目，这些项目的实施是属于社区的，可以提高青年的社会情感能力、学术成就，促进青年积极健康地发展。然而，研究也表明，有效的社会情感学习课程并没有被学校广泛采用。正如我们在这一章中所概述的，通过建立基础广泛的联盟来建立社区—学校的伙伴关系以增加社会情感学习项目的传播和采用，是一个有希望的战略。

尽管本章重点介绍了社区关爱项目预防系统模式，但其他基于社区的联盟模式在确保包括社会情感学习课程在内的学校课程的高质量交付方面也具有有效性，如促进学校—社区—大学伙伴关系以增强复原力（PROSPER）模式，明确侧重于建立学校—社区伙伴关系以加强学校社会情感学习课程的实施。该战略假定，所有青年都将受益于旨在加强个人能力和亲子互动的服务。当地大学合作扩展服务（CES）与学区人员和其他社区成员合作，为家长选择并监督校本预防课程和讲习班的实施（Spoth & Greenberg，2005）。

取得成果（GTO）项目采取了一种更广泛的方法，向联盟和其他组织提供服务，帮助它们规划和提供一系列基于证据的服务的实施。这个系统可以被学校用来促进社会情感学习项目的采用和实施。在这种情况下，取得成果项目将向行政人员和教师提供指导，指导他们如何选择"正确"的社会情感学习方案（最符合学校需要、资源和目标的方案），在实施前评估学校和教师的能力，仔细监测服务的提供情况并衡量结果，并根据需要参与质量保证程序，以确保项目的有效性和可持续性（Wandersman，Imm，chinman & Kaftarian，2000；参见本手册第33章）。

学术、社会和情感学习合作共同体等组织提供了有用的工具，有助于社会情感学习项目的广泛传播。特别是，学术、社会和情感学习合作共同体的《2013年指南》概述了基于证据而发现的对学龄前和小学生有效的社会情感学习项目，并就如何确保新项目与现有服务相结合，得到学校人员的良好支持，以及为如何进行仔细监控以确保成功提供了方便用户的建议。

在我们与实施社区关爱项目预防系统的社区合作的过程中，我们记录了联盟在试图与学校合作以促进采用社会情感学习和实施其他基于学校的方案时应考虑的具体战略。理想情况下，这些合作将被视为各方共赢的情况，因为更多地利用这些项目有助于学校完成提高学生学业成绩的核心任务，并有助于联盟实现促进社区青年发展的目标。在我们的项目中，虽然一些学校最初不愿意将教学时间用于社会情感学习课程，但所有社区最终都这样做了。参与本研究的12个社区平均覆盖了它们一半以上的中学生群体，校本项目被证明可以降低学生风险，增加保护，包括提升社会情感能力，并防止问题行为的发展（Fagan et al.，2008）。这些成果令人鼓舞，我们希望从这一项目中所吸取的经验教训将被其他社区用来促进全国范围内更积极的青年发展。

七、致谢

　　这项研究得到了国家药物滥用研究所（编号：R01 DA015183-03）的研究资助。该研究所由国家癌症研究所、国家儿童健康和人类发展研究所、国家心理健康研究所、药物滥用预防中心和国家防止酒精滥用与酒精中毒研究所共同发起。本章内容仅由作者负责，不代表资助机构的官方观点。

　　我们感谢本章所述 24 个社区的居民持续参与研究和数据收集工作。

八、参考文献

　　请扫描二维码获取原书参考文献。

第 32 章
在学区中开展社会情感学习支持系统

艾米·凯瑟琳·马特、罗杰·P. 韦斯伯格、

金伯利·肯迪奥拉

社会情感学习可以而且应该成为每个儿童教育的基本部分。数十年来的严谨研究已经确定在教育环境中实施社会情感学习的项目和加强实践，这些项目和实践已被世界各地的许多教育工作者成功实施（Humphrey，2013；Merrell & Gueldner，2010）。当前，已有强有力的证据表明，基于学校的社会情感学习有助于儿童和青少年的心理健康、积极行为和学业成就的改善（Durlak，Weissberg，Dymnicki，Taylor & Schellinger，2011；Sklad，Diekstra，De Ritter，Ben & Gravesteijn，2012；Weare & Nind，2011）。随着这样的可行性和好处越来越明显，研究者、实践者和政策制定者必须开始解决一系列新问题：如何确保所有学生都能接受学术和社会情感学习相结合的高质量教育？随着时间的推移，这些促进社会情感学习的项目和实践如何能够持续和深化？学校之外的因素如何助力有效的社会情感学习？

在本章中，我们认为，对上述问题和其他重要问题的回答取决于学校和教室之外影响学生教育体验的更大的系统。我们着重关注学区层面，探索与学区负责人合作从而在整个学区系统中支持社会情感学习的潜在好处。首先，我们借鉴教育改革和组织变革的相关文献，说明学区对社会情感学习的系统支持的概念，并描述了学区负责人如何发起有助于所有学生发展的社会情感学习变革。其次，我们介绍了学术、社会和情感学习合作共同体目前通过与八个大型学区的合作来应用和完善这些思想的有关工作。最后，我们提出了今后在实践和研究中应当注意的几个问题。我们希望，通过分享这些观点，一是能够指导教育领导者和实践者，促其提供系统支持以助力学生社会、情感和学术的发展；二是激发社会情感学习研究领域新的方向的产生。

一、为什么关注学区

在最基本的层面上，基于学校的社会情感学习发生在教师每天与学生互动的每个教室中。这些影响一直是社会情感学习领域的主要焦点，研究人员和实践者数十年来一直致力于研发、改进和推广基于课堂的项目，以提高学生的社会情感能力。最近，研究表明，教室中社会情感学习的质量受到学校环境特征的显著影响（Beets et al.，2008；Durlak & DuPre，2008；Kam，Greenberg & Walls，2003）。这种从基于教室的项目向全校范围的扩展，反映了教育领域更广泛的趋势，体现在学校综合改革模式的扩展和学校效能的研究上。许多干预旨在将对社会情感学习的支持纳入整个学校的规范、常规和结构中——有些取得了巨大的成功（例如，Devaney，O'Brien，Resnik，Keister & Weissberg，2006；Solomon，Battistich，Watson & Schaps & Lewis，2000）。

然而，社会情感学习领域的学者，就像他们在其他教育领域的同事一样，已经注意到学区在决定他们努力的成功与可持续性方面具有特别的影响力（Mart，Greenberg，Kriete，Schaps & Weissberg，2011）。我们从这个基础出发，提出影响社会情感学习的学校和教室层面的过程本身受其所处学区特征的影响。这一论断是社会情感学习领域先前发现的逻辑或理论延伸；它得到了关于教育领导和政策的数十年研究的支持。这些研究表明，地区一级的因素影响教育质量和学生成绩（Spillane，1996；Waters & Marzano，2006）。

从广义上讲，学区是一个地理上有组织的学校集群，由一个共同的行政结构监管。在教育领导和政策中，"学区"一词通常用来指学区中心办公室和高层领导，作为有权影响其学校和教室中的课程的机构行为者（Rorrer，Skrla & Scheurich，2008）。直到最近，学区还常常被视为实施教育改革的看门人，或者在最坏的情况下，被视为政治和官僚障碍的来源。然而，在过去的 20 年中，人们对以学区为主导的项目越来越感兴趣，以确保所有学生都能成功。有些人甚至提出，学区——尤其是大城市中的学区——可能是促进新教育项目和方法传播的理想伙伴（Supovitz，2006）。

让学区参与改善教育的理由至少有三个。首先，学区领导者控制实施和维持新的教育实践所需的资源（McLaughin & Talbert，2003；Spillane，1996）。如果没有学区管理人员的支持，在学校层面发起的变革可能难以全面执行和维持。其次，研究人员和项目研发人员一次只干预一所学校是完全不可行的。与学区的合作提供了大量进入学校的机会，具有潜在的规模经济，有效的项目和实践得以广泛推广（Glennan，Bodilly，Galegher & Kerr，2004；Mart et al.，2011）。最后，以学区为主导进行变革，可以确保校际公平愿望的实现。在大多数地区，不同学校的学生接受的教育质量差异很大，地区有责任积极缩小这些差距（Supovitz，2006 年）。当一些学校难以实施有效的项目和举措时，学区领导人有"道德义务代表学生、家庭和学校社区干预这些学校"（Fullan，Bertani & Quinn，2004）。

有关学区主导的教育改进的文献表明，学区层面的改变确实可以提高教育实践的质量，提高学生的学习成绩（Darling-Hammondet al.，2005；Elmore & Burney，1997；O'Day，Bitter & Gomez，2011；Togneri & Anderson，2003）。关于这一主题有相当多的文献，包括对有效学区的描述，对学区范围内的变革过程的案例研究以及理解：①学区层面的因素如何影响学生的学习；②学区领导者如何进行系统变革以改善学生的成绩等概念框架。但是，这些文献几乎完全集中在提高标准化学业成绩的目标上。到目前为止，几乎很少有文献指导学区领导者如何推行改革以实现更全面的学业结果（Elias，2009；Levin，Datnow & Carrier，2012）。

与此同时，在联邦和州政策的刺激下，全国数千个学区的领导人正在努力确保所有学生都能达到日益严格的标准。他们履行这一责任的方式，可能会支持或阻碍学校为提升学生社会情感能力发展而做出的努力。越来越多的证据表明，提升社会情感能力是提高学生学业成绩的一种有前途的方法（Durlaket al.，2011；Sklad et al.，2012）。一些学区领导人正在将社会情感学习作为他们改善所有学生学业成果的计划的一部分（Anderson & Rodway-Macri，2009）。实际上，这一策略可能会在《中小学教育法》的修订中得到认可，并在最近呼吁提交联邦的"力争上游"学区竞款中（U. S. Department of Education，2012）得到支持。在承诺支持社会情感学习之后，学区领导人必须面对在几十所（或许是数百所）学校改变做法的挑战，这些实践既支持社会和情感发展，也支持学术学习。下面，我们就如何应对这一挑战提供了基于研究的见解。

二、社会情感学习的系统视角

本章以系统的视角看待社会情感学习。从字面上看，术语"系统的"意味着与系统有关，但它在教育系统的文献中被不同程度地应用和定义（Squire & Reigeluth，2000）。我们在这里使用它是为了捕捉三个基本概念。首先，系统性是指影响一个教育系统内所有学生的大规模干预。在这方面，"系统"一词已广泛应用于联邦、州和地方提高各自管辖范围内教育质量的举措（Smith & O'Day，1990）。

其次，"系统"这个词也被用在心理学、教育学和其他学科中，用来表示布朗芬布伦纳（1979）生态系统理论的应用。该理论认为，个体的发展受到多个嵌套和交叉的社会系统的影响。个人直接与各种微观系统相互作用，这些微观系统构成了发展的主要环境（例如，家庭、教室）。中观系统代表了系统之间的相互作用，例如，学校和家庭之间的互惠关系。外观系统是较大的政治和制度环境，较小的系统嵌入其中，其影响主要是通过微观系统过程调节的。所有这些都包含在社会的更大的信仰、价值观和意识形态的宏观体系中。这种思维方式指导了我们的工作，因为我们认识到，学生的发展受到教室和学校微观系统的影响，而这些微观系统本身就嵌入学区的外观系统中。

最后，"系统"一词适用于旨在改变社会系统（如组织、社区）特征的干预措施，而不仅仅是改变这些系统内的个人（如教师、学生）。这个定义与其他人所称的"二级变革""组织变革""系统改革"或"系统变革"产生了共鸣。这些术语通常没有明确的定义，但当对它们进行定义时，作者概述了实施系统性变化的各种框架（Foster-Fishman，Nowell & Yang，2007；Squire & Reigeluth，2000；Tseng & Seidman，2007）。我们从几个这样的框架中，将社会情感学习的系统支持定义为将社会情感学习的支持嵌入教育系统的规章、惯例、资源和文化中的程度。

规章（Regulations）是正式的规则和政策，可以鼓励或阻止教育者采用促进社会情感学习的实践。这些可以将学区对社会情感学习的承诺规范化，消除实施的障碍，并为学生和教职员工提供清晰的期望。惯例（Routines）是决定工作完成方式的组织结构和程序，它们包括学区官僚机构的各个方面，如中央办公室的部门结构、与学校分享信息的过程，以及各组织单位之间的沟通方式。整个学区的资源（Resources）可用性和分配也会影响学校和教室中的社会情感学习。财务，人力资源（如人、他们的知识、技能）和社会资源（如成员之间的关系和质量）都会影响学校和教室中发生的事情，时间和空间的使用也是如此。文化（culture）指的是学校社区成员之间共享的规范、价值观、假设和信念。关于学生的社会和情感发展的信念和假设在这里特别重要，同样重要的还有指导教师教学实践（与学生在课堂上的互动）的规范，以及整个学区成人之间的专业互动。专业文化的某些元素可能遍及整个地区，而另一些则可能因学校而异，甚至在学校内的不同小组之间有所不同。

前面的每一个元素都可以在多个生态层面上概念化（如教室、学校、学区，见表 32-1），系统元素在不同层次内和不同层次之间相互作用以影响个体。例如，学区的招聘政策（规章）会影响学区、学校和教室人力资源的可用性。同样，关于时间（资源）使用的地区政策（规章）可以影响教师之间合作的频率和质量（惯例），并促进对实践的共同理解（文化）与规范（文化）的发展。（见表 32-1）

表 32-1   在学区、学校和课堂层面为社会情感学习提供系统支持举例

系统要素	举例		
	学区	学校	教室
规章	财政政策允许学校分配足够资金以支持社会情感学习	非惩罚性的纪律政策	清晰地呈现和积极地表述对行为的期望
惯例	新教师培训中包括社会情感学习	学校领导团队定期讨论社会情感学习相关问题	学生在日常学习活动中进行小组活动和同伴活动
资源	学区聘请充足数量的社会情感学习专家以支持所有学校	学校每日安排为教师教授社会情感能力提供足够的时间	教师能够获得高质量的教学材料以教授社会情感技能
文化	学区和学校人员之间互相尊重和信任	学校中的全体员工相信社会情感能力能够被教授，也应该被教授	支持亲社会行为及和平解决冲突的同伴文化

综上所述，社会情感学习的系统支持是指教育系统在多大程度上被配置成有助于学生社会情感发展的方式。以学区作为主要分析层级，我们感兴趣的是如何改变学区外观系统中的规章、惯例、资源和文化，以加强学校和教室的微观系统，支持所有学生的学术、社会和情感学习。

三、在学区中建立对社会情感学习的系统支持

我们认为，学区的规章、惯例、资源和专业文化可以影响学校和教室的社会情感学习进程，进而影响学生的社会、情感和学术发展。现在，我们转向具有挑战性的问题，即学区领导者如何积极地建立对社会情感学习的系统支持。

我们概述了一套基于研究的改变策略，包括评估资源和需求，培养对社会情感学习的承诺，构建社会情感学习的组织支持，支持教学改进以及创建持续改进的系统（见表 32-2）。

表 32-2　为学区所有学生建立系统的社会情感学习支持策略

1. 评估资源和需求
a. 评估学生的社会情感能力
b. 从现有项目、实践和政策中识别并构建
c. 聚焦影响变革过程的要素
2. 培养对社会情感学习的承诺
a. 在学区内设定社会情感学习愿景
b. 与利益相关群体沟通社会情感学习
c. 示范社会情感能力
3. 构建社会情感学习的组织支持
a. 制订学区层面社会情感学习长期计划
b. 分配资金和人员以支持社会情感学习
c. 与学校建立以社会情感学习为中心的伙伴关系
4. 支持教学改进
a. 建立社会情感学习标准
b. 采用基于证据的社会情感学习项目与实践
c. 明确社会情感学习与其他优先事项之间的联系
d. 设计持续的专业学习系统
5. 创建持续改进的系统
a. 监测学生发展结果
b. 监测实施过程

(一)评估资源和需求

成功的由学区领导的变革努力源于确定的需求和现有资源的战略构建（Togneri & Anderson，2003）。因此，我们建议学区领导者广泛和深入地观察学区已经发生的事情来建立系统以支持社会情感学习的过程，并注意以下三个问题：

(1)我们的学生在社会情感发展方面的现状如何？

(2)社会情感学习的项目、实践和政策现状如何？

(3)有哪些因素可能影响本地区建立社会情感学习支持系统的过程？

1. 评估学生的社会情感能力

学区领导可以分析任何可用的数据，以洞察整个地区学生的社会情感发展情况。这些可能

包括学生氛围调查、纪律转置率(discipline referral rates)、风险行为评估，甚至出勤数据。尽管这些现有的数据源可以提供很多信息，但它们并不能替代那些专门针对学生社会情感能力的测量。除非这些测量已成为学区评估系统的一部分，否则可能需要收集新的数据。

对学生社会和情感发展情况的全面分析可能会揭示学生群体的优势，并指出一些影响学生社会和情感健康发展的原因。当学区领导者有勇气诚实地观察学生的表现时，他们通常能够建立一种紧迫感，这种紧迫感会激发变革的努力，并在当地利益相关者之间建立承诺(Chrispeels & Gonzalez，2006；Mourshed，Chijoki & Barber，2010；Togneri & Anderson，2003)。此外，这些数据为设定目标、制订战略计划和监测改进提供了基础。

2. 从现有项目、实践和政策中识别并构建

为社会情感学习建立系统支持的过程通常不是从零开始的；相反，大多数学区已经有各种各样旨在支持学生社会情感发展的项目。因此，为了避免冗余、碎片化和低效率情况的出现，学区领导者在采取新的策略支持社会情感学习之前，必须全面审视现有的项目和实践。开展学校调查可能会发现各种各样旨在提高人际交往能力、建立积极学习环境和减少行为问题的项目和实践，其中还可能包括促进学生参与、坚持和协作的教学项目、纪律项目和基于学校的心理健康服务等。大学和职业准备项目、促进家庭和社区参与的项目，以及分层干预系统，如干预反应模式(RTI)和积极行为干预和支持等，也可能有社会情感学习的成分。一份全面的、完整的项目和实践清单应该记录现有的项目是否适用于所有学生，它们彼此是否协调以发展一系列的社会情感能力，以及它们是否已证明有效。

检查学区现有的规章制度与惯例在多大程度上支持社会情感学习也是很有价值的。社会情感学习是否反映在学区的目标和长期计划中？学区是否有鼓励或反对学校推广社会情感学习的政策？在学校和地区层面，是否有正式的社会情感学习角色和责任？社会情感学习在多大程度上嵌入了问责制和专业学习系统？在这一调查过程中，可能会发现一些现有的系统性支持来源，可以用来加速变革未来发展的领域。

3. 聚焦影响变革过程的要素

学区领导者可以评估支持社会情感学习的财政、人力和社会资源等要素。财政资源可能包括支持社会情感学习的州和联邦资金，来自当地社区合作伙伴的捐款，以及该地区自己年度预算的资金。任何在儿童发展、心理学、预防及相关领域具有专长的学区工作人员和学校工作人员都可能是在学区中推进社会情感学习的宝贵人力资源。社区利益相关者的支持可能是社会情感学习的宝贵资源，应从一开始就对其进行评估(Rorrer et al.，2008)。是否有社区合作伙伴可以提供资金、专业知识或社会支持来支持该地区的社会情感学习？当地的教师工会、学校董事会和其他政治伙伴会支持社会情感学习的决定吗？是否有社区利益相关者会抵制实施社会情感学习的新项目和实践？

学区领导者可以使用多种方法来评估现有的学区文化，这反映在整个学区人员对社会情感学习的态度、规范和信念上。关于社会情感学习的价值信念、教师在促进社会情感学习中的作用，以及学生学习社交和情感技能的态度，都对变革过程有影响（Beets et al.，2008；Durlak & DuPre，2008）。这些评估可以是通过调查和访谈进行的正式评估，也可以是在与主要利益相关者的对话中进行的非正式评估。

（二）培养对社会情感学习的承诺

许多因素可能促使学区领导者将社会情感学习列为优先事项，但仅凭这一点并不会带来所有学生社会情感学习的变革。来自整个学区的工作人员和管理者的承诺对于推广社会情感学习的项目和实践至关重要（Durlak & DuPre，2008）。学区领导者可以通过为社会情感学习制定引人注目的愿景，与利益相关者沟通社会情感学习，并体现他们希望在整个地区推广的共同价值观来建立承诺（Fullan，2007）。

1. 在学区内设定社会情感学习愿景

有效的学区领导力的主要功能之一是为高质量的教育制定一个令人信服的愿景，并让尽可能多的人参与追求这一愿景（Chrispeels & Gonzalez，2006；Darling-Hammond et al.，2005；Fullan，2007；Rorrer et al.，2008；Stein & Coburn，2007）。有效的愿景陈述将学生成功的愿望与应该提供的教育经历清晰地结合起来，这样，学生才能获得成功（Togneri & Anderson，2003）。在寻求社会情感学习改善的学区，正式的愿景陈述应该传达社会情感能力以及积极学习环境的重要性。这样的愿景可以作为改变学区文化和塑造学校、教室实践的基础（Chrispeels & Gonzalez，2006；Jackson & Cobb，2011）。这一过程的一个重要部分是召集一组有代表性的利益相关者——包括中央办公室的工作人员、教师、学校领导、社区成员，甚至是学生——参与创建为所有学生整合学术、社会和情感学习的愿景声明。在理想情况下，这种协作过程会向参与者传递一种主人翁意识，并让他们做出实现愿景的承诺。

2. 与利益相关群体沟通社会情感学习

一个精心设计的愿景陈述只有在整个学区的利益相关者之间分享时，才能改变学区的文化。因此，我们建议学区领导者实施一项计划——就社会情感学习是什么、为什么重要，以及如何在学校和教室中推广等问题向受众进行宣传。与家庭和社区成员的沟通可以通过地区网站、新闻稿、时事通信和各种其他公共场所的宣传完成。理想情况下，学区领导者应与负责监督沟通和处理公共关系的学区工作人员紧密合作，以便在整个学区的整体宣传计划中嵌入对社会情感学习的支持。为了有效地推动当地利益相关者做出承诺，这些宣传应该使社会情感学习与当地社区的需求和兴趣点联系起来（Louis，Leithwood，Wahlstrom & Anderson，2010）。

除了这些公共宣传策略外，学区还可以使用不同的方法与教师、学校领导及其他职员进行内部沟通。简短的信息会议可以在变革的早期阶段促进对社会情感学习的认识和承诺。随着时间的推移，中央办公室和学校之间持续的沟通也可以作为微观干预，重申社会情感学习的重要性，回应实施过程中出现的问题，并激励教育工作者采取行动支持学生的社会和情感发展（Hall & Hord，2001）。如果这些沟通清晰而一致，就能形成共同的信念和规范，支持社会情感学习并指导整个地区教育者的日常实践(Chrispeels & Gonzalez，2006)。

3. 示范社会情感能力

塞缪尔·萨拉森(Seymour Sarason)在其关于教育改革的里程碑式著作(1990)中断言："如果教育者本身没有这些条件，为儿童创造和维持生产性成长的条件实际上是不可能的。"他基于心理治疗、管理和其他领域的研究得出这一结论。这些研究表明，人们与护理对象(如患者、下属、学生)的互动方式反映了他们自己被上级对待的方式。按这个想法，一个支持所有学生社会情感学习的学区也必须是一个所有教育工作者都感到受重视、有联系、有支持的地方。学区领导人，从管理者到基层，在他们所有的专业互动中都需要创设可以示范关心、尊重的行为的环境。"言行一致"的领导者也被认为更值得信赖，因此更有能力激发系统性变革(Evans，2001)。

(三)构建社会情感学习的组织支持

学区领导人有权通过正式引导让学区组织在课堂教学时促进学生社会情感学习，以推动社会情感学习的系统变革。也就是说，他们可以将社会情感学习纳入学区的政策和规划中，并相应地分配资源(Honig，Copland，Rainey，Lorton & Newton，2010；Rorrer et al.，2008)。这不仅可以将学区领导人对社会情感学习的承诺正式确定为优先事项，而且随着时间的推移，它也有助于新项目和实践的可持续性推进(Elias，Zins，Graczyk & Weissberg，2003)。

1. 制订学区层面社会情感学习长期计划

一旦确定了社会情感学习的愿景，学区领导就可以制订具体的、长期的计划，概述清晰的行动步骤，以推动学区改善所有学生的社会情感学习(Togneri & Anderson，2003)。这些计划可以看作区域化的行动理论，它建立在需求和资源评估的基础上，以明确学区领导人为社会情感学习提供系统支持的精确策略(Connell & Klem，2000)。通过正式起草长期计划，学区领导者有责任确保社会情感学习愿景在一段时间内得以实现。当支持社会情感学习的计划成为改善整个地区教育的综合战略的一部分时，该策略可能会特别有效。在这两种情况下，当计划包括可测量的目标和基准、可以监控随着时间推移的进展时，计划在指导变化方面是最有效的。

2. 分配资金和人员以支持社会情感学习

在学生成绩方面取得显著进步的学区，部分是通过与他们的愿景和长期计划协调一致的方式分配时间、资金、人员和其他关键资源来实现的(McLaughlin & Talbert，2003；Rorrer et al.，2008)。就社会情感学习而言，资金必须用于项目材料和专业发展服务，项目评估，为教师和工作人员参与计划和专业学习提供时间，以及该地区推进社会情感学习项目的任何其他策略。临时资金(来自赠款、捐款)可能足以支持社会情感学习的新计划和实践的初步实施，但是将社会情感学习资金纳入该地区的年度预算流程可以增强可持续性，并显示出更高的承诺。

虽然所有的利益相关者都会为学生的社交、情感和学术发展承担一定的责任，但是有必要让少数人承担促进学区社会情感发展的正式责任(Chrispeels & Gonzalez，2006；Louis et al.，

2010)。除非指派合格的工作人员为社会情感学习提供指导，并监督与社会情感学习相关的预算、日程安排和其他行政职能，否则为社会情感学习建立的系统支持就无法取得进展。这可能需要创建专门从事这项工作的新职位或重新定义现有的职位。无论哪种情况，学区领导者都必须决定在中央办公室的组织结构中，将社会情感学习的支持放在哪里，以及它们将如何与监督教学、学校领导、专业发展和其他基本的职能部门联系起来。这些决定看似无关紧要，但中央办公室部门之间经常存在隔阂，这可能意味着社会情感学习与学术学习紧密交织在一起或者在学区官僚机构中处于较弱的地位(Honig & Coburn，2008)。

3. 与学校建立以社会情感学习为中心的伙伴关系

对于任何学区范围内的变革来说，关键的组织挑战是弥合中央办公室和学校之间的差距(Elmore & Burney，1997；Honig，2012；Stein & Coburn，2007)。学区领导者可以制定愿景，制订战略计划并相应地分配资源，但是学校层面的实施过程对新计划和实践的实施有很大的影响。因此，为了推动社会情感学习的变革，学区领导者和工作人员必须与学校领导合作，在学校层面建立对社会情感学习的系统支持。在其他地方，我们描述了学校层面的行动理论，包括类似于这里所描述的战略(CASEL，2012)。学区领导者可以努力确保学校实施这些策略，并以与整个学区的愿景和战略计划相一致的方式来执行这些策略。

负责与学校建立以社会情感学习为重点的伙伴关系的学区工作人员，应该使用包括支持、问责和关系建立在内的多种策略(Burch & Spillane，2004；Honig，2012；Levin et al.，2012)。我们在这里有意选择"伙伴关系"一词，因为先前的研究表明，当学区工作人员专注于与学校职员建立信任关系和达成共同理解，并促进中央办公室和学校之间的双向沟通时，他们更能推动实践在深刻变革方面取得成功(Honig et al.，2010；Johnson & Chrispeels，2010)。当学区工作人员过于注重让学校承担责任时，他们常常会推动表面上的服从，阻止学校对变革过程的深入参与(Burch & Spillane，2004)。尽管学校领导者和教职工不大可能在没有外部问责的情况下发起变革，但在缺乏足够的资源和专业学习机会的情况下，强制实施是无效的(Smylie & Perry，1998)。

(四)支持教学改进

学区主导的教育改革文献中一致的信息是，为了在提高学生成绩上有所不同，学区领导人必须专注于提升教学质量(Darling-Hammond et al.，2005；Honig et al.，2010；Rorrer et al.，2008；Togneri & Anderson，2003)。因此，我们认同戴利(Dailey)及同事的观点(2005)，即在成功改善所有学生成绩的学区，"所有的领导必须成为教学领导"。为了以支持社会情感学习的方式改进教学，学区领导者必须致力于将对社会情感学习的支持嵌入与教学直接相关的学区系统元素中，包括对教学内容(教什么)和方法(教师如何教)的期望、专业学习、评估和问责(Jackson & Cobb，2011)。

1. 建立社会情感学习标准

教育系统变革最早的例子是基于学习标准的实施（Smith & O'Day，1990）。这些标准规定了期望的教学结果，并为学生应该在学校学习的内容提供了明确的指导。它们也在整个学区的教育者之间建立了对学生学习的共同期望，这可以形成清晰的沟通和有效合作的基础（Jackson & Cobb，2011；Stein & Coburn，2007）。

过去，大多数学区采用的学习标准是根据各州教育部门的要求制定的。州学前教育标准非常重视社会情感学习。实际上，所有 50 个州都有针对社会情感学习的学前教育标准，45 个州实际上使用社交和情感一词来描述这一领域的学生学习标准（参见本手册第 35 章）。相比之下，只有三个州（伊利诺伊州、堪萨斯州和宾夕法尼亚州）具有独立的学前至十二年级的社会情感学习标准，其他州通常将社会情感学习与小学、初中和高中阶段的学术标准相结合（参见本手册第 35 章；Dusenbury，Zadrazil，Mart & Weissberg，2011）。各学区目前正在朝着实施共同核心州立标准（Common Core State Standards）的方向发展，这为与社会情感学习的整合创造了机会。我们建议学区领导者与整个学区中的领导者和实践者合作，为学龄前至十二年级的社会情感学习建立适宜的学习标准。从其他学校系统的社会情感学习标准开始，学区领导者可以建立一个类似于为其他内容领域制定学习标准的程序，由此产生的社会情感学习标准不仅明确了社会情感学习的目标，而且还具体说明了该学区每所学校都有责任确保所有学生发展社会情感能力（参见本手册第 35 章）。

2. 采用基于证据的社会情感学习项目与实践

学习标准为转变教学提供了基础，但它们几乎没有定义教师应该如何促进学生的学习掌握（Levin et al.，2012；Rorrer et al.，2008）。教师教授社会情感能力和创造良好的学习环境，需要教学资源（如教案、视觉教具）来支持他们的有效授课（Jackson & Cobb，2011）。这在任何内容区域都是如此，对于社会情感学习尤其如此。尽管大多数教师有一些为数学、阅读和其他内容领域制定基于标准的策略的经验，但他们不太可能有制定和实施促进社会情感学习的普遍策略的经验（参见本手册第 27 章）。因此，我们鼓励地区领导人为社会情感学习开发一个连贯的课程，包括基于证据的项目和实践。这些可能包括一系列明确讲授社会情感能力的课程，为社会情感学习提供机会的一般教学实践，以及将社会情感能力与学术内容相结合的课程（CASEL，2012）。

基于证据的项目和实践具有多个优势。首先，顾名思义，它们已经证明，如果实施得当，它们会给学生带来好的结果。其次，许多项目是由能够向学校提供专业发展和技术支持的组织传播的，这对于学区来说是一个福利，因为学区正在建立自己的能力，以便直接向学校提供这些服务。最后，基于证据的项目还有助于确保教师不承担开发自己的课程和社会情感学习教学材料的全部任务。学习标准对教师在社会情感学习领域应该教些什么有清晰的理解，而打包的课程为教师应该如何促进学生的社交和情感能力的发展提供了一个连贯的回答。在这里，这种清晰性可以帮助达成共同的理解和共同的语言，建成协作、反思和改进的基础。

各学区可能会采取各种方法来实施基于证据的社会情感学习项目。一些学区主导的改革研究表明，学区领导应为学生的学习设定期望，并允许每所学校选择项目和实践来满足学生的需求(Levin et al.，2012)。然而，由于以学校为基础的实践者在决定是否采用项目时可能没有时间考虑研究证据，学区领导者在这方面提供一些指导可能是明智的(Honig & Coburn，2008)。例如，学区领导者可以给学校提供一份可以选择的、经过批准的项目清单。另一种方法是学区领导者鼓励在整个学区的所有学校中采用相同的基于证据的社会情感学习项目。尽管这限制了学校的自主性，但它可以在高效率实施与学校课程之间的一致性以及学校之间的合作机会方面提供优质支持(Togneri & Anderson，2003)。

3. 明确社会情感学习与其他优先事项之间的联系

为了以学术、社会和情感学习的方式改变他们的实践，教师必须理解许多有时相互矛盾的信息，这些信息是通过被要求实施的无数项目和政策传播的(Coburn，2001)。为了向社会情感学习提供连贯的指导，学区领导者必须做出清晰的陈述，说明社会情感学习如何与现有的旨在教授社会情感能力和创造积极学习环境的计划保持一致。此外，他们必须清楚社会情感学习与实践者熟悉的其他方法有何异同。对于在评估需求和资源的过程中发现的每一个项目和实践，学区领导者可能会问：①它与学区社会情感学习的总体战略有何关系？②实施者应该继续执行它吗？

该学区新采用的社会情感学习标准可能会提供一个有用的框架，以阐明常用的方法如何促进学生社会情感能力的发展。例如，在已采用干预反映模式提供学生支持服务的地区中，地区领导者可能需要澄清希望学校采用的普遍的(第一级)干预措施，支持所有学生掌握社会情感学习标准。在已采用积极行为支持要求的课堂管理方法的学区，地区领导者可能有必要澄清积极行为，支持侧重于规范和强化期望的行为，而社会情感学习项目和实践则侧重于明确地教授社会情感技能。

除了与社会情感学习有明显联系的现有举措外，可以假定美国几乎每个学区都已经启动了一项或多项旨在更普遍地改善教学的战略(Louis et al.，2010)。目前，教学改进工作在很多地区受两个突出因素的推动：共同核心州立标准(CCSS)和相关的评估，以及观察教学以评估教师教学质量的新系统。这是联邦"力争上游"计划和各州《不让一个孩子掉队法》所要求的。学区领导者可以利用这些努力，以促进社会和情感发展，以及以学术学习的方式来改善教学质量。

共同核心州立标准提供了这样一个独特的机会，因为这些新标准要求的深度学习将制定建立积极的学习环境和提升人际能力及个人能力的教学策略(National Research Council，2012)，包括让学生在学习过程中发挥积极作用，并提供合作和自主学习的机会(Levin et al.，2012)。教师观察和评分系统不仅会影响有关晋升和留任的行政决策，而且会影响学校领导的教学指导、同事之间的协作，以及教师对什么是优秀实践的思考(Honig et al.，2010；Jackson & Cobb，2011)。

学区的教师评估方法既可以补充也可以破坏促进社会情感学习的努力，我们鼓励学区领导者通过社会情感学习的视角来检视其评估策略的每一个要素。例如，他们可能会问，他们的教师观察框架是否包括创造积极的学习环境和为学生发展、应用社会情感能力提供机会的教学实践。许多常用的观察系统都包括这些元素，但它们与社会情感学习的联系并不总是显而易见的。学区领导者通过提供清晰的指导可以帮助教师和教学领导者理解这些交集，建立对学术、社会和情感学习的高质量教学的共同理解。

4. 设计持续的专业学习系统

课程和标准为促进社会情感学习的教学提供了路线图，但其实施取决于教师的知识、技能和态度（Durlak & DuPre，2008）。因此，学区只有提供持续的机会，集中精力，系统地发展教师实施新教学形式的能力，才能实现教学的广泛改善（Elmore & Burney，1997；Rorrer et al.，2008）。教师可能从社会情感学习的基本概述、社会情感学习对学生成功的重要性，以及要求他们实施的项目和实践中受益。但是，有效的专业发展必须远远超出一次性的信息研讨会。教师的学习应该围绕学习标准、课程和其他文件来组织，这些标准、课程和文件汇总了学区的优质教育前景，教师应该有更多的机会来接触这些文件（Jackson & Cobb，2011；Learning Forward，2011）。有效的专业学习还需要持续的指导和机会，让教师应用新的教学方法，反思经验，并获得实践的反馈（Stein & Coburn，2007）。在尝试为社会情感学习实施新形式的教学时，教师还需要机会与同伴合作，解决出现的真实问题（Hall & Hord，2001；Learning Forward，2011）。

有效的专业学习系统还必须确保学校领导者有能力为社会情感学习提供教学领导。实际上，在学校建立强有力的教学领导团队一直被认为是成功的学区领导改善教学的核心特征，并且在学区改革的相关文献所介绍的许多学区变革的成功实例中，也有学区办公室管理人承担校长的能力建设责任（Honig，2012；Louis et al.，2010；McLaughlin & Talbert，2003）。与教师一样，学校领导者也需要专业发展，以分享优秀实践，及时反思以及与同伴合作。在具体做法上，可以将学区内多所学校的领导聚集在一起，组成专业学习共同体（Chrispeels & Gonzalez，2006；Honig et al.，2010）。

我们建议学区领导人指定人员来领导和支持社会情感学习。为了促进社会情感学习的教学改进，这些人必须对社会情感学习的核心原则有透彻的理解，他们还必须善于与校级人员建立信任的、协作的伙伴关系（Burch & Spillane，2004；Honig et al.，2010）。学区领导人必须为中心办公室人员提供专业的学习机会，以确保他们具备必要的知识、技能和态度，以领导和支持社会情感学习的新做法。霍尼希（Honig，2012）描述了一个学区如何不遗余力地发展中心办公室工作人员的知识和技能，使他们能够直接与校长合作发展教学领导能力的情况。此外，许多学区的改革都将中心办公室人员作为教师的教学教练（Darling-Hammond et al.，2005）。学区领导人可以检视他们现有的专业学习结构与资源，并探讨这些结构与资源是否真的足以改善教学，以及如何改善这些结构与资源以支持学术、社会和情感学习的教学。

(五)创建持续改进的系统

作为最后一个为社会情感学习建立系统支持的策略，我们建议学区领导定期评估其战略计划中指定的结果和过程，并利用这些数据来为他们的决策提供信息(Honig & Coburn，2008；Togneri & Anderson，2003)。这一策略被认为是对需求和资源初始评估的延伸，主要用于：①监测期望的结果；②新的项目、实践和政策的实施。虽然这个过程必须根据每个学区现有评估系统的具体计划而有所不同，但我们建议在所有系统中加入一些元素，以持续改进社会情感学习。

1. 监测学生发展结果

最重要的是，提高所有学生的社会情感能力是所有这些努力的最终目标，所以，学区必须定期评估学生社会情感能力的发展情况。这些数据不仅可以用来评估整个学区努力的总体影响，还可以为学校领导的决策提供信息，教师也可以利用这些数据来监控个别学生的进步和制订教学计划。由于学习环境质量对学生的学业、社交和情感发展至关重要，我们也建议各学区定期评估学生对学校氛围的看法，这些数据同样可以在多个层面为支持社会情感学习的决策提供信息。

2. 监测实施过程

鉴于专注于改善教学，我们促请学区领导定期评估该学区的教学质量，因为它与学术学习和社会情感学习相关。监控基于证据的项目和实践的实施特别重要，特别是在变革初期。在理想情况下，这些数据可为教师提供反馈，帮助他们改进教学实践。同样，前面讨论的所有数据既可以促进学校问责，又可以基于个别化需求为每所学校提供更有效的支持(McLaughlin & Talbert，2003；Togneri & Anderson，2003)。

一些学区使用各种正式与非正式的反馈循环来了解整个学区领导人与教育工作者的态度、经验与做法(Honig & Coburn，2008)。这些可视为对学区变革策略执行情况的监测，以提供有效的决策资讯。例如，如果学区花了相当多的精力推进某一循证项目，但全学区的人们均报告说并未实施该项目，这可能表明该项目的推广策略是无效的，也可能是该项目在实施过程中存在障碍，需要进一步探索。

四、未来的方向、 建议和可能的挑战

在本章中，我们介绍了学区系统支持社会情感学习的概念。我们认为，学区可以在确保所有学生获得高质量的社会情感学习方面发挥重要作用，我们还为学区领导人提出了一套策略，我们假设这些策略有助于推进系统变革和改善所有学生的社会情感学习。正如所假设的，这些策略需要被应用，被测试和被完善。我们已经做出了自己的努力，并希望更多的实践者、决策者和研究人员能加入我们的队伍。下面将列出我们在以往的工作中获得的经验和教训，提出这一领域未来的研究方向，避开潜在的挑战。

(一)合作学区计划

2010 年秋季，学术、社会和情感学习合作共同体发起合作学区计划(CDI)，以实践和完善我们关于系统支持社会情感学习的想法。该计划与诺沃基金会、美国研究所和八个大型学区(安克雷奇、奥斯汀、芝加哥、克利夫兰、纳什维尔、奥克兰、萨克拉门托、瓦肖县)合作，预期目标有两个:一是在每个协作区域中建立社会情感学习系统支持，以提高学生的社会、情感和学术成果;二是使学区领导人更清楚地理解如何有效建立社会情感学习的系统支持，以及我们和其他外部伙伴如何协助他这么做。

为了建立对社会情感学习的系统支持，学术、社会和情感学习合作共同体通过提供咨询、技术援助、专业发展和工具开发等方式支持每个合作学区的领导团队，帮助他们制订和实施长期计划，以推进面向每一个学生的优质的社会情感学习项目。学术、社会和情感学习合作共同体还组建了一个跨学区的学习社区，让各个学区的领导者可以互相学习，协作解决问题。与此同时，诺沃基金会每年向每个学区提供资助，用于发展对社会情感学习的系统支持。相应的，每个学区需要同意与学术、社会和情感学习合作共同体顾问密切合作，以实施前面介绍的变革策略。

美国研究所对合作学区计划的评价既有形成性目的，也有总结性目的。它旨在生成数据来描述每个学区所发生的变革过程，这些变革过程可以被学区领导者和学术、社会和情感学习合作共同体顾问用于持续改进的计划中。评估还明确地检验了以下假设:这些策略的实施将为学区、学校和教室层面的社会情感学习提供系统支持，这将反过来改善学生的成绩。美国研究所的混合方法评估设计结合了学区案例研究和交叉案例分析，以及学区水平的准实验研究和间断时间序列研究。

合作学区计划评估的早期发现表明，每个学区的关键人员都相信，他们的学区能够成功地将社会情感学习融入教学中，这样做将改善学生的学习质量、学校氛围和社会情感结果，包括那些目前面临辍学风险的学生。各学区进展良好，并取得了一定的进步。区域学区计划改善的衡量指标显示，社会情感学习标准的制定和利益相关者的承诺取得了特别大的进步。各个学区都面临挑战，包括工作人员对变革的准备，对预算和问责制的压力以及领导层的变更。尽管如此，学区领导者对社会情感学习的需求的意识不断增强，学术、社会和情感学习合作共同体为学区领导者与社会情感学习领导提供的支持，以及学区在社会情感学习专业发展与实施上的初步成功，都为克服这些挑战和维持项目提供了动力。

(二)潜在的挑战和可能的解决方案

如同任何变革一样，当学区领导者和学术、社会和情感学习合作共同体顾问合作为社会情感学习建立系统支持时，一些挑战已经浮出水面。我们将探讨以下四个潜在的挑战，并简要描述各学区在面对这些挑战时如何维持对社会情感学习的承诺。

1. 平衡多项改革

如前所述，大多数学区已经采取各种策略来改善学生的表现。我们的许多学区合作伙伴都报告称，他们因承担了太多的项目而负担过重，遭受着"创新疲劳"的折磨。"在这种情况下，在一个学区范围内推广社会情感学习的举措可能会转移对该学区其他优先事项的关注，增加分裂或加重困惑和疲惫的感觉。"与我们合作的学区在一定程度上通过听取我们的建议，将社会情感学习与其他优先计划结合起来，从而解决了这个问题。在某些情况下，关注社会情感学习实际上可能是解决碎片化工作的一剂良药，因为各学区已将社会情感学习作为一个框架来组织和整合许多相关但以前割裂的工作。

2. 领导更替

在我们大多数的合作学区，对社会情感学习的兴趣始于一个人（通常是学区主管或其他高级领导）或一小群人，他们坚信社会情感学习可以促进学生的学业取得成功。然而，鉴于大型学区的高级领导的平均任期约为两年，他们不太可能在他们的职位上停留足够长的时间来全面实施地区范围内的社会情感学习项目。实际上，在前两年，我们每个合作区都经历了领导层的更替，但是为社会情感学习建立系统支持的努力却持续了下来。之所以可行，是因为在每个学区，领导者有意通过与其他高级领导人、中层地区工作人员、学校人员和其他利益相关方合作，建立分布式领导。学区政策和文化的变化也可以确保社会情感学习在任何人的领导下继续得到支持。

3. 很难覆盖所有学校

一方面，作为战略计划的一部分，每个学区都必须制定一项战略，以确保社会情感学习最终覆盖所有学校。但大多数学区，同时在所有学校实施所有策略是不可行的，所以他们制订计划，范围逐渐扩大。在我们的合作区中，最主要的方法是从几所学校（通常是高度积极的学校）开始，随着时间的推移，逐步扩大对其他学校的支持。但是，现实情况是，从少数几所学校开始的大多数改革从未全面推广，而那些没有被覆盖的学校往往是最需要支持的（Quint，Bloom，Black，Stephens & Akey，2005）。另一方面，学区几乎不可能同时为所有学校筹集足够的资源。鉴于中央办公室的资源有限，一个可能的解决方案是促进学校之间的协作。在这种模式下，最先与该地区合作的学校最终可以成为其他学校的资源。这一方法已经成功地在许多以前的学区改革努力中发挥了作用（Elmore & Burney，1997；Fullan et al.，2004）。

4. 提升执行能力

在我们的行动理论中，许多策略都侧重于将对社会情感学习的支持嵌入该学区已经在做的事情中。无论如何，学区行政人员将社会情感学习整合到现有的系统中以进行沟通，教学领导支持专业发展或持续改进，这一主张假定学区已经具有合理有效的系统来完成这些基本功能。但是，在现实中，许多学区并没有。在资金匮乏、改善能力普遍较弱的学区，我们必须利用建立社会情感学习系统支持的过程来发展学区以改善所有学生受教育的整体能力。这需要加强社会情感学习和教育改革领域之间更强有力和更有效的合作，而这种合作产生的可能性将使我们受到鼓舞。

(三)未来研究建议

要了解、干预诸如学区之类的多层动态系统，就需要复杂的研究方法。为了加强高质量的社会情感学习系统的支持，我们对该领域的未来工作提出以下建议。

1. 研究设计和数据分析

从多水平统计模型的角度来看，很明显，学区的研究可以产生至少四个水平的变量：个人、班级、学校和学区。这一事实使清晰的研究问题变得具有挑战性，更不用说回答它们的可行方法了。在研究变量之间的关联时，研究人员必须仔细阐明每个变量的测量和分析水平（Shinn & Rapkin，2000）。如果研究人员希望评估学区层面干预措施的影响，他们必须设计评估方案，将整个学区分为控制组和实验组。在不可行的情况下，如对我们的合作学区进行评估，可以使用时间序列分析来监测每个学区的时间变化。但是，在没有随机分配的对照组可以对照的情况下，人们不能断言这种变化是否可归因于学区一级的干预。

改革学区水平的系统是一项复杂的干预，涉及多个组成部分。获得此类干预成果的研究令人兴奋，但它们还必须收集足够的数据，以将学区一级的过程与学生一级的结果联系起来。为了确定有效的策略和提炼系统以支持社会情感学习的理论，研究人员必须仔细地记录在学区、学校和教室层面进行系统变革的证据。表32-1中的示例可以作为一个起点，成为在教室、学校和学区层面进行系统变革的潜在证据来源。

2. 测量

在调查教育领导者和实践者对社会情感学习的当前态度和做法时，研究人员应非常小心地澄清受访者对各种术语的理解。例如，对"我有信心实施社会情感学习项目"这一旨在评估效能的项目的回答，取决于被调查者对实施社会情感学习的意义的理解。在评估承诺、当前实践和其他结构时也会出现类似的问题。当存在此类定义性问题时，有效的干预可能会随着时间的推移产生更多的负面反应，因为它们阐明了结构的含义（例如，社会情感学习教学），并使受访者意识到他们的态度和做法与这些含义不一致（Shadish，Cook & Campbell，2002）。这些问题和其他问题表明，需要继续完善和验证个人对社会情感学习的承诺、专业技能的测量方法。这些工作目前正作为我们对合作学区进行评估的一部分。

此外，还需要更好地测量学校和课堂层面的学习过程，这可能有助于改善学生的社会情感学习。最重要的是，我们敦促研究人员专注于开发可靠、有效的工具，以评估促进社会情感学习的教学实践。由于学区层面干预的影响最终是通过教学的改变来调节的，这些措施对于进一步了解学区在促进社会情感学习中所扮演的角色至关重要。

3. 关注实践问题

除了推动教育实践和政策的实施外，研究人员还应允许他们的工作受到来自管理者、教师和其他员工的需求和问题的指导，这些需求和问题与社会情感学习系统支持相关。例如，我们已经发现学区范围的社会情感学习教学指导系统中的许多差距，这些差距可能最好通过在学校层面实施社会情感学习的人员的反馈来解决。例如，教师需要什么却没有得到？如何修改或扩展当前的支持以使其更有效？如果研究人员愿意花时间和精力来征求和讨论一线人员的意见，那么，一线人员就可以在设计出色的研究问题方面发挥重要作用。从广义上讲，无论是在这里还是在更广泛的关于学区主导改革的文献中，都需要对各种改革策略促进学生普遍进步的条件进行更细致的调查。

五、总结

在本章开头，我们提出，所有的学生都应该获得包括学术、社交和情感学习在内的优质教育。要使这一愿景成为现实，需要系统的支持，而不仅仅是基于班级的项目和全校范围的活动。从更广泛的教育改革领域得到的教训清楚地表明，学区在确保所有学生接受优质教育方面发挥着关键作用。我们对该主题的探索让我们得出结论，学区领导者可以为广泛改善社会情感学习创造必要条件。他们可以通过在整个学区的利益相关者之间建立承诺，为社会情感学习建立学区范围的基础设施，以及促进社会情感学习的教学改革来做到这一点。为此，他们必须从现有的需求和资源出发，定期评估实施情况和学生成果，并利用这些数据进行规划和持续改进。外部合作伙伴，包括研究人员、资助者和非营利组织等，可以而且应该与学区领导人合作以支持这项工作。我们希望本章所阐述的理念成为一系列新的研究、实践和政策发展的基础，从而推动学区对社会情感学习的支持。

六、参考文献

请扫描二维码获取原书参考文献。

第 33 章

社会情感学习项目与问责：取得成果的方法

安妮·赖特、安德里亚·拉蒙特、亚伯拉罕·万德斯曼、

大卫·欧舍、埃里克·S. 戈登

假设您是一名学校校长，您听说过社会情感学习项目，并且正在考虑是否在您的学校实施吗？像全国各地其他人一样，您试图用更少的钱做更多的事吗？（前提是）您只有有限的资源但是有有力竞争的优先事项。预防欺凌、药物滥用、辍学和肥胖的情况，且学术成绩和高利害关系考查仍然是项目重要的考虑因素。这是现代教育系统中一个常见的情况：学校领导经常面临互相竞争的优先事项。鉴于有多种需求，学校领导如何决定哪些需求应该优先考虑，以及如何解决这些需求？在这个强调循证干预和数据驱动决策的问责时代，学校如何证明支持学术干预的适当性，以及如何显示强化标准化考试的有效性呢？

在本章中，我们引入取得成果的方法，以支持各区将有效的循证项目带到各个学校。取得成果是一个问责体系，它有助于解决学校干预的关键问题，包括"我们的学校需要什么？我们的目标是什么？""我们应该在学校实施什么项目？为什么？""我们如何知道它是否有效？"（Wandersman、Imm、Chinman & Kaftarian，2000）。取得成果是一个系统性过程，它可用于支持学校选择、实施和评估满足学校需要和资源的项目。作为一种灵活的方法，取得成果可以跨内容领域使用[例如，社会情感学习，共同核心州立标准二十一世纪学习标准，科学、技术工程和数学，以及技术集成（包括 1∶1 计算）；Wanders-man & Hamm，2014]。在本章中，我们们介绍如何将取得成果思维应用于学校情境中的社会情感学习项目。我们首先对取得成果方法进行概述，然后指出取得成果在学校实施循证项目中特别有用的关键特征，并说明取得成果系统如何与学术、社会和情感学习合作共同体研发的行动理论相结合（2012）。最后，我们讨论取得成果思维如何明确地支持学校达到预期的社会情感学习的相关结果。

取得成果每一个步骤的描述都包括一个来自俄亥俄州克利夫兰市大都会地区的示例，用于

说明如何从取得成果角度看待这个地区的工作。之所以选择这个地区，是因为尽管它没有明确使用取得成果的方法，但在提升结果的工作中，它经历了取得成果的每一个步骤。我们在本章中讨论取得成果的增值特性，包括：简便性、动态性，对于实践者来说易懂的语言，它与实践者、评估者和质量改进科学家产生共鸣的方式，它的综合性(10个步骤)，以及它在准实验研究中的循证性(例如，Chin-man et al.，2008；Chinman，Tremain，Imm & Wandersman，2010)。

一、取得成果：问责相关的10个问题

取得成果由10个问责问题或步骤(见表33-1)组成：评估需要和资源(步骤1)，设定目标和预期结果(步骤2)，选择循证(或有希望的、最佳的)项目(步骤3)，评估项目契合度(步骤4)，评估所选最佳实践的组织—社区能力(步骤5)，计划(步骤6)，实施和过程评估(步骤7)，结果评估(步骤8)，持续的质量改进(步骤9)和可持续(步骤10)。[①] 经验数据证明了取得成果思维在实地情境中的有效性(Chinman et al.，2008；Fisher，Imm，Chinman & Wandersman，2006；Imm，Chinman & Wandersman，2006；Lesesne et al.，2008)。

表33-1 取得成果步骤和学术、社会和情感学习合作共同体实施理论之间的关系

取得成果10个问责问题	学术、社会和情感学习合作共同体实施理论
①需要和资源：社区(学校)的潜在需求和条件是什么？	进行社会情感学习相关的资源和需求调研
②目标：目标人群和目的(预期结果)是什么？	
③最佳实践：哪些循证模型和最佳实践项目有助于实现目标？	采取循证的社会情感学习项目
④契合度：需要采取哪些行动以选择"适合"社区环境的项目？	与所有的利益相关者建立共同的社会情感学习愿景
⑤能力：实施干预计划需要哪些组织能力？	提供持续的专业发展(支持)
⑥计划：实施所选项目的计划是什么？	开展实施计划
⑦实施和过程评估：如何监控和评估项目实施的质量？	整合学校范围的政策和活动，以促进所有学生的社交、情感和学术学习
⑧结果评估：项目运行得如何？	
⑨持续的质量改进：如何融合持续的质量改进策略？	使用数据促进实践
⑩可持续：如果项目成功，它将如何持续下去？	

在本章中，我们将示例集中在地区层级的倡议上；但是，这些问责问题也可以应用于学校系统的多个层级。地区工作人员可以满足多所学校的广泛需要，也许所有学校都可以采用社会情感学习项目。每个学校也可以为其学校、教室或学校内的某些人群(例如，情感障碍学生，

---

① 此处描述与表33-1不完全一致。

科学、技术、工程和数学教师)回答问题。对于如何在最符合其特殊需要的层面上解决问责问题，我们鼓励读者进行广泛的思考。

经验数据支持在实地情境中使用取得成果思维。在疾病控制和预防中心资助的一项为期两年的试验中，秦曼(Chinman)及同事(2008)测试了用取得成果项目提高社区联盟预防能力和改善预防项目结果的有效性。结果表明，与对照项目相比，使用取得成果的项目在员工能力和项目绩效方面有显著改善。取得成果项目与预防能力的提高联系在一起。取得成果项目还应用于其他领域，包括促进青少年积极发展(Fisher et al.，2006)，预防未成年饮酒(Imm et al.，2006)和预防青少年怀孕(Lesesne et al.，2008)等。

(一)取得成果问责系统的特征

取得成果问责系统的一些特征使得它与校本项目特别相关。首先，取得成果是一种实现结果的过程导向的方法，这意味着它专注于那些结果能够实现的方式。在有持续的相互竞争的优先事项、有限资源、多个项目，以及存在展示有效性的需要的学校系统中，取得成果问责系统特别重要。其次，取得成果是一种灵活的方法，可以在项目生命周期的任何阶段(例如，在项目的开始或成熟阶段)与项目一起使用。最后，取得成果旨在根据个体情境来定制，目标是在考虑个体已经做了什么和什么已经发挥作用的情况下，促进学生、学校和社区取得成效。

1. 取得成果是一种过程导向的方法

传统的评估方法通常侧重于总结性评估(评估所述的结果是否在干预结束时实现)。就其本身而言，这种方法有三个显著的局限性：①最终结果信息往往是一个简单的二分法："它起作用"或"它不起作用"，这并不能为改进提供足够数据；②在实施过程中，它不鼓励进行所需要的中途纠正，以增加达到预期结果的可能性；③它不适合用来鉴定未达到预期结果的原因。未达到预期结果可能有多种原因，包括项目理论问题(例如，解决方案模型契合问题模型吗？这个项目的变化理论准确吗？)，或由于项目实施质量差而产生的问题(例如，一个有效项目的实施是以低质量的方式进行的吗？)。

相比之下，取得成果采用一种项目评估方法，将总结性评估视为项目有效性整体呈现的一个必要但不充分的组成部分。结果评估是更广泛的取得成果问责体系的一个组成部分，该体系在项目的整个生命周期使用评估数据。这种方法始终提供关于项目有效性的信息，而不是等到项目结束(资源和时间可能已经耗尽)才查看项目是否起作用。

出于数个关键原因，取得成果方法对于在学校情境中实施大规模项目尤其重要。首先，在公共教育情境中，那些未能显示出预期效果的项目往往很快就会被抛弃，转而支持下一个大的设想。这种通过干预进行的循环消耗了多个层级的资源(例如，地区财政能力被消耗，用于培训和支持新倡议的学校资源减少，教师们不堪不断变化的要求所带来的重负，对将自己的努力投入另一个"一时的新鲜劲儿"的事情里的效用持怀疑态度)。通过在项目开始时计划问责，取得成果的过程有助于学校倡导对项目实施的持续支持，这样，项目就不会在潜在结果得以实现和记录之前过早结束。其次，在预算不确定的情况下，地区和学校必须很擅长向潜在出资者证明以前和将来投资的合理性。在这里，取得成果可用于：①前瞻性地证明项目计划的合理性；②回顾性地评估已经一直在运行的项目(例如，满足拨款申请或持续资助合理性上的要求)。最后，过分依赖总结性评估方法，即简单地确定是否实现了预期的结果，而较少关注如何做出改变，这意味着学校和地区限制了组织学习。只关注已发生事情的学校或地区会错过对其如何发生的了解，这样他们就无法在未来让事情以更好的方式发生。

2. 取得成果可以在项目生命周期的任何阶段使用

虽然取得成果步骤是按顺序编写的，从步骤 1 开始到步骤 10 结束，但是这个逻辑顺序通常不能准确地反映项目采用和实现的典型过程。学校处于规划一系列创新和改革措施的持续过程中，并且通常被期望在没有充分注意取得成果早期步骤的情况下实施一个项目或评估一个预先存在的项目的有效性。取得成果旨在解决这些现实需求。

取得成果像一个"画师的调色板"，用户可以根据特定需要应用不同的步骤(用不同颜色绘制，见图 33-1)。一个普遍的现实是，一个循证项目之所以被选择，可能是由于联邦拨款指南或者由州教育办公室做出决定，而地区被指示实施所选择的项目。尽管州或联邦基于数据可能已经做出决定，但通常的情况是，这个指挥系统有效地跳过了一个地区甚至学校的特定需求评估、对是否契合特别情境的确定，以及对学校是否有能力完全依照项目模式实施所选择项目的评估。在这种情况下，在使用取得成果时，可以允许学校"跳"到第 6 步至第 10 步，选择关注——他们将如何计划和监控项目的实施，项目的特定情境结果将是什么，以及他们如何在自己的情境中改进和持续。

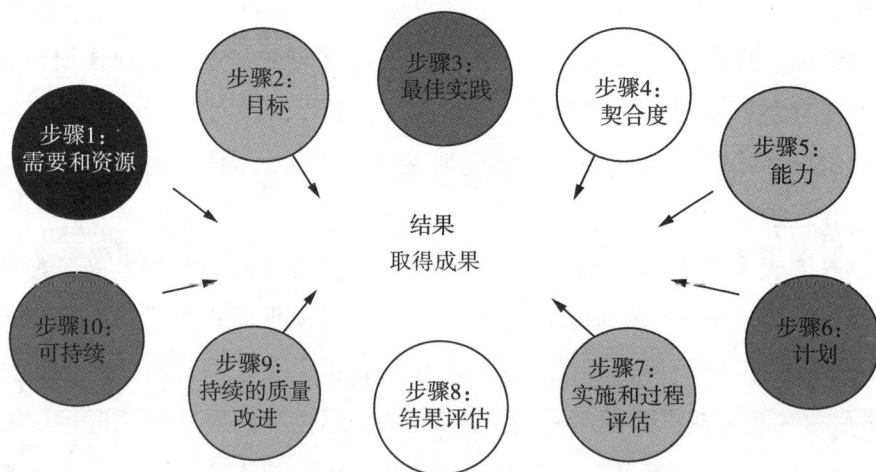

图 33-1　取得成果像一个"画师的调色板"

3. 取得成果以社区和学校为中心

取得成果方法解决传统的从研究到实践模式的局限性：循证项目有望在目标人群的个人和情境中自动普及(Wandersman et al.，2008)。通常，在对照研究试验中观察到的项目结果与在"现实世界"中执行同一项目时观察到的结果之间存在着实质性差异。"普遍性"(一个在严密研究环境下发挥作用的项目应该在任何地方都能发挥作用）假设的问题是一些地区和学校不同于另一些地区和学校，并且考虑到各种情境中相互竞争的优先事项、不同的技能系列以及不同的氛围和文化的细微差别，许多学校无法或不愿意为功效试验期间实施的项目分配相同数量的资源和相同水平的监督。取得成果认识到，地区、学校和教室是必须实施项目的现实世界的实验室。

取得成果认识到没有两个学校或地区完全相同。取得成果倡导个性化但勇于担责的解决方案，以让一个项目或实践适应地区或学校个性化的需要。如果项目能够适应学校不同的需要、资源和态度，同时对项目内容和交付特征保持足够的忠诚度，那么，项目更有可能取得结果（Osher、Dwyer & Jackson，2004）。例如，一些学校采用"内部"取得成果流程，接受短期培训和技术援助；而另外一些学校则可能与外部评估人员或顾问合作，在其社会情感学习倡议中运用取得成果系统。取得成果思维有助于学校、地区领导者和团队采用符合他们需要并契合更广泛的学校和地区环境的循证实践，同时支持学校和地区使用数据来达到预期结果。

二、取得成果与社会情感学习项目

21 世纪的学校肩负着培养学生认知、社会、情感和身体发展的社会责任。学校在青少年成长中有独一无二的作用，学校往往是一个提供广泛服务的系统。越来越多的研究和实践表明，当学校培养学生的社会和情感能力，满足他们的健康需求，并为其学习创造有利的条件时，学生的成绩就会提高（Osher & Kendziora，2010；Osher、Sprague et al.，2008）。

学术、社会和情感学习合作共同体正在领导该领域的一些工作，评估同时形成多个学生和教师技能系列的社会情感学习项目，涵盖学生的学术、社会和情感能力。学术、社会和情感学习合作共同体确定了 18 个针对小学生的项目，如果这些项目实施得当，基本上可以满足许多学校对社会情感学习的需求。积极的结果包括学生标准化考试平均分数提高，心理健康状况提升（如自尊提高、抑郁和焦虑降低），以及在学校的参与度提高（Durlak、Weissberg、Dymnicki、Taylor & Schellinger，2011）。

下面，我们说明如何将取得成果思维应用于满足学生社会情感学习的特定需求的实践中。取得成果问责系统中固有的问题与学术、社会和情感学习合作共同体行动理论基本重叠，这使得使用或试图使用学术、社会和情感学习合作共同体资源的地区可以将取得成果轻松用作附加资源。

取得成果可用于学校系统的多个层级（如地区、学校、教室或教师、学生），以实现社会情感学习结果。在本章中，我们侧重地区层级的应用。我们将展示一个地区如何选择、实施和利用数据改进循证社会情感学习项目的实施。这是旨在培养学生能力和成人能力，以及改善学习条件的社会情感学习和学生支持干预综合系列的一部分。我们侧重于一种干预，即提供促进选择性思维策略，这是克利夫兰在普遍的社会情感学习上的第一个有意识的努力，它起着锚定其他社会情感学习项目的作用。克利夫兰将该项目作为大型社会情感学习的一部分来实施，该项目旨在：为中学课程的识别、理解、标记、表达和调节（RULER）情感（Rivers、Brackett、Reyes、Elbert-son & Salovey，2012）做准备，在学校"计划中心"中实施社会情感学习支持，成为需要额外支持的儿童的避风港，使用个性化社会情感学习支持工具——连锁反应全谱学习干预系统，建立校本学生支持团队。

我们对克利夫兰的促进选择性思维策略项目进行说明，原因如下。

（1）我们中的一位与地区首席执行官合作进行了规划和评估，这第一手经验能为您提供有关取得成果每一步骤在您的学校可能如何运作的重要信息。

（2）克利夫兰面临着许多城市、郊区和农村地区的挑战，包括资金变化、社区支持，以及使得社会情感学习项目契合复杂的现有倡议的需要。地区与社区利益相关者和外部评估人员合作，为克服这些挑战制订创造性和策略性的计划；我们认为这些信息对于其他纠结于类似问题的地区和学校很有价值。

（3）它提供了一个如何追溯使用取得成果的步骤的示例。取得成果方法可以前瞻性地用于帮助项目或倡议实现问责，并增强实现结果的可能性。事实上，这是开发取得成果的初衷。克利夫兰示例的使用是取得成果的追溯性使用，目的是说明取得成果步骤在社会情感学习示例中呈现的状态。将这些步骤应用到促进选择性思维策略项目示例中将有助于读者了解取得成果每个步骤如何对复杂的社会情感学习干预发挥作用。

三、利用取得成果问责流程取得学校的社会情感学习效果

步骤 1：您的地区的潜在需求和条件是什么（需要和资源）？

需要和资源评估可以收集到一个地区最突出的需求信息，以及解决这些需求的潜在资源信息。全面的需求和资源评估包括确定个人、学校和社区的优势，这些优势可能能够解决（或可能已经在解决）已确定的需求。如果将其确定为对现有资源的评估并确定其与所需服务的差距，那么需求评估过程本身可以被视为激发社区和地区支持社会情感学习项目的第一步。地区需求评估过程的一个重要部分包括确定地区内学校和学生需求的差异；在选择社会情感学习项目时，不可能一种规模契合所有学校和学生的需求。

了解一下克利夫兰示例的背景。2007 年秋季发生了一起枪手死亡的校园枪击案后，克利夫兰大都会校区（地区）和克利夫兰市的市长请美国研究所进行分析，心理健康机构和其他社区机构可以在克利夫兰学校做些什么来改善学生与学校的联系，以及对他们的心理健康和安全提出建议。首席学术官（领导地区的工作）和市长希望进行一项可行的研究以推动变革，并向美国研究所承诺，该地区会利用需要和资源的评估以及循证建议来做出计划和推动变革。美国研究所进行了一项观察系统性问题以及观察不同背景下的优势和需求的研究。美国研究所提供了可以在 5 年内付诸实施的 10 条建议（Osher，Poirer et al.，2008）。克利夫兰随后要求美国研究所帮

助地区实施这些建议，并成立了实施团队。该团队由学生支持人员和教师工会成员组成，向首席学术官汇报。美国研究所向许多利益相关者提供实施原则的建议和咨询，包括社区—学校工作组、首席学术官和监督社会情感学习项目计划和实施的执行团队。

步骤 1 旨在确保地区所采用的项目契合特定学校的需要，且不与其他现有项目重复。简单来说，第一个问题是：我们的学生是否需要进一步的社会情感学习项目？如果地区领导层（可能与教师、家长和其他社区领导合作）已经确定确实有必要进行社会情感学习干预，那么，后续问题涉及对存在何种特定需要和资源的更详细调查。本手册其他地方描述了评估：①学生与社会情感学习五个领域相关的技能系列；②教师与社会情感能力相关的具体教学技能的特定策略。在理想情况下，地区将评估与学生和教师技能系列相关的需要和资源。

这里介绍克利夫兰的例子。克利夫兰需要评估推荐系统性的基于课堂的社会情感学习指导、支持性的学校氛围、协调的心理健康和健康服务、学校—家庭—社区伙伴关系，以及课后和社区项目。美国研究所基于包括学区范围内学习条件调查的差距分析和优势分析提出了这些建议（Osher & Kendziora，2010）。调查数据、随机抽样学校的案例研究以及对随机选择的学生、家庭和教师进行的焦点小组调查帮助美国研究所识别学生的高级需求，基于成人而非学生需求的项目分配了目前正在实施的、通常缺乏监控和协调性的多种干预。这些措施包括以干预为基础的援助团队，一系列不协调的行为干预，心理健康服务，以及目的明确但协调性和评估不足的社区支持项目。

尽管与学生获得社会情感学习五项关键技能相关的具体需求评估可能与特定地区采用社会情感学习干预最为相关，但通常项目的采用并不遵循这一顺序。更可能的是，正如在克利夫兰一样，一些持续的创新和相关评估在一个地区同时进行，或者社会情感学习项目本身可能是更大干预的组成部分。这不是问题，而是允许将出于其他目的进行的需求评估用于证明是否需要社会情感学习干预。鉴于社会情感能力可以提高学生的学习成绩，即使显示成绩指标差异的数据也可能让人联想到对社会情感学习干预的需要。在这种情况下，一个地区领导团队可能会问：我们掌握的哪些数据表明我们学校需要社会情感学习项目？

步骤 2：目标人群和目的（预期结果）是什么（目标）？

步骤 2 建立在步骤 1 的需求评估所收集的信息的基础上，并询问：应该更改什么？为谁？到何时？这涉及首先为步骤 1 中确定的每个优先需求创建目标和目的（或预期结果）。目标是对从长远来看学校想实现的内容的广泛陈述。目的或预期结果是对项目结果将会改变什么的具体陈述。具体、明确的目标可以表明如何衡量项目的成功。学术、社会和情感学习合作共同体的《2013 年指南》提供了一个初始框架，用于制订您选择的项目可能达到的目的或预期结果。即使您没有从这个列表中选择一个项目，您的目的和结果很可能与这里列出的内容有实质性重叠。

除了确定地区领导人希望看到的变化外，这一步骤还涉及明确服务的目标人群。在一所学校里，这可能涉及所有学生（如普遍预防）、地区内的特定学校（如一所高中的直属学校）、学校内的特定年级（如所有五年级学生）或特定类型（如特殊教育的或资质优秀的）的学生。在选择循证实践(步骤3)之前，明确人群选择合适的项目很重要。

步骤2还包括明确预期变化的时间线以及衡量变化的方式。在选择契合学校或地区预期结果的项目时，对时间线和变化测量的前瞻性解释可能很有用(例如，选择一个只有经过多年干预才能达到预期目标的项目，对于需要即时行动的学校来说是不够的)。然而，新的证据表明，不同项目中不同学生的社会情感能力发展的速度可能非常快，并且一些研究表明，一些重要变化在一个学年内就能够发生(CASEL，2012)。

这里展示克利夫兰的例子。克利夫兰的需求非常大，以至于地区选择实施所有10条建议。这些建议被转化为四个结果领域：①安全和尊重的氛围；②挑战；③学生支持；④社会情感学习。每个领域的变化通过教师对学生社会能力、注意力、攻击性、学生出勤率、行为(以每所学校可中止行为事件的平均数予以报告)和退学(停学和除名)的评分进行衡量。地区将持续对这些结果进行追踪，用于学年期间的进度监控，以及年度审查和规划。

步骤3：哪些循证模型和最佳实践项目在实现您的目标和结果上是有用的(最佳实践)？

一旦地区确定了社会情感学习项目的需求、优先顺序(步骤1)，并且设定了目标人群、目标和预期结果(步骤2)，下一个问题是实现每个社会情感学习相关目的的最佳实践是什么。如果在步骤2中确定了多个目的，那么，问题应变为：应该为谁使用哪种类型的社会情感学习项目？这一步骤涉及回顾有效循证的社会情感学习项目的经验文献，并确保拟议项目的基本或核心要素到位。社会情感学习项目最全面的综述是学术、社会和情感学习合作共同体的《2013年指南》。项目信息另一个很好的来源是在行为分类下组织的有效教育策略资料中心(WWC)干预报告，其中包括许多社会情感学习项目。

这里展示克利夫兰的例子。由执行团队领导的地区检查了数据和美国研究所的分析，并决定从小学开始，所有学校都可以受益于社会情感学习项目。考虑到财务资源的限制和对将在该地区待很多年的学生进行干预的长期投资回报，克利夫兰决定从小学开始此项目。地区计划者还决定，由于学生和教员的流动性很大，在多所学校采用社会情感学习项目而不是在每个学校实施不同的项目，就有了共同社会情感学习语言和共同协议。选择过程是协作性的，并侧重于证据。执行团队召集了一个由学校和社区利益相关者(包括教师、家庭和机构领导)组成的工作组选择标准，确定拟审议项目短清单，然后进行选择。美国研究所提供了选择循证实践的标准(Osher et al.，2004)。克利夫兰咨询了美国研究所和学术、社会和情感学习合作共同体，并利用学术、社会和情感学习合作共同体早期的项目《安全与健康指南》(更新为《2013年指南》)，制订了拟审议项目短清单，包括"第二步"项目和促进选择性思维策略项目。

步骤4：需要采取哪些行动才能使所选项目契合您的地区(契合度)？

在本步骤中，不同地区首先应详细审查步骤3的项目选项，并选择最契合学校的项目。在步骤3中，对循证实践和基于实践的证据的审查可能产生一个或数个可行的社会情感学习项目选项列表(就像克利夫兰示例中的情况)。在步骤4中，您将确定哪个选项最契合您的地区或特定学校(选择社会情感学习项目，可参见CASEL，2012)。一个常见的挑战是因项目的普及程度或预期影响而选择实施项目；然而，系统地确定项目是否真正契合所处的环境往往被忽视，而这一点至关重要。一个项目在其他地方是有效的，并不意味着它在您的情境中也会同样成功。

有几个资源可帮助选择与您的情境最契合的项目。学术、社会和情感学习合作共同体的《2013 年指南》描述了一系列具有不同特点的项目，并侧重于普遍的、教师讲授的项目。虽然所有项目都可能关注学生社会情感学习和支持学习成果的技能（五项核心社会情感能力），但重点可能有所不同。差异可能与学习的广度或深度以及基本教学法有关。有些可能会持续很长时间，并且会随着学生升入更高年级而每年重复一次，而另外一些可能只会实施一年。社会情感学习项目在融入学校的方式上也可能有所不同：有些可能是独立项目，而另一些则可能融入更广泛的项目，并由教师实施。

循证项目可能与您所处情境的目标和特征非常契合，但需要对一些非基本元素进行修改，以实现最佳契合。明智地对所选项目进行策略性调整是步骤 4 的一个重要部分，因为某些变化可能会削弱项目效果或使项目实施难度加大。例如，一个选定的项目可能计划在 10 周中每次讲授 1 小时，但考虑到学校的日程安排需要，最佳方案改为在 20 周内每次讲授 30 分钟。有很多关于项目改编的文章（Durlak & DuPre，2008；Osher et al.，2004），我们在此提出两个关键建议：①地区应与项目开发人员合作，确保项目修改不排除或不削减重要的项目组成部分；②应例行监控和记录这些改编，以确保改编不会影响项目效果。

步骤 4 的最后一部分强调项目任务与学校环境的价值观之间契合的重要性。其目的是选择一个既有循证基础又有文化理解能力（culturally competent）的项目，这个项目既要考虑学校社区成员的文化，也需考虑学校和学区的文化。尽管研究人员在高度受控的干预中产生了经验证据，但当在不同的环境中实施某一特定项目时，其效果可能会降低。这可能部分与学校（以及学校所在社区）的价值观、信仰和项目的核心要素之间的不匹配有关。在选择项目时，与实践环境的文化背景的重要性不应被低估。通过确保项目与学校更广泛的使命和价值观相一致，可以评估项目与实践环境的契合度以增加对项目的接受度。

了解一下克利夫兰示例。为了促进克利夫兰所选择的社会情感学习项目与地区环境的契合度，执行团队考虑了自己的目标（例如，对克利夫兰地区学术、教师支持和项目成功的影响），并进行了调查。这项调查包括与成功实施该项目的其他地区的人员进行交谈，以及访谈这些社区的从业人员。一旦将可能实施的社会情感学习项目从六个减少到两个，团队就邀请开发人员进行演示，然后基于其在类似背景下的成功实施情况、对学术界的影响及其提供的外部培训（参见步骤 5），以及它作为综合扫盲教学计划的一部分来选择促进选择性思维策略的实施。

步骤 5：实施干预计划需要哪些组织能力（能力）？

此步骤的重点是学校是否有能力充分实施给定项目。组织能力是指一个组织拥有的实施和维持不同类型项目的资源（参见本手册第 24 章）。所需要的项目能力与可用的学校能力之间的不匹配可能会对项目效果产生负面影响（Wandersman et al.，2000）。应选择与学校现有能力或学校在实施项目前能够实际建立的能力相匹配的项目。地区和学校人员还应考虑如何缩小所需能力与现有能力之间的差距。组织能力通常分为 5 种类型：人员能力、技术能力、财政能力、时间能力和物理能力。

1. 人员能力

人员能力包括项目人员（管理者和教师）的培训、证书和经验。建立这种能力涉及技能的专业发展和获得，而这些技能对于向学生有效地讲授社会情感学习是必不可少的。当教师缺乏与社会情感学习干预相关的某些技能时，更为脚本化的社会情感学习项目（例如，"脚本化"并带有特定范围、顺序、说明和工具）可能是一个适当的选择；如果某一特定学校或地区的一组教师具有高水平的技能，则较少脚本化的项目可能更契合，这使得教师能够创造性地改编材料，以契合学生的需要和技能。

了解一下克利夫兰示例。克利夫兰的工作人员意识到，他们的老师、校长和主管都没有接受过社会情感学习培训，因此，他们缺乏独立实施社会情感学习项目的必要能力。他们在选择促进选择性思维策略时考虑到了这一点，因为它的开发人员提供了执行团队所认为的对项目成功实施必要的外部培训和支持。在计划过程中，通过向促进选择性思维策略开发人员咨询，克利夫兰工作人员决定同时雇佣 6 名促进选择性思维策略教练，以提高教师专门实施社会情感学习项目的能力。

2. 技术能力

技术能力指项目计划、实施和评估的所有方面所需要的专业知识。在地区层级，能力可能包括领导者和倡导者规划、实施和评估正在进行的社会情感学习项目所需的知识和技能的合集。事实上，提出和回答 10 个取得成果的问题的能力本身就可以被视为与社会情感学习倡议相关的技术能力。

了解一下克利夫兰示例。通过与外部组织（美国研究所和学术、社会和情感学习合作共同体）协商，以及参考 2008 年美国研究所提出的其他建议，克利夫兰解决了技术能力问题。这些外部组织为监督促进选择性思维策略实施情况的团队提供指导和支持。这种指导帮助了直接负责该项目确保所有组成部分有效实施的高级领导成员。这些组成部分包括：系统的、以课堂为基础的社会情感学习指导和积极的学习条件，协调的心理健康和卫生服务，学校—家庭—社区伙伴关系，以及与有效的课后和社区项目的联系。但是，地区后来意识到，它没有充分培训和支持其他关键领导人，包括校长和更高层领导。这加剧了存在于地区内部的项目分离程度，导致美国研究所和社会情感学习项目的实施被视为一个离散的项目，而不是一个全地区策略。地区随后获得美国研究所，学术、社会和情感学习合作共同体、协作区计划（CDI）成员地区的支持，从而扩大了培训和支持范围。

3. 财政能力

财政能力指确保有足够资金按计划实施项目（包括确保有适当人员和材料能有效执行项目）。整合正在进行的项目可能更容易，而那些需要额外设备、工作手册、其他印刷材料或电子材料、专业人员的项目则需要更多的财政能力。

了解一下克利夫兰示例。尽管执行团队已承诺雇用 6 名促进选择性思维策略教练，以确保教师提供促进选择性思维策略课程的能力，但巨大的地区预算赤字和意外的拨款收入损失迫使中途做出改变。在实施的第一年，教练聘用被推迟，第二年没有聘用教练。这影响了教师投入的广度、实施的广度和质量（Kendziora & Osher，2009）。克利夫兰教师工会和来自美国研究所、促进选择性思维策略、学术、社会和情感学习合作共同体的外部顾问共同努力，监控实施情况并提供不依赖外部教练的教师支持，开发出一种更具成本-效益的方法。

4. 时间能力

时间能力涉及为有效实施干预提供足够的时间。教师的一个普遍抱怨是：他们不可能让又一件事挤进他们的课时。确定如何将社会情感学习课程的教授整合到当前的课时，以及如何向教师提供足够的专业发展和培训机会是项目计划和实施的一个重要方面，但往往被忽视。

了解一下克利夫兰示例。就时间和资源而言，美国研究所提出的建议是雄心勃勃的。因此，实施在 5 年内分阶段进行，基础架构建设和循证社会情感学习项目在第一年确定，在第二年实施，社会情感学习标准在第三至第四年制定。这一时间安排是为了减轻一次实施中有太多事情，以及应对地区培训工作人员的变化、吸取经验并利用数据确定优势、挑战和持续需求不断变化，可以在地区能力和投入发展的基础上积累力量。

5. 物理能力

物理能力是指实施所需要的实际物理空间。在人满为患的学校里，为社会情感学习项目留出教室或其他必要的集合空间的能力可能会是一个挑战。然而，将社会情感学习工作整合到现有的项目中，进而整合到现有时间表和物理空间中，则可以缓解这一挑战。

了解一下克利夫兰示例。在克利夫兰市，促进选择性思维策略项目本身不需要额外的空间。但是，对于广泛的学校氛围和文化干预来说，促进选择性思维策略是一个锚定项目。一个密切相关的项目是从传统校内停课室向"规划中心"的转移，这确实需要额外的教室空间。使用社会情感学习策略的"规划中心"应成为学生的安全港口，而不是惩罚性校内停课设置。"规划中心"使得学生能够冷静下来，停下来思考处理问题的其他方法或从工作人员那里得到支持，利用基于计算机的社会情感学习项目（连锁反应）来完成他们的功课。

步骤 6：实施所选项目的计划是什么（计划）？

步骤 6 的重点是创建实施计划。制订一个明确而现实的计划会增加项目按预想和预期结果实施的概率。质量计划涉及制订预期的项目实施任务和活动的时间表。这能增加项目以有序和及时的方式推出的可能性。计划可能包含一些其他有用的组成部分，具体如下。

(1)为了项目实施成功，应完成哪些活动？

(2)这些活动应该以什么顺序完成？

(3)谁负责确保每个任务得以完成？

(4)每个任务应何时完成？

（5）我们如何确定任务高质量地完成？

了解一下克利夫兰示例。克利夫兰的促进选择性思维策略实施计划（以及社会情感学习标准和"规划中心"的实施）的关键特征之一是详细的工作计划，其中包括提供教师培训的时间。执行团队每月召开一次会议，审查工作计划的进展情况，并将这些数据用于持续的质量改进。执行团队在审查工作计划时，很快就发现该计划未能充分、详细地概述实施计划和时间表。因此，执行团队与促进选择性思维策略开发人员、技术顾问开了一整天的研讨会，以在第一个实施年早期制订第二个更详细的实施计划。这一新的、更详细的时间表使执行团队能够密切跟踪早期执行工作，并更及时地向学校提供个性化的支持。

步骤 7：如何监控和评估项目实施的质量（实施和过程评估）？

步骤 7 是计划实施和过程评估。它旨在通过对步骤 6 中制订的计划的密切监控，确保所选择的社会情感学习项目的高质量实施（Meyers，Durlak & Wanders-man，2012；Meyers，Katz et al.，2012）。监控有助于确保项目按计划实施，并确定可能需要中途纠正的任何措施。学校或地区可能希望使用的许多循证社会情感学习项目也提供监控教师表现的工具（CASEL，2013）。即使您选择了不同的项目，对这些工具的审查也是确定如何监控社会情感学习的一个很好的起点，因为最好的工具包含了前面提出的问题。对实施的持续监控提供"实时"的目标进展反馈，有助于提升服务质量，进而增强加得更好结果和最终影响学生的可能性。

了解一下克利夫兰示例。克利夫兰的执行团队发现，制订一个不仅能操作所有细节而且能监控其执行的计划非常重要。该监控包括每月对实时数据进行审查，并从促进选择性思维策略顾问、教师工会代表和学校校长处获得反馈并采取行动。监控既包括输出（例如，接受过促进选择性思维策略培训的教师人数），也包括措施（例如，对促进选择性思维策略实施的逐步观察）。再一次说明，克利夫兰的监控策略成形，并随着时间的推移而得到改进，因为初始监控措施没有充分或准确地捕捉到执行进度的情况，所以工作人员进一步确定了额外和替代措施。

步骤 8：项目运行得如何（结果评估）？

步骤 8 解决结果评估，是传统总结性评估方法的重点。它回答基本的结果评估问题：我们达到预期结果了吗？如前所述，步骤 8 中的结果评估计划在过程的早期（在确定了项目预期结果时）就开始了（步骤 2）。前面几个步骤是核心：通过有效地实证步骤 1—7，学校增强了达到预期结果的可能性，以真正获得地区或学校所寻求的结果。如果预期效果已经在步骤 2 中策略性地写了出来（应该改变什么，改变多少，为谁，到什么时候），那么，步骤 8 是一个相对简单的过程——它只须利用数据确定目标人群在特定时间段内改变了多少。学术、社会和情感学习合作共同体的《2013 年指南》提供了一些与最佳实践社会情感学习项目相关的关键结果（积极的社会行为，品行问题减少，情绪困扰减少和学业成功率增加），这些结果可能契合您的地区在步骤 2 中确定的目标。

从多个来源收集数据，可以最好地衡量每个学生的表现以及您所在地区可能选择来衡量的其他表现的变化。学校记录是一个很好的起点，因为它们主要提供有关品行问题和学术成绩的数据；学生、教师和家长的调查报告可能是收集有关积极社会行为和情绪困扰的数据的良好途径。许多循证社会情感学习项目也提供衡量学生行为的工具（CASEL，2012），建议将这些工具作为完成步骤 8 的起点进行审核。

了解一下克利夫兰示例。克利夫兰的促进选择性思维策略项目已经在学前至五年级随机对照试验中进行了评估，学生们已经被追踪长达 3 年，其关键结果包括学术成绩提高，积极社会行为增加，品行问题和情绪困扰减少。美国研究所评估发现，学生的社会能力和关注度有了显著提高。然而，促进选择性思维策略对攻击性行为的影响并不像该项目的经验证据所预期的那样好（Faria，Kendziora，Brown & Osher，2012；Osher，Poirer，Jarjoura & Brown，2013）。

步骤 9：如何融合持续的质量改进策略（持续的质量改进）？

通过确保评估在前几个步骤中接收到可用数据，步骤 9 将项目评估与项目提升联系起来，计划并实施项目修改。通常，学校和地区会收到关于上一学年暑期活动和成果的数据。这是一个回顾调查结果和参与策略性持续质量改进的绝佳时机（步骤 9）。例如，在社会情感学习干预第一年收尾阶段，地区已经接收并仔细审核了过程数据（步骤 7）和结果数据（步骤 8），并且可以通过追溯步骤 1 到步骤 6，利用该数据进行一些修正。

了解一下克利夫兰示例。正如前面的许多示例证明的那样，持续质量改进过程已经在克利夫兰应用了 5 年。它使地区能够进行许多中途纠正，比如，修订和澄清地区社会情感学习目标和结果，在出现财务挑战时重新设计促进选择性思维策略的实施，重塑技术支持以便为高层领导者提供更多的指导和能力建设，将社会情感学习的培训范围扩展到高层领导者以确保机构的接受度，并制作促进选择性思维策略培训视频和开发"培训培训者"以取代正在进行的咨询培训。

除了使用步骤 9 的持续质量改进过程来评估社会情感学习项目实施的成功之外，该步骤中固有的逻辑也可用于解释结果。在克利夫兰示例中，执行团队及其校内合作者预计，由于实施促进选择性思维策略，学生攻击性将减少。但是，结果评估没有显示出这一变化。这一发现为重新应用取得成果思维提供了机会。也就是说，适当地"备份"之前的问题，并询问是否可以通过前面的步骤之一来解决未能显示学生攻击性行为按照预期减少的问题。

步骤 1：需要和资源。减少学生攻击性行为的特定需求确定了吗？对攻击类型（身体、情绪）或攻击主体（如中学生）的具体情况了解得是否足够？

步骤 2：目标。执行团队提出的与学生攻击性相关的特定目标是什么？想要改变多少学生的攻击性行为？在哪些学生中进行改变？到什么时候完成目标？目标的预期变化过于雄心勃勃吗？

步骤 3：最佳实践。执行团队出于数个原因选择了促进选择性思维策略项目，并且实际上，促进选择性思维策略实现了大多数已确定的目标。学生攻击性是促进选择性思维策略的核心要素吗？在普遍的社会情感学习项目中加入另一个减少学生攻击性行为的社会情感学习项目，可行吗？

步骤 4：契合度。是否已经有一个进行中的项目，可能与特定的、针对学生攻击性的促进选择性思维策略组成部分的不契合？

步骤 5：能力。拨款的变化可能损害了教师对项目的准备和支持。能力的这一变化有助于解释本结果吗？

步骤 6：计划。当执行团队制订了更详细的实施促进选择性思维策略的计划时，实施降低学生攻击性行为核心要素的计划得到充分实现了吗？

步骤 7：实施和过程评估。侧重于学生攻击性的促进选择性思维策略组成部分得到了高质量实施吗？监控这一实施过程的措施足以衡量质量吗？

步骤 10：如果项目成功，它将如何持续下去（可持续）？

最后一步与项目的可持续有关。可持续通常等同于为项目获得持续的、稳定的资金，然而随着时间的推移，多种因素有助于项目持续有效。可持续归根结底是指一个地区是否有能力将社会情感学习项目嵌入其持续服务和常规服务中。这样，它就可以无视资源分配的波动而定。可持续有时被称为常规化或制度化，这种可持续发展的思维方式围绕这样一个理念：新的和明显有效的项目应该整合到地区或学校，使项目的实施部分变成"一切照旧"。

了解一下克利夫兰示例。克利夫兰的促进选择性思维策略和所有社会情感学习项目的可持续性具有几个关键要素。第一，它赢得了地区对拨款的支持，因为它证明了有效性；也就是说，促进选择性思维策略像它在以前的有效性试验中证明的那样，提升了克利夫兰学生的学习条件。第二，地区已将促进选择性思维策略作为一个更大、更全面的社会情感学习项目的一部分予以实施。克利夫兰有一个全地区社会情感学习项目，其中，促进选择性思维策略是必不可少的一部分。第三，促进选择性思维策略和其他社会情感学习项目已经嵌入地区的家庭活动和社区活动中，家庭和社区合作伙伴越来越多地使用与地区相同的社会情感学习策略，这也依赖于地区持续支持这一策略。第四，地区已将社会情感学习纳入其策略性计划和地区策略中。由于同运用取得成果模式一样用心，克利夫兰成功地吸引了国家技术援助网络（学术、社会和情感学习合作共同体，协作区计划，美国研究所等），以及地方和国家基金网络［克利夫兰基金会（Cleveland Foundation）、乔治·冈德基金会（George Gund Foundation）、西奈山医疗基金会（Mt. Sinai Healthcare Foundation）、阿宾顿基金会（Abington Foundation）和诺沃基金会］的关注，他们共同协助地区维持和改善其社会情感学习投入。

四、总结

社会情感学习对于改善学校和社区的结果很重要。这样做不仅仅需要确定一个循证社会情感学习项目，还需要选择正确的循证项目并以正确的方式实施该项目。这涉及寻找满足当地需求、符合学校及员工文化和能力的项目和策略，并且这些项目和策略已被证明能够在类似环境中对类似的学生、员工和学校产生积极影响。此外，一旦选择了正确的项目，就必须制订、实施和监控计划，以确保员工接受并能够实施新项目。这种有效的推行依赖于为员工提供实施新技术的培训和支持，监控实施和评估结果，并使用监控和评估数据持续改进质量。在本章中，我们介绍了旨在解决所有这些需求的取得成果系统。

社会情感学习实施的取得成果的方法克服了学校系统在资源减少和越来越需要证明责任的时代所面临的挑战。虽然我们提供了克利夫兰地区在实施促进选择性思维策略项目时如何使用取得成果思维的社会情感学习特定示例，但取得成果框架可以广泛应用于其他领域（如 STEM、公共核心）。取得成果系统制定了策略性和有顺序的步骤，使得地区能够以系统方式记录项目需要、项目实施的质量及其对学生的最终影响，从而去除问责的神秘性。

备注：Getting To Outcomes 和 GTO 是南卡罗来纳大学和兰德（RAND）公司的注册商标。

五、参考文献

请扫描二维码获取原书参考文献。

第 *34* 章
运用信息技术支持社会情感学习的现状与趋势

罗宾·S. 斯特恩、塔克·B. 哈丁、

艾莉森·A. 霍尔泽、尼科尔·A. 埃尔伯森

据估计，有超过 200 个基于课堂的社会情感学习项目在美国学校中使用（CASEL，2003）。社会情感学习涵盖了广泛的情感、认知和行为技能，由五个核心能力组成。社会情感学习的不断发展表明，学生可以通过结构化的干预来获得这些能力，并且学习这些能力可以增强他们在家庭、学校和生活中的人际关系技能、学习能力（Durlak，Weissberg，Dymnicki，Taylor & Schellinger，2011）。事实上，参与社会情感学习项目的学生们表现出亲社会行为增加，行为问题减少以及学业成绩提高（Durlak et al.，2011）。在本章中，我们的目的是考察各种技术如何整合到社会情感学习之中以教授或提高这五种能力。迄今为止，技术对社会情感学习项目效果影响的研究较少，但是新技术的快速发展促使我们探索新技术在支持和提高社会情感能力和教育项目中的潜在作用。我们从概述普通教育中有关技术的研究现状开始，然后将社会情感学习置于更大的教育景观中，同时着眼于技术在社会情感学习中的研究和实践应用。最后，我们讨论了将技术融入社会情感学习中可能存在的问题与挑战，并为社会情感学习中的技术研究和应用提出建议。我们并不打算详尽无遗地介绍技术研究和应用；相反，我们会介绍一个与社会情感学习整合的、有代表性的技术，说明其目前应用或未来发展趋势。

一、技术应用于教育的现状

几十年来，教育领域的研究人员一直在探索和研究各种技术在教育中的应用。越来越多的研究表明，在学前和中小学教育的各个学科领域中使用教育技术会产生积极的成果。例如，一项包含了超过 1000 项研究、40 年的技术和课堂学习研究的 25 项元分析的大型二阶元分析发

现，与不使用技术的传统教学相比，在课堂上使用技术对学生的学习产生了中度积极的影响(Tamim，Bernard，Borokhovski，Abrami & Schmid，2011)。美国教育部(USDE)教育技术办公室(2012)的另一项元分析研究发现，混合教学模式——将在线学习与传统的面对面教学相结合的教学模式——比完全在线或完全面对面的教学模式在不同课程和学科中能产生更好的学习效果。研究中涉及的技术类型多样，包括以学生为中心的学习、通过计算机模拟的学习、基于技术的项目式学习、电子游戏和协作学习。

许多研究存在的一个问题是，尽管研究在教学方法和支持性技术方面产生了被认为是积极的结果，但大多数研究都没有描述各种技术的具体方面，以及在其使用范围内能产生某些结果的特定因素。我们之所以提到教育技术研究的模糊性问题，是因为它适用于各个教育领域。这对细致入微地理解某些技术如何改进教育提出了挑战，而社会情感学习可以帮助应对这个挑战。

越来越多的研究表明，将技术应用于教学的积极成果不应被忽视。美国教育部发布了一项国家教育技术项目，以更好地将教育技术纳入公共教育的教与学中(USDE，2010)。该项目呼吁使用流行的技术，通过改善学生的学习，扩展最佳实践以及使用数据进行持续改进来增强公共教育。该计划概述了一个愿景，即利用学习科学和现代技术，为所有学习者创造富有吸引力的、相关的和个性化的学习体验，反映学生的日常生活和他们的未来现实(USDE，2010)。该计划还呼吁"联结教学"，在这种教学模式下，教育工作者与"改善他们自己的教学实践的资源和专业知识相联系，并引导他们成为学生日益自主学习的促进者和合作者"。教育机构正通过在线课程、网络研讨会、播客和其他技术将技术融入专业发展中，并在提高教师媒体素养和教学效能方面取得了一些有前景的发现(Barr & Bardige，2012；King，2002；Reich，Romer & Barr，2014)。随着美国教育部对教育技术的推动以及对最佳实践研究的实施，我们希望研究转向更多的实证检验，这有助于阐明促进学习的特定技术的特征。此外，作为本章的中心关注点，我们期待对能够增强社会情感学习特定能力的技术进行更深入的研究。然而，当我们看到社会情感学习领域是如何开始将各种技术整合到项目中时，重要的是要记住，支持这方面具体技术的证据基础有限，但很有前途，需要更严格研究。

二、与社会情感因素相关的技术简史

当今时代，人们与信息、他人的联系更加密切，我们也在这样的时代背景下教育着自己的下一代。在美国，80%的青少年使用社交网站，其中，93%的人有网络账户；此外，美国学生使用数字媒体的时间与他们在课堂上花费的时间一样多(Rideout，Foehr & Roberts，2010)。2002—2009 年，丹尼尔·戈尔曼(Daniel Goleman)的著作《情绪智力》(*Emotional Intelligence*)刚刚问世不久，而我们现在称为社会情感学习的领域也才刚刚兴起。事实上，这些早期社交科技的创造者是在社会情感学习像今天这样广泛应用于学校之前接受的教育。到2010 年，将近一半的美国互联网用户拥有在线社交形象；数以亿计的人通过手机访问社交网站；电视收视率也达到了历史新高(Arbitron，Inc. & Edison Research，2010；Media Literacy

Clearinghouse，2010）。这些社交科技使用增加的统计数据伴随着这样的问题：通过技术获得的联系更紧密，是否会导致人们在其他方面联系更少（Putnam，2000；Putnam & Feldstein，2004）？

在同一历史时期（1990—2000），社会情感学习领域随着技术的快速发展而发展，社会情感学习和技术领域的领导者与教育工作者都在讨论概念和应用上的重叠。雪莉·特克（Sherry Turkle）是最早描绘情感与科技融合的心理学家之一。她在 1995 年出版的《屏幕生活：互联网时代的身份》（*Life on the Screen：Identity in the Age of the Internet*）一书中阐述了人们如何在网上发展新身份。她的病人们的挣扎和胜利让网络世界中的自我意识这个概念产生了问题和它对心理健康、心理治疗的影响。同年，科学家们看到了情绪智力理论和研究的萌芽（Mayer & Salovey，1997；Salovey & Mayer，1990），以及情绪智力概念在全球的普及（Goleman，1995）。社会情感学习领域及其教育项目很快浮出水面（Weissberg，Gullotta，Hampton，Ryan & Adams，1997）。罗莎琳德·皮卡德（Rosalind Picard）在 2000 年出版了她的书《情感计算》。情感计算这一标题是由她创造的，强调情感在人机交互中的重要性，包括影响界面设计，并创设了技术在感知、交流、示范、教学和响应人类情感方面的研究愿景。20 世纪 90 年代，高等教育开始对技术与社会情感能力的交叉产生兴趣。1996 年，哥伦比亚大学师范学院开设了第一个关于社会情感能力和数字技术的课程。仅仅一年后，哥伦比亚大学师范学院举行了关于该主题的第一次会议。现在，世界各地的教育工作者、教育技术人员、课程设计师、研究人员和心理学家之间的对话仍在继续。实际上，在 20 世纪 90 年代末，第一批专门针对学校社区社会情感能力发展的技术平台之一——ExSEL 项目启动了。这个互动网站为学生和教师提供了广泛的资源和游戏，它是与通过学校机构顾问将社会情感学习引入纽约市第二区的项目一起创建的。现在有许多会议、跨学科研究团体甚至大学院系都致力于理解技术创新、社会互动和情感之间的关系。

面对科技和社会情感学习的相互融合，一些专家对互联网和社交媒体关于社会、情感发展以及幸福感产生积极影响的潜力表示怀疑（Postman，1993；Tiles，1995）。人们认为，越来越便携的、无所不在的、功能强大的通信技术是分散注意力和产生疏离感的一大来源。今天，一些人想知道社交媒体是否一直在阻碍儿童的情感发展（Gentile et a.1，2004；Landhuis，Poulton，Welch & Hancox，2007；Zimmerman，Christakis & Meltzoff，2007）。正如梅耶斯（Myers）和萨达吉亚尼（Sadaghiani，2010）对美国国家卫生研究院（NIH）关于千禧一代的研究的介绍中所描述的那样，大众媒体将精通技术的千禧一代描述为以自我为中心，缺乏动力，他们的行为方式比他们的同辈人更不尊重或不忠于上司和组织。千禧一代通常被归为数字化原住民，这使一些人想知道，这是否使他们在面对面的互动中更不专注，更脱节。然而，将因果关系归因于技术进步和人类社会行为的大规模变化是需要谨慎的。

抵消这些关于科技的批判性观点的重点是其对人类发展，特别是对社会情感学习的发展所产生积极影响的潜力（Jones & Issroff，2005）。因此，在不可避免的技术进步的世界中，乐观主义者的目标似乎是寻找解决新技术可能带来的社会情感问题的方法，利用它们来解决现有的社会情感挑战，并创新性地使用新技术丰富我们的社会和情感世界。在这些方面，技术进步可以是建设性的，而不是破坏性的，其利可能大于弊。

三、借助技术增强社会情感学习

与我们之前提到的美国教育部教育技术计划一致，社会情感学习领导者有责任确定如何利用现有技术（许多技术在本质上是社交的）来增强学生的自我认知、社会认知、自我管理、人际关系和负责任的决策的能力。在接下来的章节中，我们探讨社会情感学习项目如何应对这一挑战。当前，许多社会情感学习组织使用技术来支持项目实施，补充专业发展的不足和培养共同体，但是仍有很大的潜力利用技术来进一步增强社会情感学习的五个核心能力。在本节中，我们将探讨社会情感学习与技术之间的结合是如何展开的，以及它在未来将会是什么样子。为了了解现状，我们采访了儿童委员会（"第二步"）、发展研究中心、社会责任、面对历史和我们自己（FHAO）、开放圈（OC）、响应式课堂、连锁反应以及耶鲁情绪智力中心（识别、理解、标记、表达和调节）的教育工作者。在这些访谈中，我们的主要目标是了解当前这些领先的组织如何使用（并设想在未来如何使用）技术来增强社会情感学习。以下是我们的发现和总结，如表 34-1（已建立的、新兴的和未来的增强社会情感学习的技术）所述。我们的术语"已建立的""新兴的"和"未来的"专门指这些技术在社会情感学习领域内的应用。在我们的采访中，我们用"已建立的"一词来描述四个以上组织提到的技术；只有少数甚至只有一个组织提到的技术被定义为"新兴的"。最后，我们整理了一份"未来的"技术清单，这些技术目前已经存在，但据我们所知，目前尚未在社会情感学习领域应用。在以这种方式对各种类型的技术进行分类时，我们希望为社会情感学习组织和项目开发人员提供未来几年技术如何在社会情感学习领域中应用的启发。

表 34-1　已建立的、新兴的和未来的增强社会情感学习的技术

已建立的：超过 **4** 家但至少有一家受访组织正在使用的技术	新兴的：低于 **4** 家但至少有一家受访组织正在使用的技术	未来的：设想为未来项目或方向的技术
（1）在线补充培训： ①网络研讨会； ②播客； ③视频会议。 （2）在线补充支持材料： ①在线图书馆（如 PDF 教案、下载）； ②软件支持（DVD 光盘等）； ③在线论坛； ④博客或微博； ⑤社交媒体。	（1）在线专业发展： ①认证或挂牌； ②线上或线下结合； ③同步与异步。 （2）面向教师的在线学习社区： ①移动学习管理系统或协作平台； ②远程视频教练； ③视频库或播客（展示最佳实践）； ④数字化的教师手册。 （3）面向学生的在线学习社区： ①移动学习管理系统或协作平台； ②视频库或播客（展示社会情感学习行动）； ③学生生成媒体。 （4）自适应学习技术。 （5）聚焦社会情感学习的在线游戏和移动应用程序。	（1）聚焦社会情感学习的视频游戏和移动应用程序。 （2）仿真中心（面向教师和学生）： ①化身； ②嵌入式代理； ③多模态传感器； ④生物反馈。 （3）具有潜在适应性的社会情感学习技术： ①社交媒体网站； ②短信； ③数字媒体卡通； ④漫画小说。

（一）已建立的增强社会情感学习的技术

社会情感学习组织认识到教师的培训与支持、全校范围内的协调、与主题的整合，以及有效的教学策略是成功实施社会情感学习项目的关键方面，并将教师视为变革的动因（Elias，Zins & Weissberg，1997；Kress & Elias，2006；Payton et al.，2000）。事实上，为了将社会情感学习项目确定为学术、社会和情感学习合作共同体的精选案例，该项目必须提供"高质量的培训和其他实施支持，包括启动培训和持续支持，以确保良好实施"（CASEL，2012）。因此，许多社会情感学习组织将教师培训作为最终影响学生的切入点，是有道理的。现有的技术如网络研讨会、播客、在线图书馆和讨论区等，通过向教师提供全球范围内的内容、课程计划、探讨和技能建设策略，支持社会情感学习项目的在线培训和资源供给。

一些社会情感学习项目，如"第二步"、耶鲁情绪智力中心、积极回应的课堂和开放圈，正在将补充培训和支持材料转移到网上，以加强项目用户之间的沟通，并支持可持续发展。实际上，我们采访的所有组织都采用了一些辅助性培训的组合，如网络研讨会、播客和视频会议，以促进教师的专业发展；补充的、基于网络的支持材料，包括在线图书馆、博客和论坛，使数十万教师能够获得研究、课程、教学计划、教学技巧和最佳实践的资源。例如，"第二步"网站为项目用户和家庭提供在线培训和广泛的实施支持工具，如视频库、实施时间表和清单、评估工具和电子版本的家庭作业样本。此外，这些组织利用与网站相关联的访问密钥，跟踪教师的参与情况（J. Kandel，个人交流，2013 年 11 月 26 日）。积极回应的教室和耶鲁情绪智力中心等组织一直在利用网络研讨会为其认证顾问提供持续培训，并为教师提供专业发展。这些成熟的技术应用为社会情感学习组织提供了扩大其覆盖面和规模的机会，因为它们能够快速与大量项目用户沟通并提供资源。对于可以随时使用电脑和因特网的学校来说，在线补充培训和辅助材料可以提供低成本（对于用户而言）实施的途径，让教师作为学习者参与进来，并向他们介绍与社会情感学习相关的新内容。然而，有必要对这些技术进行研究和评估，以确定它们是否会促进对社会情感学习项目更频繁的使用、更有效的教师指导或更有效的学生结果。

（二）新兴的可增强社会情感学习的技术

我们对处于领先地位的社会情感学习组织的访谈发现，有几种技术正被少于四个组织（至少有一个组织）应用或者开发。尽管其中一些技术已在特定组织中使用了很多年[如涟漪效应（Ripple Effects）使用自适应学习技术；Ray，2009]，但是，我们将在下一节讨论新兴技术，包括在线专业发展、面向教师和学生的在线学习社区、自适应学习技术，以及聚焦社会情感学习的在线游戏和移动应用程序（参见表 34-1）。

1. 在线专业发展

除了为教师提供简单的在线资源之外，在线专业发展需要复杂的设计和实施，需要具备专业知识和进行持续的管理。课程、讲习班和研讨会可以以多种方式设计，可以将现场学习和在线学习、同步和异步活动相结合，甚至可以在用户达到参与里程碑程度时奖励他们徽章和证书。面对历史和我们自己的项目是使用在线专业发展工具教授社会情感学习(特别是关系技能的核心能力——共情)的一个代表。它提供在线混合(在线和现场)教育和面对面的专业发展教育,通常通过密集的研讨会进行教育,随后是持续的辅导和丰富的在线和实际资源,帮助教师培养学生的历史思维技能、社会和道德反思技能,以及公民学习技能(Reich et al.,2015;Romer,2011)。这种干预将内容和教学方法结合起来,旨在让具有不同背景的学生参与种族主义、偏见等的研究,以促进更加人道和更有见识的公民的发展。根据我们对该组织的采访,在线课程努力模仿这种以学生为中心的授课过程,以培养学生的同理心技能。例如,参与者可以进入网络空间,在那里他们可以听到大屠杀幸存者的证言,甚至通过电话会议的形式收听这些发言者的现场讲话,并可以在会上与发言者或课程的其他参与者交谈(D. Chad,个人交流,2013 年 11 月 21 日)。

学术、社会和情感学习合作共同体的社会情感学习选定"第二步"项目的案例为中学教师创建了现场和网络视频混合培训,包括所有必要的材料和讲义都可以在学校现场直播。教师们观看培训视频,就像他们在观看一名现场教练一样,然后在不同的时间点停下来进行讨论,并参与小组活动。这种混合的方法将在线专业发展的优势与现场观众参与、协作的优点结合起来,使他们能够扩大项目规模,并为所有学校或地区提供易于获取的培训资源(J. Kandel,个人交流,2013 年 11 月 26 日)。

发展研究中心的关心型共同体项目为教师和学生提供社会情感能力发展的机会。项目干预既包括整合到数学或识字学科中的教学,也包括明确的社会情感能力教学。项目创建了一个交互式的数字教师手册,提供了实时(或即时)协作和专业发展机会。例如,如果教师想查看课程计划中提到的某一个特定教学技能的例子,他可以立即使用平板电脑(iPad)、手机或电脑访问信息链接或视频。教师可以将自己的教案记录在数字教师手册上,并可以立即传送给他们学校的其他教师。这种即时获取信息的方式加强了提供者之间的合作,并有可能以类似的方式用于学生群体(F. Snyder,个人交流,2014 年 1 月 30 日)。

2. 在线学习社区

面向教师和学生的在线学习社区是在线课程的补充,旨在为用户提供持续访问的资源(如视频库)和机会,以增强自我认知,并通过反思、反馈和协作(如协作平台和视频辅导等)练习学生的其他社会情感能力,如社会认知、人际关系技能和负责任的决策。它们为用户提供了一种容易获得的方式,使用户能够就某一特定主题与特定群体或社区进行持续的学习(Luppicini,2007)。此外,它们还为世界各地的教育工作者提供了相互对话的机会,从不同的视角和经历中学习,培养同理心(Reich et al.,2015)。越来越多的研究描述了在线学习社区对我们的社会认知和对他人理解的积极影响。在线社区一词通常是指人们在在线环境中会面和交流(Preece,Maloney-Krichmar & Abras,2003)。越来越多的人花时间在网上社区发展关系并交流情感以相互支持(Rainie,Cornfield & Horrigan,2005)。迄今为止的研究表明,在在线社区中,共情经常通过文本交流发生(Dasgupta,2006),主要指各种风格的帖子、评论和回应,而不是其他形式的媒体，如视频或音频帖子。

一些专注于社会情感学习的组织已开始为其认证的顾问或项目用户开发这些学习社区。耶鲁大学情绪智力中心及学术、社会和情感学习合作共同体选定的由其负责的项目 RULER 就是其中的一个例子(Rivers & Brackett，2011)。耶鲁情绪智力中心使用基于网络的学习平台来创建和支持由教育工作者组成的社区，让他们分享自己的工作、挑战、成功和创意。在教育工作者接受了最初的面对面的密集培训之后，该在线平台就成了一个媒介，既可以提供持续的培训支持，也可以让耶鲁大学的研究人员监控项目实施的忠诚度。

该平台还为学员提供了一个在线认证项目。学员通过参加虚拟会议室的指导课程，观看教学视频，上传基于项目实施的材料，记录他们在该项目中的经历并接收耶鲁大学工作人员的反馈来完成认证。面临各种挑战的教师可以与其他教师或教练在线合作，以审查学生的作业、课程计划和教学实践视频。

在线社区还可以为远程视频指导和移动协作提供平台。开放圈是另一个为 K-5 学生和教师提供循证课程和专业发展的学术、社会和情感学习合作共同体精选项目。该项目历来专注于面对面的培训和指导。自 2012 年以来，他们开始提供在线辅导服务，以扩大业务范围。使用开放圈的教师们将自己的授课过程拍摄下来，并与他们的教练一起通过软件在线复习。教师有机会看到自己的行为，观看自己的情感表达和肢体语言，听到自己的语气语调，并看到学生对他们的情感反应。尽管这种培训方法尚未经过正式评估，但教师们自我报告说，与教练一起，他们能够看到自己原本可能没有见过的优点和缺点，这有助于提高他们的情感素养和自我认知(N. Biro，个人交流，2013 年 11 月 14 日)。

比仅面向教师的在线学习社区更常见的是同时面向教师和学生的在线学习社区和协作平台。面对历史和我们自己项目开发并评估了学生参与和体验在线学习过程的在线学习社区。数字媒体创新网络(Digital Media Innovation Network)旨在帮助世界各地的教育工作者共享知识、资源、试点材料，以及将新媒体融入面对历史和我们自己项目的课堂教学中。在这个项目中，教师们首先用新媒体让自己的学生参与进来，然后与来自世界各地(美国、南非、中国、加拿大和英国)不同教室的其他参与教师和学生在一个为期一周的在线社区中分享他们的在线项目。该项目为学生提供了多个学习目标：提供表达和创作的新平台，提高他们的媒介素养，培养他们对差异的认识并提高他们自身的能动性。教师们将新媒体的相关活动作为知识学习和最终项目要求；学生们在 Ning 平台上创建并分享了他们关于青少年怀孕、投票权和帮派暴力等话题的数字报告。举例来说，来自美国中西部城市的一名学生可以使用网站上提供的社交媒体工具，观看一段由中国学生制作的视频报告，并提供反馈。面对历史和我们自己项目评估小组通过定性分析和编码学生在网上讨论的互动模式，以及收集学生关于他们学习经历的自我报告，来观察学生在这个项目中的成果。虽然评估是在内部进行的，但评估团队与参与项目的教育者是分开的。评估结果表明，学生在包容不同文化和观点时，增强了他们的主体意识和公民参与意识(Romer，2011)。分析表明，在线平台帮助学生参与公民对话，体验多样性，并从更深层的经验层面欣赏来自世界各地的同龄学生的多种观点，而不仅仅是与当地同龄学生一起学习这些主题。

3. 自适应学习技术

另一种直接支持学生社会情感能力发展的技术是自适应学习技术，即计算机根据学生的回答评估学生的学习风格，并根据学生的学习风格调整作业和学习内容。应用最广泛、直接面向学习者的社会情感学习技术是连锁反应全谱学习干预（Ripple Effects Whole Spectrum Learning Intervention），这是一个自适应（专家系统）、技能建设以及动机咨询平台和内容库。除了系统的社会情感能力建设外，它还帮助学生规避可能导致出现问题或情绪困扰的多个领域的风险因素。该项目将用户的自然选择模式与多个学科领域的专业知识相匹配，为每个学习者提供最有效的社会情感学习策略"套件"。在 700 多个教程中，至少包括 9 种教学模式：案例研究、认知框架、行为指导、同伴示范（视频）、辅助日记、提供角色扮演机会、能力迁移培训、媒体分析、基于游戏的内容掌握评估（Ripple Effects，2014）。此外，许多网站还提供真实的视频故事和互动的个人资料。所有内容都有插图和同伴叙述。由国家卫生研究院和基金会资助的，由第三方在城市、郊区和农村地区开展的随机对照试验表明，这些干预对成绩、一年后的巩固率、辍学率、同理心和解决问题得分，以及对酒精的态度有显著的积极影响（De Long-Cotty，2008；Perry，Bass，Ray & Berg，2008a，2008b）。该套件最近还添加了基于平板电脑的、面向早期学习者的应用程序。

4. 聚焦社会情感学习的在线游戏和移动应用程序

在过去的几十年中，在线游戏和视频游戏数量呈上升趋势，一些开发者已经开发了针对社会情感能力发展的在线游戏和移动应用程序。举个例子，共情游戏（The Empathy Games）是一个互动式教学平台（在线和移动应用程序），它为儿童提供了一个以有趣且引人入胜的方式反思和练习共情技巧的机会。当玩家进入网站时，他们就会开始一系列互动游戏，引导他们通过体验过程，揭示共情式协调过程的不同方面。每个游戏都整合了各种媒体，包括视频、图像、音频、文本、动画和即时消息，帮助玩家更加了解自己的个人状态以及他人的内在体验。这些游戏旨在加强玩家设身处地为他人着想的能力。从本质上讲，这些游戏的重点是提高同理心，这有助于提高学生和平、尊重地解决冲突的能力。另一个专门提高社会情感能力的教育游戏叫作如果（IF），它是由如果你能（IF You Can）公司与来自纽瓦（Nueva）学校、耶鲁大学、斯坦福大学和学术、社会和情感学习合作共同体的教育工作者和研究人员合作开发的。这个冒险电子游戏教授解决冲突的技巧和减轻压力的策略，如呼吸练习。游戏要求学生实践他们在生活中所学到的内容。一款面向成人的 IF 应用程序允许家长、看护人和老师接收儿童正在学习的不断更新的内容，包括可以讨论的问题和强化游戏所教内容的活动。诸如此类的游戏为各地儿童提供了接触到更多有效的教育项目的机会。尽管有一些聚焦于社会情感学习的游戏和教育应用程序已经存在很多年了，但许多社会情感学习组织尚未探索这些学习工具的巨大潜力。

（三）未来增强社会情感学习的潜在技术

新技术每天都在涌现，然而，许多已经使用了数年甚至数十年的技术尚未在社会情感学习的背景下进行探索。在下一部分，我们将讨论将来有可能促进社会情感学习的新技术。考虑到教育以外的各个行业（从电影院到制造业）的技术创新的增速，这里以及表34-1提到的技术类别和特定应用绝非详尽无遗。尽管如此，我们希望此概述对社会情感学习项目开发人员和用户会有所帮助。

1. 聚焦社会情感学习的视频游戏和移动应用程序

尽管在"新兴技术"中已介绍了一些聚焦社会情感学习的游戏和应用程序，但我们相信社会情感学习组织仍有很大的潜力进一步开发新游戏，并在社会情感学习项目和学校中使用现有的游戏。即将向公众发布的测试版应用程序"情绪测量器"（Mood Meter）是希望实验室（HopeLab）与耶鲁大学情绪智力中心（Yale Center for Emotional Intelligence）的研究人员合作设计的。这个应用程序可将使用者的情绪记录在情绪网格上，并进行长期追踪，从而帮助用户学习如何准确地识别、标记、理解和管理自己的情绪。随着时间的推移，用户可以通过查看自己的情绪报告来发现规律。该应用还提供了帮助管理不同类型情绪的策略建议。我们预计未来社会情感学习组织与游戏开发者会合作开发更多这样的游戏和应用程序。此外，随着游戏开发者越来越了解社会情感学习，他们可能会考虑创建包含社会情感能力的游戏。

2. 仿真中心

利用虚拟化身和具身代理的仿真中心可以为学生提供探索和发展社会情感学习核心能力的机会。具身代理是界面的数字化、可视化表示，通常采用人类形式（Cassell，2000）。在计算机和互联网的环境中，虚拟化身被定义为在另一个环境中代表用户的图形角色（Boberg，Piippo & Ollila，2008）。技术如何提高学生对他人的理解（社会认知）的一个例子是，在线模拟角色扮演，在仿真中心中，具身代理鼓励用户与在线环境进行情感和认知互动（Ong et al.，2011），从而提供在物理、情感安全的在线环境中实践新的语言和行为的机会。这样的例子之一就是科尼托互动（Kognito Interactive），它创建了与行为健康和幸福相关的角色扮演训练模拟游戏。用户通过与动画、智能和情感反应的具身代理练习，学习有效的沟通技巧以管理情绪和处理困难处境。当前，各种各样的科尼托产品使教育工作者可以学习如何支持有风险的学生或多样化的学生群体。开发人员可以针对各种挑战，创建一系列人际关系，以教授人际关系能力和社交意识等社会情感能力。在未来，这种模拟对成人和学生的社会情感能力发展都有很大的前景。一些社会情感学习组织，如发展研究中心（DSC），已经开始开发仿真技术。发展研究中心将开发深思熟虑的管教项目，以支持在课堂上遇到行为挑战的教师。仿真中心为教师提供一个安全的空间来练习新的语言和行为，并获得有关其沟通和行为修正的反馈。这种形式允许教师从错误中学习，而不会在同事面前处于弱势地位。此外，该技术还允许学校和地区通过为教师提供快速使用该技术的机会来提高其专业发展。最终，发展研究中心计划为中高年级学生开发类似类型的虚拟模拟，以练习他们处理具有挑战性或情绪负载的行为。

信任项目（The Trust Project）是耶鲁大学情绪智力中心、莱特州立大学（Wright State University）和火焰风暴（Firestorm）软件公司合作完成的。它创建了一个模拟环境，使用虚拟化身和具身代理来为军队人员讲授社会情感能力的发展。经过 5—10 分钟关于如何在模拟世界中导航的简短培训后，用户创建他们的虚拟形象，并与他们的虚拟形象队友见面。他们在一个计算机化的共情伙伴（或称为 CEP）的指导下，学习使用耶鲁情绪智力中心方法中的各种社会情感能力发展工具（如情绪测量器）。接受培训后，他们必须在虚拟环境中执行一项任务，过程中他们可以选择听取或忽略来自伙伴的反馈。当他们在做这些任务时，测量皮肤电导并跟踪他们的眼球运动（瞳孔扩张和初始注视）的多模态传感器会测量他们的情绪和参与程度（在将来，面部识别软件和脑电图测量也将包括在内）。最终，该技术可用于创建可实时响应参与者的情绪状态并提供一致反馈的软件。例如，在课堂上，该软件可以根据学生的面部表情和生理指标向他们提供情商反应（M. McCoy，个人交流，2014 年 2 月 19 日）。

像这样的模拟可以结合生物反馈技术来帮助用户发展自我管理技能。美国罗格斯大学（Rutgers University）的一组研究人员在过去 10 年开发了梦之城（EmWave）桌面和手持技术，为学生提供计算机辅助学习支持，帮助他们调节情绪，获得最佳表现和专注力。该项目提供生物反馈、听觉指导和一系列游戏，以循序渐进地提高专注力。通过反复练习，这些方法帮助学生在运动中学习如何调节情绪和管理压力，从而提高思维清晰度和整体健康水平。梦之城的研究（有些经过同行评审，有些没有）在注意力缺陷儿童（Goelitz & Lloyd，2012；Lloyd，Brett & Wesnes，2010）和考试焦虑儿童（Bradley，McCraty，Atkinson & Tomasino，2010）中显示出令人鼓舞的结果；我们期待更多的研究来阐明梦之城在这些结果中的具体作用。与模拟和其他技术——如涟漪效应（Ripple Effects）——结合时，学生可以实时了解自己的身体如何应对充满情绪的情况，并练习自我调节策略。

3. 具有潜在适应性的社会情感学习技术

除了视频游戏、移动应用程序和仿真中心外，其他一些技术在社会情感学习领域也具有潜在的适应用途，包括社交媒体网站、短信、数字媒体卡通和漫画小说。

（1）社交媒体网站。尽管使用各种社交媒体网站可能会带来一些负面影响（例如，网络欺凌），但这些网站也可以为持续的社会情感发展提供机会。网络欺凌受害者的抑郁和焦虑水平更高，学习成绩更差，自杀念头和自杀企图的比例更高（Bauman，Toomey & Walker，2013；Slonje & Smith，2008）。然而，技术可以创造和保留发生的破坏性交流的示例；可以对网络欺凌和骚扰进行研究和审查，并且可以在团体之间、与老师或其他成人进行讨论。如何修改社交媒体来帮助用户处理令人不快的反应，在此举一个例子。一个社交平台与耶鲁大学、加利福尼亚州大学伯克利分校的心理学家和研究人员合作，开发可以增加在线反馈的工具，并鼓励青少年安全有效地彼此交流。最初，当用户遇到某人发布的内容出现问题时，该平台会主动"报告"该帖子，然后将用户带到另一个对话框，让用户选择是屏蔽此人，还是向信任的朋友寻求帮助。从耶鲁大学焦点小组研究人员收集的信息中，该平台增加了一系列筛选：①要求用户选择一个选项来描述他们的经历(例如，"我只是不喜欢它""卑鄙或无礼"或"这是威胁行为")；②询问他们对该帖子的感觉；③对威胁性较低的帖子提供简单、有效的指导；④根据用户的情绪报告提供积极的预填充消息，用户可以编辑短信并发送给内容的创建者或值得信任的成人或朋友。该项目的首要目标是培养用户(尤其是年轻人)的社会认知和负责任的决策的能力。

(2)短信。短信是青少年正在使用的另一种技术，具有进一步探索其对社会情感学习作用的潜力。这方面的一个例子就是危机短信热线(Crisis Text Line)，这项服务为处于各种危机中的年轻人提供7天每天24小时的免费的情感支持和信息。从本质上讲，一个青少年将短信发送给"危机信息热线"，一位训练有素的现场专家会收到短信，并迅速做出回应，通过短信提供咨询和转诊推荐。社会情感学习组织可以考虑如何利用短信与青少年分享有效的社会和情感策略的信息，如积极的自我对话，重新构建不愉快的情绪等。

(3)数字媒体卡通和漫画小说。鉴于当今卡通和漫画小说在青少年中日益普及，这些在线翻译的关于社会情感学习特定内容的媒体可能会产生积极影响。《运输车》(*Baron-Cohen*；Golan，Chapman & Granader，2009)是一个数字媒体卡通系列，教儿童如何更好地读懂人的面部表情和情绪。它最初是为患有自闭症的儿童设计的，但可以被改编为教授年轻人识别情绪。《运输车》的内容本身包括情境中显示出基本情绪的情节、互动测验，以及一份教育工作者指导手册。该项目的研究结果表明，媒体教会了儿童情感识别，并将这种情感意识运用到现实生活中(Baron-Cohen et al.，2009)。当然，像这样的数字媒体卡通系列和在线漫画小说可以聚焦与社会情感学习相关的主题来吸引更多的学生。从电子游戏到社交媒体，现有的各种技术都有潜力支持教师社会情感学习的专业发展和学生的社会情感学习项目。

四、问题与不足

尽管我们主要关注的是技术可以为社会情感学习领域提供的新可能性，但我们不能忽略许多需要解决的挑战。接下来的部分将为读者说明社会情感学习当前技术状态中的一些关键问题和不足，最值得注意的是：社会情感学习对技术的研究非常有限，技术可能造成危害，以及必须考虑伦理问题。

(一)社会情感学习对技术的研究非常有限

鉴于技术在教育中的发展势头，有一种倾向是假定而不是证实使用技术的优势。例如，将社会情感学习课程放在网上可能就不是最好的方式。

(1)社会情感学习项目研究通常着眼于项目的整体有效性(使用各种标准)，很少包括对项目中使用的具体技术效果，以及它们何以提高项目整体有效性的实证研究。

(2)由于许多变量决定了教育项目的效果，因此很难确定技术与结果之间的因果关系，但有可能在所使用的技术与成功的社会情感学习结果之间建立错误的因果关系。

(二)技术可能造成危害

(1)使用不具有面对面互动的非语言提示(如肢体语言、语气、面部表情和其他视觉提示)的技术进行的交流，会导致沟通错误和误解，最终会限制甚至破坏社交互动。一些人认为，技术甚至可能削弱我们在这些领域的技能，使我们远离有意义的人际交流。

(2)社会技术允许表达潜在的冒犯性或批评性的文字，这些文字可以被无数人看到，并永久存在于网络空间中。例如，在线欺凌是一种重复的冒犯行为，只需要点击一个按钮；对于这个简单的操作，其后果可能会改变他人的生活。

(3)一些研究表明，与面对面交流相比，网络空间中的自我表露水平更高(Joinson，2001)；这可能助长了网络欺凌的增长，因为个人信息成为敌对和公众嘲笑的素材，这些信息在发布后很长一段时间内仍可能产生影响。

(4)社交技术可以促进不健康的比较，导致自我批评或贬低，这些情况在线下互动中可以有选择地避免。例如，一个人在处理一段关系的破裂和与之相关的孤独感时，可以谨慎地选择他的线下互动，而在线交流可能会导致持续更新，这可能会让个体很难不自我批评。

(三)必须考虑伦理问题

使用基于网络的移动技术越来越要求人们在不同程度上共享个人信息。关于这些信息在哪里，谁可以使用(使用多长时间)，以及由谁来做这些决定，是一个伦理问题，特别是对于要求学生参与这些技术驱动项目的教育工作者而言。对于个人信息进入网络空间的学生而言，教育者承担什么责任或者他们可能承担什么责任，这在社会情感学习中尤其重要。儿童在网上记录私人的想法和感受，这些私密的时刻是否会被偶然访问，并以某种方式对学生造成伤害？

学生使用某些社交技术，需要他们对其在线形象和声誉进行不断的理解和维护。私人与公共之间的界限越来越模糊，从伦理上讲，教师和家长在多大程度上应该对孩子的这一信息素养负责，以及何时将这个责任转移到学生身上，有待进一步研究。

我们必须考虑是谁的责任(例如，父母、教师、学校领导、游戏开发者)，以确保发展适当的接触技术和参与技术。

五、建议与策略

尽管我们不能忽视技术带来的挑战，但我们可以专注于技术发展及其整合到社会情感学习领域内的潜力。在本节中，我们为致力于社会情感学习的学校以及社会情感学习组织和项目提供建议和策略。具体而言，我们建议学校、应用程序开发人员和社会情感学习组织：①将技术研究融入社会情感学习项目评估中；②从社会情感学习领域之外寻找灵感；③建立战略伙伴关系；④开发更有效的沟通和传递方法；⑤解决重要的伦理问题。

(一)将技术研究融入社会情感学习项目

研究和理解技术在社会情感学习中的应用是否和如何导致更有效的教师专业发展和教学，以及更好的学生成果。

考虑教育技术创建的正式方法，以探索、构建形成性评估的迭代循环。我们推荐一种开发方法，使技术及其应用能与现有的经验主义的教学理论和实践相结合。

评估一系列积极和消极的结果（如注意力、焦虑、压力管理、自我效能、动机），以了解哪些结果可能或不太可能受到特定技术及其应用的积极影响。

研究向不同的受众有效传播不同技术的最佳方式。

评估混合学习，即技术如何影响专业发展和学生学习。就成功的培训迁移和可持续性，以及学生表现而言，什么是线上学习和线下学习之间最有效的平衡？

(二)在社会情感学习领域之外寻找灵感

看看现有的移动技术、视频游戏、应用程序和模拟，这些技术已经教授的技能可以迁移到社会情感学习项目中。

看看大学或新兴技术公司正在开发的技术，比如，人机交互方面的创新；机器人、人工智能代理、虚拟化身、虚拟现实和模拟角色。这些有很大的潜力，可以在不同受众中扩展社会情感学习和教学。

继续创建和优化情绪识别软件、计算机游戏和其他技术，以帮助有社交和情感障碍的特殊人群。

将网络和软件资源、在线辅导和社区等技术纳入社会情感能力培训。

考虑如何将社会情感能力纳入教育工作者已经使用的课程系统（学习管理系统，如Blackboard）。技能培养的机会可以与正式的学术课程并存，也可以与之结合。

在设计或将社会情感学习融入游戏或课程之前，请确保将社会情感学习专家纳入研发团队中。

(三)建立战略伙伴关系

与已经拥有知名的在线学习平台的组织或教育机构结盟。

与技术中心和研究机构合作，以评估社会情感学习项目中的技术或开发新技术。

(四)开发更有效的沟通和传递方法

项目工作人员通过让家长和老师使用新的移动技术来开发更有效的沟通和传递方式。

为学生和学校教职员工提供更多数量的和多样化的媒体素养课程。

通过对公众、决策者、教育者和研究人员等不同群体的教育，利用技术来推广社会情感学习的价值和应用。

(五)解决重要的伦理问题

监控技术的使用方式和使用人群，并仔细评估它可能对学生和成人产生的潜在的负面影响和积极影响。

提高对网络欺凌的意识，利用技术平台来创造各种体验，以培育各种预防手段，并鼓励更多的亲社会行为互动和在线社区。

鼓励每个人，包括研究人员、教育工作者、父母和政策制定者，接受挑战，在循证研究和实践中发现技术的潜在好处和限制。

六、总结与讨论

我们期盼着有一天，可以引用大量强有力的证据展示技术在培养社会情感能力方面的附加价值。当前，最先进的数字技术发展得如此之快，以至于在本文付印时，一些方法可能会被改变或被取代。在过去的几十年中，科学家、心理学家和教育工作者只触及了技术与社会情感学习相结合的诸多挑战和潜在好处的表面。科技不仅仅是玩电子游戏，分享短信或被动地看几个小时的电视媒介，它还具有积极互动、创新、教育和实现积极目的的潜力，包括促进社会情感发展。尽管本章提到了一些挑战，但我们看到了未来的巨大潜力和巨大希望。对于数字创新和社会情感学习这一独特的伙伴关系，我们思考未来的前景是既令人好奇又令人兴奋的。

八、参考文献

请扫描二维码获取原书参考文献。

第 35 章
从学前至高中阶段社会情感学习州立标准案例

琳达·A.杜森伯里、杰西卡·扎德拉齐尔·纽曼、罗杰·P.韦斯伯格、

保罗·戈伦、塞琳·E.多米特罗维奇、艾米·凯瑟琳·马特

我们在这一章的目的是鼓励创建高质量的学前教育至高中教育的社会情感学习的教育标准。为了实现这一目标，我们：①简要回顾了学习标准的研究文献，识别高质量标准的关键组成部分；②对各州在制定全面、衔接良好的社会情感学习标准的过程中所处的阶段进行总体评估；③提出支持全国高质量社会情感学习标准制定的建议。

社会情感能力是所有学习的基础。关于学习标准的全国性讨论越来越侧重于与社会情感学习相关的学生能力，以及用学习标准来指导社会情感发展。例如，最近，美国国家研究理事会（NRC）的报告（Pellegrino & Hilton，2012）《生活和工作教育》建议制定学习标准，以促进教育和工作成功所必需的三组能力——自我能力、人际能力和认知能力——的发展。自我能力是指管理自我所需的个人能力，包括灵活性和主动性；人际能力是指与他人进行有效互动所需的能力，如社交技巧、协作能力、领导才能、沟通能力和解决冲突的能力；认知能力包括负责任的决策和批判性思维。

美国国家研究理事会框架中的技能与《学龄前儿童发展和开端计划框架》（Head Start，2010）中所包含的社会情感能力一致。"开端计划"框架帮助制定了全国范围内的早期学习指南和标准。例如，在 2011 年，我们报道了：至少 48% 的州的学前教育标准引用了"开端计划"框架（Dusenbury，Zadrazil，Mart & Weissberg，2011）。"开端计划"框架中的社会情感发展包括四组能力：自我概念与自我效能感、自我调节、社会关系、情绪与行为健康。美国国家研究理事会框架中的技术和"开端计划"框架技能与学术、社会和情感学习合作共同体开发的稍微详细的框架保持一致。

学术、社会和情感学习合作共同体（2012）框架界定了五组社会情感能力：自我认知（准确

地认识一个人的感受、想法及其对行为的影响，准确地评估个人的优势和局限，并具有基础牢固的自我效能感和乐观感）；自我管理（调节个人的情绪、认知和行为，设定并实现个人目标和教育目标，坚持不懈地应对挑战）；社会认知（换位思考，感同身受，欣赏多样性，尊重他人，理解行为的社会规范和伦理规范）；人际关系技能（建立和维持健康和有益的关系，清晰地沟通，抵抗不适当的社会压力，建设性地谈判解决冲突，在需要时寻求帮助）；负责任的决策（基于道德标准、安全考虑、社会规范、对各种行为后果的现实评估，以及自我和他人的幸福感，对个人行为和社会交往做出建设性和尊重的选择）。

美国国家研究理事会框架和"开端计划"框架一样，学术、社会情感学习合作共同体的框架也是基于理论和广泛的研究形成的（Greenberg et al. ，2003；Payton et al. ，2000；Weissberg ＆ Greenberg，1998）。尽管三个框架都很有用，但学术、社会和情感学习合作共同体框架提供了最全面的表述，也是我们在本章中使用的组织框架。

一、学习标准的重要性

学习标准是关于学生接受教育后应该获得的知识和能力的陈述。正如切斯特·芬恩（Chester Finn）和迈克尔·佩特雷利（Michael Petrelli）在 2010 年托马斯·B. 福特汉姆（Thomas B. Fordham）报告"2010 年共同核心州立标准的现状"的前言中所写的（Carmichael，Wilson，Porter-Magee ＆ Martino，2010）：

> 标准几乎是所有其他事物赖以存在的基础。它们应指导州评估体系和问责体系；指导教师的职前培养、资格认证和专业发展，并提供课程、教科书、软件程序样例等。你可以把标准理解为目标、蓝图或路线图。

标准按年级阐明学生在各学科领域内学习的具体目标和基准，从而指导课程的开发和教学。它们确定和传达优先事项，为教学提供语言和结构，从而在教育中创造统一性和连贯性。当认真对待标准时，它们就成为教学的计划或蓝图，塑造并影响教室中发生的事情。当标准与评估联系在一起时，它们往往会被更认真地对待。反过来，这可能会为高质量的专业发展创造机会。

在过去的 20 年中，学习标准已成为教育的驱动力和组织力量，并且是当前教育改革运动的基石（Finn，Julian ＆ Petrilli，2006）。到 1998 年，几乎所有州都制定了数学和英语语言艺术（ELA）学习标准。不幸的是，这些标准并不是统一的或标准化的。研究人员和教育学者指出，美国各地的标准质量仍然存在差异。基于他们对各州学习标准的重要回顾，芬恩及同事（2006）发现，许多州的学习标准很弱，因为它们含糊不清，过于注重知识而不是技能，而且不够严格。

托马斯·B. 福特汉姆基金会(Thomas B. Fordham Foundation)发布的《2006 年国家标准状况》(*State of The State The Standards*，2006)报告提出了几项分析，并建议将学术领域的高质量标准与国家教育进步评估(NAEP)衡量的学生成绩联系起来。作者得出的结论是：

> 1998—2005 年，只有 7 个州的学生达到四年级阅读熟练程度且取得了统计学上的显著进步，只有 6 个州的贫困或少数族裔学生取得了这样的进步。除一个州外，所有这些州的英语语言艺术标准获得了福特汉姆的"C"级。这并不能证明好的标准能提高成绩，但它似乎表明，糟糕的标准使这种可能性大大降低。尽管许多州获得了"C"或更高等级，但在国家教育进步评估方面没有取得进展。因此，制定像样的标准可能被认为是"必要非充分的"(Finn et al.，2006)。

学业学习依赖于社会情感学习，因此，将社会情感学习纳入学习标准非常重要。一项包含了 213 项研究的元分析研究表明，当教育支持社会情感发展时，学生的学业成果会得到提高(Durlak，Weissberg，Dymnicki，Taylor & Schellinger，2011)。

在全国范围内，各州有权制定自己的学习标准，而学区在采用当地标准时通常具有一定的灵活性，只要求它们符合州的总体目标。为了帮助各州和地区制定标准，各种教育组织为不同领域的课程制定了国家标准。为了提高全国范围内数学和英语语言艺术学习标准的质量，各州最近联合起来制定了"共同核心州立标准"(2012)。共同核心州立标准的主要目的是取代参与州自己的数学和英语语言艺术标准。这项确保全国英语语言艺术和数学高质量教学的重要工作是由美国州立首席中小学教育官员理事会(CCSSO)和国家州长协会(NGA)最佳实践中心协调的。

共同核心州立标准旨在对学生应该知道和能够做什么提供清晰和一致的陈述。这些标准对各州高中毕业考试中学生表现的可变性和对全球竞争力的担忧做出回应。为了应对这些担忧，共同核心州立标准确定了学生在学业上取得成功所需的关键技能，并为各州制定了共同的教育目标，为学生在未来全球的有效竞争中做好准备，还提供了一套统一的评价标准。因此，该标准被描述为"美国教育史上影响最深远的实验"(Hacker & Dreifus，2013)。

共同核心州立标准的主要特征是一致性和与当今世界的相关性。它还注重技能发展的证据，并且按照发展顺序设计，为学生的大学和职业生涯做好准备(Achieve，2010a，2010b)。教学的顺序很重要，因为研究表明，有效的社会情感学习项目在发展上是适当的和有序的，首先要发展基本技能，随着时间的推移，再教授更多的高级技能(Weissberg & Greenberg，1998)。

截至 2014 年 11 月，已有 43 个州、哥伦比亚特区和四个地区采用了共同核心州立标准。每个州都有其特点，所以，各州在使用共同核心州立标准方面具有一定的灵活性，并允许将其自身标准的最多 15% 纳入共同核心州立标准。在下面的讨论中，我们将更详细地讨论共同核心州立标准与社会情感能力之间的关系。

二、高质量标准的特征

斯科特-利特尔（Scott-Little）等人（2006）在他们对儿童早期发展指南的回顾中提供了对学习标准的重要分析。事实上，这项评估已经帮助建构了全国的学前教育标准。这些作者的工作对理解有效标准的关键要素具有指导意义。例如，斯科特-利特尔及同事建议，学习标准应该用来制定适合不同年级儿童发展的目标和基准。他们还强调，有效的学习标准应该对不同的学生具有文化和语言敏感性，并建议向教师提供如何支持每种标准发展的指南。此外，他们强调，标准文件应该描述支持儿童发展的环境特征，并包括创建积极学习环境的指导方针。最后，他们建议应提供标准文件和配套资源，以支持和确保高质量的循证项目的实施，包括高质量的专业发展和评估工具。教师可以用来制定目标并以有意义的方式支持学生。

美国幼儿教育协会（NAEYC）和早期成功联盟提出了类似的建议，认为应当通过对儿童的发展，以及通过对其生活的文化和背景的了解来指导幼儿教育标准。美国幼儿教育协会的人员观察到，教师是有意为之的，他们为儿童设定有挑战性的和可实现的目标和体验。鉴于芬恩及同事（2006）、斯科特-利特尔及同事（2006）、美国幼儿教育协会（NAEYC，2002）、早期成功联盟（Tout et al.，2013）和共同核心州立标准的要求，我们在表 35-1 中总结了高质量社会情感学习标准的主要特征。

在下一部分，我们使用表 35-1 中总结的标准来评估各州在制定高质量社会情感学习标准的过程中所处的阶段。我们首先审查学前教育标准，然后是 K-12 标准，因为学前教育标准和 K-12 标准往往是独立制定的，并由每个州内的独立机构管理。最后，我们提出了开发包含高质量标准的关键特征的社会情感学习标准的建议。

表 35-1   高质量社会情感学习标准的组成部分

独立的社会情感学习标准和支持这些标准的文件应该：
(1)从幼儿园到高中，每一个年级都有
(2)视情况将其纳入其他主题领域的标准中
(3)提供简单、清晰、简明的陈述，说明学生在以下各方面应该知道和能够做什么：①自我认知；②自我管理；③社会认知；④人际关系技能；⑤负责任的决策
(4)制定适合不同年级儿童年龄发展的目标和基准
(5)不同的学生群体具有文化敏感性和语言相关性
(6)包括指导教师和其他成人如何支持每项标准的方针
(7)描述支持社会情感学习的环境特征，包括创建积极环境或氛围以支持社会情感学习发展的指南
(8)支持并确保高质量的实施，包括循证课程、高质量的专业发展和评估工具。教师可以使用这些工具制定目标并以有意义的方式支持学生

说明：这些关于高质量标准的要素是基于 Finn et al.（2006）。

三、评估各州社会情感学习的学习标准

(一)学前标准

在讨论具体来源之前，重要的是要注意，不同的州和国家文件使用不同的术语(例如，指南、标准、基础或框架等都被使用)。尽管不同州的术语有所不同，但是我们使用"标准"一词来指代有关学生应了解和能够做的事情的广泛陈述和目标，而使用"指标"或"基准"来指代人们期望在特定年龄看到的特定行为和技能。大量的研究表明，高质量的学前教育对入学准备十分重要(Barnett & Masse，2007；Karoly & Bigelow，2005；Schweinhart et al.，2005；Yoshikawa et al.，2013)。

在过去的 10 年中，很大程度上得益于"开端计划"框架的示例、美国幼儿教育协会等组织的努力、早期学习和发展标准网站[参见早期学习指南或早期学习发展标准(ELG，ELDS)，2013]以及研究人员(Scott-Littl et al.，2006)的工作，各州开始为学前教育制定标准。

在对各州社会情感学习标准的最新浏览中(Dusenbury et al.，2013)，我们发现，截至 2013 年 2 月，有 49 个州有一套独立的社会情感学习学前教育标准。实际上，有 45 个州(90%)在标题中使用了"社交"和"情感"这两个词来称呼他们的社会情感学习领域。这比我们两年前浏览的 40 个州增加了 10%(Dusenbury et al.，2011)。2013 年，其余 5 个州在其标题中使用了"社交和个人"或类似的语言。

在 2013 年的浏览中，我们发现，学前标准通常包含表 35-1 所示的高质量标准的许多特征。具体来说，我们发现，大约 90%的州提供了：①学生社会情感学习指标；②监护人如何支持社会情感学习的指南；③营造积极学习环境的指南。此外，平均而言，10 个州中有 9 个州提供了如何使教学与文化相结合的指南，10 个州中有 8 个州提供了如何使语言在教学上恰当的指南。但是，类似于斯科特·利特尔及同事(2006)的工作，各州在做这些事情的方式上存在很大差异。理想情况下，人们可能希望找到有关教师如何处理每个具体标准的具体说明。例如，《华盛顿州早期学习和发展指南》中的一项标准是儿童"与其他儿童合作、轮流分享"。在这句话的旁边，还有一条建议，建议照顾者"建立公平的轮流和分享方式"。各州在这方面和其他方面(例如，创造积极的学习环境、文化和语言敏感性)为教师提供指导方针的数量和方式都存在差异。例如，各州可能在文档中提供一个单独的部分来处理一个或多个主题，或者在标准的一般介绍性材料中，或者在外部链接的文档中包含关于一个或多个这些主题重要性的简短陈述。

与斯科特·利特尔及同事(2006)相似，我们在 2013 年发现，各州提供的社会情感学习标准的数量和清晰度，以及学前标准陈述所涵盖的年龄范围也存在很大差异。例如，亚拉巴马州在 4 岁年龄段的社会情感领域中共有 16 条标准陈述，而阿拉斯加州则有 77 条；爱达荷州有 113 条，面向的年龄为 3 岁至 5 岁。

为了说明各州在社会情感领域标准的不同，我们在表 35-2 中展示了加利福尼亚州使用的社会情感发展结构（加利福尼亚州教育部，2010）。加利福尼亚州将社会情感发展框架分为三大部分：自我、社会互动和人际关系。如表 35-2 所示，该框架与学术、社会和情感学习合作共同体的社会情感学习领域保持一致。有趣的是，加利福尼亚框架关注学术、社会和情感学习合作共同体框架中社会情感学习 5 个领域中的 4 个。在学前阶段，不强调负责任的决策是相当典型的，可能是因为负责任的决策对学龄前儿童来说是早熟的。

总体而言，我们在 2013 年对所有 50 个州的浏览显示，学前标准有许多优势，并为制定清晰的、全面的、适用于 K-12 的社会情感学习标准树立了榜样。在以下部分中，我们将回顾社会情感学习的 K-12 标准。

表 35-2　加利福尼亚如何组织学前教育标准的例子

学术、社会和情感学习合作共同体框架	加利福尼亚学前教育基金会
自我认知	自我认知
自我管理	自我调节
社会认知	社会和情感理解、共情和关心
人际关系技能	与熟悉的成人互动，与同龄人互动，小组参与，合作和责任，对父母的依恋，与老师和照顾者的亲密关系，友谊
负责任的决策	没有明确的相应标准

(二)K-12 阶段的综合标准

与现在 50 个州都有独立的学前社会情感学习标准这一事实形成强烈对比的是，在 K-12 阶段，仍然很少有全面的、独立的社会情感学习标准。截至 2013 年 3 月，我们发现各州采取了四种方法来制定社会情感学习标准。

1. 社会情感学习独立的、全面的标准

伊利诺伊州、堪萨斯州和宾夕法尼亚州在整个 K-12 范围已经采用了一套包含发展指标的全面的、独立的标准（西弗吉尼亚州在 2012 年还采用了包含发展基准的社会情感学习标准）。2004 年，伊利诺伊州成为第一个这样做的州。随后，宾夕法尼亚州和堪萨斯州于 2012 年这样做。宾夕法尼亚州和伊利诺伊州采用了相同的 K-12 社会情感学习目标，而堪萨斯州在"堪萨斯州社交、情感和品格发展模式标准"中采用的目标略有不同。下面简要描述每个州的社会情感学习标准。

(1)伊利诺伊州社会情感学习标准。2013 年，伊利诺伊州发布了学前教育标准。2014 年，伊利诺伊州发布了社会情感学习的 K-12 标准（伊利诺伊州教育委员会，2014c）。这使学前水平的社会情感学习标准与其 K-12 标准完全一致。伊利诺伊州的社会情感学习标准包括三个主要目标和 10 个具体标准（参见表 35-3）。伊利诺伊州标准包含不同发展水平下每个目标的 90—149 个表现描述。对于每个发展阶段，这些表现提供了学生如何证明他们已经达到标准的例子，或者老师如何在实践中知道——学生是否知道或能够做标准陈述这件事。

表 35-3　伊利诺伊州的目标和标准

目标 1：培养自我认知和自我管理技能，实现学业和生活的成功。
A. 识别和管理自己的情绪和行为。
B. 认可个人品质和外部支持。
C. 展示、实现与个人目标和学术目标相关的技能。
目标 2：利用社会认知和人际交往技巧建立和维持积极的人际关系。
A. 认识他人的感受和观点。
B. 认识个人和群体的相似性和差异性。
C. 利用沟通和社交技巧与他人有效互动。
D. 表现出以建设性的方式预防、管理和解决人际冲突的能力。
目标 3：在个人、学校和社区环境中展示决策技能和负责任的行为。
A. 在决策时考虑道德、安全和社会因素。
B. 运用决策技巧负责任地处理日常学术和社会问题。
C. 为学校和社区的福祉做贡献。

对于目标 3(在个人、学校和社区环境中展示决策技能和负责任的行为)，伊利诺伊州社会情感学习标准在 1—5 年级提供了 114 个表现描述(例如，"解释为什么打人或对某人大喊是伤害别人和不公平的")，在 6—12 年级提供了 111 个表现描述(例如，"评估道德行为如何改善有价值的关系")。除了目标和标准描述外，伊利诺伊州社会情感学习标准网站还包含许多高质量标准的附加功能。例如，本网站还为一个综合的学习支持系统提供指南和原则。该系统涉及三个干预层面(针对所有学生的普遍方法，针对有危险学生的有针对性的早期干预，针对有需要的特定人群的密集的个性化支持)，家庭参与和改善学习条件的指导原则(例如，学校领导、氛围和安全；参见伊利诺伊州教育委员会，2014a、2014b)。

(2)宾夕法尼亚州学生人际交往技能标准。宾夕法尼亚州学生人际交往技能标准于 2012 年 4 月 25 日通过(宾夕法尼亚州教育部，2012)。这些标准旨在促进有效应对全球挑战所需技能的发展。宾夕法尼亚州学生人际交往技能标准围绕四个发展阶段(学前、1—5 年级、6—8 年级、9—12 年级)来组织。这些标准与伊利诺伊州标准的三个目标相同：①自我认知和自我管理；②建立和维持关系；③决策和负责任的行为。

(3)堪萨斯州的社会、情感和品格发展模式标准。堪萨斯州的社会、情感和品格发展模式标准(堪萨斯州教育部，2014b)受到学术、社会和情感学习合作共同体、伊利诺伊州标准和安克雷奇社会情感学习标准的影响。与伊利诺伊州和宾夕法尼亚州的标准类似，堪萨斯州也根据三个主要目标来组织其标准，尽管这些目标与伊利诺伊州和宾夕法尼亚州的标准略有不同，并且顺序不同。具体而言，堪萨斯州标准的目标是：①品格发展，包括负责任的决策和解决问题能力；②个人发展，包括自我认知和自我管理能力；③社会发展，包括人际交往能力。堪萨斯州标准有四个发展阶段：学前至二年级、3—5 年级、6—8 年级、9—12 年级。目标 1(品格发展)的重点是道德和良好品格，建立有爱心的社区，相互尊重，并防止残酷和暴力行为。目标 1 还涵盖负责任的决策和解决问题的能力，包括理解决策中的多个因素和目标，分配时间和管理职责，在课堂管理中发挥作用，以及有效解决问题。目标 2(个人发展)的重点是四个发展阶段的自我认知和自我管理能力。目标 3(社会发展)的重点是社会认知和人际交往能力。

除了社会、情感和品格发展模式标准外，堪萨斯州教育部(2014a)还提供了教师教学示例，以支持个人和社会发展。

(4)其他州的独立标准。另外三个州已经制定了与社会情感发展相关的独立标准，但是没有一个州为不同年龄的学生提供了发展基准或指标，而且每个州使用的术语都略有不同。佛蒙特州的重要结果标准注重沟通、推理、问题解决、个人发展和责任感；缅因州的指导原则侧重于沟通和解决问题等技能；密苏里州的展示自我(Show-Me)标准则强调收集和分析信息，有效沟通，解决问题和负责任的决策。

尽管纽约州实际上并未采用社会情感学习的学习标准陈述。但值得一提的是，它具有许多高质量标准的辅助要素(纽约州教育部，2014b)。纽约州的网站上还提供了许多有用的资源，包括支持社会情感发展的策略(纽约州教育部，2014a)，创建支持性环境的原则及实施指南。

2. 各州将社会情感发展与早期基础教育结合

教育专家认为，应该将学前教育与 K-12 教育相结合，这样，学习就能年年保持一致并得到支持(Tout et al.，2013)。斯科特·利特尔等人(2007)进行的一项调查表明，每个州都在努力调整学前教育和 K-12 标准，通过使用许多不同的方法来做到这一点。除了已经讨论过的伊利诺伊州和宾夕法尼亚州之外，爱达荷州和华盛顿州已经将学前社会情感学习标准从幼儿园调整到了小学早期。

爱达荷州的标准从出生一直延伸到三年级，分为八个发展阶段(见爱达荷州早期学习电子指南，2014)。每个发展阶段都有一个社交领域和情感领域。与表 35-1 中概述的高质量标准的特征一致，爱达荷州指南为每个标准提供了儿童指标陈述和照顾者策略。

《华盛顿州早期学习与发展指南》涵盖了从出生到三年级的九个发展阶段(华盛顿州早期学习部，2014)。在每个发展阶段，社会情感领域都包含关于我和我的家庭与文化和建立关系的相关标准，在口语和听力中也有关于沟通的相关内容。

如表 35-4 所示，爱达荷州和华盛顿州的统一标准非常重要，因为除了将三年级的所有学习标准统一起来外，它们还阐明了五个社会情感能力中的至少四个标准。

表 35-4　社会情感学习统一标准示例

学术、社会和情感学习合作共同体框架	爱达荷州早期学习指南	华盛顿州早期学习和发展指南
自我认知	相信个人能力，成为独一无二的个体	自我概念
自我管理	适应不同的环境，调节情绪和冲动	自我管理，学会学习
社会认知	尊重人与人之间的相似性和差异，意识到行为及其影响(包括对他人的影响)，同情和同理心，幽默感	家庭与文化
学术、社会和情感学习合作共同体框架	爱达荷州早期学习指南	华盛顿州早期学习和发展指南

人际关系技能	与成人互动，与同龄人建立友谊，积极的谈判技巧，参与团体活动	与成人的互动，与同龄人的互动，社交行为，解决问题和冲突，沟通
负责任的决策	没有明确的相应标准	没有明确的相应标准

就第五项能力而言，正如我们之前讨论过的，负责任的决策目标在儿童早期标准中不常见的一个原因可能是，该目标在儿童后期发展起来更合适。尽管如此，一些与负责任的决策相关的活动在幼儿中实行可能是合适的，例如，参加关于为什么规则很重要的讨论和头脑风暴替代打人的策略——是从伊利诺伊州学前教育标准中选取的两个例子。另外，在爱达荷州和华盛顿州的标准中，一些学生指标实际上可以被概念化为负责任的决策。为了探索这种可能性，需要对各州标准进行深入分析。从幼儿期到小学早期阶段的统一标准已经阐明社会和情感标准、指标的形成过程。因此，具有统一标准的州可以成为其他州如何进行此过程的榜样。

3. 独立的主要标准

第三种方法是制定独立的标准，这些标准与社会情感学习相关，但不全面涵盖社会情感能力的范围。例如，华盛顿州（华盛顿州教育部，2005）和堪萨斯州（堪萨斯州教育部，2014a）都有独立的沟通技能标准，它们强调说、听技能，以及合作能力（堪萨斯州的沟通标准是独立于品格发展和社会情感学习标准的）。田纳西州（田纳西州教育部，2014）对于 9—12 年级的学生的学习有独立的标准，其中包括决策和解决问题，设定目标，制订行动计划，展示使命感和沟通能力。

4. 将社会情感学习整合到其他学习标准中

事实上，所有的州都至少在一定程度上将社交和情感内容融入其他学科领域的学习标准中。然而，通常这些内容在所有五个社会情感学习域中并不是全面的或者分散的。此外，各学科领域或年级之间的内容可能不一致，发展没有系统和战略上的支持。例如，新泽西州（新泽西州教育部，2014）和西弗吉尼亚州（西弗吉尼亚州教育部，2014）的学术学习标准基于 21 世纪学习标准，该标准将社会情感发展贯穿始终，包括解决问题、批判性思维、创造力、协作和沟通。21 世纪学习技能认识到，为了在日益复杂的世界中发挥作用，学生需要掌握与批判性思维、解决问题、沟通和协作相关的技能。他们还需要成为灵活、适应性强、能够独立学习并尊重不同背景的人。他们需要社交技能和领导技能，并且要有高度的责任感、生产力和义务感。

各州经常使用诸如 21 世纪学习技能之类的国家示范标准来制定自己的标准，不同学科领域的国家示范标准往往包含社会情感学习要素。例如，如前所述，45 个州正在采用数学和英语语言艺术中的共同核心州立标准，其中包含有关沟通（尤其是口语和听力）、合作技能和解决问题的标准。由于共同核心州立标准非常重要，下面将更详细地讨论这些标准。

社会研究领域的国家示范标准被大多数州用来制定国家标准（国家社会研究委员会，2002），以帮助学生认识到群体的影响，强调负责任的决策和良好的公民意识。国家科学委员会的国家示范标准（国家研究委员会，1996）被 42 个州使用，用于解决问题。

国家卫生教育标准(疾病控制与预防中心，1995)被 42 个州使用，旨在培养学生的沟通能力、决策能力和目标设定能力。从表 35-5 中可以看出，国家健康教育标准很重要，因为它们与社会情感学习有很大的重叠。

表 35-5　国家健康教育示范标准如何与社会情感学习领域接轨

学术、社会和情感学习合作共同体社会情感学习领域	相应的国家健康示范标准
自我认知	没有明确的相应标准
自我管理	标准 6：学生展示运用目标设定技能增进健康的能力。 标准 7：学生展示实践健康促进能力，避免或减少健康风险的能力
社会认知	没有明确的相应标准
人际关系技能	标准 4：学生展示运用人际沟通技巧增进健康、避免或减少健康风险的能力。 标准 8：学生展示倡导个人、家庭和社区健康的能力
负责任的决策	标准 2：学生分析家庭、同伴、文化、媒体、技术和其他因素对健康行为的影响。 标准 5：学生展示运用决策技巧增进健康的能力

但是，健康教育标准还不足以作为社会情感学习教学的蓝图，原因有三个：首先，国家示范健康标准在社会情感学习领域并不全面，他们主要关注健康行为；其次，从学龄前到高中，大多数学生每年都不接受健康教育；最后，分配给健康教育的时间可能非常有限，在健康方面要实现的目标往往还有许多其他要求，包括预防暴力、毒品和欺凌。因为学生可能只有几个学期的健康课程，所以健康教育能提供的社会情感学习指导是不够的。

至少有七个州(亚拉巴马州、堪萨斯州、内华达州、北卡罗来纳州、俄勒冈州、田纳西州和威斯康星州)采用了美国学校辅导员协会(ASCA，2014)的国家标准。就社会情感学习而言，这些标准相当全面。例如，职业技能的标准与自我认知领域高度相关(例如，学生了解个人素质、教育、培训和工作环境之间的关系)。同样，美国学校辅导员协会的个人、社会发展标准与社会情感学习之间也有重叠(例如，"学生获得知识、态度和人际交往能力，以帮助他们理解和尊重他人和自己"和"学生做出决定，设定目标并采取必要的行动来实现目标")。然而，美国学校辅导员协会标准主要由指导顾问使用，与《国家健康教育示范标准》一样，对教育的日常指导没有足够的影响。

总而言之，尽管与其他标准整合是加强社会情感学习的一种方法，但我们担心的是，仅依靠这种方法可能不足以充分强调社会情感能力在日常互动中的广泛应用。研究表明，定期练习对社会情感发展至关重要(Payton et al.，2000)。当社会情感学习标准分布在其他主题领域时，它们可能不会被强调，常规的实践也可能不会发生。由于这些原因，我们建议各州采用独立的社会情感学习标准。

(三)共同核心州立标准与社会情感学习之间的关系

绝大多数州已经采用并开始实施共同核心州立标准。因此，重要的是，采用共同核心州立标准，如何将社会情感学习标准应用到数学和英语语言艺术中。在表 35-6 中，我们评估了用于数学和英语语言艺术的共同核心州立标准，以及共同核心思维习惯是否及如何与社会情感学习的五个核心能力重叠。表 35-6 表明，社会情感能力对于共同核心州立标准而言是隐性的和基础性的。共同核心州立标准假设学生具有自我管理能力，例如，能够安静地坐下来并专注于一项任务，但是这些假设并不明确。然而，要使学生能够管理自己的情绪和冲动，以便安静地坐下来并集中注意力，他们必须首先意识到自己的情绪和冲动——也就是说，他们必须有自我认知才能自我管理。

表 35-6　共同核心州立标准与社会情感学习的重叠示例

社会情感学习成分	共同核心州立标准
自我认知	没有明确的相应标准
自我管理	数学实践：理解问题，持之以恒地解决问题。 思维习惯：表现出独立性
社会认知	英语语言艺术：理解语言在不同语境中的功能，对意义和风格做出有效的选择，以及在阅读或听力时做出有效的理解。 思维习惯：了解其他观点和文化
人际关系技能	英语口语与听力：准备并有效参与不同合作伙伴的一系列对话与合作，以他人的观点为基础，清晰而有说服力地表达自己的观点
负责任的决策	没有明确的相应标准

四、制定高质量的社会情感学习国家标准的建议

这是一个制定从学前到高中的、高质量的、全面的社会情感学习标准的绝佳机会。每个州在学前阶段都有独立的社会和情感发展标准，但要使这些标准与 K-12 教育一致，还有很多工作要做。此外，只有三个州制定了全面的、独立的 K-12 社会情感学习标准和发展基准。但是，大多数州确实将社会情感学习标准(至少在一定程度上)整合到其他学科领域的学习标准中，涵盖了各个年级的水平。尽管将社会情感学习标准跨学习领域整合是有益的，但我们也认为，开发独立的、全面的标准是很重要的，以便将社会情感学习作为教育中的一个明确优先事项进行沟通。此外，由于各州单独制定学习标准可能没有效率，我们建议教育组织和各州建立伙伴关系，制定社会情感学习的国家示范标准。为了支持这项工作，我们提供了如何将这些建议应用于制定自愿的社会情感学习国家示范标准中的建议。

建议 1：每个州都应该有明确的、全面的、独立的学前到高中社会情感学习标准，并有适合年龄的基准。学业学习依赖于社会情感学习，如果支持社会情感学习的发展，学生的学业成果也会得到提高。研究表明，在普通的课堂中，教师有可能通过教育实践来帮助学生发展社会情感能力(Durlak et al.，2011)。学习标准可以作为一个蓝图，提供明确的指导，以促进所有

五个社会情感能力的发展（Bond & Hauf，2004；Devaney，O'Brien，Resnik，Keister & Weissberg，2006）。社会情感学习标准应包括目标和基准，以阐明对不同年龄或年级学生的期望。研究表明，实践是有效项目的重要组成部分（Durlak et al.，2011），因此，还应制订一个计划，为学生提供广泛的机会练习新技能。

实际上，社会情感学习标准和基准陈述应该简单，清晰且数量合理。此外，标准应该专注于学生应该知道或能够做的一件事情。我们建议将"学生能够在一个小组中完成一项任务和合作工作"这个观点分解为两个独立的、具体的陈述，以承认不同的技能，而不是采用一个基准。例如，它可以分解为，"学生应该在几分钟内完成一项任务""在教师的支持和帮助下，学生应该能够与同学合作完成分配的任务"。

建议2：社会情感学习标准应在文化和语言上适当。有效的社会情感学习项目与学生的文化背景相关且相契合（Bond & Hauf，2004）。社会情感学习标准应包括指导原则，以确保它们在文化和语言上相关。理想情况下，每个州都应提出尊重学生的种族和文化遗产的指导方针。许多州都意识到文化和语言敏感性的重要性，尤其是在学龄前阶段，我们建议州提供具体指导。

建议3：社会情感学习标准应包括有关如何营造积极的学习环境或氛围的指南。研究表明，如果学生要学习和发展新技能，他们需要有动力和投入（Greenberg et al.，2003；Payton et al.，2000；Zins，Bloodworth，Weissberg & Walberg，2004；Zins，Payton，Weissberg & O'Brien，2007）。学校氛围和学习支持的文献提供了学校可以创建安全的育人环境的措施（Adelman & Taylor，2005；国家学校氛围中心，2014）。有效的社会情感学习项目通过建立关心、参与的课堂和学校实践，建立与学校的联系。作为社会情感学习标准的一部分，各州应提供具体指南，说明如何创建支持社会情感发展的积极学习环境。

建议4：社会情感学习标准应提供支持社会情感发展的教师实践的准则。并非所有的教师都凭直觉就知道如何促进社会情感能力的发展。正如许多学前教育标准已经做的那样，各州应该提供指导，指导教师使用具体的实践来支持每个标准的实现。在理想情况下，这些指导方针也应纳入教师的专业发展中。

建议5：标准应与促进实施的战略联系起来。标准不会改变日常教育实践，除非它们得到有效实施。自2004年伊利诺伊州引入社会情感学习标准以来，该州的学校通过制订计划、选择基于证据的项目，以及为教师寻求高质量的专业发展来做出回应。现在，伊利诺伊州的所有870个学区都制定了将社会情感学习纳入其课程体系的政策（Gordon，Ji，Mulhall，Shaw & Weissberg，2011）。相比之下，宾夕法尼亚州和堪萨斯州的社会情感学习标准直到最近才被采用，因此尚不清楚它们的实施程度。尤其是在标准与评估没有直接联系的情况下，就像这三个州的情况一样，很难确定教师是否及在多大程度上使用了标准来塑造教学。

因此，制定有效的策略来支持社会情感学习标准的实施非常重要。学术、社会和情感学习合作共同体的合作地区计划（CDI）使用行动理论（CASEL，2013b）来确定成功实施的关键因素。具体而言，行动理论表明，成功的实施取决于有效的领导和社会情感学习教学的专业文化支持。合作地区计划将学习标准与社会情感学习评估、循证实践和项目，以及高质量的专业发展一起确定为社会情感学习成功教学的关键组成部分。社会情感学习标准的实施将通过三种重要方式得到加强：①采用基于证据的社会情感学习项目；②使用社会情感学习评估，允许教师监控学生的进步；③高质量的专业发展。下面分别介绍其中的每一个。

(一)采用基于证据的社会情感学习项目

各州通常抵制支持或推荐特定项目，但是高质量的资源可以帮助学校确定支持社会情感学习的循证项目。研究已经确定了许多有效的社会情感学习项目和课程(Durlak et al.，2011)。目前可用于帮助学校识别和选择社会情感学习循证项目的最相关工具是学术、社会和情感学习合作共同体的《2013 年指南》。该指南确定了 23 个学前和小学项目，这些项目成功地促进了学生的自我控制、建立关系、解决问题的能力以及其他社会情感能力。学术、社会情感学习合作共同体的《2013 年指南》是近 10 年来首次进行此类审查，重点关注：①针对所有学生的、普遍的校本社会情感学习项目(不是针对有特殊需要的学生的那些项目)；②现有学校人员可以在正常上学日提供的基于学校的项目。学术、社会和情感学习合作共同体也正在制定中学和高中社会情感学习项目的指南。在获得学术、社会和情感学习合作共同体中学项目指南之前，7 种外部搜索工具可能有助于识别与社会情感学习相关的循证工具，尽管这些工具都不是专门针对社会情感学习的。因此，这些工具的用户需要仔细审查课程，以确定它们对社会情感能力的处理程度。

(1)预防暴力模式和有前途的项目蓝图。

(2)加利福尼亚州健康儿童研究验证项目。

(3)教育科学研究所(IES)信息交换的运作方式。

(4)成功培养孩子的生命历程干预(儿童趋势)。

(5)国家循证项目与实践登记中心(NREPP)。

(6)青少年司法和预防犯罪办公室(OJJDP)示范项目指南。

(7)有效的社会项目(循证政策联盟)。

(二)使用社会情感学习评估

评估对于衡量实现教育目标的程度至关重要。各州应结合社会情感学习标准，推荐可靠、有效的评估方法，教师可以轻松地使用它们来监控学生达到标准的进度。德纳姆，吉(Ji)和哈姆雷(Hamre)开发了(2010)可用于测量社会情感学习的评估工具。帮助学校确定适当的社会情感学习评估的另一个重要资源是雷克斯基金会的中学生社会情感学习评估方法。其他符合社会情感学习标准的完善的评估工具请参见本手册第 19 章。

(三)高质量的专业发展

研究一直清楚地表明，与未进行教师高质量课程实施计划的学生相比，参与教师高质量课程实施计划的学生在各种学术和行为成果方面的表现更好(Durlak et al.，2011)。培训和持续的支持对于确保教师的素质至关重要。对标准有透彻的了解，可以有效地实施基于证据的项目(参见本手册第 27 章)。专业发展为教师提供了支持社会情感学习发展所需的工具和资源。在理想情况下，每个州应提供专门支持社会情感学习标准实施的教师专业发展培训。

当前正在努力支持社会情感学习的高质量专业发展的国家层面，提出了联邦立法。如果联邦立法获得批准，该立法将通过高质量的专业发展来促进社会情感学习。学术、社会和情感学习合作共同体的合作地区计划(CDI)项目还在与全国八个地区合作，以制定有效的职业发展战略(CASEL，2013b)。

五、结论

高质量的社会情感学习标准：①是独立存在的；②酌情集成到其他学科领域的标准中；③为学生在自我认知、自我管理、社交意识、人际关系技能和负责任的决策方面提供的知识应简单，清晰，简洁；④提供适合不同年级儿童成长的目标和基准；⑤对不同学生群体的标准具有文化敏感性和语言相关性；⑥提供教师和其他成人如何实现每个标准的指南；⑦与建立积极环境以支持社会情感学习发展的相应指南相关联；⑧确定配套资源以支持和确保高质量的实施，包括基于证据的社会情感学习项目、社会情感学习评估工具，以及社会情感学习中的高质量专业发展。

每个州的每个社会情感能力的实现都具有挑战性。但是，伊利诺伊州已经完成了这项任务，可以作为其他州的榜样。学前标准可以为更高年级的社会情感学习标准的开发提供很好的模型。

六、致谢

我们感谢布埃纳·维斯塔基金会的支持，该基金会帮助激发并开展了这项工作。我们还要感谢诺沃基金会、艾因霍恩基金会和 1440 基金会对学术、社会和情感学习合作共同体州级扫描(State Scan)的支持，并分享了我们对学习标准需求的看法，这些标准可以为教育提供参考。

七、参考文献

请扫描二维码获取原书参考文献。

第 36 章
联邦政策倡议与儿童社会情感学习

玛莎·扎斯洛、邦妮·麦金托什、莎拉·曼科尔、莎拉·曼德尔

本章的目的是描述促进儿童社会情感学习的联邦政策倡议。我们将讨论几种不同的联邦政策"杠杆",包括:①通过国会立法动议制定的社会政策;②通过行政部门动议制定的社会政策,旨在指导学校工作和面向儿童的其他重要环境的工作(例如,儿童在课外时间的经历);③通过研究经费和制定研究标准来体现的科学政策。

贯穿本章的一个主题是,使用这三种政策杠杆的联邦政策倡议往往局限于减少问题行为,并针对特定的目标人群。社会情感学习项目当然旨在减少问题行为,而且证据清楚地表明,它们在实现这一目标方面是有效的。然而,它们也旨在加强积极的社会情感能力。本章提出了一些更广泛地利用社会情感学习项目的政策举措,同时指出联邦政策举措的总体趋势,即狭隘地关注减少特定人群的问题行为的减少,只关注社会情感学习项目宽泛目标中的一个。

本章首先简要回顾了社会情感学习项目的特点。虽然这本书的其他章节也做了类似的介绍,但这里有一个非常简短的总结是很重要的,它明确了我们遵循的联邦政策倡议之间的区别。我们认为这些政策举措侧重于更具包容性和普遍性的社会情感学习方法。然后,我们转向前面提到的三个政策杠杆,首先总结了促进更全面的社会情感学习方法的努力,其次提供了狭隘地专注于减少特定人群问题行为的努力实例。虽然更明确和更有针对性的方法解决了社会情感能力的一个重要子集,但除非它们能够补充普遍的、更广泛的社会情感学习项目,否则它们无法实现更全面的方法的全部优势。最后,我们讨论了扩展社会情感学习的联邦政策的努力的可能方法。

一、社会情感学习方法的显著特征

社会情感学习项目是积极主动的,着重于发展关键的社会情感能力的各个方面,以及减少

问题行为。

　　　　与儿童的社会情感发展有关的许多项目都集中于单个问题，例如，防止滥用毒品。然而，社会情感学习是一种包容性的方法，涵盖了社会情感能力的所有方面，可以帮助儿童成为有韧性和成功的学习者。（CASEL，2007）

　　对社会情感能力的研究以不同的方式对社会情感能力进行了概念化和组织化重构（参见本手册第 1 章；Jones & Bouffard，2012）。但是，一个有用的区别是从他们对自我、他人做出负责任的决策（通常涉及自我和他人）的角度来看待社会情感能力（Payton et al.，2000）。自我能力首先涉及自我认知（认识自己的感受及其对行为的影响，认识自己的优势和局限性），然后是自我管理（有效调节情绪、思想和行为的能力，例如，控制冲动，设定目标和朝着目标努力）。关于他人的能力涉及社会认知（理解和同情他人观点的能力，对社会和道德规范的认识）和与他人建立联系（与成人和同龄人建立并维持积极的关系；有效地利用倾听、沟通和合作技巧；以建设性的方式处理冲突）。决策技巧包括做出建设性选择的能力，要考虑对自己和他人的后果，要考虑道德和社会标准以及安全性。

　　在考虑联邦政策时，我们还应根据社会情感学习方法的实施环境和目标儿童来确定社会情感学习方法。许多社会情感学习项目都是普遍的，针对学校等环境中的所有儿童，目的是培养前面提到的技能。在采用普遍方法的基础上，可能对那些在社会情感能力方面表现出困难的人做出更有针对性的努力。

　　　　大多数社会情感学习项目的重点是普遍预防和促进，即通过提高社会情感能力而不是直接干预来预防行为问题。少数学生可能需要社会情感能力方面的中度至重度治疗，但是社会情感学习项目旨在促进所有儿童的成长，帮助他们发展健康行为，并防止他们出现不适应和不健康的行为。（Zins & Elias，2006）

　　琼斯（Jones et al.，2012）指出，与初中阶段或高中阶段相比，小学阶段社会情感学习方法的实施和评估要广泛得多，并且明显需要将项目和研究扩展到大龄儿童和青年。他们还指出，有趣的是，迄今为止，项目和研究主要从小学开始，尽管人们强烈地认识到更需要支持学前阶段儿童的社会情感能力发展。

　　学术、社会和情感学习合作共同体对有效的社会情感学习项目进行的回顾，区分了将这些项目整合到学校的三种不同方式：①独立的针对社会情感能力的课程和直接教学；②将社会情感学习目标整合到核心学术课程的日常教学中；③在教室内培养教师日常的、积极的行为。这些应用社会情感学习项目的不同方法很重要，正如琼斯（2012）警告的，在某些情况下，学生可能接触到有限"剂量"的独立课程（每月仅半小时）。他还警告说，除非在多种环境中对社会情感能力进行监控和支持，否则社会情感能力可能无法完全迁移。这些环境不仅限于教室，还包括走廊、餐厅、公共汽车和卫生间等。琼斯等人认为，为了影响学校文化，社会情感学习方法需要渗透到学校的教学时间和非教学时间。

最近一项对 213 项在学校中实施不同社会情感学习项目的有效性研究的元分析发现，与对照组相比，参加社会情感学习项目的学生对自我和学校的态度更积极，社交行为更积极，行为问题和情绪困扰的水平更低。当社会情感学习项目由学校教职员工实施时，学生的学业成绩在等级和分数方面也更高。在元分析中，项目实施也很重要：如果社会情感学习项目实施得好，效果会更强。具体而言，更有效的项目的特点是执行一系列有顺序的活动，这些活动针对特定的一组社会情感能力目标(Durlak，Weissberg，Dymnicki，laylor & Schellinger，2011)。

总之，对社会情感学习方法独特性的概述表明，当我们考虑联邦政策时，我们应着重强调那些在全校范围内普遍实施的、主动的和预防性的项目，并寻求在所有学生中培养全面的社会情感能力的举措。正如我们已经指出的那样，建议社会情感学习方法对普遍的和广泛的社会情感学习项目进行补充，并为那些表现出较高问题行为水平的项目提供扩展。然而，正如我们看到的，在许多情况下，正在实施和评估的是那些针对有问题行为的儿童的项目，而不是在同一环境中聚焦普遍的和广泛的社会情感学习项目。

二、立法部门动议的倡议

令人不安甚至悲惨的校园欺凌和暴力事件，推动了针对这些具体问题的多项立法提案的进程。立法提案明确关注社会情感学习方法和实现前面提到的标准，以在学校全体学生中培养积极的社交技能，同时为那些已经表现出严重问题行为的学生提供更密集的干预。与只寻求在目标人群中减少问题行为的项目相比，这样的举措并不常见。然而，值得注意的是，国会对普遍的和更广泛的社会情感学习方法给予了一些关注。在本节中，我们首先描述针对所有关键社会情感学习结果(旨在加强所有学生的积极行为和减少消极行为，并为那些有风险的学生提供更深入的干预)的普遍性社会情感学习方法的立法举措。然后，我们举例说明更常见的、有针对性的和问题聚焦的立法举措。

(一)与社会情感学习项目目标一致的举措

2011 年 7 月 7 日，众议院通过了第 2437 号决议，即《学术、社会和情感学习法》(*Academic，Social，and Emotional Learning Act*)，作为重新授权《中小学教育法》(又名《不让一个儿童掉队法》)的一部分。众议院教育和劳动力委员会对第 2437 号决议有管辖权限，该法案得到了委员会内部两党的共同支持，包括朱迪·比格特(Judy Biggert，R-IL)和戴尔·基尔蒂(Dale Kildee，D-MI)的支持。两人于 2013 年 1 月在国会完成任期。该法案的具体措辞明确了其对学校社会情感学习方法的关注。事实上，该法案的措辞说明了立法提案越来越重视循证实践。

　　国会的调查结果如下：（1）为了在学校取得成功，学生需要参与其中。他们需要知道如何在面对挫折时保持专注和努力，如何与他人有效地工作，如何善于沟通和解决问题。（2）社会情感能力不仅是青年人在学校取得成功的基础，而且是青年人成为健康和有爱心的成人、有生产力的工人和积极参与社会的公民的基础。（3）这些技能不仅可以教授，而且可以由各种类型学校的正规教师向各种背景的学生教授。（4）社会情感学习产生的学术成果包括更强的学习动机和对学校的认同，更多的时间用于学业和对学科内容的掌握，提高出勤率、毕业率和成绩。（5）参与社会情感学习项目的学生的这些积极成果比不参与该项目的学生平均提高了 11 个百分点。（6）社会情感学习项目也有助于减少问题行为，改善健康状况，降低暴力犯罪发生率和降低酗酒率。（HR 2437-112 大会，《学术社会和情感学习法》，2011）

　　该立法提议修改《中小学教育法》，扩充教师和校长培训，要求他们在实践中以证明有效的方法支持学生的社会情感发展，例如，通过社会情感学习项目显示出积极效果。该法案进一步将社会情感学习项目定义为：通过"传授、示范、练习和应用有助于防止诸如药物滥用、暴力和欺凌等问题的社会情感能力，使学生将其用作日常行为的一部分"，并帮助创建"安全、关怀的学习环境，以促进学生的学习参与和与学校的联系"。该法案于 2011 年 7 月提出后，两党支持人数不断增加，最终有 22 名共同提案人（14 名民主党人，8 名共和党人）。然而，该法案被提交给委员会后并没有进一步的推进。

　　随后，2011 年和 2012 年，美国参议院和众议院相继出台重新授权《中小学教育法》的立法提案，其中特别提到了社会情感学习。2011 年 10 月，参议员汤姆·哈金[Tom Harkin，D-IA，卫生、教育、劳工和养老金（HELP）委员会主席]宣布，该委员会已就《中小学教育法》重新授权草案达成两党协议。商定的草案包括在公立学校创造积极的学习条件，并将发展社会情感能力列为创造这种条件的关键活动，例如，"给教职员工和学生树立积极的社会和情感技能的榜样"。此外，2012 年 2 月，众议院教育和劳动力委员会主席约翰·克莱恩（John Kline，R-MN）提出了《学生成功法》的法案。这项立法呼吁加强教师对以证据为基础的策略的理解，以提高学生的学业成就，"包括解决学生的社会和情感发展需求"。

　　经过一段时间的高度关注，在众议院和参议院委员会提出了迥然不同的提案后，国会对《中小学教育法》重新授权的进展明显放缓，对《中小学教育法》的关注也转移到行政部门的活动上。在关于行政部门倡议的章节中，我们将进一步讨论，2011 年 9 月，奥巴马政府发布了一项计划，对现有《中小学教育法》的要求给予豁免，在学生成绩问责和评估系统的设计上给予了灵活性（美国教育部，2013b）。对《中小学教育法》重新授权的后续关注主要集中在《中小学教育法》灵活性下的豁免要求以及各州豁免实施的方法上。

　　然而，2013 年 5 月，众议员蒂姆·瑞安（Tim Ryan，D-OH）重新提交了先前所述的《学术、社会和情感学习法》。当时，《学术、社会和情感学习法》(HR. 1875)被分配给众议院教育和劳动力委员会下设的儿童早期教育、小学和中学教育小组委员会(Subcommittee on Early Childhood，Elementary and Secondary Education)。该委员会有权将该法案提交给众议院或参议院全体议员，但是他们没有采取进一步的行动。

除了重新授权《中小学教育法》之外，针对康涅狄格州纽敦市悲剧的立法倡议也为实施普遍的社会情感学习法的提案提供了一个背景。

2013年4月，参议院同意在枪支管制立法中增加精神健康修正案。汤姆·哈金参议员和拉马尔·亚历山大(Lamar Alexander，R-TN)参议员提出的《精神卫生修正案》包括标题 I——重点是在学校范围内的预防工作，包括支持积极行为，鼓励建立校内精神卫生伙伴关系，以及标题 II——重点是预防自杀，帮助儿童从创伤事件中恢复，提高教师的心理健康意识，并评估将行为健康与初级保健相结合的障碍。必须承认，该修正案主要要求重新授权卫生、公共服务与教育部的现有项目。无论如何，参议院两党对修正案的支持反映了对儿童精神卫生服务的需要，包括支持积极行为和预防消极行为的努力。

在第113届国会中，代表苏珊·戴维斯(Susan Davis，D-CA)于2014年4月29日在众议院提出了与社会情感学习直接相关的进一步立法提案。《支持情感学习法》(H. R. R. 4509，国会，2014年)旨在修订2002年《教育科学改革法》，要求对社会情感学习进行研究和促进教师专业发展。更具体地说，根据该法案，国家教育研究中心被要求进行社会情感教育研究，教育研究专员被要求支持社会情感能力的研究。该法案要求教师为社会情感学习的循证教学方法和评估工具做好准备。它还将修订1965年的《高等教育法》(Higher Education Act)，要求高素质的教师具有理解、使用和发展社会情感学习项目所需的背景知识。该法案给出了社会情感学习的具体定义，它与研究文献中提供的定义一致，包括自我认知、自我管理、社会认知和人际关系技能，以及负责任的决策。2014年6月13日，该法案被提交给众议院教育和劳动委员会的幼儿、初等和中等教育小组委员会处理。但是，他们没有采取进一步的措施。

那些分析了研究与政策之间联系的人认为，我们通常只寻求立法的通过，以表明研究对政策产生了影响。然而，研究产生影响的另一个重要方式是改变决策者对一个重要问题的基础假设或概念化(Tseng，2012)。比如，决策者和公众越来越认识到早年对大脑发育和为小学学习奠定基础的重要性，这说明了研究在决策中的基础性作用。近年来，国会在多项立法提案中都引用了社会情感学习研究的参考文献，这增加了一种可能性，即人们越来越意识到社会情感学习对学生学业成绩、学生福祉、长期发展以及学校氛围的影响。这种理解反过来可以为将来的特定立法举措提供基础概念。

社会情感学习对学生成绩和总体福祉至关重要，随着研究的不断发展，继续让决策者了解社会情感学习就很重要。如2012年9月举行的社会情感学习的简报会就是让决策者了解社会情感学习的努力之一。在这次简报会上，来自伊利诺伊州的共和党众议员朱迪·比格特和共和党众议员蒂姆·瑞安强调了社会情感学习在为儿童的上学和日后生活做准备方面的重要性。学术、社会和情感学习协作组织(Collaborative for Academic，Social，and Emotional Learning)的总裁兼首席执行官罗杰·韦斯伯格介绍了该组织最近发布的有效的社会情感学习项目。来自比格特代表区的一所学校的教师们讨论了他们在实施一项基于证据的项目中的经验，描述了更多的课堂互动，促进了更有效的教学和学习策略的实施。考虑到一些对社会情感学习感兴趣的国会办公室机构，包括比格特代表的办公室机构经历了人事变动，因此，与国会代表及其工作人员联系，向他们通报有关社会情感学习的最新证据，并向国会的新成员及其工作人员介绍社会情感学习效果的证据非常重要。

我们已经看到一些立法提案，其目标与社会情感学习项目的独有特征紧密结合。然而，这些提议已被搁置。可以继续鼓励社会更广泛地了解社会情感学习，以便为有效的立法提案奠定基础。

(二)专门针对目标人群问题行为的举措

2011—2014 年，美国国会的几项立法提案都提到社会情感学习项目的重要性和证据，大量的立法提案集中于解决欺凌行为，帮助学校工作人员解决学校中的冲突，在学校中提供心理健康支持，解决基于性取向或性别认同的歧视问题，以及遏制体罚。这些仍然停留在最初立法提案的水平，没有成为法律。但此类法案的数量表明，国会更注重解决青少年行为中的问题，而不是更早、主动、普遍地预防问题，以促进学生积极社会技能的发展。从 2011 年到 2014 年，采用以问题为重点的立法提案的示例如下。

(1)2011 年 1 月 25 日，众议员史蒂芬·科恩(Steven Cohen，D-TN)提出了《2011 年学校恢复性司法法案》(*Restorative Justice in Schools Act of* 2011)。拟议中的立法将修订《中小学教育法》，允许地方教育机构将特定的资金用于教师专业发展，以培训学校工作人员解决冲突。2011 年 2 月 17 日，众议员格蕾丝·纳波利塔诺(Grace Napolitano，D-CA)提出了《2011 年学校心理健康法案》(Mental Health in Schools Act of 2011)。该立法提案将修订《公共卫生服务法》，授权向地方学区提供竞争性赠款，以资助学校采用公共精神卫生方法。这类服务将包括为经历过或目睹过暴力的儿童提供援助，并提供基于学校的心理健康项目。

(2)2011 年 3 月 10 日，众议院议员杰瑞德·波利斯(Jared Polis，D-CO)和参议院参议员阿尔·弗兰肯(Al Franken，D-MN)提出了《2011 年学生非歧视法》(*Student Non-Discrimination Act of* 2011)。该法案将禁止公立学校的学生由于实际或感知到的性取向或性别认同而被排除在任何联邦资助的教育项目之外，或在任何项目下受到歧视。

(3)2011 年 9 月 22 日，纽约州众议员卡洛琳·麦卡锡(Carolyn McCarthy，D-NY)提出了《2011 年终止学校体罚法》(*Ending Corporal Punishment in Schools Act of* 2011)。该法案将禁止教育部部长向任何允许学校人员对学生实施体罚以改变不良行为的教育机构提供教育经费。

(4)2012 年 6 月 28 日，众议院司法委员会通过了《2012 年青少年责任资助计划重新授权以及欺凌预防和干预法》(*Juvenile Accountability Block Grant Reauthorization and the Bullying*

Prevention and Intervention Act of 2012)。该法案的条款包括重新授权和扩大拨款项目，以应对欺凌事件的发生，包括网络欺凌和帮派预防。

(5)《2013 年安全学校改进法案》(*Safe Schools Improvement Act of* 2013)在众议院和参议院被提出，要求教育部部长每两年提供一份针对学校欺凌和骚扰问题的独立评估，并要求教育统计专员收集各州的数据，以了解地方教育机构禁止行为的发生频率，以指导政策的制定来预防和禁止欺凌、骚扰以及其他严重、持久的不良行为。地方教育机构被要求提供纪律政策、申诉程序中禁止的行为的年度通知，以及学校和地方教育机构层面上此类行为发生频率的年度数据。

在第 113 届国会(2013—2014)中，众议员乔治·米勒(George Miller，D-CA)提出了《确保所有学生安全法案》(*Keeping All Students Safe Act*)。该立法提案将指示教育部部长制定标准，禁止在中小学使用身体约束或隔离干预以及任何可能危害学生健康和安全的行为干预。该法案还呼吁向州和地方教育机构拨款，以制定和实施有关这些标准的政策，并改进对使用身体约束和隔离的数据的收集和分析方式。

社会情感学习项目有促进积极的社会行为和减少消极行为的双重目标。事实上，社会情感学习项目对儿童和青年行为的影响的元分析证明了其对攻击性行为问题的总体影响。我们建议社会情感学习项目为有严重行为问题的儿童提供更密集的干预。例如，行为问题预防研究小组总结了有针对性和密集的快速干预的效果，它与普遍实施的促进替代思维策略项目的结果相辅相成。重要的立法发展目的是加强所有学生的积极行为，减少有问题的社会行为，并为高风险学生提供更多、更密集的社会情感学习机会。

三、以实践为重点的行政部门倡议

我们现在从国会的立法提案转向行政部门在执行具体法律或发起属于特定机构广泛授权的倡议方面的活动。下面，我们集中讨论旨在加强儿童发展和其他关键实践的行政部门的倡议。在立法部门的倡议中，我们区分了针对各种社会和情感技能的普遍方案和针对表现出与社会和情感技能缺陷有关的问题行为的儿童法案。我们还将讨论针对非学校环境的行政部门的倡议，这也是社会情感学习项目的主要焦点。

(一)与普遍且关注点广泛的社会情感学习项目目标一致的倡议

与社会情感学习有关的联邦政策的一个重要发展是，在实施《中小学教育法》的变更时，从立法部门的活动转移到行政部门的活动。

由于国会对如何推进该项目没有达成一致，也没有就《不让一个儿童掉队法》2014 年目标实现进展的要求达成一致意见，奥巴马政府决定通过州豁免的方式采取行动，这在现行立法中是允许的。那些获得豁免的州在实现《中小学教育法》的现有目标方面具有更大的灵活性。例如，在确定适当的年度进展时，有豁免的州被允许制定新的、年度可衡量的目标。在奥巴马政府《中小学教育法》灵活性的倡议下，43个州和哥伦比亚特区已获批豁免（U. S. Department of Education, Elementary and Secondary Education；ESEA Flexibility，2014a）。

在目前情况下，值得注意的是，《中小学教育法》豁免的要求包括坚持改变表现不佳学校的原则，包括关注学校氛围和促进学生的社会情感能力发展。更具体地说，转变原则包括"营造一个改善学校安全和纪律的环境，解决影响学生成绩的其他非学术因素，如学生的社会、情感和健康需求"（U. S. Department of Education，2012a）。在这里，我们看到了对社会情感学习和成就之间联系的明确认可。有几项全校范围的社会情感学习举措可以在改变低表现学校的同时服务于全面改善学校的目的。然而，我们注意到，这种社会情感学习和学校成绩之间的联系是专门针对那些表现不佳的学校的，而不是基于《中小学教育法》灵活性的所有需求来阐述的。

虽然美国教育部表示优先考虑与各州就《中小学教育法》的灵活性进行合作，但教育部也有权在地区一级授予豁免权。2013年3月，作为加州教育改革办公室的一部分，加州政府决定仔细考虑由八个加州地区组成的联盟提出的豁免请求。正如美国教育部（2013a）指出的，这八个学区总共有120万名学生，比大多数州都多。2013年8月，美国教育部（2013b）审查了该联盟的申请后，批准了这项豁免。

加州学区的豁免提案高度关注社会情感学习和学校环境，规定40％的学校质量改进目标将集中在这两个领域（U. S. Department of Education，2013c）。建议书指出，参与学区"同意监测及提升学生的非认知能力，确保为大学及就业做好准备"。"将非认知技能纳入学校质量改善体系得到了研究的大力支持……参与的地方教育机构将审查该领域的有关研究和现有措施，以确定最佳的措施或指标。"此外，"为了为学生的学习创造最佳条件，参与的地方教育机构承认，必须不断营造学校环境和鼓励学生参与，以确保所有学生都有安全和公平的学习经历"。

重要的是要从这些地区的经验中学习，跟踪营造良好社会情感学习环境和学校氛围的措施，并利用这些数据作为学校改善的指标。

除了《中小学教育法》的灵活性之外，另一项与社会情感学习的特点密切相关的行政举措是由教育部、司法部、卫生部和公共服务部联合管理的项目，称为"安全学校或健康学生"。值得注意的是，尤其是在康涅狄格州纽敦市发生校园枪击惨案之后，该项目向学区提供四年拨款，以便与少年司法机构和心理健康服务提供者展开合作，合作内容包括：①安全的学校环境和预防暴力活动；②酒精、烟草和其他毒品的预防活动；③学生的行为、社会和情感支持；④心理健康服务；⑤幼儿的社会情感学习项目。尽管资助期限为4年，但在许多情况下，在申请资助时发起的合作在资助期结束后仍可维持。

"安全学校或健康学生"项目的受助人可以在五个优先领域中获得项目培训和技术援助。指派给每个受让人的初级技术援助专家可以亲自到场或提供远程服务，以帮助制订技术援助计划，并在出现需求时加以解决。技术援助专家应既具有实质性专业知识（例如，在教育、心理健康、少年司法方面的专业知识），又具有有效的执行项目的专门知识。所有受资助者可以获得的培训和技术援助资源包括支持学校纪律的系列网络研讨会，支持学生社会、情感和行为需求的策略，以及积极的学校氛围和学术成就等主题的演讲。很明显，这一倡议不仅有明确的社会情感学习的重点，而且还具有主动性和预防性的社会情感学习项目的通用方法。

另一个例子是，2012 年 8 月，美国教育部学生安全和健康办公室组织了一次提高学习条件的能力建设和可持续发展的会议。会议重点讨论了与建立积极的学校氛围有关的多个问题，包括行为健康、学校安全、纪律措施，以及解决欺凌和性别暴力问题。教育部部长阿恩·邓肯（Arne Duncan）的评论集中在学校氛围和学生表现之间的联系上。该会议旨在为教育部解决学校氛围问题提供意见。正如琼斯（2012）指出的那样，改变学校氛围是社会情感学习项目的一个关键目标。虽然我们将本节的重点放在小学和中学阶段，如果我们未能注意到联邦政府在早期护理和教育方面的资金投入，包括"开端计划"（Advisory Committee on Head Start Research and Evaluation，2012）和最近授予的学前教育发展补助金（U. S. Department of Education，2014b)对社会情感能力和认知技能的高度重视，那么，我们的研究就是不称职的。

（二）与完整的社会情感学习特征联系不太紧密的、聚焦实践的举措

一些极为重要的行政部门的倡议都侧重于社会情感发展，但是，它们并不完全符合社会情感学习方法的全部特征。这些项目可能会根植于对特定问题行为的关注，可能在学校以外的环境中实施，或者可能只关注有限的（尽管是关键的）人群。在讨论这些计划与社会情感学习方法缺乏完全的一致性时，我们的目的不是批评这些极有价值的计划。相反，我们的问题是，是否可以引入更多社会情感学习方法的要素。

一个非常重要的倡议的例子是停止欺凌。它参考和借鉴了社会情感学习项目的特点，但又不完全符合社会情感学习项目的特点。该项目由美国教育部和美国卫生与公众服务部合作发起，并由后者管理，为青年、儿童、父母、教育者和社区成员提供解决欺凌问题的资源。该网站包含以非技术性语言呈现的信息，以帮助目标群体了解什么是欺凌，什么是网络欺凌，受到欺凌的影响，可以采取哪些措施制止欺凌，以及如何获得解决欺凌问题的帮助。该网站提供了一系列有关欺凌的播客，以及反欺凌项目的简介。对于那些认为自己处于紧急状况中的人，可以使用帮助热线。虽然该项目关注的是专门针对欺凌的狭窄结果而不是全部的社会情感能力，但通过网站提供的材料确实指出了，针对学校氛围的社会情感学习方法是应对欺凌的一种方法。此外，它对学校氛围进行了广泛定义，包括教室外的环境。该网站提供的一项最新行动专注于向校车司机提供解决欺凌问题的工具(U. S. Department of Education & U. S. Department of Health and Human Services)。2012 年 4 月 17 日，美国卫生和公众服务部儿童、青年和家庭管理局（ACYF)发布了一份信息备忘录，明确表明了对儿童和青年积极的社会情感发展的坚定承诺(U. S. Department of Health and Human Services，Administration for Children and Families，2012)。该备忘录阐明了儿童福利基金特别重视儿童福利系统中儿童的社会和情感福利，力求鼓励儿童福利机构努力改善这些成果，并确定有助于实现这一目标的具体政策步骤。

　　虽然重要的是要考虑遭受虐待和被忽视的儿童的总体福祉，但是专注于幸福感的社会和情感项目可以显著改善这些儿童的结果。近年来的研究表明，虐待的大多数不利影响都集中在行为和社会情感领域。儿童在这些领域所产生的问题会对他们一生都有负面影响，限制了他们在学校、工作和人际关系中获得成功的机会。将这些发现归纳为政策、项目和实践，是儿童福利系统合乎逻辑的下一个步骤，能提高其改善儿童及其家庭结果的方法的复杂性。也有一些新的证据表明，可以采取干预措施，解决虐待对儿童行为、社会和情感的影响。

　　备忘录概述了儿童福利系统中处理儿童社会和情感发展问题的主要研究结果，以及加强儿童发展的干预措施。它确定了使现有政策和要求集中于社会和情感发展的战略，包括为儿童福利机构的工作人员提供培训，针对遭遇虐待的情形进行创伤筛查和功能评估，扩大基于证据的干预，减少和消除没有证据支持的干预。在儿童福利系统中的儿童就读的学校中实施循证社会情感学习项目将是解决他们的社会和情感健康问题的合适方法，特别是如果对有风险的儿童辅以更深入的社会情感能力支持的话。重要的是要考虑如何在儿童福利系统中为儿童提供更密集的社会情感学习支持，而不是隔离或侮辱他们。也许可以通过寄养家庭或集体住所提供补充性和密集性的干预。

　　行政部门的另一项举措包括广泛关注社会情感发展，但并未特别关注社会情感学习项目的方法。该举措是孕产妇、婴儿和幼儿家访（MIECHV）项目。作为《患者保护和平价医疗法案》（*Health Resources and Services Administration*，2013）的一部分，该项目于 2010 年获得批准。该项目于 2010—2014 年获得了 15 亿美元的资助，随后又延长了一年。该项目向各州提供赠款，用于计划、实施或扩大对生活在风险社区家庭的家访服务。尽管家访项目采用不同的形式，但它们通常是将怀孕或有年幼子女的家庭与训练有素的联络人配对，联络人与家庭在家中会面，以解决诸如积极育儿做法、家庭安全、妇幼健康和获得服务等问题。项目要求每个受资助的州使用基于证据的项目模式或有前途的项目模式，并为该项目确定若干预期成果，其中之一是"改善儿童健康和发展状况，包括预防儿童伤害和受虐待，改善认知、语言、社会情感和身体发育指标"（Patient Protection and Affordable Care Act，2010）。每个受资助的州都有自己的基于证据的方法和有希望的项目方法的组合。例如，亚利桑那州使用"护士—家庭伙伴关系""美国健康家庭"和"家庭精神"模型，而缅因州的家庭项目则采用"家长即教师"模式。

　　力争上游（Race to the Top，RTT）是另一个联邦项目。它参考了社会和情感发展的重要性，但没有特别关注社会情感学习项目。该项目作为《2009 年美国复苏与再投资法》（*American Recovery and Reinvestment Act of* 2009）的一部分获得批准。自批准以来，该项目已获得了 43.5 亿美元的资金支持，为各州在四个改革领域提供竞争性资金：①制定严格的标准和更好的评估；②采用更好的数据系统，向教育工作者和家长提供学生学习进度的信息；③支持教师和管理人员提高效率；④加大对重点干预的重视和提供资源，以扭转表现最差的学校的表现。项目提出的优先事项之一是"改善早期学习成果的创新"（Notice Inviting Applications for New Awards for Fiscal year）。正如申请项目奖励的联邦公报公告所述，"特别令人感兴趣的是支持提高入学准备（包括社交、情感和认知）的实践的提案，改善学前班和幼儿园之间的过渡"。

我们强调本节中总结的每个联邦实践项目的重要性。尽管它们没有完全采用社会情感学习项目所特有的、普遍的、基于学校的、主动的和预防性的方法。但是，很明显，在这些和其他联邦项目中，有利用社会情感学习方法的潜力，以解决社会和情感发展中的具体问题，关键人群的问题、主动与家庭合作而不仅仅是在学校环境中学习的问题。事实上，琼斯和布法德（Bouffard）在其关于社会情感学习证据的政策回应中建议（2012），建立激励机制，将社会情感学习方法整合到现有的行动中。他们特别指出，这是 Title I 教育资金、承诺社区（Promise Neighborhoods）和支持学校纪律举措（Supportive School Discipline Initiative）的潜在策略。这种方法将涉及授予额外积分，以批准包含实施循证社会情感学习项目计划的提案。对可能与社会情感学习项目存在有意义联系的、以联邦实践为重点的举措进行审查，将是一项有价值的贡献。

在一组有关社会情感学习研究的行政部门简报中，人们明显有兴趣找到将社会情感学习方法与现有的联邦实践项目联系起来的方法。这些简报由儿童发展研究协会赞助。恰逢《儿童发展》杂志特别版出版，该杂志重点关注社会情感学习研究，包括前面所述的社会情感学习项目的元分析（Durlak et al.，2011）。2011 年 3 月 21 日，美国卫生与公共服务部、教育部举行了第一次简报会，题为"改善儿童社会和情绪健康的方法的最新研究：进展和下一步"。在这次简报会上，肯尼思·道奇提供了一个关于"为什么关注社会情感学习研究"的主题演讲，罗杰·韦斯伯格总结了他与杜拉克等人合作的元分析的发现；史蒂芬妮·琼斯提供了在年龄上向下延伸来发展社会情感学习研究的视角；帕特里克·托兰（Patrick Tolan）讨论了该研究领域及其应用的方法论和实质性的下一步。他们要求美国教育部的高级官员重复这次简报，并于 2011 年 6 月 20 日开第二次简报会。在两次简报会上，问题都集中在如何利用不断增长的社会情感学习研究成果来为两个机构的联邦资助项目提供信息。这两份简报进一步强调了将社会情感学习方法引入现有联邦资助项目的潜力。

四、以研究为重点的行政部门的举措

重要的是要考虑行政部门的关键作用，不仅要资助以实践为重点的具体行动，而且要决定研究方向，传播研究成果。多个行政分支机构在资助涉及社会情感学习项目的评估研究中发挥了重要作用。此外，随着联邦政府内部越来越重视使用证据为政策提供信息（例如，2012 年，总统执行办公室的管理和预算办公室的备忘录呼吁联邦机构的领导依据证据来提出他们的预算），联邦机构也已采取重要步骤对研究进行总结，以确定循证做法。社会情感学习项目的研究在多个联邦网站上进行，其目标是以可访问的形式共享循证项目的信息。在讨论联邦政策在社会情感学习中的作用时，我们显然还必须考虑行政部门机构的科学政策职能，包括确定研究方向，确定方法标准和分配研究经费。就像本章其他部分一样，我们尽管在行政部门的资金和研究中特别关注广泛而有包容性的社会情感学习项目，但也发现大量的研究经费分配仅限于关注高风险人群的问题行为。正如我们已经指出的那样，社会情感学习项目确实试图减少问题行为（有证据表明社会情感学习方法可以有效地做到这一点）。范围更广泛的社会情感学习项目（其重点是加强积极行为和减少问题行为，并在整个学生群体中普遍实行）可以为那些表现出社会情感学习缺陷的人提供进一步的支持。只关注目标人群中的问题行为的研究虽然至关重要，但却忽略了社会情感学习项目目标的广度和此类项目寻求更大的受益学生的覆盖面。

此外，基础研究往往试图了解社会和情感发展的预测因素和结果。尽管此类研究不涉及对社会情感学习项目的评估，但可以为这些项目的开发提供信息。许多联邦资助的研究仅关注社会情感学习项目多个目标之一（如减少问题行为），而不是全部的社会情感能力，或不是试图扩展对社会情感学习项目所要加强的技能的理解，也非进行社会情感学习项目评估。在本章中，我们将提供有关联邦资助研究的示例，一是对社会情感学习项目的评估研究；二是减少问题行为的研究（我们认为，这是社会情感学习项目的重要组成部分，但有所局限）；三是深入理解儿童社会情感发展的研究（我们认为这是社会情感学习项目的基础研究）。

（一）社会情感学习项目评估研究

学术、社会和情感学习合作共同体的《2013 年指南》描述的基于证据的社会情感学习项目的条目建立在大量研究的基础上，而不是单一的研究，其中许多研究都是由联邦政府资助的。在此，我们以指南中列出的、由联邦政府支持开展研究的两个项目为例。

第一个例子，4Rs（阅读、写作、尊重和解决）项目。美国教育部教育科学研究所与美国卫生与公共服务部疾病控制与预防中心、威廉·格兰特（William T. Grant）基金会合作支持了该项目的干预评估。该项目属于社会情感学习项目范畴，旨在将培养儿童积极的社会情感能力的内容整合到学业课程中。在学校中，全校从幼儿园至五年级的老师都以高质量的儿童文学作为抓手，帮助学生在处理愤怒、倾听、自信、合作、谈判、调解、建立社区关系、赞美差异性观点和消除偏见等领域获得技能和知识（Brown，Jones. elRusso & ADeI，2010）。老师会接受如何实施以社会情感学习为主要内容的语言课程的启动培训和持续的教练指导。对该项目的评估涉及 18 所学校的 82 个班级，其中，9 所学校被随机分配作为干预组，9 所学校被随机分配为对照组。结果评估既包括班级层面，也包括学生层面（Social and Character Development Research Consortium，2010）。

第二个例子，积极回应的教室（Responsive Classroom）将具体技能的学习整合到全天的班级教学和学校实践中，而不是依赖单独的课程。干预实践包括班级定期举行晨会，帮助学生制定课堂规则，参与协作解决问题，教师以支持积极参与学习和自律的方式与学生进行交流，帮助他们理解其行为后果和支持他们以发展学生自我控制的方式应对不良行为。学生在学习活动中有选择，并遵循引导的学习模式。在美国教育部教育科学研究所（Rimm-Kaufman et al.，2012）的资助下，该项目对 24 所学校及其学生进行了超过 3 年的随机对照试验。

对联邦机构最近的研究经费的回顾可以看出，可以考虑对社会情感学习项目进行进一步研究。例如，由教育科学研究所（Institute of Education Sciences）资助的"学术和行为能力项目"（Academic and Behavioral competence Program）的随机对照试验在城市小学的1—5年级的孩子中实施，其中许多孩子有较低的社会经济背景（Social and Character Development Research Consortium，2010）。该项目旨在通过全校范围的纪律策略、社会技能发展、辅导和调解来提高学生的社会能力和行为，同时也包括家长的参与。该评估旨在详细了解学生的社会情感能力、学术成就，以及学校的氛围和教学实践（Social and Character Development Research Consortium，2010）。

一些由联邦机构资助的项目有助于加强对年龄较大学生的关注，而这在当前的社会情感学习项目和评估中有所欠缺。例如，在高中试行了《心理健康友好课堂培训包教材》。这个项目由美国卫生与公共服务部资助，旨在通过将个人的学习风格考虑在内的教学实践和营造积极的课堂氛围来营造健康的学习环境（SAMHSA，Center for Mental Health Services，2004）。

除了资助社会情感学习项目评估外，联邦机构还在多个联邦网站上传播选定评估的证据。这些网站旨在提炼技术研究出版物和报告的结果，并以一致和可访问的格式展示它们，提供对项目和研究结果的描述的链接。这些网站还阐明了评估研究的标准，并指出了具体研究在何种程度上符合标准。美国教育科学研究所引用的什么是有效的交流中心（What Works Clearinghouse，2013）、药物滥用和精神卫生服务管理中心引用的国家循证项目和实践注册中心，青少年司法和预防犯罪办公室引用的《青少年司法和犯罪预防办公室示范项目指南》等，均帮助从业者确定和实施基于证据的项目，其中也包括学术、社会和情感学习合作共同体的《2013年指南》中列出的项目，具体取决于网站的具体目标及其明确的研究证据标准。

（二）关注对有社会情感学习问题的儿童的评估

我们注意到，社会情感学习项目在全校范围内实施，并可以通过更有针对性的治疗方法来跟进或补充，以加强在社会情感发展方面有困难或滞后的儿童的技能发展。联邦政府资助的一组研究对这些方法进行了评估，其中一些有针对性的方法对父母和他们的孩子起作用，而另一些则在学校环境中起作用。尽管在这些方法中，有些是为了补充普遍的社会情感学习项目，但也有一些是独立的。一个重要的问题是，在普遍的社会情感学习方法的基础上，这些更具针对性的项目是否能更好地工作？在此背景下，社会对处于危险中的儿童的特别关注，可能是此类项目的一个特别重要的方面。

对国家心理健康研究所资助的快速通道项目（Fast Track Program）的追踪实验评估是一个有针对性的干预示例，它涉及对普遍的社会情感学习项目的补充（在本例中是指促进选择性思维策略项目），对在幼儿园就被认定为有行为障碍的高风险的儿童进行更深入的干预（Conduct Problems Research Group，2011）。随机确定为干预组的家庭接受家访，包括父母培训，以及针对儿童的辅导和社交技能培训（1—5年级），随后为那些仍需要干预的儿童（6—10年级）和家庭提供持续干预。这项追踪研究的结果显示，在 3 年和 10 年的随访中，干预组儿童的行为障碍有所减少（Conduct Problems Research Group，2011）。

作为基于学校项目的一个示例，教育科学研究所资助了一项针对学前至二年级自闭症谱系障碍学生的社会交流、情绪调节和事务性支持（Social Communication，Emotional Regulation and Transactional Support，SCERTS）课程的随机对照试验评估研究。该课程旨在提高儿童在各种环境中的社交互动和语言使用方面的技能，同时也应对儿童在社交和自我调节方面的挑战（Institute of Education Sciences，2011）。

（三）旨在理解社会情感发展的基础研究

联邦政府还把加强我们对儿童社会和情感发展的普遍了解，以及测量这一领域的发展程度作为明确的待办事项。机构间联合体的共同努力、共同资助旨在促进儿童社会情感的发展，并在国家调查中包含测量儿童社会和情感发展的措施的有效性。例如，2005 年，美国卫生与公共服务部下属的儿童和家庭管理局（ACF）的尤尼斯·肯尼迪·施莱弗（Eunice Kennedy Shriver）国家儿童健康与人类发展研究所、美国教育部特殊教育和康复服务办公室为一个跨部门联盟提供资助，用于开发入学准备的测量措施（Griffin，2011）。在跨部门联盟的六个资助项目中，有两个项目专注于开发与社会情感领域有关的测量措施：一个是执行功能的测量（Ursache，Blair，Willoughby，Tunvall & Soliman，2011），另一个是幼儿社会情感功能的观察测量（Denham，Bassett，Kalb & Mincic，2011）。目前的一个项目旨在向联邦儿童与家庭问题统计机构和论坛提供儿童早期社会和情感健康指标的信息。在 20 多个联邦机构的参与下，该论坛起草并发布了《美国儿童》这一儿童幸福关键指标的报告（Federal Interagency Forum on Child and Family Statistics，2013）。作为跨部门努力的一部分，该项目正在寻求是否以及如何报告儿童社会和情感发展措施的有关内容。

联邦政府对儿童社会和情感发展研究的资助尽管超出了我们的关注范围，但这对于直接关注社会情感学习的工作而言非常重要。例如，这样的研究可以为社会情感学习项目的研究提供更强有力的社会情感发展测量手段。对社会情感发展的基础和结果的研究，也可以帮助我们了解社会情感学习项目中具体方法的发展。对有社会和情感发展问题的儿童的干预进行评估，也是很有必要的。这些以证据为基础的有针对性的方法可以为社会情感学习项目所使用的普遍方法提供有益的补充。

五、总结

本章确定了与循证社会情感学习项目的研发和实施相关的三个政策杠杆：联邦立法倡议、以实践为重点的倡议，以及为研究设定优先级和标准。对于这些政策杠杆，我们注意到一些致力于社会情感学习项目的努力既关注培育积极的社会情感能力，也致力于减少问题行为；既面向学校或项目中所有的学生，也针对有风险的学生，两者相互补充；还有一些干预，仅仅致力于减少那些已经处于危险中学生的问题行为，这些方法虽然与社会情感学习项目的目标保持一致，但在结果和目标群体方面有所局限；也有一些努力，更广泛地关注与儿童社会情感发展相关的问题，从而为社会情感学习项目的发展提供信息。虽然这三种方法都很重要，但我们认为有必要进一步关注全面影响社会情感能力的普遍社会情感项目。我们注意到，许多立法举措侧重于解决发展中出现的社会情感发展问题，而不是采取积极和预防的措施。对于研究人员来说，重要的是要强调社会情感学习项目在问题导向的立法提案中试图解决特定领域的问题所显示出的效果。例如，社会情感学习项目已被证明可以减少攻击行为。此外，当与学校中的普遍社会情感学习项目结合使用时，这种方法更有可能影响整个学校的氛围。

人们已经有兴趣将社会情感学习方法与其他现有的、联邦资助的、以实践为重点的项目联系起来。在琼斯和布法德(Bouffard)提出(2012)的建议的基础上，本章指出，需要为此类努力提供信息，并为建立此类联系创造激励机制。例如，一份政策简报可以非常具体地确定如何将社会情感学习方法纳入正在进行的联邦资助计划。这样一份简报可以提供具体的例子，来说明安排纳入这些办法的激励措施。

最后，在加强对社会情感学习项目和评估的联邦资助时，重要的是要考虑联邦机构目前为资助和传播评估研究而阐明的证据标准。随着联邦政府内部越来越强调对循证实践的依赖，我们看到了评估的严谨性及在报告和出版物中总结评估方法的特殊性。为继续加强社会情感学习方法在支持儿童的学术成就和社会情感发展方面的作用，明确这些项目标准将越来越重要。

六、参考文献

请扫描二维码获取原书参考文献。

第 37 章

社会情感学习的国际展望

卡塔琳娜·托伦特、安贾利·阿里坎丹妮、J. 劳伦斯·阿伯

本章探讨了欧洲、拉丁美洲、亚洲和撒哈拉以南的非洲部分国家的社会情感学习发展状况，即这些国家的教育系统如何适应社会情感学习。社会情感学习至少可以通过三种不同的方式来定义：①作为一个涉及技能、知识和态度的、获取人类发展过程的研究领域；②作为一系列具体的项目；③作为一种普遍的教育方法、运动或政策（Sherman，2011）。我们关注这三个领域中的最后一个，即国家的教育、运动和政策，并为社会情感学习作为全球研究领域或一系列具体项目的发展机遇和挑战提供背景信息。

我们的出发点是学术、社会和情感学习合作共同体对社会情感能力的总体定义，即作为学校和生活成功的基本能力和素质。这些能力和素质被学术、社会和情感学习合作共同体组织成五个领域：自我认知（认识一个人的情感、价值、优势和挑战）；负责任的决策（对个人和社会行为做出道德上的建设性选择）；人际关系技能（建立积极的人际关系，团队合作，有效地处理冲突）；社会认知（表现出对他人的理解和同理心）；自我管理（通过管理情绪和行为来实现目标）。我们对五个领域中的一个或多个领域进行了基于网络的国家法律、政策和教育项目的搜索。就像在美国一样，符合我们标准的国际政策和项目使用了各种术语，如"相互理解教育""和平教育""价值观教育""多元文化或跨文化教育""人权教育""生活技能""公民身份、人道主义或情感教育""情商""可持续发展教育"等。尽管与社会情感学习相比，其中一些举措的目标有时范围更窄，但这些举措与社会情感学习的呼吁一致，即将正规教育的作用从学术扩展到学术、社会和情感学习合作共同体的五个领域中。我们使用了所有这些词作为搜索词。本章中使用的大部分信息来自教育部的网站，但我们也借鉴了非政府组织推广社会情感

学习原则和实践的工作。尽管我们的大部分研究都集中在灰色文献①上，但我们也对 PsycInfo 数据库②进行了计算机搜索，以确定能够指向相关政策文件的全国性社会情感学习项目的研究上。

首先，因为不可能进行详尽的回顾，所以我们排除了一些在社会情感学习领域取得重要进展的国家，而包括几个很少得到关注的拉丁美洲、非洲和亚洲国家。其次，我们的搜索仅限于以英语、西班牙语或法语（我们共有的语言能力）访问的数据。再次，我们回顾的重点是与社会情感学习有关的、广泛的国家运动和政策，而不是特定社会情感学习项目的影响。因此，我们没有试图审查不同的国际性举措的成功程度。最后，我们将搜索范围限于基于学校的社会情感学习，即使社会情感学习也会发生在其他重要环境中。尽管存在这些局限，我们希望本章将激发人们对世界各国改善教育所取得的进步的兴趣，并鼓励人们在全球范围内更积极地交流社会情感学习的想法。

本章的结构如下。我们首先概述世界上许多地方影响社会情感学习五个领域的工作的跨国政策、项目和运动。然后，我们回顾了欧洲、拉丁美洲、撒哈拉以南的非洲和亚洲四个主要地区国家的社会情感学习和类似运动的现状。我们试图找出每个国家的教育政策的主要思想，并从政策文件和课程改革中找出能够揭示人们对社会情感学习目标感兴趣及项目进展的实例。在可能的情况内，我们列出了每个国家希望向儿童传递的具体技能、价值观和行为倾向，并在适当的时候将这些技能与学术、社会和情感学习合作共同体的技能进行比较。最后，我们对这篇综述所教的内容提出了自己的看法，并对社会情感学习实践、研究和全球对话的未来方向提出了建议。

一、跨国影响

在分析国际教育努力时反复出现了五个主题，其中包括公民教育和四项政策，或全球驱动的计划性工作：世界卫生组织制定的生活技能框架和课程、《世界人权宣言》《儿童权利公约》（联合国，1990）以及《联合国千年发展目标》（MDG）。在我们调查的每个地区都存在公民教育，也称为民主教育、伦理教育或道德教育，尽管其含义与社会情感学习的重叠因国家而异。根据伊比利亚美洲国家组织（OEI，Organización de Estados Iberoamericanos，2010）所述：截至2010 年，至少有三种公民教育的方法，即为了公民的、通过公民的和关于公民的教育。为了公

---

① 灰色文献（Grey literature）是相对于白色文献（White literature）和黑色文献（Black literature）而言的。白色文献通常是指公开出版发行且具有国际标准刊号（ISSN）或国际标准书号（ISBN）的正式出版物；黑色文献是指不对外公开、具有完全保密性质的文献；而灰色文献是指介于白色文献与黑色文献之间的文献，虽然已经发行但很难从一般图书销售渠道和常规方式获得，通常包括：预印本、工作论文、专题论文与学位论文、研究与技术报告、会议论文集、部门及研究中心的时事通信与公告、基金申请报告、提交给基金机构的反映项目进展的阶段性报告、委员会报告与备忘录、统计报告、技术文件、调查报告、工具手册及宣传册等。——译者注
② PsycINFO 是美国心理学协会（American Psychological Association，APA）出版的著名的文摘索引数据库，收录心理学方面的期刊和文献。——译者注

民的教育旨在培养学生成为积极主动和负责任的社会成员。因此，它强调认知能力、沟通能力和伦理能力的获得。通过公民的教育的目的是让学生在学校时体验公民价值观和行为倾向，以学习公民价值观和行为倾向。因此，学校的功能应该以学生期望学习的内容为指导，学校氛围和师生关系被视为核心。关于公民的教育以反思和道德判断的发展为中心。在实践中，许多努力都是将教育的这三个方面结合在一起，因此很难在这三种方法之间划清界限。此外，不同地方的公民教育也有着不同的话语和目的。在一些国家，公民教育具有威权主义和民族主义色彩；而在另一些国家，公民教育被视为民主的建立和延续的核心。欧洲和拉丁美洲普遍强调与人权的联系，而亚洲和撒哈拉以南的非洲则强调与回归土著文化和宗教价值观的联系。各国之间还存在其他差异，例如，有些国家非常重视公民教育在提高国民经济生产力方面的重要性，而另一些国家或地方则非常重视公民教育在预防侵略和暴力方面的作用。撇开差异不谈，许多公民教育方法都认同社会情感学习的目标，即提高学生的社会情感能力。例如，下文所述的哥伦比亚公民与民主教育计划（Colombia Program for citizenship and Civic education）针对的四项能力。因此，该运动有可能发展成符合社会情感学习议程的教育倡议平台。

世界卫生组织的生活技能框架和课程，以及受世界卫生组织工作启发的课程在所有区域都有。1993年，世界卫生组织精神卫生司设立了一个关于生活技能教育的特别部门，该部门在传播信息和协助各国和学校系统制定和实施生活技能项目方面发挥了重要作用（Diekstra，2008）。该部门1993—1994年的出版物为生活技能课程和材料的设计提供了术语和指南。在此框架下，生活技能被定义为使个人能够有效应对日常生活的需求的、可教授的技能（WHO，1994）。在社会情感学习视角下，这些技能被认为对整体的生理、心理和社会福祉具有价值，而不是防止一组狭窄的问题产生。这些技能被分为必不可少的五个领域：①决策和问题解决；②创造性和批判性思维；③有效的沟通和人际关系技能；④自我认知和同理心；⑤应对情绪和压力（WHO，1994）。除了创造性和批判性思维外，这些领域都与学术、社会和情感学习合作共同体的维度相对应。尽管世界卫生组织的生活技能框架在每个经过审查的区域都存在，但具体的重点内容则因地区和国家而异。例如，我们注意到亚洲、非洲和拉丁美洲高度重视预防暴力和其他公共卫生现象的生活技能，而欧洲国家强调情绪应对技能，以努力解决抑郁症、攻击性和自杀问题。

《世界人权宣言》《儿童权利公约》和《联合国千年发展目标》也在许多国家形成了大量基于学校的社会情感学习倡议。对这些框架的参考通常与一种论述并驾齐驱，即认为现有的学校系统不足以使儿童和青年为21世纪的挑战做好准备，而促进非学术技能（如社会情感学习教育培育出的技能）则是解决方案的一部分。

北半球学者的理论和实证工作在许多国家中产生了重要影响，虽然影响程度较小，但也值得注意。丹尼尔·戈尔曼在情绪智力方面的贡献、霍华德·加德纳（Howard Gardner）的多元智能理论、艾伯特·班杜拉（Albert Bandura）的社会学习理论，以及科尔伯格（Kohlberg）的道德发展等，在世界许多地方广为人知。他们的工作被认为是建立国家项目的基本原理和战略的一部分，特别是在欧洲和拉丁美洲。

除了这些首要主题之外，其他突出的跨国影响还包括联合国各机构和若干国际非政府组织的工作。这些组织与许多国家的教育当局合作，建立了注重社会情感发展的教育项目，特别强调解决冲突、维护和平与生活技能。这方面最大的项目之一是联合国儿童基金会（UNICEF）的儿童友好学校（CFS）项目。该项目是一种基于人权的教育方法，重点是建设安全、健康、有保护的学校，拥有训练有素的教师，以及适合学习的基本的、物理的、情感的和社会的条件。该模式强调性别平等、宽容、尊重和个人权利，并在学生中促进积极的公民参与和批判性思维。在我们审查时，该项目已在全球 95 个国家或地区实施（UNICEF，2009）。另一个值得注意的例子是"愈合教室"（Healing Classrooms），这是由国际救援委员会（IRC）为解决冲突后或持续危机局势中儿童的需求而开发的一个模式。"愈合教室"强调教师的专业发展，旨在创建安全的学习环境，以培养儿童的归属感、自我价值感、控制感，以及与教师和同伴的积极关系（IRC，2006）。在这一系列社会情感学习政策的跨国影响的背景下，我们现在转向对社会情感学习政策中跨地区和特定国家的描述。

二、区域描述

（一）欧洲

我们对欧洲政策的回顾显示，社会情感学习和类似举措的存在、进展和起源呈现出极为多样化的全景模式。世界卫生组织的工作尤其突出，可能是因为精神疾病（如抑郁症、攻击性行为、自杀）被确定为高收入国家的一个主要健康问题（Kimber，Sandell ＆ Bremberg，2008）。例如，费尔南德斯•贝罗卡尔（Fernández Berrocal，2008）指出，心理疾病的高发率引起了人们对促进欧洲公民心理健康的兴趣（欧盟委员会，2005；绿皮书，改善心理健康，制定欧洲联盟的心理健康战略）。虽然只有少数几个欧洲国家实施了生活技能项目，但预防精神疾病和促进健康的语言在欧洲政策文件中无处不在。此外，欧洲的文件经常引用联合国教科文组织（UNESCO，1996）的报告《学习：内在的财富》。该报告强调，教育和终身学习是改善社会状况的优越手段。该报告认为，教育不应仅集中于获取事实性知识，还应促进更和谐的人的发展及人际和群体间的关系。这样的教育工作应该建立在四个支柱上，其中两个与我们对社会情感学习的讨论直接相关：学会共同生活（发展对他人的理解，对相互依存和多元化关系的认识）和学会生存（具有自主、判断和个人责任的行动能力）。（UNESCO，1996）接下来，我们用英国、瑞典、西班牙、葡萄牙、法国和芬兰六个欧洲国家的相似却不同的例子来描述这些发现。

1. 英国

在英国，许多因素表明，人们对儿童的社会情感发展的兴趣日益浓厚（Clouder ＆ Heys，2008），教育政策的重点越来越围绕全人教育来展开（例如，教育和技能部的《每个儿童都很重要》，2004）。有影响力的出版物包括《发展情感教育学校》（Weare，2004）、《什么对发展儿童的社会情感能力和福祉起作用》（Weare & Gray，2003），以及全国性的政府举措，如学习的社会和情感方面的著作（Downey & Williams，2010）。鉴于英格兰、苏格兰、威尔士和北爱尔兰都有各自的教育体系和政策，我们的评论重点是英格兰。

英格兰课程包括公民、个人、社会和健康教育（PSHE）在内的所有主要科目。此框架涵盖了大量的技能、价值观和品质教育。在关键阶段 1(5—7 岁)，学生被传授各种技能，包括如何辨别对错；识别、命名和处理感受；设立目标；理解、同意并遵守规则；换位思考；参与并为班级、学校和集体做出贡献；倾听别人的意见；识别并尊重人与人之间的异同；寻求帮助以应对欺凌行为。此外，"关键阶段结束时的描述"（类似于美国的社会情感学习州立标准，可参见伊利诺伊州社会情感学习标准）可以帮助教师评估儿童的进步和成就水平（英国教育部，2011）。

邓恩（Dunn，2012）认为，在引入社会情感学习项目之前，公民、个人、社会和健康教育（PSHE）的社会情感能力教学方法是不一致和缺乏地位的。社会情感学习项目本身也面临着许多实际挑战，但是在我们进行审查时，社会情感学习项目已在约 90% 的小学和 70% 的中学实施了（Humphrey，Lendrum & Wigelsworth，2010）。

另一个值得注意的工作是名为"年轻人的成果框架"的出版物（McNeil，Reeder & Rich，2012）。该框架采用了一种促进性方法，强调社会情感能力对其自身的价值及其对实现其他积极生活成果（如受教育程度和就业能力）的贡献。能力被定义为可学习的、"以重要方式发挥作用，创造有价值的成果以及应对选择和挑战的能力"。它被分为七个相互关联的组群：①情绪管理；②弹性和决心；③创造力；④关系和领导；⑤计划与解决问题；⑥信心和主体性；⑦沟通。这些能力中的大多数都与学术、社会和情感学习合作共同体定义的能力重叠。值得注意的是，作者提供了旨在支持评价和测量工作的测量工具、指南和资源库。

社会情感学习在英格兰的另外两个方面也值得强调。第一，在英国的教育政策中，韧性（resilience，以乐观的态度接受挑战并在逆境中茁壮成长的能力）成了一个主要主题。韧性不仅被视为一种特殊的能力，而且被视为社会情感教育的首要目标之一。第二，英国的学校没有采用一刀切的做法，而是给予学校灵活性，学校可以决定教什么，如何教儿童。这种自下而上的方法的基本原理是，规定越少，所有权、授权和可持续性就越强（Wigelsworth，Humphrey & Lendrum，2012）。因此，我们提供了一般指导方针，学校可以自由做出调整，以满足学生的特定需求。这种方法使大规模的评估工作变得复杂，但它也可能以更接地气、更相关、更适合学校实际情况的项目形式获得回报。

2. 瑞典

根据达林（Dahlin，2008）的说法，1994 年前后，瑞典政府决定学校不仅应该传播知识，还应该支持一系列基本价值观的发展。因此，国家课程计划和相关政策开始强调学校在培养儿童方面的作用。2008 年的课程包含与公民、社会情感教育重叠的规范和价值观课程，包括尊重所有人的目标；拒绝接受他人可能受到压抑或被冒犯的待遇；培养同理心、共同体意识、团结精神和民主态度。但是，达林认为，这些价值观和目标的含义和实际意义并不清楚，在尝试实施时，只是建立了教师和学生行为的一般准则。根据达林的描述，瑞典的社会情感学习项目通常与欺凌预防和干预相关。尽管一些项目在全国各地的学校和市政当局使用（例如，社会情感培训项目，SET，Kimber，2012；Kimber et al.，2008），但也没有全国性的项目。最近，邓恩（Dunn，2012）认为，瑞典虽然没有实施全国性的项目，但其目的是将社会情感学习嵌入学校文化和课程中。与这一主张相一致的是义务教育学校（7—16 岁）、学前教育和业余时间的新课程规定，所有学校活动均应遵循民主原则，学生应在自己的学习过程中有自主权，并强调了与社会情感学习的原则和领域相重叠的一组价值观、素质和能力。这套课程包括对直接群体中的他人和外部人士的理解和责任、同理心、同情、欣赏的多样性、团结和批判性思维（Swedish National Agency for Education，2006）。

3. 西班牙

在西班牙，《教育法》（*Ministerio de la Presidencia*）指出，教育应树立一套核心价值观，包括民主公民、责任感、与他人和睦相处、团结、宽容、尊重、正义和社会凝聚力。《教育法》中也强调了儿童的社会情感能力，并明确指出，教师的职责包括关注儿童的情感、社会和道德发展。2007 年和 2009 年对儿童教育者进行的一项调查发现，教师提倡进行儿童的社会和情感发展的课程改革，并显示了对课程过分强调学术内容的批评（Sanchez Muliterno，2009）。

可以说，西班牙与英国一样，是欧洲国家中社会情感教育政策更为明确的国家。西班牙这场运动的理论基础与北美和英国运动的基础非常相似。实际上，西班牙早期的社会情感发展项目是受英国和北美的加德纳、萨洛维、梅耶和塞利格曼等心理学家的启发的。就像在美国一样，有一个明确的尝试，就是针对那些潜在原因相同的问题进行干预，而这些问题被认为是可以通过发展一系列核心技能来预防的。与英国一样，韧性是西班牙政策文件中的主要主题。

西班牙案例中突出的一个方面是其对教师培训的重视。每所大学都设有教育科学研究所（Institutos de Ciencias de la Educación）和教师中心。每个自治社区的教育法律当局负责引导这些努力。这两个机构逐渐将社会和情感教育及情商教育纳入他们的培训项目中（Fernández Berrocal，2008）。值得注意的是，在被审查的大多数其他国家中，缺少或没有明确提及将社会情感学习引入对教师日常实践的支持和培训中。

4. 葡萄牙

在过去的几十年中，特别是在 1974 年的"康乃馨革命"之后，葡萄牙经历了无数的社会变革。根据法利亚（Faria，2011）的研究，这些快速的社会变革激发了人们对教育系统转型的兴趣。葡萄牙教育制度的法律和政策显然重视公民教育以及个人和社会的发展。1986 年《教育法》第 47 条规定，为了促进学生在学术领域之外的发展，学校必须民主地运作，并将个人和社会教育（PSE）作为课程的一部分（Faria，2011）。《学前教育框架法》（第 5/97 号法律）主张，学前教育的总体目标包括通过民主经验鼓励儿童的个人和社会发展，以期进行公民教育（Vasconcelos，1998）。1989 年，葡萄牙教育部提出了实施个人和社会教育的四种可能方法：①通过课程实施；

②在被称为项目领域的非教学科目中实施，学生可以在其中开发跨学科的、基于现实生活的项目；③每周1小时的直接教学，以促进个人和社会发展；④课外活动(Faria，2011)。1991年，个人和社会教育在全国推广，并在19所学校进行了试点。梅内泽斯(Menezes，2003)指出，官方课程指南在1995年确定，但实际实施很少。尽管学校课程中提出了个人和社会教育目标，但教师和学生很少将其视为一种实际的做法。法利亚(Faria，2011)认为，在20世纪90年代进入全国范围后，个人和社会教育项目的发展放缓，可能是由于对学术测试的关注增加。2001年，葡萄牙颁布了一项法令，强调公民教育而不是个人和社会教育，这一转变的主要目的是在学生中建立国家认同感和培养公民意识。

最初几年的学校教育包括与社会情感学习重叠的各个方面，如道德教育、情感教育、个人技能和创造力教育。但是，高年级的重点是公民教育，即与公民的权利和义务有关的公民身份的确认，以及葡萄牙的社会和政治变革。梅内泽斯强调说，尽管公民教育可能是葡萄牙和其他欧洲国家的共识目标，但就其意义和实际影响达成一致方面仍有很大进展。

5. 法国

2003年，法国进行了一项修改教育法律和政策的工作(Thelot，2005)。这一进程始于一场全国性辩论，参加者来自社会各阶层，结果颁布了一项法令，其中，国家教育、高等教育和研究部(MENESR；Ministère Education National Enseignment Supèrieur Recherche，2006)定义了每个学生在义务教育周期结束时(大约16岁)应掌握的基本能力。这些能力期望使学生能够行使公民权利，处理学校和生活中的复杂情况，理解发展和保护地球的必要性，终身学习，并欣赏文化的多样性和人权的普遍性。具体的能力包括遵循规则、团队沟通和团队工作能力、评估后果的能力、识别并命名情绪的能力、媒体素养和坚持不懈的能力。这为教育工作者提供了评估学生能力程度的工具。不幸的是，我们的方法无法确定这些工具的实际使用程度。

6. 芬兰

社会情感福祉一直是芬兰社会关注的焦点。根据科科宁(Kokkonen，2011)的研究，改善学生社会和情感健康的努力来自不同方面，包括政府的国家课程、循证干预和非政府组织项目(Karna et al.，2011，KiVa计划)。下面，我们仅关注政府的举措。

芬兰的国家课程强调，心理和社会福祉是学校社区的主要责任，包括若干侧重于"学生福利"和全面成长的部分。除了这些一般原则外，芬兰还提供了详细的学习目标和具体内容，作为"人的成长"等跨学科主题的一部分(芬兰国家教育委员会，2004)。这个特定主题与社会情感学习在内容和目标上有很多重叠，因为它涉及诸如识别和调节情绪的技能。此外，还有专门的课程主题，例如，"健康教育"，旨在提高儿童的认知、社会和情感调节及道德技能(Kokkonen，2011)。它强调学生对自己学习过程的自主权和责任，以及促进安全，营造良好的社区学习环境。这些对芬兰教育者尤为重要(芬兰国家教育委员会，2004)。

芬兰案例的两个值得注意的地方是将社会情感教育原则纳入包括艺术、工艺和体育在内的不同学科中，并强调教师的自主性。芬兰是世界上少数几个将提高教师的积极性和工作满意度作为提高儿童社交情绪技能和幸福感的基本原则的国家之一（Kokkonen，2011）。

7. 对欧洲的总结性思考

在欧洲各国，很难找到社会情感学习的共同主线。西班牙、芬兰和英国，更倾向于公民教育和基于权利的观点。欧洲国家中最普遍的特点是，更加认识到必须处理儿童和青年的社会和情感发展问题，以促进他们的全面福祉和成功。

从这个意义上讲，社会和情感教育的重要性是无可争议的。但是，承认社会情感学习的重要作用偶尔会被认为与主张更加重视学术成就的运动背道而驰。报告还谨慎地提醒人们，有关欧洲的环境缺乏实证证据，并呼吁开展更加严格的国内评估工作。对于欧洲国家以及全球大多数国家来说，儿童都应该有扎实的知识，知道什么可行，在什么条件下可行。

（二）拉丁美洲

拉丁美洲的一些国家或地区采用了公民教育方法，在许多方面与北美的社会情感学习运动重叠。20 世纪 90 年代早期的《儿童权利公约》推动了该地区公民教育的发展。世界教育论坛和《联合国千年发展目标》等千禧年事件进一步推动了这一进程。这场运动在拉丁美洲社会的共鸣源于各种各样的因素，这些因素要求对"传统"教育模式和实践进行深刻的变革（OEI，2010）。这些因素包括长期的社会动荡，对持续存在的社会问题（社会排斥、对政治和政府机构缺乏信任、校园暴力等）的日益关注，以及对新挑战的认识，如新信息和通信技术的出现所带来的挑战。尽管公民教育广泛开展，但拉丁美洲各个国家发展和实施公民教育的程度差别很大。在这里，我们重点关注那些包含最详细信息的国家。

1. 墨西哥

2006 年，墨西哥公共教育部部长采用了"遵循其他西方国家的课程趋势"和伦理教育能力的方法来培养公民（Garcia Cabrero & Conde Flores，2011）。墨西哥公民和道德教育综合项目（Forma Integral de Formación Civica y Etica，PIFCyE）认为，儿童对自己的学习过程负责并应积极参与。因此，它鼓励批判性思维，自主学习，在构建新学习中整合学生以前的经验和知识，将所学知识应用于新的和具有挑战性的环境，以及终身学习中（Garcia Cabrero & Conde Flores，2011）。作为该项目的一部分，墨西哥在皮亚杰和科尔伯格道德发展理论的启发下，选择了八项能力，这构成了理想的墨西哥学生形象。这些能力包括：①自我认知和关心；②自我调节和负责任地使用自由；③尊重和欣赏多样性；④对社区、国家和人类的归属感；⑤解决冲突；⑥社会和政治参与；⑦正义感和遵守规范；⑧对民主的理解和欣赏（Luna Elizarrarás，2011）。其中一些与学术、社会和情感学习合作共同体定义的五个领域重叠。重要的是，公民教育不是一个孤立的学科，而是学校运作的一个整体组织框架。它可以发生在任何学科和所有年级，并被期望纳入教学实践、学习环境及学校—社区的联系中（Garcia Cabrero & Conde Flores，2011）。作为这项工作的一部分，在杜威（Dewey）和科尔伯格观点的启发下，墨西哥实施了一项名为"学校民主化"的战略，以促进学生参与学校决策，制定规则和解决冲突（Conde

Flores，2011）。

2. 哥伦比亚

2004 年，哥伦比亚政府对教育体系进行了全面改革，其中包括发展公民和民主教育项目（Jaramillo Franco，2008）。与其他拉丁美洲国家一样，该倡议最初是受到《儿童权利宣言》的启发，但它也响应了哥伦比亚人停止困扰该国 50 多年的暴力的集体愿望。该项目的支柱之一是民主不仅被视为一种政府形式，也被视为一种生活方式（Jaramillo Franco & Mesa，2009）。因此，它是由不同的行动者开发的，并鼓励包括学校和班级在内的各级教育系统的参与。该项目的另一个主要宗旨是强调能力而不是知识（Jaramillo Franco，2008）。"公民能力"被定义为使公民在民主社会中采取建设性行动的基本知识、能力和素质的整合（Ministerio de Educación Nacional，2004；Ruiz Silva & Chaux，2005）。四种目标能力分别是：①沟通能力（表达自己的观点，理解他人的观点，协商能力）；②认知能力（视角选取，批判性思维能力）；③情绪能力（识别、表达和管理情绪的能力）；④综合能力（在公共和私人生活中运用所有其他能力的协调能力；Ruiz Silva & Chaux，2005）。这些能力的选择和定义以皮亚杰和科尔伯格的研究为依据，并通过强调情感和认知之间的相互依存关系而超越了已有研究（Jaramillo Franco，2008）。此外，自我反思被视为一种核心策略，允许个人在制定符合自己和他人利益的道德决策时变得越来越自主。

哥伦比亚强调了对评估和评价的承诺。2003 年，哥伦比亚定义了以发展为基础的标准，规定了每个学生应该知道的最低标准，并开发了评估方法来衡量儿童的进步（Patti & Espinoza，2007）。与该地区的其他国家（智利、危地马拉、墨西哥、巴拉圭和多米尼加共和国）一起，在国际教育成就评估协会（IEA）和泛美银行（Banco Interamericano de Desarrollo）的支持下，哥伦比亚参与了了拉丁美洲公民能力提升和评估系统的开发项目。

3. 智利

自 1990 年以来，智利教育部发起了一系列计划，旨在促进民主公民身份认同，使学校成为儿童和青年可以学习和实践民主基本原则的地方（Alba Meraz，2011；Conde Flores，2011）。公民教育委员会的一份报告（Comision Formación Ciudadana，2004）指出，有必要向儿童灌输对社会的归属感，同时强调要发展国家认同感和对地方社区的归属感。除了该报告之外，智利的课程还采用了综合性的公民教育方法，建构了有利于促进不同学科和所有年级学生的公民教育的目标和内容（Comisión Formación Ciudadana，2004）。该课程的目的是发展一套日益复杂的技能和态度，包括儿童的能力和意愿、自我调节的行为、自主、利他主义、团结及对正义、人权和共同利益的尊重（Alba Meraz，2011）。为支持教师将新内容纳入学科课程，教育部还开发了以全校方式进行公民教育的教学材料（智利共和国教育部，2004）。

4. 巴西

在巴西，道德教育在 20 世纪 60 年代中期到 80 年代的军事独裁时期成为一门必修科目，但在这个时期，道德教育主要被用作向民众灌输服从。1996 年，《国家教育指南和框架法》（*Lei de Diretrizes e Bases de Educacao*）确定道德教育不再是一门必修科目，但在同一年，巴西进行了课程改革，鼓励学校在不同学科中进行道德、多元主义和健康教育（Araujo & Arantes，2009）。2003 年，政府在同一法律精神下启动了"道德与公民项目：在学校和社会中建立价值观"。该项目集中于四个主题：①伦理；②民主共处；③人权；④社会包容（Araujo & Arantes，2009）。在其他技能方面，该项目致力于培养对自己和他人感受的意识，以及对社区生活和冲突解决的承诺。这些都是通过深思熟虑、反思、讨论，学校道德与公民论坛，或对附近社区事务的积极参与而获得的。与英国类似，各所学校可以自由决定是否要实施该项目及选择想要关注的主题。

5. 对拉丁美洲的总结性思考

拉丁美洲正在兴起的公民运动的典型特征之一是明确承认认知、情感和行动是相互交织的。最近的几项举措已经超越了获取价值观、民主或人权的事实性知识，旨在强化个人将获得的抽象知识转化为实践所需的动力、情感倾向和技能（Alba Meraz，2011；Braslavsky，2005；GarcíaCabrero，2011；Patti & Espinoza，2007）。人们还强调了情绪调节，以及内疚感和自尊心之类的道德情感，因为它们被认为可以组织和指导认知与行为，并促进道德和政治行为（Garcia Cabrero，2011）。另一个共同特征是，否定公民教育成为一门独立学科。许多项目都希望将公民教育作为指导多种学校活动的整体框架（OEl，2010）来改变整个学校的文化和学习环境（Patti & Espinoza，2007）。最后，公民教育作为促进和维持统一的民族主义政权的意识形态工具出现了部分转变，转向对多元主义、全球互赖和跨文化对话的欣赏（Luna Elizarraras，2011）。

（三）撒哈拉以南的非洲

有限的信息限制了对所有内容的数据收集，这一挑战在研究非洲国家时尤为严重。一些非洲国家的建国相对较晚（在过去 50 年内），这可能是缺乏社会情感教育政策文献的原因（Swartz，2010）。然而，许多国家的政府正在修补殖民时期教育系统的残余，并在此过程中制定了整合社会情感学习的各个方面的国家化教育政策。尽管信息匮乏，但我们还是选择将此部分包括在内，因为社区、社会支持和社会责任——所有这些都与社会情感学习重叠——在一些非洲国家的文化中有着深厚的渊源，并正在被纳入正规的教育系统中。这部分的结构如下：我们先概述非洲儿童社会和情感发展的哲学，再简要总结撒哈拉以南的非洲国家的教育部制定的具体的国家教育政策。

1. 非洲儿童社会情感发展的哲学

非洲人民对儿童社会和情感发展的看法有两个：第一个是关于南部非洲青年理想教育的哲学；第二个是非洲作家对非洲大陆教育体系西化的批评日益增加。津巴（Zimba，2002）在对南非地区儿童发展的分析中发现了在许多社区中常见的、特殊的土著价值观。互惠和亲缘关系被视为传递给儿童的重要价值观，具体来说就是："我之所以存在，是因为我们存在；既然我们存在，我就存在。""我们"的概念与社会纽带联系在一起，这种联系可以追溯到未出生的人，可以追溯到过去，可以追溯到祖先，也可以追溯到未来。向儿童灌输的观念是，他们的生存与社区密不可分。因此，一个人如果不尊重与这种亲属相关的责任，就不能在生活中有效地运作。

文特（Venter，2004）通过"班图精神"的视角进一步阐述了这些想法，她将"班图精神"描述为一种以人性为中心的生活哲学。这种哲学规定了基本的思想和伦理，以确保儿童是谦逊的、富有美德的、关心的、慷慨的、理解的、成熟的和有社会认知的。在其根源上，班图精神是一种社群主义、利他主义和相互依赖的哲学，它与佛教的观念有一些共同的观点，即个人和社区的整体本质是由相互依赖的精神、心理、生物和心理元素组成的。在此框架内，个人的幸福和成功源自与他人和谐相处和支持他人。

对在非洲教育系统中强加西方价值观的批评集中体现在其他一些关于教育的非洲著作中。特别是两名来自尼日利亚和布隆迪的作家，他们主要关注道德教育，并对这一批评发表了看法。在布隆迪，鲁万塔巴古（Rwantabagu，2010）指出，西方对教育认知成果的关注，通过消除对道德和道德行为的重视，已经削弱了传统的非洲教育模式。他主张，2005 年由国家天主教教育局开发的新课程应强调社会责任、诚实、和平、尊重和积极的公民意识。在尼日利亚，伊霍马（Iheoma，1985）侧重于非洲各地学校的基督教传教工作的负面影响。他说，这些工作使道德教育成为西方基督教的同义词，后者抹去了非洲教学哲学中道德教育的本土历史。他还强调了西方教育的物质主义和个人主义的不利影响，并呼吁在非洲学校重新教授传统的公共主义和人道主义的思想。

2. 对博茨瓦纳、肯尼亚、纳米比亚、卢旺达和南非等国家的总结

我们在博茨瓦纳、肯尼亚、纳米比亚、卢旺达和南非的教育政策中发现了社会情感学习原则。南非教育政策中获得的信息最多，这些政策包括社会情感学习原则和实践。在过去的 10 年中，南非教育部制定了一系列课程政策，重点关注生活技能、个人表达、公民身份、文化和宗教理解、尊重和解决冲突。这些内容属于"生活取向"（LO）的范畴，被认为是国家课程的重要组成部分。将生活取向纳入课程旨在履行国家对以结果为基础的教育的承诺，并与宪法授权建立的根植于民主价值观、社会正义和人权的社会，最大限度地发挥每个人的潜力相一致。生活取向将以一种整体的方式实施，以支持学生理解自我、他人和与社会的关系。该课程包括与社会情感学习相一致的目标，例如，学习理解、识别、管理和表达自我和他人的情绪，并培养同理心、自信和果敢（南非教育部，2002）。范·奥芬（Van Alphen，2013）指出，生活取向面临的主要挑战之一是教师如何呈现新内容。许多南非教师由于缺乏以儿童为中心的技术培训而继续依赖陈旧的教学方法，但这种教学方法并不是最理想的教学方法。

博茨瓦纳、肯尼亚、纳米比亚和卢旺达的政府教育政策强烈强调儿童的社会和情感发展，重点是将传统的社群主义价值观融入可能促进尊重、容忍和解决冲突的教育系统中（纳米比亚教育部，2006，2008，2009；肯尼亚共和国教育部，2006；卢旺达共和国教育部，2008；博茨瓦纳教育与技能发展部，日期不详）。例如，纳米比亚教育部（2006，2009）为 5—7 年级和 11—

12 年级开发了一套生活技能课程，强制在全国范围内整合生活技能，以促进儿童的全面发展。这些技能包括社交技能、社会责任、合作、欣赏传统文化、公民、促进道德标准和性别平等、家庭和社区参与，以及强调提高自尊和学会学习。此外，一些政府提出需要放弃陈旧的殖民地教育系统，以发展新教育模式，让学生准备好作为国家和全球公民成功地生活（Swartz，2010）。

3. 对撒哈拉以南的非洲的总结

两个主要因素促使我们审查——非洲国家将道德或价值观教育纳入学校体系：第一，非洲国家认识到有必要改进现有的教育体系，以适应日益全球化的世界，并使学生在本国取得成功和为成为全球公民做好准备；第二，非洲国家希望将本土价值观重新融入正规学校教育中，以确保学生保持民族联系和自豪感。另一个共同的主题是国际机构改变教育制度的作用的独特张力。尽管许多政府和地方机构在此过程中与联合国和国际非政府组织合作，但这些国家也在批评西方对青年和文化的负面影响。在这种紧张气氛中，非洲并不认为社会情感学习概念是一个新概念。尽管存在这样的冲突，但我们的研究表明，非洲的一些国家已经意识到并正在积极努力确保社会情感能力成为国家教育课程标准的组成部分。

(四)亚洲

亚洲发现了与社会情感学习相关的两个主要组织框架：公民教育和价值观教育（Lee，Grossman，Kennedy & Fairbrother，2004）。由于其与学术、社会和情感学习合作共同体确定的五个社会情感学习领域有一个或多个技能或价值观的重叠，这两个框架都适合社会情感学习。这些教育发展的动机和历史轨迹在亚洲不同国家中的差异很大。然而，将公民和价值观教育纳入学校课程的共同动机包括促进国家经济增长，倡导人权，提高学术成就和促进国家认同。一些国家还主张对公民教育和价值观教育做出长期的文化承诺。里和同事指出，许多亚洲国家在公民意识和道德训练的概念化过程中出现了一些明显的共性，包括和谐、自我修养或改善的理念。这些理念都是通过集体实现的。里和同事继续解释说，这三个关键因素概述了一个哲学基础，说明了关系的重要性——自我与社会、国家与世界的关系。这种关系立场被视为国家社会、道德和经济繁荣的基础。以下部分简要概述了在泰国、中国（包括台湾地区）、日本、印度的具体发现。

1. 泰国

根据皮蒂扬努瓦（Pitiyanuwat）和苏吉瓦（Sujiva，2000）的研究，泰国文化非常重视在正规学校内将佛教与公民教育、价值观教育相结合。他们认为，政府在学校中进行公民教育（也称为"品格教育""公民身份教育"或"道德教育"）的政策决定源于这样的信念，即这种教育可以促进泰国在全球化世界中的经济成功。他们描述了这种教育方法的丰富历史。例如，从 1932—1977 年，除了强调佛教之外，君主立宪制塑造了公民教育的课程，重点强调对国家、社区、家庭和自我的责任。自 1978 年以来，公民教育在某种程度上已经从主要侧重于识别和消除自身、他人痛苦的原因的佛教基础转向更加世俗的基础，侧重于加强各个方面的身心健康，以及注重培养被认为是良好的国家和全球公民所必需的道德。这些方面包括诚实、友善、责任、理性、勤奋和公正。1999年，泰国教育部发布了第2542号《国家教育法》（*National Education Act of B. E. 2542*），为教育提供了一套全国性的指导方针。在这项政策中，教育的学术和非学术方面相互交织，包括五个主要的知识或技能领域：①对泰国的历史、政府和民主的认识，以及对自我、自我与社会关系的认识；②科学和技术知识，包括管理、环境保护和可持续发展的方法；③宗教、艺术、文化、体育、泰式智慧的知识，以及这种智慧的运用；④数学和语言知识；⑤如何追求事业成功和过上"幸福生活"的知识（泰国教育部，1999）。这些领域中的一些技能和知识，与学术、社会和情感学习合作共同体的五个领域（尤其是自我认知和社会认知）大致重叠。

2.　中国

中国的历史趋势反映了应试教育和素质教育之间的关系（DelloIacovo，2009）。中国的应试教育传统源远流长，可以追溯到唐朝时期。应试教育包括注重考试，依靠教师讲课的教学风格等。20世纪90年代"素质教育"应运而生，它将道德和品格教育纳入国家课程。素质教育与培养人民的民族主义愿望有关，人民被定义为全面发展的、有道德的和爱国的（Dello-Iacovo，2009）。这一观点与中国武术和儒家教育传统有关。

1999年，素质教育被纳入《面向21世纪教育振兴行动计划》。多年来，素质教育不断发展，《国家中长期教育改革和发展规划纲要（2010—2020年）》也将全面发展作为国家教育课程的主要内容。北京师范大学顾明远教授认为，该规划纲要是想通过教育培养高质量的人才，以使中国在全球经济竞争中处于不败之地。这项努力所确定的目标是：实现更高水平的普及教育，形成惠及全民的公平教育，提供更加丰富的优质教育，构建体系完备的终身教育，健全充满活力的教育体制。目标所强调的主题是，坚持以人为本，全面实施素质教育，重点是面向全体学生、促进学生全面发展，着力提高学生服务国家服务人民的社会责任感、勇于探索的创新精神和善于解决问题的实践能力。坚持德育为先，坚持能力为重，坚持全面发展。在坚持德育为先中，强调立德树人，把社会主义核心价值体系融入国民教育全过程。加强马克思主义中国化最新成果教育，引导学生形成正确的世界观、人生观、价值观；加强理想信念教育和道德教育，坚定学生对中国共产党领导、社会主义制度的信念和信心；加强以爱国主义为核心的民族精神和以改革创新为核心的时代精神教育；加强社会主义荣辱观教育，培养学生团结互助、诚实守信、遵纪守法、艰苦奋斗的良好品质。加强公民意识教育，树立社会主义民主法治、自由平等、公平正义理念，培养社会主义合格公民。

我国台湾地区的教育在文化中占有重要地位。根据梅辉（2000）的研究，1980年之前，台湾地区的教育以无批判的中国爱国主义、传统的中国价值观和强调威权主义为中心。这种方法的主要目的是促进身份认同。1980—2000年，台湾教育的重点转向了教授年轻人必要的技能，使他们成为有生产力的、良好的、有思想的人。自2000年以来，台湾地区的教育倡导者一直致力于建立一个更加灵活、多样化和去中心化的系统，以培养学生的批判性思维和能力。2001

年，台湾地区教育部门计划实施一项为期 9 年的地方课程，重点是在教育中整合批判性思维和解决问题的技能。术语"批判性思维能力"被定义为理解和接受文化差异、系统思考和提问，以及非暴力解决冲突的能力（Yang & Chung，2009）。这些涉及学术、社会和情感学习合作共同体负责任的决策、人际关系技能和社会认知。根据地方教育部门最近制定的一项教育政策《教育蓝图》，学校期待建立一个全面快乐的学习环境，以培养高素质的人。这些人有望促进地区的经济发展，提高竞争力和改善生活质量。与该政策相关的概念包括全人教育、生命教育、终身教育、掌握学习和身心健康技能（中国台湾地区教育部门，2010）。

3. 日本

根据帕门特（Parmenter，2004）的研究，日本的公民教育反映了注重培养负责任的公民的要求。帕门特解释说，道德教育是在 19 世纪的正规学校中进行的。在 19 世纪后期，这种教育主要集中于民族主义，并被用于支持战争。此后，公民教育一直被禁止，直到 1958 年。目前日本的公民教育以培养有思想、有爱心、独立的公民为中心，他们维护日本文化。日本教育、文化、体育、科学和技术省（2006）制定的《教育基本法》明确指出，教育的主要目标应该集中于发展公民的整体人格、思想和身体，以确保和平和民主的社会持续发展。这一政策的教育目标是培养学生拥有获取知识的兴趣和热情，同时建立强烈的道德感、理性和锻炼健康的身体；培养创造力、独立性和重视劳动的态度；促进公正、责任、平等、相互尊重、合作和协作；鼓励尊重他人的生命。日本强调良好公民的具体责任，如和平解决冲突、社会权利、自我与社会的相互依存。日本人对教育的态度与儒家对责任的关注产生了共鸣。帕门特强调，在当前的公民教育中，日本非常强调促进日本人民的同质性，这可能不是所有公民都支持的。威利斯（Willis，2002）在分析日本公民教育面临的挑战时指出了在公民教育项目中多元文化主义和尊重多样性的努力。具体来说，威利斯讨论了同时兴起的潜在冲突浪潮：民族主义和对日本人在国际化过程中丧失身份的恐惧，对日本人日益增长的多样性的认识，以及提高国家意识和促进相互理解的必要性。

4. 印度

印度在促进社会和情感发展方面的努力主要集中在价值观教育上，尤其是与印度政府对传统印度文化遗产的描述相关的价值观上。1992 年的《国家教育政策》将文化遗产教学纳入了国家课程（印度政府中学和高等教育部，2003），其中包括印度自由运动的历史，以及为促进国家认同和取得成功所必需的公民教育，包括文化认同、跨性别平等、民主、世俗主义、提倡双亲异父家庭单位等概念。将学术教育与国家政府定义的印度文化传统相结合，旨在将印度人团结起来，培养人们反对迷信、宿命论、暴力和宗教狂热的道德价值观。可以说，道德价值观的教育可以为负责任的决策、和谐的关系和提高社会意识提供基础。

5. 对亚洲的总结性思考

我们回顾的亚洲国家中出现了三个共同的主题。第一，大多数亚洲国家通过价值观教育来解释社会情感能力。在追踪教育系统的历史发展过程中我们发现，国家在塑造教育以适应当时的政治氛围方面发挥着重要作用。第二，与非洲一样，几个亚洲国家提到有必要将传统的、本土的价值体系(通常与社会情感学习的各个方面交织在一起)重新纳入正规的教育体系，以培养坚定的国家观念。第三，许多国家指出，社会情感能力在让年轻人做好准备参与全球经济竞争并很好地代表原国籍方面十分重要。换句话说，将社会情感学习纳入学校中与经济增长和促进普遍的民族认同有关。

三、结论和展望

我们试图提供全球社会情感学习状况的"快照"，这是一个既令人振奋又令人沮丧的经历。令人振奋的是，世界各地都渴望改善和调整其教育体系，以应对时代的挑战，并且在世界的每个角落都涌现出培养积极价值观、品格和培养社会能力的创造性方法和观点。令人遗憾的是，我们总结的各国或地区社会情感学习的相关举措过度简单，而且我们才刚刚开始触及表面。事实上，我们的研究中有一个明确的发现，即在社会情感学习和各国的相关举措中，各国在方法、重点和发展水平方面存在着丰富的多样性，而且在国家内部也存在着丰富的多样性，这是我们无法描述的。此外，我们无法审查在社会情感学习领域正在开展出色工作的所有国家。我们希望将来的回顾将纳入本章未包括的国家或地区的信息。

尽管我们的回顾存在挑战和局限性，但我们还是确定了六个重要主题。第一，大量的证据表明，迫切需要改变"传统的"或"过时的"教育体系，以迎接 21 世纪的挑战。经济全球化、文化多样性、国际合作和竞争、学校暴力，以及更多地获得通信技术是当今世界许多社会和教育工作者面临的主要机遇和挑战，也被认为是核心挑战。将社会情感学习和类似方法整合到正规学校教育中，通常被视为应对这些挑战的可行策略，并能为学生在快速变化的世界中取得成功和为国家做贡献进行更好的准备。

第二，公民教育是最广泛、最明确的运动之一，是提高学校效率、职业效率和生活效率的基本技能的教学和学习。但是，其原理和运作在各国有很大的不同。例如，撒哈拉以南的非洲和亚洲的许多国家列举了公民教育的民族主义动机。特别是，一些国家政府强调公民教育在培养代表国家的公民、维护国家理想和在全球经济中成功竞争方面的作用。相比之下，在拉丁美洲，我们经常观察到明显背离民族主义的意识形态教育，强调发展一种对全球社会的归属感。在一些非洲和亚洲国家，公民教育与价值观教育在很大程度上重叠，其根源在于维护古老文化遗产和价值观。产生这种动机的前提是，道德和伦理价值观的教学是这些国家的长期传统，应纳入正规学校教育中，以确保子孙后代的文化延续性。在其他国家，公民教育是建立在民主原则和实践的人权观点基础上的。无论每个国家的根本出发点如何，我们都认为，公民教育有潜力成为培养广泛的社会情感能力和品格的天然基石。

第三，一个共同的主题出现在强调"学会学习"，以及在学习过程中对学生自主性的认可中。学生越来越被视为主动学习者，而不是被动的知识容器。尽管这种观点最终可能会改变教师和学生的角色，但它与缺乏具体努力来改革学校和教室的文化形成了鲜明的对比。我们在回顾中发现的几个实例令人信服地证明了孩子们在课堂上被教的内容、他们被期望的行为方式，以及他们通过观察和参与周围环境学到的东西之间的一致性。此外，新课程的普及和对学生角色的新观点似乎与相对缺乏的教师培训和支持相矛盾。在高期望和新挑战的背景下缺乏培训可能会加剧教师的不满，并损害教师的动力和绩效。

第四，学术学习与社会情感发展之间的紧张关系是一个常见的发现，以及由此导致的争取教育工作者支持的工作，这些教育工作者可能将社会情感学习项目视为额外的负担。这种紧张关系源于长期以来的信念，即发展认知、情感和社会能力是相互独立的，并且倾向于将社会情感学习项目作为附加要素引入以提高学生的学业成绩为主的学校中。研究人员应把了解到的儿童发展的各方面的知识作为一项优先事项介绍给大家，这些方面往往被误认为是独立的领域。同时，我们主张，为了使社会情感学习可持续发展，它必须成为课程中不可或缺的一部分，并与所有学科和其他学校活动无缝地结合在一起。此外，一些亚洲和非洲国家不是将其作为提高考试分数的另一种策略进行论述，这在一定程度上可以很好地服务于社会情感学习能力的提升。

第五，在过去的 20 年中，美国的社会情感学习变得越来越"循证"。它建立在基础研究和应用研究的基础上，为儿童的学术、社会和情感发展项目的政策的设计、严格评估提供了信息。与美国相比，在世界其他许多地区（欧洲部分地区除外），基础研究和应用研究在制定社会情感学习的教育政策中的作用似乎不那么突出。尽管许多国家承认评价的重要性，但我们审查时发现，这些评价没有进行，或者我们无法取得这些评价。不过，也有一些跨国衡量举措取得了非凡的进展。这些项目包括拉丁美洲公民能力评估系统及学习指标工作组。该工作组试图帮助各国和国际组织衡量和提高全球青年的学术和社会情感学习成果（学习指标工作组，2013）。在当地资源有限的情况下，跨国的评估对政策决策的影响是非常宝贵的，因此应在战略上加以利用。根据国家政策制定的方案也应在规模实施之前对其有效性进行测试，以满足地方教育需要。我们认为，这在资源匮乏的国家尤其重要。在缺乏严格评估的情况下，低收入和中等收入国家将资源用于影响微不足道或没有影响的项目是非常冒险的行为。

第六，也许是最重要的一点，我们认为，通常很难确定国家政策是否具有实际后果。在许多情况下，无法分辨出社会情感学习原则是否只是一套愿望和价值观，或者是否有任何具体、有意和明确的计划能有效实施国家倡议。总体而言，我们发现，几乎每个教育系统都定义了他们想给儿童灌输的价值观和技能。这是社会情感学习教育蓬勃发展和繁荣的必要但不充分的条件。如果社会情感学习要成为国家议程的重要方面，那么需要定义并适当明确高质量的实施计划、学习目标、标准和评估。通常，我们感到政府的要求和期望与学校实际发生的事情之间可能有很大的差距，尤其是在没有任何规定来培训和支持教师开展新提案的情况下。

我们的回顾使我们感到，许多国家的整体氛围有利于发展社会情感学习，通过加强国家内部和国家之间的合作，可以获得很多好处。方法的多样性可以得到充实，但只有以系统的方式分享经验才能实现这种潜力。我们希望，未来在社会情感学习方面的工作能从世界各地许多人的观点中得到启发，因为他们是研究社会情感学习现状和各自国家类似倡议的真正专家。在本章的结尾，我们提出了一些可以实现该目标的行动建议。

社会情感学习国际进步的未来方向

如果我们的一般性结论是正确的——改变教育系统以促进儿童的发展结果超越学术成就，这是全球的利益，除了在美国和欧洲部分地区之外，社会情感学习很少被称为"社会情感学习"，更多地被定义为公民教育、价值观教育或道德教育。这些教育政策倡议相对较少地建立在基于证据的项目和实践的坚实基础上。这些项目和实践可能会被扩大，我们建议采取几种行动来推动社会情感学习在国际上的发展。

重要的是要建立一个术语和概念框架，以反映各国在提升为学校和生活的成功奠定基础的能力和素质方面的努力。我们认为，研究人员、政策制定者和教育工作者之间的跨国参与是不可替代的，他们可以发展出术语、概念和理论框架，使教育领域的类似社会情感学习的方法在全球取得进展。由教科文组织统计研究所（UNESCO Institute for Statistics）和布鲁金斯研究所（Brookings Institution）普及教育中心（Center for Universal Education）召集的学习指标工作组（Learning Metrics Task Force）已将"社会情感"列为国际社会需要衡量和监测进展的七个关键学习领域之一。我们建议，制定共同语言和框架的任务应与衡量和监测进展的共同标准的全球努力紧密结合在一起。

我们无法评估与社会情感学习有关的政策真正渗透到学校和课堂实践中的程度。为了辨别言辞和现实，有必要开始在国家层面制订具体计划。从理论上讲，国际社会除了少数明显的例子外，似乎缺乏对社会情感学习、公民教育等项目和实践的严格评估，尤其是发展中国家。因此，我们建议在各国建立一个基于证据的行动交流中心，并加以传播。世界将受益于类似"什么是有效的交流中心"（What Works Clearinghouse）或"坎贝尔合作共同组织"（Campbell Collaboration）。它们将严格评估项目和实践，以促进全世界的社会情感学习和加强公民教育。越来越多的证据表明，社会情感学习项目的积极影响可能会说服各国政府和国际捐赠组织对社会情感学习和公民教育的投资，它在文化和经济上都是可靠的。

最后，需要计划和实施一项重大的宣传议程。在过去的20年中，在千年发展目标的推动下，世界在使所有儿童都能上小学方面取得了巨大发展。现在，随着对后千年发展目标的讨论和计划，全球教育界正在从确保"人人获得教育"向"人人得以学习"过渡。促进社会情感学习的策略之一就是使社会情感学习成为正在兴起的"全民学习"运动的一部分。

四、致谢

我们要向所有使这一章成为可能的人表示感谢。我们非常感谢大卫·欧舍对本章的早期版本所提供的有价值的反馈意见，也非常感谢艾米莉·雅各布森（Emily Jacobson）为文献综述所做的勤奋工作。我们还要感谢在国际上分享社会情感学习工作信息的编辑和所有同事，特别是凯·宇(Kay Yu)、艾丽西亚·塔隆(Alicia Tallone)、比古塔·金伯(Birgitta Kimber)、朱利安·洛艾萨(Julian Loaiza)、伊冯娜·桑切斯(Ivonne Sanchez)和史蒂夫·莱文塔尔(Steve Leventhal)。

五、注释

例如，澳大利亚，参见马塞利诺·博汀基金会(Fundación Marcelino Botín，2008、2010、2011)的报告。该报告报道了许多国家开展社交和情感教育的方法。

六、参考文献

请扫描二维码获取原书参考文献。

后记一 让社会情感学习为所有儿童服务

詹姆斯·P. 科默

　　1968 年，我们在耶鲁儿童研究中心开始了我们的儿童发展过程改变模型研究。当我们在 1985 年首次发布该模型时，当地的推动者问我是否介意称之为"科默模型"，因为它着重于促进良好的人际关系，并且没有课程或教学计划，许多人认为它不起作用。这种方法与传统教育对课程、教学和评估的强调背道而驰，因此，推动者想举出一个现实世界的例子说明基于关系发展的方法是有效的，尤其是对于以前表现不佳的学生和学校而言。"科默模型"这个名字被保留了下来，使用该模型的学校都非常成功。

　　从那时起，采用促进儿童发展框架，以及社会、情感和学术学习框架的过程一直是痛苦而漫长的。我认为几个主要原因是，科学技术的发展速度及其对我们生活方式的影响，远远超过了我们的教育思想、结构和工作的变化，导致家庭和学校的持续分离；以牺牲学生的全面发展为代价，持续且更加专注于学术学习；对教育者的发展和支持长久以来缺乏足够的重视；未能努力促进人才、工作人员和社区的多样性发展和互动。

　　受教育水平不高也可以获得有薪工作，因此，直到 20 世纪的最后 25 年里，我们教育制度的缺点才变得明显起来。小城镇和农村社区的文化传统使大多数年轻人做好了上学、工作和生活的准备，尽管他们常常生活贫困。由于教育和工作机会紧密地联系在一起，他们在各个级别的预科或教育制度中的缺陷不可否认。这是第一次要求教育机构向过去曾退学或被退学的学生提供良好的教育，但未能充分调整。

　　传统思想认为，学术学习是个人能力与意志、课程与教学相结合的产物。衡量学生和学校成功与否的标准是考试成绩。学生们从考试成绩中获得成功，为我们的国家做出积极贡献。这种方法有利于那些来自主流社会的学生，他们通常在家中获得他们在学校和生活中取得成功所需要的东西，但这往往注定了那些没有得到这种支持的、非主流学生的失败。由此产生的发展问题往往会导致学生行为问题，有时甚至导致以少年司法的方式进行儿童管理。

强有力的证据表明：良好的环境——大脑的互动、这些互动的中介作用，以及由此产生的儿童体验，对社交、情感和学术学习都有很大的影响。创造这种有活力的文化氛围的学校已经证明，在父母和教育工作者的帮助下，贫困儿童能够发展良好，在学业上取得成功，并为大多数人生任务做好准备。然而，互相指责、政治和经济机会主义、有害的种族—阶级—性别关系等问题使我们的国家无法采取几乎是常识的行动。

鉴于这种情况，出版《社会情感学习手册研究与实践》尤为重要。到目前为止，人们已经有可能质疑那些通常难以维持的项目有多少成功的可能，这使人们有可能去推动能有实质性进展的项目。本手册的作者总结了大量的研究证据和实践经验，展示了一种基于生物学、社会科学、公共卫生学的教育方法，以及使我们的教育更加广泛有效，成本可能更低，并且对学生、家长、教育者和公众有更大回报的有效模式。

最重要的是，如何通过有影响力的联系和网络、融资变革，以及其他所需的复杂战略向决策者和政客提供信息，它的复杂讨论给我留下了深刻的印象，也让我感到有些尴尬。因为1968年当我被问到需要多长时间才能显著改善为贫困儿童服务的学校时，我估计需要5年。我知道历史和文化，甚至分歧和冲突，但我不知道维持教育现状的力量有多根深蒂固和普遍。本手册主要提到了这些问题，并就如何解决这些问题进行了有益的讨论。

20世纪60年代一些教育工作者告诉我，还有很长的路要走：父母应该养育他们（学生），我们应该教育他们。现在很明确，正如手册中所讨论的，为所有学生提供良好的教育将需要"全力以赴"，包括父母、整个学校的工作人员、领导教育的工作者、预科项目的人员、研究人员、决策者、政客、公众，最重要的是学生自己。以同步和协同的方式，齐心协力，用尽所学地支持教育工作者在高度互动的学校系统、教学楼和教室里的忙碌，并利用所有社区资源，这是我们必须取得成功的一场运动中所面临的下一个挑战。本手册对培训、选拔和支持教育者的讨论讲述得非常清楚，区域、教学楼和课堂的良好组织和管理对于我们投入教育工作中的每一件事都是至关重要的。

最后，许多教育机构历来对体育和艺术抱着矛盾或轻视的态度，即使它们包括一门课程和一种独特的教学方法。但这些活动提供了促进社会和情感发展及全面发展和学习的大好机会，提供了学校和社区的互动机会，提供了促进不同群体之间多样性的和相互尊重的互动机会。最近一场足球比赛中的行为问题让我想起了这三个机会。

一个以非裔美国人为主的城区人PK一个以美国白人为主的郊区人：两者都曾生活于经济繁荣的工业社区，但现在同样陷入困境。在郊区队的主场，种族歧视语是开放而丑陋的。城市队答应在明年的主场比赛中复仇。这是一个重要的教学和学习机会，但负责此事的教育工作者并没有帮助这些年轻人考虑问题和获得负责任的社会情感能力；没有帮助他们准备好作为成人生活在一个开放和民主的社会中。若能进行富有成效的跟进，这将使学校工作人员、学生团体和社区的不同成员参与进来，帮助学生树立负责任的信念。

诸如此类的现实挑战正在促使一些领导者结合自下而上和自上而下的方法来进行决策、干预和研究。这一方法需要当地的主动行动，汇集相关社区资源来规划和实施学术、社会、情感和其他以发展为重点的项目，并开展以预防问题和推动成功为主的本地研究，而不是事后问题减少的研究和以惩罚为主的研究。

这种方法更有可能借鉴不同的经验和观点，这是现实世界实践和研究中非常需要的技能。它可以减少"孤岛式思维"的弊病，防止知识浮于实践表层，因为在实践层面上，知识是最有用的，而且可以得到最好的观察。这种方法可以更快地识别无效的活动并要求进行更改。每个层面的所有参与者，决策者、教育者、研究人员、社区负责人和家庭都要组成一个多元化的群体，这是非常重要的。为了超越增量收益，涉及多个利益相关者的参与性研究战略可能变得更加必要。

同样，本手册反映了项目的重大进展。但"在教育中情感发展和学业都要得到关注"意识想要获得广泛的接受度，我们还有很长的一段路要走。人们越来越快地感受到科学技术对我们生活方式的影响，以及对我们必须做些什么来让学生做好充分准备的影响。我们再也没有50年的时间来弄清楚如何带领所有学生，使所有人都能做出建设性的贡献。我们的挑战是找到一种方法，利用迄今为止积累的令人印象深刻的研究成果，在所有学生的准备工作中取得重大进展，特别是那些落在后面的学生。这本手册显示我们可以（做到）。

后记二　社会情感学习的未来

丹尼尔·戈尔曼

在 20 世纪 90 年代初期，我加入了一个小组，定期开会以重新构想儿童的教育应该包括什么。我们设想对整体儿童进行教育不仅包括标准课程，还要注意情感和社交技能的教育。当时我在写《情商》(*Emotional Intelligence*)，并将这本书部分地视为对这种教育的论证(Goleman，1995)。

该小组的成员包括本手册的一些贡献者：蒂莫西·P. 施赖弗、罗杰·韦斯伯格、马克·格林伯格和莫里斯·埃利亚斯。这四个人已经充分参与了教育项目，这些教育项目成为我们正在开发的领域的典范。它们通过另一种途径进入这些课程：作为预防青少年危机的干预课程，例如，对学校暴力、辍学、吸毒和欺凌的干预。由威廉·T. 格兰特基金会(William T. Grant Foundation)资助的对此类项目的研究确定，在这些可行的项目中，社会情感能力教学是"有效因素"(社交能力校本提升联合会，1992)。

这样，社会情感学习就诞生了。作为社会情感学习的组织机构，学术、社会和情感学习合作共同体在耶鲁大学儿童学习中心成立。学术、社会和情感学习合作共同体以罗杰·韦斯伯格为董事长，进驻芝加哥伊利诺伊大学。正如本手册所证明的那样，社会情感学习项目取得了巨大的成功，从最初的几个项目发展到了此处详细介绍的广阔领域。

在考虑社会情感学习的未来时，战略思维领域有一个有用的概念：开发与探索(1991)。在开发策略中，主体获取一个有效的产品或流程，并对其进行调整以使其更好。《社会情感学习手册：研究与实践》记录了这一策略对社会情感学习的益处。

虽然社会情感学习通常与 K-12 年级有关，但我很高兴看到大学也在引入这种方法。我建议在同样的情况下研究生院也可以考虑社会情感学习。正如科琳·S. 康利(本手册第 13 章)所说，以正念、认知—行为技巧、放松干预和社交技能培训的形式进行的社会情感学习项目已经为大学生群体带来了希望。我猜想从 K-12 中借用的更为广泛的社会情感学习方法可以有效地应用于大学阶段，并且可以从减少压力和焦虑、提高满意度和改善同伴关系中看到立竿见影的效果。正如一些教务长告诉我的那样，大学正面临着向学生证明其增值效益的压力，社会情感学习可能对于学生和管理者都是双赢。

在我写这篇文章的时候，我刚刚从美国医学院协会演讲回来，这是另一个已经成熟运用社会情感学习方法作为医学培训辅助手段的团队。研究回顾表明，社会情感学习项目（如果是为促进医学专业学生的发展）涵盖了每位医师具备专业资格所需的能力（Arora et al.，2010）。研究生医学教育认证委员会规定，对医生的培训应包括建设积极的医患关系、同理心、团队合作和沟通技能、压力管理和领导能力等，所有这些能力都是社会情感学习的基础能力。

除了医学，商学院是另一个在研究生层次可以运用社会情感学习的学院。长期以来，企业一直在研究使佼佼者脱颖而出的能力。这些"能力模型"通常发现，认知能力在很大程度上是"入门"能力，每个人进入这个领域都必须具备一定的水平（Spencer & Spencer，1993）。但一旦进入商业环境，将优秀员工与一般员工区分开来的能力主要在社会情感学习领域，而在一个组织中职位越高，该人的社会情感能力的价值就越明显。

一些商学院已经开始零零散散地推出相当于社会情感学习的课程。其中一个更全面的模型是由凯斯西储大学魏德海管理学院的理查德·博亚兹（Richard Boyatzis）开发的（Boyatzis，Stubbs & Taylor，2002）。近20年来，通过令人信任和尊重的人对可观察到的行为进行匿名评估的方式，他让研究生和高级 MBA 学生对企业领导者典型的一系列社会情感能力进行了评估。然后，博亚兹帮助他们在一个学期的课程中利用这些数据来选择和培养一种社会情感能力，并用同样的方法再次对他们进行评估。他在学生们日后的工作场所进行的评估表明，这些改进可以持续长达 7 年的时间（Boyatzis & Saatcioglu，2008）。

当然，还有教师教育学校，也推出这些课程。社会情感学习的很大一部分是以示范的形式进行的：在理想情况下，教师（以及整个学校的工作人员）将为学生示范情感处理能力和社交能力。但这并不是所有教师都能自然而然地接受的，它可以也应该作为教师培训的一部分。社会情感学习培训有助于他们成为更高效的教师。

这就是我关于社会情感学习对其他领域有所帮助的想法。现在我转向探索这个领域的未来会走向何方。我预计社会情感学习的成长秘诀有三个方面：培养正念、共情关怀和系统学习。

在西班牙哈莱姆区二年级的一个班上，我观看了一个"呼吸伙伴"的课程，这是日常生活的一部分（Goleman，2013）。所有儿童一个接一个地从一个小房间里拿出一个小毛绒玩具，找个地方躺下，然后把它放在自己的肚子上。儿童吸气时看着动物们上升，数 1、2、3、4、5，呼气时看着动物们下降，循环如此。

他们的老师说，这项练习可以让儿童在接下来的一天里保持冷静和专注——考虑到大多数二年级学生居住在学校旁边混乱的家庭中，我有时难以想象这种状态。

"呼吸伙伴"提供了注意力训练，这是我对社会情感学习新领域的一个展望。除了社会情感学习第一阶段的情感和社会关注之外，社会情感学习还将自然延伸到相关的认知能力，特别是延伸到通过诸如"呼吸伙伴"等练习培养的认知能力，即认知控制上。这种方式能忽略分散注意力的想法和冲动，对于学习准备能力和相关其他能力，如在追求目标时有延迟满足感，是至关重要的。

碰巧的是，通过这种注意力训练变得更强的神经回路也能调节痛苦的情绪和分散注意力。几十年来，对这一能力的研究表明——想想沃尔特·米歇尔（Walter Mischel）著名的"棉花糖测试"（marshmallow test）——儿童认知控制本身就是学习成绩和积极生活结果的预测因素（Mischel，2014）。

一项针对1000多名儿童的追踪研究（30多岁时进行了随访）发现，与儿童智商或出身家庭的社会经济状况相比，他们在4—8岁的认知控制水平与成年后的财富成功和健康状况的相关性更高（Moffitt et al.，2010）。这项研究的作者指出，那些年来认知控制能力从低到高增长的儿童同样获得了那些一直擅长认知控制的儿童成年后的优势，这项心理技能应该教给所有的儿童。社会情感学习似乎是这种训练的理想工具，最方便的方法是增加正念练习（Flook et al.，2010）。

社会情感学习的第二个创新领域与社交技能有关，特别是共情。共情方式有三种，分别在不同的神经回路中实现（Decety，2010）。第一种认知共情是"心理理论"的基础，它使我们能够理解他人的观点，促进有效的沟通。第二种是情感共情，帮助我们立即感受到他人的情感。这种情感纽带建立了融洽的关系，促进了积极的互动。但我认为第三种共情才是社会情感学习有待发展的地方：共情关怀。这就为共情增加了一个必要的隐性道德维度；毕竟，认知共情可以被反社会者利用，以利其利。但有同情心的人更容易受到善良和助人为乐的激励。这种品质定义了最好的父母和配偶、同事和老板、组织和社区公民。最近的研究表明，哺乳动物大脑中的关爱回路（共情关怀依赖于此）可以通过正确的训练得到加强。事实上，这使得儿童对他人更友善，更慷慨（Flook，Goldberg，Pinger & Davidson，2015）。同样，社会情感学习可以轻松地将适当的培训纳入这一领域。

社会情感学习可以有所发展的第三个领域——但这可能是最大的延伸——是系统学习。在这种教学法中，儿童从K-12开始学习系统思维的要素，就像他们在社会情感学习项目中学习社会情感能力一样。他们学习如何将"透视镜"应用于他们的人际关系（例如，分析——伤害性话语导致低年级打架的原因）、家庭和学校及调节我们生活的更大系统。

在我看来，系统教育的一个紧迫点是日益严重的环境危机。这是交通、能源、工业和商业等人类系统的副产品。在儿童的一生中，这场危机只会变得更加糟糕——可能是灾难性的——系统学习可以为他们的创意性解决方案提供一个重要工具。

在这里，社会情感学习领域不需要开发任何新的东西。10多年来，一直有一个强大的系统学习社区。我预计社会情感学习领域人士将与系统教育领域人士合作，整合这两种方法，我相信这会使他们各自变得更强大。彼得·圣吉和我已经将这种方法明确地称为教育领域的"三重焦点"（Goleman & Senge，2014）。

20年前，一个小团体的会议引发了后来的社会情感学习运动。也许现今有一个或几个小型的、专门的小组正在努力实现我提议的一些目标。正如玛格丽特·米德（Margaret Mead）所说：
"永远不要怀疑一小撮有思想、有奉献精神的人能够改变世界；事实上，也只有他们才能改变
世界。"

参考文献

请扫描二维码获取原书参考文献。